Korea's Place In The Sun
: A Modern History

朝鮮半島現代史

一個追尋驕陽的國度

Bruce Cumings

布魯斯・康明思 ——著

黃中憲 ——譯

目次

推薦序　將歷史還給它自己

羅士傑

我們都是東亞人。但身為臺灣人，面對日本似乎會有種莫名的傾慕之情，卻對曾為日本殖民地的韓國滿是競爭感，沉溺在好想贏韓國的情緒裡。我是念歷史的，在台灣一路讀到研究所。即便到了研究所階段，對東亞鄰國的歷史卻顯然缺乏同情式的理解。直到在美國念博士，開始在校園生活中接觸到很多韓國留學生，透過跟他們聊天，交換很多想法後，我才理解到之前根本是從臺北看天下，對韓國歷史是多麼無知。

我唸博士班時的副修之一是日本現代史，跟著系上從事戰後日本土地改革研究的老師，一路從明治維新開始。每次見面討論兩本書，如此這般維持了一年多的時間，一路讀到了關於日本現代動漫文化的研究。我也還特別記得讀完關於明治維新的著作後，很感慨地跟老師說：原來明治維新是這樣艱辛與複雜的過程，但我之前在臺灣唸書時，都只以為明治維新是一場奇蹟！

這樣一種把複雜歷史簡單化的過程，在外國史的教學領域中特別容易發生，相較於中國史，外國史經常整理得比中國史更簡潔精要，卻也留下了比較強的刻板印象。這些刻板印象用於考試自然是十分適合，卻也讓我們付出了代價，只憑幾個刻板印象就想理解這個複雜世界。到了我自己回台任教後，讀到小島毅教授寫道：「沒有比單純而容易理解的歷史更危險的東西了」，這句話如當頭棒喝，讓我更是警覺，被刻板化的歷史記憶對我們以及下一代可能會造成的負面影響。

在美國的歷史系中，一般而言，還是以美國史與歐洲史的師資為大宗，亞洲史的老師，會分成日本與中國等兩個領域。在更有規模的歷史系，則又會再細分為前現代與現代等兩領域，等於說亞洲史的師資會有四位。但說到韓國史的教學研究工作，以我自己讀書時代所累績的印象而言，應該一直到了二十一世紀初，美國學界的韓國史的研究方才快速地發展，此間自然也牽涉到美國對朝鮮半島的政策，以及學界與出版界對北韓的高度興趣。就我自己而言，當時在美國教書時，雖說我研究的主要是二十世紀中國史，但要負責的課程則是東亞史，自然也必須準備韓國史的內容。唸書的時候，因為專注在主修領域，多半將重點放在學者的專論，對於通史類的書經常無緣接觸。好在有當助教的機會，被老師敦促說：「你應該去讀一下誰寫的哪一本書」，那時才有機會開啟東亞史的扉頁。

我記得在二〇一〇年前後，我能找到給美國大學生讀的韓國通史著作並不多。除了康明思的書外，我還指定了哈佛大學 Carter Eckert 等人所編寫的 *Korea: Old and New History*（1991）給學生閱讀。我記得 Eckert 這本書，因為有韓國學界參與寫作，書中提供了很多以前我所不熟悉的大脈絡與小細節，幫助我建構課程的年代順序。但最令我印象深刻的，還是康明思的這《朝鮮半島現代史》，我至今仍記得康明思在字裡行間對韓國洋溢著的深刻情感，他試圖透過書寫去揭示韓國歷史因為外國勢力所造成的霧區與誤區。如何告別霧霾籠罩，讓韓國可以籠罩在陽光之下、去獨立自由地發展出不同於歐美的現代社會，可說是康明思寫作這本書時，所洋溢出的熱烈情緒。無怪乎，康明思會將這本韓國現代通史英文書命名為：*Korea's Place in the Sun*。

這畢竟這是一本用英文寫成供英語世界讀者閱讀的韓國現代通史，因此對朝鮮半島的歷史展過程，提供了初學等級的詳細梳理。尤其難得的是，在這一本教科書中，康明思引用了不少第一手文獻和其他學者的論著作為其論述佐證。因為時時不忘將其個人觀察與西方學者的成果進行對比與對話，因此讀來並沒有文獻積累產生的閱讀遲滯，而是凸顯了作者想用生動素材編織韓國現代歷史的策略，並以之為例去與其他學者的成果進行對話的學術野心，這樣的書寫策略有利於重新確立朝鮮半島歷史在世界歷史發展當中的重要性。這一點非常值得在臺灣的我們借鏡，並思考該如何見賢思齊。

身為研究韓國歷史的外國人，康明思自然是閱讀了大量由韓國與日本史家所撰寫的作品。他明確點出，**出於不同的原因，這兩國的史家撰寫一九一〇年後的歷史，都迴避使用寫史的基本材料：即一手資料、公文書、訪談錄**。從任何一本講述朝鮮半島的歷史著作來看，我們幾乎都會發現每部作品都很容易落入從「後見之明」去詮釋廿世紀的霧區，不過康明思不一樣，我們顯然感受得到康氏想用史家之筆去對抗二戰之後「政治正確」對歷史書寫過度介入的努力。可以理解為，想要從民族國家的桎梏裡去解救歷史，去恢復歷史書寫的獨立性，並讓史學研究的進步抗衡民族國家不斷塑造神話的威脅。

以韓國為中心的歷史書！說來簡單，但類似的書並不多。當我們需要了解韓國歷史時，我們往往訴諸維基百科，綱舉目張的條列式說明看似掌握了韓國史，但也因此失去了體會史家特有文采與敘事技巧的編織之美。尤其值得點出的是，我們對東亞史的思考，往往已經過度習慣用中國與日本的大國角度切入。但細心的讀者會發現，康明思顯然採用了不光是韓國的視野，同時也動用了一位史學家最珍貴擁有的獨立判斷精神。在接下來篇章的閱讀中，讀者可以深刻體會到康氏對於美國的南北韓外交與內政政策，抱持諸多質疑。這提醒了臺灣讀者，在閱讀此書時，我們更應該去思索過往那些單純而簡單的歷史書寫，其實本身就是國際政治權力斧鑿後的結果。除此之外，讀者們也必須藉此再去思考：除了結構性的力量外，個別社會裡具有獨立意志的人與人群，又是如何結合在一起，並發揮了改變歷史的力量。

當然也許讀者會對康氏如何論斷北韓感到新奇，但若是理解他所抱持的立場，即韓國的現代史歷程乃是一個追求獨立自主的過程，自然也比較能理解為何他對北韓這一個「隱士之國」會有這樣的論斷。此間的衡量，對照二〇一二年迄今中國的發展，當中國開始也自稱是個民主國家時，過往網民出現的「西朝鮮」的自詡之說，與此同時自然也能引起更多有意思的思索。特別是當個別國家以追求獨立自主為名，去對自身國民的生存尊嚴與自由進行壓制，但卻仍能振振有詞時，我們又應該如何去應對？今日中國的疫情管控政策，值得在臺灣的我們去深思。

身位一位學院內的歷史學家，多半是閱讀同行針對特定主題與素材所撰寫的專論，當看到有學者能將創新與貫通性的論述，匯聚成為一部兼容並蓄的通史時，特別感到興奮。這樣的通史著作，必須立基在嚴肅的學術研究成果上，而不僅是將嚴肅的成果予以普及化的處理而已。

不僅是資料的嫻熟與融匯，讀者還會發現書裡不時穿插康明思的個人經驗。早在一九八一年作者第一次踏上北韓，因此有了對北韓的第一手觀察。除此之外，一九八〇年代，南韓朴正熙政權的漢江奇蹟，乃至於韓國軍事政權的逐漸轉型過程，作者都有第一手的生活經驗。除了北韓外，我尤其印象深刻的是，他在書中分享他在一九八〇年代末在首爾的大學校園中，對當時風起雲湧的學生運動親身經歷的描述。在分析漢江奇蹟的同時，他也不忘提及那場經濟奇蹟背後，因分配不公所造成的嚴重社會矛盾與地域矛盾。除卻可能因親身經歷而產生的悲壯情緒外，康明思更想用資料與文獻，去廓清一直籠罩在戰後南北韓歷史發展的迷霧，從而挑戰美國主流的觀點，也更能去反思美國自冷戰以來的外交政策對朝鮮半島所造成的不光是正面、還有負面以及意外的邊際效應。

當我們享受韓劇的時候，經常可以感受到劇中人物的光鮮亮麗，如果我們對韓國的歷史能有更多的理解，我們就不會只像是看到了當年台灣流行過的瓊瑤作品，筆下人物周旋於客廳、客廳、咖啡廳之間，成了「三廳電影」的角色，我們就能了解那些光鮮的背後，竟是一個過度競爭，讓許多人失去未來希望的國度，也無怪乎，康明思會對北韓的社會模式有所期待。

我非常期待往後東亞地區的歷史研究者，特別是台灣、香港與澳門，也能寫出如康明思此書結合個人感情和親身經歷，考量人類社會發展有不同模式，進行如此整體且全面的通史書寫。一方面能以外國人及學者的身份去廓清不同大國勢力對上述區域的歷史書寫與歷史記憶的干預；另一方面，也可以提供一個時代親歷者的眼光，結合個人經驗，傳達他／她對那時代的情緒，從而寫出動人的通史著作。

（作者為國立臺灣大學歷史系副教授／開設「現代東亞史」通識課程）

推薦序　另一種度量朝鮮半島現代史的方式：從轉型正義談起

阿潑

濟州四・三和平紀念館的展場最後，橫放著一個白色的石碑，宛如棺木一般，置於黑灰泥牆包圍的狹小空間，僅有一兩個微弱光照襯托。邊處黑色立牌解釋：「由於濟州四・三事件仍未得到歷史界定，碑石便無可描述。」(As the Jeju incident still does not have historical definition, its monument has no inscription.)

臺灣的二二八事件一樣，濟州四・三事件（제주 4.3 사건）對於濟州島民乃至於韓國人來說，也是一道難以化解的歷史傷痕。這起事件發生在朝鮮半島南方的濟州島，其引火線起於一九四七年三月一日（台灣二二八事件發生隔天）三一獨立運動日示威活動現場的警民衝突，衝突於隔年的四月三日以武裝攻擊形式擴大。在李承晚政權以「反共」之名，極力鎮壓之下，有上萬民眾喪生，數以千計的人流離失所、被監禁或失蹤。過程中，軍警遭攻擊受害、起義者亦嚴重傷亡，被捲入紛爭的平民更是無辜冤屈。在冷戰與威權體制下倖存的濟州島民，因反共法與連坐法，有長達半世紀時間無法公開表述自己的悲戚和創傷，自也無法對國家暴力進行控訴。外界無從得知這場悲劇，事件真相模糊不清。

直至一九八九年，事件發生超過四十年，民間方能舉辦公開弔唁儀式。韓國民主化開展之後，終在首位文人總統金泳三上任時，授權地方啟動真相調查、歷史定位，與恢復名譽的工作。因此，初次在紀念館見到這個「設計」，我難免疑惑，心想既然已經過二十年的調查，真相應該已有輪廓，並體現在紀念館的展示上，何以最後給了一個空白問號，宛若一切仍無法蓋棺論定？

日後再次造訪，我才得知四．三和平紀念基金會的用心——由於現今南北韓關係不明，事件相關當事人的身份也被標籤化，讓許多事情無法被理性談論與處理，以致於紀念館裡的碑石仍無法題字。他們希望等到社會能擺脫過往威權政體強加在人民心中的成見、能客觀認識當時發生的歷史事實之時，在和平與人權的價值與意識上，反省國家過去的不義作為，避免錯誤再次發生，此時，在碑石上題字才有意義。

換句話說，轉型正義在濟州島，並非一種你對我錯的對立，或只有追究責任而已，而是要一同面對過去，產生歷史共識。對此，美國歷史學家布魯斯．康明思（Bruce Cumings）也有類似的看法。

作為一個左翼歷史學家，康明思對於北韓，及戰後韓美聯盟以圍堵共產主義為由，遂行的戰爭與國家暴力都有深入研究。他在二〇一六年濟州四．三和平論壇中，即以南非為真相調查的案例，對於「真相」提出四種定義，包含：法律真相（挖掘、檢驗屍體）、目擊者真相（讓受害者說話）、學術真相（歷史學者與檔案文件），以及加害者真相——讓他們也現身說話，再由別人做回應。這種方法讓雙方各造都說話，達成社會的、或「對話的」真相，這即是療癒或還原的真相，是以調和、而非報復或自我合理化作為出發點，分配正義、評估懲處。故康明思在二〇一〇年出版的《朝鮮戰爭》中，以此肯定韓國官方所做的轉型正義工作：「南韓已顯示敵人之間要相互瞭解和修好，需要先有真相調查的過程；也就是審慎、深入地檢驗過去的調查，並承認已被埋藏、壓抑的歷史。」

而康明思本人，便是在「學術真相」這個層次，為濟州四・三事件，乃至於韓國其他人權侵害事件的歷史真相，盡到學術研究者的責任——他在這本《朝鮮半島現代史：一個追尋驕陽的國度》與前作《朝鮮戰爭的起源》（1981/1990），乃至後來的《朝鮮戰爭》，都提到濟州四・三事件。而濟州四・三研究所亦在對外的事實說明中，採用約翰梅理爾（John Merrill）與康明思的歷史分析框架。這兩位美國人不僅對美國在武力鎮壓中的角色提出批評，也是英語世界中最早揭露此場大屠殺者。

因前述貢獻，康明思於二〇一七年獲得第二屆濟州四・三年度和平獎，這個獎項旨在表彰「為發現濟州島四・三事件的真相做出貢獻，並致力於發展世界和平、人權和民主的國內外人士」。

需說明的是，《朝鮮半島現代史》是一本面向大眾的「史普書」，對濟州四・三事件等描述並不算多，甚至與麗水順天事件共享一個小標，然康明思在相關歷史的研究上廣泛使用史料，並在檔案中發現美國軍政廳授權美軍對濟州島進行殘酷鎮壓的重要證據，也證明這場悲劇是由軍政廳直接領導之下生成的結果。

康明思對於濟州島、韓戰（朝鮮戰爭）乃至於戰後韓國政府的鎮壓的批判，很大一部份鎖定在美國在朝鮮半島扮演的角色上——例如以北緯三十八度為界所做的勢力劃分，便是美國獨斷的作為，他在書中寫道：「美國做出此決定時，既未向朝鮮人徵詢意見，也未向英國或中國請教看法（這兩國後來會參與擬議中的朝鮮「託管」）。這是片面做出的倉促決定。」又或者提及美國佔領朝鮮的舉措，美國國會與人民亦無所知時，如此評論：「那或許是短期佔領，或說不定是『頗長時間佔領』……。這是前所未有的想法。此前沒有哪屆美國政府有意讓美國涉入朝鮮事務，美國國會和人民都對這項擬議承擔的責任一無所知。」

「大部分美國人似乎不知道，美國在對日戰爭一結束就佔領朝鮮，成立『在朝鮮美陸軍司令部軍政廳』歷三年之久，深刻影響戰後韓國史。」康明思也在《朝鮮戰爭》中解釋：無論戰爭法或戰後法都有區分「和平」佔領受害地區和「敵意」佔領敵人地區；差別在於前者不得干預該領區的內部事務。（美國）國務院立刻裁定朝鮮是日本侵略的受害國，但佔領軍司令部不僅在對待南方時有如對待敵人領土，還數度實際宣布它就是敵人領土（尤其是東南部幾個道），美軍介入的程度已超越對其他戰後政府的種種干預。

這項干預，嚴重影響韓國民主的進程與發展，甚至對韓國人民的生命與人權造成迫害。例如，美方佔領軍司令官霍奇將軍就任不到三個月就向共產黨宣戰，而所謂的「共產黨」竟廣泛地包含左派、反殖民抗日份子、民粹派、擁護土地改革者（臺灣讀者其實可以從臺灣戰後知識份子或倡議者被打成「三合一敵人」來理解）。換言之，冷戰的「圍堵政策」早在朝鮮半島展開，美軍司令部或華府派來的使節，此時便已極力排除與美國唱反調者，並將這些人打為「親蘇份子」，當「圍堵」成為華府的主導政策後，也就產生認可佔領區當局行動的效應。

「圍堵」需要強壯武力與警備。美國不僅支援韓國建立本土軍隊，還協助成立情治系統——由美國建立的「韓國陸軍士官學校」，產出影響韓國近代歷史的幾個重要的軍官，包含發動政變奪權的朴正熙、暗殺朴正熙的中央情報部部長金載圭、同樣發動政變奪權的全斗煥、盧泰愚；美國除了協力打造惡名昭彰的情報機關——中央情報部（後改為安全企劃部）外，還資助作戰情報學校（南山情報學校）的成立。而「南山」既是韓國情治機關的代稱，也是令人聞風喪膽刑求拷問的所在。

霍奇甚至認為朝鮮還沒有做好獨立的準備，如果立即獨立，會成為共產主義紮根的沃土。對此，康明思在書中提出不以為然的反論：「憑藉五十年後——乃至五年後（1950年）——的後見之明，我們能想像一場燒灼之火，將殖民統治與瞬間『解放』這一壓力鍋導致的朝鮮社會和政治種種問題全部解決，那會是淨化一切的劇變，過程可能會相當可怕，但絕不至於像一九五〇至一九五三年葬送數百條人命的韓戰，或葬送數千條人命的一九六〇年四月革命或一九八〇年光州事件那樣可怕。」

這種美國人不願將朝鮮交給韓國人，反而積極打造一個「反共南朝鮮」的作為，也不斷在拉丁美洲、中東、東南亞的國家複製。包含臺灣。而這些戰後獨立的國家，在美蘇主導的冷戰體制中，各自誕生了威權統治者（獨裁者），在反共的大旗下，以清除共產勢力為藉口，排除異己，壟斷權力，並進行程度不一的違反憲政秩序的不義不法作為，人民或被綁架暗殺，或被刑求偵訊，或被審判制裁，甚至直接被國家軍事武力碾壓，成為亡靈。

因此，康明思在其歷史論述中，對於韓美聯盟的作為，總是疾言厲色。作為美國人，他對美國的批判更為嚴厲，就濟州四・三的悲劇，他直言：既是「美國和平佔領下」發生的，「任何戰時緊急措施的辯護之詞都不足以緩和美國人的良知。」在本書中，他則毫不留情控訴美國實屬共犯結構一員：「批評大韓民國過去五十年來，持續以專制嚴酷手段對付左派與共產主義者時，應記得美國自該體制創立起，就一直默默支持其作為，且是其共犯。由於北韓對該政權構成的威脅，這些措施被認為無可厚非……。」

在第三波民主化浪潮席捲下，包含韓國在內，各個軍事獨裁及共黨政體相繼倒台，「轉型正義」工程亦隨著民主政體的到來而啟動，新任的民主政府在民主轉型的脈絡下，透過真相調查、刑事審判、金錢補償、人事除垢等機制，處理前一政權遺留下的人權侵害議題。但因為轉型正義是民主政府面對前一威權政府的作為，極少擴及或追究「外國」的介入作為，更無追溯到殖民時期，而韓國是極少數追查到日本殖民時期，並且向美國要求解密檔案、討論美國在這些事件中角色的國家。

韓國的轉型正義工程，雖可以從盧泰愚任內開始談起，真正從官方啟動歷史真相調查，乃至於對於加害者進行審判，是從韓國首任文人總統金泳三開始。而《朝鮮半島現代史》初版於一九九七年問世，則是金泳三任期即將屆滿之時。

換句話說，在康明思第一版成書之際，韓國民主化才正起步，轉型正義工程方開展，真相與證據尚未完全浮現，對於過去發生的事，仍模糊不清。但靠著史料與美國的官方檔案，康明思得到一條書寫韓國現代史的路徑，並讓這「亞洲四小龍」光彩背後的血腥灰暗，得以為世人所見——在上世紀末，韓國以其傲人的經濟躍上世界舞台，其民主化歷程便顯得清淡，就如康明思於書中提及：「那些稱頌南韓發展成就的人，很少談到這陰暗的一面，往往愛從面對北韓威脅，不得不兼顧發展與安全之嚴苛要求的角度，或從儒家傳統的角度，或韓國政治未臻成熟的角度，合理化歷任政權的威權統治。」

但隨著韓國真相調查的進展、轉型正義工程的推進，康明思在本書完成之後，又找出更多檔案證據，對於冷戰與威權體制下的韓國更為瞭解，不僅持續發表文章、提出論述，甚至完成了《光州日記》、

《朝鮮戰爭》等書。而他對轉型正義的看法也在過程中更加清晰，並在《朝鮮戰爭》一書中肯定韓國人追索真相的視角：「朝鮮人遭壓抑的記憶必須予以還原、對過去的歷史必須有所評價的浪潮，已經替人民建立了重要的真相，而這就是獨裁政權結束後，這麼多年來他們排除萬難予以堅持的。對於學者來講，南韓從草根成長的強大民主和公民社會，在壓制的虎口下，又很少得到美國政府各機關的支持，使得他們只好直追事件開端，不全盤接受舊有觀點。」

儘管康明思對於李承晚以降的韓國獨裁政權批判不止，卻對韓國人民自朝鮮時期的奮力抵抗充滿讚揚，他認為韓國之所以能夠走到轉型正義這一步，是韓國人犧牲自己換取而來的民主成果，而這種公民社會掀起的浪潮，自也是長期遭到壓抑的資訊帶起的波濤，在獨裁專政下，自然是不可能想像的。因此，他在本書中特別以「民主」一章來細論韓國獨裁政權如何在美國的坐視下胡作非為——包含對於默許政變、對光州事件不過問、金援獨裁政權，但他也在這個章節凸顯勞動者、學生、知識份子的奮戰不懈：「為了讓大家認識到民主不是贈予之物，不是人們天生就享有的政治體制，而是每個社會裡都必須從頭到尾抗爭才能得到的東西。從這個意義上，由於韓國人的堅持到底，或許可以說，當今之世，沒有那個國家比韓國更配的上民主。」

須注意的是，儘管金泳三是民主政府的第一人，但康明思對於其任內未廢除《國家保安法》、此法仍被廣泛用來懲罰異議份子，甚至在一九九四年還有教授的授課筆記被作為顛覆政權證據呈上法庭，與此同時，仍有服刑超過二十年的政治犯在獄中，他對金泳三提出質疑：「我們是否能把『民主』的冠冕，送給一個繼續在做這種事的政權？」

《國家保安法》於李承晚時期，因順天麗水事件訂定。如同臺灣戒嚴時期的《懲治叛亂條例》一般，是部能輕易讓人以叛亂或匪嫌獲罪之法，幾經更迭，這種違憲的法律，直至今日依然存在——順帶一提，我在韓國為了查濟州四．三的資料，不慎上了「赤色」網站，旋即遭到封鎖，「國家保安法」的警告視窗同時跳出。時代看似往前，或許實際上並不如此。就如同《朝鮮半島現代史》繁體中文版問世之前，盧泰愚、全斗煥陸續逝世，看似歷史將再翻過去一頁，但與此同時，曾夾著父親朴正熙聲望進入青瓦台的朴槿惠，因人民力量下台入獄，卻在此時獲得假釋——與曾入獄的全斗煥、盧泰愚同——而其妹則宣布競選總統（本文寫於朴槿姈宣布退選之前）。

不知道康明思會怎麼看？

（作者為「轉角國際」專欄作者）

新版序

《朝鮮半島現代史：一個追尋驕陽的國度》推出新版，旨在使此書內容跟上時勢發展，而因為兩個原因，這目標頗輕鬆就達成。首先，過去十年，南韓的政治發展大抵不脫我筆下所建議的路線，其強健的公民社會和民主化政策，接連使兩位前異議人士選上總統——先是金大中、然後盧武鉉。其次，北韓一直找不到新路子來有效因應二十一世紀的挑戰，而在小布希（George W. Bush）二〇〇一年上台後，美國—北韓關係走回冷戰年代慣見的對抗、僵持模式，使北韓得以重新祭出其駕輕就熟的頑抗策略。於是，很難說小布希總統第一個任期裡有多大改變，而第二個任期，情勢很可能還是一樣，即僵持。

過去十年，只有兩件事值得花些篇幅討論：首先是一九九七至一九九八年的金融危機。這場危機打垮南韓經濟，使盛行數十年的「韓國奇蹟」論述就此落幕。美國高階官員幫忙改造他們所長久且強烈——支持的南韓發展模式，當時在南韓引發一波「反美」潮，而在漢城和華府為了如何與北韓打交道一事日益疏遠之際，小布希的上台，只加深「反美」心態。第二件事指的是一九九〇年代晚期柯林頓（Bill Clinton）政府真心欲和北韓交往，而此嘗試於二〇〇〇年幾乎取得重大斬獲。這兩段經驗有許多地方值得讀者細細品味，兩者都大大偏離了過去六十年朝鮮歷史的一般模式。

因此，此新版只是小幅更動，使此書內容跟上最新時勢，而非全面修訂。要等朝鮮半島二十一世紀的形勢和發展趨於明朗，全面修訂版才有可能問世。我要感謝W. W. Norton公司的Steve Forman和Sarah England提議更新此書內容，並使新版得以順利出版。還要感謝加州大學柏克萊分校教授金惠經（Elaine H. Kim）一再力促出版社更新此書內容。在新世紀修訂此書，面對朝鮮近代史的動蕩和複雜，我仍然感到驚訝，自認所知有限。

初版序與誌謝*

撰寫此書的念頭，萌發於芝加哥大學本學院院長約翰．博耶（John W. Boyer）給了我一筆暑期款，要我為該學院甚受敬重的文明課程，寫一本以朝鮮半島為主題的教科書。幾年後，我把書名告訴他（他是鑽研德國、奧地利歷史的史學家），他忍不住笑了出來，說那似乎有點俾斯麥的味道。希臘文asu和拉丁文oriens意指「旭日」或「東方」，數世紀以來，伊斯坦堡以東的一切都意味著「日升之地」，一如occidens一詞讓人想起日落之地；馬丁．路德認為歐洲是Abend（暮）地，東方為Morgen（晨）地。[1]如今只有日本自稱是日出之地，只有焦慮的美國人把自己國家和日落扯上關係。但讓我們體會到起落與周期性日蝕的世界，不是希臘羅馬的世界，而是有著相對少數的先進工業國，這些國家在工業時代彼此不斷競爭。這正是朝鮮如今加入的那個太陽系（那也是我使用此書名的用意）。

前一頁的圖是疆理圖（kangnido），在西方人遠航美洲之前將近百年的一四〇二年，由朝鮮的地圖繪製者所繪，呈現當時人所知的世界。「東國」朝鮮，猶如掛在中國旁邊的一大串葡萄，印度和南亞癟縮入中國。日本列島無足輕重，被下移到菲律賓附近。此圖或許老舊，但讓我們知道朝鮮人對自己

* 編按：Seoul這座城市的名稱，在高麗及朝鮮時代為漢城（漢陽府），日本殖民時代更名京城，第二次世界大戰後，中文譯名仍長年沿用漢城，直到二〇〇五年統一為「首爾」。本書對於Seoul的中文名稱，依照時代背景及文脈而有所不同。

國家的看法，而且是始終不變的想法：重要的、先進的、舉足輕重的國家，它或許是帝制時代「巨鯨間的一條小蝦」，冷戰時期夾處在諸強權間的小國，韓戰後一個貧窮、分裂的國家，但如今站回其在世上應有的位置。

朝鮮半島面積約略相當於英格蘭，兩韓人口則接近統一後的德國人口。若非它是突出於中國的一個半島，我們不會把它看成一個小國（沒人把日本或英格蘭看成小國）。許多美國人也認為朝鮮半島「偏處一隅」或「遙遠」；出於不同的理由，日本人喜歡把北韓稱作「最偏遠的國家」。只有從「西方」的歐洲中心觀、文明觀出發，才覺得東北亞偏處一隅——此歐洲中心觀和文明觀，近來因為可能不保而又被大受看重。許多西方人仍相信歐洲文明「擁有獨一無二的歷史優勢，在種族或文化或環境或心智或精神上有某種特殊的特質，使這個人類群體，相對於其他所有群體，從古至今始終更高一等。」[2]我們會發現朝鮮人抱持同樣想法，差別在於他們眼中始終更高一等者不是歐洲，而是他們自己國家——或就歷史上來說，是中國。北京位在疆理圖正中央，因為它是已知文明的中心。

「現代朝鮮」*一詞所指為何？其他國家開始亦步亦趨仿效西方國家時，我們常說它們在「追求現代化」。如今這樣的國家甚多，但根據晚近某些說法，其中沒有哪個國家，包括經濟大國日本，享有歐洲國家那樣真正的獨立自主。這項終極的現代化願景，如今仍可望不可即。但二十世紀也是驚人事件頻發的世紀，從了不起、令人讚嘆之事，到駭人、無法想像之事，無所不包，因而我們已不再能用「現代」一詞表示禮讚，或用進步表達贊同。「現代」意味著人在工業環境裡工作，使用先進科技為工具，住在城市或城郊，享受或苦於工業最先進國家的關注，體驗到與先前的政治型態大不相同的民主政治或威權政治。二十世紀是工業化、科技變革的時代，是擁有這兩樣東西且善於將它們用於軍事的國家、其影響力遍及世界的時代，是人民群眾以政治參與者身分嶄露頭角的時代。「現代」不表示高人一等，而是升降刻度表上的一個標記、一個點。二十世紀開始時，朝鮮位在刻度表接近底部的位置，二十一世紀開始時，則已接近頂部。在這過程中朝鮮有許多得，也有許多失，造就了一則人類戰勝逆境的精彩故事。但如今世上有了現代朝鮮。

但朝鮮向西方人呈現的，不是平順的工業精進敘事，而是裂解、煩亂的二十世紀歷史。一九一〇年，它失去已存在千百年的獨立地位，此後直到一九四五年一直是受剝削的殖民地。接著，國家分裂、政治動蕩、一場戰爭造成嚴重破壞、數百萬人死亡和流離失所——經過這番波折，只造就一個依舊分裂且赤貧的朝鮮。十年後，南韓開始工業化，如今它擁有大體上堪稱民主的政治，但那是在兩場軍事政變和數場民亂之後取得。北韓戰後發展較快，但不久就嘗到其政治、經濟體制的惡果。該體制的存在，係為解決一九三〇年代的問題，而非一九六〇年或一九九〇年代的問題。曾有數年，許多分析家說北韓就要崩潰，但朝鮮半島如今依舊分裂，蒙受漫長冷戰期間世上其他地方所嘗過的種種衝突和激情。朝鮮人會如何調和他們兩種大異其趣的制度，最終達成國家統一，仍在未定之天。

於是，有了另一個主題：步入現代。一個相關的主題是朝鮮的現代化努力一開始並不受重視。一

* 編按：十九世紀以來（甚至更久遠以來），此地稱為朝鮮，二戰後，才分裂為南韓（又稱韓國）、北韓（又稱北朝鮮、朝鮮）。對作者來說，他關心的是十九世紀以來，朝鮮人是如何獨立自主？分裂的朝鮮人，有可能統一嗎？現代朝鮮指的是一整段歷史，包含十九世紀以來朝鮮半島上的人們，以及現在的南北韓。

九〇〇年沒有哪個西方人能想像一個現代朝鮮，一九四五年沒有西方人預見到現代朝鮮，而且僅僅一個世代之前，專家仍未設想到現代朝鮮。西方境內舉足輕重的東西，當時的朝鮮似乎樣樣都缺：活絡的商業、經驗主義科學、穩定的中產階級、創業精神、創新科技。那麼朝鮮人如何辦到的？審視舊朝鮮時，想必遺漏了什麼，忽略了什麼。忽略的可能是歷史。朝鮮在一片領土上賡續長存的歷史，或許有助於我們理解二十世紀最不凡的成就之一。本書會從這樣的歷史開始談起，了解這段歷史對今日的影響。

還有別的問題是本書所要審視的：例如種族。金惠經（Elaine H. Kim）寫道，大部分美國人「主要通過種族的透鏡」看朝鮮人，「把我們看成長得都差不多，認為我們只關心自己。」[3]太多朝鮮人通過同樣的透鏡來看，自認具有某種基本特質，因而讓他們、也只有他們是道地的朝鮮人，認為他們源自同一個獨一無二的世系，綿延將近五千年。有太多非朝鮮人自認只有自己真的懂朝鮮人作風背後的理由。當我說「朝鮮人這樣那樣」時，我只是表達籠統的看法。其實不存在一個被稱為「朝鮮人」的同質範疇——不存在種族本質，不存在同質的族群，不存在獨一無二的基因標記。朝鮮人外貌、高矮胖瘦不一，人類的各種個性，一應俱全。

自古以來諸多民族來到朝鮮半島，二十世紀朝鮮人是這些民族的複雜混合體。這些民族肯定包括日本人、中國人、滿洲人、其他許多東亞、中亞族群，但或許還包括史稱高加索人的民族（我讀過一本書，書名《朝鮮人是白人》〔*Koreans are White*〕）。晚近考古學已證明朝鮮人的ＤＮＡ基因庫，一如中國人的基因庫，有許多與歐洲人ＤＮＡ相似之處，與非洲人或中東人ＤＮＡ的相似之處則較少——也就是說，比起擁有最大DNA基因庫的非洲人，朝鮮人的DNA基因庫小了許多，但就人類行為的差異來說，這點毫無影響。不管種族在我們的社會生活、政治生活裡有多大影響，科學已證明種族之說毫無道理。

如果種族之說毫無道理，階層制度和不平等就是美國人難以理解的概念，尤其是年輕美國人。但幾十年前，階層制度和不平等仍深植於朝鮮社會，對許多朝鮮人來說，它們依舊不只是「必須接受且無可改變的事實」，更是如何組織合宜社會的完美依據。我們想在本書理解朝鮮，想要從同理心角度去認識朝鮮，就應盡量——暫時——甩掉妨礙我們認識、觀察一個截然不同社會的自我認知：與另一種社會（而非與偏離常軌的社會）來場短暫的邂逅。

法國政治思想家阿列克西·德·托克維爾（Alexis de Tocqueville）能成為如此傑出的「美國通」，正是因為採取了暫不妄下判斷的作法。美國社會看重個人的特立獨行和平等主義，但他不是很確定一八四〇年代的美國是否真的提倡這兩種作風（蓄奴的南方更與此背道而馳），不過，美國和貴族制法國仍足以形成鮮明對比：

> 個人主義是個新詞，源自一個新觀念。我們的上一代只知利己……個人主義是成熟冷靜的想法，使社會的每個成員想要與其他廣大成員分開，想要脫離其家人、朋友，於是，在他如此形成自己的一個小世界後，他樂於聽任社會自便。[4]

思考朝鮮社會之特點的階層制度和不平等時，若從北韓的獨裁統治或南韓的父權制切入，將失之

草率且無助於事。較穩當的作法，「毋寧是去想想

> 通過家中教養，通過學習語言和學習道德判斷，通過共同遺產的教育，慢慢培養出人性的小孩……若沒有每個社會都會施予其成員的這項訓練或馴化，確切來說是創造，不論透過何種中介，此人的人性從何而來，此人的理解力又從何而來？（路易・狄蒙〔Louis Dumont〕談某個不同社會之語）[5]

在我看來，朝鮮人的母親似乎常對其小孩抱著如此的期待：不只是個生物性的產物，還是個有待被當成人類創造物來形塑、養育的個體，猶如一件藝術品。但母親扮演形塑小孩的角色，肯定建立在一個前提上，即她「清楚什麼對小孩最好」，她擁有不受質疑的權威。

家庭養育原則能夠擴大適用於政治、國家、古代國王的家國（family-state）或金日成的家國（至少在其理論家的想像裡是如此）。個人不是脫離社會的原子，而是建構整體的基礎材料，是以有機方式構想而成之社會基礎。我們理解時所碰到的難題，在於所有社會都透過一套有機概念在演變——例如，參見鐵亞爾德（E. M. W. Tillyard）重建伊莉莎白時代英格蘭的絕妙著作[6]——但在美國，我們早已遺忘該觀念，因而沒有多少方法能透徹理解一個仍夾處在古老有機概念與「現代」個人主義概念間的社會。

階層制度讓我們想起不具正當性的特權、獨斷式指揮、不自由的順從。狄蒙談到印度時說，階層制度反倒帶來「分等級的尊貴」。「分等級的尊貴」源於宗教，後來由社會定義。[7]這意指數種事物：

按比例分配尊貴，於是有人較尊貴，有人較不尊貴；個人相對於整體所具有的地位不盡相同。「守本分」之說，我們深為反感，但卻是光榮、高貴之舉，讓人得以實現自我。在這樣的階層制度下，人不以自己地位的低下為恥，而是自覺自己地位的正當性，未遭存心濫用，故而未必違反人的本性：想想其中真意。

美國建立在自由、平等觀上，往往認為「不自由」是背離常軌之事。但我們先前的殖民母國——英格蘭，如今仍是個極自由但平等程度甚低的國家。此外，出於平等主義、自由主義而厭惡等級制度的態度，雖把美國造就成如此富裕且多元的社會，卻可能帶來意料不到的後果，亦即使我們無從理解為何有明顯的不平等，乃至無從在腦海裡建構出我們實地體驗的社會：因此我們很容易就訴諸種族主義，畢竟若要在普遍平等之中把人區別、分開，種族主義提供了最顯而易見的辦法。[8]但在我看來，受到全球性媒體的推波助瀾，當今美國的社會體制肯定會比任何其他可供選擇的社會型態更受青睞。美國的社會體制大為風行，因為各地的人相信它能讓他們過著無憂無慮、充滿個性的生活，於是，美國的社會體制改變、消解掉一個又一個其他社會形態，其中包括舊朝鮮。接下來我們就可以開始鑑賞這個珍貴但正迅速消失的東西：舊朝鮮。

在這本為一般讀者而寫的書中，我盡可能不添加注腳，已添加的注腳大多為參考書目，提供對相關主題有興趣者深入閱讀；出於同樣考量，我盡量不在正文裡使用韓語的單詞，盡量不用大量朝鮮人名、韓文資料。但書中還是會有太多姓金的人：如今有約三分之一的韓國人姓金（韓國有約三百個姓氏，但只有幾個是大姓）。北韓領導階層一度由金日成、金一、金正日三人組成；其中只有第一位和第三位有親緣關係。除非我在行文中說哪兩個同姓氏者有親緣關係，不然讀者大可假定書中任何姓金、姓朴、姓李或姓鄭者彼此無親緣關係。除開李承晚和另外一或兩人，本書提到人名時始終是先姓後名；至於李承晚、朴正熙、金大中、金日成之類著名人物的姓名，則按照英文的呈現方式。至於其他名稱的譯音，我使用馬科恩—賴肖爾（McCune-Reischauer）韓語拼音法和威妥瑪漢語拼音法。

我還另外寫了幾本談朝鮮現代史的書。但本書中的任何陳述已盡可能參考我同僚的晚近著作，符合最新的見解。我有權利保留在我看來如今仍然正確的看法，也有權利修改我先前著作裡的看法，因為改變看法是成長的表徵。熟悉我著作的讀者能探明這兩種看法的來龍去脈，但我覺得沒必要為首度接觸我著作的讀者這麼做。我與朝鮮結緣已三十載，書裡偶爾也會與讀者重溫此個人經驗。

本書的完成得益於多人的協助，特別是我專攻朝鮮現代史的研究所、大學部學生。他們人數眾多，若要在此一一列出，必會有所遺漏而冒犯到人；但我還是要特別提到Charles Armstrong, Suk-jun Han, Ken Kawashima, Dongno Kim, Nyung Kim, Henry Em, Paul Nam, Joyce Park, Kie-Duck Park, Michael Shin, and Yul Sohn。Vivian Lee幫我編了一份包羅廣泛的現代朝鮮參考書目，本書所引用的書只占其中一小部分。

我要感謝我的經紀人Elain Markson鼓勵我完成本書，並為本書找到這麼好的歸宿，感謝W. W. Norton公司的Henning Gutman和Steven Forman提供編輯等方面的寶貴建議。Otto Sonntag文編工作的用心，在我經驗裡無人能及。Charlotte Staub出色的書本設計，也該得到讚許。福特基金會

（Ford Foundation）的John Boyer和Sheila Biddle撥予暑期補助金，使我得以動筆撰寫此書，也該得到感謝。我要感謝Regina Rogers Doi大方提供她漂亮宜人的房子，讓我在寧靜的環境中寫下初稿。James Palais的友誼和學問，始終予我鼓舞和啟發，儘管出版前他對本書正文的評論，使我頭髮更加灰白；Donald Clark不辭辛勞過目本書文稿，也幫了我很大的忙，這兩位學者都使我免於犯下許多錯誤。我撰寫本書時，正開始編《劍橋朝鮮史》（*Cambridge History of Korea*）的近代卷，我要感謝為該書撰文者。本書正文中的看法，全出自我，錯誤、離譜之處當然全由我負責。

Meredith Woo-Cumings（禹貞恩）始終努力教我認識人生的奧妙，但也直接、間接教了我許多關於她所來自之國家的許多東西。我岳父禹容海（Y. H. Woo）是我認識現代朝鮮的重要憑藉。Ian Woo Cumings生於動念撰寫本書之前，Benjamin Woo Cumings生於本書成形期間；兩人都以他們的妙語和娛樂給了我支持。我無法陪伴他們時，母親Eleanor S. Cumings始終熱心幫我看顧。

此書內容既非按事件的先後發生順序編排，也不側重剖析，但為顧及全書的條理，在某種程度上按照事件先後順序鋪陳仍有其必要，為了突顯朝鮮之經歷裡獨特、自成一格的事物，或為了了解其與眾不同之處，某種程度的剖析亦有其必要。第一章是長篇幅的導論，介紹現代朝鮮的背景，但如此篇幅顯然還是不夠：本章從遙遠的過去談到一八六〇年代，欲找回朝鮮歷史裡攸關我們當代人理解朝鮮的要素。這非我專攻的領域，也非我要論述的主題，我靠同僚晚近出色的著作，完成此部分的書寫。第二章是談朝鮮現代史的第一章，所謂的現代，以列強勢力來到朝鮮半島為起點。接下來講述日本拿下朝鮮半島一事。日本比朝鮮更快適應工業時代，從而相較於其近鄰，暫時占了上風。中間幾章審視二十世紀中期朝鮮的決定性危機，這段時間始於日本戰敗、百廢待舉之時，終止於朝鮮半島上南北韓的徹底分立。第六、第七章檢視南韓在一個干預主義的威權國家不斷催促下，躍升為工業強國，以及人民對於最終打造出相對工業化、民主之國家——亦即現代韓國——的作為所發出的抵抗。第八章探討金日成的北韓，第十章以他兒子金正日的掌權、一九九〇年代美朝關係危機、南北韓重歸一統的前景為起始。第九章談在美國的韓國人經驗：就出自美國人之手、為美國人而寫、為如今成為美國人的韓裔而寫的書來說，這不能不談。

這一美國觀點或許讓朝鮮人覺得是累贅，但我在美國工作，自認是道地的美國人，所以這部分不能少。那或許也有其好處：世上沒有所謂的「物自身」；只有透過比較、類比、暗喻，透過多維度的觀察，不斷來回探查我們欲求之物與我們自身之間，才能瞭解自己所處的世界。費爾南・布勞岱爾（Fernand Braudel）在其最後一本書《法蘭西的特性》（*L'Identité de la France*）裡寫道：

> 史學家只有在談及本國歷史時，能真正處於平等的立足點上；他幾乎出於本能的瞭解其轉折、其獨創之處、其弱點。但當他紮營於別處，不管他多有學問，都絕不可能享有這樣的優勢。因此我把我的白麵包留到最後；留點東西給我的晚年。

由於類似的直覺，我已紮營於東亞與美國的交叉點，自二十二歲起，我的人生一直在那個交叉點度過。我也要存下些許白麵包，以備老年不時之需。

CHAPTER 1 德

人可以追索邊界的歷史，追索那些一經實施即必然立遭遺忘、少有人知的歷史，亦即某文明摒棄視其為異類之事物的歷史。綜觀文明之歷史，其在自身周邊挖掘的這道城壕，藉以保住自身孤絕境地的這個無人地帶，此一特點就等同於其正面價值。

——米歇爾・傅柯（Michel Foucault）

一如世上其他大多數人，當今南北韓的朝鮮人，都自認已經以二十世紀活力滿滿、那種令人目不暇給的速度，脫離歷史和傳統。但若不針對更長一段時期探究一番，就無法說明他們究竟以何種方式完成此脫離過程。這段時期既指西元一四〇〇年之前記載貧乏的一千年，更指有豐富史料記載的朝鮮王朝（一三九二～一九一〇）那五百年。要理解「現代」朝鮮，首先得遊覽過此前數百年，以闡明「你或許會忘記歷史、但歷史不會忘記你」這個道理。

有這麼一段論基督在世前後朝鮮史的文字，值得大家好好思考：「朝鮮漢化，以及後來漢朝皇帝發動移民朝鮮，給日本帶來長遠的文化影響。久而久之，朝鮮半島成為中國文化流入日本列島的主要

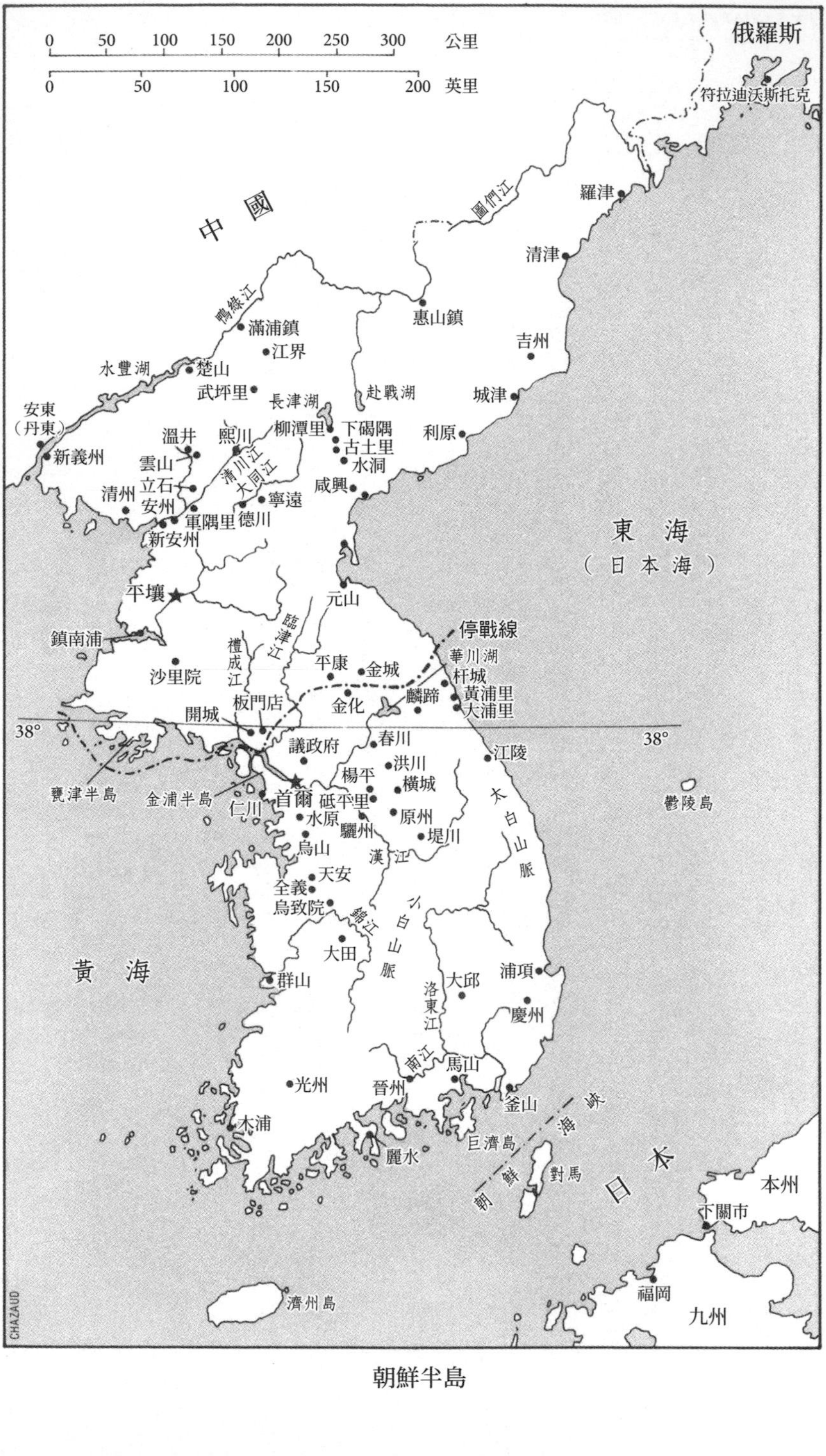
0 50 100 150 200 250 300 公里
0 50 100 150 200 英里
俄羅斯
符拉迪沃斯托克
圖們江
羅津
中國
清津
鴨綠江
惠山鎮
滿浦鎮
江界
吉州
水豐湖
楚山
赴戰湖
武坪里
城津
長津湖
安東
（丹東）
柳潭里
下碣隅
古土里
利原
溫井
熙川
新義州
雲山
水洞
清川江
大同江
立石
咸興
清州
寧遠
安州
軍隅里
德川
新安州
東海
（日本海）
平壤
元山
臨津江
停戰線
鎮南浦
禮成江
華川湖
平康
金城
杆城
沙里院
麟蹄
黃浦里
金化
大浦里
開城
板門店
38°
38°
議政府
春川
江陵
洪川
甕津半島
金浦半島
楊平
橫城
首爾
砥平里
鬱陵島
仁川
水原
原州
驪州
堤川
烏山
漢江
太白山脈
天安
全義
烏致院
錦江
小白山脈
大田
黃海
群山
浦項
大邱
洛東江
慶州
南江
馬山
光州
晉州
釜山
朝鮮海峽
木浦
巨濟島
麗水
對馬
日本
本州
下關市
福岡
九州
濟州島
CHAZAUD

朝鮮半島

管道。」這段文字出自一九九三年出版的一本好書。[1]在西方人的腦海裡，日本比朝鮮更快勃興，因此，在日本勃興之後——也就是一八六八年後——任何時刻，有人寫下這樣的文字不足為奇。這段引言哪裡不對勁？首先，儘管在一三九二至一九一〇年間朝鮮幾乎漢化，但朝鮮其實從未「漢化」。幾個城廓小國於朝鮮半島上爭霸時，朝鮮當然未漢化。其次，除了居間將中國文化傳到日本，促成中國影響日本這個「長期」作用，朝鮮本身就沒有值得一談之處嗎？中國對日本的影響，是否不會因為經過朝鮮而有所變化？中國只對日本施予「文化影響」，而不影響朝鮮？如果是，為何如此？如果不是，為何特別著墨於日本，而非朝鮮？

我還可以提出更多疑問，但或許可以說，從西方帝國主義列強入侵東亞，直到我撰寫此書這一刻，非朝鮮人都未能認真看待朝鮮人，未能把朝鮮人當成歷史舞台的要角來認識。以歐洲為例想像同樣情況：從西元前約二〇〇年至西元一四〇〇年（上述作者的時間框架），希臘羅馬文化通過某國……對英格蘭有明確影響。不必指出某國是何國，就能看出這段陳述的缺陷。大不列顛一如其他許多歐洲國家，受到希臘羅馬文明澤被，且在此過程中演化成長。在位於臨海山丘上的愛丁堡，我們遇見一座局部重現的帕德嫩神殿，與真正的帕德嫩神殿相隔千萬里遠，蘇格蘭因此只是希臘榮光的反映、接納者、傳播管道嗎？——當然不是。

過去百年，朝鮮受到帝國主義蹂躪，無法建立自己對過去的看法，就是這段百年歷史使我們認為，如果朝鮮人是儒家信徒或佛教徒，或建立了科舉制，他們想必已經「漢化」。其實，實際情況更加複雜，朝鮮歷史也更為精彩動人。朝鮮人把孔子學說轉化為自己的東西，一如文藝復興思想家把柏拉圖、亞里斯多德的學說轉化為他們自己的東西；孔子墓位在隔著黃海、與朝鮮半島相對的山東，使得這樣的轉化更加容易。實情是，朝鮮仍是本來的朝鮮，並不遺餘力地將外來影響朝鮮化，而非只是直接接受外來影響。

阿拉斯戴爾・麥金泰爾（Alasdair MacIntyre）在其傑作《美德淪喪的時代》（*After Virtue*）中，敦促二十世紀讀者理解到，他們心中的想法是一個失去整體觀的片斷，不管他們自以為是擁護洛克理念的自由主義者、擁護奧古斯丁思想的天主教徒，或擁護亞里斯多德學說的理性主義者皆然。那個已消失的整體，就是以上述各大家的思想世界，那些思想在其中構成人類互動的整體，人吸收那些思想，就如吸進空氣一樣自然。但要找回那個整體，根本不可能。朝鮮的情況亦是如此。朝鮮的世界觀充斥著儒家、佛教、本土主義思想，數千年來界定了何為朝鮮人，如今卻突然消失無蹤。然而，在朝鮮人心裡，仍殘存著這個世界的片斷，這些片斷有助於說明許多朝鮮人行事的動機，說明他們如何改變自己以因應現代生活。

舊朝鮮是個自成一體的世界，造就了一個充分實現自我、與眾不同的人類歷史。那是個德性掛帥的世界，即使那些德性在當今兩韓日漸式微，一如在其他每個地方，它們仍持續激勵朝鮮人心：今日朝鮮人的心中，不管他們知不知情，「首先就承載」了數千年的歷史，具有深刻的道德感。如今，我們把那些德性統稱為「儒家思想」。儒家思想如今常被說成是保守哲學，強調傳統，尊崇過去的輝煌時代，用心實踐禮儀，蔑視物質追求、商業活動和改造自然，要人服從長上，偏愛較固定不變的社會階層制度。如果說儒家思想有這些傾向，它還有別的傾向——例如為了忠於自家，可能轉變為與他人爭奪物質財富之舉；又如，對道德規誡的重視，使學生和學者採取對當權者據實以陳的道德立場。對當今兩韓的諸多評論，多半聚焦於這種儒家遺風據稱一成不變、威權、反民主的特性上。但片面偏重這些方面，永遠無法說明為何南韓商業特別繁榮，為何新菁英有逐利、炫耀性消費之風，或為何南韓工人和學生堅定不移爭取民主化。與此同時，北韓共產主義與過去徹底劃清界限一說，會使人看不到仍存在於該地的儒家思想遺風：以家族為基礎的政治、由領導人之子接位掌權、格外尊崇該國建國者金日成。

與這股儒家思想之流並行的，有一條由難以清楚表達的信念所構成的大河，在靜靜流動著。那是一種本土的思想，存在於種種人的心裡：未受教育者、不識字者、避世隱居者、深居家中、不得抛頭露面的女人、稻田裡彎腰耕種的農夫、用木製A形框架背著百磅重物快步走過首爾街頭的老人、喝馬格利米酒（makkŏlli）喝到茫而對著月亮吼叫的工人、充滿好奇心的小孩、沉醉於男歡女愛的年輕戀人、人們視若無睹的賤民。這裡所謂的心，位在胸骨底下，而非位在兩耳之間：誠如理查・拉特（Richard Rutt）所說的，「朝鮮人一如中國人和希伯來人，認為思考的中心在心，而非頭。」[2]他們說「我認為」，指的是胸中的想法。「心」（sim）兼具知性與感性，把思想與情感合而為一，這種認識在西方文明的柏拉圖思想裡占有崇高地位。

朝鮮人的「心」能與住在天地萬物（熊、蟋蟀、樹、花、家、山、川）之本性裡的靈，與夜裡行走的鬼、妖怪，與施術的薩滿，與扭動身體、念著咒語、被鬼神附身的女「巫堂」（mudang）互通聲息。這一人「心」與臟腑、肉身相連，臟腑、肉身則與其所在的自然環境相聯繫，迷信、直覺、啟示、洞見、瘋狂、智慧、以及最重要的，自由，從此「心」生出。這是最純粹的朝鮮傳統，充斥於歌、詩、舞、夢、情感中；它不讓人捨棄官能感受，不讓人按捺激情之火。這是身為西方理性主義者的我，最不了解的朝鮮一面：我所看不到的妖魔鬼怪，我所聽不到的嚎哭與尖叫，我所感受不到的行善或作惡的力量，我所無法理解的不由自主跺腳、扯開嗓子尖叫、揮手的經驗。一百年前，有個來過朝鮮且觀察敏銳的美國人，名叫珀西瓦爾・洛厄爾（Percival Lowell）的科學家暨旅行家，有這番心得：「朝鮮人很愛美景。各道所擁有的美景，不只人盡皆知，而且得到有系統的編目分類。某地有樹林得到頌揚，另一地有峭壁得到讚美，還有一地水中倒映的月光得到稱頌……。」[3]不知何故，我認為這是最道地、充滿人情味的朝鮮——或許因為這就是我們始終被告知要提防的那個朝鮮。我認為，外籍旅人在朝鮮人身上所感受到的那股率直、豪爽、富有生氣、令人振奮的活力，就來自非常本土、非常在地。那是非常迷人、充滿魅力的活力，在朝鮮的東方鄰國身上找不到的活力。我舉起一杯燒酒，向所有那些不知名但令人精神百倍的人致意。

朝鮮民族的起源

朝鮮人發跡於三面環海的多山半島上，曾有人說，如果用熨斗把朝鮮半島熨平，會變得和中國一樣大。朝鮮人認為其歷史的起源，與其北方邊界上有著大火口湖的白頭山密切相關。如今他們仍是「山民」，認同歸屬之地與朝鮮其他地方大不相同。這一地域心態往往令外國人覺得誇張，但影響卻非常真切——例如對晚近南韓投票模式的影響。在都市人口甚少的時代，大部分人住在自己村子的小天地裡，走上幾小時才能抵達山麓彼端城鎮，這一地域心態的影響肯定又大上許多。

這座半島過去也被異族三面圍繞：西邊中國人，東邊日本人，北邊多種勢力：「蠻」族、好鬥的入侵者，以及十九世紀日益擴張且深入的俄羅斯勢力。儘管日本於十六世紀晚期和十九世紀，兩度對朝鮮有強烈影響，但在古代，鄰接半島之亞洲大陸上的民族和文明，對朝鮮歷史遠遠更加重要。以鴨綠江、圖們江為界河的中朝邊界，已確立數百年，比歐洲境內的類似邊界更加悠久，人們或許會因此認為，這兩條河始終是朝鮮疆域的北界。其實朝鮮人的勢力曾越過這兩條河，深入中國東北和西伯利亞，而且不管是朝鮮人，還是據有滿洲平原的古代諸部族，都不認為這兩條界河神聖不可侵犯。嚴冬氣候每年也在數月間開闢出封凍的通道，利於人員進出朝鮮半島，而朝鮮民族就從這些遷徙中逐漸形成。

當今南北韓人想像中，朝鮮民族的起源是西元前二千多年，有個叫檀君的國王創立了「古朝鮮」（「朝鮮」一名有時被譯作「早晨的寂靜」，如今仍是北韓國名，而南韓國名「韓國」，始用於一八九〇年代；西方人的 Korea 一名，則來自九一八至一三九二年的高麗王朝）。[4] 根據現存的一份高麗時期文獻，中國史家寫道，檀君於中國傳說中的堯帝時代，在今日平壤附近建造王宮，建立了名叫朝鮮的國家。詹姆斯·蓋爾（James Scarth Gale）的說法較貼近事實。他寫道，朝鮮「起源於朦朧難辨、無法仔細探究的時代，那是天地合一的時代，介於人的時代與天使、幽靈時代之間。」[5]

這份高麗文獻如此描述檀君的誕生（檀君誕生的故事另有數個版本）：

時有一熊一虎同穴而居，常祈於神（桓）雄（從天降下的國王），願化為人。時神遺靈艾一炷，蒜二十枚，曰：「爾輩食之，不見日光，百日，便得人形。」熊虎得而食之，忌三七日（謹遵國王指示二十一日），熊得女身。虎不能忌，而不得人身。熊女者無與為婚，故每於壇樹下呪願有孕，雄乃假化而婚之。孕生子，號曰壇君王儉。[6]

檀君出身不明，卻在西元後的每個世紀，對朝鮮人有所影響，而且肯定在西元前的許多世紀，也對朝鮮人有影響。上述傳說並非如日本史家所言，製造於高麗時期，反倒可在某些據推算製作於西元一四七年的石板上找到。這些石板來自隔著黃海與朝鮮半島相望的山東境內某家祠，板上繪有檀君傳說。[7]一四二九年所蓋的檀君廟，屹立於平壤，直到一九五〇年代韓戰時才被炸成碎片。

具有民族主義意識的史家主張，從檀君出現直到今日南北韓，朝鮮民族一直以線性、同質的方式在發展。此外，此王不只是個人，還超越了人的生命，在檀君死後持續存在，由不同時期的不同人賦予意義，以便從這一綿亙不絕的世系取得其正當性。例如，南韓在第一任總統期間，採用了以檀君誕生年為元年（西元前二三三三年）的曆法。一九九三年九月，正陷入與美國交涉之核危機的北韓，突然大吹大擂的宣布，在平壤附近某地，發現檀君墓和一些他的遺骸：

五千年前檀君創立古朝鮮，是朝鮮民族形成過程中的劃時代大事。隨著古朝鮮國的創立，一體化的政治單元問世，人民的血緣紐帶和文化共通性得到強化，他們的政治、經濟關係變得更緊密，大大推動了朝鮮民族的形成……朝鮮人是同質民族，在整個歷史期間承繼同樣的血統和文化。[8]

金日成於該月稍晚參觀了該地，一年後，其子金正日在該地建立了博物館。所有官方作家都出來宣稱，朝鮮人是歷史最悠久（且最優秀）的民族，擁有從西元前三十世紀直到現在連綿不斷的歷史。

不管人們如何理解這一最新的發現或熊女神話，誰都看得出這是朝鮮的故事；除了朝鮮民族，少有民族（我腦海裡浮現日本人和以色列人）從古至今始終保有獨特的民族性和語言，且把本族的起源推到如此遙遠的過去。少有地方對浪子的女性後代或該浪子的特異本事，寄予如此超乎尋常的關注（北韓人稱出土的檀君恥骨大於常人；古文獻有時記載了此王陰莖的長度，但只限於有必要特別交待此事之時）。[9]少有民族吃這麼多大蒜。尤其值得一提的，世上少有民族住在一個不存在重大族群、種族或語言差異的國家裡：朝鮮的確是世上同質程度很高的國家，國民都出自同一族群。朝鮮始終保持同質性，這令朝鮮人感到欣慰；但若認為這一相對來講較高的同質性，就意味著共同的「血統」或使所有朝鮮人具有類似的特性，那就大錯特錯。

令人遺憾的是，直到西元前數世紀，才有關於朝鮮的史書出現，而且該史書是中國史官所寫成。但舊石器時代遺址的挖掘，已查明五十萬年前此半島就有人居住，七千或八千年前的新石器時代，此半島也有人活動——他們遺留的光滑磨製石器和陶器就是明證。西元前二〇〇〇年左右，新陶器文化從中國傳入朝鮮半島，陶器上帶有顯著的上色痕跡和鑿刻圖案。這些新石器時代人務農，營定居村落生活，被公認是擁有相同血緣的氏族，作為其基本社會群體。今日的朝鮮史家有時認為，以「和白」

（hwabaek）為特點的氏族領導制度，一如檀君神話，皆可追溯至這些新石器時代人。「和白」是貴族會議，產生於後來的新羅時期。但沒有確切證據可支持這類想像出來的朝鮮民族起源說，除非採信晚近北韓境內的考古發現，但朝鮮境外的史家少有人願意採信。

但到了西元前四世紀，半島上一些小國存世之久，足以引來中國的注意，其中最有名者是古朝鮮。有些史家認為古朝鮮位在滿洲南部的遼河岸，另有些史家認為它位在流經平壤和朝鮮半島西北部的大同江畔。[10]古朝鮮發展成以青銅器文化為基礎的文明國家，以及擁有許多城廓城鎮的政治聯合體，而且（根據中國方面的記述），這一聯合體強大到不可一世。古朝鮮由運用青銅製武器的騎馬民族組成，勢力擴及北方，拿下遼東盆地的大部分地方。但華北的燕國（西元前一一二二～前二五五）日益強大，阻止了古朝鮮的壯大，最終把古朝鮮推回到清川江以南地方（鴨綠江、大同江的中間位置）。

燕國屈服於秦帝國和漢朝（西元前二〇六～西元後二二〇）時，古朝鮮也勢衰，難民東遷。就在此情勢下，出現衛滿這號人物。他於西元前一九四至一八〇年間自稱朝鮮王。衛滿朝鮮是中國影響與古朝鮮的混合體；在衛滿治下，這個國家似乎重現活力，版圖再度擴及數百里。但雄心甚大的衛滿朝鮮遭漢朝揮兵入侵，於西元前一〇八年覆滅。這些變化發生的同時，鐵器文化興起，使以鍬、鏵、鐮之類器具為基礎的先進農業得以問世。稻米等穀物的種植大增，促使人口增加。從此直到數百年後一統的朝鮮國家出現為止，農業社會賡續不輟，儘管我們還不願稱此半島上的人為「朝鮮人」。

漢朝設立四郡統治此半島，最遠及於（流貫今日首爾的）漢江，核心區域位在樂浪（韓語讀作Nangnang，位在今日平壤附近）。北韓史家否認樂浪郡的中心地區在朝鮮半島，認為該郡位在此半島西北方，或許在北京附近。此舉說明了今日南北韓持續涇渭分明的歷史書寫——以及南北韓雙方將朝鮮民族主義投射於歷史，導致很多事情不可盡信。北韓史家有上述說法，或許係因為樂浪明確是個中國城市，該處出土的許多隨葬品，顯現出定居該地的中國領主和商人之富裕程度；其中許多出土的人造物，是由日本考古學家關野貞，在一九一三年奉朝鮮總督府之命發掘出來的（或許北韓人的觀點還是有其道理）。

三國時期

樂浪作為「中國—朝鮮」政治、藝術、工業（包括採掘鐵礦砂）、商業的中心之一，前後約四百年，影響廣遠，吸引中國境內人民移入，使漢江以南數國向中國納貢。西元一至三世紀，朝鮮半島南部許多城廓國家組成三個聯邦，即辰韓、馬韓、弁韓；在肥沃的沖積谷地和平原，建立了灌溉用的蓄水池，由此可見這些地區農業的發達。辰韓位在半島南部中段，馬韓位在西南部、弁韓位在東南部。不久後會對朝鮮史有重大影響的百濟國，首先成立於馬韓地區；百濟國創立於何時，如今不詳，但在西元二四六年肯定已存在，因為樂浪於該年大舉揮兵進攻該國。但百濟是個兼具中國、本土勢力影響的中央集權制貴族國家一說，如今無人質疑，其日益強大的國力亦然：不到百年，百濟就滅掉馬韓，占據了今日首爾周邊地區，即今日朝鮮半島的中心地區。有人說朝鮮父死子繼的王位繼承習慣，始於百濟王近肖古時，其孫兒以佛教為國教（三八四年），開啟了另一個悠久傳統。

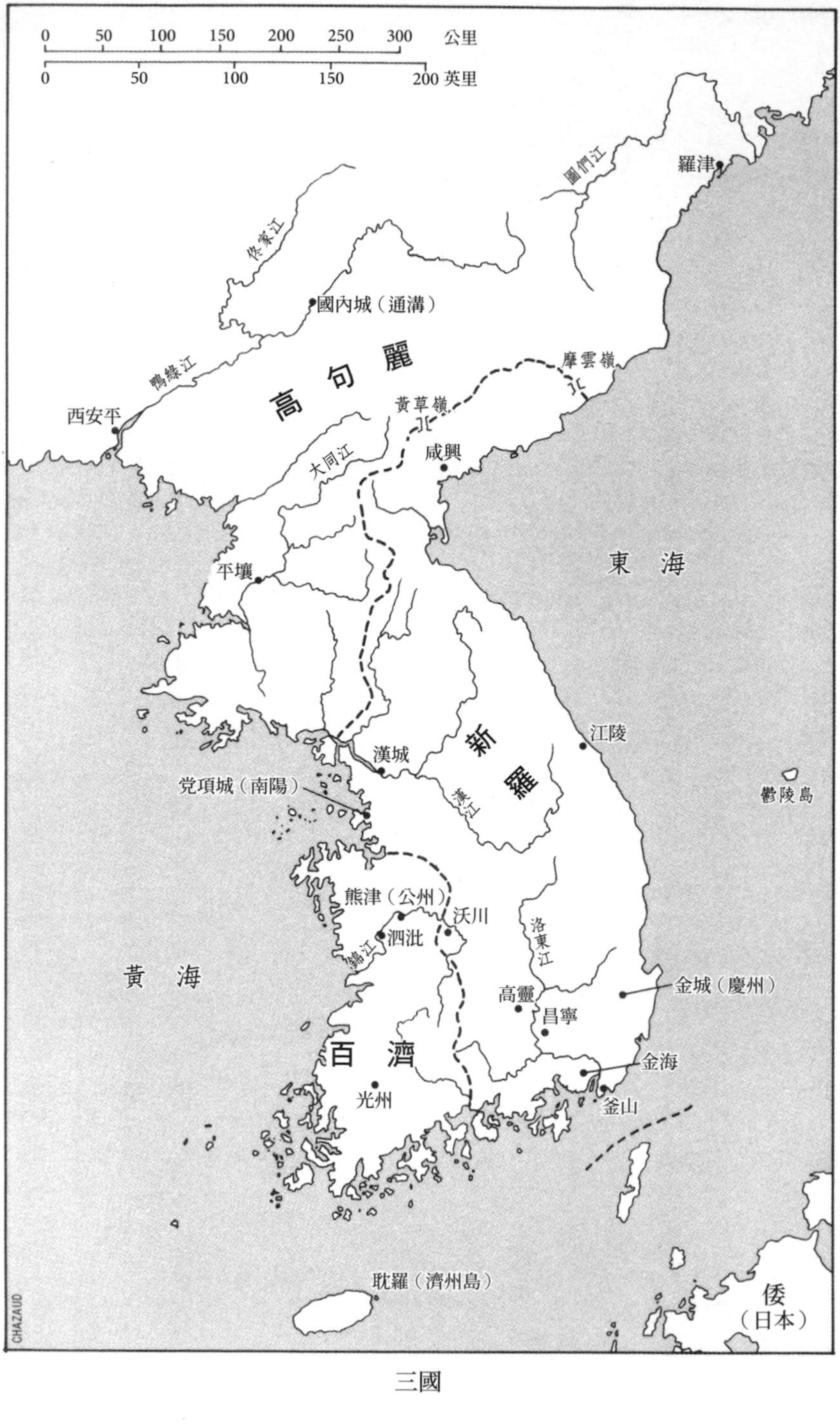
0 50 100 150 200 250 300 公里
0 50 100 150 200 英里
圖們江
羅津
佟家江
國內城（通溝）
高句麗
鴨綠江
摩雲嶺
黃草嶺
西安平
大同江
咸興
東海
平壤
新羅
江陵
漢城
漢江
党項城（南陽）
鬱陵島
熊津（公州）
沃川
泗沘
錦江
洛東江
黃海
金城（慶州）
高靈
昌寧
百濟
金海
光州
釜山
耽羅（濟州島）
倭
（日本）
CHAZAUD

三國

與此同時，西元前後，在半島以北，出現了兩個強國，即位於滿洲松花江流域的扶餘，以及常與扶餘為敵，位於扶餘南邊，靠近鴨綠江的高句麗。高句麗在與中國人的對峙中發展起來，也會對朝鮮歷史有長遠影響。扶餘國力較弱，為反制高句麗，尋求與中國結盟，但最終於西元三一二年左右臣服於高句麗。這時高句麗向四面八方擴張，尤其是向西邊的遼河和南邊的大同江擴張。三一三年，高句麗占領樂浪郡轄地，開始與百濟起衝突。

半島地形左右了百濟、高句麗、新羅的三國鼎立政治格局。在朝鮮半島中部，主脈太白山脈沿著日本海邊緣而行，呈南北向。但在半島往南至約四分之三的位置，大約在北緯三十七度，此山脈轉向西南，幾乎從中間處把半島一分為二。這道往西南延伸的支脈，即小白山脈，保護山脈東邊的人民，不受半島上的中國占領勢力侵犯，但對於要進入半島西南部進行擴張，又不至於構成重大障礙。半島西南部就是百濟的歷史領域。

但高句麗的版圖涵蓋朝鮮半島東北部和滿洲東部。這片地區荒涼，冬季氣候嚴寒，由高聳山脈、遼闊平原、孕育生命的河川構成；最高峰白頭山，位在今日中國與北韓邊界上，峰頂有座美麗純淨的火口湖「天池」(Chŏnji)。天池距峰頂五百公尺，環湖群峰海拔將近三千公尺。有個叫道詵的著名朝鮮僧人，結合佛教、道教的風水說，認為朝鮮半島是「一棵紮根於白頭山，開枝散葉的樹」。[11] 此外，一九四二年有個德國地理學家，如此分析其從火山口邊緣所望見，令人讚嘆的景致——「氣勢磅礴的景致」——以及下方遼闊的原始森林：

他往外看，視線掃過點綴著白色斑點的山坡，再俯視一望無際的高原，高原上有遼闊的森林。往內看，視線越過峭壁，直視下方五百公尺深處寬闊的湖面。湖面似乎紋絲不動，即使頭頂上刮著暴風亦然。天晴時，湖水呈明亮的暗藍色，破火山口的岩壁形貌和顏色，清楚映照於湖面。較下方熔岩的紅、較高處熔岩的灰與黑、浮石砂帶著黃色的亮白，經水面反射，面積似乎大了一倍，而且更加叫人驚艷。凡是看過的人都同意，這一內外景致的強烈對比，使此風景……成為世上最迷人的風景之一。[12]

高句麗的版圖以此山為中心，往外延伸得又廣又遠，從今日的海參崴（弗拉迪沃斯托克）到旅順，從三十八度線到滿洲長春。一如高句麗，北韓也將此山用作建國神話的一部分，如今據說，金正日在一九四二這個令人絕望的年份，出生於白頭山山麓（他其實生於伯力〔哈巴羅夫斯克〕南邊的中俄邊界附近，至於他生在中國還是俄羅斯，說法不一）。而且朝鮮民主主義人民共和國也根據這項高句麗遺產，聲稱自己是朝鮮的正統，這點沒什麼好意外。

高句麗宣揚本國國王的偉大，的確不落人後。始祖朱蒙不只是天子，善於騎射，七歲就力大如成年男子；還能在水上行走。傳說有次朱蒙被敵軍緊追不捨，遇一大河擋住去路。就在快被敵人擒住時，「魚鱉成橋，（朱蒙）得渡而橋解，追騎不得渡。」。朱蒙訂「國號高句麗，因以高為氏（本姓解也。今自言是天帝子，承日光而生，故自以高為氏）。」[13]北韓的金日成也是太陽王，根據意為最高領袖的古高句麗語，自稱「首領」（suryŏng），[14]自認直接承繼了從那個古王國從高麗王朝至今的綿長世系。

但據南韓史書的說法，朝鮮世系之正統的奠基者，係三國之一的新羅。位於半島東南部的新羅國，以釜山北邊的慶州為其國都，最終造就出富裕且有文化素養的統治菁英。從一九六一至一九九六年，歷任南韓總統，不管是獨裁者，還是民選出身，都來自此地區，大韓民國大多數歷史學家尊崇新羅的歷史世系；李承晚之意識型態的打造者，即第一位教育部長安浩相，提出他自己的「主體」（Juche）[15]哲學，並主張此哲學濫觴於新羅。半島西南部的百濟遺緒，成了朝鮮分裂的受害者，全羅道人受到其他地區的朝鮮人和南北韓境內歷史學家歧視；所幸，公州附近發現武陵王（五〇一～五二三）陵，讓二十世紀學者認識到百濟工藝的精湛，其精巧的透雕細工金冠，與著名的新羅王冠相比，毫不遜色。據說，有位百濟裔畫家是九世紀日本最頂尖的宮廷藝術家，是「日本境內第一個值得紀念的畫家，第一個把風景畫提升到令人尊崇之藝術水平的人。」[16]由以上敘述可知，三國時代繼續影響著朝鮮的歷史和政治文化；朝鮮人把自己所喜好或鄙視的地域特性溯及三國時期，這種事並不罕見。

這三國住著「朝鮮人」嗎？誠如下文所見，每個王國的特色，的確都有一部分繼續存在於一統的朝鮮裡。但戰爭、遷徙、族群混合太頻繁，無法形成一個與鄰居迥然有別但內部同質的族群，而可核實的史料又太少，我們無從知曉此三國的邊界、族類、語言差異，或這三國與西日本境內諸國的邊界、族類、語言差異之間有何關聯。[17]高句麗無疑與中國系、北方系的族群融合，南方兩個王國則與住在日本列島上的人有不少往來，尤其是九州西部的人。晚近的證據顯示，日本古墳時期（西元三〇〇～七〇〇）的居民，多達三分之一的人近祖源自朝鮮。[18]我認為，最穩當的假定，係當今朝鮮人、日本人的基因庫想必有一共同的古老根源，一如華北人、蒙古人與半島居民混交。所以，不管朝鮮人、日本人如何相信自己是獨一無二的同質種族，在朝鮮半島和日本，並無這樣的種族存在，但的確存在著一個共同起源的族類，並在某個不詳的時間點，此一族類在文化和語言上開出分枝，各自發展出相對獨立自主的歷史，但能夠彰顯兩者種族差異的DNA痕跡微乎其微。

新羅從城廓都市斯盧（Saro）發展出來，儘管新羅的史家將新羅的起源定在西元前五七年，但當今史家認為奈勿王（三五六～四〇二）是第一個統併出大型聯合王國，且建立王位世襲制的統治者。他的疆域位在今慶尚南道的洛東江以東。朝鮮半島中南部末端，面朝朝鮮海峽的地區，存在幾個國家。這些國家既未與新羅結合，也未與百濟結合，而是自組一個伽倻聯盟，並與位於今日日本的諸國保持緊密關係。三九九年，來自九州的倭軍[19]攻擊新羅以助伽倻，但伽倻最終還是遭鄰國新羅吸併。新羅靠高句麗的援助，擊退了來犯的倭軍。接下來二十年，高句麗軍駐紮新羅。

大概在五世紀下半葉，新羅境內出現中央集權政府，因為首都此時既是行政中心，也是商業中心。六世紀初期，新羅領導人引入牛耕技術，建設了廣闊的灌溉設施，農產量隨之增加，從而使政治、文化得以進一步發展，包括西元五二〇年的律令制定、旨在劃定菁英身分地位的世襲「骨品制」創立、五三五年左右以佛教為國教（百濟和高句麗更早便接納了佛教）。

新羅軍力弱於高句麗；五世紀初時，高句麗不只已牢牢掌控朝鮮半島北部、中部，還牢牢掌控遼河以東的滿洲全境。此時，高句麗的領導人有個名號取得很貼切：廣開土王。他十八歲即位，在位二十一年期間（三九一～四一二），除了助新羅抗擊來自日本的倭軍，還攻下六十五座城廓都市和一千四百座村莊。廣開土王控制朝鮮半島北部和滿洲許多地方；四二七年，他的繼位者長壽王定都位於沖積平原與河川交會處的平壤，平壤成為此大國的中心。但隨著高句麗版圖擴張，其與西邊的中國隋朝（五八一～六一八）和南邊的新羅、百濟陷入對抗關係。

五五一年，新羅與百濟的聖王聯手攻打高句麗。攻下漢江上游後，新羅轉向攻打百濟軍，把他們趕出漢江下游。受重創的百濟王國在西南部療傷止痛時，新羅與中國隋朝、唐朝（六一八～九〇七）組成聯軍，進攻高句麗，打了數場雙方各動員數十萬兵力的大戰，從而改變了東北亞的面貌。最初，高句麗軍於五九八年渡過遼河，隋軍數次欲將他們逐走，都遭擊退。隋煬帝也無法擊敗遼東城的高句麗軍，於是在六一二年大膽大舉入侵高句麗，出動了百餘萬兵力，並調其中三分之一的兵力進攻都城平壤。高句麗指揮官，能文能武的乙支文德，祭出一連串敗退、佯攻、撤退戰術，將隋軍誘入平壤北邊三十哩處清川江畔的陷阱裡。他在這裡等隋軍上門，終於和隋軍交上手。他為此刻寫了一首詩，遣人送給隋將，詩云：

神策究天文，
妙算窮地理。
戰勝功既高，
知足願云止。

隋軍不為所動，於是高句麗軍從四面八方殺來，隋軍潰敗：九支部隊落荒逃往鴨綠江。或許只有三千隋兵保住性命，退入中國；這場戰敗導致隋朝於六一八年滅亡。[20]新興的唐皇帝太宗六四五年也發大軍征高句麗，但高句麗軍在安市城包圍戰拿下漂亮勝利，唐太宗不得不撤兵。

此後，朝鮮人一直把這幾場勝利視為抵抗外敵侵略的輝煌事例。此論點的確有其道理；高句麗若未擊退他們，朝鮮半島諸國可能全部落入中國長期支配，最後被併入中國。於是，乙支文德等將領成為後世的楷模，尤其在韓戰期間（一九五〇～一九五三）。

但百濟禁不住新羅、唐朝聯手進攻（唐朝於六六〇年派出一支龐大艦隊，登陸半島的西南海岸），不久就敗亡。唐朝的壓力也削弱高句麗國力，經過連續八年征戰，高句麗苦於外敵攻擊和內鬥，加上數場饑荒，終於撐不住。高句麗退到北方，新羅軍得以趁虛而入，鞏固其及於大同江的勢力範圍（大同江流經平壤）。新羅因此於六六八年稱霸朝鮮半島，許多史家認為從這一年起，有了統一的朝鮮。三國時期隨之告終。但三國期間，由於引進中國的治國之道、儒學、儒家教育年輕人的方式、漢字（韓國人透過名為吏讀的系統，用漢字表記自己的語言），已開始受到中國文明的長期影響。三國也引進佛教，統治者認為信眾一致皈依佛陀、但只為一王效力，將有利於鞏固其統治。此外，來自高句麗、百濟的藝術家，將古墳壁上的壁畫藝術臻於完美，並將此藝術帶到日本，深深影響了日本的寺院和墓葬藝術。有些朝鮮學者主張，百濟「征服」了日本，[21]此說激起許多疑問（例如，何謂「日本」?），但許多朝鮮、西方史家如今相信，日本陵墓裡的壁畫，意味著天皇世系可能有朝鮮淵源；日本考古學家未積極打開其他陵墓，原因或許在此（重要古墳如今多半仍不准考古調查）。

朝鮮人深深影響了日本的發展一說，確無疑義；誠如日本某史家所說，百濟藝術「成為飛鳥時代

（約五五二～六四四）藝術的基礎」，[22]古墳壁畫的確清楚顯現出高句麗的強烈影響。日本境內的民族主義學者竭力否認上述說法，一如南北韓境內的民族主義學者認為朝鮮一度是日本的統治者，以及「日本所有古文明的源泉」。[23]晚近出現且受到客觀評量的證據，顯示日本從古朝鮮半島得到先進的鐵製品、武器、馬具、金銀飾品、陶器、新治國之道，其中有些治國之道仿自中國，有些則是朝鮮半島居民所自創。尤其值得注意的是，「用來製造日本最早武器和工具的鐵，幾乎全部」來自朝鮮半島，古代日本人已認識到，高句麗替馬和騎士佩上鎧甲的作法，是「火藥問世前，世上最具殺傷力的軍事技術」。有個美國學者以謹慎口吻說道：「這些朝鮮專家和日本專家，認為西元七〇〇年以前，朝鮮是日本文化的源泉，此說或許有人會認同。」[24]

新羅支配下的朝鮮半島

新羅和百濟想借中國之力打敗高句麗王國，從而開啟了另一個傳統，即引外力介入朝鮮的內部紛爭。但新羅因而得付出代價，因為新羅自此得抵抗唐軍的侵逼，受制於此，新羅支配的地區只限於大同江以南地區。但新羅的軍力，據朝鮮史家的說法，由於年輕貴族戰士（花郎）很有理想抱負，因而非常強大，六七一年時已拿下百濟；然後，在高句麗將軍安舜協助下，六七六年時把唐朝的安東都護府驅離朝鮮半島。新羅這一作為，使朝鮮民族從此得以走上自主發展之路。

花郎的戰士誓約，已體現了朝鮮思想之特色——儒佛混合現象。六〇〇年代初期，名僧圓光要花郎戰士守五戒：事君以忠、事親以孝、交友以信、臨戰無退、殺生有擇。[25]十九世紀晚期來到朝鮮半島的西方人，以為朝鮮沒有日本那樣的軍事傳統，但曾有數百年間，朝鮮的確有此傳統——在高句麗、新羅打敗中國的輝煌戰績裡可清楚看到。[26]高句麗除了武功耀眼，也推行儒家教育：三七二年成立全國性的儒學高等教育機關（太學），在地方城邑，年輕人在閱讀儒家典籍五經中成長。

新羅於七世紀時戰績不俗，但還是未能拿下高句麗的遼闊領土。一部分高句麗菁英，在大祚榮將軍領導下，於鴨綠江、圖們江南北岸，建立了名叫渤海的高句麗後繼國家。渤海自認古高句麗的化身，其強大的勢力迫使新羅於七二一年在北境蓋了一道長城，使新羅軍隊始終未能越過西起今日平壤、東至元山一線。誠如某著名史家所寫道，「新羅、渤海敵對之勢，猶如遭分割之一國的南北兩半」，[27]如今北韓在渤海的歷史裡尋找後冷戰時代的生存之道（但若非朝鮮於一九四五年一分為二，這類史事是否會被人寫下，沒人說得準）。到了八世紀，渤海已控制朝鮮半島北部、整個滿洲東北部、遼東半島。一如新羅，渤海仍舊深受唐朝中國文明影響，派學生到都城長安留學（其中許多人在長安通過科考），仿長安格局建造自己的都城——一如日本的古城京都。

根據某些資料，渤海人民定居白頭山山地和谷地，人口稠密程度甚於二十世紀。[28]與日本人不同，渤海人民這時睡在人稱「溫突」（ondol）的地炕上，地炕利用從中央火爐往各房間地板延伸的煙道加熱——在當今朝鮮半島上，此設施仍廣被使用，煙道以石頭砌成，炕面鋪上蠟紙和擦亮的油紙。冬天時，桌上水壺裡的水或許結成冰，但人睡在地炕上溫暖舒服，因此，滿洲的渤海人家不無可能也如此度過冬天。十二世紀傑出詩人李奎報如此描述當時的冬天生活：

冬月臥冰堗，
寒威來刮骨。
幸今燒柮榾，
一束炎已發。
氤氳氣如春，
衾席稍可親。[29]

十七世紀遭遇船難的荷蘭人亨德里克・哈梅爾（Hendrik Hamel），發現朝鮮民居根據階級分成兩種，這種作法不為他所喜，但溫暖的地炕甚合他的意。有錢人家的房子，屋頂以瓦鋪成，窮人則被規定只能住茅草屋。「除非得到許可，任何人皆不得擅自以瓦鋪頂。」哈梅爾還說：

地板都呈拱狀，冬天時在地板下生火，於是地板暖如火爐。地板表面鋪上油紙。他們的房子是小平房……凡是貴族都另有前廳，供接待友人……他們的屋前是個大廣場，廣場上有泉水、魚池和庭園，庭園裡有加蓋遮雨的步道。女眷住在屋子最深處的房間裡，外人見不到。[30]

新羅與唐朝之間的往來也頻繁且多樣，許多學生、官員、僧人前往中國學習、考察。六八二年，新羅成立名為「國學」的儒家高等教育機構，以培訓高級官員，後來施行官吏考選制度。此取才制度與唐朝所施行的科舉有點類似，但只有世族子弟能應考。比起新羅，渤海的中央政府組織更直接借用唐制；其文化兼融本土、唐朝文化於一爐，文明水準甚高，中國史書因此譽之為「海東盛國」。[31]

新羅也發展出昌盛的本土文明，當時世上最先進的文明之一。其首都慶州有百餘萬居民，[32]以「金城」（黃金之城）之名而著稱於世。在慶州，貴族追求高尚文化和奢華享受。唐朝史家寫道，高層官員養了數千奴隸，還有差不多同樣數目的馬、牛、豬。他們的妻子戴著精巧的透雕金質冕狀頭飾和耳飾。學者研讀儒釋典籍，改善國家治理，同時在天文學、曆學方面發展出先進方法。著名的七世紀瞻星台屹立至今，善德女王曾坐在該地觀天象。周邊的佛教建築讓人見識到先進的數學知識，而精細的雕版印刷使許多佛經和儒家典籍得以出版。阿拉伯旅行家也發現並寫下新羅令人讚嘆的成就。他們坐船（dhow，獨桅或雙桅三角帆船）或從中國走陸路來到朝鮮；許多人在此落腳，在此豐饒之國度過餘生。阿拉伯史家馬蘇第（Masudi）在其《黃金草原和珠璣寶藏》（*Meadows of Gold and Mines of precious Stone*，九四七年）中寫到新羅，說「從伊拉克（或別國）去到那裡的外邦人，幾乎都不再離開。那裡的空氣非常好，水非常純淨，土壤非常肥沃，物產非常豐饒。」[33]這些阿拉伯僑民大概也和當地人通婚，把少許閃族血統注入神聖的朝鮮血脈裡。

佛教徒赴慶州朝拜，最遠者來自印度。新羅學者所寫，且晚近在無影塔底部找到的《陀羅尼經》，據推斷寫於西元七五一年，是世上現存最古老的木版印刷品。與此同時，淨土宗風靡平民百姓，只要一再唸誦佛號，就能成為其信徒——有點類似今日熱衷唱誦哈瑞奎師拿（Hare Krishna）者。金城最引以為傲之處是慶州佛國寺和石窟庵。石窟庵建在佛國寺附近的海崖上方，經蜿蜒的山徑可至，登臨可俯瞰浩渺大海。兩者都建於西元七五〇年左右，如今世上最精美的佛教雕刻，有一部分就位在這兩座建築裡：

石窟庵仿中國石窟寺院建成，但在中國，石窟寺院係開鑿天然岩壁而成，而石窟庵是人造石窟……有一間矩形前室和一間圓形內室，內室的天花板呈圓頂狀，以精心切割的石塊砌成。這一圓頂狀天花板，不只證明技術的高超，其牢固也證明對應力學有深入的瞭解。[34]

這座遠離塵囂的寺院，建造時完全沒用到砂漿。通往內室的通道上，有四天王像守衛，用堅硬花崗岩鑿刻而成的釋迦牟尼佛巨像安坐在內室，其圓潤的大臉帶著安詳、不露情感的表情，左手掌掌心向上張開，意味著冥想，右手朝下指地，「以地為證」——對朝鮮人來說，此手印讓人聯想到戰鬥姿勢，有決心保護朝鮮不受大海彼岸之敵人進犯。

石窟庵內室環壁上，鑿刻了諸多佛弟子像，他們排列於佛陀身後，與佛陀一同迎接從東海（日本海）水平線上升起的太陽。佛陀身後的十一首觀音像，象徵佛陀照見一切的法力，這是最美的朝鮮雕刻作品之一。信徒爬上此石窟等候日出，在太陽冒出的那一刻，內心無比感動；或許就和美國人坐在華府雄偉的傑佛遜紀念堂圓形大廳裡，看第一道金光照在湖面時的感受差不多。

由於水平線的另一頭，座落著人稱日出之國的日本，此一象徵意義更加引人注目。有一次，某位著名日本學者興高采烈，談起他祖國列島孤處海外的地理位置得天獨厚時，我就想到這點。他認為，大海的隔絕，正是日本免遭亞洲大陸動亂波及，走上不同（且當然更佳）道路之主因。受邀評論其論文時，我說，石窟庵佛陀和許多朝鮮人大概都希望哪天醒來時，發現日本列島已不在該處。這位教授怒氣衝衝跺著腳走出房間，不願回應我的意見。

得到這樣的反應，我或許活該，也或許對方不該；無論如何，容我說句令日本人更加不是滋味的話：日本（日之本）一詞源何而來？從遠望大海的石窟庵佛陀的視角看去，「日出」或「日本」一詞才似乎貼切；日本列島上的人應該不會有這樣的視角吧。於是，《日本紀》的早期譯者威廉·阿斯頓（William Aston）認為：「我有些懷疑，最早以日本來指稱日本者，很有可能是七世紀初期大批渡海過去的朝鮮學者……六七〇年，朝鮮某王國正式獲知會，從此以日本為該國國號……。」[35]

此一舉世無匹的雕刻，彰顯了新羅文明程度之高，而從如今仍妝點著慶州地貌的許多高塚式圓墳，則或許可體會到新羅國祚之長。這些真正沉默的大多數人的住所，有許多仍未被挖掘，足以證明朝鮮人深信他們所應得的尊敬。這些先人住所大部分是貴族（被稱作「真骨」的世襲菁英）之墓，而且根據高僧道詵所提倡的風水說建成。據他的說法，墓地位置攸關興衰，選了旺位或吉位建墓，家族會興旺。[36]「骨」與「正」（世代綿延的血統）的聯繫對朝鮮人影響甚大，至二十世紀末衰。

九世紀時，隨著地方豪族侵奪中央權力，叛亂動搖國家根基（有些叛亂分子被稱作「赤袴賊」），新羅國力開始衰退。北邊的渤海國，地跨鴨綠江兩岸，雖然受到來自契丹軍的嚴重壓力，以及高句麗遺民和同為渤海國子民的靺鞨人之間的族群對立而陷入分裂，但仍存於世。[37]新羅的衰落助長了遭滅的百濟和仍存在的高句麗（透過渤海國之名繼續存在）兩者的「復國主義者」，欲消滅新羅這個偉大王朝的念頭。有個叫甄萱的戰士於八九二年在全州創建了「後百濟」，有個叫弓裔的人在朝鮮半島中部的開城創建了「後高句麗」；甄萱想要其四子接掌其位，令長子大為憤慨：長子將父王囚於寺廟，自立為王。甄萱怒於長子的無禮，逃出投奔王建（弓裔之部將，九一八年繼承王位）*。最後王建一統朝鮮半島。他自認是高句麗的正統繼承者，把國名縮短為高麗（「高山麗水」），成為新王朝高麗（九一八～一三九二）的創建者。近代Korea一名，就來自高麗之名。

王建一統朝鮮半島

接下來十年，王建的軍隊與後百濟不斷交手，新羅則節節敗退。九三〇年，高麗在今日的安東擊潰新羅後，新羅正式向高麗投降。高麗繼續征伐後百濟，直至九三五年為止——令人吃驚的是，遭兒子廢黜的前百濟王甄萱，也率軍與高麗聯手征戰後百濟。滅後百濟之後，王建不只一統朝鮮，而且寬大為懷。他自認承繼高句麗王朝正統，於是在渤海國於九二六年遭契丹軍攻破之後，接納逃出這個將亡之國的高句麗系遺民（自此未再有朝鮮人的國家支配滿洲大片地區，但這段過往仍鼓舞許多朝鮮民族主義者，對今日中國東北的大片地區宣示主權）。然後王建娶新羅公主為妻，對待新羅貴族特別寬大。他所建立的政權，包含了後三國的遺民，從而真正一統朝鮮半島。[38]高麗王朝存世將近五百年，

* 編按：原文誤稱王建為弓裔之子。王建為弓裔之部將，後推翻弓裔，自立為王。

鼎盛時是世上最先進的文明國家之一。

高麗王朝以開城為都城，開城位在現今首爾北邊北邊，地跨北緯三十八度線。高麗王朝的菁英，集舊三國菁英而成，也打造出貴族持續掌權的傳統，這一傳統延續至近代才消失。這些菁英透過聯姻和控制土地、中央官職，將貴族特權和政治權力合為一體，並把此階級的地位定為世襲，藉此將其地位鞏固到無可動搖的程度。高麗建立了一套社會模式，把地主士紳對財產的控制，與通常定居都城、具有儒學或佛學素養的士大夫階層結合在一起；學者往往亦是地主，地主也往往具有學者身分，但無論如何，地產和官位總是合而為一，密不可分。在中央，出現了受到儒家治國理念影響的官僚體系；此後，此官僚體系致力於影響地方支配勢力，從而不利於形成日本式或歐洲式封建制度。日、歐式封建制度以城堡周邊興起的城鎮、領地、林立的主權實體為特點，這些城鎮、領地、主權實體背後都有強大武士階級支持（九、十世紀時，朝鮮才幾乎接近封建模式，當時，城廓都市的領主和軍事指揮官挑戰中央權力）。

到了十三世紀，高麗境內已有兩個治理集團，即文官和武官；那時，軍人勢力較強，但後來兩者都被稱作「兩班」（yangban）。世襲貴族之下是農民、胥吏、商人之類平民；再下去是由屠夫、製革工、賣藝者構成的賤民。賤民的生活受到限制，往往住在被隔離或排斥的村莊裡，其後代亦擺脫不了賤民身分。奴隸身分同樣世襲（根據母系傳給下一代），在高麗社會，奴隸可能多達總人口的三成。[39]

我們會把這種社會政治模式稱作「農業官僚制」（agrarian bureaucracy），以有別於封建制，它在隨後的朝鮮王朝時期發展得最為完備，下文還會再提到。這一社會體制演進達數百年，但其主要特點在於中央官僚權力和地方有地階級間，強烈且持久的緊張關係；其在治國方法和哲學上類似中國的體制，但地方支配勢力比中國更加根深蒂固，往往類似日本封建制在地方上把土地所有權和貴族身分合而為一的情況，加上類似日本穢多或部落民之類的賤民（基本上〔除少數例外〕中國沒有賤民）。[40]我們能拿這個社會體制，與中國境內以水稻農業為主要經濟模式的地區（例如珠江三角洲）的社會體制相比較，但高麗的社會流動性較弱，因為中國人在宋代之後大體上揚棄了世襲身分。

高麗建國之後，得寵的官員獲賜予土地（或俸祿）和收稅權，以獎賞其支持王朝統一之功。與此同時，擁有土地的大族可以永久持有其土地，還能將土地遺贈給後人；土地的產物，在繳完稅之後，歸地主自由使用。於是，儘管規定國內的土地全歸國王所有，地主的土地仍可視為私有財產。這一體制往往產生靠數百名佃農或奴隸勞動產生龐大財富的大片私有地，耕種土地者大多是以實物上繳租金的佃農，而此體制的基本形式，從高麗時期，延續到其後的朝鮮王朝和日本殖民時期。久而久之，就貴族來說，家族保有土地變得比保有官職更為重要，儘管家族裡有人當官是家族地位的有力保障。從高麗王朝初期以迄近代，那些通常定居於都城開城或漢陽的有錢貴族地主，到底屬於造福人民者或禍害百姓者，端視你的觀點而定。平等主義式的重分配土地，成為信奉儒家思想的改革者、信奉資本主義的追求近代化者，以及信奉共產主義的煽動者著力的焦點。至於耕種土地的農民，他們唯一的脫困辦法往往是逃到山裡；有首高麗「長歌」如此寫道：

活著，活著，

我要住青山，

摘山葡萄與獮猴桃吃，

我要住青山。

其他農民則揭竿而起，例如十二世紀最後十年間動搖王朝統治的叛亂。有個名叫萬積的造反者，一一九八年向聚集於開城北山的群眾，發表了這段激動人心的演說，以挑動開城的奴隸起事：

國家自庚癸以來，朱紫多起於賤隷，將相寧有種乎！吾輩安能勞筋苦骨，困於箠楚之下？……仍各格殺其主，焚其賤籍，使三韓無賤人，則公卿將相皆可得矣！[41]

但高麗王朝貴族絕非一無可取之人。他們仰慕同時期輝煌的中國宋代（九六〇～一二七九）文明，且與該文明交流。官方代表團和一般商人，把高麗金銀、人參帶到中國，以換取宋朝的絲織品、瓷器、雕版印刷書。高麗藝匠受精致的宋瓷刺激，製出更精美的象嵌青瓷；十二世紀的高麗青瓷，其青綠釉藥的明澄和相嵌圖案（通常是花或動物）的精細，在此前或此後都舉世無匹，展現了貴族的高雅品味，後來對日本的陶工影響甚大。但高麗青瓷也是相對來講較不重裝飾、較樸直的瓷器。誠如威廉・哈尼（William B. Honey）所說，最出色的朝鮮陶瓷器不只具有獨創性，而且是歷來最優雅、最不矯揉造作的陶瓷器。它們具有陶瓷器所具有的一應優點……最初似乎讓人想到祥和幸福之人，後來，在極貧窮時期，其優雅才淪喪，由極度的樸素取而代之，而從另一個角度看，這樣的樸素亦令人激賞。這一朝鮮陶瓷藝術，其實達到了連中國人都幾乎未企及的水平。[42]

一如中國，高麗也派貿易船到海外：都城附近的禮成港是國際商港，阿拉伯船帶香料和藥物到此，換取高麗王朝的皮革、毛皮。與日本的貿易也很熱絡。這一點使我們得以想像，這個時期的東亞存在一個流動性極強的國際體系，存在一個自信滿滿、老練世故，與後世所謂「隱士王國」截然相反的朝鮮。但這一切我們只能訴諸想像，因為現存足以使我們據以寫出其歷史的史料太少。

宋代工商業的急速發展，乃至以一四〇五至一四三三年間，遠及波斯灣和非洲沿岸的鄭和七次下西洋的壯舉標舉了貿易網的最大範圍，是學者長久思考的課題。當時正值朝鮮的李成桂與世宗的時代。為何宋代如此輝煌的時期後來劃下了句點？對於高麗，或許也可發出同樣的一問。宋朝和高麗王朝已發明的東西，為何得在西方被西方人再次發明，才得以大放異采，為何宋朝和高麗未在那些發明之後，持續邁向科學、資本主義、現代性？就連最出色的史家都不由得陷入這個進步主義（從而犯了時代錯誤的）邏輯而無法自拔：例如，我們發現費爾南・布勞岱爾（Fernand Braudel）在輝煌的學術生涯尾聲，卻仍困惑於「遠東的停滯不動、遠東的異常故步自封」，苦惱於遠東是否退步或「停留原地」，不解於為何遠東領先西方如此之久，接著卻「被拋在後頭」。他初步的解答是東亞文明「老早就達到令人讚嘆的成熟境界，但其所處的大環境，使其某些基本結構幾乎無法接受改變。」[43]

對於這位提倡「長時段」（longue durée）概念而著名的歷史學家，我們不妨從今日的視角，提出幾個疑問：如果東亞諸文明尚未達到成熟境界，那該怎麼看？如果「故步自封」是東亞諸文明極重要的特點，為何今天的東亞資本主義如此強大？如果朝鮮、日本、中國都極不願改變，他們為何在如此短促的人類歷史裡發生如此劇變？或許在東亞，歷史並非那麼一成不變；或許我們只是了解不夠，無法清楚勾勒其改變。布勞岱爾或許是當今最偉大的史家：此事充分證明，要理解真相，絕不可盡信史家的話。

從這個例子，我們應該學到什麼教訓——勿信當今優秀史家的話？絕非如此：史家也是人，人誰不犯錯。高麗王朝的朝鮮人吃早餐，晚上睡覺，尊敬父母，與妻子交歡，煩惱孩子的事，思量自己的前途，為生命走到盡頭作好準備，行事和今日的我們差不多，而我們所具有的創造力，他們一樣不缺。此外，距今幾百年後，高麗之道說不定會被認為優於連布勞岱爾都念念不忘的改變、進步、動亂之道——往英靈殿（譯按：Valhalla，北歐神話中接待戰死者英靈的殿堂）曲線向上的歷史。有人就法國大革命的意義請教毛澤東的看法，毛澤東答道：「下結論為時過早」。那是給法國的進步主義者提點的東方小智慧……

整個高麗王朝時期，佛教與儒家思想並存，大大影響了社會的日常生活，或許也將其特有的宗教兼容並蓄遺風留給了近代朝鮮：朝鮮人往往既是孔子信徒，也是佛教徒，還是基督徒。高麗王朝的佛僧將大藏經雕刻在無數木版上印刷出版，藉此將宗教實踐系統化。佛僧窮盡畢生之力，第一版高麗大藏經於一〇八七年完成，但後來佚失；另一版大藏經完成於一二五一年，如今仍可在海印寺見到。此版大藏經內容精確，字體雕刻精美，使其成為東亞所雕造的約二十部大藏經裡最出色的一部。到了一二三四年，甚至更早，高麗也已發明金屬活字，比歐洲出現金屬活字早了兩百年。

與此同時，崔沖等大儒建立許多研讀儒家典籍的私學堂，儒釋一如以往並存，並肩發展。高麗王朝佛教也不只是出世宗教：許多僧侶靠經商、務農、畜產、釀酒、放高利貸致富；此外，佛教是國教，佛學與政治權力融為一體。最後，在高麗王朝和後來的時期裡，佛僧是武僧：高麗「降魔軍」擊退入侵的女真人，一如後來僧侶游擊隊協助擊退入侵的日本人。

高麗王朝文化迎來最盛期的同時，內亂和蒙古人逐漸勃興。十三世紀期間，蒙古兵威橫掃已知世界的大部分地方，高麗亦未能倖免。一二三一年，蒙古軍入侵，殲滅高麗軍，高麗朝廷不得不撤到江華島（今仁川北邊）。朝廷認為蒙古騎兵懼水，於是撤到島上，欲藉此擋住其勢如破竹的攻勢。但經過一二五四年又一次入侵，無數人喪命，約二十萬人被俘，高麗臣服於蒙古人，高麗國王與蒙古公主聯姻（為朝鮮民族注入更多異國血統）。然後蒙古人於一二七四、一二八一年兩次發兵攻打日本，皆鎩羽而歸。為這兩次遠征，蒙古人徵集了數千高麗兵，動用了優秀的高麗船工所造的船隻。鎌倉幕府靠適時降臨的颱風（「神風」）之助，擊退蒙古人兩次入侵。強大士大夫階層的出現，標誌著蒙古的影響自此進入尾聲。許多士大夫遭貶謫出京，利用他們優於常人的儒家典籍知識，譴責有蒙古勢力當靠山的統治家族之惡行惡狀。

蒙古人政權遭明朝（一三一六～一六四四）推翻，使一群嶄露頭角的軍人有了爭奪大權的機會。

這些軍人與來自日本的沿海倭寇打過許多仗，練就出冷酷無情的鬥志。明朝要求朝鮮半島上原先聽命於蒙古人的政權奉其為宗主時，高麗朝廷分裂成擁蒙、擁明兩派。兩名將領調兵遣將，以便赴遼東半島攻打明軍；其中之一的李成桂突然改變主意，他抵達鴨綠江後調頭攻向高麗都城，並迅即拿下該城，然後創建朝鮮王朝（一三九二～一九一〇）——朝鮮半島上最長國祚的王朝。這個新國國號朝鮮，令人想起一千五百年前的古朝鮮，定都漢城。

朝鮮王朝時期：大放異彩

李將軍動員二十萬人力為新都城建造雄偉城牆，藉此宣告新王朝成立；動工六個月後，新城牆於一三九四年建成，如今仍可見到殘餘的城牆。推翻高麗王朝後，他和王建一樣，寬大對待先前與他為敵的高麗人。他把末代高麗王恭讓王遣送到東海岸中部偏遠的城鎮三陟，讓他在那裡過上舒服的流放日子；另一個高麗宗室禑王一族，同樣遭流放，如今在三陟仍可找到其後人——我的姻親就是。[44]詩人鄭夢周有感於李成桂的寬大為懷，寫詩讚美其為人——這是典型例子，呈現朝鮮人如何多方讚美其領導人、尤其是王朝創立者：

> 風彩豪俊，華峯之準。智略深雄，南陽之龍。或判事廟堂之上，或決勝帷幄之中。遏洪流於滄海，扶日出於咸池。求古人於簡策，蓋如公者幾希。[45]

據另一則傳說，李成桂父親李子春（咸興出身的武將）曾有如下經歷：

某個晴朗的春日，子春於正午時做了個異夢——一個白長鬚老翁，戴高帽，長袍飄然，站在他面前，雙手貼著子春的額頭，說道，我是白頭山的神仙，來告知一個會降臨你家族的好運。只要向名山大川虔誠祈禱，你會有個貴子。（譯按：轉譯自英譯文，非原文）[46]

但這位新王的兒子，沒這麼寬大為懷，而且兒子太多。誠如今日每個朝鮮人都知道的，王族內部激烈的權力鬥爭，為李成桂的治世揭開序幕；一如其他許多這類權鬥，這場權鬥為每個統治家族（包括今日平壤、首爾的統治家族）內部緊張關係始終不斷的流言，立下了原型。享國祚如此之久的王朝，立朝之初竟會有這類情事。

李將軍娶了兩個妻子，生下八子、五女。第一個妻子所生的第五子李芳遠勢力最大，推行了許多改革，後來使朝鮮社會改頭換面。就是李芳遠的出力奔走，促成明朝洪武帝封他父親為王（獻上九千八百匹馬，亦有助於促成此事）；洪武帝也選擇古名「朝鮮」作為這個新王朝的國號。[47]第一任妻子死於一三九二年，但國王未示哀痛，因為他較寵愛第二個妻子康妃。一三九三年，國王應其寵妃之請，選擇她的次子芳碩為王位繼承人。但四年後，就在國王過了「還甲」（六十歲），邁入「第二人生」之時，康妃也去世。足以寫成莎士比亞式悲劇的恐怖情事，就此展開。

一三九八年，李芳遠在漢城調動軍馬，攻打其同父異母的兩個弟弟。戰事遍及全城。康妃的兩個兒子都遇害，著名的改革派儒士和國王的顧問鄭道傳遭打死。「老王為此事氣得說不出話，割下她女兒的秀髮，拋下這個受詛咒的城市，回奔咸興。長達十年，他一直過著流亡生活，如行屍走肉……。」李芳遠立其長兄為王，但實權掌握在自己手裡，同時遣使請求父親原諒。其中一位使者朴淳以為自己已完成使命，於是啟程欲返回漢城，卻遭一箭射中脊骨而亡。李芳遠最終親自前來請求父親原諒，差點落得同樣下場，一箭射來，射中一樹，還好他藏身該樹之後才得以躲過一劫：「此時，老王把國璽丟向他，說道，『拿去，你這個壞蛋，那不就是你想要的』。」[48]李芳遠取走國璽，一四〇〇年即位，在位將近二十年。

社會的轉變

李成桂找來十四世紀末最優秀的知識份子輔佐其治國，包括自稱無學的著名佛僧（無學與沙特〔Jean-Paul Sartre〕有同樣的想法，曾寫道他的作品全緣於他自身的無知）。就是此僧護送老王流亡咸興，且發出朝鮮哲學家的話語裡最叫我喜歡的一句話：「八萬行中，嬰孩行為第一」。有個儒士如此描述無學：

> 禪覺之嫡，聖祖之師……或去或就，先見不苟。天錫佛壽，七旬有九。來也何從，日射懷中。去也何向，蓮花之上。[49]

但李成桂所倚重的大臣，還包括死在他兒子手裡的鄭道傳。鄭道傳所帶來的改變，標誌著朝鮮歷史的分水嶺——這些改變改造了以無學為代表、深受佛教影響的社會——其對後世的影響，就和李成桂之孫世宗所主導完成的許多新成就一樣大。李成桂開始改革土地制度，打破高麗王朝菁英的俸祿特權。李成桂宣布所有土地皆為國有，只有「開國功臣」所獲賜的土地不在此列（沿襲高麗王朝初期國君的作為），藉此削弱了（擁有大量農地的）佛寺和地方豪族的勢力。這兩股勢力都向農民強徵高昂地租，成為高麗王朝晚期的社會禍害。這些改革當然也提升了中央政府的課稅能力。

儒士欲剷除佛教徒的經濟、政治影響力，欲把佛僧和其弟子流放山中，而佛教在舊制度裡的影響力和其與舊制度的緊密相連，使儒士的願望更容易一舉達成。事實上，儒士使朝鮮王朝社會高度儒教化，此舉對女人地位的影響尤鉅。高麗王朝社會裡有許多女人表現搶眼，這時女人卻只能從事育兒、持家的家務，成為所謂的內人。直到晚近，女人在朝鮮社會裡的角色，似乎仍和祖先墳墓裡的遺骨一樣保守古老，既舉足輕重又隱身幕後，而且不可改變。但晚近學界的初步研究，已點出我們早該知道的一件事，即女人的社會地位原本是政治問題。

高麗社會受儒家思想影響，但受佛教（當時的國教）影響更大。高麗的慣習有別於中國人，較重母系。那絕非母權制社會，但也不是盛行於後來數世紀的父權制社會。男子婚後住進妻家，其兒女、乃至孫子都會住在那裡。為人丈夫者樂於這麼做，因為女人與其兄弟同享繼承權（女人獲賜之物不只美貌）。女人這麼有價值，因此男人都想有好幾個老婆：一一二三年，一名中國使節發現，開城某個有錢男子有四個妻子。但同事一夫的妻子不靠一個男人養；她們往往各有自己住處，經濟能自立。不管是嫁娶，還是兩性間的關係，都沒有詳細的規矩約束：「兩性間的往來一般來講自由且容易，令中國觀察家……吃驚。」女人一生嫁過數個男人，甚至同時有數個丈夫，女人喪夫後可再婚，完全不受限制。[50]

一三九二年掌權的新菁英，大體上是舊菁英，因為財產關係未被嚴重打亂，許多士大夫留任原職，而位於下層的新社會勢力還未抬頭。當時的情勢應該說是革新，而非革命。[51]但新領導階層認為，高麗王朝覆滅肇因於其行事失當，事佛甚恭一事為害尤大，因此他們一掌權立即大舉改革。引領改革者是前文提過的鄭道傳。他是受尊崇的學者，一三七五至一三八三年被貶謫至全羅道的羅州，親身體認到貧窮且重稅纏身的農民對統治菁英深切的痛恨。在這些農民眼中，儒士「似乎非我族類，不可信任。」[52]但有國王作後盾，他得以全盤改變上述狀況，徹底翻轉朝鮮的社會秩序。這些改變非一蹴即成，而是經過接下來兩百年的改革才完成，但事後來看，鄭道傳是一場重大改革的創始者之一。

這些改革全奉人稱「理學」的新儒學，及「理學」創始人朱熹為圭臬。我們今日所謂的「朝鮮文化」或「朝鮮傳統」，有許多是這場重大社會重組的產物，而完成此社會重組者，是十五世紀開始大顯身手且具有自覺的一些理論家。起初只是李將軍的一場兵變，最終卻在數百年後造就出穩固的階層體制儒家社會，與西方人首度遇見的朝鮮社會相差無幾。朝鮮王朝的創建者深信，他們創立了一個比中國更加忠於儒家思想的體制；他們所信奉的是朱熹的理學正統，認為十六世紀王陽明學派「嚴重偏離真理」。麥可・卡爾頓（Michael C. Kalton）主張，朝鮮成為「東亞最具理學精神的社會」，道出後世學者一致的看法。[53]

要使朝鮮社會回到正軌，就需要以德性控制激情和私利。朝鮮王朝初期的另一個重要思想家權近，畫了著名的「天人心性合一之圖」，以說明天人合一、心性合一。透過對德性的長期培養，人的知性會壓制、控制情感與意志，根除激情與欲念之惡。根據權近的圖表，經過漫長的用功，君子或許能成為德近於天的聖賢。另一個早期的改革者趙浚，以人體為類比，主張社會的原則應該如同人體的血管——有效傳達國家命令的輸送帶。國家要賦予社會以實體，一如儒家學說教人正確的處世之道，因此儒家學說和國家命令不容許絲毫背離。[54]這些觀念演變成數百年間組織朝鮮社會的大原則。

無庸置疑地，這些新法即使並未表明意圖，但卻透過緩慢的程序，最終徹底改變女性社會地位，並剝奪她們的財產（大概完成於十五世紀晚期）。朝鮮王朝時期，朝鮮社會的格狀結構，由「高度結構化的父系血緣集團」組成，這些血緣集團是繫於連接過去和現在的巨鏈上的家族，然後靠著長嗣繼承制和嚴格的族外婚制度而新近創立。族譜標示了家族在財產、威望的等級階序上所具有的位置，也證明了該家族在長久歲月裡的重要性和其存在。財產可能是土地或頭銜，或適齡的兒子、女兒，但通常三者兼具。[55]女兒在許配他人之前地位甚低，不值得取名，但女兒是鞏固家族間同盟的重要環節。把女兒送到別人家（朝鮮人如此形容女兒出嫁），是攸關自家興衰的重大選擇。送出的女兒若替夫家添丁就更好，因為女人生了兒子之後，在新家族裡就有了確切的地位，有了受人尊敬的名字：某某人的母親。一九二〇年代一段不知出自何人之口但充滿感情的評論，說得很好：

> 如果說有哪件事會讓朝鮮人非常興奮，那就是結婚。她是天生的媒人，天生的主婚人。她會搞定誰和誰結婚，在太陽西沉之前就把一切辦妥。

金錢之於西方的兒子，就如同結婚之於朝鮮人：每個男人都想成家……理論上，男人會說，「希望在李花盛開，桃花、杏花給山坡染上色彩的春天成親」，但男人從不把他的媳婦視為他的桃花或李花。春天是找配偶的季節，男人想找到配偶。男人想結婚，不是為了滿足一己的享樂，也不是因為聽了甜言蜜語的小小芳心渴望沉浸在男人的愛意裡，渴望得到追求。完全不是這麼回事。男人想要有個兒子，自己的兒子。男人苦苦想望有個兒子，沒什麼道理可言；為了有個兒子，什麼都肯做。[56]

儘管如此，並非只要能生兒子，隨便找個對象結婚就好；家族間的同盟結合了物質財富、社會地位，乃至維持財富與地位不墜。婚姻絕不能任憑機緣：同一位作者繼續寫道，

如今，選擇媳婦時，仍考慮到五行問題，即金、木、水、火、土五元素。根據出生的日、月、時辰、年份，每個人所屬的元素都是固定的。屬「金」的姑娘和屬「木」的小伙子不合。屬「火」的姑娘和屬「水」的小伙子配在一塊，會爭吵、易怒、上火，屬「木」的姑娘和屬「水」的小伙子則相配，一切順遂。

而且根據我個人審慎的經驗和觀察，我會補上這麼一句：這一原則至今也未變；仍舊脫離不了五行考量，即使年輕人竭力避免五行說干擾（且往往如願）。最要緊且最受稱許的要素，是尊敬父母、

尊重老人、祭拜祖先。

朝鮮人自然而然認為他們的習俗是世上獨一無二，或認為也許和中國共有，但自己的更勝一籌。但在托克維爾對貴族制國家堪稱最精闢的剖析裡，可清楚看到那並非朝鮮人所獨有：

> 家族千百年來處於同樣狀態，往往位於同一地點，因此，任何世代都可說是同時代。人幾乎始終知道自己的祖先，且尊敬祖先；他認為已看到自己遙遠的子孫，且愛他們。人願意在自己身上強加對於祖先和後人的義務，會經常為了先人和後人犧牲自己的安樂……貴族制民族的階級區別分明且永遠不變，因此每個階級都被其成員視為**某種較小的國**，而且此一較小的國比整個國家更具體可見、更受看重。在貴族制社會裡，所有市民都有其固定的地位，尊卑有序，因此，每個市民始終看到有人在自己之上，且其恩庇為自己所不可或缺，看到有人在自己之下，且可要求其配合自己。於是，活在貴族制時代的人，幾乎始終附屬於自身領域之外的事物，而且常易忘記自己……在民主國家，新家族不斷冒出，其他家族則不斷消失，倖存下來的家族，都致力改變自己所處的狀態；**時間的緯線時時刻刻被打斷，世代的足跡時時刻刻被抹除**。已離去的人不久就遭遺忘，此後會到來的人，則沒人知曉……貴族制把群體的所有成員，下至農民，上至國王，打造成一條鏈；民主制則打斷該鏈，分離其每個環節。[57]

這些見解充分揭露了朝鮮人的想法（至少自十四世紀起的想法），和民主主義所會帶給他們的未來。但這些見解也告訴我們，世上絕非只有朝鮮人發展出這樣的慣習。

宗族所建構的社會其最上層，是出自相對較少的一批名門望族，這些名門望族的祖先，則可溯至某個顯赫的男性（從而孕育出一個自成一體的研究領域，「譜學」）。宗族社會的最下層，使得許多朝鮮村莊的村民同屬一個氏族（一九三〇年代的朝鮮半島，還存有約一萬五千個「同族村」）。[58]位在最上層者是「兩班」。「兩班」字面意思為朝鮮王朝朝廷裡的兩列官員（文官和武官），但實際上意指兼具地產和政治權力的有力貴族階層。

「兩班」的確切定義，史學界仍未有定論，但人稱「兩班」的菁英，顯然有別於中國或日本的菁英。在朝鮮，菁英身分世襲，這點與中國的菁英不同：要取得兩班身分，至少得證明前四代裡至少有一人是兩班。要讓自己成為「傑出的先祖」，使後人得以據此要求兩班身分，就該讓自己成為地主、官員，以及最重要的——學者（即文人或士大夫）。最好是一人兼具這三種身分，或一家族裡兼有這三種人。效果與此相差無幾的辦法是找個好親家，亦即替兒子從另一個名門望族那兒討個媳婦。如前文所述，新羅社會施行名叫「骨品制」的世襲階級制，而人在社會裡的地位深受其出身和家系影響，因此，從那遙遠的過去起，每個家族和氏族都極其用心保存自族的族譜。只有男性後代能延續家族、氏族香火，只有男性的名字能記載於世系表上，因此，生下兒子是大喜之事。在今日的南北韓，這類歷史的影響仍然強勁，長子成家生子後往往與其父母三代同堂，住在一塊，為了養育兒子想盡各種辦法。

按照朝鮮傳統，長子是唯一具有「正體」身分的後代，[59]「正體」身分使長子成為其父親所有特權和義務的唯一繼承人。「正體」的字面意思，類似正確基礎、正確實質或正確構造，由於「正體」

觀念的影響，在朝鮮，每個父親都想要長子承繼自己的地位——最晚近且最著名的例子就是金日成。他把「體」字放進他的「主體」思想裡，把「正」字放進他長子的名字裡（金正日），從而為永世的繼承作好準備：正確思想由正確之人傳承下去。孔子弟子曾子說：「慎終追遠，民德歸厚矣。」[60]

於是，在上位者交織出一個由財產、身分地位、家系構成的網，而且在朝鮮王朝的大部分時期，在下位者幾乎無法穿過此網往上流動。在朝鮮，當然一如在中國，大部分農民家族承受不起讓兒子專心苦讀應試，不到田裡幹活，於是在中國和朝鮮這兩個社會裡，向上流動的機會都嚴重受限。在朝鮮，社會流動性更低於中國，由此造就的階級差異觀，往往使階級差異無異於種姓制度。

但到底有多少人符合「兩班」資格者，史料非常零散，學界對於如何鑑定具兩班身分者，爭論頗大；對十七世紀晚期以來一些戶籍簿所作的研究，得出自認為是兩班的人口比例介於百分之九到十六。到了十九世紀，這類人的組成已被稀釋，自稱具有貴族身分者往往大增。但有份重要論著研究朝鮮王朝所有通過高階「文科」考試者（五百多年間，約一萬四千六百人），發現有子弟參加科考的那些菁英家族，多年來沒什麼變動；通過「文科」考試者，四成來自二十一個大氏族，五成三來自三十六個氏族。[61]另有專題論著以文獻證明，菁英牢牢掌握其特權直至二十世紀初期。可以說，即使到了一九四五年，這一貴族階層仍實質上完好如故——儘管不久後就會壽終正寢。

朝鮮的傳統階級制度裡還包含占人口多數的農民；占人口少數的小吏和商人；以及所謂底層階級，亦即類似印度種姓的世襲團體（白丁），例如屠夫、製革工、乞丐。商人地位高於出身低微者，但信奉儒家思想的菁英厭惡商業活動，直到二十世紀為止，一直竭盡所能壓抑商業。農民地位高於商人，因為他們耕種土地養育眾生，但在朝鮮王朝期間，尤其後期，農民幾乎始終過著苦日子；大部分農民是佃農，必須把至少一半的收成繳給地主，除此之外，還得繳交其他苛捐雜稅。許多改革派學者要求平等重分配土地，但未獲採納。但出身低下階層者，日子大概過得更苦，因為大半個朝鮮王朝時期，奴隸占人口的比例非常高。根據某史料，一四六二年，光是在漢城就有超過二十萬的官奴，一六六三年的一份登記簿顯示，漢城人口可能高達七成五是奴隸。負責管理奴隸的掌隸院（後稱掌隸司），保存了所有奴隸的檔案，以及與奴隸所有權官司相關的文書。全國人口大概有三成是奴隸。[62]奴隸有兩種，即屬官府所有或得為官府服務者，以及在民間買賣，且大多在家中或土地上工作者。奴隸價格由政府訂定，一如幾乎其他所有物品價格（在當時朝鮮經商的外國人，不會對此感到驚訝）。許多奴隸有自己的家庭，其生活條件和貧窮佃農無異，唯一差別在於奴隸身分完全世襲（但奴隸身分從母而定）而且是構成整體的一部分：奴隸是兩班的「手足」，兩班沒有奴隸代為從事髒活，就稱不上是兩班。

但儘管奴隸身分代代相傳，奴隸逃亡和得到解放的比例也異常高。為何如此，難以斷定，但此事顯示朝鮮奴隸所受到的對待，不像美國南部黑奴所受到的那麼苛刻。然而，最晚至一九二〇年代，以「某某之奴」稱呼無姓之人，仍屢見不鮮。「白丁」的處境或許比奴隸還要慘，因為他們往往在舊河床中央的孤立村落和類似的地方，較難擺脫自己的身分——或許因為他們只懂處理動物和死屍，別無他長。

何為「白丁」和「賤民」？朝鮮和日本歧視這些「最底層階級」，一如印度歧視「不可觸民」。在這三個國家，屠夫都被歸入此類，狄蒙因此問道，這一污名是否源於加工或烹煮動物皮時發出的「令人作嘔的臭味」。但他寫道，原因不只如此；還因為「認定某幾類人具有濃厚且永難洗淨的不潔」。屠夫之子承繼其父親的地位，即使他不從事惡臭的屠宰業亦然。狄蒙主張，這是階級制度中最極致的「極端分割」。[63]

朝鮮不是種姓社會，但具有某些種姓，因此狄蒙的觀點仍然適用於位階、地位、等級間的極細微區分。朝鮮的階層制度施行得非常徹底，因此，出身高貴者過著非常優渥的生活；而且在死後的世界裡，連同他們的僕人，都位居階序的頂層。階級、身分等級制也融入韓語裡，於是，如今對地位高於己者和低於己者講話，用語仍大不相同，對長輩講話時必須用複雜的敬語。動詞的詞尾和詞形變化，會因地位而異。鑑於朝鮮工業化甚晚，這一特殊的階級制仍然深植人心，平等主義在兩韓往往是遭漠視的理想。

在朝鮮王朝，儒家的階層論不只用於國內，還貫徹於「事大」(侍奉大國)的外交政策裡，而這裡所謂的大國就是中國，更具體的說，不只中國，還是明朝中國。當時，如果一國想要與大國結盟，中國最偉大的王朝——明朝，是不錯的選擇。無論如何，李成桂在立朝之初就作出這樣的選擇，因為此舉有助他打敗高麗貴族，接下來的歷任朝鮮國王都樂於享受明朝榮光的澤被。朝鮮活在中華的世界秩序裡。這一世界秩序以「中國」為核心，往外擴展到諸藩屬，朝鮮是其中最重要的藩屬。它是中國的小弟、模範朝貢國，在許多方面都是中國最重要的盟邦。

朝鮮王朝朝廷的根本弱點，在於其無法有效提取國家資源為己所用——主要因為貴族勢力作梗——尤以朝鮮王朝後期為甚。中央政府的課稅權，法理上很強，但課稅要到位，有賴於頻繁調查財產的規模和價值，一如今日美國任何城市的所為。鄉村貴族曾一連數十年阻止政府的土地清丈；十九世紀上半葉幾乎沒有土地清丈（中央政府於一六六三至一六六九年、一七一八至一七二〇年、一八二〇年做了大規模土地清丈，但一八二〇年那一次清丈非常不完整）。原因在於「貴族身分與土地私有合為一體，使其欲抵抗中央政府在財政上的侵犯，力道幾乎和道地封建貴族一樣強。」[64]一如在中國，行政體制非常強固，行政權從中央往下貫徹至郡，地方官由中央任命且調動頻繁，以免其與地方勢力結合。但在郡之下，地方有力人士（豪族和長者）繼續控制一切事物，他們催逼（且往往賄賂）地方小吏，將他們的土地排除於課稅名單之外。

其實，兩班不只免繳實質上等同地稅的稅賦，其他攤派於平民身上的各種苛捐雜稅和義務，也幾乎完全豁免——免繳大部分其他稅、免服徭役、免服兵役。儒士鄙視體力勞動，認為世人得靠他們才得以生存。大部分時候，他們衣食無虞，生計出問題時，他們也不願從事體力活，甚至寧願挨餓，因為弄髒雙手會貶低他們的社會地位，且從此要屈居下流。改革派李圭景在多事之秋的一八三〇年代，寫下了這段文字：

> 古之為士者，不過四民之一，今之為士者，幾居一國之半，為農乎？為商乎？執御乎？執戍乎？……令為租庸調，使之出絹帛痲絲乎？限魏之名田乎？行宋之坊田乎？
>
> 是以朝家命令不行於兩班，戶徭身役不到於兩班。田賦之制，莫貴於均民，而不均之弊，職此而坐。[65]

因此，只要是兩班男子，就坐擁一切，且完全不必付出：不用服兵役，不用服勞役，連稅都不用繳。靠體力活謀生者，地位低於兩班男子；擁有大量奴隸，則是兩班男子地位的表徵。在十九世紀進步主義西方人眼中，朝鮮兩班不具任何近代美德：看似無所事事、懶惰、放蕩，完全缺乏（他們眼中）能夠打造出西方今貌的創業精神和工作倫理。但在朝鮮人看來，他們是有德之人，理性且深思熟慮之人，德行與良治的典範，生民景仰的對象。

這是經過淨化的社會秩序，在其中，兩班是高潔的，其他所有人則不然。高潔之人位在最頂層，使社會秩序臻至完善，其他所有人則應知道自己的本分，知道貴賤之別。兩班與庶民的區別，體現於各種事物上，包括家居的大小、子弟的受教機會、衣著和講話方式，乃至肢體語言，也就是舉止儀態；最重要的是，庶民不編纂族譜，奴隸沒有姓可供記載，於是無從記錄其先人的事功，也就無從在現在或未來據以得到獎賞。

但此社會秩序有個可取之處：意識型態本身，即理學的世界觀。這套世界觀認為，人性一開始沒有基本特質，因此是可以改變的，能經由外在教化達成內在完善。人性最初是中性的，非善亦非惡，但可透過正確手段予以建構。這一呼應柏拉圖（靈魂的工程師）和洛克（人性如白紙）的看法，共同建構了儒家的人性觀：「人性，太人性」（尼采語），人還是能臻於至善。對儒士來說，人「生而平等」絕非不證自明——反倒正相反，人生而不平等。但透過修養心性，人不只能變得平等，還能高人一等：君子是也。這是完全著眼於俗世的看法，因為它追求現世的崇高地位，並經由子孫心存感恩的祭拜，追求這一崇高地位永遠得到確認。祭祖是朝鮮最重要、最受尊重的傳統，針對祭祖有極複雜的儀式（即使起初並不這麼崇高，一三九〇年隨著新法頒行才有祭祖規定）。但祖先既保障了家族的社會地位，或締結了有益於家族的婚姻，或遺贈了土地給好幾代的後人，我們怎不該獻上敬拜？此時此刻的發達順遂，不就是靠祖先的庇蔭？

家族、社會流動、教育

用來灌輸正確思想，庶民和國王都反覆閱讀的古代典籍是《大學》。古聖賢在該書中說：

> 古之欲明明德於天下者，先治其國；欲治其國者，先齊其家；欲齊其家者，先修其身；欲修其身者，先正其心；欲正其心者，先誠其意；欲誠其意者，先致其知。[66]

《大學》行文簡潔，其琅琅上口的告誡，要人先修身、繼而齊家、最後治國，在朝鮮傳頌不絕。三綱四維，是中國、朝鮮的思想特點，透過它，從個人到社會和政體，都被整頓得和諧有序。高麗王成宗說道：「為政之要……莫過於孝」；孝，「德之本也」。[67]父子間應有的關係是最重要的親子關係，「道德社會裡所有尊卑關係」的基本範式。[68]這兩段陳述最耐人尋味之處，或許在於一個來自高麗時期，一個來自一九七〇年代的南韓。

孝道是以本份和義務為綱的等級關係：子服從父，父扶養子、教育子。女兒服從母親（婆婆），弟妹遵從兄姊，妻子順從丈夫。長輩享有較高的威信和特權，於是長壽成為最高的美德。在政治上亦適用孝道，村民遵從年高德卲者領導，人民尊敬帝王，帝王被視為國家之父。在國際事務上，中國皇帝是朝鮮國王的大哥。違反這些精心擬訂的規則者，會被視為無教養之人，不配成為社會一員。

沈清的故事，體現了朝鮮最著名的孝子精神。[69] 船員想要一個十五歲的美貌處女，作為投海祭神的供品，而沈清為了讓盲父有錢買米捐給寺廟，藉此重見光明，於是賣身給船員。此故事常見於傳統曲藝「盤索里」(p'ansori)裡。盤索里於十九世紀朝鮮甚為盛行，盤索里歌曲強調儒教的道德觀，一人唱，一人擊鼓，唱者兼扮男女二角。

由此哲學產生的朝鮮育子習慣，製造出龐大的親情債、報恩債。我與某個有兩個年幼小孩的朝鮮人家庭住在一塊時，對於父母向子女表現露骨的愛不太驚訝，但對孩子得到的溺愛，令我大吃一驚。兩小孩很快樂，像在屋裡隨意飛翔的自由鳥兒，沒有固定作息，玩得很盡興，想吃東西就吃，想大便就大便，沒有規定時間，而且盡情嬉鬧，沒有大人對其高聲斥責，幾乎未受懲罰。最後他們玩累了，倒在父母懷裡，整晚和父母睡在一塊。[70] 喀爾文宗家庭出身的美國人，認為父母所犯下的罪過，不久後就會報應在孩子身上，使孩子蒙受應有的道德辱罵和愧疚。在這些美國人看來，上述朝鮮人父母的作法，猶如在造就沒有是非之心、易捅出簍子、不久就會危害社會的成人。但在朝鮮，事情不是這樣的：不久後，學校就會提供必要的管教，造就出任何父母都寄望的心性健全青年。更早時，哈梅爾發出類似的見解：他寫道，「父母非常溺愛子女，子女則報以對父母的高度尊敬。他們相信親子雙方都會有得體的行為」，就能徹底糾正子女幼時的放縱。[71]

這類慣習或許無法培養出非常獨立自主、確信自身主體性的個人；朝鮮人「看待自己時，主要把自己看成父母的延伸」——至少一八八八年珀西瓦爾·洛厄爾如此認為，今日許多人類學家仍如此認為[72]——但這並未抑制個人的自主性和心理安定感，即使在相當貧窮的處境下亦然；此外，西方個人主義裡的任性，在孩子年紀更長時更令人反感、不舒服。朝鮮人的作法或許是「較佳」的育子之道，也或許不是，但肯定是打造出濃厚親情的辦法，而且是值得尊敬、推崇的辦法。

對父母的親情和報恩之情非常強烈，因此父母過世時，朝鮮子女深覺愧疚，由此產生為時甚久、情真意切的守喪——從前父親去世，兒子得為其守喪三年。十七世紀的哈梅爾又寫道：

一有人過世，其親人即在街上四處奔跑，發出淒厲叫聲，扯著頭髮，然後他們花了不少工夫，將他葬在算命仙所選定的山中某處……破曉時，他們帶著遺體出發，在這之前他們吃了豐盛的一餐，且整晚盡情歡樂……每年八月十五，他們砍掉墳上長出的草，供上新米。那是僅次於新年的重大節日。

然後，守喪三年，喪失親人者披麻戴孝，戴上用青蘆葦桿編成的傘狀大帽——帽子做成如此形狀，以使戴者往上看不到天，因為父母之死，他有過錯。服喪者帶著一根代表其已故父親的手杖，在漫長守喪期間不沐浴。最後，「子女透過此漫長的儀式，善盡其對父母應盡的職責……長子取得屬於他的房子，以及附屬於房子的所有土地。」[73]

除了孝道，維繫此體制的手段還有教育。教育所要培養的典範是「君子」，即有德且有學問、兼擅作詩與治國的士大夫。改善家族地位的首要途徑，是透過教育，在社會和學界更上一層樓；於是刻苦讀書，晨午夜不斷，一如今日一天可能只睡四小時的韓國學童。每個家族都希望自家子弟通過科考這道窄門出人頭地。

整個朝鮮王朝時期，所有官方記錄、所有正規教育、大部分文章皆使用文言文，為朝鮮文明之核心的科考，亦使用文言文作答。能否「取得官職、太陽下的一席之地、永留青史的名聲」，都取決於科考成績的好壞。[74]對於供得起孩子讀書，不必讓孩子下田幹活的家庭來說，孩子的讀書生涯始於其剛會講話之時，止於其本身能力所能達到的最高階段。教育意味著將儒家的規範和高尚道德內化於自身，此內化過程始於幼年儒家典籍的研讀，國王與庶民皆然。朝鮮學生得透過死記硬背，精通特別難上手的中國文言文，以學會數萬個漢字和它們的意義。詹姆斯．蓋爾憶道，他「對朝鮮的最早記憶，始於聽到茅草頂學堂裡幼小孩子的同聲念誦：Hanŭl天，tta地，kamŭl玄，nuru黃……他們都在唸『千字文』……。」[75]

朝鮮嚴母時時盯著孩子，滿足孩子需求，務使孩子專心讀書。這樣的形象是當時及今日的韓國社會所耳熟能詳的。認識韓國人母親非常看重孩子教育這點，只是了解她們的第一步；有個在韓國名氣甚大的女作家移民到美國長島，好讓她的兩個兒子能就讀哈佛大學。讀到七年級時，這兩個兒子的成績，已勝過參加大學入學資格考的大部分十二年級生，成績單上總是全A。但不久後，這個母親得知哈佛大學可能有地區性入學配額，於是舉家搬到德州，認為從此州申請入學者，會少於從長島申請入學者。

朝鮮人看重教育已有多久？一六五三年，荷蘭水手哈梅爾無意間漂流到濟州島，踏上陸地時，發現朝鮮「全民熱衷教育」。事實上，貴族和「自由民」都「對孩子的教育非常用心，孩子很小時，就要他們認字寫字，對教育非常熱衷。」長者教年輕學子認識「學問和先祖的價值，告訴他們藉此方法飛黃騰達是多麼光榮，要他們心生效法，用功讀書。看他們透過這些方法得到精進，看他們闡述他們種種學問之所在……的典籍，真是一大快事。」哈梅爾認為，受敬重的老師是「此王國裡最了不起的人」，為了得到類似的殊榮，「考生往往傾家蕩產」。[76]

科舉制度規定，所有應試者得先交待自己的家族出身、父方最近三代人的名字和位階、母方氏族的族籍。考試的重點，在於測試考生對儒家典籍的精通程度，以及撰文論述對於治國、官僚體系、儀禮的看法。如今有些學者說，朝鮮王朝初期就有庶民應試，但如果真有此事，那也只是彰顯貴族獨大這一通則的

首爾街頭，全身包得緊緊的朝鮮女人，約西元一九〇〇年。Carlo Rosetti, *Corea e Coreani*（朝鮮與朝鮮人）（Bergamo: Instituto Italiano d'Arti Grafiche, 1904）惠允使用。

例外。後來，朝鮮王朝推動成立名叫「書院」的私立教育機構；到了一七〇〇年，已有六百多家書院，比中國全境還要多。[77]十九世紀晚期去到朝鮮村莊的西方人，往往談到幾名年幼學生圍著一名受尊敬的長者背誦典籍的動人情景。

如果說社會靠三綱（君臣、父子、夫妻）來建構，行為則要遵從五倫：父子有親，夫婦有別，君臣有義，長幼有序，朋友有信。[78]婚姻的意義，不在於夫妻間相愛，而在於「合兩姓之好」（《禮記》語）。朝鮮王朝時代的女人嫁為人妻後，即落入少有外人能進入的內室，沒有財產，棲身別人家裡。她是被送給夫家的無名字之人，是內人，其最好的指望（且通常如願以償）是掌管內室；她無緣繼承真正的財富：土地和土地上的產物、房子。而這還是兩班妻子的人生：想想占女性人口三成的那些奴隸過的是什麼樣的生活。

這是朝鮮王朝立國之初的自覺性教條，久而久之，成為瀰漫整個朝鮮社會的精神特質，被上千個儀禮加以規範。到了十六世紀，兩班女性嫁人數年後才敢外出，而且外出時一定得全身包得緊緊，坐在由奴隸扛著的轎子裡，轎子四面都被遮住，外人見不到裡面。十九世紀晚期，外國人見到這些與外界隔絕的上層階級婦女，從頭到腳包得密不透風，披著蓋住頭的綠披風，披風的一部分放下來遮住臉，只露出眼睛。一如漢城的盲人，她們會在宵禁後，在鳴鐘和關閉城門，以防老虎入城後外出，趁著漆黑的夜色找到些許自由。誠如安格斯．漢彌爾頓（Angus Hamilton）所說的，「夜裡，這些一身白衣如幽靈般的人物，從一點快速移動到另一點，奴婢在前拿著提燈替她們照路。這樣的景象，就和白天清一色白衣打扮的群眾，在漢城街頭走動的景象一樣引人注目。」[79]晚近，許多朝鮮女子嫁給自己所選擇的男人，同時仍有許多女人讓母親替他們挑選丈夫；許多女人穿著隨自己高興，但有更多女人在公開場合避免衣著暴露（一九九四年夏，漢城發生了一件廣被報導的事，有個老漢當眾掌摑一個穿露臍裝招搖過市的年輕女子；結果此女子被捕）。如今，在名門望族裡，女人仍靠著名字登錄在夫家族譜裡，為後代子孫所記得；如果後來離了婚（離婚率愈來愈高），她們的名字將從族譜上被拿掉。

女人的地位是了解任何文明的重要窗口，這一核心要素看來恆久不變。女人的角色太貼近家庭，而且我們都是女人所生，而後進入社會，花了大半輩子去弄清楚自己人生的意義，因此，要自覺反思女人對我們自身歷史所具有的意義，幾乎不可能。從外人的角度去觀察不同的社會，則簡單許多。當置身不同的社會時，我們就能立即注意到該社會與自身社會習俗的差異。幾乎沒有哪個外國人，包括我在內，正面肯定朝鮮女人的處境。第一印象或許是最糟的印象，至少到晚近為止都是如此。一九六〇年代晚期，我的好友和同僚姜先生剛認識時，一直都沒有介紹我認識她太太，儘管他已見過我太太好多次。等到終於見到他太太時，她走在我們身後，相隔約五步，看來很謙抑。換句話說，她是老派的模範妻子。

古代朝鮮半島上的女人若親手殺了丈夫，不管出於什麼理由，其可能的下場，以十七世紀來說，就會如漂流到朝鮮的荷蘭人哈梅爾所言：「她被活活埋在常有人來往的大道上，只露出肩部以上，身旁擺了一把斧頭，所有經過的人，只要不是貴族，都得拿起斧頭砍她的頭，直到她死才罷手。」若有女人通姦被丈夫殺了，朝鮮人的反應一如德州人：男人「不會因為此事而陷入險境」。男人納妾也不會有人對其不利：「男人只要養得起，想要多少女人都可以，隨時都可以去找女人，而不會招來非議。」

但社會規範也非一面倒偏袒男人，不盡然雙重標準：「如果有婦之夫被逮到與人妻同床，下場是處死」，而且按照朝鮮人一絲不苟的作風，「必須由犯罪者的父親……來行刑。」[80]

朝鮮王朝新法有一項嚴厲規定，使寡婦的處境雪上加霜。她們不得再嫁（在高麗時期，寡婦再嫁是常有的事），村中寡婦因此成為通俗小說裡反映某種文化刻板印象的定型角色。這一規定的立論依據在於婚姻是「『兩姓』之事」，[81]寡婦嫁入夫家，即是夫家的財產，自當守貞，忠於夫家。偶爾的確有寡婦再嫁，尤其是窮女人再婚，會得到出於人情的某種程度的通融。但女人三度嫁人，就被歸為徹底不貞之人。男人主宰國政，而且支配女人的身體。誠如一四六九年的《經國大典》所說：「更適三夫者，同其失行，子孫不許授顯官，亦不許赴舉……若有貧賤之家，兩無扶護之親，早年爲孀，亦難守節，其父母親戚酌情更醮，不至害禮。」但對兩班女人來說，「婦德也，一與之齊，終身不改……自今再嫁女（之）子孫，不齒士版，以正風俗。」[82]

在朝鮮，男人納妾是女人的另一個大禍害，至今皆然：「正室與妾的地位差異，成為朝鮮社會裡最悲慘且最分明的社會分界線之一。」[83]但若以為第二或第三個老婆沒有地位，那就錯了。我岳父所屬家族的族長，在三陟經營馬格利米酒釀造廠。他每日的固定作息包括下午喝酒，而且一直喝到夜裡，有時跳進酒桶作樂；他抽沒濾嘴的菸，而且菸癮很大，娶了四個老婆。九十四歲被卡車撞死去世。他在遺囑裡把釀酒廠每年的收益和一筆財產留給他的二房妻子，但她死後，指示該筆財產要還給嫡子。我認識這個女人；她很端莊，很有本事，更別提能讓我醉倒的酒量；全家族都很尊重她，在她身上完全看不到低人一等的跡象（儘管人人都知道她是妾）。

太陽下的朝鮮

十五世紀是現代以前朝鮮的鼎盛期，而且是信奉理學之改革派幾乎獨領風騷的時代。從國家和文化上講，此時的朝鮮遠遠領先尚未發現新大陸的歐洲。歐洲經濟、技術停滯不前，朝鮮則在著名的古騰堡聖經問世之前許久就有活字印刷。朝鮮的科學家於一四四二年發明雨量計，比歐洲類似的儀器早了兩百年，而且在農學上有重大進展。朝鮮的數學家領先同時代人，早就開始利用負數和多項式方程式等概念，比歐洲人早了數百年。[84]有個叫蔣英實的奇才，專精日晷和天文鐘（甚至造了一台整點報時的咕咕鐘），其他科學家則改良了中國、阿拉伯的曆學。軍事技師製造了新式加農炮和火炮，醫家編成朝鮮醫學百科全書。[85]當然，一四九二年發現新大陸之後，歐洲的科學、技術突發猛進，就像朝鮮的技能在開始與世界體系交流後的百年裡進步神速一樣。

朝鮮王朝鼎盛時期，此王朝也迎來其最偉大的君主。李成桂第一任妻子的第五子李芳遠，除了驍勇善戰，還具備其他才幹。他比父親還多產，生了十二子、十七女。三子是不世出的英才，學問好且胸懷廣闊，他二十二歲時，李芳遠欣然將王位讓給他，是為朝鮮賢君世宗（一四一八～一四五〇在位）。他父親退居位在今日首爾延世大學所在地的宮殿，心中毫無怨念，未向兒子暴力相向。

如前文所述，朝鮮人於一二三四年左右發明了金屬活字印刷術，一四〇三年將其改良到盡善盡美；世宗迅即要技師著手將印刷過程機械化。一四二〇年，他命令大臣李蕆鑄造新字：「七閱月而功訖，印者便之，而一日所印多至二十餘紙矣……由是而無書不印，無人不學。」[86]成俔如此描述此新印刷術：

大抵鑄字之法，先用黃楊木刻諸字；以海蒲軟泥，平鋪印板。印著木刻字於泥中，則所印處，凹而成字。於是合兩印板，鎔銅從一穴瀉下，流液分入凹處，一一成字，遂刻剔重複而整之……其守字者曰守藏……守藏列字於書草上，移之於板，曰上板。用竹木破土填空而堅緻之，使不搖動者，曰均字匠。受而印之者，曰印出匠。87

據記載，世宗親自指導此作業，帶著犒賞工人的酒食前來新鑄字所。他最大的成就是創制極富科學性、且在其在位期間得到體系化的韓語字母表「諺文」。對於世宗的這一重大變革，官方如此說明其用意：

國之語音，異乎中國，與文字不相流通，故愚民有所欲言而終不得伸其情者多矣。予爲此憫然，新制二十八字，欲使人人易習便於日用耳。88

這是世界上精確表達語音的主要字母表之一，已吸引許多語言學家探究。有些語言學家主張韓語屬烏拉爾—阿爾泰語系（土耳其語、匈牙利語、芬蘭語、日語皆屬此語系），儘管長期受漢語文影響，韓語在詞素、語音體系和語法依舊大不同於漢語；事實上，其語法極類似日語——意味著在不復記憶的過去，兩者曾有非常密切的關係。諺文針對每個漢字也有其標準發音，而且中國境內種種方言針對同樣文字發音不同，但本身沒有字母表，操持不同方言者彼此無法溝通，因此有些來自朝鮮的美籍傳教士，曾建議在中國也使用諺文（但顯然未如願）。

可想而知，兩班官員對這兩樣變革無一喜歡，因為它們威脅到他們獨占語文使用、從而獨占其他一切事物的地位。有個官員寫道：「唯蒙古、西夏、女真、日本、西蕃之類，各有其字，是皆夷狄事耳，無足道者。《傳》曰：『用夏變夷，未聞變於夷者也』。」[89]但諺文在農民、軍人圈子和女人圈子流行開來。農民和軍人靠通俗的本土語指南書籍，學習務農、打仗之道，女人則利用新字母表彼此溝通，或在日記裡抒發情感或想法。效率甚高的活字印刷，擴大了各類書籍的印量，歷史撰寫隨之蓬勃發展。到了十五世紀末，中國古典書籍已開始譯為諺文。但直到二十世紀，韓字才開始廣被使用，因為在此之前，文人始終認為任何重要知識的取得，都離不開漢文；一九四八年起，北韓只使用韓字，南韓則繼續混用漢字和韓字。

世宗以仁君之名著稱，不暴虐，具儒士風範。新加坡的李光耀不妨效法他，因為世宗明令禁止鞭打背部和臀部：如此打人危及性命，此後嚴禁。他不忍朝鮮許多賤民的處境，想方設法欲使他們與常民融合。此目標甚為崇高，但完成許多偉業的他，在此事上未能如願。他勸人民勿迷信，例如勿信風水：國之昌盛繫於為政之道，而非繫於變化無常的風與氣象。[90]在這件改革上，他同樣未如願。

世宗王死後，獲謚「英文睿武仁聖明孝大王」。[91]朝鮮人一如其他民族或甚於其他民族，相信幽靈存在，他死後數百年間，據說數次顯靈被人看見。信奉理性主義的我們把這些說法斥為無稽，但熟稔朝鮮之後，即懂得對此謙虛以對。詹姆斯・蓋爾是虔誠基督徒，但朝鮮讓他不再那麼堅信只有耶穌基督會復臨人間；他寫道，「朝鮮人相信……人死後可能再現」，並舉倫敦心靈研究會（London Society of Psychical Research）的觀點，作為有力的確證。[92]我從未見過我岳母，因為我與她女兒結婚前，她就去世。她很不簡單，養大七個孩子，照顧肩負重任的丈夫，在漢城經營計程車公司。就在她死的那天早上，天剛亮時，她出現在我夢中，要我永遠照顧她女兒，兩個小時後，電話鈴響……相隔萬哩的電話那頭，說她心臟病發去世。

英祖和思悼世子

父親或許是朝鮮家庭之主，但就王室來說不然。國王的長子早早就受培養，以便來日接掌大位，如果長子不成材，並無任人唯才的政治制度來防弊。如果長子不具人君之資，或許次子可堪大任；但如果這兩人都不堪大任，王位繼承問題的解決仍舊是王族內部的事，外人不得插手。朝鮮王朝初期，就因王位繼承紛爭而出現流血暴力。但經過一段徹底改革期，儒家理學學說和新的家族型態慢慢成為定制，從而產生上自王宮、下至社會底層的新常態——和病態。

密切注意北韓晚近事態的讀者，會立即指出這與「偉大領袖」金日成將權力讓給他長子「親愛領袖」金正日一事的類似之處，一如熟悉南韓情勢的讀者，也會在該國真正掌權者（即主宰南韓經濟的大財閥）身上，看出這個一再出現的家族原則。但透過英祖和其長子思悼的故事，朝鮮歷史讓我們見識到，長嗣繼承制如何透過戀母情結和莎士比亞筆下的人物作風來影響高層政治，以及高層政治如何反過來影響長嗣繼承制。[93]

英祖不是朝鮮王朝最偉大的君主（幾乎配得起這讚譽，但重要性不如世宗），卻是在位最久者（從乏善可陳的一七二四年，到天與人歸的一七七六年），而且行事謹遵身邊儒士的建議，善盡國君之責。臣下請他做的事，他一律照辦，這通常意味著反覆研讀別人要他讀的書，主要是講德性和為政之道的儒家典籍。一七二五年，他花了四個月讀《論語》，四十年後又花了四個月讀同一部典籍。他於一七二五至一七二七年花了二十一個月讀《孟子》，一七六三至一七六四年又花了一整年研讀此書。他讀《大學》和《中庸》多達八次。這聽來沒什麼，但在一七二七至一七六二這期間，每一「次」所花的時間，短則一個月，長則二十二個月，因為所謂的「讀書」，不是晚上拿本好書靜靜研讀而已，而是要涵泳其中，把聖賢思想完全內化於心，達到一言一行皆自然而然不逾矩的境界。誠如大儒李栗谷（李珥）所寫道，「讀書」之道在於「循環熟讀，理會不已，使義理日明。」[94]

換句話說，英祖是儒家理想中的賢君，他成為英明的政治領袖，其所碰到的日常問題和其所採行的策略，會是任何主事者都覺得熟悉的。他最苦惱的問題在於，他兒子思悼是朝鮮歷史上最糟糕的世子：他不懂身為世子之道，或者說，如果他懂此道理，他就不會喜歡當世子。於是，他的攝政任期以悲劇告終。一七六六年，他被關在王宮庭園裡的米櫃裡餓死，而命人擺放米櫃者就是他父親。諷刺的是，為了王朝命脈的延續而殺掉自己兒子，非明君所應為。[95]惠慶宮洪氏是思悼的妻子，十歲就許配給他，後來生下正祖；此事發生於壬午年，因此得名「壬午禍變」。此事發生後，所有相關記載都被抹去，但洪氏寫下回憶錄，詳細記錄了她丈夫的行為。

思悼體現了朝鮮王室制度的所有弱點，而且沒有優點。他享有各種特權，有百名侍女隨侍照料，受父王寵愛，受人民崇拜，但未從好玩的童年成長為體現儒家教養的成年，而是從過長的青春期，走到明顯的神經官能症，再走到有充分文獻記載的精神分裂症。如果說他是公認的特殊案例，他一生的軌跡其實點出的是一個普遍的現象：朝鮮孩子進入青春期許久還被當成孩子，此後直到三十幾歲，乃至四十幾歲，都被當成青年，還處於轉為成人的準備期，只有在父親將持家的責任交給兒子和兒媳婦時，青年才真正轉為「大人」。這時，父親則進入「還甲」之年，成為受尊敬的長者，生活相對變得較自由。

一七三五年，就在英祖尚未生下嗣子，而朝中上下焦慮不安之際，思悼出生。他父親有時在想這個聰慧勤勉的孩子是否行事太極端（例如，一七四三年，英祖擔心這個孩子「太認真、太僵固」）。[96] 與此同時，侍女拿打仗遊戲和玩具武器，滿足思悼的玩心。但思悼十三歲時，已被父王痛罵懶散、行為不端，他開始對見父王之事遲疑、覺得不自在；他會在早上著裝時故意拖延，以避免和父王碰面，換過一件件袍服，每次換上後都怒氣沖沖脫掉丟地上。晉見父王無疑是身為人子應行的儀式，思悼必須向父親跪拜請安，但大部分情況下，父王為兒子未照規矩晉見而惱火。父王時時叱責思悼，有次思悼被罵到氣不過，憤而投井。

這只是正在形成之神經官能症的諸多徵候之一，不久後還會出現其他徵候。二十三歲時，思悼已從青年期步入精神失常期。他一想到著裝就害怕，於是毀掉一件又一件衣服，最後才找到一件他中意的穿上。他從侍女裡納了一人為妾，嚴重違反禮俗。他開始殺宦官，先是打死、然後砍頭（他一度拎著一顆血淋淋的宦官人頭，進入他妻子的房間）。而且他曾自殺不只一次。有次，英祖找兒子談，欲化解父子不和，還是未能如願。當時，英祖問思悼為何殺人、殺動物，思悼抓住父王的袍服，脫口而出道：

「因為我很痛苦，」世子道。

「為何痛苦？」父王問。

「我很痛苦，因為你不愛我，而且，你不斷罵我，我很怕你。」[97]

然後他向英祖詳細說明他可怕殺人行徑的更多詳情。王宮之事非外人所能插手，於是，關於這些殺人情事，沒人能建議該如何處理。

不久，思悼重拾他掠奪、玩女人的行徑，連貞潔的女尼都不放過。他殺害僕人、御醫、薩滿僧、傳達壞消息的人。他在宮中與「妓生」（即藝妓）、僕人狂歡作樂。一七六〇年他開始喬裝出宮，隨意殺人。最後，一七六二年，他母親雖認為兒子情有可原，還是請求國王將他處死；但國王看不出他兒子的病因，仍認為兒子的種種惡行源於缺乏孝心。思悼的母親悲痛難抑且極度自責，內心痛苦萬分——認為自己真不該說出這想法：以後「我的墓上連草都不會長」。不久後，她「背部長了惡性腫瘤」，很快就撒手人寰。[98]

思悼睡在類似棺材的箱子裡，後來改睡在地板挖出的洞裡，洞上方以木板和土蓋住。但他有時神智清醒，表現出好世子應有的模樣，背誦儒家典籍，保證會改過向善，好似什麼都沒發生過。這些錯覺妄想令他的妻子大吃一驚；她寫道，思悼似乎「不是一人，而是兩個人」——「現代」得驚人的看法，因為思悼明顯患了精神分裂症。思悼墓室般的睡覺習慣，預示了故事的結局。傳言他醒時密謀殺父，他睡時，他父王思量殺子。

對思悼來說，要解決自身難題，最省事的辦法是自殺，他母親已滿懷遺憾向他提過此議，他父王此時則（在思悼跪拜於他跟前時）一再力促他這麼做，說那是唯一的解脫，是他對家族命脈應盡的責任。思悼屢次欲自縊了結，都未如願。於是，有個晴朗的早上，英祖把思悼叫到附近的祠堂，護衛隊和多數大臣也在場。然後英祖將一行人帶到用來觀月的一個亭子（月是世子的象徵），說道，「我如果

思悼世子之子正祖一七八〇年所建之水原城附近的城牆。正祖打算將都城從首爾遷移至此，但未實現。Joo Myong-dok, *Korean Traditions: As Seen through Paper Windows* (Seoul: Seoul International Publishing House, 1981) 惠允引用。

死了，三百年的王朝命脈會斷絕，如果你死了，王朝能保住。你死了會比較好。」從國王的角度看，這樣處理極其合理。英祖揮劍劃過思悼頭頂，喊道：「自盡，快自盡。」思悼再度自縊，但這最後一次自我了結，還是未能如願（就在他父王面前）。傍晚時，英祖已厭倦於一再懇求。他質問：「你根本不想自盡？」

然後，侍從把一個大米櫃搬到院子裡，英祖要思悼進去——「快點。」思悼抓著父王的袍服哭泣，乞求饒命，父王不為所動。在米缸裡待了十三個炎熱的七月天後，思悼死於櫃中。就英祖所陷入的困境來說，這是合理的解決辦法，因為將世子以罪人身分處死，有損王族名聲，而且光是殺世子，就是犯法之事。於是，只能任由這個精神失常的兒子在烈日烤曬的櫃裡死去，此後，許多朝鮮人和景仰他們的人認為此舉正當合理。誠如蓋爾所指出的，「兒子反抗父親是最大逆不道的罪行」。[99] 但只有他的妻子和已故的母親知道實情：「這一切全是病所造成；他沒犯法。」

英祖死於一七七六年，當時喬治・華盛頓（George Washington）四十四歲；誠如詹姆斯・蓋爾所指出的，英祖在位時間幾乎和在位五十九年的英王喬治三世一樣長，比其他任何朝鮮王都久。在地球的一頭，一個新的民主國家就要誕生，在地球的另一頭，則有一個古老的君主國太平無事。對於這些事件，蓋爾給了以下這個很特別的看法：

> 我們認為東方人處於專制統治的鐵蹄下，但其實東方人通常過得很滿意，大部分時候未受干擾，生活快意。我們憧憬的理想政體是吵鬧的民主；對東方人來說，憧憬的則是明君。如果花點

工夫用心閱讀、比較歷史，得到的結論無疑會是：大體而言，東方人的選擇可取得多。東方人有時碰到暴君，但暴君只有一人；我們則有數個暴君，許多暴君。當亞里斯多德說「民主是專制的極致」，他非常清楚自己在表達什麼。[100]

思悼之子正祖繼承英祖之位，始終對父親之死懷恨在心。他在漢城南邊的水原建了城牆，有意遷都該處，但終究未執行。

朝鮮王朝立國之後百餘年裡，國家繁榮昌盛，是為典型的農業官僚制國家。這一官僚制深受一批熟稔理學思想的士大夫影響。今日的朝鮮人把這一傳統制度及其對今世的影響稱為「封建」，但我們不能把朝鮮王朝稱為封建王朝。一如高麗王朝，此王朝不具有封建社會的典型特點。它毋寧是個典型的農業官僚制社會。從亨德里克·哈梅爾一六五三年的觀察所得，可看到此制度的核心精神：

> 朝鮮由擁有無限權力的國王統治（儘管此國王向韃靼人稱臣納貢），而且行事全憑己意，未向任何機構徵詢意見。境內沒有持有領地的領主……所有「大人的收入」都來自他們隨時可能被國王收回的土地，來自他們所擁有的大量奴隸……[101]

說朝鮮王朝為官僚制，係因為它擁有精心設計的文官考選程序、高度組織化的文官體系、從中央往地方、從上往下的治國之道。於是，朝鮮不同於封建制，它有強大的中央政府和許多官員。這些官員透過文官官僚體系治國，而非透過兼具軍職、文職角色的地方領主。這套制度以農業為本，因此不同於近代官僚制；農業與官僚體系相互作用這個特點，也使朝鮮的官僚制與最近似於它的中國官僚制有所不同。官僚想確保國庫收入，地主希望掌控佃農和收成，兩者間的衝突始終是朝鮮王朝時代緊張關係的源頭之一，而在這場資源爭奪衝突中，地主往往得勝。理論上講，土地歸國家所有，但在朝鮮，民間持有土地者的勢力較中國更強、更牢固。朝鮮的確有中央集權政府，但看似強大的中央多半是假象，其實權力掌握在貴族身裡：「事實上，社會菁英控制官僚體系，使其保持相對弱勢，用其來抑制王權。」[102]在地方層級，菁英掌握名叫「衙前」的官員。「衙前」往往是胥吏，在郡以下的層級和豪族合作。

因此，朝鮮的農業官僚制表面看似強固，但中心其實很弱。國家看似支配社會，但其實有地的貴族家族能將國家力量拒於門外，繼續支配地方達數百年。這一模式延續到一九四〇年代晚期才消失，當時，有地者的支配力被朝鮮半島北部的革命消滅，並被南部的土地改革削弱；自那之後，北韓和南韓都轉而走上中央權力強大、全國受到由上而下之治理之路。但正因為中央與有地富人之間關係緊張，朝鮮的領導人得以藉由操弄其中一方對抗另一方來獲致長久穩定，因為雙方都需要對方。這是靈活且能因應情勢變化的治理體系；若非如此，這王朝怎能存世五百年？但這一制度不足以在十九世紀晚期抵禦帝國主義列強進犯，反而在列強面前瓦解：詹姆斯・帕萊斯（James Palais）寫道：「君主與貴族間的均勢是維持穩定的利器，但朝鮮需要擴大中央權力，以調動資源來防禦、發展時，它就成了包袱。」

中央政治反映了一套使大多數國王無法專制的制衡體系。外戚氏族、言官、桀驁不馴的官僚體系、士人勸諫君王的使命感，制約了王權，使其無法為所欲為。從許多方面來看，朝鮮的王權類似於美國總統的職權：在懂得運用權力之人手裡，權力就是治國的利器，但權力的有效行使，大大取決於行使方式和行使之人的性格。朝鮮國王也不像有名無權的日本天皇那樣，被神秘與象徵的壕溝包圍。朝鮮國王能懲罰官員，能派暗行御史到全國各地查核官僚的政績，能要求臣民忠於如父親般的國王，能發兵征戰。最重要的是，不管國王意志力多強、政治手腕多高明，都無法直接威脅有地貴族的利益，而貴族同樣需要國王來取得正當性，並延續他們的特權。

大院君，高宗之父。

以上就是朝鮮國王的政治面貌，但西方人初次注目於朝鮮王廷時，所想像的朝鮮國王卻非如此。高宗的美籍醫師之妻哈提・希倫（Hattie Heron），一八九〇年時如此描述這個國王、他的隨從和他的年幼世子：

> 國王身穿紅色金絲繡錦袍……嬌小王妃隱身在竹簾後，外人無從一睹其面容。她隔著竹簾向世子講話，聲音悅耳……
>
> 小世子倒是真的給我們見到。他快步走上後陽台，步態完全談不上穩重，然後跑過長長的走廊，最後來到國王晉見室的門口，在那裡正經八百在陛下身旁就位，看上去猶如一尊非常漂亮且傳神的蠟像，所有白髮老臣和蒼老的宦官都在他面前行叩頭禮，額頭在石頭地板上咚咚碰了好幾下。
>
> 希倫家的小孩也能看到一群身穿藍色絲質長裙與黃色上衣、整天跟在小世子身邊的侍從和女僕，看到她們替他化粧，為他的嘴唇和指甲上色，剃他頭頂的髮，拔掉他的眉毛，把他的食物切成最好看且一口就能吃掉的塊狀，用巨大的手持扇替他搧風，從不讓他落單，甚至在夜裡守護他，在他床邊看著，以古怪的催眠曲哄他入睡。在這個「晨靜之國」裡，向年幼國王唱這首催眠曲哄其入睡，已歷三百年。[103]

誠如梅爾・布魯克斯（Mel Brooks）在自導自演的喜劇電影《帝國時代》，所說的：「當國王真有意思」。

自覺的理學家或許想掃除佛教，扶植新的正統思想，但整個朝鮮時期，民眾依舊奉行佛教儀式，依舊喜愛民間宗教、薩滿教、風水說、算命等這些被儒士和現代世界同聲譴責的東西。如今，它們在朝鮮半島仍然盛行，在某些方面可以說是「第二傳統」，與菁英文化相對立。這一朝鮮大眾文化創造出極具活力且多樣的藝術形式：特別生動、自然不矯飾的民間寫實動物繪畫、以方言寫成的通俗小說、「巫堂」之類人物——巫堂即是在「固特」(kut)儀式裡召喚神靈、驅魔的女薩滿僧。在此第二傳統裡，女人常得以自由發揮其藝術創造力，不受主流道德規範。另外，小說也抨擊階級制度的不平等，許筠寫於一六〇〇年代初期的《洪吉童傳》，批評尤其尖刻。但最著名的小說是為平民與賤民之人性發聲的《春香傳》。這是朝鮮最受喜愛的故事，如今在南北韓仍被廣泛閱讀和改編成影視劇。此外，有種較古老的詩，叫作「時調」，以短詩節組成。朝鮮社會類似種姓制度的不平等現象，令人反感，而這種詩成為盡情表達此種反感的其中一種載體。

朝鮮王朝衰落時期

幾件事使朝鮮國力大衰，從此未再回到十五世紀的鼎盛：十六世紀初整肅文人(士禍)、十六世紀末日本侵略朝鮮、十七世紀中期遭滿人入侵。同樣在這一時期，滿人消滅明朝，入主中國，輝煌時代隨之告終，朝鮮社會的鼎盛似乎也告終，從先前與中國齊頭並進、同時獨力取得許多創新的那個輝煌時代退出來。英祖在位時期被朝鮮人視為復興期，從某種程度上來說的確如此(他的政策緩和了官場的派系對立），但即使在此時期，局勢仍然艱困，數十萬人死於疫病（例如一七四九年），「饑民吃屍體之事司空見慣」。[104]

首先，外族入侵給朝鮮帶來極大傷害。傷害最大的入侵，發生於豐臣秀吉結束日本內戰、一統國土之後不久。他發兵攻打朝鮮，一五九二年五月，十五萬八千七百士兵登陸釜山，但他的最終目標是入主中國。此時，朝鮮王廷未逃到其一貫的避難地江華島，而是逃到鴨綠江，此舉激怒朝鮮百姓，奴隸起而造反，燒掉奴婢文書。日本軍從此長驅直入半島，就在這緊要關頭，傑出海軍提督李舜臣出現，在朝鮮沿海擊潰日本船隊。

李舜臣提督有世上最早的鐵甲船——著名的「龜船」——可供其調度。龜船頂部覆以鐵板，其大帆令人想起中國式帆船，船內有十二名水兵負責划動長槳，配置於前後左右的火炮可將日本船炸沉，船首的龍頭讓人見了喪膽。第一艘鐵甲船由名叫羅大用的技師根據李舜臣的模型建成，長將近六十五呎，船體中部寬十五呎，舷側高近八呎並覆以厚木板。船殼覆以保護性鐵板，船頂部（龜背）的鐵板上鐵錐林立。猙獰的船首龍頭裡配有四門炮，能射出以火藥和碎鐵片製成的飛雷彈，也能施放保護性的煙幕。[105]總而言之，它是武器史上的一個重大發明，證明在施行鎖國政策之前的數百年裡，朝鮮造船技藝的高超。

李舜臣提督的水師切斷日軍的補給線，與明軍和挺身打游擊戰的兩萬兩千「義兵」（其中甚至有佛僧）聯手，迫使日軍退到釜山附近一處狹窄據點——不妨稱之為釜山的早期環形防線。經過幾次心不在焉的談判和拖延，豐臣秀吉於一五九七年再度發兵入侵。朝鮮軍和明軍這次已有所防備：李舜臣帶著僅僅十二艘戰船重返戰場，在木浦附近突出於港口旁邊的陸岬與珍島之間的狹窄海峽裡，擊潰日軍。李舜臣統領其艦隊耐心等待敵軍通過此海峽，然後擊沉三百多艘日船。但就在戰役期間，他得知摯愛的母親去世：他在其戰爭日記《亂中日記》裡寫道：天色怎會如此昏暗？[106]不久，偉大的征服者豐臣秀吉亦去世，據說傷心而死，另一個太陽就此落下。日軍撤回本國，擬出施行兩百五十年的鎖國政策，並帶回數萬只朝鮮、中國軍人的耳朵，埋在京都，直迄今日（一九九四年這些耳朵終於挖出，歸還韓國）。

朝鮮的這場勝利幾乎和英格蘭征服愛爾蘭同時，[107]後者導致愛爾蘭長期從屬於英格蘭，播下無盡紛亂的種籽。不同於愛爾蘭，朝鮮獲勝，但為擊退入侵付出了慘重代價。若入侵得逞，東亞歷史大概會大大改寫。李舜臣未及聽到世人對他的讚頌就去世，因為戰爭結束時，一枚流彈要了他的命（但如今在首爾市中心，立著這位勝利英雄的巨大雕像）。激烈戰事使朝鮮半島滿目瘡痍。難民在半島上奔南逃北，饑饉和疫病猖獗，由於地籍圖冊普遍被毀，基本的階級關係遭推翻。從某種程度上講，這場發生於近代早期的戰爭，可能促使朝鮮王朝加快哀落；日本受創程度低了許多，且得益於擄回的許多朝鮮手藝人。據某朝鮮歷史學家的說法，這些手藝人「後來成為（日本）陶藝大幅精進的憑藉」。[108]這場戰爭當然也滋生出對日本人——這時被普遍稱作島「倭」——久久不消的反感。

滿人為推翻明朝而到處開戰。滿人從北方入侵朝鮮時，朝鮮國力幾乎仍未恢復。藉由一六二七、一六三七年的入侵，滿人如願逼朝鮮向滿洲（亦即清朝，一六四四～一九一一）稱臣納貢，但這些入侵所帶來的損害，不如日本人入侵來得大，只有西北部因滿軍入侵受創甚重。更重要的是明朝覆滅時，朝鮮人覺得災厄臨頭：北方蠻族入主中國，「形同文明解體」。不久，就出現朝鮮是儒家正統思想和真正文明最後堡壘之說。[109]朝鮮人於一七〇四年建了秘密祭祀明朝皇帝的祠廟，即大報壇，一七一七年又建了一座。「崇明反清」一詞常見於朝鮮文人筆下。

此後，朝鮮王朝步上一段復興期，若能繼續下去，朝鮮或許能有較強固的體質，因應與西方相遇的挑戰。一場知識運動的興起，尤其重振了儒家文人的士氣。這場知識運動被稱作「實學」，主張哲學存在的意義應是解決社會的實際問題。「實學」者包括柳馨遠（一六二二～一六七三）等人。柳馨遠隱遁於小農村，埋頭於儒家典籍，以找出改革之道，解決他所見的社會問題。他對朝鮮王朝的幾乎所有政治制度、社會制度發出徹底且細緻的批判，並擬出一套具體改革方案以振興朝鮮王朝。[110]

學問為何必需「切合實際」？部分原因在於，此前幾百年間，朝鮮理學家在學問探求上雖臻於極致，但也因為脫離現實而變得枯燥乏味。在李滉（一五〇一～一五七〇）的著作裡，朝鮮形上學的水準之高，幾乎獨步東亞（李滉，號退溪，被後人尊為「朝鮮朱子」，在首爾市中心有一條路取名退溪路）。朝鮮理學家的學問毫不遜於中國任何學者，但他們競相針對構成天地的物質究竟是物質性的「氣」、還是精神性的「理」、抑或兩者皆有，進行玄虛的揣測性探討，若要在相競爭的學說之間擇定高下，除了靠每個提倡者本身的學識，別無他法——而這往往根據自己所屬的流派來判定（退溪重「理」，但當時同樣出名的學者李栗谷重「氣」）。這些才華洋溢的理學家充分闡述其思想時，能讓人相信他們獨力創造了天地。而「實學」是矯正時弊的解方，以現實為本，其轉折類似經過毛澤東思想教條式的廢話支配幾十年後，一九七〇年代晚期鄧小平「實事求是」的呼聲。

脫離現實的儒學稱霸朝鮮王朝時期，菁英間的爭吵特別令人反感。居於主流的學說，讓從事枯燥乏味、拘泥形式之研究，以及抱持頑固正統觀念的士大夫得到獎賞。首先，士大夫得選邊站，在信奉深奧難解的哲學辯論當中，選擇其中一方；唯有如此方能治理國政。這類心態加劇了始於十五世紀中期，且持續超過百年的一連串政治劇變（「士禍」），其後則是代代相傳的黨爭，持續到朝鮮王朝結束。落敗的一方，往往落得人身、財產、家人、乃至墳墓，都可能被勝利一方決意剝奪，以徹底根除其影響——這樣的報復始終祭出高尚的道德大旗，即使衝突本身的癥結點通常是關於政治權力爭奪。朝鮮王朝晚期，糾結於意識型態正確與否的爭執，也波及世俗性的派系衝突，因而削弱了中央政府權力。

話雖如此，我們也可以說，只有少數文明才能產生出比朝鮮時期守舊者更有學問、更有德性或更高潔之人。誠如蓋爾所指出的，「愈是研究他們，我愈是尊敬那些開宗立派的偉大精神導師據以作為人生準則的真誠、克己、謙遜、睿智、獻身精神。」[111]他們是高人一等的道德實例，體現了值得尊敬的道德原則，且影響直迄今日，令後人生愧。

理學思想體現了朝鮮人對「理念具有之力量」的明確關注。如今在北韓的「主體思想」裡，仍可見到這一關注。主體思想認為心正才能行得正，甚至使得北韓不惜違反馬克思主義，主張思想決定人的實然狀態。十六世紀末，統治菁英已把其意識型態同質化，抱持異端思想者幾乎蕩然無存：一切大概都已統一在「一說」裡。「一說」意味著被視為渾然一體的世界，在其中，中國皇帝和朝鮮國王與天交感，人、動物、自然處於先驗和諧的境界。理學家「把天地視為一個有機整體，一個具有生命力的自然連續體，人和其他所有生物在此和諧統一。」人與禽獸之別在於人能發展自己，能完善自己。

李栗谷說動物得其「偏」，人得其「全」，聖賢則在長久的自我修養之後臻於完全。人是身與心的和合體；最高深的知識是將「理」與「情」合為一體的知識，朝鮮人為何使用「心」這個詞，為何講到「想法」時指著自己的胸，原因在此。[112]

「實學」者雖未能徹底脫離此形上學體系，但他們關注現實世界問題和人間苦難。他們是被革除官職或失勢之人，或出身自社會上受到限制的群體，例如中人（胥吏或下級官員，因住在漢城中心區而得名）。丁若鏞（一七六二～一八三八）被認為是當時最偉大的知識分子，寫了數本書闡明其對治理、司法、政治結構的看法。他在土地改革上提出具有獨創性且激進的概念。還有些實學者，例如李睟光（一五六三～一六二八）去了中國，帶回當時傳布於北京的新西學，李瀷（一六八一～一七六三）則寫了主張改革的論著《藿憂錄》。

商業勃發？

一八六〇年代之前，甚至一九六〇年代之前，沒有一個去過朝鮮的旅人認為朝鮮是個商業興盛的國度。在這些人眼中，朝鮮的統治菁英熱衷於打壓使人想要致富的誘因——亞當．斯密（Adam Smith）認為，透過以物易物致富，大概是人類共有的傾向。蓋爾寫道，儒家的士農工商階序觀「不只扼殺了各種製造業，還讓商人的地位僅稍高於賤民。商人雖然富有，卻自覺卑下於飽讀經籍、卻不知隔日三餐在哪裡的博學賢人。」[113]但許多學者駁斥韋伯（Max Weber）所謂中國受害於儒家思想影響，幾無商業可言之說，因為旅人或史家肯定只見到朝鮮商業的局部。這可能也是因為朝鮮的國土較小，讓儒家理想得到較完滿的實現。

十九世紀晚期，朝鮮沒有大型商業城市，沒有值得一提的商業階級（這不表示沒有商人）。朝鮮王朝晚期，官員處理對外貿易時，第一直覺是直接切斷外貿，或把外貿交給自家人，讓他們獨占。已有一些學者能找出十八世紀商業發展的跡象，但他們的發現遭到其他歷史學家駁斥；朝鮮王朝時期的開城，或許一如高麗時期，依舊是商人的居住地，但他們的活動範圍受到限制：例如他們在對日貿易上所占的比重微乎其微。[114]朝鮮是當時東亞商業最不發達的國家。

我在一九六七年尚未去韓國時，聽到以上這種說法，但是當我親眼見到熙來攘往特別熱鬧的漢城的市場，尤其是迷宮般的南大門市場時，頓時滿心困惑。在南大門市場，幾乎任何東西都能以公道的價格買到，包括經由美國陸軍營站迅即流入「鬼市」（ttokkebbi sijang）的美製消費品。買家不討價還價，還會被認為是傻子；賣家一天工作不達十八小時，會被認為是鄉巴佬。這是以家庭為基礎的小規模商業，在越自由的市場越興盛，這種「黑市」活動，在任何街角都能找到。但只要政府插手，這種黑市就瀕危——而政府多數時候是插手的。

過去，漢城境內一直都有市場，鐘路這條主街上小店林立，但這些店由國家特許經營，再租給商人。國家把絲織品、棉布、菸草、鹽、紙等主要消費品的獨家經營權授予某些商人，換取穩定的稅收。其他類貨物則由居無定所的賣貨郎（褓負商）把它們背在背上、或用手推車運到一座座城鎮兜售，如今在南韓某些地區，仍可見到沿街叫賣的小販，他們以其招牌叫賣聲——歌曲、吟唱、吶喊、拉長尾音的叫聲，或大鐵剪帶著節奏的喀嚓聲——為人所知。如果賣貨郎真的賺到白花花的錢（這樣的事很少見），還得解決一個麻煩，因為在朝鮮王朝大部分時期，錢幣非常重，需要一頭驢子或幾個僕人幫忙搬運（官方認為，錢幣若輕便，貪婪之人會囤積）。

高麗時期情況似乎不同，因為在此時期，沿海地區國際貿易興盛，都城開城有許多富商。但掌理朝鮮王朝政務、頭腦頑固的士大夫，想要禁絕各地的商業活動（即使有時未能如願）。他們怕商人一多，會導致管控變鬆、暴發戶興起、廣大農民有了別的出路、奴隸有了自由。這些擁護儒家思想之人，想要穩住他們所打造、類似種姓制度的社會秩序，務使其不致因市場力量而崩解，其心態多少和他們強要家庭接受秩序、維持儀禮有點像。與中國的貿易則是例外，因為那是朝貢使團的一部分；至於與日本的貿易，當然是要將貿易降至最低限度。對馬島是對日貿易的唯一指定地，島上的商人一再要求朝鮮人提高現行的貿易額上限（一年五十艘船、每年多少米之類），通常未能如願。因此，二十世紀晚期韓國商業為何如此興盛蓬勃，主因之一是兩班貴族消失，因為逐利之心取代了對美德的看重。

但若以為朝鮮王朝社會一成不變，以為整個社會裡只有一小撮官員致富，那就錯了。誠如姜萬吉、金容燮等史家所揭示，十七世紀初期農業產出大增，因為出現插秧、同季雙重輪作的新技術，灌溉方法也有相應的發展。插秧新技術大幅減少種稻所需的勞力，擴大了耕作面積；勞動時間變寬裕了，某些農民得以開始生產人參、菸草、棉花等商品作物，供應國內和中國市場。使用錢幣從事商業交易、支付工資的情況變多，手工業開始擺脫官方控制。高麗古都開城成為商貿中心，財富傲人。

有些學者從這些活動裡得出：富農、平民地主階級崛起，中間人經手的批發商業開始出現，這些中間人買進穀物、人參、米、鹽，以轉銷國內他地和中國。[115]許多富商住在開城，到了十八世紀末，漢城已出現位在東大門、南大門、鐘路大街的大型民間市場。有一群被稱作「客主」的人，在朝鮮商業領域扮演吃重角色，他們是批發商和客棧老闆，為商人提供商品存放、住宿、銀行業方面的服務。但他們還是不同於京都的大銀行。京都的大銀行透過放款給武士，透過參勤交代制（要封建領主每年在都城住上一段時間的制度）所產生的定期性商業和交易活動而壯大。但「客主」已占好有利位置，得以在一八七六年後，趁著急速發展的貿易而壯大。

朝鮮王朝晚期，朝鮮學者透過從北京輾轉傳來的訊息，也對西方的進步略有瞭解。一六三一年，鄭斗源從中國帶回數本世界地圖、數本西方科學論著、一把能用的火繩槍、一個新單筒望遠鏡、乃至一台鬧鐘。就在此時前後，有個叫韋爾泰夫雷（Jan Jansz. Welteveree）的荷蘭人遇上船難，漂流到朝鮮半島，不久後，又有一整艘船的荷蘭船員在濟州島棄船登岸。韋爾泰夫雷取朝鮮名朴延，老死於朝鮮，亨德里克・哈梅爾待得夠久，得以寫下一部令人著迷的十七世紀朝鮮見聞錄。[116]朴趾源一七八〇年去了北京，寫下《熱河日記》，在書中比較朝鮮的社會狀況和他在中國所觀察到的社會狀況，並認為朝鮮遜於中國。令人遺憾的是，日本學者透過長崎的荷蘭人居民和天主教徒學到的西方學問「蘭學」，早早認識了西方，而朝鮮沒有與此類似的西方學問。十七世紀，更多西學傳入朝鮮，通常是在一個日益壯大的天主教運動支持下傳入的（主要藉由在神之前人人平等的信條吸引平民加入），但西學傳入在日本促成新技術興起，有助於日本在一八六八年迅速崛起，在朝鮮則沒有相同的結果。

這一切活動，從某種程度上來說，已預示了朝鮮會走上獨立自主的經濟發展之路，但令人遺憾的是，十九世紀初期出現大倒退，西方人開始來到朝鮮時，往日的商業繁榮景象已所剩無幾。一般看法認為朝鮮商人是「平庸之人，在社會上受上層階級鄙視，時時在為保住獨占權而煩惱，不受一般大眾信任。」[117]

一八〇〇年代初期連年歉收，使許多農民成為在山中刀耕火種（「火田」）的流民，並使其他農民公開造反。貪婪的稅吏往往是觸發民亂的禍首；他們甚至連山中居民都不放過，想要「火田」民繳稅（這類農民往往甚多）。最大規模的民亂是洪景來之亂（一八一一年）；洪景來的際遇和一般造反領袖相仿，科考不中，無望謀得官職；以幫人看風水為業後，他開始組織農民造反。平安道數起饑荒，為民亂爆發提供了生力軍，不久後即席捲清川江以北廣大地區。儘管這場民亂遭敉平，但直到一八九〇年代，民亂仍不時爆發，一八九〇年代的東學之亂更擴大了衝突區域。

到頭來，十九世紀的朝鮮為何幾無商業可言？布勞岱爾如此論道：「與許多親華專家、歷史學家所言相反，（東亞）經濟成就並不出色，坦白說，落後於西方……東亞的劣勢在於其經濟結構、其市場和商人中產階級，不如伊斯蘭世界或西方那麼發達。」他接著舉了數例支持其論點：缺乏自由城市、欠缺「熱衷於牟利的企業家」（在西方，牟利是「進步的動力」）、信貸制度付諸闕如或不健全，以及認定一旦賺了錢，就該把錢用於「過舒適生活……以及最重要的，用來對父母和整個家族盡義務」的倫理觀念。[118]

我認為，撇開「企業家逐利之心是西方進步所不可或缺」一說不談（此說或許正確，也或許有待商榷，但這不是我們想探究的問題），布勞岱爾的評斷大體正確。但我們所提出的疑問，是從西方立場發出、受特定時代侷限的疑問：為何西方人做到的事，朝鮮人做不到？它針對西方如何「做到」，心裡已有答案，然後詢問東方為何迅速走上衰落。但情勢很可能會倒轉，也許數十年後，歷史學家的主要疑問，會是東亞如何「做到」，以及「西方」出了什麼問題？

結論

一八六〇年代，如同毗鄰的中國人、日本人，朝鮮人回顧了他們十分熟稔、但即將不復舊觀的一段他們自己的歷史。西方挾帶較優越的技術來到東方，帶來不可避免的改變，打斷了東亞的舊秩序。東亞的仁人智士習於檢視過去，以尋求解決目前問題的答案，並針對即將到來的巨變提出對策，只是這些對策無一管用。除了縱身此潮流，跟著其前進，別無他法，而且實際上也無所作為。那是本書接下來要談的事。在此，我們不妨用洪良浩（一七二四～一八〇二）的話，結束談古代朝鮮的本章，並緬懷古代朝鮮。他借用贈予新婚夫婦、象徵豐富和多產的大雁，告訴朝鮮人他們在世上的真正位置：

（一七七七年）季秋之月，孔（慶興，一號孔州）之野人，生得二鴈，剪其翮以獻……饔人（譯按：廚子）曰，「是味旨於雉，請膳之。」余曰，「毋。是鳥也，羣而有序，其有禮乎。侶而不亂，其有義乎。飛必隨陽，是其智也。至必如期，是其信也。嘴不啄生，爪不攫物，近於仁矣。羽蟲之微，具此五德……如之何其羹之炙之，雉鶉鷄鴨然？」乃日餼以粟，盆水濟其渴，茅薦禦其寒……

月翮始長可舉，於是升高而放之。送之以辭曰：

爾之飛兮無北，白礫林兮氈毳落，黑水吼怒兮曾冰攢角……

爾之飛兮無南，赭墳潟洳兮沸水淫淫……

爾無東渡幼海兮，洪濤潏汩而淵湃……烏齒鏤身兮心巧手銳……

爾無西過鴨水兮，赤縣蒙穢而幽昧，左言短衣兮腰槊臂矢……

於樂青丘日初暘兮，箕張角垂經緯光兮……膏壤千里足稻粱兮……爾莫他方之逝，返舊鄉兮……[119]

CHAPTER 2

利：一八六〇～一九〇四年

太平洋是美國的大洋新娘。中國、日本、朝鮮，猶如項鍊掛在它們周邊的無數島嶼，則是諸位女儐相，加利福利亞是新婚床，是洞房，東方的所有財富會被帶來這裡，慶祝這場婚禮。身為美國人的我們，務必作好準備，迎接「新郎到了」那一刻……

——海軍准將羅伯特・薛斐爾（Robert W. Shufeldt）

十九世紀中葉，西方帝國主義用了三十年左右的時間「打開」了東亞。中國頭一個屈服，敗於一八三九至一八四二年的鴉片戰爭；一八五三年美國海軍准將馬修・培里（Matthew Perry）的「黑船」出現於東京灣時，日本步上後塵；朝鮮最後一個屈服，但這不是因為朝鮮較強大，而或許是因為它較頑固。直到一八七六年，朝鮮才簽了第一個國際條約——簽約對象不是西方列強，而是日本。但朝鮮自此迅即墮入帝國主義爭鬥的漩渦，因為日本強迫朝鮮簽下西式不平等條約，讓日本國民在朝鮮享有治外法權，要朝鮮開放數個口岸通商。

現代朝鮮就此揭開序幕：朝鮮領導人不再能隨心所欲左右事態發展。外力對朝鮮的影響大於內部力量，這是朝鮮史上頭一遭。但為救亡圖存，朝鮮內部著手大刀闊斧改革，而且不只朝鮮如此，整個東亞的儒家體制都迎來其最後的輝煌時期。在朝鮮、中國和日本，一八六〇年代都是以舊模式為本進行改革的時期——中國是（同治）中興，日本是「保守性重建」（幕政改革）。[1]在這三國，改革者都大舉興革，而且照過去的標準來看，頗有成果，因為他們都讀一樣的典籍，都深感外患深重。大院君（李昰應，一八二一～一八九八）領導一八六四至一八七三年朝鮮的改革，此事說明了當舊體制除了整頓內政以行改革之外、別無他法時，其舊體制是多麼地具有韌性。但這三項改革都未能有助於東亞克服來自帝國主義的挑戰。只有另一次改革奏效，即一八六八年後，以「王政復古」之名，追求國家打造和工業化的激進明治維新。

就在新體制把西方利益帶進東亞時，東亞舊體制內突然迸發一波耐人尋味的活動，可以看出中日兩國在爭奪對朝鮮的影響力。作為傑出改革家的李鴻章在中國領導了一場改革活動，這場改革為了想要重新申明中國在朝鮮的傳統地位，操弄帝國主義列強互鬥以從中得利，並促成朝鮮與美國、英國、德國也簽訂不平等條約（都簽於一八八二年）。朝鮮菁英因此分裂成數派，有些擁護某一強權及其理念（他們既可以是朝鮮人，同時又「親中」或「親俄」），有些則想要利用各強權在朝鮮境內的影響力以從中得利；這些派系影響朝鮮政策，直到一九一〇年朝鮮遭日本併吞為止。

大院君的新政時斷時續，直到一八九四年，也就是本書撰寫僅僅百年之前，朝鮮才開始大舉「現代化」。一連串的事件：國內一場大叛亂、日本擊敗中國和列強勢力的僵持，讓朝鮮有短短的十年可以致力於經濟工業化、啟蒙其人民，並開始短暫試行某種民主體制。短短十年當然不夠，最終，日本人封殺了朝鮮人的自主行動。與此同時，許多西方人首度來到朝鮮，覺得這個國家無比新奇，有許多值得一談的事物。但首先我們來檢視朝鮮的傳統對外關係模式，以及隨著施行西方體制而來的劇變。

隱士王國

十九世紀之前許久，朝鮮就被視為不信任外國人、一看到外國人就盡快將其遣返的國度：朝鮮實際上對叩關者說：「我們一無所有，一無所需，請離開。」因船難上岸的日本、中國水手受到朝鮮人款待，然後予以送回，但西方人——尤其是亨德里克．哈梅爾（Hendrik Hamel）等荷蘭水手，成為最早在朝鮮住下的西方人，他受到的待遇則明顯不同。他們有兩條路可走：留下來接受同化，或者能逃則逃。[2]

一八一六年有艘英國軍艦在朝鮮西海岸的諸島之間下錨，根據該艦艦長巴西爾．霍爾（Basil Hall）的報告，島民「打量我們的衣服時，顯得有些驚訝」，但此後「對我們的任何東西都興趣缺缺。他們最關心的事，就是盡快把我們攆走。」十九世紀初到過朝鮮的另一個西方人郭士立（Charles Gutzlaff），最初曾經推斷他已找到「世上最遁世的人」，說他們碰上每個闖入的外人，總是一再問「你什麼時候要離開？」但後來，他把這種堅決排斥外人的心態，以及全國人民的普遍貧窮，歸咎於政府。他認為他所碰到的人（大多是漁民）「和善且樂於助人」，而且往往明事理，只在聽聞耶穌基督的故事時顯得例外。他們對耶穌的故事不感興趣，郭士立因此推斷「這種無動於衷的表現，表明其心態的高度冷漠。」[3]

一八三二年，英國東印度公司派阿美士德勳爵號（Lord Amherst）去朝鮮，但此船以違反朝鮮法律從事對外貿易的理由被斥回。一八四五年，英國再次派船去，還是無功而返。中國欽差大臣隨後在香港向英國人解釋：「中國無法強要（朝鮮）開放通商，因為它不是中國的一部分」；朝鮮也無法自行開放通商，因為「它非獨立自主」。[4]

就連曾經使華、相對來講閱歷較廣的朝鮮人，歐洲人都覺得遠比中國人還恐外。十六世紀到北京的耶穌會傳教士，認為他們在北京碰到的朝鮮人脾氣不好、冷漠，自認獨立自足不需外援——三百年後，北京的歐洲人也談到「這些穿著奇怪的人非常驕傲，對外人完全不感興趣，非常排外，非常自滿，行事全照己意。」[5]朝鮮的鎖國政策，有一部分是對外人掠奪行為的反應，但也表達了朝鮮民族的獨立自足，其經濟幾乎能自給自足，其在中華世界秩序裡擁有崇高的地位。

一九八一年我第一次去北韓，我貿然來到北京的航空公司售票處，問哪裡能買到去平壤的機票。與我對應的那個中國人，本來就小的眼睛瞇得更小，不久，一名高大的朝鮮人從門後現身。打量彼此時，我覺得他兼有搖滾先驅小理察（Little Richard）的外貌和帥氣的龐巴杜油頭髮型。他肯定也覺得我這個人很怪。他用中文問我來自哪裡，我的回答（用英文）使他發出第二道問題（我為何想去他的國家）時，語氣特別尖銳。他接著問我是否已為美國人在朝鮮犯下的罪行悔罪。但他的第四道提問時，態度已和善許多，那種變化就像冰川得到春日第一道陽光照拂般難以察覺；我們改用韓語交談，結果幫了大忙。

歷史學家金基赫（Key-Huik Kim）以「排外主義」（exclusionism）一詞，區別朝鮮的孤立主義和其他孤立主義，既間接表示要與外人保持一定距離，也暗示著某種輕描淡寫。十九世紀排外主義尤其強烈，因為朝鮮人認識到西方勢力在東亞日增，但在朝鮮的漫長歷史裡，排外是相對晚近的現象。對外來壓力的憂心，大概始於十三世紀蒙古人入侵之時，且因豐臣秀吉造成的破壞而深植民心。在那之前，朝鮮被認為通達世事且非常富裕，這從愛上新羅的阿拉伯旅人的記述就可看出。與中國、日本、東南亞非常緊密的交流模式，無疑使當時的朝鮮大不同於後世，尤以高麗時期沿海貿易最興盛之時為然，當時的朝鮮人看待外部世界時較安心、較從容。

但遭遇蒙古人入侵之後，朝鮮可以說變成了孤島，而非半島。一如那尊石窟庵佛像，它仍向東方敞開，除了害怕盤據日本、襲掠朝鮮沿岸的一些海盜，朝鮮不怕日本島民。但朝鮮不再向北方敞開門戶：從鴨綠江西端建了一道城牆直到海邊，藉此區隔彼我、區隔衛生和疫病、區隔文明和災殃。這道邊界不像保護印度不受遊牧民擾犯的開伯爾山口，但也不似綿延數千里的中國長城。白頭山和連接白頭山的山脈，已構成難以越過的屏障，氣候亦起了同樣的作用；光是增建一道城牆，或許就能如願阻絕來自北方的入侵。但豐臣秀吉十六世紀揮兵入侵，改變了東方太平無事的態勢，在那之後，「隱士王國」一詞才適用於朝鮮。如果說日本自認是受到神風庇護的島國，朝鮮則變成受聖山和強烈反日心態守護的半島式島國。

朝鮮相當滿意其與中國的關係，並一心要與其他任何國家保持距離。但在朝鮮半島上，中國並非特別受歡迎，至少在明亡清興之後是如此。朝鮮的確是中國的藩屬，但並非總是如此：朝鮮王朝的領導人追求與明朝維持密切關係，誠如前文所述，這麼做的理由，就和文藝復興時期的人想與希臘人有密切關係一樣：中國是世上最崇高文化的所在，朝鮮想讓自己與中國並駕齊驅。

朝鮮王朝每年遣使赴華三次，分別在新年、皇帝誕辰、皇太子生日時；後來又加上了冬至使團。朝鮮新王即位或中國皇帝駕崩，都會派出特別使團，因為朝鮮國王需要得到中國天子冊封。從一六三七年，至此慣例終止的一八八一年，朝鮮共派出四百三十五個特別使團到中國。在這些行禮如儀的使節活動底下，文化交流興盛、商業交易頻繁，毛皮、人參、馬、絲織品、瓷器的交易非常熱絡。有些學者大談這一有限的貿易，但雙方的關係，與其說是建立在私利上，不如說是建立在儒家秩序的崇高道德上。在這一秩序裡，中國是朝鮮的大哥，雙方對彼此都負有義務。[6]

中國、朝鮮的外交官很少討論彼此國內的事務，甚至很少談及各自的對外事務。如果說朝鮮國王得到中國冊封，那也只是個讓朝鮮人，而非中國人，在其中作出政治選擇的儀式而已。去過朝鮮的中國官員不多，他們都遵照嚴格的規則和外交儀式，從邊界循一路線南下朝鮮都城，從不貿然進入內地。明朝滅亡後，來朝鮮的中國人只能待在漢城某宮殿裡，不得與外人有私交。誠如威廉·艾略特·格里菲斯（William Elliot Griffis）所寫道：「包括高官、僕人、商人、車夫在內，全體朝鮮人進入北京，個個都可在街上自由走動，與市井小民為伍，但來到漢城的中國使節，必須在邊界告別其隨員，只帶著幾位僕人前往都城，而且被隔離在都城的賓館裡。」[7]（一九八一年我在平壤碰到一位蘇聯外交官，問他生活過得如何時，就想起這段歷史。那位蘇聯外交官回答：「就像住在潛艇裡，不能出去，要去鄉間必須得到允許。每逢週日可與其他外交人員踢足球——阿爾巴尼亞外交官除外。」）

金基赫寫道：「在內政、外交上，朝鮮都完全自主，可自行和任何國家締結關係，只要該關係不牴觸其對中國的朝貢義務即可。」[8]朝鮮人尊崇中國事物，中國的回應則是大多時候當朝鮮的好鄰邦，對朝鮮予多於取。中國自認是天朝上國，行使極寬鬆的宗主權，認為受中華文化澤被的朝鮮人，不需強迫，自會奉中國為宗主；中國對朝鮮的政策，或許可稱作無為而治，從而讓朝鮮享有相當大的國家自主權。

與日本的關係則始終不同。朝鮮與日本長久以來交流密切且頻繁，且誠如前文所述，考古證據顯示雙方在種族、文化的相似程度，比今人所願承認的還要高出許多。朝鮮王朝在對日關係上，採用符合儒家思想的「交鄰」政策，從而也把較古老的模式定制化。太宗受明朝冊封的一年後（一四〇四年），室町幕府第三代將軍足利義滿也獲明朝冊封為「日本國王」，朝鮮、日本從此平起平坐，開啟了「交鄰」體制。[9]朝鮮偶爾遣使赴京都，但只為交換親筆信和禮物；那是對等關係，但對朝鮮人來說不甚重要，也無需擔心。畢竟，朝鮮自認較靠近中華文明的泉源，而且實際上也是如此。一如晚近提倡「西方」美德的美國人，朝鮮人根據此一靠近中國的地緣關係蔑視日本文明。

對馬島是千百年來朝鮮、日本接觸的媒介，許多學者認為此島是朝鮮的準藩屬。商人往來於對馬與草梁之間。草梁位於釜山附近，設有「倭館」。那是有圍牆環繞的「商館」，內有住屋、商店、倉庫，是朝鮮境內日本人唯一能踏足的地方。倭館占地約五十英畝，面朝大海，一道設有瞭望塔的高牆，把館內世界與其他陸地（朝鮮）隔開——好似外面的人一爬上那道牆就會得病。日本船只能在被防波堤圍住的潟湖裡停泊，從而達成全面的隔離。

從倭館走小土路約三公里，就來到有城牆圍繞的釜山鎮，那是朝鮮商人的聚落。道路兩旁有幾棟房子，住了通譯和各式助理。[10]「貿易」就透過這段嚴加設限的瓶頸小路進行，貿易之不受重視由此可見。儒家古諺也對貿易充滿貶意。倭館讓兩個官僚帝國在此接觸，然後再退回各自國內的節點，這是說明近代之前國際體制的絕佳例子，這一體制與十九世紀的自由貿易、「門戶開放」帝國主義體制恰是南轅北轍。

豐臣秀吉肆虐朝鮮之後，日本和朝鮮都正式採取了鎖國政策，即使兩國互不往來之說有時流於誇大（其實雙方仍有不少接觸）[11]，兩國的確保持距離。豐臣秀吉揮兵入侵當然切斷了所有貿易，但一六〇九年雙方貿易恢復，規範此關係的貿易協議沿用到一八七〇年代。十七世紀時，每年的貿易船額度為二十一艘，但早先曾多達每年五十艘（朝鮮人是支持這一初期的貿易安排，以遏止以日本為根據地的海盜劫掠，或欲藉此使海盜轉為商人）。[12]各種互動都得遵守一套精心設計的儀禮規定，因為日本人、朝鮮人都認為對方的統治者不能和自己的統治者平起平坐（即使對等關係是「交鄰」體制的前提）。日本幕府將軍和朝鮮國王無正式的書信往來，因為雙方都認為此舉有失身分。因此，對馬島扮演了積極推動雙方更多接觸的角色。相較於朝鮮人對貿易的冷淡，該島藩主熱衷於促進對朝鮮的貿易；朝鮮人勉為其難繼續這項在他們看來缺乏益處的作法，只有助於遏制走私。[13]十九世紀初西方人所「發現」的朝鮮，就是這樣的朝鮮；那也是逐漸衰落、被政爭撕裂的朝鮮。

外國人遇到朝鮮王朝時，此王朝正接近其四百年來的最低點。十九世紀的大部分時候，朝鮮無強有力的國王，只有一連串年幼體弱的國君。王大妃和其氏族（尤其是安東金氏）在幕後把持朝政，掌控宮廷。純祖一八〇〇年即位時只有十歲；憲宗一八三四年即位時只有八歲，十五年後猝死；五十九歲的金大妃選全溪君的三子為王。他當時十九歲，毫無值得稱道之處；王宮派出的使者找到正在江華島推牛耕田的他，把他召回漢城，立他為朝鮮王朝第二十五代國王，是為哲宗。誠如蓋爾所論道，他是可讓金大妃「像女大學生玩網球那樣、將其玩弄於手掌心」的人。之後出現「王妃間的競爭、氏族爭鬥、宮廷陰謀，朝鮮隨之急速衰落。」[14]

一八六四年三月，哲宗去世，得年三十二，死於宮廷生活的驕奢淫欲。三個未亡人的宮中權鬥自此展開：憲宗之母趙大妃、憲宗之妻洪大妃、甫去世之哲宗的王后金氏。因哲宗無子嗣，新王必須由來自外戚的養子充任。安東金氏一派的王后找來一名年近八十、已退休的大臣，要他去找出興宣君的十一歲兒子。官差找到時，他正在附近一處庭園裡放風箏，隨即將他請上御輿，送到王宮。趙大妃趁其他人（包括王后金氏）都尚未出手，急奔上前，喊叫「我的兒！」，然後抓住他的手，把他帶到王妃寢宮的簾幕後面。她隨即從簾後宣布，「我已立翼宗（純祖長子孝明世子，未繼位而卒，追封翼宗）之子為新王……從此由我垂簾聽政。」眾臣別無選擇，只得跪拜接受國家的命運。為何？

所謂的「政府」，可以是一套代議機構、一個官僚體系，或者王大妃垂簾聽政的體制。誠如馬克思寫到德國君主制時所說的，國家主權可被國王恣意行使，猶如揮動鹽瓶「撒」鹽那樣隨意。趙大妃撒了她的鹽，高宗就此問世。他是翼宗的養子（但翼宗在高宗出生前二十二年就已去世），朝鮮末代君主、朝鮮不幸歷史的象徵。[15]

高宗父親李昰應，封號興宣君、大院君，係帶有閔氏血統的思悼世子曾孫；許多史家認為他與趙大妃合謀，選他兒子為王，因為她的氏族豐壤趙氏，勢力遠不如安東金氏。蓋爾如此寫道：

如何對待（新）王之父與宣君？該行何種禮……？該如何穿著？在朝中該居於何位？他不能和其他官員一樣跪拜，因為那意味著向自己兒子跪拜……借助趙大妃的權勢……他成為攝政和絕對統治者，稱號大院君。強勢主掌朝政長達九年。[16]

高宗的婚姻大事仍待解決。大院君之妻——高宗生母——看中豪族閔氏之女。由於複雜的血緣關係，這實際上意味著高宗要娶他十三歲的姨母。他母親並未因此改變心意，還是促成這門婚事（一八六六年成親）。大院君看過新兒媳後，「說她個性堅毅沉著，為此有點不安。後來……他說：『她顯然想成為博學之士，得提防她。』」[17]這位閔妃的確長得清瘦，大院君本應根據第一印象而有相應防範，結果卻在無意間製造出「此王朝歷史上最幹練的女性政治人物」。[18]

與此同時，大院君從一八六六至一八七三年鐵腕統治朝鮮，其後還攪動政局長達二十年。個性強勢的這兩人——大院君和閔妃——操縱年輕的高宗，左右此後直到十九世紀結束的朝鮮政局。此外，兩人互無好感；閔妃婚後五年生下一子，但不到三天就夭折；傳聞「這名男嬰服用大院君送來的某種人參緩解劑之後喪命」。從此，她極其厭惡這位權傾朝野的攝政，待時機成熟就要將他拉下台。[19]但那時已是一八七一年，朝鮮不再隱居於自己的世界裡。

門戶開放未成和其他

在十九世紀，何謂門戶「開放」？有時，「開放」意指發現；例如培里發現日本。但日本原就一直在那裡；日本人不知道他們就要被發現。有時，「開放」意味著開明或啟蒙，例如心胸開闊、願接受不同觀念之人，或歐洲啟蒙運動。有時，「開放」意味著自由貿易和通商。有時，「開放」意指意識型態上的立場。有時，「開放」意味著臣服。就朝鮮來說，所謂的「開放」，誠如下文所見，具有適用於西方和日本的上述所有「開放」意涵。對朝鮮人來說，「開放」意味著什麼？朝鮮人認為他們的國家符合他們所希望的開放，但從西方觀點來看，不是很開放。許多北韓人如今亦如此認為。晚近的美國政府則把「打開」朝鮮民主主義人民共和國門戶視為其職責。外界長久以來堅決要求「開放」，朝鮮人則一再頑抗，何以致之？

進入現代，「開放」一直是每個日本、美國領導人思考朝鮮時未明言或明言的目標。但對舊朝鮮、對其所處的中華世界，對國與國關係的思維，對人的思考方式來說，「開放」代表著從此走上末路。由此，我們即可推斷，「開放」之不可告人意圖，乃是欲以進步之名摧毀舊朝鮮世界：一如蛋殼的有機整體性遭打破，舊朝鮮遭打破後，也會像蛋頭先生（Humpty Dumpty）那樣一去不復返。對於「開放」，我們西方人不這麼想，因為我們替這個概念加上全屬正面、進步的意涵。有人說「開放」是必然的、不可避免的、合理的、先進的、大勢所驅的、現代的（這些浮現腦海的種種崇高說法）——但這些都無關宏旨。重點在於這一要求，其本身看似符合常規、有其合理性，卻使朝鮮人的頑抗更難如願，更加耐人尋味。朝鮮人看出「現代」這個侏儒怪（Rumpelstiltskin）的真面目：那是會消滅朝鮮在世上之獨特性的病毒，而且該病毒會使當時的朝鮮人，思索一個在一八七六年之前絕不會想到的疑問：何謂朝鮮人？

此病毒以新崛起之日本的面貌首度出現，使朝鮮更難做出抉擇。原先日本與朝鮮是平起平坐的國家，此刻卻高舉對雙方都全然格格不入的原則向朝鮮叩關，自稱已是現代國家，主張「天堂」（Valhalla）會在對未來幸福的不斷追求中尋得，但無法透過用心借鑑過去的黃金時代來尋得。這一主張徹底扭轉了既有的觀念。此一叩關叩得很響，不打開朝鮮門戶絕不罷休，而且不久就訴諸武力。

「中國—朝鮮」的宗藩體制，即使不是對等關係，也是薄弱的等級體系，朝鮮在此體制下其實獨立自主。但朝鮮所碰上的西方體制，表面講求對等，實則要求朝鮮從屬。在世界各地推動主權平等說最力者是英國人，他們以一套抽象、理想主義的理論，混淆並淡化他們帝國主義的作為。此理論把自由市場之說套用在國際政治：如果每個企業家都以彼此平等的身分進入市場，那麼，在國際法之下，每個國家也都彼此平等，都享有主權。或者誠如卡爾・博蘭尼（Karl Polanyi）所說的：「按照自由主義理論，大不列顛只是宇宙裡的另一個原子……地位和丹麥、瓜地馬拉一樣。」[20]就在這一體制下，朝鮮「開放」，這是自從遭蒙古人征服以來首度失去其獨立自主地位的時刻，而且失去得遠比十三世紀那段插曲更為徹底。

最早要求開放者是天主教神父和傳教士，朝鮮的回應可想而知：對一個看重思想，且認為思想事關重大的民族來說，聖經只是眾多書籍之一，天主教徒是一群忠於羅馬教廷的人，一如其他外來掠奪者，對朝鮮毫無益處。一七八四年，朝鮮人李承薰隨同身為朝貢使之隨員的父親前去北京，以受洗的天主教徒身分回國。一七九五年，一名天主教神父潛入朝鮮，一八〇一年，已開始有朝鮮本地信徒遭屠殺之事——一八三〇年代，法國籍神職人員特別努力滲入朝鮮，此類屠殺情事更是有增無減。一八三九年，七十八名天主教徒遇害，其中包括三名法國籍神父。[21]此事甚為駭人，但從某些方面來說，朝鮮領導人清楚知道此事若處理不好，貽害甚大。畢竟，一八〇一年，已有個叫黃嗣永的朝鮮天主教徒被捕。此人攜帶一封惡名昭彰的「帛書」，欲交給北京的法國籍主教，要求派一百艘西洋船載數萬人前來，協助梵蒂岡在朝鮮的教務。[22]一八六〇年代，朝鮮人迫害本土天主教徒更為殘酷，數千人喪命（據說八千名朝鮮天主教徒遇害），此時，傳教士與炮艦的連結非常清楚：法國人揚言出兵懲罰。

朝鮮人覺得這莫名其妙：他們告訴法國人，如果朝鮮人試圖在法國國內傳播朝鮮的看法，因此招來殺身之禍，他們是完全能理解的。一八六六年，法軍登陸仁川北邊的江華島，但漢城動員兩萬兵力，輕易就將法軍趕回海上。這使朝鮮人相信他們的強勢防禦政策沒錯，迫使法國人轉向南邊，轉向最終淪為他們殖民地的中南半島。[23]

一八六六年，美國也想打開朝鮮門戶，商船謝爾曼將軍號（General Sherman）於該年溯大同江而上，欲駛往平壤。這是艘重武裝船，上有美、英、中國籍混編船員。朝鮮通告該船違反朝鮮法律，違法事由除了基督教，還有外人擅自通商。謝爾曼號不為所動，繼續前行。不久，一群懷有敵意的民眾聚集於岸上，船員心生害怕，舉起滑膛槍朝群眾開火。一輪齊射之後，平安道觀察使朴珪壽，一位甚受敬重且個性溫和的官員（後來談成與日本的第一個條約），下令摧毀謝爾曼將軍號。就在這時，潮退，船擱淺。雙方交手，朝鮮人殺光船員，燒掉此船——朝鮮人此舉無意間替南北戰爭期間，遭謝爾曼將軍放火燒掉的亞特蘭大報了仇。[24]

華府當局宣布，此舉太過卑劣：一群和和氣氣的人，剛好駕著一艘軍艦溯河而上欲到平壤，竟遭這樣的對待，太無道理！國務卿威廉・西華德（William Seward）提議美國人與法國人聯手出兵懲罰朝鮮人，而他也正是美國向西擴張政策的制訂者。羅伯特・薛斐爾（Robert W. Shufeldt）准將自比為朝鮮的培里准將，決意「在適當季節溯『平壤』河而上，施予應有的懲罰。」[25]但此事直到一八七一年才發生。那時，美國政府已決定用武力打開朝鮮的口岸，命鏤斐迪（Frederick Low）統領美國遠征軍。

在這場被《紐約信使報》（*New York Herald*）稱作「與異教徒的小戰爭」的著名衝突裡，美國海軍亞洲分隊（Asiatic Squadron）有莫諾卡西號（Monocacy）、帕洛斯號（Palos）兩軍艦，還有「四艘汽艇、二十艘小船，上面載了登陸部隊共六百五十一人，其中一〇五人是海軍陸戰隊員。」艦隊接近江華島時，十二名朝鮮本地基督徒靠近，欲和美國人溝通。艦隊駛過此島附近的海峽時，遭遇新鑄造之朝鮮加農炮激烈炮擊。海軍陸戰隊在江華島搶灘上岸，欲拿下數個朝鮮堡壘。這些堡壘配置了以驍勇善戰聞名的朝鮮捉虎軍；朝鮮軍將槍彈打光後，朝美軍眼睛丟沙，近身肉搏，戰至最後一兵一卒。

最後，據威廉・格里菲斯的說法，約六百五十名朝鮮人喪命：

> 兩百四十三具身穿白衣的屍體，橫陳在堡壘裡外，其中許多人身披九層厚的棉盔甲，在悶燒之後，棉甲都已燒光。空氣中瀰漫著肉燒焦的臭味，令人作嘔……有些負傷者，懼怕被俘後的遭遇

更甚於身上的苦痛，寧願慢慢被燒死……

鏤斐迪准將認為朝鮮人反擊之英勇，「鮮有人能及，冠絕群倫。」[26]經過幾次虛應故事且無成果的談判，美國人撤走。朝鮮領導人再次深信他們的排外政策管用。

在美國，這場「與異教徒的小戰爭」，很少有人記載，也很快就遭遺忘，但一百多年後，我在北韓時，東道主很高興帶我去看仍標示著謝爾曼將軍號遭焚毀之處的石碑。那裡距金日成的出生地不遠，我的東道主一臉篤定告訴我，他的曾祖父當年帶頭衝殺。那個時代的朝鮮人，就和今日北韓人差不多，他們認為儘管武器不如人，他們堅定的道德情操還是擊退了外敵。

在這期間，多名在他國境內從事非法軍事行動的冒險家，自行入侵朝鮮領土，自己搞起外交。其中最著名且最駭人的事件，出自恩斯特・歐佩爾特（Ernst Oppert）之手。他是德國商人和冒險家，有許多古怪想法，包括認為有些朝鮮人（上層階級）是「高加索人種」，其他人（下層階級）是「蒙古人種」。但大體來講，歐佩爾特著迷於朝鮮的孤傲，說朝鮮「深信自己堅不可摧，因而無懼任何外人進犯。」一八八〇年時，朝鮮仍是個「『外人禁入的國度』，外人若不敢賭上性命，沒人敢進那裡。」探險家或許長途跋涉去北極，或進入黑暗非洲大陸最深處，但在這裡，「從最近的中國沿岸搭汽輪過來不用一天時間」的地方，「我們不敢要求入境，因為有個半野蠻的政府，不顧其人民的意願，選擇在其大門上高懸『不准進入』的看板，公開反抗整個文明世界。」但他希望早早「叫朝鮮政府認清事實」，逼其承認「深信自己勇武過人之說荒謬絕倫」。

金蘭英（Kim Ronyoung）在其小說《土牆》（*Clay Walls*）裡，以土牆象徵舊朝鮮、女人的地位、她與洛杉磯盎格魯撒克遜裔美國人之間的高牆（見第九章）。但對歐佩爾特來說，朝鮮城牆象徵堅不通商的傲慢心態。不過，在歐佩爾特看來，朝鮮城牆不堪一擊，因此他很樂觀：「朝鮮城牆……以不規整的石塊草草建成，普通火炮一擊，就全會垮掉。」[27]一八六六年第一次欲和朝鮮以物易物交易遭峻拒後，他突發奇想，欲潛入大院君父親之墓，拿走其遺骨，以勒索贖金。這肯定會讓朝鮮人體認到自由貿易的好處——或者他這麼認為。一八六八年，歐佩爾特和其海盜同夥分乘數艘船上岸，偷偷潛入內陸，往墳墓進發；不久就遇上朝鮮兵，朝鮮兵用「普通」彈丸結束了歐佩爾特的盜墳之行，他的手下落荒而逃，奔回船上。[28]

美國成了第一個打開朝鮮門戶的西方國家，一八八二年與朝鮮締結了條約。但沒有美國培里准將之類的人現身：反倒如下文所述，由一個中國官員搞定朝鮮與西方體制掛鉤之事。在這期間，日本已和朝鮮締約。日本於一八六〇年代打開門戶，開始走積極外交之路時，最初想透過日本單方面認定的虛構「朝貢」關係與朝鮮打交道，為此，日本提出不可靠且過時的歷史論調，力陳在有文字記載之前許久，兩國就是這樣的關係。朝鮮人的回應可想而知，對此厭惡且不屑，日本人於是和歐佩爾特一樣怒斥朝鮮人「傲慢」。不久，事態惡化。

一八六九年，釜山的朝鮮官員安東晙告訴來自對馬的使者，朝鮮不許他以「皇帝」一詞指稱日本新領導人。「明治天皇」一名用詞不當，因為世上只有一個皇帝，那皇帝在中國；日本的君主是和朝鮮國王同級的國王。於是，安東晙要這個使者立即返國，他照做，但他的上司不高興。日本於是有了乾脆入侵朝鮮，以一舉解決問題的想法。這樣一來可迅即打掉朝鮮的傲慢，讓西方列強認識新日本的厲害，促進至此時為止一直苦於封建勢力割據的日本一體化。經過激烈辯論，征韓之議雖得到大力支持，最後還是遭擱置。

一八七三年，日本再度遣使叩關朝鮮，這次的使團以「現代」國家代表的姿態前來。東萊府使鄭顯德注意到日本服制已不同以往——亦即改為西式——斷定不能再把如此穿著之人視為日本人，於是不准其在釜山貿易。為讓對方知所進退，他向日本使團講話時，用語粗鄙、毫不客氣，正符合他對他們一身異服的看法。鄭顯德的作為，一如此前幾十年、幾百年的任何朝鮮官員，因為他們始終認為日本人在追隨中國、朝鮮腳步上拖拖拉拉，因此文化落後，而一八六八年後日本快速西化，只不過再度證明他們的反覆無常。但在東京，日本諸領導人覺得鄭氏之語不值一哂。

日本新政府裡最有權勢的人物——西鄉隆盛參議，決定以炮艦外交給這類人顏色瞧瞧，力促征韓。但其他重要領導人認為勿操之過急，以免改革大業毀於挑激人心、且時機還未成熟的擴張。正反雙方對征韓問題陳詞激烈，但最終明治政府的領導階層選擇暫不出手。「朝鮮差點就要嘗到與日本交戰的恐怖……。」[29]西鄉和其盟友在這場論戰中落敗，離開政府，甫步入現代國家之林的日本，因為處置朝鮮的問題而發生的政治危機就此告終，也暫時終結了攸關日本如何自我界定現代國家身分的一場重大辯論。朝鮮人當然不可能為這樣的結果鼓掌叫好，但不解於日本為何出現征韓之議——後來看到日本對其近鄰展開一連串不間斷的帝國主義侵略，隨之把此議與日本殖民朝鮮一事掛鉤。但一八七三年，這道侵略之鏈斷掉，直到日俄戰爭時才會再接上。嚴厲的征韓要求被打斷之後，日本政府做出重大決定，決定應先透過新改革計畫整頓內政厚植國力、再捲入對外的冒險。

此後日本未把重點擺在占領朝鮮，而是忙於確立與中國的對等關係，一八七一年與中國簽訂的條約，已在這方面獲致部分成果。當時的協議為日本挑戰中國在朝鮮的地位提供了基礎。中國在朝鮮的地位被普遍稱作「宗主國」，但誠如前文所述，大抵徒具形式。為達成此目的，日本想在朝鮮取得西方列強已在中國、日本享有的某些特權；只消把西方關於各國主權平等的漂亮話作字面上的解釋，然後根據西方帝國主義者以此漂亮說詞為幌子取得的優越權利和特權，力促朝鮮對日本比照辦理即可。

大院君的對外政策很簡單。不簽條約，不通商，禁天主教，反西方，反日本。他認為日本的求新求變，再度證明了日本已大大偏離正軌，再度證明這群島民對中華世界秩序的優越性所知何其淺薄。朴珪壽也勸王廷提防日本的侵略意圖：他說「富國強兵」或許是日本的新口號，但一國的富強來自德性之完備，而不在於武力展示（朴珪壽正是十年前謝爾曼將軍號來到大同江中游時，向其詢問意欲何為的官員）。言語尖刻的儒士崔益鉉，在這方面看法和他一樣。崔益鉉以尖銳措詞，表達了朝鮮對日本新作風的憂心和強烈反感：「今倭之來者，服洋服、用洋砲、乘洋船，此倭洋一體之明證。」崔益鉉認為，與日本修好之後，一連串災難會臨頭，而且擋都擋不住：朝鮮會拿其民生必需品，換取日本製的「淫奢奇玩」，會有更多日本人在鄉間出沒，會有更多人信基督教，會有朝鮮女人遭玷污。將日本人拒於門外是上上策：他們「徒知貨色，無復人理，真是禽獸。」為讓殿下聽進其意見，崔益鉉甚至找來五十名儒生，一起來到宮前，以上疏於高宗。他們手持斧頭，表示殿下若希望他們以死明志，他們願引頸就戮。[30]

一八七三年，把壞脾氣的大院君這塊大石頭搬走之後，高宗決定與新日本交好——藉此壓制日本。但這也不是好點子。他一八七四年的「修好」政策，不到兩年就讓日本簽訂不平等條約的企圖首度得逞，朝鮮被迫簽下《江華條約》。後人把此約的簽訂視為朝鮮「開放」門戶之始（儘管真正開放為時更晚）。與此同時，崔益鉉重申朝鮮萬世不易的法則，因此遭到流放。

一如包括美國在內的西方列強，日本人選擇炮艦外交之路，拿垂涎已久的江華島動手，以申明其主張。一八七五年，日船先是進入不准外國船進入的水域，挑起該島岸炮開火，然後軍艦「雲揚號」開炮齊射，打啞岸上的朝鮮大炮。雲揚號也擊破仁川附近一座朝鮮堡壘，擊斃其中許多守軍。幾個月後，經中國居間調解，還是未能解決此事引發的糾紛，日本派出約四百士兵登陸江華島，表明欲逼迫朝鮮上桌議約；一支載有高達四千兵力的日本海軍分隊偵察島外海域。

有些朝鮮人希望和日本人大打一場。曾任職御史（持平）的李學年促高宗調動兵馬應戰：

> 賊兵不過海寇之抄掠者，以我十年蓄鋭之兵，一舉用之，期日剿滅也。若其蛟鱷之類，溪壑滋長，窟宅既完，猝難討滅。伏乞聖明赫然斯怒，命將選兵，不日攻討，使凶穢之類，不敢雜處於我境焉。[31]

但日本展示武力之舉，使高宗的意向轉為避戰，一八七六年二月二十七日，兩國簽訂條約。這是拿槍抵頭作威脅的外交，朝鮮無法拒絕日本的提議。條約第一條承認朝鮮為「自主」之國，其擁有之主權一如日本，這是以假亂真的法律文件樣板範例之一，朝鮮人若不付出日本所要求的代價，就無法得到一點好處。此條款實際上意味著在日本眼中，中國在朝鮮的地位已不值得尊重。其他條款則賦予日本諸權利：在朝鮮五個道物色新口岸、測量朝鮮海域、經商貿易不受干涉、日本商人在朝鮮口岸受治外法權保護。至於朝鮮人在日本境內，毫無特權可享。朝鮮拿到幾項次要的讓步，保住些許顏面，但朝鮮願意簽下此約，主因仍是日本擺明若不簽約就要開打，而朝鮮無望打贏日本陸軍和炮艦。[32]

在好幾本書裡，我們都找到這樣的句子：這是朝鮮第一個現代條約。[33]的確沒錯，但在此時空環境下，「現代」一詞會是什麼意思？公正的？平等的？符合國際法的？由主權國家所締結的？若是在法庭上，律師可根據上述這些論點打贏官司。條約是西方帝國主義體制的「普通法」不可缺少的一部分。此約以主權平等之名締結，否定了中華世界秩序裡被視為理所當然的階序，其實際作用是打消了千百年來日本、朝鮮間基本的對等關係。此一轉變的後果不久後就會出現，而且影響持續至今。

朝鮮雖然被迫打開國門，但未在一八七六年被一舉擊倒。日本還有薩摩之亂（西南戰爭）和其他迫切的國內問題有待解決，因此並未乘勝追擊，擴大戰果。朝鮮舞台就暫時讓給中國人大展身手。這時，中國人開始強勢申明自己的地位，為兩百多年來首見——同樣標舉新外交和西方國家體制。中國由十九世紀晚期的偉大領導人來操辦此事。此人在追求「自強」的國內新領域，及從事外交對抗的國際新領域都頗有建樹：李鴻章。

問題在於中國如何「重新申明」其在朝鮮的地位，畢竟此前此一地位徒具虛名，用亨德里克・哈梅爾的話說，朝鮮國王「承認韃靼人（滿人）的宗主地位……事事自理。」一八七五年，中國官員沈葆楨告訴日本人，朝鮮為「中國屬邦，受禮部管轄」，也就是說不歸掌理對外事務的機構（總理衙門）管轄。日本人追問何謂「屬邦」時，「沈說朝鮮內政由其自理……對外亦完全自主。」[34]事實也正是如此；沈葆楨的回應，猶如在回答考題，但那不是欲申明自己主張的中國想要的答案，中國也不想讓一心要讓朝鮮擺脫中國「宗主權」的日本得逞。

一八七九年八月，李鴻章致函有豐富中國經驗的前領議政李裕元。[35]李鴻章攬下守護朝鮮抵禦外國侵略的中國傳統角色，力促他採用在這新時代或許管用的中國老辦法：以夷制夷。他寫道，朝鮮文采煥然、治國以德，但這些美德會使其受害於不講公理的強權政治。帝國主義潮流無法倒轉，但能透過現實政治和條約義務予以抑制，說不定能予以控制。李鴻章建議朝鮮與截至目前為止對朝鮮幾無所求的西方三強權（亦即英、德、美）簽訂條約，以遏制日、俄野心。簡而言之，朝鮮應與較無覬覦之心的蜘蛛結盟，藉此安身於新外交的蛛網裡。

李裕元回道，朝鮮無意與他國往來，較中意其長久以來以中國為後盾的鎖國政策：「第念日本與泰西之尚不能肆其意者，實賴爵前鎮壓之澤……伏惟上國之於小邦，視同內服。」[36]但古老美德在當今之世已不管用，高宗最終軟化立場，又簽了一個不平等條約：這一次簽約對象是美國。

一八八〇年，東京中國公使館參贊黃遵憲寫下《朝鮮策略》。他主張，閉關自守的時代已結束，東亞該走上自強之路。朝鮮需要為自強爭取時間，而締結新同盟是解救之道。黃遵憲認為美國始終「維持公義，使歐人不能肆其惡」。即使這未必是實情，至少美國遠在太平洋彼岸，大體上不管他國之事——日本眼下則忙於內部改革。相對的，俄羅斯是朝鮮之患。黃遵憲將此新政策簡潔概括為「親華、結日、連美」。[37]

派赴日本的朝鮮通信使金弘集，把黃遵憲的小冊子帶回國呈給高宗，高宗閱後大為讚賞，傳抄諸大臣閱覽。不久，他設立一粗具雛形的外事部門：可想而知，他以中國的總理衙門為本。在此新時代，總理衙門對中國助益不大，但無妨：朝鮮於是有了統理機務衙門，其職掌範圍稍寬於中國的總理衙門，兼掌外交、國防事務（但成效始終不彰）。高宗也秘密派人以「觀光團」名義赴日本考察其晚近的變化。但釜山一名朝鮮人將此事密告日本人，明治政府高官井上馨親自帶領此團參觀新式工廠、造船廠、兵工廠、學校。該團四個月後返國，稟報高宗，日本並無可取之處：日本人還是善變不可靠，他們晚近的進步誇大不實。[38]

在這期間，赴日考察之事傳開，朝鮮的儒家衛道之士再度憤慨不已。不久，各道儒生聯名上疏，疏裡寫道：高宗的作為並非意味著改革，而是標誌著將有大難襲捲朝鮮。有一儒生把黃遵憲斥為信基督教的異端，另有一儒生以金弘集將黃遵憲的《朝鮮策略》呈高宗過目一事，將金稱作叛徒；書中的看法被稱作無益的「外人之議」。李晚孫痛斥「美國雖是夷狄、但屬別種夷狄」之說。其他儒生則要求將朝鮮境內的洋書盡皆焚毀。諸疏力促將其他事物——人與人的關係、教育作法、軍事訓練、所有異端思想——盡皆「矯正」。一八八一年九月三十一日，高宗把一個唱反調的儒生在漢城城門外的公開審訊裡斬首，然後將其他上疏儒生流放邊地，此時，情況可說來到最危急時刻。

這個因自己的理念而丟掉人頭者是江原道儒生洪在鶴。在此，我們應替此人說句公道話。他一如崔益鉉、朴珪壽或他之前的其他許多人，主張日本和西方是一丘之貉，只會給朝鮮帶來苦難和滅亡；

較穩妥的作法是拉起城門，動員「五軍營」。洪在鶴這樣的人，我們該怎麼看待？不講理、不理性、反啟蒙主義、因循守舊、與時代脫節、短視、傲慢、愚鈍、頑固、落伍、跟不上時代、生今返古。近代大多數學者的確如此認定他們，而且好巧不巧，這些看法也和自認出於天命、要打開舊朝鮮門戶那人的看法一致，那人就是為朝鮮「鄙視外人的排外心態」大為不滿的薛斐爾准將。[39]但我們或許該稱洪在鶴之輩為愛國者，或者稱他們為盡責的學者、有原則、德性、勇氣、活力之人。他們為古老朝鮮的命運發出學者的哀鳴，料中短短幾年後就會發生的事。

他們是保守分子？在美國，所謂的保守人士，通常指的是懷念存在於其年輕之時、但這時似已消亡多時之社會秩序的人。[40]自由主義者則滿意於現狀，期盼更進步的未來。一個浸淫於已有三千年之傳統思想、生活方式、智慧的人，看著自己的世界崩毀於眼前，其心情非我們所能體會。此後直到一九一〇年朝鮮遭滅之時，我們還會碰到更多像洪在鶴這樣，願意為了正逐漸消失的世界而捐軀的人。人們在完全理解他們的思想之後，不可能不為之熱淚盈眶。因此，我們該尊以一個名號：「隱士」，此名號或許能表達對他們的尊崇，但他們遠不只是「隱士」。「保守人士」一詞無法體現他們的古老智慧。此後，我們不妨把此智慧稱作「洪氏遺風」，以表彰這位具有節操和勇氣的捐軀學者。

促使朝鮮展開外交活動者仍是中國，不是高宗和其顧問。李鴻章竭盡所能推動黃遵憲的均勢政策，只差沒一字一句敲定一八八二年與美國簽訂的條約（或許他做了此事也說不定）。李鴻章和薛斐爾准將在中國私下談定此約，甚至擇定朝鮮的新國旗（如今仍是南韓國旗），然後把條約定本交給朝鮮人。誠如佛雷德里克·德雷克（Frederick Drake）所貼切指出的，薛斐爾「與直隸總督商議此約……

在天津用中文寫下，透過中國外交官，將此約送交他從未在正式場合遭遇、且很少見到的一名朝鮮官員！」[41]（李鴻章不時向朝鮮駐天津代表金允植徵詢意見，但金未參與和薛斐爾議約之事）。

一名中國官員帶薛斐爾到仁川簽約，五月八日，斯瓦塔拉號（Swatara）於濃霧中啟錨，隔日抵達朝鮮岸外。五月二十日，薛斐爾向朝鮮官員遞交國書，國書前言堂皇寫道：「大美國伯理璽天德特派全權大臣水師總兵薛斐爾」。他兩天後上岸簽署此約。這項成就在美國國內未受看重，但薛斐爾自認此成就意義重大：他後來寫道，他完成了「將世上最後一個排外國帶進西方文明世界的偉業」。[42]

在李鴻章安排下，五天後又有一個海軍軍官抵達朝鮮簽署朝英條約，緊接著一名德國特使在六月跟進簽約。這三個條約的實質內容一模一樣，三條約的簽訂標誌著李鴻章成功接管朝鮮的外交政策。他心裡真正的盤算是設法保護中國的東側翼。[43]薛斐爾則對自己達成的偉業甚為得意：這時他希望朝鮮和中國探看日出之處時，目光會越過日本，看向太平洋的彼岸，然後一起上到新婚床上，和新的美利堅太平洋帝國結為連理：

所有光明的事物都來自東方——日升東方，「帝國之星」（Star of Empire）西行——因此，中國必須往美國海岸尋找新文明和更有活力的重生。這是必然之理、人類進步的真征程、不可抵抗的人間潮流……

太平洋是美國的新娘。中國、日本、朝鮮，猶如項鍊掛在它們周邊的無數島嶼，則是諸位女儐相，加利福利亞是新婚床，是洞房，東方的所有財富會被帶來這裡慶祝這場婚禮。身為美國人的我們，務必作好準備，以迎接「新郎到了」那一刻……趁我們還是老大，絕勿讓哪個商業對手或敵對勢力的旗子，肆無忌憚橫行於太平洋的萬頃波濤上……就是在這片大洋上，東西方已如此合為一體，達到霸權之爭休止、人類力量臻於極致的境界。[44]

西方三國在朝鮮拿到治外法權、領事派遣、固定關稅、設立口岸租界地等權益；朝鮮則得到「若他國有何不公輕藐之事，一經照知，必須相助，從中善為調處」這個空泛的條款。朝鮮人誤解此條款，以為此後美國會保護、或應保護朝鮮人民不受日本侵害。這項協定也載明兩國學生往來，彼此均宜襄助，而朝鮮很快就利用此條款，派學生出洋。但有個傑出史家點出要點：這些條約「侵犯朝鮮主權」，[45]不管在舊規則下或新規則下皆然。朝鮮自此被不平等條約體制完全套住，此一過程始於日本，而由中國完成——兩國這時都受制於此體制。

不久，除了薛斐爾，其他美國人也開始來到朝鮮。第一任公使福德（Lucius Foote）率同幾人，搭乘這時已無動武之意的美國軍艦「莫諾卡西號」，在一八八三年五月抵達仁川。海軍武官喬治·福久（George Foulk）一年後來到。兩人任期都幾乎船過水無痕，但許多朝鮮人出家門看他們，一臉瞠目結舌。遠遠更為重要的美國人是安連（Horace Allen）。他於一八八四年來到朝鮮，恰好趕上十二月四日那頓要命的晚餐，救了閔泳翊一命。安連此人，後文很快就會更詳細談到。

中興、改革、革命

前文已提過，十九世紀初期，朝鮮國勢驟衰。農業產量下跌，許多農民逃到山中，營刀耕火種生活。民亂始於一八一一年，此後在十九世紀期間不時發生，以一八六〇年代的東學運動聲勢最為浩大，最終於一八九〇年代引發大規模農民叛亂。朝鮮諸領導人深知，西方強大炮艦和商人的到來，已使中國的地位不如以往，但看到鴉片戰爭發生，朝鮮的回應是把自己的門戶關得更緊。此外，由於朝鮮擊退過法、美的炮艦外交，為此深受鼓舞，以為能夠無限期頂住外來壓力。

大院君於一八六四年掌權，銳意改革，並依循傳統改革方法，以導正國家、社會為要。他帶頭大力改革，約束王族，引進新血，整肅官箴，強化中央控管，最重要的是，攻擊兩班菁英的既得利益——尤其是他們在稅制上的特權。誠如研究此時期的史家所記載：

> 大院君的根本目標是消除導致農民不滿的表面原因（官僚腐敗、橫徵暴斂、官府放高利貸），將國王的權力和威望回復到先前水準，強化中央政府對財政資源的控制、根除具顛覆性或異端的學說，以傳統方式強化軍力，藉此保住國家和王朝。他的作法基本上務實……而且他不惜得罪社會菁英、較老的官僚派系或死守教條的儒生。[46]

最讓人瞠目結舌的是，他向貴族課稅。

但大院君的「中興」，與標誌著和過去決裂的日本王政復古毫無共通之處。朝鮮這一改革，沒有新的意識型態，未與人民締結新關係，沒有新的國家政治模式，沒有運用西方技術打造新國家的計畫：大院君其實想要回到十五世紀美好的世宗時代。[47]換句話說，大院君的改革，一如中國的同治中興，旨在回到過往，披上舊衣不是為了徹底變革。用另一種比方說，明治諸領導人把新酒倒進舊瓶裡；朝鮮人把舊酒倒進舊瓶裡。問題在於哪種酒？

大院君是堅決貫徹己意的政治領袖，不只坐而言，還起而行，他的許多改革有其成效；但他拿貴族開刀，打亂了朝鮮農業官僚體系裡的均勢。這是他失敗的主因，因為他是保守分子，不是激進分子：他其實無意打垮兩班。一八六〇年代朝鮮內憂外患，而且另有數人，一如大院君，打從心底認為該矯正的是人，不是制度。望重士林的李恒老就是其一，他「絕意仕進，篤志問學修己」。一八六六年，法軍進犯江華島，李恒老上疏讚揚大院君對外強硬鎖國的立場，但斥責大院君內政失當，力主內政應以修己為本。他寫下的這段話，聽來宛如富蘭克林（Benjamin Franklin），但其實更近似於世宗眾所周知的習性：

> 殿下自今伊始，夙興夜寐。君臣相誓，戒宴安之鴆毒，致勤儉之實德。私意不萌於心術之微，文具不設於政事之著，則羣臣百姓，莫不精白其心……
>
> 停土木之役，禁斂民之政，去侈大之習。卑宮室，菲飲食，惡衣服，而盡力於民事……則民力大紓，物情翕然，而仰之如父母矣……如此然後，洋賊可逐，國家可保。

崔益鉉（前文提過的另一個洪在鶴主義者）一八四六年被父親帶去李恒老門下學習，當時十三歲。崔益鉉於內政領域的活躍程度，絲毫不遜於外交政策方面；一如其恩師，他力促重振道德。一八七三年，大院君的攝政期快結束時，他寫道：

（殿下）使氣機退聽而本心澄澈，人欲淨盡而天理流行，至於政令注措之間，當為即為，有雷厲風猛之勢……立道不惑。[48]

李恒老和其弟子針對朝鮮困境所提出的對策，不比大院君高明；他們只是有堅定不移的意志和信念，生活謹遵倫理道德的要求。他們面對無可抵抗的力量堅決不改其志，於是，他們的諫言導致支撐大院君改革計畫的共識瓦解。對於高宗來說，這些人既是他的批評者，也是他的導師，他們的看法自對他有所影響。不管大家對朝鮮崩解的原因作何看法，這類人甚受崇敬，對國王和持進步理念的年輕一輩，都有歷久不衰的影響，而且不管是國王，還是年輕一輩，都無法確定洪在鶴主義者是否錯了。套用葉慈（William Butler Yeats）的話說，最優秀者擁有毫不動搖的信念和激狂的熱情，青年則被追求進步的天真無知淹沒，儒家中庸之道因此得以維持。

碰上意志堅決的諸多洪在鶴主義者，唯一該做的事就是把他們除掉。有些官員認為崔益鉉中傷國王，罪同洪在鶴，應同樣以大逆罪處死，但高宗把他流放到濟州島。然後高宗逼退難纏的大院君，親掌朝政。[49]高宗親政之後，朝鮮的改革陷入僵局，原因既出在大院君和眾多洪在鶴主義者、或金玉均之類追求進步的改革派，也出在閔妃集團本身的政治野心。閔妃集團利用其與中國人的重要關係遂行其野心，認為現行的「中道」路線較佳。高宗的新領導階層最終從一八七〇年代中期開始支配朝鮮，直至一八九四年甲午戰爭為止，那時，這個掌權多年的政府已如沙壺球（shuffleboard）桌上的小圓盤，受列強擺布。

另一方面，一八八〇年代期間，眾多朝鮮改革運動力圖救國，這些人若非受到日本進步派影響，就是受到美國進步派影響。我們能在一八八〇年代看到未獲採行的路線，或真的採行、且後來對朝鮮有用的路線，但在尋找朝鮮現代性的根源時，切記一八八〇年代的人並不知道哪條路會成功（今日的我們亦然）。幾個兩班官員赴中國考察新兵工廠（李鴻章「自強」運動的成果），帶回改良朝鮮軍隊的新構想。有些年輕的進步派，受到許多開辦各種學校（尤其是一八八六年創校的培材學堂和梨花女學校）的傳教士鼓舞，把希望的目光投向美國。此外，在育英公院（Royal English School），美國傳教士教兩班子弟學英語。這類學校迅即在朝鮮僵固的社會體制裡，提供了另一個出人頭地的管道。

還有些人把目光投向日本——後來聲名大噪的年輕人，例如金玉均、朴泳孝、徐載弼、徐光範、尹致昊、俞吉濬。其中數人是遭閔妃派打壓而出不了頭的兩班。後來，尹致昊成為二十世紀有力的現代化推動者，俞吉濬成為第一位赴美留學的朝鮮人（麻州的德拉莫總督中學（Governor Drummer Academy）），徐載弼則最終落腳於美國。不管如今朝鮮民族主義者會如何看待他們，以日本為師在當時是理想選擇，當時亞洲各地無數年輕人都把希望的目光投向日本，視日本為進步楷模，認為日本的成就證明了不只「白種人」能悠游於新的全球化浪潮裡。孫逸仙、泰戈爾、胡志明、後來發光發熱的各類朝鮮人，都選擇以日本為師。

但令人難以置信者，在於他們成為某些學者所謂的「開化黨」，或其他學者所謂的「獨立黨」，或者有學者指稱的，從一八八〇年代起，朝鮮走上開化的啟蒙之路。幾位西方史家稱讚「朝鮮現代化作為的活力十足」，[50]但這個階段的西化時斷時續，遠遠比不上明治維新（更比不上歐洲的啟蒙運動），而且不斷受挫於保守儒生和官員掣肘。這個時期的朝鮮改革，頂多只能算是中國「自強運動」相形見絀的翻版。兩者的改革都建立在仍以東方學問為哲學、政治之「體」、以西方科學、技術為「用」的觀念上。

新領導階層年輕且雄心遠大，他們「既非思想深邃的哲學家，也非優秀的理論家，而是富有理想、有志改革、親日本、親西方且民族意識濃厚的政治人物。他們主要從日本的自由主義得到啟發……。」[51]幾名朝鮮年輕人對一八六八年起日本的長足進步深深佩服，他們師從對美國的現代性大為嘆服的日本改革者福澤諭吉。他們充滿熱情，但往往流於魯莽、思慮不周。他們絕非法國哲學家，留給後人的著作甚少，真的將想法形諸文字時，通常只是照搬福澤諭吉之輩將西方思想普及於日本者的觀念，或譯寫當時西方進步派的著作。無論如何，在朝鮮，像他們這樣的人不多，往往寥寥可數。一八八〇年代是技術飛躍成長的年代，但當時親西方的自由主義者，也沒什麼作為。其中許多人贊同殖民列強扮演「文明開化」的角色，一如福澤諭吉支持日本在朝鮮的帝國主義行為。朝鮮青年未提出可行的朝鮮改革綱領，但即使有這樣的綱領，也會受到朝鮮國內的反對派和列強阻撓。

朴泳孝一八八八年流亡日本時，寫了著名的「開化上疏」，其中洋洋灑灑列出他在日本看到的新事物，或洋書裡讀到的觀念：推動工商業、新武器和新軍事技術、公眾衛生、公民自由、法治等等。這些當然是很不錯的想法，但它們不是朝鮮的想法，從來都不是——它們是西方的想法，西方人所想出的東西。如果改革意味著要弄清楚自己要從哪裡開始、要往何處去，那麼，這群人其實與漢城每個人都格格不入，只有在外交圈和傳教士圈子能找到契合者。面對一八八〇年代向他們直奔而來的進步事物（蒸氣輪船、鐵路、電力、電報），這群人與其說是受到它們啟蒙，不如說只是為之目眩神迷而已；全世界的人都瞠目結舌於突然迸現的「高科技」、一發不能止的進步，朝鮮改革者也追求此「高科技」。

朴泳孝後來的際遇，或許充分凸顯了這些變化。他於一八九四年返回朝鮮，任職於受日籍顧問指導的改革內閣，是一九一〇年惡名昭彰之李完用內閣的閣員——借助於此經歷，朴泳孝獲任命為日本貴族院議員。後來，他成為金性洙之大紡織公司和朝鮮殖產銀行的董事。[52]

一八八四年當改革派真的有所作為時，他們的行動綱領卻又太過「傳統」：奪取最高權力，然後貫徹他們的理念。但他們也有所創新，即與本地日本人聯手辦成此事。他們與這些日本人暗中往來，要日本人備好軍隊。駐漢城日本公使竹添進一郎和數名駐在朝鮮的日本官員，與「開化黨」謀劃了此行動（當時在朝鮮境內另有許多日本人——在兩國之間鋪設電報纜線的日籍技師、來朝鮮充當多項事務之顧問的福澤諭吉弟子；這些人都有日本衛兵或軍人伴護）。動手地點選在一八八四年十二月四日為慶祝新郵局啟用而辦的晚宴，屆時會有駐朝鮮外交官和朝鮮官員出席；目標是成立新政府；手段則類似希特勒翦除衝鋒隊幹部的「長刀之夜」行動。當晚，至少七名朝鮮官員遇害。在這期間，日本公使館的警備隊現身保護朝鮮國王、王妃，但實際上是形同把他們押為人質。

改革開化派認為既有的朝鮮政治體制不可能配合他們的改革作為。但後來的發展表明，要推翻此體制同樣不可能；他們「掌權第一天」（語出某位肯定改革開化派行動的學者），發布了十四點改革綱領。但這也是他們掌權的最後一天，因為袁世凱已調一千五百名中國士兵進入這些改革開化派所盤據的王宮，把他們和日本兵追趕到日本公使館，造成慘重傷亡。然後袁世凱扣住國王，把他安置在自己的司令部裡（袁於一八八二年即已來到朝鮮，不久後就會是左右朝鮮政局的重要人物之一）。

這時，漢城百姓已知此騷亂。憤怒的朝鮮人洗劫日本人住所，集體來到日本公使館，竹添迅即逃到仁川，從那裡發電報到東京告急。幾天後，袁世凱釋放國王，所有大臣回來，他們撤回所有法令和改革，甚至關閉新郵局。然後，朝鮮與日本談判：朝鮮抗議日本干預其內政，要求送回那些密謀作亂者。但日本要朝鮮道歉、賠償財物損失，還提出其他要求，全然無視其駐朝代表和國民公然參與政變。兩營日本陸軍登陸，挺進漢城之後，朝鮮屈服照辦。

至於改革開化派，他們奪權之舉不只慘敗收場，根本就是幼稚、魯莽。誠如後來申采浩所寫道，這場政變「只是宮中特殊勢力間的激烈鬥爭」，未得朝鮮人民支持，[53]結果是，若非消滅了改革開化者，不然就是使他們就此沉寂數年。保住性命者大多避難於日本（藏身箱中，被悄悄搬上日本貨船，東渡日本），另有兩人赴西洋留學。金玉均於十年後在上海遭朝鮮同胞殺害（中國人允許刺客將金的遺體運回國，回國後他的遺體遭凌遲、示眾）。[54]

李鴻章和伊藤博文簽了《天津條約》，促成清朝、日本皆自朝鮮撤兵之後，一八八五年四月，朝鮮獨立之事一時之間變得可能。高宗借一國之力壓制另一國的政策，一時似乎奏效。但就在這時，四艘英國軍艦在朝鮮東南外海的巨文島「漢彌爾頓港」（Port Hamilton）停泊，無離去之意。英、俄之間的「大博奕」已在朝鮮上演：這兩個帝國主義強權都擔心清朝和日本眼下僵持不下的局面，會給了對方趁隙而入的機會。不久，老練的俄國外交官士貝耶（Alexis de Speyer）從東京轉任漢城；他聲稱上級指示，如果英國人不撤出巨文島，英國人每拿下朝鮮一畝地，他就要拿下朝鮮十畝地。高宗按一八八二年條約規定，請美國「襄助」；美國置若罔聞。但士貝耶只是虛張聲勢，不久就離去。

「朝鮮的第一個現代化十年」，如某西方學者所說的，就這樣結束：「朝鮮的現代化追求」的確受制於列強，但「朝鮮的保守勢力」也是現代化的「阻力」。另有西方學者說，一八八四年政變本應促成類似日本明治維新那樣的革命，可惜事與願違。在諸國欲染指朝鮮的情況下，即使是無所不知的天縱英才朝鮮國王，也實現不了朝鮮「現代化」，而且像明治維新的改革也非一夜可成：此前數十載的農業商業化、都市商業化都為它鋪了路。事實上，《江華條約》後的十年情勢，使朝鮮愈來愈像列強的玩物；就連國王都去過一個又一個的外國公使館。隨著前一場協調一致且真誠的維新失敗（大院君所推動），另一場真誠但非協調一致的開化派改革失敗，由朝鮮官方引領改革以救國的機會已逐漸消失。

東學黨：無改革之名但有改革之實

至目前為止，我們對朝鮮人口最多的階級——千百萬農民著墨不多。農民日出而作日落而息，辛勤耕作，使貴族得以盡情追求其高尚、不高尚的喜好。如果說可以用工業強權的叩關，作為現代朝鮮的開端，那麼，普通農民參與政治亦可當作現代的開始，兩者同時發生。農民受苦數十年後，一八六〇年代興起一個名叫「東學」的運動，其口號簡潔有力：「斥倭洋倡義」。[55]

當時，朝鮮有種種令人民怒不可遏的苛捐雜稅，其中大部分稅與農產掛鉤。相對於貴族階級，政府基本上較弱勢，因此政府想方設法籌錢，搜刮其所能入手的一切，而且只取不予，幾乎未給予人民相對應該有的服務。這些稅有：繳給政府的稅、地稅（不只一種，而是數種，還有附加稅、手續費）、休耕地稅、軍役稅（每個壯丁繳一匹布，危害往往甚於地稅）、繳給地方官的稅、繳給地方官地的稅，所有這些都還不算對鹽、魚、船及其他多種商品課徵的稅。每個能課稅的活物，都被課了稅，包括嬰兒和老人、逃避稅吏之人的親戚和鄰居，更別提死人。被稅吏逮到時，可以向高利貸借錢繳稅——透過惡名昭彰的還穀制，從官員那兒借到錢，或向自古以來人人恨之入骨的本地放款人借錢。[56]腦筋正常的人自然都想逃稅，逃稅的辦法則是讓名字登上書院學生名簿、或官員名簿、或特權氏族名簿，尤其是登上免繳稅、免服役的兩班名簿，或賄賂小吏，使其改向他人徵稅，或乾脆逃入山中，自耕自食。只有被拴在土地上、勉強足以溫飽的定居農戶，始終逃不過官府的剝削。

一八五〇年代，有個叫崔濟愚（一八二四～一八六四）的人，開始向農民宣揚「東學」之義。一如十九世紀中葉在中國掀起太平天國之亂的洪秀全，崔濟愚科考不第。四處流浪一段時間後，他創立具有末世救贖意味、糅和不同信仰的學說，把他眼中儒釋道三者的精華合為一體，藉此抵禦西學對朝鮮的入侵。崔濟愚也受了天主教影響（只是他自己未察覺），但最重要的，受了朝鮮本土的精靈、山神信仰影響。他的主要思想是天人合一，因此眾生平等，並將咒語、村民熟悉的咒術與此思想雜糅在一塊兒。隨著他四處傳揚其思想，愈來愈多對時局不滿、逃避重稅的農民歸附於他。咒術包括在隘口倒空米袋以安撫不滿的精靈，或者前往極為盛行曲藝的「盤索里」，或者參加帶有譏諷意味的面具舞，非常多樣。這種面具舞以如下語句，令農民聽了大為振奮：

> 我要在退潮時將他們生吃，漲潮時塞滿我的肚子，
> 吞下我的兩班主子九十九人。
> 然後我要再吃掉一人，嘿！
> 化成龍，坐上天庭的寶座。[57]

一八六二年，農民造反，政府就在這時發現兵員嚴重不足：「實際的士兵數量……只及於（免稅）兵役名簿上所列人數的極小一部分」，[58]兵役名簿成了官員榨取民脂民膏的工具。但軍隊還是於一八六三年捉住崔濟愚，隔年將他處死，他的徒眾因此三十年不敢公開活動。

一八七〇年朝鮮開放門戶，只加深了廣大農民的苦難。出口日本的稻米這時愈來愈多，造成米價

劇漲（獲利落入中間人口袋）和通貨膨脹，日用必需品價格隨之上漲。在朝鮮海域捕魚的日本漁業公司愈來愈多，沿海漁家競爭不過它們。一八七六至一八七七年，以及一八八八至一八八九年先後發生乾旱，尤以西南部盛產稻米的全羅道最為嚴重。稅收隨之減少，政府不得不加重對農民的課稅。朝鮮原本就有類似中國的農民叛亂模式，一八八〇年代，典型的民亂跡象再度頻現：「武器精良且組織完善的盜賊開始出現，他們把大本營設在深山，鎖定載送年貢穀物的船，和載運進口貨物的車隊，在它們赴漢城途中發動攻擊……（此外還有）一波形形色色的起事，矛頭通常指向貪官。」[59]原本奄奄一息的東學黨，這時再度壯大，而且再度高舉反外、改革之名。但與大院君不同，東學黨人對粉碎貴族階級毫不猶豫。

到了一八九二年，東學黨的行動在西南部地區已司空見慣，但政府回應遲緩；忠清道首長（「監司」）動手鎮壓時，恣意扣押叛民財產。一八九三年初期，山中升起狼煙，各造反團體聯合發起更大規模行動，並要求平反崔濟愚。四月，至少兩萬人集結於報恩邑，差點拿下該鎮，最終遭官軍驅散。不久，四名東學黨領袖帶著疏文現身於漢城，在宮門前跪了三天。高宗回應時批示道：

> 五百有餘年於茲矣。……夫何世降俗渝，趨向各異，妄誕之徒，咀呪之術，誣惑我一世，詿誤我　民，駸駸然如醉如顛，莫可提醒，茲曷故焉？況又爾等所謂學者，自以爲敬天尊賢，而爾之所稱敬與尊者，無非慢天也、欺天也……引黨嘯聚，其意安在？築石爲城，建旗相應，乃敢書之曰倡義，而或發文，或揭榜，煽動人心……此非倡義也，即倡亂也。[60]

接著，比較一下東學檄文怎麼說：

百姓為國家之本，根本衰微，國家必亡。不思治國安民之策，唯一己利害是圖，耗盡國家積蓄，何正之有？我等雖在野遺民，居王土之上，著君主之衣，豈忍坐視國家滅亡乎？望朝鮮八域，同心協力，億兆衆議，高舉義旗，輔國安民，誓同死生。莫驚今日之光景，同往升平之聖世。[61]

四人遵照國王指示返鄉。突然，漢城各地牆上出現告示，要求驅逐外人，消滅天主教。外交官緊閉門戶，因為都城傳言，不久會有數萬東學黨人翻過城牆進城。但當下什麼事都沒發生。

約一年後，隨著趙秉甲來到全羅道任職，人民親眼見識到舊統治階級無法形容的傲慢和腐敗，情勢惡化到極點。他到古阜接任郡守後，表示只要開墾休耕地就予以免稅，藉此鼓勵農民開墾，然後他開始向這些已復耕的土地課稅。他強徵民工建造灌溉設施，卻把該付給他們的工資中飽私囊。與此同時，他指控當地富人犯罪，藉此勒索錢財。

此區域的東學領袖是全琫準，身為村中教師（先生），他和朝鮮、中國境內絕大多數村中教師一樣，在本地很有影響力。他聚集千名農民，占領官府，搶奪軍械庫，破壞趙秉甲強迫他們興建的灌溉貯水池，開穀倉賑濟挨餓的農民。漢城的回應是派人前來逮捕抗議者，從而引爆一場如燎原大火的民亂。東學黨人在西南部各地起事，纏上顏色鮮亮的頭巾和腰帶區別敵我；沒槍可用，就把竹子削尖，把農具磨利。位於全州的全羅道監司派兵前去平亂，但這時許多叛民已有武器，輕易就打敗官軍，許多官軍士兵叛逃東學陣營。不久，全羅道境內一個又一個城鎮落入叛軍之手。

漢城政府這時無比驚恐，國王承諾革除該地區所有貪官污吏。東學黨人說，除此之外，政府還要做到兩件事：課稅公平，停止稻米輸日。當局答應，於是東學黨膽子更大，矛頭開始指向整個社會體制：東學黨人提出十二項嚴厲要求，包括停止兩班的壓迫、燒掉奴婢文書、廢除森嚴的社會階級制度、全面重分配土地。第六條要求廢除「白丁」賤民戴「平涼笠」的規定（朝鮮的階級結構，一如我們當時的階級結構，以頭上的帽子標示階級身份）。[62] 一場典型的農民叛亂，開始出現具現代意義的農民革命要求——這些要求全都高舉恢復應有之道德、政治秩序的大旗。叛民為了「吾國」（uri nara）抗擊日軍，表現出某種原型民族主義意識。朝鮮愈來愈「現代」。

高宗從都城精銳防衛隊調八百人前去平亂，其中一半人逃亡，另一半人雖然武器精良許多，卻敵不過東學黨人。五月底，叛軍拿下全羅道首府全州。高宗開始心慌，求助於李鴻章。李鴻章派一支小艦隊到仁川——但事先遵照條約規定告知東京。日本自然也立即派軍艦過去。到了一八九四年六月十日，兩國已開始把大量陸軍士兵調入朝鮮，儘管這場叛亂此時已平定。高宗要求外兵撤離，中國提議中日共同撤兵。但為時已太遲：日本人玩真的，他們拿了一手好牌，而且開始打這手牌。七月二十三日，日軍占領王宮，控制朝鮮國王，逼高宗讓大院君復出掌權——何等奇怪的歷史轉折，這時大院君背後的靠山是日本。但這時閔妃已轉為親華，與大院君為敵；看到日本人將她和被認為是她友人的袁世凱趕走（袁喬裝逃出漢城），大院君這個老人大喜。兩天後，一艘日本軍艦炮擊牙山附近的中國船，中日戰爭開打。

日本連戰皆捷，打得中國顏面無光，讓世人見識到新興日本的強大，朝鮮從此受日本保護。最大輸家似乎是全羅道的造反農民，因為日本人要求朝鮮西南部口岸全部開港，以出口更多稻米，並如願以償。全琫準等到一八九四年十月秋收之後，在全羅、忠清兩道挑起大規模農民起事。至少十萬人參與這些抗議行動，最大一股湧入論山。這時日軍仍在和清軍交手，但東學黨人攻擊日軍補給基地，日軍隨即抽調一部分精銳部隊對付，並在公州附近追上農民軍主力。激戰一週後，日軍擊潰叛軍，叛軍死亡枕藉。日軍追擊落伍士兵和試圖逃亡者，毫不留情殺掉；一八九五年一月，日軍仍在追殺東學黨人。與此同時，漢城當局擒獲全琫準和另外數名東學黨領袖，將他們處決。

東學黨叛亂結束不久，中日戰爭亦告終。日本大勝，中國與朝鮮的悠久關係，自此遭割斷長達五十年。日本自此占領台灣，把該島納為其第一個殖民地，中國割讓旅順和在滿洲的戰略要地——遼東半島。在其他帝國主義鯊魚眼中，這餌食太大，非日本這樣的小魚所能吃下，於是三國（俄、德、法）干涉，逼日本放棄遼東半島。東學黨化身為天道教繼續存在。天道教在此後數十年影響朝鮮農民，是朝鮮民族主義的早期推手。這場大叛亂也為朝鮮清除了障礙，使其得以走向第一次真正的近代改革，因為朝鮮開始著手振興工商業，加諸朝鮮人民的半封建式限制也遭取消。這些改革係在日本支持下展開，朝鮮可以說從一八九四年起步入近代。但比日本晚了約二十年，這一落後使朝鮮陷入險境，最終使其亡國。

現代朝鮮的誕生

無實權的大院君和以金弘集為總理大臣的內閣，充當日本公使大鳥圭介和一批日籍、朝鮮籍助手的幕前傀儡，透過他們取得高宗署名，藉此推動一個又一個改革（高宗盡職簽署每份送來的文件，肯定連被風吹到他桌上的落葉也照簽不誤）。從一八九四年七月底起，二〇八道法律得到高宗簽署頒行，人稱甲午改革：[63]階級區隔、奴隸制度、科舉制度，乃至朝鮮人的穿著，乃至象徵兩班身分地位的長煙管，都遭廢除；新的議政府成立，新而穩定的貨幣開始流通，議政府仿日本政制設了八部（內務、財政等）；新稅法統一了稅制，稅負合理，且從此以現金納稅；一人犯罪、全家受罰的作法被廢除。不再有高官安坐轎裡，由幾個吃力轎夫抬著，穿街過市的景象。

接著，曾帶領第一個朝鮮使團參觀新日本的井上馨來到漢城，接替大鳥圭介之職。他迅即要大院君隱退，從此大院君不再過問政事。這個老人痛恨新改革，幾乎和痛恨日本人一樣強烈；他之所以復出掌權，純粹因為他更加厭惡閔妃（許多人認為他先前也鼓勵東學黨人造反）。一個讓現代世界見識到儒家改革之衝勁十足的傑出朝鮮領導人，就此結束其政治生涯，猶如歷史欣然吐出一個垂死秩序的最後一大口氣。

在井上主導下，更多新法頒行，要求內閣每部安插日籍顧問，並整頓司法制度。這時朝鮮有了受法律規範且合理的審判制度，有了全國性的國家警隊。一八九五年一月頒行的新憲法，為上述種種改革劃下完美句點。井上也把朴泳孝、徐光範這兩位一八九四年政變的首謀從日本帶回，授以高職。朝鮮民族主義者自然而然把這些改革和這些人，視為助長日本在朝鮮之經濟、政治利益，[64]而且這些措施再怎麼勢在必行，在外國支持下進行的改革，的確不能和自主改革相提並論。但除了朝鮮民族主義者，當時其他人都不這麼看待日本的作為。對大部分西方人來說，這時期的日本是文明開化的明燈；對其他亞洲人來說，它是進步的楷模；對於在貴族階級桎梏下痛苦呻吟的朝鮮人來說，這些改革是欣然樂見的解藥，畢竟，貴族階級在快要徹底垮台之際，似乎只想著為自己爭取更多特權。

奴隸或屠夫會為兩班的自尊受日本羞辱而打抱不平嗎？想想日本的成就：過去二十年，從小國變成能讓中國顏面掃地的強國。有史以來頭一遭，文明不再從中國往外擴散；工業或許已徹底改變東亞的等級體系，日本這時在最上位，朝鮮因這些三千年未有的改革而置身中位，中國屈居最下位——「東亞病夫」（接下來幾年，帝國主義列強分食中國，一如分食聖誕大餐火雞）。這個一八九〇年代的新東亞等級體系，一百年後仍未遭推翻。

但朝鮮領導人再度把一時的均勢（這一次是日、俄間的均勢），誤解為他們能趁隙填滿的真空。他們開始革除親日官員，推翻一八九四年的部分改革。新任日本公使三浦梧樓另有盤算：他認為大院君既然那麼厭惡閔妃，仍有可能說服他復出。一八九五年十月，一支日本衛隊前去漢城西大門外與大院君會合，護送他回景福宮。一支朝鮮「訓練隊」伴隨這群人馬同去該王宮。抵達王宮時，日本兵、朝鮮兵攻入宮裡，趁閔妃還未逃跑將其擒住，當胸一劍刺死，然後拖到外面庭園，淋上煤油，點燃火柴，以毀屍滅跡。

日本否認與此事有任何關連，但事發時美、俄籍顧問在宮裡，親眼目睹。許久以後，文件曝光，揭露三浦早已和日籍惡徒密謀殺人，大院君護衛隊進宮時，他們悄悄混入其中。多國抗議之後，日本懲罰了部分行凶者，繼續推動改革。這時漢城有了初等教育制度，所有國民都可入學。但改革者高估了自己的力量，竟下令所有朝鮮男子留西式短髮，意味著蓄留行之已久的頂髻從此違法。那些最抗拒此法的朝鮮男子——所有洪在鶴主義者——都被勒令剪髮。這一朝鮮髮式被某些史家認為始於西元前三世紀的古朝鮮。蓋爾曾如此描述此一古髮式：「紳士頭上纏著頭巾，頭巾緊到足以把人逼出眼淚，得經長久練習才纏得好。頭巾上面是小帽，以馬毛織成，織法精湛。小帽上面是紗冠，隔著紗冠網眼，隱約可見冠裡的頂髻。」[65]

這一觸犯眾怒之舉，類似大利拉要參孫割斷長髮，而且就發生在王后遭暗殺之後，於是在全國各地激起武裝暴動。起事者喊道，「要割掉頂髻，得先割掉我的人頭。」就在騷亂正盛時，一八九六年二月十一日，有艘停泊在仁川港的俄船，船上約一百二十名水兵登岸，並有一些自願幫忙的朝鮮官員同行。他們輕易入宮，在高宗本人大力配合下，從日本人眼皮底下搶走國王。

國王和世子心生妙計，喬裝為宮中貴婦，利用王族女子所乘坐、從外面看不到裡面的轎子出宮，逃到俄國公使館，從而躲過日本人掌控。二月十一日清早離開宮門時，他們「蜷曲著身子，臉色蒼白，渾身發抖」；[66]高宗在俄國公使館幾乎待了整整一年。原先處境猶如沙狐球桌上小圓盤的高宗，這時成了被列強揮來擊去的羽毛球。但沒有他的玉璽蓋印，什麼事都動不了，他樂見這樣的局面。這是俄國使出的簡單招式，如此等於就宰制了朝鮮政府。日本人要嘛忍氣吞聲，要嘛開戰；但對付落伍的中國是一回事，對付微德伯爵（Count Witte）主持下的新俄國是另一回事，而且日本人還沒準備好與俄國一戰。

高宗撤換其親日派內閣，但並未真的成為俄國人的傀儡。他繼續與安連及其他外國外交官合作，套用喬治．連森（George Lensen）的貼切之語，「恐日更甚於親俄」。俄國人一如其他外國使節，深信朝鮮人時運不濟，若沒有強大的外國在背後支持國王，朝鮮人就無法治理自己，但高宗待在俄國使館期間，俄國人對朝鮮內政干預甚少；事實上，國王本人也害怕回宮。因此，他不是沙皇的囚虜。[67]

但高宗滯留俄國公使館期間，東京與聖彼得堡開始有了將朝鮮分割為各自勢力範圍的想法。一八九六年五月在聖彼得堡的協商，差點談定以半島中部一條分界線瓜分朝鮮，儘管那條界線似乎未如許多史家所主張，位在北緯三十八度或三十九度線。但俄日協議的確產生了另一種迴盪於歷史的空間：在從未明確標定的地點上，兩軍之間不駐兵的空間，亦即非軍事區。[68]

一八九七年二月，高宗回宮，開始著手稱「帝」，因為「王」不足以標舉他此時欲為朝鮮取得的獨立自主地位，因為「王」的身分使日本和中國都得以「用居高臨下的姿態對（他）說話」。眾臣遵行古老儀式，奏請稱帝前後九次，高宗拒絕了八次；但第九次叩頭時，神奇奏效。宮廷占星家為此盛事挑了吉時。吉時選在十月十二日凌晨三點，稱帝儀式還是照計畫進行。朝鮮成為大韓帝國（戰後大韓民國之名的由來），高宗成為大韓皇帝——全都在天亮前完成。

向他叩頭者，不只他的大臣，還有許多外國外交官，叩頭次數依官階而異，最多達九次。如果說外交官未懾於這個新成立的朝鮮帝國的威儀，幾星期後高宗花了大筆錢厚葬閔妃（據說僅有閔妃的一根指骨），則讓他們無比驚駭（他們當然不理解官方厚葬如此傳奇人物的意義和重要性）。拜高宗那些習慣早起的占星家之賜，外國外交官不得不再度於天亮前現身，連同五千名士兵、六百五十名警察、四千盞燈籠、數百面寫著悼文追悼高貴閔妃的旗幟、供她在死後的世界使用的巨大木馬，一起完成長達數小時的送葬儀式——此後數日，無數朝鮮人號泣、捶地，悼念死去的王妃。[69]

這時，高宗自以為是權力掮客，能把朝鮮主權割下一小塊餵給一強權，把另一小塊餵別的強權。他發放朝鮮的資源，猶如拿著一份中式菜單選菜：A欄——金礦、鐵路、漢城的新電力系統——給美國人；B欄——銀行和伐木權——分給英、俄；日本則仍是朝鮮境內商業最活躍的國家。日本的第一銀行形同朝鮮中央銀行，其分行遍布全國。這時在朝鮮境內營運的日本商行超過兩百家，相形之下，其他諸國約五十家。來自世界各地的外國人操持朝鮮海關等機構，朝鮮就透過這些機構與世界經濟搭上線。與此同時，各種朝鮮人攬下現代性的重任。

許多地主在一八七六年之後事業亨通，因為朝鮮稻米出口貿易不斷增長，而且開拓了新市場。貴族這時開始把建立在土地上的財富轉化為商業資產，金宗漢等人就是一例：他出身富裕人家，一八七七年通過令人稱羨的「文科」考試，成為文官，一八九〇年代創立漢城銀行（目前稱新韓銀行），是第一個朝鮮銀行。其他人憑一己之力出人頭地，例如朴琪淙。他一八三九年生於釜山，未受過正規教育，後來學會日語，在釜山的日本商館當通譯，隨著外貿成長，他跟著致富，最後協助創立了一家朝鮮的鐵路公司。[70]

受了西方影響的朝鮮改革者，例如徐載弼（美國名Phillip Jaisohn，曾留學美國）、尹致昊，一八九六年創辦「獨立協會」以推動西化，並在他們的報紙《獨立新聞》上使用日常用的「韓字」，而非使用漢字，報紙版面除了韓文版，還有英文版。此協會成員包括許多已在新教教會學校學過西學的朝鮮人，曾有一段時間，他們不只影響了年輕改革派，還影響了朝鮮王宮裡的人；李承晚（一八七五～一九六五，南韓第一任總統）是改革派之一。他們推動公民權和參政權，竭盡小型菁英協會之力推動朝鮮的議會民主，頗有成果。但此協會不久就遭到警察和無賴（往往是四處走賣的褓負商，「褓負商」是朝鮮對行商的稱呼）聯手打壓，兩年後就瓦解。許多史家聲稱此協會提倡朝鮮獨立自主，是民主與現代公民社會的化身，但其領袖著迷於美國進步主義的堂皇辭語——甚至貶低其同胞的成就——就和一八八四年政變領袖著迷於日本改革主義沒有兩樣。[71]

此協會會長尹致昊一八六五年生於望族，一九一〇年已創立朝鮮最早的、紡織公司之一（京城織紐株式會社）。他於一八八〇年代初期在日本求學，後來轉到上海，就讀上海的中西書院，接著赴美，就讀循道宗（衛斯理教會）所創辦的學院，直到一八九三年。一八九五年他回朝鮮，主編《獨立新聞》，同時參與獨立協會的活動。尹致昊創立漢城基督教青年會（ＹＭＣＡ）和其他許多新機構，一九一一年，受到陰謀暗殺殖民地總督事件牽連，與另外一〇四人一同入獄。但後來他與日本合作，成為日本貴族院議員。一九四五年，他隱退開城老宅，不久去世（許多人說他自殺，但家人說他中風）。[72]一九六〇年代著名的反對派領袖尹潽善，與尹致昊出自同一家族。

這時的朝鮮社會展現前所未見的活力，但政府並無法善用這一潛在力量。此時的唯一問題在於，哪個帝國主義強權會把朝鮮納為殖民地。日本得到老羅斯福（Theodore Roosevelt）擁護，老羅斯福一如其他許多西方人，認為日本是亞洲現代化的典範；英國人對日本更加敬佩，從君主主義者到費邊社成員，個個盛讚日本的進步。例如，菲立浦・利特頓・蓋爾（Phillip Lyttleton Gell）一九〇四年寫道，「我想變成日本人，因為他們至少能思考，而且不多言！（看看）他們的組織、他們的策略、他們的男子氣概、他們的奉獻精神和自制心。最重要的是，他們國民的自立心、自我犧牲精神、靜默寡言！」[73]一九〇二年，英國與日本結盟，並且連同美國，讓日本在朝鮮為所欲為。

在北邊，俄國也在擴張勢力範圍，在滿洲建設鐵路系統，開採朝鮮北部的森林和金礦。美國也特別活躍。朝鮮境內第一個美籍醫師兼傳教士安連，徹底體現了美國擴張行動的一應特點：他身兼傳教士、外交官、經商高手三種角色，為詹姆斯・莫爾斯（James R. Morse）向高宗爭取到朝鮮最優質金礦的開採特許權，而且促成美國人拿下鐵路與有軌電車路線（漢城最早的有軌電車）、漢城水道設施、漢城新電話網的特許經營權。一八八七年，高宗問安連，若要使美國介入朝鮮，以抗衡中國的影響力，可以怎麼做，安連立即答道：「把金礦開採權給予美國公司。」[74]但直到一八九五年，此事才成真。安連也於一八八五年創辦了朝鮮第一家西式醫院和醫學院，如今該醫院仍在首爾營運，叫延世大學校醫療院（Severance Hospital）（如今有本佳作談這位不凡之人，可參考佛瑞德・哈靈頓〔Fred Harvey Harrington〕的《上帝、瑪門與日本人》〔*God, Mammon, and the Japanese*〕）。

在朝鮮，美國人涉入的事業，還包括漢城的送電線和主發電廠、形同由標準石油公司（Standard Oil）壟斷的朝鮮照明用煤油供應事業，以及月尾島的一個貯油設施。俄國在絕影島和月尾島有加煤站，擁有鴨綠江沿岸的伐木特許權，還擁有幾處較小的金礦；英格蘭以巨文島為加煤站，並與（美國）摩根集團一同拿下雲山一座金礦。日本在月尾島和釜山附近的影島上有加煤站，建造了第一條京釜鐵道

（漢城到釜山）。

袁世凱派駐漢城期間，大批華商來到朝鮮的條約口岸，憑著他們的經商本事（加上袁世凱帶來的大量清軍協助），他們往往在商場上打贏日本商人，但其行徑與日本投機客沒什麼兩樣，在所有朝鮮人看來他們都與瘟神沒什麼兩樣。華商想去條約許可區以外的地方卻拿不到許可時，袁世凱發給他們通行證，完全隨他高興。中國人賣絲、棉花、煤油、藥草、西式衣物和化妝品，買進獸皮、大豆、黃金、朝鮮瓷器。到了一八九〇年代中期，從中國進口的金額，已幾乎和從日本進口的金額一樣高（分別是二〇六萬、二六〇萬墨西哥銀元）。[75]

但日本勢力侵入朝鮮之深，遠非中國所能及。袁世凱駐朝是垂死秩序的最後一息；日本商人則如鴨子划水，不動聲色擴大地盤。一八八〇年，元山作為新條約口岸開港。元山位在朝鮮半島東海岸正中間，一道狹窄的陸岬從海岸呈弧形往外伸出，創造出東亞最佳的天然良港之一——港灣內水深且廣、終年不凍。元山作為當地的市集鎮已有千百年，賣米、辣椒、大蒜、菸草、棉花、麻布、一些來自中國的貴重品。到了一八八三年，元山已有三菱、住友、日本第一銀行的辦事處。東京丸和薩摩丸這兩艘汽輪，載運商品往來於元山和海參崴之間，每月靠港一或兩次。元山海關由丹麥人歐恩施（J. F. Oiesen）掌理，有幾位娶了中國、日本妻子的英格蘭人為其助手。有批為數不多的日本僑商，與俄商、華商住在一塊，有領事機關服務他們。進口商品大多是紡織品，但非日本製，而是轉出口的英國製白棉布、襯衫。這時朝鮮出口獸皮、大豆、小麥、傳統貨品（例如人參、魚製品），以及最重要的稻米（稻米往往占出口總額三分之二）。朝鮮黃金蘊藏豐富，金礦探勘和盜掘盛行，黃金透過未受管制的貿易大量流出國外，其金額大概比其他所有出口品總額還要高。[76]

幾年後，詹姆斯．蓋爾被派到這個港市新開設的長老會傳道所。他騎著小馬、乘坐轎子，從漢城來到元山。連接兩城市的土路長約一百三十五哩，行程要一星期（元山只有兩千個茅草屋，稱為鎮邑比較貼切）。有個朝鮮旗手身穿藍外衣，頭戴「附有緋紅牛尾裝飾」的黑氈帽，一路負責清除障礙；「路邊開了山楂花和芳香的白色忍冬花，耳邊時時傳來雲雀歌聲。」路邊客棧為數不多，跳蚤、老鼠橫行；有一晚，有隻老虎從客棧前院叼走一隻豬，「全村的人出動，升火、敲鑼」把老虎嚇跑。在元山，生活步調緩慢，充滿農村情調，但偶有老虎慢悠悠走過蓋爾家前院，或有漂泊的痲瘋病人「可能隨時想找傳統妙藥治他們的病，亦即小孩的肉。」[77]

「無以名狀的墨守成規」：西方人眼中的朝鮮

最後，不妨來看看在舊制度戛然而止之際，西方人對朝鮮的某些最初印象。一般來講印象不佳，十九世紀晚期多不勝數的著作都提供了明證；但這些記述如今之所以吸引人，往往因其呈現出了當時西方對自身文明的十足自信，他們大多無法理解在朝鮮的所見所聞。對那些在朝鮮待得夠久，得以打破第一印象的人——通常是住在孫澤賓館（Mme Sontag's Hotel）、一天花費住宿費三圓的人[78]——最初的驚愕往往轉為讚賞（當時到朝鮮的外國人大多下榻這家旅館）。重點在於，從進步、開明的西方人與愚昧、衰老的舊朝鮮的相遇，絕不可能有人料到兩韓在今日世界的地位。

勇於冒險的伊莎貝拉・伯德・畢夏普（Isabella Bird Bishop），去過世界上許多有著奇風異俗的地方，並將所見所聞形諸筆墨。她最初把所有朝鮮人說得一無是處，最後卻滿懷對朝鮮的著迷，再度踏上該國。她在一八九七年寫道：「就是在這一古老狀態裡，在這無以名狀的墨守成規裡，

這一不可救藥、未經改良的東方作風裡，這一拙劣模仿中國、卻欠缺有助於中國維持統一的那種強健裡，西方的酵母已發酵，毫不客氣的將這個最衰弱的獨立王國，從其千百年的沉睡裡搖醒，使其頗為害怕又十足茫然……

來到釜山後，她嚇得直往後縮：

其又窄又髒的街道邊，林立著低矮簡陋的小屋。小屋用抹了泥的枝條建成，沒有窗子，有茅草屋頂和深出簷，每面牆上離地兩呎處有個黑色煙洞，屋外大多有不規整的水溝，溝裡有固體狀、液狀的垃圾。癩皮狗和睡眼惺忪的小孩，半裸或一絲不掛，身上覆著乾硬的土，在厚厚的土裡或黏泥裡打滾，或在太陽下喘著大氣、眨眼睛……

漢城也好不到哪裡去，儘管漢城令她興奮得叫出聲來：

我不願描述漢城城內的情況。看過北京之前，我認為漢城是地球上最髒的城市，去過紹興之前，我覺得漢城的臭味最令人受不了！就一個大城和首都來說，它的粗劣無法形容。

畢夏普女士認為，朝鮮人在商業上非常落後，因此「一般意義裡的『交易』，不存在於朝鮮中部、北部的大半地區，亦即沒有異地間的商品交換，沒有出口……。」此外，她發現當地只有兩種社會階級，即「強奪者和被強奪者」：兩班是「官方認可的吸血鬼」；另外五分之四的國民「供血給吸血鬼」。但就在我們準備將伊莎貝拉說成一個「無可救藥、未經改良的東方主義者」時，朝鮮融化了她的心：

這個國家最初令我生起的那股嫌惡，轉變為幾乎等同於愛慕的關注，我交到親切或說和善的朋友，那種親切或和善是我此前任何旅程所未碰過……我最後一眼看到的漢城是雪中的漢城，在極賞心悅目的一個漢城冬晨，一片藍、紫的天色裡……[79]

有如此糟糕之第一印象者，絕不只畢夏普一人。這種印象源於把正在衰敗到無以復加的體制之表面邋遢，看成其始終未變的本質。但十九世紀的美國首都華盛頓，也無可取之處：有未遮蓋的水溝、成堆的垃圾、邋遢的動物奔跑在大小土路上、幾無衛生設施可言。

外國人的反感，往往始於朝鮮人的衣著。喬治・肯楠（George Kennan），也就是我們所熟知的那位喬治・肯楠的堂哥，把表象當成事實，痛斥朝鮮人穿著「奇怪、不合身的明朝衣服」，看上去「簡直就像馬戲團裡的小丑」。[80]他說得沒錯，那的確是明朝衣服。一三八〇年，有個道士把明朝衣服帶到朝鮮，希望那成為朝鮮人最喜愛的服裝。與這一改變同時，朝鮮從中國引進棉花，以及用來將棉花織成布的紡紗機。[81]不久，朝鮮人就以「白丁」之名著稱於世，此風一直持續到韓戰時。當時，美軍士兵以為朝鮮農民穿著「白睡衣」四處走動。但詹姆斯·蓋爾對此服裝的描繪，比喬治·肯楠到位許多：

筆者來到此國時，第一個十足吃驚的事物是衣著風格。男人身穿染色長袍走在街上，長袍以最高品質的絲製成，有一條藍色或綠色或緋紅色布帶纏胸。尼布甲尼撒王（Nebuchadnezar）肯定從沒這麼用心打扮自己。寬袍袖垂於身體兩側，袖子比米蘭妲大媽（Aunt Miranda）的口袋還要深且寬。此長袍有時開衩於背後，有時開衩於兩側；有時則完全不開衩，此即「周衣」（turumagi）……眼上戴著大眼鏡，和今日美國人所愛戴的眼鏡極似，但外觀更為搶眼。耳後有金扣或玉；下巴底下有串可愛的琥珀珠子；右手持扇揮動，腳上是一雙世上最精緻的鞋子，搭配白得連〈聖經·瑪拉基書〉裡的漂洗工都夢想不到的白襪子，世上唯一真正美麗的鞋襪。踩著穩重步伐走動時，長袍更顯其身子的修長，這樣的男子肯定是西方人所見過最叫人瞠目結舌的事物之一。[82]

相對的，肯楠的觀察只著眼於明顯可見、且會誤導人的朝鮮文明表象，沉浸於十九、二十世紀之交盛行一時的假定：種族是無法抹除的標記，是阻礙進步的永久屬性。這兩種心態催生出如下的評論／中傷：

根據我有限的觀察，城裡的一般朝鮮人在無所事事中度過大半輩子，而且在其長長的閒暇空檔，不清掃其居家，而是滿足地坐在門檻上抽菸，或躺在地上睡覺，鼻子下方是未遮蓋的水溝，水溝的惡臭會叫禿鷲待不住而飛走，會叫還算體面的豬一臉嫌惡轉身離去。

在此，肯楠只是在扼要重述日耳曼人肯佛先生（Herr Engelbert Kämpfer）一六九〇年對日本的看法。可憐的農民住在非常糟糕、發著惡臭的低矮簡陋小屋裡；他（誤）以為此國處於內戰狀態，到處有堡壘和軍人；他走過的路旁，擺著絞刑架和遭受過拷打的屍體。此外，在這類旅人的見聞錄背後，有一傳統的權威性觀念在支持——希羅多德認為埃及人很糟糕，在大街上相遇，就彼此相對匍伏，像狗那樣「把手垂放到膝處」。

雖說是「有限的觀察」，肯楠還是看出朝鮮問題的解決之道：「官吏虛偽、欺詐、殘酷、處理人權事務時的乖戾殘忍，幾乎是當今舉世無匹，上行下效，其子民隨之受到腐化，道德蕩然。」他建議從日本引進「一百名有教養的武士警察和十二或十五名巡官」，以矯正此一弊病。[83]

威廉·格里菲斯這個用詞沒那麼尖刻的旅人，則對以漢城為中心的單極化現象感到吃驚：「倘若如法國人所言，『巴黎就是法蘭西』，那麼漢城就是朝鮮。首都顯然受到不成比例的看重……據說有三千高官住在首都，只有八百高官住在其他城市和諸省。」漢城有城牆環繞，城牆為「築有雉堞的磚石結構，高度不一，平均高約十二呎，並有拱形石橋橫跨水道」。而漢城又以國王為中心：「大道以王宮為中心，往八方延伸，穿過城門。」格里菲斯寫道，「文明之火」就要開始「用煙把這個隱士趕出來」，「已不堪用的中國治國之道必須揚棄……必須允許朝鮮以主權國家之身走出自己的路，照著進步日本和民主美國所指出的那條路。」[84]這番話正扼要道出西方人所理解的十九世紀晚期之歷史面貌。

珀西瓦爾・洛厄爾（Percival Lowell）的觀察則有過人之處。他出身美國麻州洛厄爾（Lowell, Massachusetts）望族，本身是科學家和天文學家，以發現火星上的「運河」而聲名大噪，寫過數本談東亞的書，至今讀來仍然有趣；他是最先以「晨靜之國」（Land of the Morning Calm）指稱朝鮮的人，作為其一八八八年著作《朝鮮》（*Choson*）的副書名。他十足相信氾濫於當時的進步主義，因此認為朝鮮已遲滯了千百年：「他們一成不變，時間靜止……極其驚人的現象、活化石。」[85]但洛厄爾觀察敏銳，善於見微知著，一八八〇年代針對朝鮮商業發表評論，而這評論在一九八〇年代成千上萬的紐約人也有一樣的說法，他說：市場水果攤上，每樣東西都細心擦拭過，然後「集成小堆」：

> 每一堆都擺得非常對稱整齊，叫我一時好奇，算起每堆各有幾顆：結果發現凡是同一類水果，每堆的水果數都一樣。每堆栗子都是三顆，每堆胡桃都是七顆……每堆都賣半法尋（譯按：farthing，舊時值四分之一便士的硬幣）。[86]

洛厄爾對朝鮮民居屋頂線條的優美、流暢，評價之高在西方文獻裡也是無人能及：

那非常獨特。我所見過的圓頂、宣禮塔、尖頂，在我看來，都沒這麼漂亮。美不在於其裝飾；因為儘管它具備應有的裝飾，裝飾其實未增益、反倒減損其美。魅力在於造形的優美。我簡直要說那是阿卡狄亞式（Arcadian）的造形；因為我是就……渾然天成的素樸意味來說。兩道相對應的弧形，呈凹形伸向天空，從屋脊向兩側下斜。下斜之勢最初很急，但愈來愈緩，最後止於屋簷。小屋屋頂為單片；較大的屋子，則有多個曲度各異的斜屋頂，而且這些屋頂彼此部分重疊，猶如瓦做的垂花雕飾，上下交疊。[87]

喜歡探究新奇事物的德國人穆麟德（Paul von Moellendorff），在其一八八〇年代的照片裡，身著朝鮮高官的袍服和一應飾物，就只有他的角框眼鏡不合於朝鮮高官的打扮。他堪稱語言天才，精通中國語和韓語，一身朝鮮人打扮四處走動，生活方式一如朝鮮人，到處幫助辛苦適應新國際秩序的朝鮮人。穆麟德創辦並掌理朝鮮海關，建議所有文書皆用韓字書寫，展開教育、商業、財政（尤其稅務）、工業方面的許多改革。他力促高宗有計畫的修建鐵路、發展機械工業、把朝鮮產品出口到世界。在他眼中，兩班官員無情搜刮民脂民膏，但他「深信朝鮮人優於日本人，在學習西方科學上，說不定能超越日本島民。」[88]

其他來過朝鮮的人，若待的時間夠久，也得以對朝鮮人產生較精細入微的印象。亨利・薩維奇―蘭道爾（Henry Savage-Landor）非常欣賞他所碰到的一些朝鮮貴族，認為他們和他屬於同一種族：他赫然發現，朝鮮人裡「有些人膚色幾乎和亞利安人一樣白，五官極近似亞利安人，這些人是此王國的較

高階層。」他還說，

> 常聽到有人將朝鮮人歸類為蠻族人，但不帶偏見看待他們的素質的話，我不得不承認，他們始終讓我覺得極聰明，很快就習得知識。對他們來說，學外語似乎很輕鬆……他們具有極高超的推理能力，理解速度也快得驚人。[89]

十九、二十世紀之交，已有一些西方人觀察夠犀利，得以看出朝鮮因早期的現代化而有的重大改變，他們的觀點有助於我們理解朝鮮人普遍抱持的看法，如下：日本殖民統治絲毫無助於朝鮮，只遲滯了一九一〇年之前就已大步邁進的進步勢頭。例如，安格斯．漢彌爾頓覺得朝鮮是個「格外美麗的國度」，漢城優於北京甚多。漢城是東亞第一個同時導入電、有軌電車、供水系統、電話、電報的城市。這些設施大多由美國人設置並營運：漢城電燈會社、漢城電氣鐵道會社、漢城上水道會社，都是美國公司。據漢彌爾頓的統計，住在漢城的美國人有一百名，住在雲山的六十五名，住在平壤的三十五名；朝鮮從美國進口的物品，包括標準石油公司的煤油、里奇蒙寶石（Richmond Gem）香菸、加州水果和葡萄酒、鷹牌（Eagle Brand）牛奶、阿莫爾（Armour）公司的肉罐頭、克羅斯布萊克威爾（Crosse & Blackwell）公司的罐頭食品、麵粉、採礦機器、棉花、鐵路用品、衣物。漢彌爾頓口中的城市，似乎和同一時間遭肯楠痛斥的城市不是同一個：

（漢城）馬路氣派、寬敞、乾淨、建造用心、排水良好。狹窄骯髒的小巷已拓寬；排水溝已加蓋，車道拓寬……漢城成為東方最進步、最有趣、最乾淨的城市，指日可待。

對他來說，朝鮮的生活條件，不管是城市，還是鄉村，「毋庸置疑優於」中國（即使不比日本）。漢彌爾頓認為，高宗是個具有進步觀念的君主。[90]漢城有各類學校——法律、工學、醫學的學校。他指出，高宗想親自督導公共事業。他說，自朝鮮對外開放以來，朝鮮人已在「親自挑選可望促進其自身福祉的機構上」，取得無數機會。[91]

漢彌爾頓欣賞朝鮮女人的積極和幹勁：「此國的女性，不管是在哪裡看到，勤奮都甚於其丈夫。她們格外積極、幹勁十足、機智足以應變、迷信、堅持到底、不服輸、勇敢、有奉獻精神。」至於朝鮮農民，再大的工作量都能應付，在漢彌爾頓等外人眼中，他們出奇好客」。他們「對自己所不懂的任何事物都（表現出）無比的敬意，對自然之美有驚人的賞識能力。」但在白頭山一帶，他碰到「貧窮、骯髒」程度驚人的小村，村民無精打采；他認為他們「被官員壓榨，毫無幹勁……非常清楚，只有赤貧才能免於衙門的需索。」

第一部有軌電車蜿蜒駛過首爾市區。Carlo Rosetti惠允使用。

漢彌爾頓有幸目睹難得一見的皇帝出行並記錄下來。幾年後，這一儀式就會成為明日黃花：

皇帝通過前的行列，似乎連綿不斷。色彩之海隨時碎解為各種可想像的顏色波浪，形形色色的隨員、僕人、樂師、官員次第出現，通過眼前。威儀堂皇的大官，頭戴高冠，被推著前進，靜默且無助。他們的高冠上飾有緋紅流蘇，流蘇上繫著成束的羽毛，串著琥珀珠子的絲線繞過喉嚨，

高宗（左）與其子，約一九〇三年。
Carlo Rosetti 惠允使用。

固定住高冠。他們的服裝兼具紅、藍、橙色，非常耀眼；穿著綠色薄紗上衣的男子扶著他們走，他們之後是其他彰顯朝鮮之威儀堂皇的招牌物，更多的旗幟和旗手。飾有羽毛的旗子、捧著點心盒、几、煙管和火的僕人……身穿黃絲袍、帽子飾有玫瑰形飾物的皇帝僕人；更多具有獨特色彩和古雅設計的中世紀服裝；更多揮舞的旗子；一群身穿綢衣、舉著黃色絲質御旗、御傘和其他標章的掌旗官。然後是使勁狂打的鼓聲、讓人很不舒服的鐘鳴聲、尖厲可怕的管樂聲、夾雜著官員咆哮下令和宦官咒罵的嘈雜刺耳聲，最後，皇帝扈從的前導隊，在燦爛飄動的黃光中出現，這時現場突然寂靜無聲，靜到可聽到隔壁人的心跳聲。聲音逐漸消失；皇帝的御輿疾迅且平順的前進時，只能聽見匆促擦地的腳步聲。御輿覆有華蓋，華蓋上的黃色綢布綴有許多流蘇，御輿周邊還垂下同色的細緻絲綢簾幕，帶有遮陽的翼。三十二名抬輿者，一身黃色打扮，頭上戴著主教冠似的二重帽，肩上高舉著神聖莊嚴的皇帝陛下……[92]

肯楠或許認為要解決朝鮮所面臨的問題，只有借助思想進步的日本人，但漢彌爾頓筆下的記述可信得多，其中呈現了世界各地殖民地的一個共有現象，即移住殖民地的宗主國國民，往往是宗主國最卑劣之徒。他寫道，「日本國的人渣」來到朝鮮，說明了為何朝鮮人「極度仇視」日本人。日本人「自大傲慢」，播下日後災難的種籽。殖民者「認為強權就是公理」，「主人和僕人都令朝鮮人時時膽戰心驚……任何日本苦力都自認高朝鮮人一等。」他說，條約口岸裡的日本人聚居區，既是商業中心，也是喧鬧、騷亂、混亂的所在。在衣著較暴露的女人身上，在店家老闆的怒喝和暴力裡，在街上的滿地垃圾裡，完全無法讓人聯想到日本的優美雅致文化。日本人一貫具有的謙遜、乾淨、禮貌，在他們於此國的聚居地裡完全看不到。[93]

日本商人賣罐裝煤油，他們的煤油罐和標準石油公司的罐子一模一樣，意圖和該公司一樣稱霸世界石油市場；與此同時，日本紡織品此時稱霸朝鮮市場。日本商行一九〇二年賣了四百一十五萬四千五百三十三磅的紗線和六十八萬五千四百六十二匹布，相形之下，英國賣掉十一萬一千三百三十三匹布，英屬印度的殖民地商行賣掉三萬九千三百五十六匹布。但英製棉衫在朝鮮的銷量仍遠超過日本製品，輸入朝鮮三十八萬九千七百三十件，日本製棉衫則是約一萬九千件。[94]

一八九〇年代初期，詹姆斯·史卡思·蓋爾走遍朝鮮全境，在日記裡寫滿了他以蘇格蘭喀爾文宗信徒的冷眼光所見，表達對舊朝鮮的尖刻描述。從漢城到海州的路上，他目睹躺在路邊的屍體，其中有些屍體身首異處。當時已是朝鮮三個條約口岸之一的釜山，是「一片廢墟，無異於由土屋和草棚構成的小村落。」平壤骯髒，西北邊界上的義州是「亞洲的貧窮小安特衛普」，「充斥著惡靈、衣衫襤褸的人、狗、未埋的屍體、害蟲、邋遢、髒污和諸如此類的。」蓋爾認為，滿洲的城鎮同樣駭人、骯髒，但在他看來，中國人似乎比朝鮮人勤勞。[95]

蓋爾在朝鮮待得夠久，得以有超乎這些膚淺印象的深入認識；他其實是朝鮮的外籍傳教士圈子裡最了不起的學者。關於十九、二十世紀之交西方人的朝鮮觀，他的看法可說最有權威性：

與東方人談起我們所擁有的東西，或我們所做的事，或我們去過的地方時，臉上該以何種表情呈現？拿麻衣蓋住我們的嘴，絕不再提西方，開始過沉默、祈禱的生活，看看能否給予東方更大於以往的援助。[96]

結論

隨著一八七六年朝鮮真正開放門戶，帝國主義衝擊也猛然襲來，朝鮮王朝從此搖搖欲墜，幾十年後終於瓦解。那麼，我們如何能夠解釋該王朝至此為止長達五百年的國祚？基本上，朝鮮的傳統體制能因應外在變化，甚至能放下身段，作出防止或遷就國內衝突與改變所必須的微幅調整及漸進式回應。古老的農業官僚體系，具有一套長久以來往往兼顧各方利益的制衡機制，藉此將抗衡諸多利益團體的互動納入掌控。國王和官僚體系相互監視，王族則監視國王和官僚體系，學者能根據儒家的道德立場批評（「諫諍」）當局，暗行御史及言官巡訪各地，以留意叛亂並確保地方官如實上報，有地的貴族把子弟送進官僚體系以保護家族利益，地方權貴影響朝廷所派來的地方官。[97]朝鮮王朝不是今日朝鮮人會想要恢復或生活於其下的體制，但在當時，它是個複雜先進的政治體制，適應力和持久力都夠強，因而得以統治朝鮮全境長達五百年。

十九世紀晚期，朝鮮頂不住船堅炮利、技術先進的帝國主義列強全力猛攻，這一文明有禮的秩序被西方勢力裂解、打倒。但這段經歷給今日的朝鮮人留下重要遺產。身為小國，朝鮮人的外交政策得精明狡猾，而且與中國打交道的經驗，給了他們絕佳的歷史借鑑。朝鮮人發展出精妙的「以下禦上」外交術，致力於利用外力來遂行己意，如同用狗尾巴左右狗的動向。於是，南韓和北韓都讓外國觀察家覺得相當倚賴大國支持，但兩國不只聲稱自己是民族國家、絕對獨立自主，並以有力行動申明此一地位，且精於操弄作為他們靠山的大國。直到一九八〇年代中期為止，北韓一直善於讓大國替其打仗，善於遊走在兩個共產主義大國之間，以從這兩個大國都取得利益，並防止其中任一大國支配北韓。一如過去，北韓一直心向中國。

朝鮮傳統外交的最大特點，不是朝鮮人對中國的親善，而是最終走上排外的鎖國。一五九〇年代日本入侵朝鮮之後，朝鮮不與日本往來三百年之久，嚴厲處置不小心漂流上岸的西方人，與中國人保持若即若離的關係。西方人口中的「隱士王國」一詞，也就不太離譜；朝鮮人始終尊敬隱者，此詞表達了以頑強自主面對外部勢力的顯著心態，以及追求獨立的強烈念頭（這是朝鮮現代之前的一大特徵）。對今日許多朝鮮人來說，理想的朝鮮仍是自立、自主，以自己的民族為中心，厭惡外國人，整體來說，未遭外來事物玷污。北韓選擇走「隱士王國」之路，如今仍是世上最孤立的國家之一；一九六〇年起，南韓向世界市場敞開大門，追求多邊、多樣的外交，從朝鮮的長遠歷史脈絡來看，南韓才真正走上了去舊求新的革命路線。但自立、驅除外國影響力的呼聲，在朝鮮始終都會得到響應；這是朝鮮最持久不變的外交政策特性之一。

有一點叫今人難以理解，那就是朝鮮雖有「隱士王國」這個實至名歸的稱號，卻還是有外交活動。

把目光望向過去時，我們說——學者說[98]——朝鮮固守過時的中華世界秩序，無法理解現代的國際關係。芮瑪麗（Mary Wright）寫道：「如果用不知變通來形容中國，那該用什麼來形容朝鮮？」[99]但如果說戰爭是一個民族所能遭遇的最大禍害，那麼，今日的體制恐怕未必比古老神聖的東亞體制更有益於朝鮮。想一想：自那個東亞體制消亡，朝鮮本土在過去百年裡，有四十年飽受戰禍之苦，在其他地方（越南）又打了二十年的仗。其中四十年，朝鮮淪為殖民地，另有六十年朝鮮南北分裂。反觀舊朝鮮，其戰爭的爆發，相隔以百年計——基本上是高麗、朝鮮王朝共八百年裡的三大戰爭（分別以蒙古人、日本人、滿人為對象）。我們可以針對這些概括陳述挑毛病，但它們或許讓我們開始注意到舊體制的優點，而不只是其缺點。

CHAPTER

3

蝕：一九〇五～一九四五年

天無二日，土無二王。——《禮記》

愛因斯坦一九三〇年代逃離納粹德國之後，有個前大學同事來到普林斯頓拜訪他。「說說德國物理學的情況，」愛因斯坦問。「沒有德國物理學這回事，」那人答道。我很想把這句話套用在二十世紀的朝鮮歷史上。日本、朝鮮的史家撰寫一九一〇年以後的歷史時，出於大不相同的原因，都迴避使用寫史的基本材料：一手資料、公文書、訪談錄。拿任何一部講朝鮮史的主要著作來看，會發現幾乎每部都從事後的角度詮釋二十世紀。何以致之？

首先，許多公文書如今仍被列為機密——在戰後的南韓、北韓，幾乎所有公文書都落得此命運，日本儘管於一九四五年棄絕軍國主義，但其非常不願開放戰前檔案。但原因遠不止於此；不得公開的檔案本身，就代表背後有著難解問題的存在。對朝鮮史家來說，殖民地時期既令人無比傷痛，也充斥許多無法在檔案裡得到驗證的抗日神話。北韓炮製了一整套只存在於金日成聖人傳裡的種種事件。在南韓，有十年的歷史（一九三五至一九四五）形同空白：千百萬遭日本人利用、虐待的人，找不到關於他們自身遭遇的檔案資料，成千上萬和日本人合作的朝鮮人，則直接抹掉那段歷史，好似從來沒發生過。就連地方文獻（例如郡史）裡的官員一覽表，都對這個時期留白不列。一九四五年分裂後的朝鮮史，由於民族分裂，受害於偏見或抹除的成份更多。在北韓，不能講李承晚一句好話，在南韓則不能講金日成一句好話；這麼做會招來牢獄之災。「誰掀起韓戰？」這個疑問關乎的不只一個正確答案而已，至於答案為何，端視你在非軍事區的哪一邊而定。

在日本這個自由統一的國家，大部分史家不願如實評價本國的帝國史一事，總是讓人懷疑日本恐怕還沒打消帝國主義念頭。關於日本在中國的作為，日本人或許有些發自內心的反思；關於日本在朝鮮的活動，則幾乎毫無這樣的反思。二十世紀初始，日本擊敗俄國，慢慢躋身全球大國之列，但也把日本引向災難，猶如飛蛾撲火。英國和美國是二十世紀上半葉的太平洋強權，樂見日本以小老弟的身分加入其行列，但不樂見它稱霸。在二十一世紀，日本始終憂心自己能否與世界其他人相安無事，而在其近鄰國家上，這樣的憂心最為強烈。日本是往太陽飛去的伊卡魯斯。

朝鮮是被日本急速崛起的耀眼成就弄瞎的伊底帕斯。千百年來，朝鮮人一直凝望著那顆討人喜歡、心地善良的太陽，凝望那顆落在紫禁城的黃瓦和被染得金黃的北京黃土丘陵之上、落在中國之上的太陽，這時轉頭一看，赫見一個國勢蒸蒸日上的國家。這個國家實力強盛且意志堅定，有史以來頭一次得以為所欲為。朝鮮人此後之所以對日本反感，或許可用尼采的話解釋：「竭力直視太陽，撐不住而轉頭避開，眼睛一陣昏花，眼前出現的黑點反倒助人恢復視力。」[1]在二十一世紀初，我們可以說朝鮮人從未走出這段經歷。日本帝國主義往舊朝鮮身上插上一刀，而且使勁擰轉，那傷口自此一直在折磨朝鮮人的民族認同。為何形諸筆墨的朝鮮現代史如此之少，這是根本原因：正因此故，無視這股要人沉默的衝動，寫下出色歷史書的少數朝鮮人和日本人，讓人肅然起敬。

日本和朝鮮有共同的現代史一事，為何讓人那麼害怕，那麼不安？那是因為這兩國的關係，類似德國與法國、或英國與愛爾蘭之間的關係，更甚於比利時與薩伊、或葡萄牙與莫三比克之間的關係。殖民主義常被認為在原本不存在國家之處創造新國家、劃設新國界，把不同部族、民族強行統合在一塊，無視於原本根據族群、人種、宗教或部族差異，所形成的種種自成一體之地理單元。但誠如前文所述，這原本自成一體的地理單元在一九一〇年以前已存在於朝鮮千百年。在朝鮮，民族單一，語言統一，早在歐洲人到來之前許久，就有確立已久的國界。此外，由於地理上較接近中國，朝鮮人原本始終自認高日本人一等，或者至少和日本人平起平坐。

日本人一九一〇年後的作為，不是創造，而是替換：以日本人統治菁英取代朝鮮兩班士大夫，而大部分士大夫若非被拉攏進新統治階層，就是遭革職。再來是成立不容反抗的殖民地協調機構，取代古老的中央集權行政機構；還有是廢除儒家典籍教育，代之以日本近代教育；並且打造日本資本和專門知識，取代初萌的朝鮮資本和專門知識，以日本人才取代朝鮮人才；最後甚至以日語取代韓語。朝鮮人從未因為這些「替換」而感謝日本人，不認為日本有創造之功，反倒認為日本奪走舊制度、奪走朝鮮的主權和獨立、奪走朝鮮初萌但土生土長的現代化，以及最重要的，奪走朝鮮的民族尊嚴。因此，不同於其他某些淪為殖民地的民族，大多數朝鮮人始終認為日本統治不正當且帶來屈辱。此外，兩國的相近——地理相近、同受中國文化影響、十九世紀之前發展水準相差無幾——使日本人的入主更加令朝鮮人覺得屈辱，使兩國關係變得特別緊張，對日本又仇視又尊敬，讓朝鮮人深深感嘆「歷史的捉弄」。

朝鮮王朝走入歷史

一八九〇年代，俄、日兩國對朝鮮事務的支配，比其他任何強權都直接，日本先是與中國兵戎相向，然後在朝鮮開展劃時代的改革，俄國則讓高宗避難於其公使館，並一度直接涉入朝鮮政局。為確立各自在朝鮮的利益，東京與聖彼得堡數度談判，主要用意就是將朝鮮半島分割為不同勢力範圍。但談判破局，雙方的對立演變為一九〇四年的兵戎相向。該年，日本奇襲旅順港的俄國艦隊得勝，成為第一個打敗「強權」的非白人國家，令整個亞洲大為振奮。

根據一九〇五年簽訂的條約，俄國承認日本在朝鮮擁有最高權利。美國總統老羅斯福當協調人，日俄在新罕布夏州的樸茨茅斯談定此約，羅斯福因此獲頒諾貝爾和平獎。羅斯福與日本人之間的外交照會（《塔虎脫—桂太郎協定》）拿菲律賓交換朝鮮，亦即日本不會質疑美國在其殖民地的權利，美國不會挑戰日本將朝鮮納為新保護國。安連欲爭取羅斯福阻止日本人拿下朝鮮，羅斯福不予理會，反倒更支持前一章所節錄、喬治・肯楠的種族主義之看法。

一九〇五年後，誠如外交史家所說，日本在朝鮮可以「為所欲為」，因為它打敗中國、俄國，因為有英、美兩國支持（一九〇二年已締結英日同盟）。只要日本的帝國主義矛頭指向朝鮮和滿洲，而不指向菲律賓或英國的許多殖民地，倫敦和華府就支持日本。[2]美國國務卿杭亭頓．威爾遜（Huntington Wilson）如此回應日本宣布吞併朝鮮：

> 基於朝鮮境內美國公民的利益非常重要，我必須保住他們的權利和特權，但恕我告知陛下，美國政府願意接受大日本帝國政府針對與「朝鮮境內外國人、對外貿易」有關之事務所作出的保證。[3]

日本從此可以為所欲為，而且還有人敲邊鼓支持它。很可悲但確切無疑的是，從冷酷無情的外交官，到熱心的學者和基督教傳教士，幾乎每個西方人都支持日本在朝鮮扮演「推動現代化的角色」。理察．拉特寫道：「發聲抗議（吞併朝鮮）的傳教士少之又少」。[4]

泰勒．戴內特（Tyler Dennett）這位史家，寫了幾本影響幾代美國學生的書。他說朝鮮是艘迷途的小船，需要日本來將其拖回岸邊；他認為朝鮮無自衛能力。有些美國學者的表現，形同在為日本的開化計畫加油打氣。耶魯大學教授喬治．川布爾．拉德（George Trumbull Ladd）與伊藤博文過從甚密，迅即向他的讀者保證，伊藤要在朝鮮扮演仁慈、文明開化的角色。[5]拉德友人，美國人須知芬（Durham Stevens）也是伊藤的顧問；一九〇八年須知芬來到舊金山，開始闡述日本正在從事何等了不起的事業時，遭張仁煥和田明雲開槍擊斃——但此舉反倒激起一位柏克萊教授寫下長篇論文，說明「東方種族和他們的暴力（此暗殺事件其實使他相信一場「種族戰爭」就要爆發）。[6]

當時的「進步人士」表現同樣糟——或說不定更糟。比阿特麗絲・韋布（Beatrice Webb），或許連同其丈夫悉尼（Sydney）（他們並非費邊社會主義者裡最懂外國情勢者），在一九〇四年寫道，日本是「彰顯人類自制與啟蒙的後起之秀」。一九一一年比阿特麗絲遊歷東亞，覺得中國人是「讓人很不愉快的種族」，朝鮮人也是「讓人很不愉快的種族」（對悉尼來說，中國人和朝鮮人是「低等脊椎動物」，「讓我們認識到智人如果不進化會變成什麼樣」）。但比阿特麗絲喜歡日本「富有革新精神的集體主義」和其具有「超乎尋常」之目標意識及開放心胸的「開明專業菁英」。日本擁有「未來社會主義國家的仁善官僚體制」。[7]日本是開明的、被選定的白人文明傳達者，以奇妙的「黃色人種」之姿現身；對這樣的乖孩子，只能予以嘉許。

二十世紀頭十年，為何有各種英國人大加讚許日本？答案很簡單：英國衰退，德日進步；而德國是威脅，日本卻於一九〇二年後成為英國盟友。經過長達一百五十年的兩波工業化，英國苦惱於新興工業強權的夾攻，苦惱於自身工業基礎跟不上時代。於是，大部分辯論都帶有深刻的自省，「效率」一詞人人都掛在嘴上：「無效率，毋寧死。」阿爾弗烈德・斯泰德（Alfred Stead）將其一九〇六年的著作，取名為《了不起的日本：國家效率的考察》（*Great Japan: A Study of National Efficiency*）。英國的專家學者想找效率、生產力典範，指望在日本身上找到，日本被認為「提供了或許可供英國人借鑑，以解決其內部問題的教訓。」[8]（讀者不需提點，就會想起一九七〇年代在美國出現的日本熱）。

有了這樣的國際支持，朝鮮殖民地化迅即成為定局。日本於一九〇五年將朝鮮納為「保護國」，控制朝鮮外交，把日本警察派到街頭，掌理電報系統等。明治日本最偉大領導人之一伊藤博文，是保護國時代的統監。一九〇五年，他靠武力威逼，確立朝鮮為保護國。他在日本軍護衛下進入高宗王宮，強行奪走外務部的官印，代表朝鮮在文件上用印。這看來像是朝鮮人所無法拒絕的另一個提議，但許多人並不領情。

高宗的侍從武官長閔泳煥自殺，另有許多大臣亦然。高宗於一九〇六年初公開反對保護條約，訴請列強挽救朝鮮的獨立地位；一九〇七年，他派三名朝鮮人出席第二次海牙和平會議。為了以外交和法治取代列強的軍事對立，當時有數次全球性的努力，該會議則是朝此方向發展的一個里程碑，但會議裁定高宗不再是朝鮮對外關係的定奪者，三特使之一的李儁為此在海牙自殺。但他和他的友人使日本人逼高宗讓位給其心智遲緩兒子純宗一事，廣為世人所知。伊藤解散總兵力約九千人的舊朝鮮軍時，侍衛步兵第一大隊長朴星煥自殺，他的部下和第二大隊的許多士兵，在漢城街頭與日本兵交火。朝鮮軍退出漢城，與「義兵」一同在鄉間打游擊。[9]

高宗退位後，李完用出任總理大臣，在日本支配下執政。不久，暴民燒掉李完用家，一九〇九年十二月，朝鮮青年李在明刺殺李完用未遂。一九一〇年五月，陸軍大將寺內正毅成為新統監，與總理大臣李完用擬定合併條約，一九一〇年八月二十二日，李完用於條約定稿上簽名。李完用曾和伊藤、寺內一起享用壽司、清酒，各自賦詩歌詠日朝未來親善：我看過李完用親手寫的一份書卷，內有他和伊藤、寺內寫下的頌詩，歌詠預示「兩族一家」即將到來的「宜人春雨」和「新始」。

但伊藤未能活到看見日朝合併；一九〇九年十月二十六日，安重根在哈爾濱火車站將他暗殺。一九一〇年八月二十九日，純宗終於讓出王位，朝鮮成為日本殖民地。八月二十九日成為此後朝鮮人最

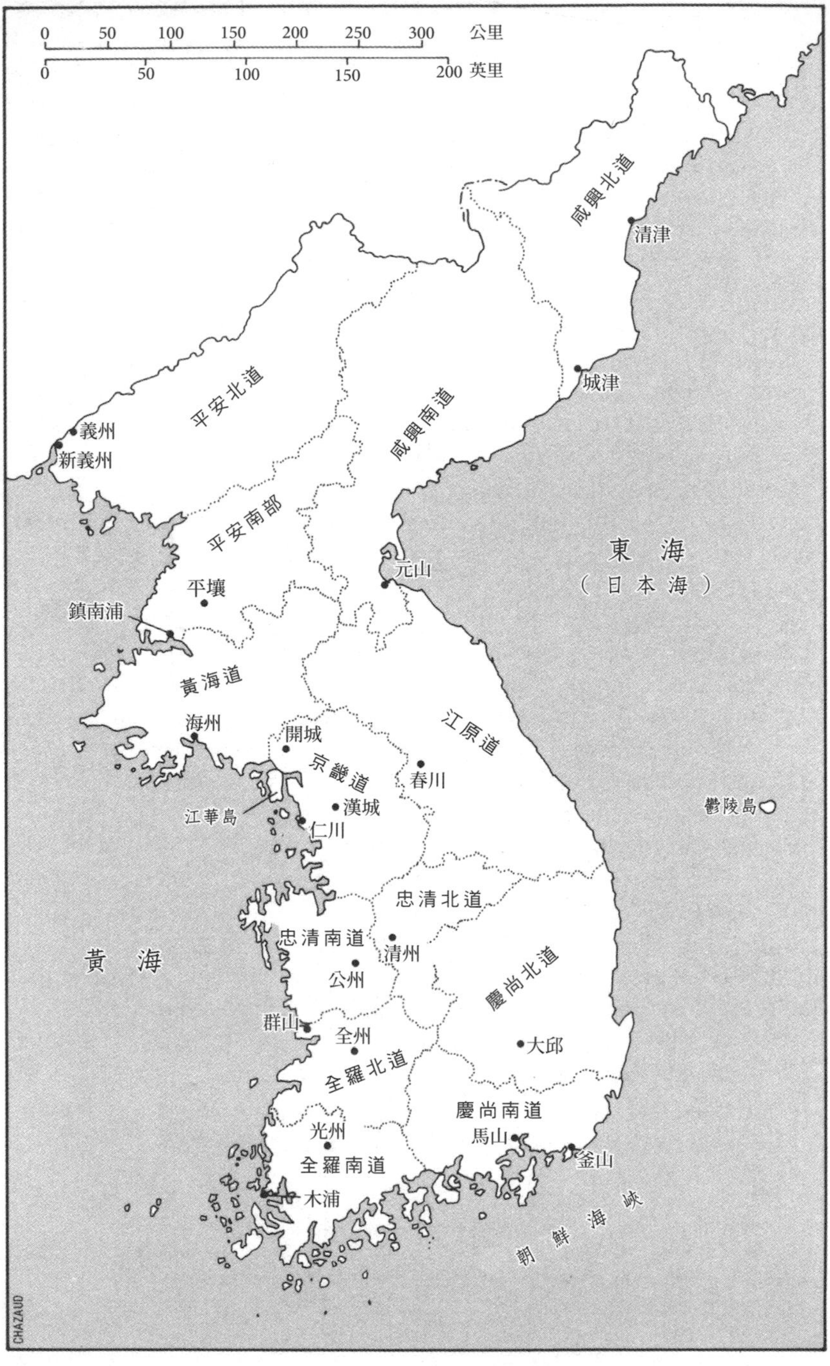

二十世紀初期朝鮮和各道

黑暗的日子，李完用則會成為朝鮮歷史上最被唾棄的名字。當年靠新羅、高句麗抵抗中國壓力，朝鮮首度取得獨立，而日韓合併消滅了朝鮮辛苦贏得的獨立地位。日本的殖民地開拓者，和住在朝鮮的日本人，或許從此如孔雀般趾高氣昂走在漢城街頭。但令人遺憾，是他們未記住龜兔賽跑的故事，腳程快者拿下第一場比場，但比賽不是只有這一場。

殖民地化的頭幾年，朝鮮人激烈且持續地抵抗吞併。最重要的抵抗勢力是非正規軍和游擊隊——「義兵」，從一九〇七至一九一〇年令日本人不堪其擾。他們大多是復員軍人和愛國文人，這些人進入鄉村，吸收農民抗日；農民軍多次自發性起事，無疑地這其中利用了東學黨打下的基礎。大部分起事團隊，成員不到百人，但在原州，有一整支駐軍在閔肯鎬統領下造反，他的部眾一度多達數千人。一九〇七年，有支將近萬人的武力打到距離漢城八哩之內，「義兵」活動擴及以下諸道：全羅道、慶尚道、江原道、京畿道、黃海道——也就是朝鮮人口最多的地區。據日本人估計，武裝游擊隊員在一九〇八年有六萬九千八百三十二人，游擊隊彼此之間、游擊隊與日本軍之間的衝突將近一千五百次；一九〇九年，人數減為約兩萬五千人，一九一〇年減到不滿兩千人；那時已有許多造反者逃到滿洲。[10]

至於傳承「洪在鶴遺風」那些衛正斥邪派，這時如何？「義兵」裡有個叫崔益鉉的人，在全羅道領導叛軍，針對為何會有個老學究冒著生命危險組織民兵抗日，他如此寫道：

一自邪教入中國，遂至四海腥羶。獨有我邦處東隅，得保片土乾淨，可謂剝果不食。誰料坤冰方堅，惟以頭上一髻之存，獨為天下眾矢之的。[11]

但崔益鉉的抵抗不久就瓦解；他被擒，關進對馬島上的監獄，一九〇六年絕食而死。他自撰的墓志銘如此說道：「逆賊不能討，寇讎不能滅，國權未復，疆土未還，而四千年華夏正道，淪於糞壤而莫之扶，三千里先王赤子，化為魚肉而莫之救，此臣雖死而目不能瞑者也。」[12]

朝鮮遭吞併時，另有許多衛正斥邪之士自殺，在朝鮮激起的回響與伊斯蘭聖戰士的自我犧牲一樣強烈，此後抗日未斷。一九一二年，日本人逮捕多達五萬朝鮮人，一九一八年逮捕了十四萬人。其中一樁案子被稱為一九一二年朝鮮陰謀案，有一〇五人被控暗殺總督未遂，而且此案因「公然捏造被告罪名及惡毒拷打被告」而著稱。[13]

但至這時為止，我們的敘述一直太片面：事實並非國賊李完用對抗大量愛國志士這麼單純。日本的進步在一九〇五年之前就令許多朝鮮人神往，其後則迷住更多朝鮮人，顛覆他們的想法；殖民地官員始終採取分而治之的策略，一九一九年後更加厲行此法；為殖民地獨裁政權效力的朝鮮人，其人數比幾乎任何人所願意承認的還要多上許多，一九四五年後又有太多朝鮮人的行事以日本人為師，因此，朝日關係不可能是全然水火不容、無法彌合的關係。二十世紀頭十年，日本以傲人成就迅速引起世人矚目，吸引許多亞洲進步人士湧向日本取經。中國民族主義之父孫文，和其他許多有志改革的中國青年匯聚於東京，許多朝鮮學生和青年亦然。在朝鮮國內，有個叫一進會的組織，吸收許多朝鮮人加入一個支持日本政策的新群眾組織；有個學者寫道，這是朝鮮第一個近代政治組織，把領導者和被領導者團結起來，並動員群眾。[14]此一概括陳述有點牽強，但後來民族主義史家妄稱一進會成員甚少，而且每個成員都一心要把朝鮮出賣給日本，這樣的說法也不是實情。進步人士對於本國能保有獨立地位、同時與日本人攜手一同邁向現代性，原還抱有一絲希望，但日本吞併朝鮮使僅存的希望徹底破滅。至於其他追求現代化之亞洲人的夢想，尚未被日本人打壓，直到第一次大戰。第一次世界大戰期間，日本提出著名的「二十一條要求」，這二十一條在中國引發五四運動變。

殖民地治理：現代化或剝削？

一九四五年，美國、俄國出手打倒日本，結束第二次世界大戰，朝鮮才脫離日本掌控。這段被殖民的經驗深刻且苦楚，影響戰後朝鮮甚深。日本殖民帶來開發，也帶來開發不足，帶來農業成長和租佃制加劇，還帶來工業化和出奇嚴重的混亂，以及政治動員和政治影響力降低；它催生出中央政府的新角色、新一代的朝鮮政治領袖，也催生出共產主義者和民族主義者、武裝抵抗者和叛國通日者；最重要的是，留下此後一直折磨朝鮮人心的嚴重分歧和衝突。

日本牢牢掌控朝鮮，嚴密監視朝鮮，施行有組織且有系統的殖民統治，著眼於長遠的政策規畫和治理，而非只是恃強凌弱的征服；高度中央集權的強大殖民地政府，仿效日本政府已在日本扮演的角色——干預經濟、創造市場、催生新產業、消滅異議。政治上，朝鮮人幾乎被壓得喘不過氣，但經濟上卻有可觀成長，即使分布不均。一九二〇年代農業產出大幅成長，受到細心保護的工業則在一九三〇年代生根。朝鮮的經濟成長率往往高過日本；晚近研究顯示，一九一一至一九三八年，朝鮮的年成長率為百分之三・五七，日本則是百分之三・三六。

龐大的東洋拓殖株式會社組織並投資工農事業，持有超過兩成的朝鮮可耕地；為管理農業生產，此公司雇用許多職員，派至農村。殖民地時代的朝鮮銀行發揮中央銀行的功能（例如管理利率），提供信貸給商行和企業家（當然幾乎全是日本商行和日本人企業家）。中央司法機關制訂新法，針對朝鮮人建立適用範圍甚廣的「法制化」種族歧視制度，使朝鮮人在自己國家淪為二等公民。京城裡朝鮮總督府的官僚部門大增，成為朝鮮的中樞。半官半民的公司和聯合大企業，包括三菱、三井等大財閥，鋪鐵路、建港口、蓋近代工廠，最終使舊朝鮮改頭換面。

如今，光是向朝鮮人提起日本統治某種程度上促成了朝鮮「現代化」，就會激起他們義憤填膺的駁斥、強烈的情緒反應，使他們表露出受到蓄意傷害或將要被蓄意傷害的感受，不管是北韓人、還是南韓人皆然。在外國人看來，即使把日本人的暴行盡可能鉅細靡遺列舉出來，只消提及殖民時代興起且持續至今的任何正面事物，日本統治還是瑕不掩瑜。但朝鮮人始終認為成長的好處全落入日本人手裡，朝鮮若沒有日本人幫助，仍會快速發展。另一方面，晚至一九七〇年，當時有位旅居台灣的學者，發現台灣人仍在各處懷念日本統治時代，而且一九五〇年代現代化理論正當道時，美國政治科學家曾把這一殖民成就譽為典範。[15]於是，對於日本把現代設施帶到其各殖民地的作為，我們該把此舉視為殖民地支配作為，還是促進現代化的作為？朝鮮人的答案是「殖民地支配」，日本人和台灣人的答案是「促進現代化」。

提姆．米契爾（Tim Mitchell）對這個疑問——「在對現代性的批判裡，殖民主義所處的位置」——有更好的答案：「開拓殖民地一事，不只涉及歐洲勢力的建立，還涉及政治秩序的擴散，而且這一政治秩序把新的空間觀、嶄新的人的性格（personhood）、製造真實世界經驗的新方法，鐫刻在社會世界裡。」米契爾追隨米歇爾・傅柯的腳步，探討英國在埃及的殖民：「具有約束性的外部權力」讓位給現代性所要求的「具有生產性的內部權力」，殖民主義規訓製造出「軍隊、學校、工廠的組織化力量」，以及最重要的，產生「被建構為孤立的、守紀律的、樂於從命的、勤勉的政治主體之近代個人」。[16]

如果用傅柯式的權力和現代性概念來檢視，那麼，日本殖民主義與近代工業計畫兩者沒有根本差異，從而日本殖民主義、美國霸權、南韓、北韓或台灣的現代化之間亦無基本差異。至少，這些國族角度的現代性陳述，都無法告訴你工廠打卡鐘、火車時刻表或警察鄰里巡查講究時間的分秒不差為何是一件壞事；它們的差異，只在於現代化的導入受到何人支持，以及它們對國家主權的影響。上述每個政治實體，尤其日本本身，都讓其公民接受公立教育的洗禮，而公立教育旨在培養勤勉的政治主體，同時卻具有米契爾分析埃及時所見的自我監視與壓抑之弊。日本殖民時期，強有力的殖民政府、官僚機構眾多、行政指導經濟的政策、運用官方力量創立新產業、壓制始終會隨之產生的工會及異議人士，為戰後時期的南北韓都提供了一個暗中效法的典範。日本向他們示範了以「官僚—威權」方式追求工業化的早期版，而到了一九七〇年代，韓國似乎已把這一套學上手。

史家托馬斯・史密斯（Thomas C. Smith）談到日本的明治政府時寫道，它追求工業化時，「除了扮演企業家、出資者、經理人的角色」，別無選擇，「資本太脆弱、太怯懦、經驗太不足，承擔不了發展的任務。」[17]這段話用在朝鮮身上更為貼切。日本入主朝鮮後，迅即在該地成立「發展型」殖民政權。葡萄牙或許甘於把安哥拉當作殖民地持有四百年，只在其沿海地區推動現代化聊作點綴，同時從內陸取得咖啡豆，但日本的殖民地開拓者是官方資本家，朝鮮是他們身上的重擔：故朝鮮該聽命行事，該為宗主國經濟服務，該保持安靜。明治維新的成功，源於德川幕府時期農業、商業方面的變革，它「內生」於日本近代史；但殖民地政權是外生之物，源自宗主國，於是，發展過程中，伴隨著國家扮演有力角色所產生的扭曲，就朝鮮來說，當然更加劇烈。

日本未把塞昔爾．羅德斯（Cecil Rhodes）之類的征服者（他是大英帝國南非殖民地的總理）送到朝鮮，但選擇以行政官僚作為最高統治者楷模：行政官僚的典型會是像後藤新平之類的人物。後藤新平是台灣的殖民地行政官員，後來活躍於朝鮮和滿洲國，身穿黑西裝，頭戴黑色高頂大禮帽，手提箱裡有發展藍圖。從一九一〇年起，雖說有警察在朝鮮揮動皮鞭，但日本人公務員治理朝鮮的用心遠更常見，而且日本人公務員有個巨大優勢：兩班貴族的學問、藝術成就再怎麼高，終究是與一般朝鮮百姓有區隔的階級——兩班認為平民百姓靠他們才得以活下去，這使得兩班處境更糟。在東學黨振奮人心的言語裡，我們看到這種對兩班的反感：拿掉我們的平涼笠，把我們當人看！偉大社會學家羅伯特．米海爾斯（Robert Michels）曾寫道，擁有地產的鄉紳只想得到同階級的人認同，或「向一般人民宣告，（他們）不認為人民能對國家命運有什麼積極影響」，藉此標舉自己高出一般人一等，這樣的鄉紳雖表現出無與倫比的真誠，但政治上極其愚蠢。兩班的表現正兼具這兩者：真誠執著於錯誤之事，絲毫不懂如何動員他們長久剝削的那些人民來抵抗日本。

但朝鮮王朝有樣東西未遭日本人摧毀，那不是別的，正是這個貴族階級。如果日本人能確保這些舊菁英肯合作，沿襲千百年的貴族正當性，會有助於殖民者統治。殖民地行政官員對朝鮮了解甚深；

吞併朝鮮後，他們發放養老金給約八十四名貴族和約三千六百四十五名文官，讓他們退休，此舉說明了日本人「對朝鮮上層階級知之甚詳」。[18] 較高階的士大夫被日本人取代，但朝鮮人地主獲准保有其土地，受到鼓勵繼續統治農民、繼續向農民收取稻米以供出口。這些政策切斷朝鮮人地主與京城政府機關的關係網，利用他們的傳統權力和正當性，向農民收取稻米以供外銷，藉此使朝鮮人的地主更牢牢紮根於地方。透過朝鮮人地主收取稻米，比日本人自己去收取稻米更為穩妥且有效（儘管的確有許多日本家庭來到朝鮮後，買下了土地）。日本人入主之後不久，就透過新契約法和完整的土地調查，把傳統的土地持有制擺在近代的、或合理合法的基礎上。這是日本人統治頭十年裡「日本人所欲完成的最浩大、最重要的事業」，歷時九年，花費兩千萬圓才完成。從此，建立在契約上的產權，讓懂得如何登錄自己土地的兩班地主得以確立其持有權利，卻導致許多不識字的農民失去傳統的租佃權和土地所有權。[19]

第一次世界大戰讓日本得利，日本是唯一未捲入戰事的大國；可想而知，日本出口額劇增，日本從勞力過剩的債務國，變成資本充裕（一九二〇年盈餘二十七億圓）和充分就業的債權國。[20] 這一急速成長導致日本境內米價漲了兩倍。投資朝鮮變得有利可圖，朝鮮地主也發了大財，有錢添購土地。例如，金性洙的一個兄弟一九一八年便持有一千八百英畝地，其中九成是稻田，由千餘名佃農耕種。而金氏家族的主要地產，面積達三千一百八十五英畝。[21] 整個殖民地時期，租佃制有系統地深化，到了一九四五年，朝鮮已擁有世上少能匹敵的租佃制。大部分地主甘於無所事事，讓日本官員大展身手，增加產量。日本擁有一批待過台灣的新進殖民地經營專家（例如後藤新平和殖民地農業專家東鄉實），他們認為朝鮮人應該識時務，就像大多數台灣人和大多數朝鮮人地主那樣。但實際情況卻非如此。到了一九四五年，朝鮮兩班已被普遍認為是與日本人合作的叛徒，出現強烈呼聲要他們把土地拿出來分給佃戶。

統治朝鮮頭十年，日本殖民者推動高壓的「軍事政策」（「武斷政治」），主要因為一九〇五至一九一〇年間，他們在掌握權力的過程中遭遇激烈抵抗，連教師都穿軍服、佩軍刀。總督高高在上統治朝鮮社會，行使威權式、強制性的控制。總督府只與殘餘的朝鮮上層人士及殖民地新貴往來，但就連這樣的往來關係都很薄弱，意圖拉攏異議人士，或者挫敗異議人士，不讓朝鮮人在國家機器裡擔任重要角色。日本人在朝鮮無疑強化了中央官僚的權力，摧毀了過去中央政府與朝鮮有地貴族之間的平衡和緊張關係；日本人由上而下貫徹公權力，使公權力首度滲透到郡級之下、滲透到村裡，而在後殖民時代，從某些方面來講，不管是南韓，還是北韓，都未能矯正過來：如今南北韓境內仍幾無地方自治可言。除了由中央派來的行政官、地方官吏，以及長久以來有地家族構成的郡級中樞，日本人還加上一個由中央控制、高度機動的國家警隊。警察能迅速回應中央的指示，擁有自己的通信、運輸設施。數十年間，身穿黑外套的警察維持秩序，幫忙「收取收成」，護衛著從稻田經中間人、倉庫到出口平台，再送往日本的稻米生產流程。這一多功能的新警察制度，由後藤新平在台灣設計出來，後來轉用於朝鮮。派蒂・鶴見（Patti Tsurumi）如此描述該制度：

在後藤治下，警察成為地區治理的骨幹。除了常規的警察業務，警察還要督導收稅、督導衛生措施的執行、督導鹽、樟腦、鴉片專賣的相關工作……他們監督道路、灌溉設施的改善，把新植物品種介紹給農民，鼓勵教育和地方產業發展。[22]

警隊成員約四成至五成是朝鮮人，視時期而異。

日本也在朝鮮派駐了大軍，既為控管當地，也為了亞洲大陸的安定。整個殖民地時期，每任總督都是軍人：首任總督寺內，得到明治元老山縣有朋推薦而出任，山縣喜歡從他勢力甚大的長州藩裡挑選人員治理殖民地。一八九四年，日軍在舊漢城郊區的龍山設立其主要基地；後來該處成為美軍基地，如今仍是。不同之處在於首爾成長為規模甚大、毫無節制擴張、非常熱鬧的巨大城市（轉過一個街角，赫然就見到超大一塊讓給外國軍隊使用的土地，我想不出還有哪國首都會是這樣）。

除了日軍，日本還派來一批官僚。到了殖民統治的最後十年，已有約二十四萬六千名日本人公務員和專業人士，治理約兩千一百萬朝鮮人；殖民者約四成六為政府服務。相對來說，一九三七年，法國以兩千

殖民統治初期外出視察的日本總督。

九百二十名行政人員和約一萬一千法國正規軍士兵，統治越南一千七百萬人口，在大部分英國殖民地裡，英國派去的行政、軍事人員更少（相較於人口的比例）。[23]大部分日本人官員任職於京城的諸多政府機關，京城（在此世紀）已是行政、商業中心，如今該市仍倖存一些日本殖民地建築的代表作——仿歐洲的布雜（Beaux Arts）風格、新文藝復興風格、帝國風格。一九一二年，京城人口二十七萬七千七百一十一人，其中二十三萬八千四百九十九人是朝鮮人，三萬八千三百九十七人是日本人，七百七十人是中國人，美國人為一百人左右。相對的，平壤只有四萬一千一百六十七人，釜山只有三萬八千二百一十七人，其中兩萬一千九百二十八人是日本人。[24]到了殖民期末，京城人口已發展超過五十萬；釜山約二十萬。

朝鮮民族主義與共產主義的興起

殖民地時期產生一批全新的朝鮮政治領袖，這些領袖的誕生，既緣於抵抗日本殖民統治，也緣於殖民統治所提供的機會。民族主義、共產主義團體興起於一九二〇年代；戰後朝鮮的左右派分裂，可以追

建成不久的首爾火車站；其建築仿歐洲風格，極似日本人在哈爾濱、台北所建的火車站。

溯至此一時期。兩班貴族也在那時開始轉變。一九三〇年代，新的武裝抗日團體，以及新的官僚和（首見的）軍事領袖團體出現。南韓和北韓如今仍深受殖民統治期間產生的政治菁英及政治衝突所影響。

一九一九年，群眾運動襲捲許多已淪為殖民地和半殖民地的國家，包括朝鮮。三十三名知識分子，援引美國總統威爾遜（Woodrow Wilson）的民族自決承諾，三月一日請願脫離日本獨立，引發全國持續數月的群眾抗議。日本警察和憲兵隊壓不住亂局，不得不叫來陸軍、乃至海軍。至少五十萬朝鮮人參與了三、四月的示威，六百多處地方出現騷亂。在某個最惡名昭彰的事件中，日本憲兵把抗議者關在教堂裡，放火燒掉教堂。最終，據日本官員統計，共有五百五十三人喪命，一萬兩千多人被捕，但據朝鮮民族主義陣營的資料，遇害者共七千五百人，被捕者四萬五千人。

朝鮮的情況再度和日本另一個殖民地台灣的情況形成強烈對比。據某位美國旅人的觀察，即使在朝鮮境內

殖民地時期的朝鮮銀行，呈現受了德國影響的布雜（Beaux Arts）風格。

發生此次反抗，中國發生劃時代的五四運動之後，仍有不少台灣人穿日式服裝，但他不「記得見過哪個朝鮮人穿木屐及和服」。他寫道，在朝鮮，「獨立問題」很嚴重，但「在台灣，即使曾考慮到獨立，也顯然被認為是毫無希望的，完全不值得去想。」[25]關於殖民地台灣和殖民地朝鮮兩者的差異，最發人深省的話或許是某官員的這番話：「在台灣靠獎勵能辦成的事，在朝鮮要靠強制手段。」[26]

朝鮮人的抵抗、威爾遜和列寧的主張，以及國際社會普遍的指責，令日本領導人感到苦惱，赫然體悟到他們是生不逢時的殖民者：始終想要「跟上時代」，卻發覺他們的高壓統治被斥為過時。於是，一九一九年中期起，日本開始施行帝國主義「文化政策」（「文化政治」），開始輔導朝鮮人，為遙遠的獨立之日作好準備。這一新政策開啟了「漸進主義式」抵抗殖民統治的時期，在這期間朝鮮人利用言論、集會自由的鬆綁，組織形形色色的民族主義、社會主義、共產主義團體，其中有些團體是公開組成，有些是秘密組成。這時，再度能買到韓語報紙，一九二〇年代初期另外出現許多韓語刊物。李光洙等作家，靠著以本國語寫成的小說聲名大噪，鄭寅普、崔南善等其他作家，則深化了朝鮮史研究，探討檀君傳說和朝鮮的歷史之「魂」。[27]

一九二七年，出現令朝鮮人樂觀的政治情勢，溫和派民族主義者和一些左翼人士結盟成立新幹會。日本人鼓勵此事，希望此舉能集中或拉攏左翼和右翼的獨立運動人士，或者使他們的立場不再那麼激進。到了一九二九年，此會已有一百三十八個分會、將近三萬七千名會員，支持研究韓語、放寬言論自由等。但新幹會存在不久，未能紮根；有個史家僅僅如此評價：「這個組織的效用始終不大。」[28]

一九二〇年代，並非所有民族主義者都待在朝鮮。申采浩的角色類似鄭寅普、崔南善，但流亡在外。申生於一八八〇年，幼時在大田附近就讀祖父主持的村中書院，研讀儒家典籍，一九〇五年主編《皇城新聞》，一九一〇年流亡中國，與安昌浩共事。安昌浩是重要的民族主義者，後來在美國住了多年。申采浩潛心研究朝鮮古代史，常走訪鴨綠江邊界——從白頭山另一頭思考祖國的命運。他於一九一九年加入位於上海的大韓民國臨時政府，一九二三年在海參崴成立另一個流亡政府，倡導武裝抗日。他開始感興趣於無政府主義，一九二七年代表朝鮮，出席天津的亞洲無政府主義者會議，後來在北京創立朝鮮無政府主義團體。有次他前往台灣途中遭日本特務逮捕，在牢中蹲了十年，一九三六年死於腦溢血。[29]

美國傳教士對獨立運動「三一運動」的看法分成兩派。雖然他們對日本殖民當局的暴力感到驚駭，但其中也有許多人歸咎於朝鮮激進分子和煽動家挑釁當局、暴力相應的做法。大部分傳教士稱許一九一九年後的新「文化政治」，他們為這一新方向辯解的說詞，和日本人所說的沒有兩樣。美以美會常駐主教赫伯特・韋爾奇（Herbert Welch）一九二〇年五月寫道，許多朝鮮人仍要求立即獨立，但「有些最聰明、最有遠見」的朝鮮人「相信立即獨立無望，相信他們必須沉潛長久時日，在身體素質、知識、道德、處理政務的能力方面，培養好朝鮮人的實力……」[30]

這當然正是日本首相原敬為這個新「文化政治」辯解的主張。他說要讓朝鮮人為遙遠來日的獨立作好準備，待「適當時機」(原敬語)，獨立自然水到渠成。殖民地行政官員新渡戶稻造，在一九一九年如此說明這套理路：

我自認是朝鮮人最好、最真誠的朋友之一。我喜歡他們……認為他們是能幹的民族，能在接受訓練後實行高度自治，眼下正是為此自治作準備的輔導期。讓他們研究一下我們當下在朝鮮的作為，我這麼說不是為了替我們軍國主義治理犯下的許多錯誤辯解，也不是為了吹噓我們的某些成就。我認為年輕的朝鮮目前還管不好自己，這絕非自大之言，而是堅信日本是承擔起提升遠東這一重任的管家。[31]

基督徒反抗日本人一說，既是事實，也是傳說。暴力橫行之時，例如一九一九年獨立運動時期，教堂是避難所，許多西方傳教士鼓勵鬥輸的一方再接再厲，並鼓吹平等主義。一九四五年後，李承晚和其他親美政治人物被視為信仰基督教的偉大領袖和反殖民統治者，但這樣的形象與事實不符：

李承晚、金奎植等人就讀培材學堂等教會學校，與其說是為了他們的基督教信仰，不如說是為了學會英語，在政壇上取得一席之地。培材學堂不再那麼重視英語教育時，就學人數就減少；一九〇五年，入學不到一兩天，就有「一半的學生為了學英語去了別的地方。」

朝鮮人裡真心皈依基督教者是卑下之人：十九、二十世紀之交，「漢城低賤屠夫階級三萬人皈依基督教，立即成為『福音傳播事業最引人注目的特點之一』。」[32]朝鮮社會的等級制度，使得一般人嚮往上帝之前人人平等的平等主義理想。

如果說基督教理念和自由主義思想，是十九、二十世紀之交朝鮮改革派的特點，社會主義思想則於一九二〇年代在朝鮮青年圈子裡傳播開來，而且運動的主要對象同樣是社會裡的卑下之人。一如中國青年，朝鮮青年背棄儒家學說和自己的歷史，迫不及待擁抱科學、民主、社會主義。第二次世界大戰後，徹底拒斥傳統的主張，在南北兩韓都蔚為風潮，而這股風潮的種籽就在這一時期播下：不管是對朴正熙等資本主義改革者，還是對金日成等激進民族主義者，舊朝鮮的歷史似乎都是糟粕，毫無可用之處。他們快步奔向未來，卻無所逃於過去。西方傳教士譴責任何激進主義，只對信奉基督教、或採納時興之自由主義社會制度的朝鮮人所暗示的激進主義網開一面，但他們的觀察還是有些洞察力的：詹姆斯・蓋爾寫道，

> 三十年前的朝鮮人是學者，如今的朝鮮青年，從許多方面來看，渾噩無知。他懂得一點西方知識的皮毛，對母語有少許了解，但對自己民族的古文學，幾乎一竅不通。這甚為危險。古文學含有其民族的所有理想主義。[33]

社會主義者和共產主義者當然也始終是朝鮮民族主義者，但民族主義陣營也分裂為兩派，即留在朝鮮者和流亡在外者；留在國內的民族主義者又分為激進派和「漸進派」，後者力主透過文化、教育活動，讓朝鮮人作好獨立的準備。流亡在外者又再分為兩派，一派支持激進的武裝鬥爭路線，另一派力主透過外交手段達成朝鮮獨立。殖民地時期的一部回憶錄佳作——金山的《阿里郎之歌》，生動描

述了此情況。金山寫到「美國派的民族主義者」，說「這些人全是『君子』，其中大多數人英語流利，真的希望藉由說得一口能說服人的英語，來達成朝鮮獨立！」[34]「美國派」由李承晚等人組成，他們在華府的人行道上走動，向國務院外交官攀談。金山投身中國境內的革命活動，希望在中國積聚足夠實力，最終讓朝鮮擺脫殖民統治。一如其他許多朝鮮人，他參與了北伐、一九二七年上海騷亂、後來的中國共產黨廣州暴動（人稱「廣州公社」）。一九三〇年代，他參與中共紅軍長征，最後落腳於中共的延安根據地。

但當時世界上最大的分裂把朝鮮也捲入第一次世界大戰之後的歷史裡，即自由派理想主義與社會主義的分裂，威爾遜與列寧的分裂。自由主義者的優勢在於有威爾遜民族自決的理念為基礎，其劣勢則在於美國無意支持朝鮮獨立；此外，他們在朝鮮境內的社會基礎非常薄弱。社會主義者的劣勢在於被日本警察視為眼中釘，凡是擁護「布爾什維克」理念者，都遭日警鎖定，送進牢裡。其優勢則在於潛在的龐大群眾基礎，以及為朝鮮犧牲的精神，因此，到了一九二〇年代末，朝鮮抗日運動已由他們領導。誠如研究朝鮮共產主義的傑出學者徐大肅所言，左派和共產主義者

> 成功從民族主義者手裡奪下朝鮮革命的主導權；他們在朝鮮人民裡，尤其是學生、青年團體、勞動者和農人裡，建立共產主義勢力的核心。他們的堅忍不拔和有時不成功不罷休的頑強精神，對朝鮮知識分子和作家影響深遠。對於已在看似漫無止盡的外人壓迫前忍氣吞聲那麼久的老一輩朝鮮人來說，共產主義似乎是新希望和神奇法寶……共產主義者的犧牲，甚至共產主義思想，深

深打動一般朝鮮人，遠比民族主義者偶爾一見的丟炸彈行動更能打動人心。共產主義者受拷打時的憔悴面容、他們遵守紀律、嚴酷對待朝鮮人公敵，對人民影響深遠。[35]

一九二〇年代，中國、蘇聯境內的朝鮮鬥士創立了早期的共產主義以及民族主義抗日團體。「朝鮮共產黨」（KCP）一九二五年創立於朝鮮境內；朴憲永是創黨元老之一，一九四五年後成為朝鮮南部的朝鮮共產主義勢力領導人。在這時期，也出現數個民族主義團體，包括流亡上海的大韓民國臨時政府（一九一九年），李承晚和另一個著名的民族主義者金九都是其成員。但中國國民黨始終在削弱大韓民國臨時政府的獨立性，先是命令大韓民國臨時政府接受孫文的三民主義，後來還因爲日本人抗議而不願在國民黨軍隊裡培訓朝鮮人，戰爭爆發後以虛應故事的態度，支持人數不多的大韓民國臨時政府軍，然後在一九四一年拿走大韓民國臨時政府對此軍的指揮權。不到兩年，大韓民國臨時政府就「陷入混亂」，然後在一九四四年，蔣介石終於認清，適度承認大韓民國臨時政府為戰後朝鮮半島的事實上政府，對他有利。日本人投降後，國民黨無法統一中國，大韓民國臨時政府「形同瓦解」。[36]

外有警察嚴厲鎮壓，內有派系對立，激進團體撐不了太久。一九二〇年代晚期和一九三〇年代初期，許多民族主義、共產主義領袖被捕入獄，一九四五年才出獄。但當日本入侵中國東三省（滿洲）、然後予以併吞時，有支武力強大的抗日游擊隊出現，成員包含中國人和朝鮮人。一九三〇年代初期，抗日游擊隊員超過二十萬人（組織鬆散，成員包括土匪和秘密會社）；日本施以殘忍但有效的綏靖後，游擊隊員在一九三〇年代中期減為數千。在滿洲，朝鮮抗日勢力甚強；根據晚近某份中文史料，朝鮮人在抗日組織裡所占的比例，從人口比例來看，比其他任何族群（包括漢人）高出更多。[37]

就是在這樣的環境裡，金日成（一九一二～一九九四，原名金成柱）嶄露頭角。一九三〇年代中期，他已是重要的游擊隊領袖；日本人認為他是最厲害、最危險的游擊隊員之一。為追捕他，日本人成立一支特別的靖安部隊，並根據分而治之的策略，將朝鮮人納入其中。

在如今的兩韓境內，都有關於此游擊抗日活動荒誕不稽但為許多人所相信的說法：北韓聲稱金日成獨力擊敗日本人，南韓聲稱金日成冒名頂替了一位備受尊崇的愛國志士。但欲了解戰後朝鮮，絕不能略過這段抗日經歷。抗日是賦予朝鮮民主主義人民共和國正統性的最重要憑藉；北韓人認為北韓的軍隊、領導階層、意識型態都源於這一創建時期。如今，北韓最高領導階層仍包含在滿洲帶兵打過日本人的核心領導人，儘管這一代的人如今多半已作古。

透過愈來愈多無可懷疑的文獻資料，可釐清關於金日成和其盟友的迷思。例如，一九五一年，兩名原日本關東軍大佐做了難得的研究。他們曾在滿洲追蹤金日成，在韓戰期間向美國人提供了他們的經驗，以及如何對付朝鮮游擊隊的看法。他們把金日成說成一九三〇年代晚期「名聲最響亮」的朝鮮游擊隊領袖：「金日成特別受到滿洲境內朝鮮人愛戴。據說有許多朝鮮人將他譽為朝鮮英雄，偷偷給他精神和物質支持。」

金日成等朝鮮游擊隊員與楊靖宇等中國領導人合作，但他們實際上不受其他任何人節制，也不受克里姆林宮操控：「他們不關心他們的指揮機關與蘇聯軍或中國共產黨（軍隊）的關係」。他們進出蘇聯邊界以躲避靖安軍，但蘇聯提供的軍火或實質援助甚少。

游擊隊從不在一地久留，以五十人或百人的小部隊出擊，這樣的編制被認為「理所當然」，因為較大的部隊較易遭攻擊、被擒。他們「總是以高明的計畫和戰術奇襲敵人。」「遭討伐隊攻擊時，他們得如猴子般穿過密林裡的樵夫小徑。」一九三九年特別大規模的靖安戰役開始之前，地方警察拿游擊隊「完全沒辦法」。就連日本正規軍都在一九三八至一九三九年間蒙受重大損失：「關東軍轄下部隊……遇伏，遭匪賊（游擊隊）殲滅之事，屢見不鮮。」一九三九年春，數個護送部隊和連隊全遭殲滅。游擊隊一再得到當地朝鮮人援助；有數十萬朝鮮人居住的間島，是「朝鮮匪的極安全之地」。日本軍官說當地的朝鮮居民「墮落、叛逆、反日」。在這個「叛逆、狡猾、懶惰」、的確「非常不滿的民族」裡，「好人甚少」；支持日本人者不多。朝鮮人的卑劣習性，包括「外表非常和藹」，但「對日本非常反感」。他們不會向日本人透露半點關於游擊隊的消息，有人認為，這是他們一般來講惡質成性的另一種跡象。[38]

如果走訪平壤的朝鮮革命博物館，會看到一整個房間，用於模擬重現一九三九年的普天堡戰役，搭配多種音效，以及突顯戰鬥行動的照明設備。在北韓之外，幾乎沒人聽過這場戰役，但在這場戰役中，金日成和其游擊隊員短暫攻下此鎮。當年，朝鮮境內供日本技師用來改良農業的農業試驗所有七個，其中一個就位在普天堡，這個農業試驗所專門處理火田農業的問題。[39]在滿洲的朝鮮人圈子裡，火田農民對他來說特別重要。他們是日本統治時代最窮、卻也最不受拘束的朝鮮人之一，逃入山中過活，很能吃苦。火田民有時在非常陡的山坡上幹活，那種地形連靠人力耕田都難；但他們還是在陡坡用牛耕田。他們在火田耕種三至五年後，即棄之而去，轉往他處開闢火田。他們種小米、大麥、大豆，有時種馬鈴薯、蕎麥，通常到了春天時已把收成吃完，整個夏天「靠漿果、堅果、蘑菇、藥草、根」過活。[40]

發展型殖民統治

一九三〇年代，有位學者論道，朝鮮人仍是「窮商人」，朝鮮的城市仍未有繁榮的商業：

> 朝鮮的城市……大多是行政活動的中心……朝鮮境內沒有哪個城市像西方世界的貿易中心，或東京或上海那樣繁忙；最大城京城，人口不到三十七萬，就連在這裡，似乎都處處停滯、安靜。[41]

為數不多的商業中心是新興的鐵路中心和沿海稻米輸出港，隨著這些城市日益壯大，原本朝鮮對商業一直有的敵意，也慢慢淡化。

起初日本決意獨攬朝鮮的商業活動。殖民當局於一九一〇年通過禁止成立朝鮮人商行的法律，針對朝鮮人資本在實收資本裡所占比例訂定上限；此法頒行時，日本人的資本已取得獨大地位。日本人所擁有的商行占商行總數七成，日本人、朝鮮人合營的商行占百分之十點五，純朝鮮人經營的商行只占一成八。但在一九二〇年代的「文化政治」下，朝鮮商業開始成長。根據某份資料，「朝鮮人企業家大增」，但一九二〇年代末，朝鮮人資本仍只占實收資本約百分之三。朝鮮人資本家仍大多是從事穀物或穀物酒買賣的批發商、掮客、商人，這類買賣在新口岸蓬勃發展。

「文化政治」給朝鮮產業帶來的最重要成果，就是朝鮮產業在不久之後就在日本對整個東北亞地區經濟的「行政指導」上，扮演不可或缺的角色。這時，朝鮮發揮了將宗主國（日本）與其諸腹地經濟體連結的功能，日本特有的那種一體化且組織化的資本主義，可說就從此時開始。這種資本主義對東北亞的影響，從彼時直至今日。[42]

日本於一九二〇年代陷入經濟停滯期，但仍施行自由貿易政策，且因其自由主義制度而得到當時和後來的西方人稱許。對現代化論者來說，這段「大正民主」期是明治成功故事的進步極致，後來因一九三六至一九四五年這十年走上軍國主義歧路而蒙塵。[43]日本在國內已做足準備，接受貿易競爭的態勢，開啟至今仍是日本特色的政治經濟傾向；那是今人所謂「出口導向型發展」的早期版。詹鶽（Chalmers Johnson）和威廉・邁爾斯・佛萊徹三世（William Miles Fletcher III）都認為，日本的國家產業策略和「行政指導」始於一九二〇年代中期至晚期，美國人和英國人是兩個最樂於接受日本轉為外向型政治經濟的國家。[44]一九二五年，日本的《輸出組合法》（Export Association Law）是重要轉捩點，促進產業重組、卡特爾誕生，並讓出口商享有多種官方補貼。[45]

在這個早期階段，還有一個突出的現象，那就是以官方優惠利率貸款為特點的開發模式。發出這樣的貸款，係為左右工業發展，善用「產品周期」（product cycles），如此產生出實收資本往往比未償債務少了許多的公司。企業家未把股票拿去股市賣，而是找官方銀行取得資本。戰略性投資決定則由官僚、官方銀行、國營企業（例如東洋拓殖株式會社）主導，這意味著政策能「迅速且相繼地」施行，其作法影響了一九六〇、一九七〇年代的南韓。

到了一九三〇年代中期，這種提供資本的方式已成為標準作法；在此模式裡的關鍵機構是朝鮮殖產銀行，它是朝鮮大公司主要的資本來源（殖民末期，此銀行約一半雇員是朝鮮人）。而朝鮮銀行則扮演中央銀行的角色，在中國東北的帝國領地全境提供資本。朝鮮銀行在滿洲國有二十家分行，充當日本關東軍的財務代理人，在紐約設有一個辦事處，以吸收美國貸款用於殖民地擴張。此銀行還兼「從事鴉片、白銀、紡織品的走私」，參與惡名昭彰的西原借款。西原借款意在收買反對日本二十一條要求的中國人（其中約十九條侵害中國主權）。[46]

但對朝鮮來說，最重要的是在有賀光豐（一九一九～一九三七年）主持下，朝鮮殖產銀行「催生出閔大植、閔圭植、朴興植、金季洙等朝鮮最早的工商企業家」。[47]在朝鮮總督府一九二一年的產業委員會裡，可看到這套論點的核心主張。該委員會破天荒首度要求支持朝鮮初萌的紡織業，並要求紡織業生產不只為了滿足國內市場，尤其要向亞洲大陸出口，因為朝鮮貨品享有價格優勢。這絕非純粹「由上而下」的作為，因為朝鮮人廁身此委員會，經過他們的要求，殖民政府迅即給予朝鮮人公司官方補貼和特別細心的「保護」。標榜實力養成的「漸進論」（循序漸進終至獨立）要具有意義，就必須培養出朝鮮的實業家階級。總督府的上述作為形同為這一階級的誕生揭開序幕——即使此作為並非沒有爭議（委員會召開的三天前，有人把兩枚炸彈丟入總督府大樓）。[48]但從提交給一九二一年會議的「一般產業政策」提案，可明顯看出日本的構想實更遠大：

朝鮮是帝國領土的一部分，因此朝鮮的產業計畫應與帝國的產業政策一致。這一政策必須根據（朝鮮）位於日本、中國、俄國遠東之間的地理位置，針對鄰接地區的經濟條件預擬計畫作好準備。

有個日本代表如此解釋，朝鮮產業將是東京之整體計畫裡不可或缺的一部分，朝鮮產業若要接受它在「單一的、共存的、共榮的日朝共同體」裡應有的位置，它就需要得到某種保護。[49]

總督府於一九二四年開始補助金性洙的京城紡織公司，補助額相當於其資本的百分之四，此後每年繼續補助，直到一九三五年為止（一九三二至一九三三年的大蕭條年份例外），到了一九三五年時，補助額已占該公司資本的四分之一。金性洙一九二〇年得到朝鮮殖產銀行八萬圓貸款，一九二九年貸到的金額增為三倍，其紡織事業因此得以大幅擴張。接下來十年，京城紡織從此銀行拿到數百萬圓的貸款，因此到了一九四五年，其兩千兩百萬圓的未償債，已是此公司資本額的兩倍多。[50]

日本紡織業原本長期受制於英格蘭著名的普拉特兄弟（Pratt Brothers）公司所供應的技術。[51]但隨著日本稱霸紡織機製造業，就該為過時的機器找買主：何不就在日本近鄰找？不久，伊藤忠商事這家大公司就開始把機器轉賣給朝鮮紡織業者，使後者得以利用較老式的技術降低勞動成本，打入中國的廉價衣物市場，當然還可以承攬軍服製造（例如，一九四二年創立於大田的一家新紡織工廠，就使用剩餘下來的日本機器）。[52]

在其他領域，日本仍舊倚賴美國和英國。日本人允許美國人繼續經營朝鮮金礦直到一九三九年，因為需要美國技術。日本在礦業領域處於「中間位置」，雖是擁有礦場的帝國主義強權，卻缺乏採礦所需的先進技術。[53]朝鮮石油會社在元山設了煉油廠，該廠的建設參考了美國石油公司的「藍圖及諮詢意見」，由此可見美國在一九三〇年代世界石油業的獨大地位。[54]金性洙也投資了這家煉油廠。它被視為「朝鮮半島的石油界龍頭」。在美國開始轟炸日本本土後，這家煉油廠更攸關日本戰爭產業的榮枯，因為元山廠生產高品質潤滑油。

當時的日本人，一如今日，在建造鐵路方面很在行，鐵路是他們工業建設裡不可或缺的一環。從東京車站搭子彈列車呼嘯到京都，乃是世上最令人讚嘆的旅行經驗。一九三九年前，在釜山搭上特快列車，能直抵歐洲——中間經過舊平壤、渡過鴨綠江、進入哈爾濱，然後取道西伯利亞鐵路到莫斯科，在列寧格勒待一天，繼續上路到布拉格、柏林、巴黎。殖民者以東南（日本）到西北（亞洲大陸）這條線為中軸畫出鐵路網，藉此路網把朝鮮和滿洲連在一塊，縮短空間和時間，並把朝鮮米和滿洲大豆運往面朝日本海的各個碼頭，然後在回程時，運回豐田織機的棉衣，再由等在車站的朝鮮和中國工人揹走。殖民者眼中的鐵路、公路、海運「鐵三角」，使殖民地人民投入新式的交易，交易對象不只日本，還有世界市場體系。

鐵路具有滲透、整合作用，加快農業的商業化，以最新的運送工具，取代了A字型背架、牛車和蜿蜒小徑。一如日本的其他任何機制，鐵路網向朝鮮、滿洲的人民，預告了前所未有變化的到來，對他們來說，鐵路網是日本支配地位的象徵。大田等村莊成為重要的鐵路樞紐，地近俄國國界的羅津等偏遠聚落，則成為龐大外貿的貨物集散地（羅津一九二七年有人口五百，十年後成長為兩萬六千；附近的清津從一九〇〇年的一百人，成長為一九三八年的七萬二千三百五十三人，一九四〇年時，清津已是日本海沿岸的最大港）。朝鮮的傳統鎖國政策遭打破；這時的白頭山上，已有開往中國的黑色火車，鳴著汽笛穿過高海拔隧道。

建造這些鐵路者不是愛德華・哈里曼（Edward Harriman）、詹姆斯・希爾（James Hill）之類的人物，而是國營公司南滿洲鐵道株式會社（滿鐵）。它成立於一九〇六年，是最早為了促進日本在亞洲大陸的利益而成立的大公司之一。日本大銀行提供資金，官僚提供其他任何所需的人力、物力。引用滿鐵早期的一份宣傳資料：「旅人搭本公司的火車旅行，下榻本公司的飯店，飯店以來自本公司電力設施的煤供暖……如果不幸於途中生病，（旅人）必會被送至本公司的醫院。」[55]一九三二年後，滿鐵接管中國、俄國的鐵路線，一九三三年接管朝鮮鐵路線（原由另一家殖民地公司經營）；不到十年，南滿鐵路長度就增加一倍，滿洲國境內超過一萬公里，朝鮮境內超過六千公里。反觀人口數約為朝鮮八倍，鐵路線大多集中在滿洲的中國，一九四〇年代每年載客量大約只有朝鮮鐵路的兩倍多。與此同時，越南有一條鐵路，從河內蜿蜒往南，經順化抵西貢。除了鐵路，殖民者也全力擴築公路；二十世紀之前，朝鮮是「世上公路最少的國家之一」，但到了一九四五年，據估計境內的汽車路和鄉

一九三〇年代的清津港。

間道路已達五萬三千公里，反觀中國全境「堪用」的道路約莫十萬公里。[56]簡而言之，到了一九四五年，朝鮮的運輸、通信基礎設施，其發展程度已比日本以外的其他任何東亞國家高出許多；這使朝鮮相較於中國、越南出色許多，有助於說明戰後朝鮮的鄉村政治運動，其遭遇為何不同於中國、越南。

一九三〇年代日本的閉門政策，具有明顯的凱因斯式目標，即透過公共支出刺激低迷的經濟：農村救濟、軍備擴張、「猛推」重工業，好把日本和其殖民地拉出大蕭條的泥淖。宇垣一成自一九三一至一九三六年擔任朝鮮總督；他是「極端民族主義者，深信大日本帝國有必要取得經濟自立和工業自給。」朝鮮靠著工業化走出大蕭條，製造業年成長率平均超過百分之十；朝鮮不同於日本，是「資本家的天堂」，營業稅低到不能再低，對勞動條件和營業作法的管制少之又少。財閥當然受到最優渥的對待；三菱、三井、日產、住友在這時期都涉入朝鮮甚深，到了一九四〇年，其重要性已超過此殖民地的國營公司，它們的投資額占總投入資本的四分之三。

但財閥眼中的楷模或許是以野口遵為代表的「新」財閥，那是與戰後南韓的財閥極相似的一種類型。野口遵人稱「朝鮮工業之王」，在此殖民地建立了自己的小帝國，投資額占日本在朝鮮直接投資額的三分之一以上，擁有多家處理鎂、煤、石油、炸藥、鋁、鋅的公司，還有幾家大型化學品公司。他也建設了提供朝鮮九成電力的諸多設施，包括鴨綠江上的水豐大壩，規模世界第二，僅次於美國的博耳德水壩（Boulder Dam）。野口遵創立日本窒素肥料株式會社（氮肥公司）。這是當時世上第三大的化學企業，為北韓的戰後化學業打下了基礎（化學業是北韓自力更生的工業政策不可或缺的一環）。一九三六年，野口遵在另一個產業委員會上，說明他如何把朝鮮工人整合進他的工業聯合體裡：

我所雇用的朝鮮工人，（最初）一般來講是高等普通學校的畢業生。但在咸鏡南北道，俄國共產主義猖獗，在這時間前後，發生了數十起逮捕事件。每次逮捕，都有許多犯人來自我的工廠……從那之後，我決定工廠不再雇用高等普通學校畢業生……高等普通學校花了大筆錢，製造出對商業沒什麼用處的人。[57]

野口遵製造氮肥的主要工廠，位於興南，它主要生產硫酸銨和磷酸鹽，其中大多送到日本。一九三六年，其產量達整個德意志帝國之產量的八分之一，而德國是當時世上最大的化學品生產國。野口遵之所以能建造這一龐大工廠，係因附近有水力發電設施提供廉價電力，尤其是長津水庫。

在農業上，朝鮮人吃來自滿洲的小米，把稻米出口到日本，一如在紡織業上，他們製造供滿洲人購買的粗布衣，日本則生產宗主國消費者所偏愛的精緻絲織品、棉製品。此外，工資訂定並非一視同仁，即使技能相同，在朝鮮的日本工人一九三七年時每天工資超過兩圓，台灣工人是一圓，朝鮮工人是六十六錢。全球資本主義分割為核心、中間、邊陲經濟體的典型三分化現象，分得如此清楚，實在少見。[58]

滿洲國建國於一九三二年三月一日，選在三月一日這一天，擺明就是要讓朝鮮人不高興。這個新傀儡國以朝鮮殖民地為範本，但不會出現像朝鮮三一獨立運動那樣令日本人頭痛的事。但滿洲的情況比朝鮮糟糕許多，它是徒有現代化城市和新產業的空殼子，叛亂、暴力頻生，是一片令日本軍深陷其中的內陸。誠如史家家永三郎率先指出，[59]日本軍未能平靖滿洲和（後來）華北的局勢一事，對一九四一年七月軍方作出南進的重大決定，乃至四個月後攻擊珍珠港的重大決定，影響甚大。

但對朝鮮人來說，滿洲也是充滿機會的地方。一九三二年五月，朝鮮實業社在京城舉行新滿洲國政權成立慶祝大會時即嗅出了這點，有許多重要的朝鮮商界領袖與會。[60]對朝鮮米農、官僚、軍人、實業家來說，滿洲國是未開拓地。一九四〇年，滿洲國境內已有將近一百五十萬朝鮮人，包括就在鴨綠江對岸、對日本帝國主義深為敵視的大批朝鮮人，但也有成千上萬戶被日本人安置在那裡的朝鮮人家，日本人這麼做，係因他們認為這些朝鮮人種稻的本事優於中國人（在許多例子裡，這似乎是實情）。[61]朝鮮人也任職於此傀儡國裡的日本軍警組織，戰後南韓的許多最重要文官亦有此經歷者——例如崔圭夏（一九八〇至一九八一年的代理總統）。一九四四年，京城紡織甚至在滿洲開了一家嶄新的子公司，只是時運不濟，正好趕上蘇軍入侵，價值四千五百萬美元的梭芯和織機被蘇軍搬走。[62]

一九三六年，朝鮮的重工業貢獻了工業生產總額的兩成八，超過五十萬朝鮮人受雇於工業部門，到了一九四五年，此人數更增加了兩倍。朝鮮工業的擴張速度比台灣高了一倍或兩倍。

表3.1未計入另外雇用了數萬人的礦業、運輸部門，也未計入一九四

表3.1　一九二三至一九四三年，朝鮮境內受雇於工業部門的朝鮮人[63]

年份	人數	增長指數
1932	384,591	100
1936	594,739	154
1940	702,868	183
1943	1,321,713	343

〇年代在朝鮮境外工作的數百萬朝鮮人。到了一九四三年，朝鮮重工業、輕工業的生產比重已經相等。「重工業全在朝鮮北部、南部只有輕工業」一說，也非事實；南部在機械製造業、電氣機械業、重車、採礦工具等方面凌駕北部。[64]因此，在日本統治的最後十五年期間，朝鮮的工業革命已如火如荼展開。

有個觀察敏銳的學者，對一九三〇年代晚期朝鮮迅速的發展大感驚嘆。這是「誰都看得出、令人吃驚的成就」，即使此發展「旨在滿足帝國的需要」。此一成就，加上一九三六至一九三八年一連串農作物大豐收，催生出「朝鮮榮景」一說：隨著「朝鮮所有經濟力的急速發展……就連農家都開始享有某種程度的繁榮。」[65]長期落後的朝鮮東北隅，也正「處於朝鮮其他地方不可能出現的增長」，主要就是因為其融入滿洲國的貿易網。[66]

有些朝鮮學者主張，一九二〇年代，有個「民族資產階級」開始發展，成為日益壯大的朝鮮民族主義一部分。在我看來，沒有民族資產階級興起，但卻有代表此趨勢的重要個人出現，這點至關重要。在國內外，各種新式活動展現於積極進取、且富理想主義的朝鮮青年眼前：都市商業、新聞業、出國留學、組織政治團體。每一類新活動又都產生分裂對立，日後繼續影響光復後的朝鮮：獨立實業家與對日合作者的對立、留在國內抗日者與出國抗日者的對立、漸進派與激進派的對立，以及在所有這些人裡，自稱不折不扣之民族主義者的人，和成為革命民族主義者（往往又成為共產主義者）之間的對立。

朝鮮最早的財閥出現在日本殖民時期，他們是當時朝鮮商界最重要的團體。他們出身於西南部全羅道的地主，後來才成為企業家。這個地區有時被稱作湖南，境內遍布同季雙重輪作、產量甚高的稻田。這些稻田所產的米，全都透過群山、木浦等大港和西南沿海較小的口岸，進行出口貿易。金性洙是湖南集團的核心人物，殖民時期變得非常富有，後來在戰後南韓扮演重要角色。金性洙出身富有的貴族家族，該家族擁有的稻田，比較像熱帶地區的大種植園，而非遍布朝鮮各地的典型小農地。祖先留下的大片土地，靠近高敞郡一帶的海岸，該處為全羅南道、北道交接處，如今該家族在此的影響力仍很強。

金性洙創辦《東亞日報》（一九二〇年後最大的韓語報紙），創立全羅道的古阜學院和後來成為高麗大學的普成專門學校——他的雕像立於高麗大學校園，直到一九八〇年代應激進學生要求將它拆掉為止。除了土地，他的財富以京城紡織為核心。他弟弟金季洙經營此事業體，到了一九四〇年代，它已是朝鮮第一個跨國公司，在滿洲設了新廠。京城紡織的事業包括三家軋棉廠、位於永登浦的一家大型紡織廠、一家漂白染色廠、數家絲線、絲布廠；京城紡織也涉足滾珠軸承、釀酒、金礦開採、不動產、金屬、煉油、乃至航空業。[67]

到了一九三〇年代，已有另外多位湖南地主投入都市商業，例如木浦的鄭永輸創立一家橡膠公司，金星圭協助創建光州農工銀行，且據說他是木浦地區最大地主。戰後南韓政壇領導人，有多人出身湖南集團：金性洙和其友人一九四五年後創立並領導韓國民主黨，其中許多人在美國占領期間（一九四五～一九四八）擔任官員，在李承晚（一九四八～一九六〇）、朴正熙（一九六一～一九七九）主政期間，組織溫和的反對勢力。

其他朝鮮人企業家，原本在朝鮮社會很難出人頭地，但在殖民地環境裡飛黃騰達：他們出身平民或賤民，靠著和日本人合作發了財。這方面的主要人物，是飽受辱罵但非常富有的朴興植——朝鮮另一個資本家先驅。朴興植的第一個風險性事業是一家小印刷廠，位於距平壤不遠的龍岡。二十歲時財力已頗可觀，得以買下京城的和信百貨公司，在他經營下，和信在朝鮮的名氣，不久就與梅西百貨在紐約、或卡爾森—皮里—史考特（Carson-Pirie-Scott）百貨在芝加哥的名氣一樣大。他與金性洙都是朝鮮最早的財閥老闆（彼此都對對方的事業有相當大的投資），事業體遍及多種工業，包括京城附近的朝鮮飛行機工業會社，以及二戰末年與三井共同建造神風特攻機的合資公司。[68]

光復後，打開書本或報紙，幾乎總會看到某個人點名朴興植為對日合作者，不然就是大賣國賊。或許只有義憤填膺的民族主義者，才會指望大資本家的政治操守應該要對得起國家民族。朴興植毫不掩飾其親日立場（當時的親日派比今日朝鮮人所能記得的要多），一九四〇年代晚期他被公認是朝鮮首富，後來在一九四八年被南韓國會以對日合作者的身分送上法庭。他遭到多項指控，包括據稱從未繳交因為收受離去的日本人頒贈的兩千萬圓獎金，而被罰款的一千萬圓（他因對日本有貢獻，例如把位於水原附近的飛機零件廠貢獻於日軍戰爭事業，而得到日本人這份獎勵）。但一九四九年四月，這個無恥狡猾的企業家吐出一百萬韓圓的保釋金，從此未再入獄。更該切記一點，在許多殖民地（例如爪哇、緬甸或越南），未有像金性洙、朴興植這樣的企業家；有些朝鮮人不喜歡這些早期資本家，那股嫌惡或許就和我對十九世紀晚期美國的強盜資本家的嫌惡一樣強烈，但在一九三〇年代，他們是激烈變革的表徵。

這片殖民地裡有本事的朝鮮人，有什麼路可選？主動放棄大好人生機會？因為抗日而捐軀或入獄？或識時務投身歷史主流？有人選擇第三條路，成為日本政府裡第一個朝鮮人法官。後來，他碰上必須將一個朝鮮同胞判處死刑的情況。他做了，但這段經歷令他痛苦，於是「他乾脆離職，沿街叫賣糖果為生」，浪跡鄉村，最後寄身於金剛山佛僧之下。後來他成為當世的偉大禪師，法號曉峰。一九六六年去世，得年七十八。[69]

那是個動人的故事，但在現實世界裡，這種「太人性的」典型故事卻很罕見。朝鮮人與日本人的合作遠遠更具代表性，例如金東祚。他以國家警察的身分發跡，負責監視朝鮮同胞，從不三心二意。第二次世界大戰期間，他頻頻往返日本和朝鮮之間，向日本人通報被動員到日本工作的許多朝鮮人之抗日活動。後來，日本人提拔他，要他負責從事戰時朝鮮人的食物等必需品的配給工作。

一九四五年後，他為美國占領軍效力，同樣負責朝鮮人糧食、物資相關業務；李承晚當上總統後，他進入新設的外交部，升到副部長，然後離開官場。一九六一年軍事政變後他復出，擔任執政黨與韓國中央情報部的外事顧問。一九六五年協助談成南韓與日本關係正常化後，他成為大韓民國駐東京的第一任大使。擔任此職期間，「他因為發送政治獻金給日本政治人物，受到朝鮮僑民唾棄」；不久（一九六七年），他出任駐美大使。但幾年後，他與一名揭發他劣行的職員起衝突，該職員注意到金大使在拜訪美國國會山莊時，把塞滿百元美鈔的信封袋塞進手提箱裡，準備發放給各議員（見第九章）。[70]

金東祚和曉峰禪師都不算是悲劇人物。與日本人合作的悲劇，可在崔麟、尹致昊等人，或金性洙等商界領袖身上看到。崔麟是三一運動的關鍵領袖之一，卻在一九三八年發表演說，頌揚「大和民族」和「日本皇室萬世一系」；[71]尹致昊是偉大的追求現代化者和民族主義者，卻接受貴族院議員的職位；金性洙等人迅即投靠日本大財閥，大發戰爭財。這些人若置身獨立且自信的朝鮮，會是該國的當然領袖，中產階級革命的先驅。但由於他們與日本人合作（肯定受到日本人很大的壓力，但其他人受到同樣的壓力還是繼續抵抗），日本人成功遏止了近代自由主義菁英階層的出現，而如今，從許多方面來說，我們仍在等待這樣的菁英出現。

隨著一九三〇年代朝鮮開始快速成長，人數不多的城市中產階級開始看電影、聽收音機、買化妝品、作最時髦的打扮。[72]這在學者暨傳教士詹姆斯．蓋爾一九二〇年代晚期的觀察裡，就可以讀到。快退休時，他哀嘆自己在朝鮮目睹的現象，其話語值得在此長篇引用，令後人深思（原因之一是這些話語放在今日似乎非常貼切）：

> 我們為舊朝鮮哭泣，舊朝鮮與其說受害於政治力，不如說受害於來自西方的社會、知識革命。我們無意中摧毀了東亞，朝鮮自未能倖免。在朝鮮看來，西方人明顯我行我素，為何朝鮮不行？西方無男女之防，朝鮮為何要有男女之防？在朝鮮於西方身上看到的種種事物裡，宗教不值一顧：既是如此，朝鮮幹嘛操心宗教？工會主義、共產主義、社會主義、布爾什維克主義、無政府主義，表達了西方諸國的真實想法；朝鮮為何不該採納它們，追隨於後？當西方敞開喉嚨高歌，朝鮮為何還用假聲歌唱……男孩、女孩何不放開束縛尋歡作樂？何不隨己高興離婚？西方那麼新潮，何不跟著一樣新潮？這一狂放不羈的夢想……充分說明了晚近的混亂時代裡，京城裡進步青年的想法。
>
> 再瞧一眼那個已逝的朝鮮，許久以前中國口中的「賢人之國」；學者之國，書與筆之國，美麗

花瓶與明鏡之國；最罕見、最精美的織物之國；詩與畫之國；孝子、貞妻、忠臣之國；隱士之國。隱士是虔誠修行、以上帝為最終目標的預言者。[73]

這段話分成三部分：一個年老正直的紳士，哀嘆已不復返的過去；表白其對生活了四十年之朝鮮的熱愛；表明他對京城現狀的深切了解。他和他的老一輩朝鮮友人所珍視的一切，似乎已遭未來的年輕人徹底顛覆，他們公開反叛社會、反叛日本人、反叛父母和舊朝鮮，奔向不明遠方。

殖民地壓力鍋

朝鮮被殖民經歷的最重要特點，或許在於這段經歷最後的結束方式：四十年帝國統治的最後十年猶如壓力鍋，內部緊張逐漸升高，終於在戰後爆開。殖民地情勢發展到最高點，突然崩解，把爛攤子留給朝鮮民族和兩個大相逕庭的大國去處理。

誠如前文所述，一九三〇年代中期，日本進入重工業化階段，將整個東北亞涵蓋於其中。不同於大多數殖民強權，日本把重工業擺在殖民地，把生產工具帶過去，結合當地的勞力和原料。滿洲和朝鮮北部得到煉鋼廠、汽車製造廠、石化工業區、龐大的水力發電設施；該地區被日本一手把持，並與日本本土市場拴在一塊，兩者結合之緊密，致使國界被忽視，反而著重在新的跨國、整合性生產。這些改變係由外導入，為日本的利益、而非為朝鮮的利益服務。因此這種發展可以說是一種**過度開發**。

這些改變卻也助長整個朝鮮社會開發不足。這些改變係外生的，因此朝鮮上層階級和管理階級並未蓬勃發展，反倒受到阻礙，或在日本指令下突然鼓脹。占人口大多數的農民階級裡，則被大幅加快改變。一九三〇年代，經濟蕭條和朝鮮半島工業化一同發威，使得大批人離開農田，投入新城市和新產業；一九三七年後日本帝國主義急劇擴張，開始動員帝國範圍內的每個人，朝鮮人口的移動造成大量人口流失。朝鮮人成為人力資本，被調去朝鮮北部和滿洲境內的新工廠、日本境內的礦場和其他企業、或者朝鮮南部的都市工廠工作。從一九三五至一九四五年，朝鮮開始其工業革命，這一革命具有工業革命的許多慣見特點：農民離開土地、工人階級出現、都市化、人口流動。朝鮮工業革命的與眾不同之處，只在於這一過程被壓縮，從而產生了相對而言頗為顯著的人口移動。

這些作用的影響極大，導致朝鮮在日本統治的最後十年，出現巨大的人口移動和脫序，放眼歷史，少有農業社會在這麼短的時間裡經受如此大的變動。由於各道人口分佈自古以來一直很穩定，這一變動的破壞力更加厲害。到了一九四四年，已有百分之十一點六的朝鮮人住在朝鮮境外，「比例之高，超過其他遠東地區人口，在世界其他地方也幾乎無匹敵者。」約二成朝鮮人若非人在國外，就是在自己故鄉的道之外；考慮到其中大部分人屬於十五至四十歲的年齡層，這或許就意味著有四成的成年人口身居異鄉或異國。[74]另一方面，就台灣來說，至一九四五年日本人撤出台灣為止，只有少數台灣人（三萬人，大部分非出於強制動員）離島、乃至離開土生土長的村莊。

因為經濟蕭條和土地持有的集中程度劇增，重重打擊了農村，過剩的農村人口成為新勞動力的來源。[75]原本人口最多的各道都位在朝鮮南部，例如慶尚道、全羅道，這些道的外移人口也最多；慶尚北道情況尤其嚴重，流失了數十萬人，人口始終不多的咸鏡北道，光是一九四〇年就增加了二十六萬人。[76]去日本的朝鮮人，也大多來自南部各道。農民離鄉找工作，因為在家鄉找不到工作，或為了尋求工資收入填補家計。在經濟蕭條年代，人均米消耗量是七十七升（例如一九二九年），反觀一九一四年是一百二十四升，在日本則是一百九十八升。[77]農民失去土地和耕種土地的權利，最終落得在陌生的工廠環境裡工作，為了微薄的工資做骯髒的工作。

這些移動大體上出於被迫或官方調動；儘管在前些年，有些農民無疑是出於主動希望找到好工作或較高工資而離鄉，到了一九三七年，官方已強制勞動力的移動，因為隨著日本在華北開戰，日本全力組織朝鮮人生活的各個方面，以利遂行戰爭。到了一九四二年，勞動力已完全受到徵調或徵用。朝鮮勞動者成了人力資本，依照日本的工業、軍事擴張需求，被四處調動。朝鮮人一如日本內地居民，受到《國家總動員法》規範，必須接受各種徵用、參與強制選派的工作、「愛國」組織等。經由「內鮮一體」政策，日本人和朝鮮人這兩個民族，從此被強制同化為「一體」。

隨著戰爭走向區域性、全球性，朝鮮人首度有機會以軍人為業。大多數朝鮮人是應徵入伍的步兵，但還是有少數朝鮮人當上軍官，更有一些朝鮮人當上高階軍官。日本用兵範圍廣闊，也造成整個帝國勞動力短缺。在朝鮮，這意味著朝鮮人能覓得的官職，比以往任何時候都多；於是，不少朝鮮人當上幹部，有了在中央政府、地方政府、警察與司法部門、經濟企劃部門、銀行等機構的行政經驗。但這些都發生在殖民統治最後十年，結果是撕裂了朝鮮族群，影響久久未消，因為這也是日本統治最為嚴酷、給朝鮮人留下最痛苦記憶的時期。

一九三七年，「國民精神總動員朝鮮連盟」成立，並在道、郡、鎮（面）、工作場所設了分部。隔年，一支特別志願軍召集青年服役，同時，朝鮮防共協會在各道設立分部，在警察局設立地方辦事處，在村、工廠和其他工作場所成立相關團體。參與反共「精神」討論會，成為工作場所和學校裡的強制活動，由此可見共產主義者抗日的激烈程度。堅不服從的朝鮮人，不管是左派人士、知識分子還是民族主義者，都被極權主義式的拷問手段，清除其腦中的「不淨」思想。直到他們願意以白紙黑字供認其政治罪行，願意參與為「思想已改造」者而設（且在各道設有分部）的團體，才放過他們。這些作法深深毒害了一九四五年後的南北韓（兩國都大舉推動政治「思想教育」計畫，北韓當然在這方面著力更深，但南韓在這方面的作為，比一般認知的還要多：韓戰產生的「未改正」政治犯在南韓坐監，一九九〇年代初期才獲釋）。

珍珠港事變後，為大東亞共榮圈展開的總動員又再次加快；一九四二年的預算支出額比一九三七年的動員開支多了三倍，一九四三年又比前一年增加了一倍。殖民地當局也在各層級成立約三千兩百四十五個「青年組織」，成員總數達兩百五十萬。由此產生的組織型態，促成戰後時期廣泛運作的政治性青年團體。但最重要的，日本人想要朝鮮人到日本、朝鮮北部和滿洲勞動。日本在太平洋戰爭的作戰範圍甚廣，最終涵蓋從緬甸周邊到滿洲國的廣大地區，使得每個產業都出現人力不足問題。

一九四一年，約一百四十萬朝鮮人在日本，其中七十七萬屬於勞動大軍：二十二萬從事建築，二十萬八千人在製造業，九萬四千人在礦業，剩下的在農業。但此後至少又有五十萬朝鮮人被派去日本，於是，到了二戰末期，日本境內的工業勞動力有三分之一是朝鮮人；十三萬六千人在礦場工作，勞動環境往往最嚴酷。在此前的朝鮮，採礦和屠宰一樣，都是受人避忌的行業。日本礦場甚少使用機器，最骯髒的工作就屬礦坑活——包括朝鮮女人在內，朝鮮人在此得裸上身工作，從天亮做到天黑，一天工作十二小時，礦坑工人六至七成是朝鮮人。[78]類似情況亦出現於滿洲國，另有數十萬朝鮮人被派去那裡。

殖民地當局針對該戰爭動員的勞動者（包括所謂的慰安婦）數量，訂定了額度。戰後的記述認為，在殖民統治年代，民族身分與地位高低有著對應關係，但這不盡屬實，而且到了一九三〇年代，一方面由於分而治之的策略，另方面也由於人力不足，朝鮮人在官僚體系裡得以晉升以填補空缺，民族身分與地位高低的對應關係急劇減弱。朝鮮人不再能把自身的苦難完全歸咎於「因為自己是外族」，因為代表政權與人民打交道者往往就是做官的朝鮮人自己。

有些描寫殖民地時期經歷的回憶錄，以小說的形式書寫，描述擔任警察的朝鮮人，或聽從日本人命令使喚自己同胞的朝鮮人。例如金蘭英在小說《土牆》裡寫到，她的一個親戚因反日活動被警察逮捕，最後卻由一個姓岡田的訊問官拷問。岡田其實是朝鮮人，本姓尹。[79]約四至五成的國家警察是朝鮮人，朝鮮人甚至被調去滿洲國的許多地方當警察，在那裡「因殘酷和貪污腐化，名聲特別壞。」用來剿滅中國和朝鮮游擊隊的機動部隊，「特別令人膽寒，因為他們的成員通常以日本『壯士』（無賴）和下層階級朝鮮人為主。」[80]綜觀世上諸殖民地，這樣的事並不罕見；法國人在越南用阿爾及利亞人和非洲人遂行類似的目的。儘管如此，這種作法還是令人非常反感。

動員對象的挑選過程嚴酷，撕裂民心：各道都有相應於人口數的動員定額，但實際的挑人作業，全由當地官員和警察隨意為之。日本人大多恪守監督的角色，因此，挑人一事「看來由朝鮮人一手操辦」。勞動動員機關通常設在地方的警察局裡，從窮人和弱勢氏族裡挑人：「這些朝鮮官員是他們所在村鎮裡最被痛恨的人」。[81]有個曾任郡守的朝鮮村莊長老接受採訪時說：「身為村子的頭人，他得在學校或任何公眾集會，向日本天皇御容敬禮，得為日本、南太平洋或朝鮮境內其他地方的工廠、礦場及類似事業提供勞動人力。」一九四二至一九四五年，他派了十五人到日本的煤礦場工作；光復後，他們個個都返鄉，那時，這位長老以「胃痛」為理由提早退休。[82]

由此，我們開始理解「慰安婦」問題真正可怕之處，也會理解為何日本掩蓋此事，為何南韓政府那麼多年不理會此事：立案調查此一性奴問題，將會使世人認識到，原來許多慰安婦是由朝鮮男人動員的。日本撕裂了朝鮮民族，使朝鮮人相互敵對，其影響至今未消。

被送去名古屋當「慰安婦」的朝鮮女學生。（首爾）《東亞日報》惠允使用，在Hicks, *The Comfort Women* (New York: Norton, 1995).

十萬至二十萬朝鮮女人被動員去當性奴，另有人數較少的菲律賓人、中國人和少數西方人也遭逢這一命運。裴奉奇是第一個不匿名、挺身而出講述自己遭遇的朝鮮女人。她在山谷哲夫一九七九年的電影《沖繩老奶奶》裡揭露這段經歷。喬治・希克斯（George Hicks）寫道：「一如其他許多慰安婦」，她在沖繩「以美國占領軍為對象，繼續扮演同樣角色。」尹靜慕在漢城街頭看到一個朝鮮女孩被喝醉的美國士兵抓住頭髮拖行，有感而發，寫下小說《我母親是從軍慰安婦》。以下是金福童的故事：

金福童出身富裕的地主家庭，家中連她共六個女兒。父親去世後，為了還債，家裡失去大部分財產……她不識字的母親，一九四一年被一位朝鮮人地方官，以及另一名身穿日本軍服的朝鮮人說動，簽下同意書，讓女兒加入挺身隊。這家人得知，福童會在工廠做三年工。

她和另外二十名左右被同樣手法招募的女孩，一同被帶到台灣，在那裡無所事事過了幾個月……最後她們被帶到廣州，被一名陸軍軍醫官強行脫光衣服檢查。這使她感到羞辱又困惑。她當時完全不懂男女床第之事。

然後福童被帶到一處慰安所……在那裡的第二天就被要求提供服務。她不從，隨即挨打、餓肚子，於是屈服。通常一天要服務十五個男人，週末則增加到五十人或更多。他們個個都買保險套和軍票，她們每晚將軍票上繳給日本人經理。這些女人分文未得，被告知日本打贏戰爭時，她們就會拿到錢。

戰爭結束時，福童與來自數個「俱樂部」的五十個女人在一塊，當時她們都被派到印尼泗水的第十六陸軍醫院當護理助手……遭拘留一年多後……福童在國內找到母親，由於家中其他人都去了日本，母親孤身一人。返國的女人沒一個承認自己當過慰安婦……

她的秘密漸漸曝光。她開始經營酒館。她的某些戰時友人繼續賣淫，那是她們唯一的求生技能。她最終嫁給一個離過一次婚的男人……她生不出小孩；求醫還是無效。丈夫死後……她重操酒館舊業。[83]

一九四四年末，日本當局動員約七千朝鮮人，在富士山附近建造一個迷宮般的巨大地堡（松代大本營），供皇室和其他政府高官使用；那是為後來不會發生的「本土決戰」所作的準備，完工於日本投降前不久。數目不詳的朝鮮人死於倉促、慌亂的地道地洞的爆破作業裡，他們作業時幾無安全預防措施可言。至少一千名朝鮮人死於此營建期間，一直有傳言說，建造天皇專用密室的工人，由於可能為敵人帶路，而在後來遭殺害（戰爭結束時，當地居民掠奪了此地堡的「昂貴設備」）。此地也有慰安婦，該慰安所「設在一個改裝過的養蠶所裡」，該養

首爾南山上的朝鮮神宮。

蠶所則是警方向業主租用。[84]

在這個嚴酷的最後時期，日本的宣傳裡運用中國理學的一貫思維，來遂行威權主義政治。最盛行的用語是「國體」，意為國之體或國之本質。「國」「體」二字結合，意為（哲學上所謂的）基本或本質，亦即使日本有別於其他國家的事物。天皇和統治者「在任何國事上，都要以國體本義為準則，井井有條。」人民「每個思想、觀念、行動，都要以國體為其原則，在國民生活中清楚表現此原則。」這套意識型態把西方個人主義和日本「結合之道」判然兩分──前者盡情追求自私的物欲，後者使每個人團結一心，共同推動「國體」。天皇裕仁是與太陽合一的日本之父，所有日本人透過「結合之道」，都能成為這個偉大國家的一員。[85]

朝鮮文化遭徹底打壓，朝鮮人得跟著說這套怪異的日本廢話。殖民地當局首度規定朝鮮人必須說日語或取日本姓名。殖民者甚至逼迫朝鮮人去神道教的神社參拜，但神道教是不折不扣的日本宗教，教義裡充斥民族主義、本質主義觀念。一九四〇年代，朝鮮境內有許多神社，神社前有筆直的參道，參道兩旁排列著櫻花樹和石燈籠。最大的神社供奉傳說中的日本創建者──天照大御神和明治天皇；此神社名為朝鮮神宮，位在京城南山上。神宮共有五十八個，較小的神社有三百二十二個，另有三百一十個參拜所。[86]

儘管有前述種種殖民地產業活動，朝鮮在一九四五年時，基本上仍是農業社會，而且在這個農業社會裡，日本人地主、朝鮮人地主與佃戶的關係，基本上與十九世紀時沒有兩樣。只有極少數朝鮮人地主是具有創業精神的農民，有一批日本專家經由施用新種籽、肥料、灌溉設備增加了產量。大部分朝鮮農民依舊是收成僅夠自家食用的自給農民，生活在人類學家所謂的「時間循環」（the round of time）裡，希望隔年的日子不比今年更壞。此外，將近五分之四的農民是佃農，耕種的農田部分或全部係租來的。

維繫租佃制的體制本身未必充滿剝削，因為租地耕種的農民也有可能發家致富，具生產力。當土地保有期不穩定、債務和高利貸盛行、無償勞動、普遍貧窮，且地主對生產過程幾無貢獻時，此一體制才具有剝削性。在朝鮮，許多地主人在外地，透過負責收租的代理人管理其土地；許多地主是日本人，與其朝鮮佃農少有互動。所謂大地主，指的是擁地超過五十町步（約一百二十三英畝）者；一九四二年，有二千一百七十三個朝鮮人和一千三百一十九個日本人屬於這類地主；要論超過五百英畝者，日本人一百八十四個、朝鮮人一百一十六個。[87]研究朝鮮土地持有情況的學者，例如李動求和安德魯・格拉吉丹朵夫（Andrew Grajdanzev），認為日本殖民統治結束後朝鮮當局的第一要務，本應是徹底改革、翻新朝鮮的土地持有情況，這既基於平等理由，也是為了促進生產；格拉吉丹朵夫強力主張，土地本應重分配給耕種者，並且不需給予地主補償，因為在他眼中，地主是「人口裡幾乎完全寄生的一群人」。[88]

在此時期，大多數朝鮮人苦不堪言，同時卻有少數人過著好日子。這批少數人被扣上通敵者的污名，而且始終擺脫不掉。從一九三七至一九四五年，朝鮮的情況極似一九四〇年代初期的維琪法國：悲苦的經歷和記憶繼續撕裂社會，甚至撕裂家庭；那太痛苦，叫人無法直視，因此如今那是一段形同遭到埋葬的歷史。但那段歷史持續影響著民族認同。

殖民體制於一九四五年突然終止時，千百萬被動員到遙遠異鄉的朝鮮人想回到土生土長的村莊。但一切已不復舊觀：他們對於安然留在國內的同胞心懷怨恨，回鄉後蒙受物質損失，地位也不如前，在異鄉往往接觸過新的意識型態，見過世面，眼界不再侷限於村莊。因此，就是這最後十年的壓力鍋，把已經改變且心懷不滿的一大群人釋放到戰後朝鮮，這些人把戰後初期的朝鮮攪得天下大亂，也把美國人和蘇聯人的計畫打亂。

•••

第二次世界大戰結束時，至少有一萬名朝鮮人喪命廣島和長崎——其中大部分是被強迫去軍需產業工作的人。這些人賤如螻蟻，被日本領導人在其帝國裡四處調遣，在終戰前夕受到如此可怕的傷害，但這樣的傷害絕非從此不再發生；戰後，最受冷落的原爆倖存者就是這些朝鮮人，東京政府以非我族類的理由無視他們，漢城政府則羞愧於他們的存在，未施予任何援手。

許多朝鮮人原爆倖存者散居全羅道山中。一九七二年，其中一個叫劉駿昇（Yu Chun-sŭng，音譯）的人，與四名家人住在一間很小的溫突房裡，隔壁是農家茅屋的廚房。他在一九一七年生於井邑，一九四四年被徵用到海軍工廠工作。他和另一個朝鮮工人申泰龍（Shin T'ae-ryŏng，音譯），在一九四五年八月六日早上八點零五分來到廣島火車站。劉駿昇看錶時，一股讓人睜不開眼的高熱閃光從四面八方襲來：

他死命的跑，跑向車站後面的二葉山。他不停的跑，不時被車站的鐵軌和鐵圍籬絆倒……他來到二葉山山腳，在半毀的農舍裡過了一晚，隔天，被救援車送去位於吳市的海軍醫院。他躺著，燒傷的顏面纏著浸了油的紗布，幾天後燒傷處長出蛆……

一九五〇年左右，他開始吐血、血便……

幾年後，他的妻子生了一個小孩，叫劉東洙（Yu Dong Su，音譯）。這個小孩的下半身始終發育不全。另一個小孩同樣下半身偏小，但頭比正常嬰兒大了一倍，三個月後夭折。劉駿昇以賣蔬菜水果為生，生意還可以，但一九六八年左右他再度生病。到了一九七二年，才五十五歲，他已無法出門，整天得待在那間小小的陋屋裡，「瘦得不成人形」，「臉色蒼白」：「病情大約每隔一分鐘就發作，發作時，他的四肢和整個身軀因疼痛而扭動，他咬牙忍痛。」幾個月後劉駿昇去世。劉東洙進入青春期後，三度自殺未遂。父親過世後，他發了瘋，不願進食，不到一年也去世。[89]

殖民地時期的朝鮮，到處是劉駿昇這樣無力掌握自身命運的受害者，但也有值得尊敬的英雄，例如李陸史（一九〇四~一九四四）。他因觸犯反對日本統治的政治罪入獄十七次，差點創下紀錄，一九四四年死於獄中，未能親眼見到朝鮮擺脫殖民統治。不妨拿他的詩〈曠野〉來紀念他並結束本章：

許久以前的某日，

天初開時，

想必有隻公雞啼於某處。

戀慕大海並奔向大海的山脈，
無一敢於入侵此地。

忙碌的季節來來去去，
無休無止，
一條大河首度開出路。

此刻，雪降下，
梅香遠颺。
我要在此播下我悲歌的種籽。

千百年後，
超人騎著白馬過來時，
請他在這片曠野上大聲唱我的歌。[90]

CHAPTER

4

激情：一九四五～一九四八年

有個讀作辛帕拉姆（sinparam，「興高采烈」之義）的韓語詞，意指非出於強制、而是出於自願而行動之人，他的熱情和內心喜悅。「帕拉姆」意為風聲；人乘風而行，歌聲脫口而出，高興得舞動雙腳。辛帕拉姆是股不可思議的風，翻騰於已擺脫壓迫、重拾自由、住在互信社會之人的心裡。這個詞瀰漫著薩滿教的神秘氛圍，對朝鮮人來說，具有護身符般的吸引力。

——鄭敬謨

造成民族分裂、南北韓對立至今未消的嚴重衝突期，始於一九四三年，止於一九五三年。不了解這十年的事件，不可能理解今日朝鮮的政治局勢，接下來兩章就要檢視這一段時期。這一時期孕育出兩韓，催生出一場毀滅性的戰爭，促成東北亞國際政治的改頭換面。美國在這些事件中是要角，從許多方面來看，其所起的作用居各大國之冠，不論是對大多數美國人來說，或是在許多講述此時期的歷史著作裡，一九五〇年那場戰爭爆發之前，美國涉入朝鮮都只是一段事後補述或只是一個注腳。

得知美國占領朝鮮半島，令許多美國人大吃一驚。一九四五至一九四八年的占領期間，美國人在朝鮮施行徹底的軍政體制。曾是《紐約時報》主筆和專欄作家的羅森塔爾（A. M. Rosenthal）在一九八六年寫道，一九四五年「朝鮮政府」的支配力遍及整個半島，但美國人讓俄國人進駐朝鮮北部，這個不智之舉削弱了此政府的運作機能。這完全是後見之明。日本戰敗後的幾星期裡，的確存在一個看來貨真價實的朝鮮政府；其總部位在京城，八月中旬隨著朝鮮建國準備委員會成立而開始運作，到了九月，它已在遍及鄉村的「人民委員會」裡站穩腳跟。但同樣在九月，此一朝鮮政府也更名為朝鮮人民共和國（一九四五年九月六日成立），來到朝鮮的美國人可想而知對它敬而遠之。但是蘇聯在八月八日開始攻打在朝鮮的日本人、「讓」美國人進入朝鮮南部（原本有部分的蘇聯兵力來到三十八度線以南，但在八月十五日之後被撤走），且支持各地人民委員會。美國較中意的政治支持對象，是一群流亡在外的民族主義者，以及一九四五年九月成立韓國民主黨的一些國內保守政治人物。朝鮮人本來已經在選邊站了，而華府、莫斯科加大了要朝鮮人選邊的力道，短短幾個月，朝鮮實際上已經分裂——早於一九四八年兩個共和國分立於南北之前很久。

就歷史而言，朝鮮沒有分裂的理由：如果說有哪個東亞國家本應分裂卻未分裂，那是日本（日本一如德國，是侵略國）。結果，二戰結束後，朝鮮、中國、越南都分裂。從內部角度來看，也找不到分裂朝鮮的藉口：從來沒有哪個朝鮮人注意到北緯三十八度線，比如城區被這條線一分為二的高麗古都開城的人民從沒有注意到這條線。但是戰後，北緯三十八度線成為朝鮮人眼中唯一重要的線，必須不擇手段除去的分界線。我們眼中與冷戰息息相關的政治分裂、意識型態分裂，係造成朝鮮分裂的因素；它們早早就出現於朝鮮，早於全球冷戰之前，而且，在冷戰結束之後，它們仍存在於每個地方。

或許因為這長達半世紀的衝突，美國人講述這段光復時期的歷史著作，始終離不開冷戰觀點（朝鮮人把一九四五年八月十五日稱作「解放」，意為擺脫日本支配）。這些歷史敘述以日本投降開場，迅即談到美國與蘇聯一九四五年十二月針對朝鮮締結的協議，以及接下來一九四六、一九四七年的美蘇「共同委員會」；然後詳述聯合國支持選舉、扶助大韓民國於一九四八年建立，最後以一九五〇年的韓戰作結。這些著作把這五年期間的種種問題，大半歸咎於蘇聯的一意阻撓，或朝鮮本身政治的不成熟。其實朝鮮人才是這一時期歷史舞台的第一要角，是他們左右了美國、蘇聯勢力以遂行自己的目的，一般而言朝鮮人無視於上述那些「外部情勢」，除非那些情勢有利於遂行他們自己的目的。但造成民族分裂者不是朝鮮人：三十八度線的分隔，美國人要負大半責任。

朝鮮分裂

一九四五年八月十五日，朝鮮人首度從廣播中聽到日本天皇裕仁的聲音，從中得知日本投降、朝鮮解放。此前數日，國務院—陸軍部—海軍部協調委員會（SWNCC）的約翰．麥克洛伊（John J. McCloy），指示迪恩．魯斯克（Dean Rusk）、查爾斯．邦史蒂爾（Charles H. Bonesteel）這兩位年輕上校退到隔壁房間，在地圖上找一處將朝鮮分割的地點。那時是八月十至十一日的午夜左右，原子彈已投下，蘇聯紅軍已參與太平洋戰爭，美國的規劃人員正緊鑼密鼓籌辦整個區域日本人投降之事。魯斯克和邦史蒂爾只有三十分鐘時間，兩人看著地圖，選擇了三十八度線，因為以此線為分界，「首都會落在美國勢力範圍裡」；儘管這條線「遠在美國實際上所能到達之處的北方……萬一蘇聯不同意的話」，但蘇聯人未反對——魯斯克為此「有點意外」。[1] 太平洋戰役的英雄道格拉斯・麥克阿瑟（Douglas MacArthur）將軍，針對八月十五日日本投降一事，發布了一般命令第一號，其中包括三十八度線的決定（從而使這個決定廣為周知）。俄國人默然接受這一分割勢力範圍的決定，同時要求讓俄軍占領日本北海道北部（但遭麥克阿瑟拒絕）。

美國官員作出此決定時，既未向朝鮮人徵詢意見，也未向英國或中國請教看法（這兩國後來會參與擬議「託管」朝鮮一事）。這是片面作出的倉促決定。但它仍源於美國先前的規劃。第二次世界大戰期間，美國已主動就朝鮮問題展開大國協商，一九四三年三月向英國建議戰後朝鮮交由多國託管，同年底又向蘇聯作出同樣提議。美國總統小羅斯福對於敵方殖民地該如何處置，感到煩惱，且清楚知道殖民地要求獨立，於是想要以漸進、輔導的政策，讓殖民地住民（例如朝鮮人）作好自治、獨立的準備。他知道由於朝鮮與蘇聯相鄰，俄國人會想插手戰後朝鮮的安排；他希望蘇聯能答應多邊治理，希望防止片面獨斷的解決辦法，這樣可為美國利益進入朝鮮開一道門。朝鮮獨立只會在「相當時期」，或者「水到渠成時」（in due course）實現——這是朝鮮人熟知的一個短語，先前已出現在一九四三年的開羅會議宣言（羅斯福在此會晤了邱吉爾和蔣介石）。過去，這個短語也在一九一九年三一運動後，被日本首相原敬用來為日本的「文化政治」辯解。英國和法國不接受羅斯福的託管構想，因為那危及他們的帝國；朝鮮人也不接受，一想到要再接受大國「輔導」，他們就覺得羞辱。史達林並未承諾信守此方針，但似乎樂見羅斯福和邱吉爾為了帝國在戰後世界的前途而相鬥。戰時與羅斯福討論朝鮮問題，史達林大多保持緘默，若有發言，不是迎合羅斯福和其珍愛的託管案（史達林肯定認為此議太天真），就是說朝鮮人想獨立建國。

羅斯福很少向國務院徵詢意見，但國務院的規劃人員早在一九四二年，珍珠港事變發生後不過數月，就開始憂心蘇聯介入朝鮮對太平洋安全的可能危害，並質疑託管能否讓美國對朝鮮事務享有足夠的影響力。他們擔心蘇聯會把在滿洲打日本人的朝鮮人游擊隊一起帶進來，並誇大了這些游擊隊的人數（達三萬人之譜）。[2]各規劃人員擔心託管不濟事，開始構想全面軍事占領之事，以確保美國在戰後朝鮮事務上有最大發言權。那或許是短期占領，或說不定是「頗長時間」的占領；重點在於，不讓其他強權置喙朝鮮事務，以免「美國應有的實力」被降低到「效力弱化的程度」。[3]

這是前所未有的想法。此前沒有哪個美國政府有意讓美國涉入朝鮮事務，美國國會和人民都對這項擬議承擔的責任一無所知。但其中數名規劃人員是親日派，從未質疑過日本在朝鮮的殖民特權，這時希望把戰後日本重建成愛好和平且聽話的國家。他們擔心蘇聯若占領朝鮮會使該目標無緣實現，從而危害太平洋地區的安定。三十八度線決定在我看來，也反映出其中缺少了小羅斯福總統的老練手腕（他於一九四五年四月去世）。他的構想始終是要把俄國人拉進來一起治理朝鮮，接受他們及其在毗鄰國家裡的利益，藉此讓他們得到一些好處，同時抑制他們的野心。分割是粗糙得多的作法，棄外交不用，就只是在土地上劃一條線。事實上，自從做出劃線分治這個有欠考慮的決定後，就沒有致力於解決朝鮮嚴重問題的國際外交，直到一九九四年十月，美國、北韓簽署核協議為止（此協議建立在後冷戰的前提上）。有個叫柔克義（William W. Rockhill）的美國外交官，在十九、二十世紀之交寫道：「朝鮮是……會讓你看到赤裸裸外交的地方，這裡的外交沒有手套、香水或外交辭令。」一九四五年亦然。

美國第十軍團第二十四軍，被挑中執行占領朝鮮的任務，因為他們是離朝鮮最近且戰力強的部隊。此軍由常被稱作「太平洋巴頓」的戰爭英雄約翰・里德・霍奇（John Reed Hodge）將軍統領，這時他們在沖繩最終擊潰了日軍的頑強抵抗。然後，由於非常擔心蘇聯擴張，他們的開拔日期提前了三次。日本人則憂心「共產黨」和「獨立運動的煽動者」會趁朝鮮內部權力真空之際坐大。八月二十九日，朝鮮總督向沖繩發送無線電報，

> 本地日本當局熱切期盼盟軍到來……急盼盟軍充分考慮當地實際狀況，再解除日軍武裝，從日本手中交接行政機關。

霍奇聽到日本的這一宣傳，後來拿它作為「沖繩向京城的緊急進發之舉」辯解。[4]

由二十一艘船（包括五艘驅逐艦）組成的第二十四軍船團，九月五日冒著颱風般的惡劣天氣啟錨離開沖繩，在燈火管制下，以緊密的五路縱隊駛向仁川，九月八日穿過仁川的險惡海潮，抵達韓國。那天的朝鮮是暖熱晴朗的晚夏天氣，顯得特別美，讓人覺得這裡的天空比任何地方都高。美軍登陸仁川共兩次，這是第一次，第二次發生於五年後（日子極相近），那時，另一個勝利將軍會逆轉戰局，讓勝利在望的（北）朝鮮反勝為敗。美軍下船時，騎在馬上的日本黑衣警察阻止朝鮮民眾靠近，才幾星期時間，登岸的美軍士兵和「文官團隊」總數就逼近兩萬五千。美國的「黑船」到來，朝鮮開始走上其

歷史自西元六六八年以來最反常的時期：民族分裂時期。

一九四三至一九四七年間，是由美國高階外交活動主導、國際協調掛帥的階段，反映在託管政策，以及華府欲在其他大國（包括蘇聯）合作下，讓仍然統一的朝鮮暫時受到多邊治理的期望之中。政策的第一步是占領朝鮮，然後觀察能否與俄國人、英國人、中國人一同進行託管。一九四五年十二月的外長會議上，美國得到蘇聯支持修正版的託管構想。這項重大協議排除了無關緊要的英、中兩國影響力，同時間接表明這兩大強權最終可能對於如何重新統一朝鮮達成協議。羅斯福以美國殖民菲律賓的經驗為依據，原先主張朝鮮託管說不定長達四十或五十年，但一九四五年十二月的協議，把大國介入朝鮮事務的時間縮短到只有五年，且要求成立統一的朝鮮臨時政府。但即使這麼早就達成協議，此協議還是來得太遲，因為美蘇各自出兵占領朝鮮這個實際施行的政策，已使蘇聯和金日成、各人民委員會站在同一陣線，而美國人則支持李承晚，反對各人民委員會，反對

一九四五年九月九日，以整齊隊形離開漢城中心總督府大樓的美軍。U.S. National Archives惠允使用。

朝鮮人普遍提出的徹底革新殖民地遺緒之要求。但是，使華府的國際協調政策行不通者，與其說是蘇聯，不如說是朝鮮當地的美國人決意展開早期版本的冷戰「圍堵」政策。

美軍司令部，連同約翰．麥克洛伊之類華府派來的高階使者，往往把朝鮮南部境內與美國唱反調者，解讀為激進、親蘇分子。美國尤其把「人民共和國」視為蘇聯欲支配朝鮮全境之大計畫的一環。驅逐地主、攻擊在殖民時期當警察的朝鮮人，這樣的激進活動通常是為了解決殖民時期遺留的宿怨，或出自朝鮮人自行管理自身事務的要求。但激進活動不久就牽扯到美蘇對立，冷戰就這樣在一九四五年最後幾個月降臨朝鮮。

成立於漢城的朝鮮人民共和國，其主要創辦人是呂運亨（美國人稱之為 Lyuh Woon-hyung），此人絕非共產主義者。他在一八八五年生於距漢城不遠的楊平，出身貧窮的兩班家庭。十四歲入培材學堂，二十九歲去中國。一九一九年參與創建大韓民國臨時政府，兩年後與金奎植連袂出席莫斯科的遠東被壓迫民族大會（Congress of the Toilers of the Far East），返程時，驚愕於俄國比朝鮮更貧窮。回中國後，他於國民革命軍北伐期間擔任宣傳員，在那時見過孫中山和毛澤東。一九二七年蔣介石在上海清黨，風聲鶴唳，呂運亨喬裝為洋人避開此禍，但一九二九年，日本特務在上海抓到他，把他送回大田監獄，他因反日活動在那裡坐了三年牢。一出獄即出任朝鮮《中央日報》主筆。一如其他赫赫有名的朝鮮人，日本人逼他為日本的戰爭事業效力，遭他拒絕。他曾告訴日本人，為了抗日，死不足惜，還要日本人別囉嗦，乾脆殺了他。

呂運亨的政治觀點，結合了基督教教義、威爾遜民主主義、社會主義。他始終願意和左派合作，卻始終未加入共產黨，說他無法相信唯物史觀。他毋寧是個民粹主義者，深受庶民愛戴，喜歡拿朝鮮農民的單純寬厚和無償勞苦，與「所謂知識分子，懂得漢字、五百年來一直麻痺我民族精神的知識階層」來對比。他以口才便給、外表壯實帥氣而著稱，瀟灑自如的風範吸引了許多美國人。占領時期史家阿爾伯特·吉普（Albert Keep）曾在筆下形容，呂運亨是個「令人驚艷的朝鮮人……淺頂軟呢灰帽、灰花呢外套、灰法蘭絨長褲、剪裁合身的花呢上衣、衣領筆挺的藍襯衫、繫得很端正的外國製領帶，誰看了都覺得他彷彿要去格林威治鄉村俱樂部赴約。」

呂運亨一再鼓吹朝鮮政治光譜的極左和極右派合作，泯除南北分裂。為此，他於一九四五年八月遭毆打，一九四六年十月（與金日成會晤後返回時）差點遭私刑處死，一九四七年三月他家遭人投擲手榴彈，局部受損，最後，一九四七年七月終於遭殺害。呂運亨一生經歷過大風大浪，但生不逢時，遇上朝鮮分裂、水火不容的政治對立時代，終至為此丟了性命。[5]

美國占領軍一旦選擇維持現狀，反對徹底革除殖民地遺緒，立即招來南朝鮮人民的龐大反對聲浪。占領頭一年（一九四五～一九四六），占領當局大半忙於鎮壓出現於各道的許多人民委員會，從而激起一場大規模叛亂，一九四六年秋，亂事擴及四個道；此亂遭敉平後，激進的運動者於一九四八、一九四九年發展出一支勢力可觀的游擊隊。一九四八年十月，他們在麗水港激起另一場大規模起事。此一亂局大抵要歸因於土地問題未解決，因為保守地主利用其官僚權力，阻止土地重分配給佃農。北朝鮮人當然想利用此民怨擴大自身勢力，但確鑿無疑的內部證據顯示，這些異議人士和游擊隊員，幾乎全是對南部政策感到憤慨的南部人。事實上，南邊的左派勢力存在於距離三十八度線最遠的那幾個道，也就是存在於歷史上頻有造反情事的西南部全羅道，以及受日本殖民影響最深的東南部慶尚道。

「數百保守人士」：初期的結盟

來到京城的美國人，先前從來不曾見過朝鮮人，但不到一星期，他們就斷定自己知道哪個朝鮮政治領袖合他們的意。從第二十四軍情報處長塞西爾・尼斯特（Cecil W. Nist）的報告，可看出美國人以驚人的速度很快選定合作的對象。他和其他軍官歡迎朝鮮人到他們位於半島酒店的「下榻處」晤談。這家酒店先前一直都是日本旅人最愛投宿之處，其對面的建築，後來成為美國大使館（一九四五年前，屬於三井財閥所有）。到了九月十五日，尼斯特的意見已被納入國務院派給霍奇將軍的政治顧問貝寧霍夫（H. Merrell Benninghoff）發回華府的報告裡：

若要打個比方，把朝鮮南部說成有丁點火星就會爆炸的火藥庫最為貼切。未能立即獨立和趕走日本人，令許多人很失望。在日本人治下躋身高位的（朝鮮人），被視為親日，受到的仇視幾不下於他們的日本主子……各團體似乎都想沒收日本人的財產，把日本人趕出朝鮮，立即獨立。除此之外，他們幾無別的想法。

朝鮮已是煽動家可大展身手的地方……

政治情勢裡最令人鼓舞的一點，在於漢城老一輩、學歷較高的朝鮮人裡，有數百保守人士。其中許多人曾為日本人效勞，但此污點最終應會消失。這類人贊成「臨時政府」返國，在人口裡雖不占多數，卻很可能是最大的團體。[6]

一星期就有這樣的工作成果算不錯。後來，外交史家赫伯特・費斯（Herbert Feis）把這稱作「對局勢具先見之明的敘述和剖析」，[7]從某個意義上說，此話不假：這些保守人士包括金性洙、其弟金秊洙、宋鎮禹、趙炳玉、尹潽善、張澤相，和其他許多後來廣為人知的朝鮮人。（在美國人強力支持下，）九月十六日舉行了創黨發起人會議，韓國民主黨（韓民黨）於焉問世。可以把此黨看成韓國的「自由民主黨」，也就是與後來出現於日本的自民黨類似的保守政黨。韓民黨從那時起建構了在野勢力，直到後來，才終於有個堅貞黨員當上總統：金泳三。他和金大中的政治生涯都始於這個團體；張澤相則是金泳三的恩師。但若沒有占領軍這麼早的加持，這些保守人士又會是什麼光景？這是另一個耐人尋味的疑問。

問題在於，不管是美國人所理解的那種自由主義政黨、還是民主主義政黨，在朝鮮社會，都沒有它們賴以壯大的基礎；朝鮮社會的貧窮農民占壓倒性多數，占人口極少數的一群人則持有大部分財富，他們也是構成韓民黨之真正基礎的地主。殖民時期的朝鮮社會菁英，幾乎全被認為在殖民統治下得利，發達致富，而其他人則頻頻受苦。歷史文獻提供了再清楚不過的證據：美國支持的其實是朝鮮境內人數最少的團體，而非尼斯特口中「最大的團體」，美國等於協助延續了此團體的特權。

這一決定也直接違背占領軍收到的指示——來自國務院的指示，提醒占領軍勿與任何政治團體有瓜葛，來朝美國人所攜帶的「陸海軍聯合情報研究報告第七十五號」(Joint Army-Navy Intelligence Study Number 75)，還提醒占領軍留意當地土地分配不均的情況，以及地主與日本人合作之事。[8]尼斯特·貝寧霍夫、霍奇卻中意這類人，因為其他人選似乎都更差，（照美國人的定義）被認為是中間偏左的政治團體尤其如此。許久以後，霍奇將軍終於清楚朝鮮政治局勢的真相，與尼斯特上校膝反射式的反應大相逕庭。一九四七年晚期，他以直白口吻精確點出美國所面臨之兩難的本質。美國人既要支持那些除了反共、其他一無可取之人，還要反對本土左派分子，又希望並無自由主義壯大基礎的朝鮮社會走上自由主義之路，依違在這兩個極端之間，美國感到左右為難：

我們始終擺脫不掉法西斯主義趁我們打擊共產主義時坐大掌權的危險。我們碰上這麼一個非常艱困的政治情勢。德國靠希特勒強大起來，對抗共產主義，然後德國走上納粹之路。西班牙也一樣。另一方面，共產主義者勢力強大時——共產主義強大時——民主被粉碎，國家走上共產主義之路。如今，該怎麼處理這問題？究竟要如何從這團混亂之中，找到政治上的中道勢力？我只是提出來給大家討論。我自己不知道答案。很遺憾我不知道。

由於日本人的關係，在朝鮮沒有中道勢力，要到一九八〇年代才會有。

這些保守派要克服的最大難題，在於他們沒有民族主義資歷。因此他們想叫回某些有抗日資歷的流亡民族主義者，同時將人數遠遠更多的流亡共產主義者拒於門外。他們讓霍奇相信，應當召回人在美國的李承晚和人在中國的金九（仍與蔣介石一起待在戰時陪都重慶），領導南部的保守派。就李承晚來說，這不成問題，因為戰時他已結交了華府情報界人士，那些人已在設法將他帶回京城。其中的最重要人士是M．普雷斯頓．古德費洛（M. Preston Goodfellow）。那時他已是戰略情報局（中央情報局前身）的副局長，有陸軍情報工作資歷，其上司局長是外號「狂放比爾」的威廉．唐納文（William "Wild Bill" Donovan）；一如唐納文，他以對秘密作戰感興趣、且精於此道而著稱。古德費洛認為李承晚比其他朝鮮領袖擁有更多「美國觀點」，在麥克阿瑟支持下，美國於十月時安排把他送回朝鮮（不顧素來不喜歡李承晚的國務院反對）。然後古德費洛親自來到朝鮮，想要另立一個反共的南部政府。一九四五年十月十六日，李承晚搭乘麥克阿瑟專機進入朝鮮，四天後，霍奇將軍將他介紹給朝鮮大眾認識。

好巧不巧，一九四五年十月，美蘇兩軍司令部各自為一位返國的流亡人士辦了歡迎會：李承晚得到發表強力反共演說的機會，演說時霍奇就坐在他身邊，金日成則在一九四五年十月十四日，以抗日英雄的身分被介紹給眾人認識，身後站著蘇聯軍官。有個像古德費洛角色的蘇聯人把金日成送回平壤？似乎沒有。根據對五種語言資料的獨創研究，[9]就在滿洲游擊隊員返回朝鮮前不久，金日成、金策、崔賢、金一、崔庸健等高層領導人同意推舉金日成為最高領導，原因包括他名氣較大、個人實力較強。從某些指標來講，其他人的位階高於他，像是金策和崔賢在中國共產黨的組織裡地位高於金日成。無論如何，在他和他的游擊隊九月十九日回朝鮮後，他們的確支持他，而且至死對他忠心不貳。[10]連同其他滿洲游擊隊員，他們成為北韓統治集團的核心。

不過數月，金日成和李承晚就成為兩占領區裡最有力的政治人物。李承晚已七十歲，在美國住了將近四十年，有普林斯頓大學的博士學位，娶了奧地利籍妻子；他是愛國者，以奉獻一生給朝鮮獨立運動而廣為人知，也是個固執之人，頑固脾氣出了名，反共信念強烈。如前文所述，金日成在一九三二年日本扶立滿洲國這個傀儡國之後不久，就在中朝邊境展開武裝抗日，艱苦的游擊戰至一九四五年時，已奪走大多數同志的性命，但他運氣不錯，得以倖存。金日成返國時三十三歲，代表年輕一輩的革命民族主義者。那些人瞧不起父輩的失敗，決定打造一個能抗拒外國支配的朝鮮——同時視時機和蘇聯軍結盟。這兩個領導人各有超級強權當靠山，卻都不是易受擺布的人，更不可能當傀儡。

就在李承晚返國之時，麥克阿瑟將軍的政治顧問喬治・艾奇遜（George Atcheson）告知霍奇：「我們應該開始找個進步、得民心、受尊敬的領導人或小團體，充當組織核心，讓該組織與我們軍政府合作，且受軍政府指導，發展成負責執行和行政的政府機構。」艾奇遜建議了三個人名：李承晚、金九、金奎植。[11]後兩人仍與臨時政府派一起待在重慶，但不久霍奇就決定召回他們，決定開始為南部成立單獨的政府。

美國國務院立即反對獨厚某一團體而冷落另一團體之舉，但（十一月來到朝鮮的）麥克洛伊支持霍奇的主張，他說如果美國不「自行建立一個明理且受尊敬的政府或顧問團」，共產主義者會奪取政權。[12]這時古德費洛已在朝鮮，無疑對霍奇作出上述決定有所影響，李承晚亦然；到了十一月的第三個星期，霍奇和其顧問已提出一個替代託管的計畫：依照霍奇指示，成立由金九領導的「治理委員會」，並在不久後與軍政府（在朝鮮美陸軍司令部軍政廳，簡稱USAMGIK）合併，再過不久則會接替軍政府之位（但霍奇對其活動保有否決權）。這份備忘錄間接提到一個還在進行的計畫，即組織、訓練、裝備「朝鮮陸海軍」的計畫。至於俄羅斯人，美國方面會「事先知會」他們，會鼓勵他們派人參與此一委員會，「但如果俄國人不願參與，那麼就應針對三十八度線以南的朝鮮執行此計畫。」此備忘錄的執筆者威廉·蘭登（William Langdon，霍奇的另一個國務院顧問）認為，如此成立的南部政府會有利於外國利益：

> 舊本土政權內部封建腐敗，但紀錄顯示，它是遠東三國裡對外國勢力最友好者，保護外國人的生命、財產、企業，尊重條約和特許權。對於依照如此原則成立的本土政府，我確信至少能抱持一樣高的指望……[13]

正如蘭登所承認，這一切不只意味著不再與俄國人合作追求統一獨立的朝鮮，也意味著要把託管政策束諸高閣。麻煩在於，託管是美國現行的政策，係一九四三年以來一直力促同盟國施行、隨後並與蘇聯高層討論過的政策。

金九和臨時政府派裡一部分支持他的人，按照此計畫的走向，於十一月二十三日回到朝鮮。金九一八七五年生於海州，海州就在三十八度線北方不遠處。科考不第之後，他在一八九二年加入東學黨，成為該團體的下級領袖（接主）之一。一八九六年得知閔妃遇害時，他四處找日本人洩憤，把他所找到的第一個日本人抓住、勒死，棄屍於某客棧裡，還用血在牆上寫下他的名字「金九」。此舉衍生出他徒手殺掉暗殺閔妃凶手的說法，但那純屬杜撰。一九〇九年，日本人以涉嫌參與暗殺伊藤博文的理由將他逮捕，予以拷問，然後判他十五年徒刑。一九一九年，他出獄，人到了上海，在那裡加入大韓民國臨時政府，一九二六年成為其領導人。

金九因策劃了一九三二年四月二十九日在上海的恐怖攻擊而惡名遠播，上海日本居留民團團長河端貞次因此遇害，日本駐華公使重光葵則被炸掉一條腿。後來，重光葵以外務大臣身分，在東京灣登上美軍密蘇里號戰艦，向麥克阿瑟遞交日本降書時，就是跛著腳登艦。一九三二年攻擊事件後，金九的地位跟著蔣介石水漲船高。蔣介石開始支持他領導的派系，把他視為戰後朝鮮的親中領袖。金九回到朝鮮時，因其在華的事蹟而被許多人稱作「刺客」；據軍政府史家理查．羅賓遜（Richard Robinson）的說法，他帶著「一群情婦」和「一票雇來的職業殺手」四處走動。[14]

但霍奇對金九的觀感並不好，因為金九回朝鮮後的第一項重大作為，是策劃暗殺韓民黨首席總務宋鎮禹，藉此讓世人見識他的「刺客」稱號絕非浪得虛名，第二項重大作為則是在外長會議結果於十二月下旬發布時，動員群眾示威抗議託管，第三項重大作為則是政變未遂。這三項作為彼此相關：十二月二十九日，當霍奇得知已和俄國人談定修正版託管方案時，即召來各派政治領袖告知此事，讓他們做好心理準備。宋鎮禹是其中之一：用霍奇的話說，他「出去告訴他的友人，他準備展開務實的行動，隔天一早他就死了。」[15]這次暗殺是朝鮮光復以來，發生在非左派團體身上的最重要事件，因為此事揭露了政治對立不是左右派對立，而是愛國者與對日合作者的對立。一如其終生好友金性洙，宋鎮禹是個在殖民統治時期做出許多有失節操之事的富翁。

元旦前一天，金九發布一連串聲明，擺明要直接接管政權。但這個險招輕易就遭擊破，一九四六年元旦，霍奇把他叫來訓話，「痛罵」了他一頓，後來此事成為占領軍熱議的話題：霍奇告訴他，「如果再擺我的道，會殺了他」，金九則以揚言自殺回應。於是，「政變夭折」。[16]

霍奇將軍原本打算不顧美國既定的政策，在數個層級照自己的構想行事，不料最配合他的政治人物喪命，國務卿又與俄國人簽了協議。在此政治情勢下，他寫了一篇精闢的報告，談占領頭三個月的情況：

在此地，對所有美國人的怨恨日益高漲，包括消極抵抗之事……每天被這種情勢推著走，使我們在朝鮮的處境更加不穩、更失民心……親美一詞漸漸被拿去和親日派、民族叛徒、通敵者相提並論。

即使照「西方的標準來看，朝鮮人尚未作好獨立的準備」，朝鮮人還是要立即獨立。霍奇認為，若走到這一步，朝鮮南部會是「極適合共產主義紮根的沃土」：

鄰國的影響，和我們為了保障獲解放之東方人所有自由，並維護其財產權和秩序的占領政策，將有利於共產主義活動。

朝鮮人很清楚，俄國人在當地的兵力約為美軍的四倍，而且他們表現出東方人慣有的習性，願意向武力最強者臣服，且正在這麼做。就大眾來說，把未來寄望於俄國的傾向愈來愈濃。

> 簡而言之，美國占領朝鮮一事……肯定正不由自主走向政治—經濟的深淵邊緣，此情勢若想挽回，必定不可能依賴美國在遠東的威信。為阻止這樣的勢頭，美國絕對得在不久後就在國際層級展開積極作為，或在南朝鮮完全掌握主動權。

霍奇力主放棄託管；如果在那之後未有「積極作為」跟進，美軍和俄軍應撤出朝鮮，藉此「聽任朝鮮自便，讓朝鮮經受不可避免的內部劇變，以達到自我淨化。」[17]

憑藉五十年後——乃至五年後（一九五〇年）——的後見之明，我們能想像一場燒灼之火，將殖民統治與瞬間「解放」這一壓力鍋導致的朝鮮社會和政治種種問題全部解決，那會是淨化一切的劇變，過程可能會相當可怕，但絕不至於像一九五〇至一九五三年葬送數百萬條人命的韓戰，或葬送數千條人命的一九六〇年四月革命，或一九八〇年光州事件那樣可怕。

當年美國人和俄國人若撤出朝鮮，左派政權會迅即接管朝鮮，而且這個革命民族主義的政府會在一段時日後，收斂其激進立場，重新加入世界大家庭的——一如中國已然如此，一如當今越南行進的路徑。但如今我們對此只能訴諸想像，因為美國人不懂社會革命的意義，本身從未經歷過社會革命；若允許此事發生，也就意味著霍奇和其他許多美國人辛苦占領了朝鮮，最終卻得「拱手將它交給共產主義者」。事實上，杜魯門總統的友人愛德溫．鮑萊（Edwin Pauley）一九四六年五月視察朝鮮後，寫了篇重要報告給總統，他在報告裡所闡述的正是這個觀點：

在朝鮮，共產主義若得勢，初期的發展會比世界上幾乎其他任何地方都來得順利。日本人擁有鐵路、包括電力、照明在內的所有公用事業，以及所有主要產業和天然資源。因此，如果這些東西突然落入「人民委員會」（共產黨）手裡，他們將不經任何奮鬥、無需努力開發，就能輕鬆取得它們。美國為何不該在民主（資本主義）政府形式確立之前，即放棄其對朝鮮境內日本海外資產的所有權和聲索權，這是原因之一。[18]

美國人不願把朝鮮交給朝鮮人，於是展開了打造出反共的南朝鮮所不可或缺的「積極作為」。因此，美國在南朝鮮的作為，預示了日後會在世界各地——希臘、中南半島、伊朗、瓜地馬拉、古巴、尼加拉瓜——跟著施行的政策。美國人在這些地方保衛任何自稱反共的團體，因為他們認為若不這麼做，局面會更糟。結果，五十年後，朝鮮問題仍未解決。

單獨為朝鮮南部成立官方組織之事迅速進行。雖然大韓民國直到一九四八年八月十五日才宣告成立，但南部的政治制度在占領頭幾個月就建立，直到一九六〇年代為止未有大改變。一九四五年十一月、十二月，霍奇和其顧問決定採取四個步驟：首先，創立軍隊以保衛三十八度線；第二，強化朝鮮國家警察（Korean National Police，KNP）的警力，以其為綏靖南部局勢的首要政治武器；第三，強化與諸右派政黨的同盟關係；第四，鎮壓不喜歡這些政策的朝鮮人。為解除日本人武裝而占領朝鮮的美國軍隊，這時在南朝鮮大力打造一道圍堵堤。

「國防」機關已於一九四五年十一月中旬成立，而且軍政府不顧美國參謀首長聯席會議反對，還是在十二月成立軍事英語學校以培育軍官，然後還成立朝鮮警備士官學校（韓國陸軍士官學校），至一九四六年秋，該校已有兩期畢業生。第二期生包括日後的大韓民國總統朴正熙和後來暗殺他的金載圭，兩人原先都是日本陸軍軍官。盧泰愚執政（一九八七～一九九二）初期的總理姜英勳，也先後在日本軍、美國所支援成立的軍隊裡待過。霍奇把它叫作「警備隊」以避開華府的反對，但這個組織成為韓國陸軍之母。誠如霍奇後來所說的，

占領之初，我就很想建立朝鮮陸軍，不只為了省去美軍在處理朝鮮安全事務方面的許多差事，也為了我們未來履行成立朝鮮政府的任務踏出第一步。較高層反對聲浪不小。19

「較高層」之所以反對，當然是因為美國未得到創設朝鮮軍隊的授權，不管是美國的官方政策，還是規範外國占領事務的國際法，都未有這樣的授權。

第一期軍校生裡，美國人分別找來：日本陸軍出身的二十名軍官、滿洲日本關東軍出身的二十名軍官、位於中國的大韓民國臨時政府之「光復軍」出身的二十名軍官培訓。但光復軍出身者，絕大多數不願意和戰時屬於敵對陣營的朝鮮人為伍，於是這支南朝鮮軍的成員，幾乎全是某些人眼中，在朝鮮民族的最大試煉期裡選錯邊的人。

「美國國務院—陸軍部—海軍部協調委員會」針對占領朝鮮所下達的「初步基本指示」裡，特別著墨於剷除受人痛恨的、殖民地警隊裡與日本合作的朝鮮人。霍奇聽從位於東京的盟軍最高司令部

(SCAP)指示,最高司令部在其初期報告中說,警隊已「徹底日本化,且被有效利用來施行暴政。」但到了那時候(十月上旬),韓民黨的幹部已掌管國家警備隊,尤其是由美國人(塞西爾·尼斯特等人)親自拔擢的趙炳玉(警務部長)、張澤相(首都警察廳廳長)兩人。一九四五年十月十五日,占領軍開始在舊日本警察學校重新訓練這支警力。這時候,曾任職於日本警隊的朝鮮人,已有約八成五受雇於韓國國家警備隊,一年後此比例變動不大:一九四六年十一月,韓國國家警備隊的美籍主事者威廉·馬格林(William Maglin)上校,以表4.1分析了仍在職的前殖民地警察。[20]此表數據包括害怕報復而從朝鮮北部逃到南部的警察。

綜觀美國歷史,美國人始終對成立國家警備隊之事心存抗拒,在日本,麥克阿瑟拆解日本的國家警察隊,視國家警察隊為去軍事化、民主化這兩大占領目標的障礙。但在朝鮮,霍奇和其顧問拿這支全國性、自成一體的警力對付主要的政治反對勢力,即一九四五年九月在京城成立的朝鮮人民共和國,以及與它相關的許多地方人民委員會、工會、農民協會。一九四五年十二月十二日,霍奇向朝鮮人民共和國「宣戰」,他後來說:「挑明了說,我們的任務之一是

表4.1

職位	1946年11月總數	殖民地警察出身者	百分比
總監	1	1	100
管區長	8	5	63
道警察局長	10	8	80
總警	30	25	83
警監	139	104	75
警士	969	806	83

不甩任何指示，不靠參謀首長聯席會議或國務院的支持，打垮這個共產主義政府。」[21]

南朝鮮的左派和右派

對於正在發展的南部體制之有力反對者，幾乎全是左派人士，主因是日本殖民政策給朝鮮留下的中產階級非常弱小。一九四五至一九五〇年的民眾抵抗，結合了農民質樸有力的抗議與組織化的工會活動，最後也結合了武裝游擊抵抗。我對這個主題另有不少撰述，[22]在美國中央情報局以朝鮮為題的某些早期報告裡，也可看出其概略情況。在一九四八年的某份文件中，中情局分析員寫道，南韓的政治活動「以右派和左派人民委員會殘餘勢力之間的對立為主軸」，中情局把人民委員會稱作「草根獨立運動，它的實力體現於一九四五年八月人民委員會成立於朝鮮各地」，其領導人是以抗日為統治權之基礎的「共產主義者」。另一方面，右派的領導階層，

其成員來自幾乎獨占該國本土財富、獨享該國教育資源的人數甚少的階級……在日本人統治下，這個階級若不與日本人有最起碼的「合作」，不可能取得並維持其優勢地位，因此，這個階級如今不易找到為人們所接受的人選來出任官職，故不得不支持李承晚、金九等海外歸國的政治人物。因為李和金這類政治人物未有親日的污點，基本上卻是有意實行獨裁統治的煽動家。

於是，「極右派控制美國占領區裡檯面上的政治體系」，主要透過「以無情殘酷手段止暴制亂」的國家警備隊來遂行。中情局接著表示，

從警察與右派青年團體合作，以徹底壓制左派活動一事，可看出警察和右派被迫締結的結盟關係。這一結盟迫使左派轉入地下活動，因為即使左派想要角逐議會席次，實際上也辦不到。

在美國占領下，參與共產主義、左派組織表面上合法，但「警察通常把共產主義者視為應捉拿、囚禁、有時一丁點挑釁就予以射殺的叛亂分子和叛徒。」

另一方面，據中情局的說法，南部官僚體系的結構，「實質上就是以前的日本統治機構」；「內務部」這個被諾曼（E. H. Norman）稱作戰前日本最黑暗反動勢力之大本營的機構，在南朝鮮「高度控制人民生活的幾乎每個層面」。韓國國家警備隊的首長趙炳玉，被許多人認為是權力僅次於李承晚的朝鮮人。韓民黨靠著趙炳玉的關鍵性支持，「在警察和地方政府裡擴增了黨員。」（中情局說，有些美國人不喜歡趙炳玉「以嚴厲的警察手段無情對付朝鮮左派人士」，但大部分美國人覺得他是幹練聰明的官員。）[23]

魏德邁（Albert Wedemeyer）將軍一九四七年晚期視察朝鮮期間，報告了大致相同的內容。他寫道，韓民黨得到「過渡政府大多數行政官員的積極加入或默然支持」。韓民黨是「有地人士」的黨，由金性洙和張德秀領導，金性洙是西南部「最大的地主之一」，張德秀則與金性洙過從甚密，是韓民黨「最倚重的智囊」——但因為過去「強力支持」日本政權，他在公開場合有點低調。但作為政黨，韓民黨

的表現並不理想：「它在各道缺乏組織，只有在大城市例外。」魏德邁與朝鮮人聊過之後，發現許多人投向左派，係因為受不了那些立場親日、過去與日本人合作的人，而非因為他們是共產主義者。名作家鄭寅普告訴這位將軍，共產主義者能抓住人心，不是因為北方的陰謀，而是因為那些人仍記得抗日愛國的過往：「在這裡，共產主義得到民族主義肥料的滋養。」此外，鄭寅普還挑明說道，數十年來，「只有與我們相鄰的俄羅斯，與我們一樣仇日。」

紐約小說家暨反共人士姜鏞訖（Younghill Kang，見第九章）寫信告訴魏德邁，「朝鮮是世上最壞的警察國家」。他說，朝鮮境內的鬥爭是「少數吃得好的有地者和饑餓的無地者之間的爭鬥。如今，這些少數人控制（韓民黨），大眾想要糾正這些存在已久的不公。」姜鏞訖預言，李承晚想要得到美國和聯合國的加持，以便接下來

朝鮮東南部山麓丘陵上的村落；照片中的村門係一七〇九年重建至今。最初係聞慶郡地方官Sim Kil-wŏn為防範豐臣秀吉入侵而建；一五九二年他和他的部下奮戰至死。Joo, Myong-dok惠允使用。

「把俄國人趕出北部」。另有數名有頭有臉的朝鮮人告訴魏德邁，朝鮮政局僵持不下的結果必然是內戰。

耶魯大學人類學家科內利烏斯·奧斯古德（Cornelius Osgood），對朝鮮情勢的觀察頗有見地，為了讓陸軍部次長威廉·德雷伯（William Draper）理解一九四七年晚期的朝鮮情勢，他提出許多類似的觀點。他論及左派和共產主義者散發的愛國光環，論及美國所表明的目標和蘇聯對朝鮮北部土地、勞動條件所做的改革兩者之間沒什麼太大的差異，論及「有個受人痛恨的團體……正利用軍政府來牟取自身利益，那些人具有李朝政治人物身上所慣見的那種追逐私利的典型作風」——而且他們「恭順接受日本統治，從中（已學到）額外的狡猾。」大部分朝鮮人從未見過美國人，尤其是住在鄉村的大多數人，只見過當地的朝鮮人菁英（殖民統治期間，當地的菁英往往也是這批人）。奧斯古德說，重歸一統是朝鮮人最關心的事，他們絕不會支持分離主義政策。他主張，美國唯一可走的路是迅即撤除原為日本人效力的警察，實施土地改革，靠向「政治上得到強力支持的『中間派』」。[24]

美國官員公開讚揚南部政權（稱其為自由或民主朝鮮），私底下則斥責該政權。儘管如此，他們還是誤解了實情。朝鮮南部的確行警察國家體制，而且為人口極少數的地主階級服務。但南部的情況並非只是如此，否則它連撐到一九五〇年六月都不可能。地主階級既有愚鈍的反動人士，也有幹勁十足的資本家。朝鮮資本主義或許沒有口才便給的擁護者，但有出色的實踐者，其中的金性洙集團尤其不簡單。這些人談不上是具有遠見的企業家，但懂得尋找最有利機會；在殖民統治期間，最有利機會就在日本統治政權身上，他們利用與當權者緊密結盟所帶來的機會壯大，由此誕生了朝鮮的第一個財閥。美國人覺得這種資本主義難以叫人尊敬或視為正當，朝鮮人亦如此認為，覺得巴結當權者的企業經營方式有失節操。但這一由日本的「發展型」殖民統治植入、由官方主導的資本主義，是朝鮮經濟的動力來源之一。它為一九六〇年代的經濟成長打下基礎，但不符合正統的資本主義定義。

低估朝鮮右派的經濟力量，無助於了解朝鮮的實際情況，誤解右派的政治資源亦然。數百年來的朝鮮政治，有一點耐人尋味之處，那就是兩班和地主階級，他們為了確保自身地位的長程利益，能夠做微幅的改變和調整，但面臨外來挑戰時，卻脆弱地不堪一擊。從比較觀點來看，朝鮮提供了對內強而有力，但面對外界挑戰變得脆弱、內在靜止不變但遇到外力易受改變的絕佳例子。戰後時期也以這樣的模式為特點。到了一九五〇年，南韓已讓觀察家覺得是個相對穩定的國家，尤其當經濟活力開始隱約出現之時。但在一九五〇年，一次精準的軍事攻擊，一夕之間很快地就摧毀此政權。同樣地，一九七〇年代晚期，多位學者專家以稱許口吻描述大韓民國的經濟成功和政治穩定，把它比喻為另一個日本。但一顆刺客的子彈（朴正熙遇刺），加上光州等地的群眾騷亂，使得南韓體制一時之間就瓦解了。讓體制得以維繫的力量，多半位於上層，即位在漢城的中央政府、中央政府的行政部門，還有它宣稱的正當性。唯有在這個上層被切除之後，才會開始解體。朝鮮的上層結構——政府、文化、意識型態——韌性甚強。若未受到外來的社會和經濟力量的挑戰，它的持久力會非常強。

李承晚和金性洙著意於組織漢城的菁英，對於大眾不大放在心上，此作為正是舊體制的體現。但一九四五年後，朝鮮首度有了「現代」政治，具領袖魅力的左右派領袖，在此中構築龐大的選民地盤。南部領袖藉以積聚實力的來源，和北部領袖沒有兩樣，即訴求國內完全統一和抵抗外來勢力滲入，並申明朝鮮人擁有獨樹一格的本質。這些人包括以右派自居者，例如勢力甚大之朝鮮民族青年團團長李範奭、李承晚的首任教育部長安浩相。他們追求朝鮮自主獨立的理想，與金日成所追求的差不多，差別在於他們不支持社會革命。

一九四七年，右派的群眾政治在南部出現，為南部體制增添新的力量。南部體制以形形色色的青年團體、一個初萌的工人階級統合主義組織，以及一套形同某種本土法西斯主義的朝鮮政治思想為基礎。得到占領軍支持和資助的「朝鮮民族青年團」，結合了習自中國的作風，以及日本人對付政治頑抗分子的手段。團長李範奭是鐵桿朝鮮民族主義者——但在涉及中國國民黨時例外。他一八九九年生於京畿道，第一次世界大戰期間去中國。一九二〇年代初期，在中朝邊界一帶游擊抗日。一九三三年去德國學習軍事；後來在中國，與國民黨的德籍、義籍顧問共事。一九三七年時，他任職於國民黨第五十五軍參謀部，一九三八年已是國民黨中央訓練團的中隊長。在朝鮮，他是眾所周知的蔣委員長追隨者和崇拜者。[25]

蔣介石和其秘密警察頭子——聲名狼藉的戴笠，一九三〇年代成立了名叫藍衣社的青年側翼團體。那是法西斯式的準軍事團體，選擇藍色，似乎因為褐、黑、綠都已被別的團體拿去作為代表色。李範奭與此團體合作，後來（一九四七年）寫道，德國人和義大利人是青年運動的「先驅」，也提到蔣介石運用青年團體的良好經驗。他最初把他的青年團體稱作藍衣社，誠如某位美國人小心翼翼指出的，朝鮮民族青年團也有「風格鮮明的藍制服」。[26]眾人皆知，李範奭使用了中國人的口號「民族至上、國家至上」。他在中國學到這口號，而這句口號又很可能來自德國。

在李範奭眼中，民族（nation）和種族（race）是同義詞，一如希特勒所見；差別在於種族與民族在朝鮮的差別極小，「民族」一詞往往兼有這兩個意思。他一九四七、一九四八年的著作，以其「不合時宜」、和時代脫節的特性而耐人尋味；納粹的滅猶大屠殺過了兩年，還聽到有人夸夸其談種族、民族、血統，不免讓人覺得有點離譜。他曾稱讚猶太人保住其民族認同，千百年不消；還曾說「排斥猶太人對維持（德國的）一體性非常有效」。他以典型的統合主義作風，呼籲朝鮮人把階級衝突或尊卑之分拋諸腦後，如家人般團結在一塊。他甚至使用「主體」一詞，而他口中的「主體」，意思類似於在朝鮮相關事物上始終保持主體性，始終把朝鮮擺在第一位。這是朝鮮民族主義的基石，對於一個看重族群同質性、且長久受到外部威脅的古老民族來說，很自然地會有這樣的想法。對於幾乎不必思考如何在外敵環伺下保住民族的美國人來說，這類想法殺伐之氣太重、太唯我獨尊、桀驁不馴、惹人討厭，始終不可理喻。[27]但在朝鮮，這些想法很盛行，而且在一九四〇年代末，左派與右派在此有了交集。

當然，南韓無所不在的青年團體，往往幾乎無異於以凶狠專制的老大為核心的幫派。其中一個叫高熙斗（Ko Hŭi-du，音譯）的青年團體首領，一九四八年被捕，隔天妻子到警察局認領他「受過拷打的屍體」。某位大使館官員在美國陸軍的朝鮮反情報隊（Counter-Intelligence Corps，CIC）隊長日記裡，找到如下的剖析：

> 高熙斗是苑南洞協會會長、民間防衛隊東大門支部長、東大門警察署後援會會長、司法保護委員會會長。他的名片上就印了這些頭銜。他是東大門警察署轄下清溪川沿岸攤商的代表，數千青年的實際領導人。從某些方面來說，這個掌控東大門和清溪川的人，可以說是漢城的實際支配者。

這一評斷有一點失實：「與其說幫派和老大是支配者，不如說他們是政府的工具，用來對付大眾。」[28]西北青年會是最惡質的政治組織；美國情報機關宣告它是「支持極右翼政治人物的恐怖主義團體」；成立初期，「成員全是來自北朝鮮的難民，對蘇聯和朝鮮共產黨懷著有憑有據或憑空想像的怨憤。」

擔任美國公民自由聯盟（Civil Liberties Union）領袖多年的羅傑・鮑德溫（Roger Baldwin），一九四七年五月走訪了朝鮮。他寫信告訴友人，「這個國家根本被警察機關掌控，民間陷入自身的恐怖氛圍裡」；「整體給人的印象，就像一個挨了打、垂頭喪氣的人。」他看到某監獄關了一千個因為組織工會、罷工而入獄的人。朝鮮人「想要外國人都滾出去，讓他們打造自己的國家。」他認為如果美國人撤走，將會爆發內戰。但美國陸軍情報部門（G-2）主管把關於鄉村的政治報告拿給他看了之後，鮑德溫推斷，朝鮮已存在「不宣而戰的狀態」。他找了呂運亨談，呂告訴他，政府裡「充斥賣國賊」和「巴結美國人者」；呂認為，美國保留殖民地警察一事，是造成「目前混亂」的最重要因素。[29]

幾週後，某個寧靜的溽暑午後，呂運亨乘車載了《獨立新報》主筆高景欽，一同前去會晤另一個美國人埃德加・強森（Edgar Johnson），途中經過昌慶苑故宮附近。後來強森憶道，

我記得一九四七年七月十九日那天下午，我和我的通譯等到非常不耐煩。傳話人告訴我，呂會在四點左右來。四點過去，四點半，然後一輛車，開得很猛，轉進通往我們家的那條上坡泥土路……有個男子急急下車，踉踉蹌蹌跑上山坡，上氣不接下氣告訴我，呂已在離我家不到半哩處遭暗殺。[30]

司機在駛過惠化洞圓環時放慢車速，就在這時，凶手站上汽車踏板，用點四五自動手槍朝呂運亨頭部開了三槍，呂當場死亡。美國陸軍情報部門的調查人員指出案發地點「離一處警察崗亭甚近」，但警察「完全未動手捉拿行凶者」。[31] 呂運亨女兒呂燕九告訴我，是首都警察廳長張澤相下令殺人。警方就算沒有安排暗殺行動，也是存心縱容讓這樣的事情發生。[32]

呂運亨反映了一九四五年絕大多數朝鮮人的心聲，以及脫離日本宰制後朝鮮社會的獨特階級結構：他和廣大農民之間毫無隔閡，本身卻還是帶有一絲資產階級紳士的特質。他也是狂熱的民族主義者，對於留用那些當過日本人走狗、受到人民痛恨的朝鮮警察一事，批評最為激烈。誠如後來中情局所承認的，他是南部唯一能與李承晚爭天下的非共黨領袖。一九四〇年代的政治人物，能在現今的南、北韓都受到尊崇者不多，呂運亨是其一。

美國的政策當然從未致力於將朝鮮打造成亞洲最壞的警察國家之一。朝鮮的問題在於後人所謂的第三世界問題或南北問題，其癥結在於各界對於如何消除殖民統治弊病和解決朝鮮相對落後的方法未能取得共識。但在當時的冷戰環境中，美國人始終把它看成「東—西」問題。或許可以說，蘇聯力推從「南—北」角度看待朝鮮問題，用以對抗美國的「東—西」衝突角度。也就是說，他們待在幕後，讓朝鮮人掌理國政，把抗日領袖推到台前，支持土地制度、勞動條件、女權方面的激進改革——一九四六年底，這些改革都已得到貫徹。俄國人在幕後非常活躍，但讓人覺得一切由金日成主導——尤以一九四八年晚期，蘇聯從朝鮮撤兵之後更是如此。

大韓民國問世

美國人無法那麼輕易撤兵，因為不放心美軍撤走後南部政權能否存活，不放心其獨裁傾向，憂心其頻頻放出的北伐大話。但更重要的因素是，朝鮮對美國全球政策的遂行日益重要。美國採行新的二元策略，既要圍堵共產主義，也要復甦日本工業經濟，使其成為世界經濟的引擎之一，但不讓日本擁有先前的政治、軍事力量。朝鮮是這一新策略的一環。一九四七年初，華府官員決定重振日本重工業，停止肅清戰時領導人，此即長久以來所謂的逆向（reverse course）政策。他們都認為，歐洲、日本復甦遲緩的解決之道，在於撤除對重工業的限制，並設法將德國、日本與過去提供它們原料和市場的其他地方結合起來。威廉·博登（William Borden）寫道，德國、日本因此成為「均勢的關鍵」，而且他敏銳觀察到，德國只是更大規模之馬歇爾計畫的「樞紐」，相對的，「日本復甦計畫成為美國在亞洲唯一的大規模作為」。[33]

一九四七年一月下旬，美國國務卿喬治·馬歇爾（George Marshall）寫了份便條給迪恩·艾奇遜（Dean Acheson），便條上寫道：「請就最終將組織一個南朝鮮政府，並將此政府的經濟與日本的經濟相連結，擬訂政策計畫」，這是一番驚人之語。幾個月後，陸軍部次長威廉·德雷伯說，日本的影響力或許會再度在朝鮮開展，「因為朝鮮與日本構成自然的貿易和商業區域」。[34]代理國務卿迪恩·艾奇遜於一九四七年初的國會秘密聽證會上說，美國已在朝鮮設定底限，想要仿照對希臘、土耳其的「杜魯門主義」援助模式，資助遏制該地共產主義壯大的一項宏大計畫。艾奇遜理解到，圍堵政策首先是一個政治、經濟問題，也就是要在蘇聯周邊布置能自立、能獨立發展的政權；他認為殘缺不全的朝鮮經濟，還是能對日本的復甦有貢獻，作法就是要把朝鮮納入他所謂的「大新月地帶」（Great Crescent），亦即把日本與朝鮮、台灣、東南亞、終至波斯灣的石油連結起來的地帶。但美國國會和國防部不願大舉介入朝鮮事務，於是艾奇遜和其顧問把這一問題帶到聯合國，以透過集體安全保障機制改變朝鮮地位，並將其納入此機制之中。就是在這時，在一九四七年初，華府終於從占領軍手裡拿下朝鮮政策的主導權；基本上，此舉的結果就是批准占領軍自一九四五年九月以來，一直在遵行（卻受到國務院裡范宣德〔John Carter Vincent〕等某些人長久反對）且事實上存在的圍堵政策。

聯合國——當時美國說了算的國際機構——同意成立一個委員會（聯合國韓國問題臨時委員會，UNTCOK），以監督朝鮮的民主選舉。委員會成員包括菲律賓、中華民國的代表和來自澳大利亞、加拿大的代表。可指望菲律賓和中華民國遵循美國的指示，但澳大利亞和加拿大在對南朝鮮政局有所了解後即變得較不聽話，但他們終究來自盟國政府，擺脫不掉美國影響與施壓。北朝鮮和蘇聯則不接受此委員會，不願參與這樣的選舉。

聯合國韓國問題臨時委員會的成員，大多無法認同一九四八年初他們抵達韓國時所看到的情況。例如他們不久就發現，全國選舉委員會最初十五名成員裡，有十二人若非韓民黨黨員，就是與金性洙過從甚密者；為抵消他們的勢力而增提新人選時，那些人似乎都被判定為「保守」或「右派」人士。「在朝鮮美陸軍司令部軍政廳」負責與聯合國韓國問題臨時委員會打交道的主要軍官約翰．魏克靈（John Weckerling）准將，對諸位代表軟硬兼施。有個條文載明，只有在「自由氛圍」盛行時，聯合國韓國問題臨時委員會才下場監督選舉。魏克靈查出敘利亞代表是該條文的推動者之一時，反駁道：「有人要你判定（朝鮮的情況）不自由？」三月十日，澳大利亞代表寫了份決議案，內容形同否定聯合國韓國問題臨時委員會的職能及任何選舉的有效性：「這些選舉如今似乎受一黨（韓民黨）控制」；還說，不管在北朝鮮還是南朝鮮，當地情況都不適合舉行選舉。聯合國大會「不該被拉進一個可能會對」只在南朝鮮舉行之選舉「負起責任的境地」。他建議該委員會應該離開朝鮮，並將此事報告給聯合國。此決議案當然未獲採納。[35]

一九四八年五月，在聯合國韓國問題臨時委員會監督下舉行的選舉，預示了南部單獨成立政府一事成為定局，從而引發朝鮮永久分裂問題。因為有永久分裂之虞，且由於李承晚政府的右翼傾向，主要政治人物和立場比李承晚更右傾的政黨，幾乎都不願參加選舉——包括少有的朝鮮中間派人物金奎植，和大概比李承晚還要右傾的金九。[36]據聯合國韓國問題臨時委員會的數名委員所述，即使選舉結果已可預知，選舉還是照辦。國家警備隊和相關的右翼附隨組織統辦投票工作，規定農民得在投票時拿出糧票蓋印（不投票就拿不到糧食配給）。一九四八年五月十日，大韓民國的第一屆國會議員出爐，議員大多是李承晚或金性洙的支持者。

一九四八年八月十五日，大韓民國成立，麥克阿瑟將軍是建國大典的座上賓——自一九四五年九月以迄此時，這是他第二次離開日本。不久，杜魯門政府撤掉軍政府，代之以五百人的駐韓軍事顧問團（KMAG），並成立援助團——經濟合作總署（ECA）韓國分署——讓美國國會通過鉅額援助法案，以推動南韓經濟，並裝備一支能保衛南韓的軍隊，以及在美軍戰鬥部隊駐留期間，讓駐韓軍事顧問團保有對南韓軍警的作戰統制權。美國國務院成功將美軍的完全撤出日期推遲到一九四九年六月三十日，主因是擔心南韓安全。

大韓民國陸軍於此時誕生。一九四五年十二月霍奇成立警備隊，即朝鮮人口中的「國防警備隊」，它成為韓國陸軍的前身。警備隊「支隊」於一九四八年改名為「旅」，一九四九年改名為「師」，但實際組織變動不大。這支軍隊有許多兵員來自右翼青年團體；這些團體往往直接要其團員加入軍隊。一九四八年五月選舉後，警備隊招募的人員暴增，一星期有兩萬年輕男子加入。在八月十五日李承晚總統就職大典上，數萬軍人以整齊步伐通過檢閱台前，撕掉警備隊徽章，宣告自己是大韓民國陸軍的軍人。[37]

大韓民國陸軍最初有六個師，其領導階層全是原日軍軍官——金錫源是經歷最輝煌的一人。金錫源於一九三〇年代晚期，以日軍「金日成特別討伐隊」隊長的身份，在滿洲荒野追擊金日成。當時，他以金山錫源這名字為人所知；日本裕仁天皇曾授以功績勳章，以表彰他在對華戰爭中的「英勇表現」。一九四八年六月二日，金錫源帶領兩千五百名朝鮮籍退伍日本兵走過漢城街頭，他們的戰時制服此時已破舊不堪，但踢起正步仍然非常整齊，令人印象深刻。

美國人知道李承晚這個新總統性情暴躁，而他與美國大使館的關係也常搞到很火爆。偶爾，李承晚表現得像個瀟灑、親切、迷人的紳士；他是諂媚能手，善於使用能打動美國人心的民主主義象徵性作為，化解美國人的怒氣或敵意，討美國人歡心。與李承晚實際打過交道，美國人就省悟自己看錯了人。霍奇最清楚他是怎麼樣的人，到了一九四八年，霍奇對李承晚的看法，就已和「醋酸喬」史迪威

（Joseph "Vinegar Joe" Stilwell）對蔣介石的看法差不多。抽象而言，霍奇的政治見解類似李承晚；他像典型美國人，對對任何看似共產主義的東西都會產生由衷厭惡。但他是正直、不擺架子的職業軍官，自己住進氣派堂皇的朝鮮總督官邸（因具有藍屋瓦，後來被稱作青瓦台），[38]也叫數名參謀搬進去和他同住，本身以勤於任事和生活儉樸而著稱。來到朝鮮不到一年，或甚至更早，他就對李承晚強烈厭惡、不信任；由於堅定、務實的反共立場，他才支持李承晚，畢竟沒有更好的支持對象。

霍奇與李承晚有過幾次漫長且激動的晤談，這兩個頑強之人在晤談中都毫無顧忌放言批評對方。誠如霍奇所說，「李那顆笨腦袋就是搞不清楚（他的妻子從旁協助教唆），他與我交涉時，其實是在和美國政府交涉。」李承晚掌權時，霍奇論道，李承晚和他妻子李富蘭（Francesca Donner Rhee）（「尤其是後者」）還是「一如以往看我極不順眼」。一九四八年五月選舉後，霍奇請求麥克阿瑟盡快將他調走，說他不久後就會是「不受歡迎的人」，李承晚「從美國、夏威夷、中國引進他那幫投機客」時，他無論如何都不想在場。霍奇眼中這兩個朝鮮版「卡彭黑幫」的共同老大——李承晚及其妻子，則到處說霍奇是共產主義者，以此回敬，聽者皆感到不可置信。霍奇不同於史迪威，他沒有涉足亞洲政治的經驗，不懂得拿撤除美國支持作威脅，逼李承晚聽話；但或許他比史迪威更心知肚明，知道華府不會挺他。[39]

霍奇想找個溫和派取代李承晚，的確想要把年老的徐載弼請回國，角逐總統之位。這事如今想來仍叫人難以相信。靠著一八八四年的未遂政變（甲申政變）和一八九〇年代的獨立協會，徐載弼早早就立下豐功偉業，但其後他一直待在美國，此時已旅美五十年；他赴美就讀醫學院，成為徹頭徹尾的美國人，第二次世界大戰期間，擔任當地的徵兵委員會醫師。他於一九四七年七月抵達仁川，但一開口就把事情搞砸，因為他告訴聚集而來的記者，朝鮮人連簡單一塊肥皂都不懂得怎麼製造，怎能指望有個獨立自主的政府？他擔任霍奇的私人顧問，霍奇希望他投入一九四八年選舉，和李承晚一較高下。但徐載弼這時已癌症纏身，返美不久就死於癌症。[40]

美國對李承晚的最重要影響，其實表現在他的「私人顧問團」。這些人長年與他交好，幾乎若非美國人，就是在美國住過多年的朝鮮人。中情局認為，如果有哪個團體成功影響了這個孤僻的總統，那就是這群私人顧問團。羅伯特・奧利佛（Robert Oliver）替李承晚執筆了許多份演講稿，李承晚的另一個長期友人哈羅德・諾伯（Harold Noble）亦然；比起李承晚的大部分閣員乃至美國大使，奧利佛要進總統辦公室見李，遠遠更容易得多。出身朝鮮境內傳教士家庭的諾伯，原任職陸軍情報部門；他常充當李承晚與美國大使約翰・穆奇奧（John Muccio）交涉時的中間人。換句話說，李承晚不只倚賴美國大使館和美國國務院。他想要聯繫的對象，不只官方關係網裡的人，還有他花錢雇的美籍顧問，以及麥克阿瑟將軍、蔣介石、美國共和黨籍國會議員、美國情報機關裡的盟友（例如普雷斯頓・古德費洛）；而且這絕非單向的關係。但李承晚往往也看起來像是一隻被拴住的獵犬，不斷使勁拉扯美國官方套在他頸上的繩子，直到幾乎快把自己勒死才鬆勁。所以這是個無法輕易歸類的奇怪關係；美國巨人欲拋網套住這個朝鮮矮子，仍擔心他不聽使喚。幾個焦慮不安的老大仔細打量一個癱瘓的賭徒，誰都不知道今天是什麼情況，明天會是什麼情況。

有份中情局的李承晚「性格」研究報告——中情局針對外國領袖所寫的第一份這類報告——寫道，

李為朝鮮獨立運動奉獻一生，以親自掌控該國為最終目標。在實現此目的的過程中，為了個人飛黃騰達，他樂於利用他人，少有顧忌，但有個重要例外，就是他始終不願和共產黨人打交道……李的虛榮心使他非常容易被美國、朝鮮境內追求私利之人的逢迎諂媚打動。他智慮淺薄，行為往往不理性、乃至幼稚。但歸根結底，李已用行動證明他是個非常精明的政治人物。

這份研究報告的結論甚有先見之明：「危險在於……李的自大可能使他做出嚴重傷害新朝鮮政府和美國利益之事，或至少使他們大為難堪。」[41]

結果，真的有人跟李承晚政權唱反調，反對聲音來自韓民黨。從該黨創立，直到年輕一輩領導人（他們未被日本時代玷汙，例如金大中）開始獨當一面的一九七〇年代初，即使此黨一再易名，但在一九四〇年代頭角崢嶸的那一批元老領導人，一直是這股微弱反對勢力的骨幹。在研究大韓民國的文獻裡，韓民黨常被說成是基本自由與人權的提倡者，以及國會特權不受李承晚之獨裁行政權力侵害的提倡者。在許多美國人記憶裡，一九五〇年代的趙炳玉和張澤相是善良、談吐不俗的自由派，當時他們力挺「反」李承晚的勢力，常以反對派身分前往漢城的咖啡館和茶館。

但在第一共和的民主表象背後，傳統政治仍在推著政治菁英走。韓民黨是富裕地主和地方有權有勢者的喉舌，黨員大多來自舊兩班貴族階層，而此黨一如過去的兩班貴族，與中央行政機關爭奪資源分配權、財富支配權。李承晚總統與韓民黨的緊張關係，類似詹姆斯·帕萊斯（James Palais）筆下朝鮮王朝的國家、社會之對立關係，李承晚猶如國王，立法機關是有地貴族利益集團的集合體；那是舊酒裝新瓶，典型的朝鮮保守作風。對韓民黨裡已和土地脫鉤並投資工業的人來說，這一緊張關係比較沒那麼劇烈，因為在分配既得財產並建立保護牆，以透過初萌的進口替代工業化方案發展本土工業上，政府官僚體系是和他們站在同一邊的。但一如以往，富人仍需要國家保證或與官僚打好關係，無論如何，大多數韓民黨實業家類似金性洙，有意保有傳統特權以及地主的地位，同時追求工業投資的更大收益。

第一共和期間李承晚與韓民黨的關係，和一九四五年時沒有兩樣：建立在一時利害上的結合，關係驚濤駭浪。誠如中情局在一九四八年秋所言，韓民黨領導人「不敢推翻他，但必須勉強與他維持同盟關係，因為他們需要他的政治威望」，後面一句是說，大部分韓民黨領導人有殖民統治時期與日本人合作的背景，需要李承晚保護；「與此同時，（李）需要他們的錢和本事，因此無法對他們的要求置之不理。」[42]從那之後，南韓實際上有兩個黨，執政黨和在野黨。執政黨追求一黨專政，自由黨（一九五〇年代）、民主共和黨（一九六〇、七〇年代）、一九九〇年代的民主自由黨都屬於這樣的政黨。至於在野黨，從一九四〇年代到一九九〇年代，在野黨一直是最早之韓民黨的某種化身，以民主黨之名或類似的黨名在政壇活動。一九四八年後，韓民黨繼續打入政府官僚體系的制高點，一如其在美軍占領期間之作為。檢視一九四九年初的道知事、市長、郡守，會發現其中有不少人在一九四五至一九四六年就是地方官員；同樣一批人透過古老的「迴避制」，調到他地為官，調動速度在朝鮮比中國更快。[43]

對於一九四八年憲法所載明的立法機關之獨立地位，李承晚立場矛盾。他頗為容忍喧嚷的辯論和質詢，但僅限於國會內的政黨和議員個人所做的辯論和質詢。國會的確如中情局所言，是大韓民國「民主精神的中心」，立法機關的辯論往往引發議員與政府官員激烈的脣槍舌戰；但亦如中情局所言，它

「不似西方任何典型的立法機關」，無力阻止「拿破崙式政治體制」的出現，因為它無法有效約束行政權。[44]南韓國會危危顫顫立在政治體制裡，猶如位在易發雪崩之山坡上的喧鬧滑雪小屋。

一九四九年晚期，當局祭出《國家安全法》逮捕十三名國會議員。曾效力於在朝鮮美陸軍司令部軍政廳司法部、後來任職於經濟合作總署韓國分署的恩斯特·佛連克爾（Ernst Fraenkel）說，這些遭起訴的議員，觸犯了一條禁止參與意圖「擾亂國家安定」之團體的法律。他們受審時，法官不願召喚辯方所指名的證人出庭，因為「這些證人可能做不實陳述以保護被告」；佛連克爾說，承審法官的偏見「一再」顯露於眾人眼前，檢察官則倚賴刑求取得供詞。被告議員的爭議性作為，包括欲向聯合國韓國問題臨時委員會表達批評李承晚的意見，要求美軍撤出，以及據起訴書所述，反對「南韓軍入侵北韓」。[45]

一九四七年晚期，出席張德秀葬禮的李承晚（前列右），旁邊是其夫人李富蘭；李承晚左肩之後，可見到金性洙。U.S. National Archives 惠允使用。

濟州島與麗水的叛亂

但造成朝鮮南北分立的關鍵背景不在於政黨領域，而在於遍及整個半島的左右派的社會衝突和政治衝突。這一衝突在一九四五年於全國層面發生，一九四六年則發生於道、郡層級，因為地方的人民委員會控制了郡治所在地，與敵對勢力爭鬥。一九四六年，中央政府弭平了大規模的秋收暴亂，46 鞏固了對郡治所在地的控制，這使得郡人民委員會從此不可能奪權。但中央政府權力依舊未能及於村，因此，左派透過體制內的官僚體系往下層移動，尋找壯大組織的空間。

到了一九四七年，大部分左派是南朝鮮勞動黨（南勞黨）黨員。此黨始終以朝鮮南部為地盤，西南部、東南部出身的黨員尤其多，但一九四七年時，此黨不被北朝鮮或蘇聯所支配，其獨立的程度更甚於李承晚政府成立之後。北部或蘇聯資助此黨的證據都不明確或不可靠，而且美國的情報來源並不認為北朝鮮指揮南勞黨的活動，反倒認為兩者追求同樣的目標。

但到了一九四八年中期，甚至更早，該黨看來已受北部指導。根據攔截到的北部指示，北部力促黨員滲入李承晚政府的「所有重要機關」，暗中藏匿糧食補給供山中游擊隊使用，「滲入南朝鮮警備隊，開始發動意圖造成分歧和混亂的政治攻擊」。但在韓戰之前，我們不能說南部共產主義者只是金日成的爪牙，這兩黨之間衝突頗激烈，兩黨領袖之間的衝突也頗烈（朴憲永是南部共產主義者的首領）。

李承晚和其盟友成立村級的對抗組織，以打擊左派。美聯社的羅伊・羅伯茨（Roy Roberts）一九四七年八月寫道，美國情報機關平均一天收到五份警方報告，「談到村裡的戰鬥、村莊之間的戰鬥、毆打右派、毆打左派、燒掉穀倉、攻擊村吏、攻擊警察、朝政治集會丟石頭之事。」有份記述談及其中一場戰鬥，頗具代表性。它來自東南沿海馬山附近的一個小鎮，日期註明為一九四七年八月十九日。當時，約千名農民聚集，聆聽官吏談軍政府的收米計畫，然後，他們

> 顯露敵意，開始朝講話者丟石頭。在場警察不得不朝暴民開槍，以讓鄉吏（面事務員）有機會退到稻田另一頭。撤退的警察經過一處警察崗亭，停留夠久，因而得以取得額外的步槍和彈藥。暴民占據崗亭，搶走文件，把崗亭徹底搗毀，然後分成兩股，一股立起路障，另一股破壞電話線。不久，增援的警察從馬山和統營過來，朝暴民開火，將其驅散，四名農民喪命。[47]

這些村莊戰鬥發生於先前有人民委員會勢力盤據的地區；一九四七年九月，美國情報機關的某次調查發現，「一個地下人民委員會政府」仍存在於「朝鮮南部某些地方」。全羅南道「或許是左派勢力最強的區域」；此調查報告估計，走訪過的村莊有一成五至兩成「公開敵視美國人。顯然到處有左派活動……。」在東南部的慶尚道、濱臨東海岸北段的江原道，尤其南部外海的濟州島，左派勢力也很強。[48]

一九五〇年前，光復後的朝鮮境內，政治衝突最劇烈的地方是濟州島。這座遍地黑色火成岩的美麗島嶼，一九四八年開始爆發游擊戰。至一九四八年初期為止，濟州島的領導階層成員，都來自勢力強大、根基穩固的人民委員會，該委員會於一九四五年八月首度出現。誠如霍奇將軍所言，濟州是

「道地的公社制區域……由人民委員會控制，局勢平靜，受共產國際（亦即蘇聯）影響不大。」朝鮮美陸軍司令部軍政廳法官梁元一，在一九四八年六月做了官方調查，他發現「成立於光復後的濟州島人民委員會……治理該地，形同事實上的政府。」他也發現「警察殘酷對待人民，因而未能贏得民心。」不久，在朝鮮美陸軍司令部軍政廳的另一項調查，估計此島上「約三分之二人民」持「溫和左派」立場。左派組織的主席，前濟州島知事朴（景勳）「不是共產黨員，非常親美。」島民分離意識強烈，不喜歡朝鮮本土的人；他們的願望是不受打擾。

但這項調查斷定，近幾個月來，濟州島一直受制於官方有計畫的恐怖活動。據美軍反情報隊的情報，現任知事柳海辰是「極右派」，來自朝鮮本土，與兩個右翼青年團體有關連；「對付反對派政黨，手段殘忍且獨裁」。柳海辰以本土人和朝鮮北部人充任濟州島上的國家警備隊隊員，這些人和「極右政黨的恐怖分子」合作。一九四八年二月接受美國人採訪時，柳海辰承認他利用「極右派力量」來改造濟州島民，島民「大多」屬左派。他說濟州島政治「沒有中間路線」，人不是支持左派，就是支持右派，以此為自己辯解。49

一九四八年三月一日，濟州島爆發一場示威，抗議本土南部單獨舉辦選舉。警方在示威後逮捕兩千五百名年輕人，不久，島民就從河裡撈出其中一人的屍體：此人遭刑求致死。但最令島民怒不可遏者，是動用「西北青年會」對付異己。一九四七年晚期，美國反情報隊已就該團體在濟州島「範圍甚廣的恐怖活動」「示警」。但在美軍指揮下，這些青年與警隊、警備隊合力鎮壓濟州島游擊隊。根據後來朝鮮某報社的調查，自從某青年團體到來後，（此島）居民與來自本土者之間的關係愈來愈緊張。該團體成員是來自本土西北部的青年……這裡的人或許受了共產黨人的煽動，但三萬多人無畏刀槍奮勇抵抗，這事要怎麼理解。事出必有因。

據說西北青年會「比警察更強力執行警察權，其殘酷行徑激起很深的民怨。」[50]這一切成為游擊叛亂的推手。

島上游擊隊一般來講被稱作「人民軍」，人數據估計為三千至四千。但他們沒有中央統一指揮，以八十或百人為一隊機動作戰，隊與隊間幾乎不通聲息。日本人在島上留下如蜂巢般分布的洞穴、地道、防禦掩體；某些洞穴裡也留有日本人貯藏的小口徑武器，而為游擊隊所利用。他們藏身於這些地方，從俯瞰沿岸道路的山區和低地村落出擊。到了一九四八年六月上旬，內陸許多村莊已落入游擊隊之手；全島道路橋樑被毀。

據大韓民國當局的記錄，到了一九四八年底，已發生一百零二場戰鬥，雙方戰鬥人員超過五千人，將近六千島民遭羈押，叛亂者死亡計四百二十二人。至一九四九年四月，島上已有約兩萬民房被毀，三分之一居民（約十萬）被集中在受到保護的沿海村落。同月，美國大使館報告，「竭盡全力的清剿游擊隊行動……在四月實質終結，秩序恢復，大部分反叛者及同情者遭殺害、俘虜或轉向。」有些美國資料認為，一萬五千至兩萬島民死於這場衝突，但大韓民國的通訊社援引官方數據，將死亡人數計為兩萬七千七百一十九人；北韓的數據則是三萬。但濟州知事私下告訴美國情報機關，死亡六萬人，多達四萬人逃往日本；據官方數據，三萬九千二百八十五間民房被毀，但這位知事認為「山上大多數房屋」被毀；四百個村莊僅存一百七十個。換句話說，喪命島民達五分之一或六分之一，一半以上的村莊被毀。[51]

濟州島叛亂未息之時，有件事更加引人注目：發生於港市麗水的叛亂。此叛亂不久就擴及西南部、東南部的其他郡，一時之間儼然要動搖初生的共和國之基礎。叛亂起因於一九四八年十月十九日，韓國陸軍第六、第十四團的部分軍人，拒絕執行清剿濟州島游擊隊的任務。十月二十日黎明，叛軍（當時為數兩千）已控制麗水；然後，部分兵力搭乘火車前往附近的順天邑，下午三點前就壓制增援的警隊，拿下該鎮。不久，叛軍擴散到附近城鎮。兩個團兵變不過數小時，就有許多人遊行於麗水市區，揮舞紅旗，高喊口號；十月二十日的群眾大會上，麗水人民委員會恢復設置，「人民法庭」開始審判、處決許多被捕的警察，以及其他一些政府官員、地主、「右派分子」。上台講話者使用一九四五年出現的國號，要求成立「朝鮮人民共和國」，而非北部使用的朝鮮民主主義人民共和國的國號（但有些示威者也展示北韓國旗，宣誓效忠金日成）。麗水附近的數個小村莊和島嶼，也再度出現人民委員會。叛軍領導人告訴追隨者，三十八度線已作廢，與北部統一指日可待。[52]

李承晚和支持他的美國人立即指控北韓煽動叛亂，但這場叛亂其實係當地左派過去三年來追求目標受挫所導致。有份叛軍報紙就提到反抗美國占領軍的「三年戰鬥」，並要求所有美國人立即離開朝鮮。該報宣布，所有政府機關都該移交給麗水人民委員會，要求重分配土地而不給地主補償，肅清曾為日本人賣命的警察和其他官員，反對南部單獨成立政府。

平定叛亂的行動，由美國人統籌並指揮，由年輕的朝鮮人上校執行，即使占領已結束，美國此時照理說無權干預朝鮮內部事務。但秘密談定的協議，把大韓民國軍隊的作戰統制權交給美國人，韓國陸軍各部隊都安插了美籍顧問。美國C-47運輸機負責運送韓國部隊、武器和其他物資；美國情報機關與韓國軍隊、國家警備隊的情報部門密切合作。而在叛亂期間，三十八度線出現近幾個月來最長久的平靜，顯示北韓不希望戰事擴散。

叛軍的革命恐怖行徑，使數百名警察、官員、地主喪命；韓國國家警備隊的警員遭殺害者可能多達五百人，而且往往死得甚慘。但根據美國陸軍情報部門的資料，攻擊警察「讓許多（當地）居民人心大快」。順天中學學生踴躍參與攻擊警察之事。[53] 叛亂敉平後，效忠政府者可想而知發動了可怕報復。據美國方面的資料：「只要有一丁點……協助共產主義者起事的嫌疑，都被忠於政府的士兵射殺。」協助統籌平亂的重要人物詹姆斯．豪斯曼（James Hausman）報告，順天警察「報復心切，處死囚犯和平民……已有數名忠於政府的平民遇害，人們開始認為我們和敵人一樣壞。」[54]

麗水叛亂如狂風暴雨刮了一星期左右，但這最終是茶壺裡的風暴，李承晚趁此次平亂，箝制任何反抗他統治的勢力；不滿時局的軍人自發且倉促的一場譁變，只招來更多的壓制。根據美國的內部資料，占領期間的政治犯，在一九四五年八月的朝鮮南部，有一萬七千人在監，一九四七年十二月則有兩萬一千四百五十八人在監；兩年後，有三萬名遭指控為共產主義者的人，被關在李承晚政權的牢裡，而針對共產主義嫌疑者的起訴，占全國法院審理案件的八成。由於監獄人滿為患，多出來的囚犯給關在「輔導收容所」；美國大使館估計，有七萬人被關在這些收容所。一九四九年十一月有所謂的「悔改」運動，然後十二月時，有幾個「根絕週」，在這期間，每天搜捕的人數高達一千。有位大使館政治組官員概述了當時情況：

鎮壓共產主義似乎愈來愈順利。政府以多種方式動用其部隊。保安部隊撲滅共黨組織和游擊反抗勢力，下手毫不手軟，運用他們眼中一切必要的辦法……大韓青年團和學徒護國團灌輸愛國心，教導軍事訓練。各地都有特務監視一言一行；每個組織都有負責留意共黨活動的人。[56]

有位美國國務院官員，多年後在其著作中將李承晚一九四九年設立的「國民保導聯盟」稱作「別出心裁的設計」，在「反共運動」中大展了身手。[57]事實上，這是設立政治犯集中營，讓所有涉嫌參與左派活動的人接受「轉向」、「再教育」的一種方法。這個聯盟頻頻聲稱其每週「轉向」多達三千人，每個道「轉向」了多達萬人。聯盟幹事長朴友千向美國大使館某官員說明了運作過程：

為確定轉向誠心且徹底，每個向聯盟自首者，都得寫一份完整的自白書（趣意書）……最重要的是，必須寫下同一小組每個成員的名字……自白書

官方估計的麗水叛亂死亡人數[55]

政府軍喪命者	141	叛軍喪命者	821
失蹤者	263	被俘叛軍	2860
遇害平民	1000以上	殘存游擊隊員	1000以上

不斷受到覆核，為期長達一年，多半以比對名單的方式進行。在這一年內，若查明自白不實或交待不完整，該自首者就得為其作為、為其與左派的關係受到最嚴厲刑罰。[58]

批評大韓民國過去五十年來，持續以專制嚴酷手段對付左派和共產主義者時，應記得美國自該體制創立起，就一直默默支持其作為，是其共犯。由於北韓對南方政權構成的威脅，這些措施被認為無可厚非——接下來我們就來談談北韓。

北韓

韓戰爆發時，對北韓有了解者少之又少，但一般認為它是典型的蘇聯衛星國，屬於類似東歐諸國的「人民民主主義國家」。紅軍占領朝鮮北部，扶植了施行計畫經濟的社會主義國家，挑選金日成為其傀儡：這樣的國家不是衛星國，還能是什麼？但晚近以聯合國軍占領北韓時擄獲的寶貴文件[59]為基礎所做的研究，支持不同的解讀。這些見解可概括如下：首先，北韓於一九四〇年代晚期發展出本土的政治體制，其基本結構至今未有大幅變動，因此，一九四九或一九五〇年看到的基本結構，與一九九〇年代所看到的沒有兩樣。第二，與北韓最近似的國家是羅馬尼亞和南斯拉夫——而非東德之類完全受蘇聯支配的國家。第三，蘇聯勢力與中國勢力競爭，而且兩者都與北韓本土政治型態與實踐處於對立面。朝鮮民主主義人民共和國，不管是當時還是現今，都是戰後諸多馬列主義體制裡自成一格的案例，代表朝鮮本土政治實踐之有力重申——從領導人的最高角色，到其自力更生的意識型態，再到「隱士王國」的外交政策。

多年來也有許多人推測，如果蘇聯不控制朝鮮，也會有一群「蘇聯系朝鮮人」控制朝鮮。有份國務院的回顧性研究報告，以擄獲的北韓文件為基礎，斷言約四十三個在蘇聯出生或居住的一群朝鮮人，構成此蘇聯系朝鮮人團體的核心，其中大多數人一九四五年時是蘇共黨員；但即使根據這份官方敘述，仍可看出他們直到韓戰之後都一直扮演「次要角色」，金日成的主要競爭對手係本土共產主義者和親華派。蘇聯系朝鮮人於一九五〇年代初期短暫得勢，但根據這份研究報告，該團體於一九五六年時已「幾乎被消滅」。此團體的首腦是許嘉誼（Hŏ Ka-i）。此人提倡蘇聯式組織，被稱作「最符合布爾什維克傳統的嚴格紀律信奉者」，與蘇聯大使館合作密切。中情局極看重許嘉誼，認為他是蘇聯人與朝鮮人之間的重要聯絡人，幕後影響力「很大」。[60]

近年來，縝密的學術研究顯示情況並非如上所述。蘇聯—朝鮮關係領域的最權威學者，發現莫斯科一地史達林旗下的大批國際共產主義者之中，沒有哪個朝鮮籍共產主義者或民族主義者被明確認定為「受信賴的蘇聯人」。一九三七年，考量到因為種族主義之故，朝鮮人之中可能有親日的煽動叛亂分子，史達林下令將約二十萬朝鮮人，從蘇聯遠東強制遷移到中亞。「與此同時，在共產國際裡工作的朝鮮籍共產主義者，全都被當成日本軍國主義的（可能）特務逮捕殺害。」一九四〇年代，金日成等朝鮮籍游擊隊員在蘇聯、滿洲邊界來回移動時，蘇聯人可能也會把他們捉來調查、訊問，監視他們頗長時間。現存蘇聯人對日本治下滿洲的專題論著，通常未提到金日成——若他真是蘇聯的傀儡，怎會受到如此明顯的冷遇。[61]

從沙皇時代起，俄羅斯就認為朝鮮攸關其國家安全。誠如前文所述，一九〇五年的日俄戰爭，有一部分源於爭奪朝鮮半島支配權。常有人推測，俄國人把朝鮮視為進入太平洋的大門，尤其是為了取得不凍港。此外，朝鮮有亞洲最早期的共產主義運動。因此，戰後朝鮮似乎甚受蘇聯關注；許多人因此認為蘇聯的政策很簡單，就是要把朝鮮北部蘇維埃化，成立傀儡國，然後指示金日成於一九五〇年以武力統一朝鮮。問題在於，蘇聯人並未因介入朝鮮事務而取得不凍港，即使他們完全占領半島的一半時亦然。

在半島北部，蘇聯顧問人數始終不是非常多，即使軍中亦然。英國方面的資料估計，中央政府的蘇聯顧問從一九四六年的兩百人，減為一九四七年四月的僅僅三十人，而聘用蘇聯顧問最多的部門，可想而知是內務部。南韓國防部長認為韓戰前蘇聯軍事顧問只有一百二十名，此數字與開戰後情報機關的估計一致——「北韓每個師（配置）約十五個（蘇聯）軍事顧問」，一九五〇年六月前，北韓的兵力不到十個師。北韓空軍只有十五個蘇聯顧問。美國人總喜歡說配置蘇聯顧問的層級最低可到營級，這樣看來人數似乎頗為可觀。但一師有三個團，一團有三個營。如果總數是一百二十人左右，或每個師十五人，那麼一個營只會有一兩名蘇聯籍顧問。[62]這樣的蘇聯人勢力，相較於完全衛星國化的東歐諸國，根本是小巫見大巫。在東歐諸國，蘇聯籍雇員和顧問達數千人，蘇聯官員有時擔任政府要職。

北韓

當時某些內部報告也有類似說法。英國外交部的米爾沃德（R. S. Milward）於一九四八年中期寫道，顯然近似於南斯拉夫等更為自主的西方共產國家。金日成……在戰時被吹捧為近乎傳奇的游擊英雄……朝鮮的狄托。此外，俄國人正打算從朝鮮撤軍，似乎相信他們的傀儡……不需俄國直接干預，也會符合俄國利益統治此國。

米爾沃德認為，北韓這一「自主表象」，比「俄國勢力範圍裡的其他每個國家」都要顯著。一年後，有份中情局研究報告認為，蘇聯對歐洲地中海地區和對東亞地區的態度，差異非常分明，提到一九四五至一九四九年間，對東亞境內的共產主義「總體來說事不關己的心態」。中情局認為，蘇聯人掠奪滿洲工業設備，意味著他們無意建立依附於蘇聯的經濟綜合體，而且無法隨心所欲控制亞洲的民族主義和「狄托主義」。[63]

一九四〇年代的北韓絕非只是個蘇聯衛星國，情況是從一九四五至一九四六年以遍及各地的人民委員會為基礎建立的聯合政權，演變為一九四七至一九四八年相對來講受蘇聯較強支配的政權，再演變成一九四九年與中國有重要連結的政權，從而使北韓得以巧妙遊走於兩大共產強國之間。金日成不是蘇聯人所挑中的傀儡，而是先以巧妙的政治手段建立自己的領導地位，然後孤立並擊敗殖民時期留在朝鮮的共產主義者，接著一度與親蘇的朝鮮人結盟，然後（一九四八年二月）打造出唯他是從的強大軍隊。這支軍隊既有與他一起在滿洲和中國內地打過仗的朝鮮人，也有留在國內的朝鮮人。[64]

從一九四五年八月至一九四六年一月，蘇聯人的確有與共產主義者、民族主義者組成的聯合勢力合作，該勢力的領袖是信奉基督教的教育家曹晚植。但蘇聯人未在朝鮮成立中央政府，也未創立軍隊。事後看來，相較於美國人在南部的政策（確實著手推動在南部單獨成立政府和軍隊），他們的政策似乎更具試探性、更被動因應外在情勢；當時蘇聯在遠東的勢力，會配合外在情勢做出相應改變，於是有一九四六年初蘇軍撤出滿洲之事。不管是為了回應美國的主動作為，還是因為大多數朝鮮人鄙視一九四五年底與美軍談定的託管協議，一九四六年初，北部也開始單獨成立機構。

二月，由金日成領導的臨時人民委員會構成第一個中央政府，三月開始土地改革，無償沒收地主的土地。八月，一個有力政黨（北朝鮮勞動黨）主宰政局，一九四六年秋，北部軍隊略具雛形。中央機關把主要產業收歸國有（這些產業當然大多原屬日本人），開始仿照蘇聯的中央計畫、重工業優先的模式，施行兩年經濟計畫。抱持民族主義立場和信奉基督教的其他領導人，只能在形式上參與政治，形同被逐出政壇，曹晚植遭軟禁。金日成和其同志支配所有政黨，驅逐不服從於他們的人。朝鮮人民軍是金日成支配地位的憑藉；此軍直到一九四八年二月八日才創立，但一九四六年中期起就開始成形，由其最親密的同志之一崔庸健統領。

勞動黨，亦即共產黨，其實以廣大農民為其社會基礎。黨組織吸收大批支持金日成統治的群眾入黨，採行不問階級背景、允許任何人皆可入黨的開大門政策。大量貧農因此成為黨員，而黨員身分給了他們地位、威望、特權和粗淺的政治參與。就連黨的領導階層裡，貧農出身都很常見。根據一九四九年晚期針對一千八百八十一名「文化幹部」秘密編纂的資料，約六成六出身貧農，一成九出身無產階級。這些幹部裡有四百二十二人參與過中共的八路軍。[65]

在個人傳記裡，我們也看到此一模式。金秋淑（Kim Chu-suk，音譯）一九二〇年生於貧農家庭，二戰期間為佃農，一九四六年入黨和入婦女同盟（當「宣傳員」），隔年就讀道的黨幹部學校，畢業後出任鄉（韓文「面」）黨支部的統計員，一九五〇年已升至郡支部的一員。金哲今（Kim Chŏl-gŭm，音譯）的情況則符合其他許多工農階級的模式。他在一九一〇年生於京城附近始興郡的貧農家庭，以佃農身分耕作，一九二五年父親死後負起養家之責；經濟大蕭條期間，一家人生活甚苦，母親也去世。工廠開放工作機會後，他帶著妹妹到朝鮮北部，在日本人的拖網漁船上覓得鍋爐工的工作，受到殖民者日本人的「輕蔑對待」，但還是學到一些本事。一九四二年，他被強制徵用，送到新加坡，在商船上工作了三年。一九四五年四月，由於英國飛機每天來襲，他「不想為日本人送死」，於是逃走。三天後被捉，關進軍事監獄。戰後回到元山；一九四六年加入北朝鮮勞動黨，他在元山當地尚存的五個親戚也有四人入黨。

董學政（Tong Hak-jŏng，音譯）也是一九四〇年代的典型工農，他家所屬的氏族，全族都是貧窮佃農。經濟大蕭條期間，他父親靠務農養不活一家人，於是在董學政十三歲時，舉家從咸鏡北道的明川郡移居滿洲的間島，全家待到一九四五年才離開。他父親在日本人的紡織廠工作，他則在礦場勞動。一九四六年，這個兒子去京城，希望就讀中學。未能如願後，他返回水上（Susang），一九四六年十月加入保安隊（軍隊前身）。一九四七年受訓兩個月後，他成為保安隊的副支隊長。一九五〇年，他已是朝鮮人民軍軍官。[66]

光復後的第一年，朝鮮北部有許多非共產主義的政黨和團體——民族主義者、基督徒、本土宗教天道教的教徒。金日成領導階層以「統一戰線」政策，對待朝鮮民主黨和天道教的「青友黨」這兩大黨。一九四六年十一月的全國人民委員會選舉，朝鮮民主黨拿下三百五十一席，青友黨拿下二百五十三席，北朝鮮勞動黨拿下一千一百〇二席，一千七百五十三名當選者無黨無派。[67]金日成以如下的公開陳述，表明這些政黨是理所當然的統一戰線一員：朝鮮民主黨反對外國干涉朝鮮內政，因而是反帝國主義者；青友黨「黨員大多是農民，因此我們可永遠和該黨維持結盟關係」。[68]但這項統一戰線政策未讓這些黨享有實權。政策的確考慮到天道教的農民基礎，以及城市（尤其平壤）基督徒勢力的重要性，但金正日的政權把這些黨和其他人一樣，納入由上而下的控制。

金日成讓其游擊隊同志崔庸健擔任朝鮮民主黨黨魁。一九四六年耶誕節，崔庸健發表了他最早的重要演說之一，其中斥責該黨黨員不夠積極，呈交黨中央的報告不夠，有「小資產階級」心態，還有「我民族的弊病」——宗派主義。他力促黨員革除「壞的、封建的影響」，這也是他們拿來批評北朝鮮勞動黨的理由。黨內企業家和商人應努力發展國家財富，而非個人富裕；他說投機倒把的行為對經濟威脅甚大。黨員應就這一切反省，批判自己的不良作風。[69]金日成政權希望朝鮮民主黨成為地主與資本家階級的代表，但絕不洋洋得意，希望他們反省自己的過錯、矯正自己的思想，藉此慢慢終結他們自己所屬的階級。

這時，朝鮮民主黨只是政策的輸送帶，是另一個完全聽命於中央的無所不在的組織。這就是為什麼金日成政權一反政黨政治的競爭常態，催促朝鮮民主黨黨員更加積極，而非不要那麼積極的原因。一九四七年，北朝鮮勞動黨對朝鮮民主黨南浦支部所做的秘密調查，發現該黨幾乎完全未致力於增加黨員、拉票或增設支部。此黨的「民主化」係為了剷除地主和親日份子，而不是將該黨動員起來。這份報告說，當地黨員的出身都不好（「個個是親日分子」），已有數個黨員因此被趕出當地的人民委員會。報告說，基督徒只加入朝鮮民主黨，其中大多數人是地主出身。該黨的「民主化」因此困難：「壞地主」和「基督徒」未被「清洗掉」。這份調查報告包含朝鮮民主黨南浦支部黨員之階級出身的「極機密」資料，顯示約二千九百七十四名黨員中，六百二十五人是工人，四百八十六人是農民，四百九十三人是事務員或官僚，一千三百六十五人是「其他」，再細分「其他」一類的話，往往意指地主、教師、律師、商人、其他專門職業者。朝鮮民主黨的女黨員只有一百八十七位，而在北朝鮮勞動黨的黨員裡，女人往往占四分之一或更多。[70]

基督徒尤其是此政權的眼中釘。基督教在朝鮮盛行的程度，甚於在日本或中國，即使一九四五年基督徒在總人口裡所占比例不到百分之二，但他們在平壤人數甚多且有影響力。美國方面的資料認為，基督教會構成反金日成政權的最強大勢力，許多牧師於一九四〇年代晚期入獄，包括文鮮明牧師。他掌理名叫以色列教會（Israel Church）的教派，一九四八、一九四九年因未婚性交、通姦的罪名入獄（據後來南韓的資料）。新義州發生一件特別嚴重的流血事件，警方在該地朝基督徒抗議群眾開火，導致二十三人喪命；後來成為南韓著名貴格會人權活動家的咸錫憲，當時是該道人民委員會的一員。他在此一事件後遭毆打、逮捕。金日成於慘劇後走訪新義州，欲修復共產主義者和基督徒民族主義者之間的裂痕。[71]直到韓戰爆發為止，基督教教會一直不受管制；人民可以做禮拜，但不能從事政治活動。

一九四六年底，北部已無新聞自由可言，所有報紙——中央和地方、共黨和非共黨——刊載的新聞基本上沒有兩樣，儘管帶有少許地方色彩。此外，親蘇的朝鮮人往往支配文化機關；一九四五至一九五〇年，黨刊的三個主編全是「蘇聯系朝鮮人」（通常意指先前住在蘇聯，或唯蘇聯馬首是瞻的朝鮮人）。

透過上述作法，北韓人很快就徹底翦除所有非左派的政治反對勢力。構成統一戰線的兩個非共政黨仍獲准存在，但手上毫無權力。這是為了防止其他勢力坐大威脅當權者，用意與南部的右翼沒有兩樣，但北部人在這方面做得更徹底許多，因為他們有較完善的組織，且反對勢力一般來講不成氣候。不管是北部還是南部，都對使用暴力遂行政治目的毫無顧忌，但北部往往更能壓制他黨勢力，原因既在於其敵人是人數不多的階級和團體，也在於北部多將政治頑抗者再教育、再改造的政治慣習——或許這是朝鮮領導階層從與中國共產黨打交道的經驗裡習得。

不配合政權意志，或被認為意識型態落後的人——亦即幾乎每個人——都得參與小組批判會和自我批判會，作法一如中國；這些政治團體也是政權傳達政策的管道，因此占去幾乎每個人不少時間。黨內文件和黨報呈現無所不在的團體生活，不斷把注意力擺在召開各級會議上——政府機關、工作場所、學校、村莊。檢視文獻資料，其實並不會覺得極權主義氛圍那麼濃，反倒是金日成政權致力於號召人來開會、要求要準時、敦促要發言之類的尋常問題。團體的領導花很多時間打擊「自由主義」，所謂「自由主義」指的是開會缺席、遲到或早退、「夜間外出」、始終不發言——換句話說，就是我行我素的行為。透過這些總體方法，金日成政權如願使幾乎每個人成為同一組織的一員，時時過著團體生活。[72]

但金日成政權並未像一九三〇年初期的蘇聯，或發動流血土改運動的中國、越南那樣，大規模屠殺其政敵。地主獲准逃到南方，或在其他郡耕種小塊土地，韓戰之前，領導階層的內部清洗，通常既不致命，也非永久。例如，吳琪燮一九四八年遭逐出政治領導階層，但不久就成為一家合股公司的總經理，一九五〇年代中期返回政壇，當上頗高的職位。

警察與情報機關

根據取得的內部文件研判，北韓的保安機關是革命性質的司法機關，是徹底的總體控制體系，也往往是監視體系。解放後不到一年，北朝鮮人就已完全掃除治安體系裡原為日本人效力的朝鮮人，徹底整頓了最令人痛恨、懼怕的殖民地機構，但他們並未代之以會讓美國人想要生活於其中的體系。任職於新體系且受益於新體系的人，認為它大大改良了先前的體系；受苦於它的人，則認為它是嚴酷的網絡，不讓個人享有任何自由。兩者的看法大概都對。

在北部，保安機關規模極大。有份關於人民委員會行政架構的「極機密」文件顯示，各道之人民委員會的情報部門，其成員始終多於其他部門（每道約二十名，各道人民委員會成員總計三百五十三至三百六十二人，因地區而異）。市人民委員會配屬有五十五名內務部職員，委員會人數，從羅南的一百四十一人至新義州的一百八十五人，多寡不一，但首都有三百四十一人。郡級人民委員會職員共一萬零四百九十九人，其中超過三分之一（三千七百三十二人）是內務部職員。這些人員包括普通的街坊警察，甚至包含取締毒品、毒物之類的尋常業務——也就是說不只負責政治對象。此外，北部的警察總人數少於南部甚多。[73]

一九四七年保安局長朴一禹的秘密報告，顯示政治對象最受關注。朴一禹告誡各道主管，說他們對「牟取暴利者、邪惡資本家（也被稱作「政治罪犯」）的鬥爭」相當軟弱，還不夠積極。各主管務必要「檢查」轄區內所有街坊領導人的「階級出身和思想」，把有問題的人提交人民委員會注意。在此體系下，階級敵人不消說幾乎毫無權利。朴一禹也論及警察不時易有的弱點，力促他們悔改：「人都有口腹之欲，都愛異性，但這是愛國者所該戰勝的東西。淫逸、怠惰……只有益於自己，與愛國思想背道而馳。」[74]

談論如何訓練和管理警員的內部文件，也顯示了對類似事物的重視。新進警察受到督促革除「專橫、傲慢、自私、自肥」這些舊心態；新人「必須尊重人權」，「絕不可有毆打、拷問和其他不人道的惡行。」所有警察都應是「守法的模範，人民的表率。」這些資料說，好警察的美德包括熱心服務、「相親相愛」、革除生活中的「不潔」事物、守紀律、善於解決問題、願意面對困難。在北韓，警察必須「為人民服務」；不然，北韓就稱不上是人民的國家。保安人員必須保衛「人民」，打擊敵人——在此指的是「賣國賊和親日分子」。[75]我們不能把這項證據逕斥為宣傳，因為它取自機密的內部文件。它最起碼顯示，不管個別警察行徑有多過份，領導階層的確想改變舊治安體系的部分惡行。

這些新警察再怎麼潔身自愛，他們的職能終究包括思想控制與監視的總體體系，只要是相信人都該享有基本政治自由的人，看到這些作為，都會驚駭不已。金日成政權組織了大規模的秘密網絡，舉報包括謠言和傳聞在內的政治言論，此舉既為查核人民的忠誠，也為了提供基本輿情給領導階層。一九五〇年八月占領南部之北韓軍發出的一份內部指示，可以說反映了北韓的習慣作法（即使在戰時情況下亦然）。此指示說道：

> 要讓群眾認識人民主權的正確和優越，最重要的機制在於掌握群眾的意見，以及改變意見的方法。因此，強化組織化的輿情蒐集網最為重要……透過它廣泛蒐集、回報群眾意見，以清除反民主現象和村民的不正確思想。

這份文件要求組織情報網，以確認每個人的姓名、地址、階級出身、黨派屬性、光復前的活動、心態好壞，並如實呈報，無需附上編纂者的評論。

有個呈報對象是「小地主」李凡根（Yi P'an-gŭn，音譯）。他為大地主的土地全遭沒收而欣喜若狂，但覺得沒理由拿走他自己的地，因為他是自耕農。[76]海州有份類似的輿情報告被標注為「絕對機密」，就蒐集了多位市民的看法，例如針對南韓發動的宣傳單攻勢，有個市民回應道，「混蛋！一直丟宣傳單，卻完全收不到效果，不如把它們拿去擤鼻涕。」有一群工人被人監聽他們說了「和平統一絕對行不通」；李承晚拒絕我們的每個提議，因此「我們得攻擊」。另有一些文件報告了人們對金日成是不是冒牌貨的看法，並引述某人所言「崔庸健比金日成優秀」。有個勞動者哀嘆道，「不在農田幹活，就得去工廠幹活，而不管去哪幹活，我的問題都嚴重到不如去死，既是如此，我幹嘛參與選舉？反正我都得死。」[77]憑藉這些資料，領導階層掌握人民的意見和怨言。至於侮辱金日成的人下場如何，沒人敢問。

出身可疑之人，其所有活動時時受監視。這類人包括遭奪走土地的地主、前殖民政權官員、資本家、尤其是有親人在南部的家庭。安州郡十九人受監視，其中有些人是當地人民委員會的成員；十三人是貧農或無產階級出身，十六人是北朝鮮勞動黨黨員。監視理由包括有親人去南部、不明確的「反動活動」。階級出身好或黨員身分，顯然不是免於監視的護身符。[78]

受監視者的個人檔案，亦顯示出類似的監視模式。例如，金載基（Kim Chae-gi，音譯）原是農工，後來成為人民委員會第一書記，然後成為黨員；身為三個仍在求學之小孩的父親，他被歸類為「第一級監視對象」，但並未交待如此歸類的理由。還有個也被歸為「第一級監視對象」的人，名叫張銘寧（Chang Myŏng-nyŏng，音譯），一九三四至一九四三年在加平的工廠工作，然後成為鐵原的人民委員會官員。他有個兄弟在南部，除了這一點，再加上他任職於靠近三十八度線的城鎮，很可能使他被認為不可靠。另一個監視事例，涉及人民委員會書記李成熙（Yi Sŏng-hi，音譯），他因在日本殖民時代擔任過事務員而受監視；報告書指出他「很有工作熱情」。鄭元模（Chŏng Wŏn-mo，音譯）原是佃農，後來（一九四五年前）在工廠工作，一九四五至一九四七年是人民委員會的積極分子，一九四七至一九四九年是下級政府職員，但因為朝鮮民主黨黨員身分而受到監視。一般罪犯都被列為監視對象，而某郡人民委員會的財務主管，貧農出身的沈基石（Sim Ki-sŏk，音譯）也受到監視。他的不法行為，包括在當地某餐館白吃白喝了價值一百二十圓的狗肉湯，以及把他妻子的膠鞋拿去黑市賣掉。這些文件照例列出受監視者每個親戚的姓名。[79]

結論

光復的熱情製造出兩個大不相同的朝鮮，它們至今仍然存在。朝鮮民主主義人民共和國於一九四八年九月九日宣告成立，比大韓民國成立於漢城晚了三星期；北部一如南部，邀請麥克阿瑟出席此成立大典（但他置之不理）。金日成被提名為內閣首相，保有此職銜直至一九七二年為止（該年，根據新憲法，他成為共和國主席）。一九四八年底，蘇聯從北韓撤出占領軍，此一決定與蘇聯在東歐的政策大相逕庭。在東德、波蘭、捷克斯洛伐克等東歐國家，蘇聯持續駐軍，直到一九八九年柏林圍牆倒塌為止。但蘇軍撤走後未再駐軍於朝鮮。與此同時，數萬名打過中國國共內戰的朝鮮籍軍人慢慢回到朝鮮。整個一九四九年間，能吃苦、善戰，且有中國經驗而非蘇聯經驗的士兵回國，成為朝鮮人民軍一員。這件鮮為人知但非常重要的插曲，給平壤帶來短暫的休養生息空檔。史達林是最精明的務實者，曾輕蔑說過「教宗？他有多少個師的兵力可用」；他之後會不得不體認到，這些朝鮮士兵的歸國，必會使北韓轉向中國。最起碼，這會提升金日成的談判籌碼，使他得以巧妙遊走於兩大共產國家之間，韓戰後他更是這方面的能手。一如李承晚，他追求國家統一。不同於李承晚，他在一九五〇年時，已具備完成統一所需的資源。

CHAPTER

5

衝突：一九四八～一九五三年

此時人民驚恐，立即備戰，在牆後、我們的側翼，就戰鬥位置，於是我們正面、側翼、後方都受到騷擾……除了躲在灌木叢後、石牆後或樹後立即開火然後消失的人，我們碰不到別人。

——列克星頓的英國軍官，一七七五年

朝鮮人極愛松樹，也極愛貫穿朝鮮半島的許多遍布松樹的山。王建的高麗祖先相信「若移郡山南，植松，使不露巖石，則統合三韓者出矣」的風水傳說。王建一統高麗時，在其《訓要十條》的第五條寫道：「朕賴三韓山川陰佑以成大業……。」[1]

三十八度線不只貫穿開城（高麗貴族的居住地和高麗都城）中心，也沿著松岳山的南坡綿延——或許直接穿過王建家族的發源地，或穿過王建在該地所建的王宮滿月台。一九八七年某日清晨，我漫步在開城街頭，最終來到一處可遠眺松岳山全貌的地點：松岳山山坡上仍清楚可見四十年前南韓炮火擊出的凹痕。這些炮彈全是韓戰期間（一九五〇～一九五三）落下，但一九四九年夏秋也有炮彈落下，當時三十八度線仍是南北韓分界（一九五三年後的非軍事區把開城完全劃入北韓領土）。

許多詭辯和論點主張韓戰始於一九五〇年六月二十五日，實則不然。韓戰並非始於該日，而且金日成若「開」戰，不可能在那時，只可能在更早時。當我們往更早時尋找該起始日，我們慢慢摸索出真相，即內戰並非突然爆發，而是逐漸降臨。內戰起因甚多，每個人都難辭其咎——包括貿然分割朝鮮、然後重新建立殖民地統治機構的美國人，以及為其效勞的韓國人。若非發生韓戰，會有多少朝鮮人如今可能還活著？蘇聯也難辭其咎。蘇聯不在意朝鮮自古的完整性，決意「建設社會主義」，不管朝鮮人是否想要這種體制。若非如此，會有多少朝鮮人如今可能還活著？然後，把目光探向南北韓之間，探究本來或許能避免民族分裂、同胞相殘的

作為時，我們的確找到許多難辭其咎的人。

一九四五年八月朝鮮分裂之前，誰都想不到會發生韓戰。但由於南北分裂，這樣的戰爭自那之後始終可以想見——直至情勢仍然一觸即發的今日。最早有人隱約覺得北韓可能入侵，不是一九五〇年，而是一九四六年春，當時約翰·霍奇將軍告訴華府，或許不久就會有攻擊之事。南北朝鮮的實權人物起心動念打統一戰爭的最早證據，同樣在這麼早的時期就出現了，那不過是太平洋戰爭結束不過六個月。但不管美國還是蘇聯，只要其軍隊可能被捲入戰爭，都不會支持動武廢除三十八度線之事，因此，我們可以把朝鮮的「熱」內戰的起始日期定在一九四九年初，即蘇聯軍已撤走、美軍正在撤走之時。一九四九年也是中國共產黨打贏內戰之年，此事對南北韓、對美蘇的朝鮮半島政策，影響甚大。當然，凡是熟悉朝鮮歷史者都會預期到，強大得足以擺脫帝國主義桎梏的中國，會對其近鄰有所影響。

北韓與中國

一九五〇年十月，中國揮兵投入韓戰（這通常被視為中國再度介入朝鮮之日），但在這之前，中國對北韓的影響就很大——主要是透過數萬名打過中國內戰的朝鮮人來發揮的，後來，基於投桃報李，中國出兵援助北韓。金日成察覺到中共若打贏內戰將會帶來的莫大戰略益處（讓北韓無後顧之憂，其程度遠非一九四五年所能想見），於是，一九四七年初，他開始派數萬朝鮮人為毛澤東助陣，把既有的朝鮮部隊擴編為師級。這支「義勇軍」的出現，為一九五〇年秋中國回報此恩情，派「志願軍」入朝鮮埋下伏筆。「義勇軍」助陣，正值中國共產黨陷入危機之時，尤其在滿洲陷入危機之時。據威廉·惠特森（William Whitson）的說法，一九四七年三月，人民解放軍士氣「非常低落，因為在各戰場接連打敗仗，損失慘重」；國民黨發動攻勢，意味著「鹿死誰手似乎仍未可知」。[2]

一九四七年初，美國情報機關密切注意軍隊、軍需品越過中朝邊界進入中國之事；一九四六年晚期，北朝鮮軍力在朝鮮境內已急速擴增，準備在滿洲發動春季攻勢。約三萬朝鮮人由金策統領，據報於一九四七年四月間進入滿洲，這時，滿洲境內的中共兵力已有一成五至兩成是朝鮮人。從那之後直到一九五〇年冬，美國情報機關把這些軍人稱作「中國共產黨部隊」（中共部隊）或「中共部隊朝鮮人」（因此而難以指認日後投入韓戰的真正中國軍隊）。

觀察敏銳的英國外交部官員米爾沃德，一九四八年中期論道，朝鮮人在中國累積了豐富的戰鬥經驗。英國情報機關報告，一九四六年十二月和一九四七年一月，整個北朝鮮鐵路網全力投入「中共部隊」的運送事宜，北朝鮮是「中共部隊」的「可靠後方」，提供穀物等物資、休整和休養，也是大量士兵的住處。駐漢城美國陸軍的情報部門說：「國民黨兵力最深入滿洲的時期，北朝鮮是中共部隊安全的通信區。」一九四七年五月，人民解放軍利用朝鮮北部來臨時駐紮士兵，拿中國的製造品換取朝鮮的穀物和礦物。興南大炸藥廠的產品，大多運到中國，尤其是矽藻土炸藥和炸藥導火線。

中國境內的朝鮮籍部隊，原是一九三〇年代在滿洲或延安作戰的數支部隊。一九四〇年代晚期仍存在的兩支部隊，是朝鮮義勇軍和李紅光支隊（因一九三五年戰死在滿洲的朝鮮籍游擊隊員李紅光而得名）。有些資料說，朝鮮義勇軍一九四六年四月後不再使用此名，編入東北民主聯軍的朝鮮籍部隊（東北民主聯軍之名，類似一九三〇年代使用的諸名稱）；但其實在那之後，此部隊繼續使用朝鮮義勇軍之名。朝鮮義勇軍實際上創立於一九四一年，但直到一九四五年八月為止，其成員大概只有三百至四百人。但隨著從日本軍復員的朝鮮籍軍人加入，隨著中國內戰擴大，其兵力成長快速；美國陸軍情報部門的資料，提到國民黨人迫害當地朝鮮人之事，包括戰後不分青紅皂白把他們連同日本人一起報復。這是國民黨「內戰時期代價最慘重的失策之一」，把許多朝鮮人推向共軍。[3]

美國陸軍情報部門的資料，認為武亭是聯合軍事委員會之朝鮮籍委員長，該委員會由六名朝鮮人、六名中國人、兩名蘇聯人組成。這位朝鮮籍游擊隊長，一九二八年加入毛澤東與朱德初創立的紅軍，並參與過紅軍長征。該軍事委員會掌管了所有軍需品從朝鮮送入中國之事。美國大使館武官估計，這時在滿洲作戰的朝鮮人已達整整七萬人。美國人從某個通風報信者那兒得知崔庸健意味深長的一段話，將其引用在一份情報文件裡。此人說他參與了一九四七年五月十日「中共部隊」朝鮮籍領導人會議：

南朝鮮很快就會是我們的。目前，致力於把國民黨趕出滿洲的民主聯軍裡，沒有哪支部隊沒有我們的兵。滿洲戰役結束時，這些部隊會是身經百戰、受過訓練的老兵。美國人和俄國人撤走時，我們能立即解放（南）朝鮮。[4]

後來，崔庸健成為朝鮮人民軍首任總司令，在一九四八年二月八日的創立大會上，領導創建朝鮮人民軍。

朝鮮人民軍軍官團裡，占最大比例者不是親蘇的朝鮮人，而是在中國打過仗的老兵；漢城美國陸軍情報部門的資料認為，八成以上的朝鮮人民軍軍官在中國打過仗。武亭是在中國打過仗的朝鮮人裡名聲最響亮者，但長期抗日資歷和他與中共高層領導人的密切關係對金日成構成政治威脅，因此直到韓戰開打才躋身高位。武亭在北韓的角色，如同金九在南韓，同是堅定的愛國者，性情粗野，欠缺政治洞察力。朝鮮民主主義人民共和國內務部長，同時也是金日成的心腹朴一禹，在中國度過大半人生，他是延安朝鮮革命軍政學校的副校長，後來協助武亭改組朝鮮義勇軍。一九四八年四月朝鮮人民軍第三師的高階主官——方虎山、王子仁、洪森、盧哲用——都是在中國打過仗的老兵。後來方虎山於韓戰初期扮演了極重要的角色。他於一九二〇年代就讀著名的黃埔軍校，至少從一九三三年起就是中國共產黨黨員；他還在延安朝鮮革命軍政學校當過指導員，然後與李紅光支隊、其他部隊一起打遍滿洲和華北，最後統領人民解放軍第一六六師。這個師的成員大多是朝鮮人，後來該師成為朝鮮人民軍第六師的基幹。美國方面的資料說方虎山是腦筋好、做事有條有理的軍人，在朝鮮人民軍中甚受敬重。

金雄是另一個黃埔軍校出身的「中共部隊」指揮官；軍事史家羅伊・艾珀曼（Roy Appleman）稱他為「令人佩服的軍人」、「活力十足且嚴厲」、韓戰中最能打的朝鮮人民軍指揮官。崔德祚（Chŏe Tŏk-jo，音譯）統領司令部設在鎮南浦的朝鮮人民軍西部軍區，曾是毛澤東八路軍的軍官，他的參謀長郭東序（Kwak Tong-sŏ，音譯）是朝鮮義勇軍的老戰士。有「中共部隊」淵源的北韓軍隊領導人，還有李浩、韓璟、吳白龍、池炳學、崔亞立、金光俠、李益星、崔光。崔光是朝鮮人民軍司令官；一如崔光和金日成，韓戰開打時，這些軍官多半三十來歲。[5]這份名單尚不包括一九三〇年代起與中國人並肩作戰的朝鮮籍滿洲游擊隊員，例如金策、崔庸健、金一，當然也不含金日成。若加上這些人，就幾乎列出了一九五〇年朝鮮人民軍高階指揮官的完整名單，這些人全是有中朝聯合作戰經驗的老戰士。

原在中國打仗的朝鮮部隊，從一九四八年直到一九五〇年秋，化為數股陸續返國，總數在七萬五千至十萬之間。根據情報機關的估計、當時的第一手文件、從戰俘取得的回憶資訊，返國分成幾波：一九四八年二月，有支來自李紅光支隊、人數上萬的部隊，為了朝鮮人民軍的創建而返國；一九四九年七至十月，三萬至四萬人返國；一九五〇年二、三月，四萬至五萬人返國。人民解放軍第一六四師、一六六師的朝鮮人在一九四九年七月渡過中朝邊界，構成朝鮮人民軍第五師、第六師的基礎。一九四九年十月，透過情報網，收到許多朝鮮人返國的報告；第十六軍第一五五師在一九五〇年二月回到朝鮮，成為朝鮮人民軍第七師；來自中國的非正規部隊返國，一九五〇年三月新編為第十師。在這期間，還有更多朝鮮籍軍人在中國內戰中一路往南打，參與了一九五〇年五月爭奪海南島的「最後戰役」，六月韓戰爆發時尚未回到朝鮮。[6]

韓戰期間被俘的朝鮮軍人日記，顯示他們兼有中國、朝鮮經驗。[7]有部日記的封面、背面還貼了毛澤東像、朱德像；隨著這名軍人於一九五〇年春從中國移到朝鮮，他的日記記事從漢字改為漢字與韓文混用。他在日記裡寫了忠於朝鮮民主主義人民共和國、忠於金日成的誓言（同時抱怨朝鮮籍軍官的地位低於中國籍軍官）：

> 我，身為朝鮮民主主義人民共和國公民，對祖國負有嚴正義務。因此，我要加入朝鮮人民軍，忠誠獻身於祖國、人民、民主主義的人民政府。我向我們的偉大祖先嚴肅宣誓。如有違背誓言，願受人民法庭無情處置。

誓言還說：「服務人民是最光榮的任務」；我們「為我共和國的自由，與敬愛的最高首領金日成將軍而戰。」

第四野戰軍軍人金浩一（Kim Ho-il，音譯），一九四七年六月加入「中共部隊」，從北京打到廣州；一九五〇年二月被派到湖南長沙，然後接到北進命令。一九五〇年三月十七日，他在安東渡過鴨綠江，那天夜裡更換軍服；一九五〇年十月十七日在朝鮮北部作戰時被俘。全載路（Chŏn Chae-ro，音譯）在中國打仗，然後回到平壤，在那裡與另外一千兩百名朝鮮人民軍軍人就讀中央第二政治學院，該學院位在金日成出生地萬景台。畢業後，這批學生授階少尉。全載路隨朝鮮人民軍第四師駐守鎮南浦，直到一九五〇年六月十六日，然後該師於此日進向三十八度線附近的漣川，六月二十日抵達。八月中旬在釜山周邊戰鬥期間被俘。

讀者在下文或許會問，北韓為何沒在一九四九年夏發動入侵以回應南部挑釁，若這麼做，會更不容易被認定是無故動武。我想，答案很簡單：精銳士兵，即一九五〇年六月南侵時奇襲部隊的主力，這時仍在中國打仗。

南韓境內的游擊戰

朝鮮本土有組織的游擊戰，始於一九四八年十一月，千餘名麗水叛軍逃到全羅南道的智異山，與已在該山區活動的游擊隊、山賊合流之後。這一轉進開啟了朝鮮半島上的武裝衝突，把一九四五至一九四七年的都市政治動亂和鄉村農民抗議推到非正規戰的層次。一九四九年初，美國中情局估計南部的游擊隊兵力總計在三千五百人至六千人之間，不算濟州島上的另外數千人。有些游擊隊員配備步槍（大多是日製、美製步槍），但許多游擊隊員只以棍棒、竹矛為武器。糧食等必需品來自強徵、村民貢獻或盜搶米糧。駐韓美軍顧問團認為游擊隊的整體戰略由北韓擬定，透過南朝鮮勞動黨總部傳達，該黨總部就位於三十八度線對面不遠的海州。有支六十人的游擊隊據知係北部派來，據叛逃者估計，另有約千人正接受訓練，以便送到南部執行任務。

美國人說，全羅道、慶尚道「自解放以來，已因左派活動遍布而著稱」。在這裡，人民共和國和其人民委員會勢力最強。就在這兩個富饒、產米的道，日本人對農民的剝削最烈。就是在這兩道，受共黨指導的全國農民組合總聯盟能在美軍占領頭幾年間迅速組成，且似乎組織完善。

兩名美國大使館副領事於一九四九年初視察了這些道，發現在全羅南道，「政府已管不住城市和較大鎮邑以外的地區」。該道的警察局「皆有晚近建成的高大石牆或高高的沙包堆予以保護……每個警察崗亭都像中世紀的堡壘。」當局大面積砍掉山上的樹，好讓叛亂分子無處藏身，夜間一律禁止走動。道知事說，該道境內有十萬名躲避游擊戰火的難民，其中許多人係因當局清空村莊以斷絕游擊隊給養而淪為難民。在慶尚北道，調查人員發現警察與當地居民關係很差；大邱受嚴密控制，每晚宵禁。新羅古都慶州是「共產黨人橫行的多山地區，他們藏身山中，頻頻襲擊村莊。」一九四九年七月，美國人調查慶尚北道的一份紀錄提到：「幾乎每個地方都出現小型攻擊、伏擊，以及穿插其間的較大型攻擊。警察崗亭的擋牆築到屋頂，道路兩旁一百米範圍內的樹都砍掉，當地官員和警察夜裡挨家挨戶巡察時，不得不緊張兮兮。」

除開偏遠、人口稀疏的地方，游擊隊無法同時控制數個鎮邑，也無法在山區之外建立受到保護的基地。他們在夜裡進入村莊召集村民，講話、招募士兵，並取得糧食等必需品。攻擊警察局是最常見的活動，這既因為人民普遍痛恨國家警備隊，也因為左派家庭的檔案存放在警察局裡。游擊隊化成小股作戰，在林木濃密的地形裡四處流竄。二十四歲的洪淳錫領導一支游擊隊；二十三歲的金智會與其妻子（來自濟州的護士）一同領導另一支部隊。隨著處境更加危急，尤其一九四九年冬天降臨之時，游擊隊為取得補給，進攻所有的村莊，使所有的村莊滿目瘡痍。[8]

《紐約時報》的沃爾特・沙利文（Walter Sullivan）幾乎是探求這場游擊戰真相的唯一外籍記者。他於一九五〇年初寫道，朝鮮半島南部許多地方「如今被世上獨一無二的恐怖烏雲籠罩」。在「游擊區的數百個村莊」，當地村莊守衛「蹲伏於金字塔狀的茅草掩蔽所裡」，夜間在「漫長、寒冷、豎耳留意動靜的值夜」中度過。游擊隊襲擊警察，手法兇殘，警察則把游擊隊員帶到他們的家鄉村莊，嚴刑拷打以取得情報，然後再將他們槍斃，綁在樹上以儆效尤。沙利文寫道，游擊隊的頑強不屈，一如這場衝突的「殘暴至極」，「令這裡的許多美國人大惑不解」。但沙利文接著說，此國「貧富差距懸殊」，中農和貧農都只能「勉足溫飽」。他採訪過十戶農家；沒有一戶完全擁有自己耕種的地，大部分是佃戶。地主拿走佃戶收成的三成，但附加的苛捐雜稅（政府稅和數種「攤派」）占去一年收成的四成八至七成。[9]

一九四九年春，李承晚派日本陸軍出身的年輕上校丁一權統領三千兵力的討伐隊，其中約一半是韓國正規軍士兵。丁上校（後來成為朴正熙當政時的大韓民國國務總理）制定通行證制度，要該地區居民隨身攜帶身分證，並在每個村莊成立民防隊，在村莊瞭望塔配置以竹矛為武器的哨兵。他告訴其士兵絕不可無償強徵糧食，絕不可騷擾當地農民，尤其是女人。三月十二日，丁一權開始以四個營的兵力全面清剿智異山的游擊隊；不到一個月就殺掉洪淳錫，擒獲金智會的妻子。到了五月，美國大使館已認為丁一權不只在清剿游擊隊上，在維持部隊軍紀上也成就卓著。[10]但這項成就未能持久，因為一九四九年夏，游擊隊更為壯大。

關於蘇聯或北韓支援南部游擊隊一說，幾無證據支持。一九五〇年四月，美國人發現北韓人以武器和補給品支援江原道、慶尚北道北部海岸的游擊隊，但也發現「全羅道、慶尚道的游擊隊員幾乎全部都在當地吸收而來」。在南韓境內，除了三十八度線附近，從未真的發現蘇聯製武器；大部分游擊隊員拿日製、美製武器。另有篇報告說游擊隊「從北韓那兒得到的，實際上幾乎只有精神支持」。[11]

介入游擊戰的主要外部勢力其實是美國。美國人通常認為，從一九四九年七月美國撤出戰鬥部隊，至一年後韓戰爆發這期間，美國並未插手朝鮮事務。果真如此嗎？疑問就來了。美國人為何突然回去保衛大韓民國？其實，美國人從未離開。美籍顧問遍布南部諸戰區，緊跟在韓國顧問身後，要他們加把勁。在這方面表現出眾者是詹姆斯·豪斯曼。他是統籌鎮壓麗水叛亂的要角之一，接下來三十年一直扮演著連結美韓兩國軍隊、軍中情報機關的角色。他精明圓滑，以阿肯色州鄉巴佬的舉止掩蓋他真正的本事，在韓國的角色猶如愛德華·蘭斯戴爾（譯按：Edward Lansdale，任職於戰略情報局、中情局，在菲律賓、南越、古巴等地鎮壓叛亂、培訓軍隊、從事地下活動），但與蘭斯戴爾不同，他不關注市民活動。豪斯曼在某次接受訪談時自稱韓國陸軍之父，所言不算離譜。他說每個人都知道這點，包括韓國軍官在內，但不能公開說。[12]

一九四九年九月底，駐韓軍事顧問團團長羅伯茨（W. L. Roberts）將軍說，「盡快清除」游擊隊「至為重要」，請求華府派來更多步兵軍官，與韓國陸軍共同作戰。他告訴麥克阿瑟將軍，韓國陸軍正把每個師從三十八度線局部或全部調往內陸，「他們奉命在游擊區內剿滅游擊隊」。後來羅伯茨說，一九四九年十一月至一九五〇年三月間，經過他所謂「打破游擊運動主力的全面掃蕩行動」，已擊斃六千游擊隊員。[13]四月中旬的內部報告認為，十月一日以來擊斃的游擊隊員達四千九百九十六名，因此羅伯茨的數據似乎可信。韓國宣稱一九五〇年一月已和總計一萬兩千名朝鮮人民軍士兵和游擊隊員交戰，擊斃八百一十三人，只損失五十一人。

如果說從美國人的角度看，李承晚政權有個無懈可擊的成就，那就是他們在一九五〇年春似乎已擊垮南部游擊隊。一年之前，游擊勢力似乎隨著時日推移而更為壯大；但一九四九年秋開始的清剿行動奪走許多人命，並使某些人認為，游擊隊已不再能如外界所預期的，在一九五〇年初春暖花開時大舉出擊。國務卿迪恩・艾奇遜和喬治・肯楠（國務院政策規劃室主任）都認為，消滅內患一事，正可測試李承晚政權能否經得起風浪：如果通過測試，美國所支持的圍堵也會成功；如果通不過，這個政權會被視為另一個國民政府（國民黨），另一個「小中國」。普雷斯頓・古德費洛已於一九四八年晚期在某封信中告訴李承晚，必須「速速剿滅」游擊隊，「現在每個人都在看韓國如何應付共黨威脅」，並在信中提到他有「許多機會和（艾奇遜）談朝鮮問題」。古德費洛寫道，軟弱的政策會使韓國失去華府的支持；對此威脅處置得宜，「韓國會大受看重」。[14]一九五〇年五、六月，游擊事件顯著減少，六月上旬達到「新低」。韓戰開打前的最後一份存檔報告說，在數個地區仍有十五至三十人的小股游擊隊在活動，但一般來講局勢平靜。但沃爾特・沙利文根據他的觀察推斷，「游擊隊已被徹底打敗」的報告過於樂觀，不符事實。天氣寒冷是游擊隊活動趨於沉寂的主因，可以說，一九四九至一九五〇年游擊隊的冬季攻勢並不成功。

一九四九年的邊界戰事

一九五〇年六月爆發的戰爭，是緊接在先前的游擊戰和一九四九年三十八度線沿線九個月的戰鬥之後。一九四九年的邊界衝突從五月上旬持續到十二月下旬，奪走數百條人命，把數千士兵捲入其中。韓戰未在一九四九年爆發的原因非常簡單，而且是理解其內戰根源所不可或缺：南部當時想打，北部不想打，美蘇也都不想打。一年後，情勢丕變。在這期間，李承晚迅速擴編其軍力。一九四九年六月，編成兩個新的師（首都師和第八師）；七月底兵力已達八萬一千人，八月底達十萬人。[15]這時，其兵力已比公認的北韓軍戰鬥編制兵力大上許多；於是，接下來北部增強軍力和中國相關軍人返國一事，可以看成是北部欲平衡軍力落差之舉（美國情報機關認為一九五〇年北韓有九萬五千兵力，但其兵力肯定超過十萬）。

李承晚也把逃離北部的朝鮮籍前日本軍軍官拉進軍隊，結果損及那些曾與中國國民黨並肩作戰的愛國軍人的地位。李承晚這麼做，主要是為了讓自己身邊的軍人，全都是靠他一手提拔，可指望不會有人發動政變（並且憎恨共產黨）。白善燁、白仁燁兩兄弟領導軍中的西北派，此派成員還包括楊國鎮將軍、金錫範將軍和前西北青年會的許多團員。白氏兄弟生於平壤，比金日成年輕幾歲，原是日本關東軍軍官。丁一權也曾是日本軍軍官，這時是南方軍隊裡強大東北派的龍頭。一九五〇年時，丁一權三十二歲，白善燁三十歲。[16]

一九四九年夏季之前，南方多次越過三十八度線做小規模襲擊，北方也禮尚往來予以報復，但重大的邊界戰鬥始於一九四九年五月四日的開城，先出手者是南方。這場戰鬥打了約四天，據美國、南韓官方統計，有四百名北韓軍人、二十二名南韓軍人戰死，另有百餘平民喪命於開城。[17]南方投入六個步兵連和數個營的兵力，有兩個連叛逃到北方。數月後，根據投誠者的證詞，北韓人表示五月四日早上，由金錫源統領的數千士兵，於松岳山附近越過三十八度線攻擊北方。[18]金錫源是極重要之第一師的師長；他也來自朝鮮北部，如前文所述，一九三〇年代晚期曾受日本之命，在滿洲荒野上追擊金日成。

一九四九年六月最後一個週日拂曉時分，甕津半島爆發激戰；三天後，南方派出約一百五十名「虎林」游擊隊員，越過三十八度線進行長期襲擊。他們在鐵原以北、以東一帶流竄，擾亂該地區數日，但在七月五日已遭剿滅。[19]後來，六月二十六日星期日的戰事受到外界檢視，因為聯合國韓國問題臨時委員會聽聞「激戰」消息後，派了代表團到甕津。代表團乘韓國軍艦抵達，由韓國陸軍人員引導視察。聯合國韓國問題臨時委員會成員在此半島待了約一天，然後於週一傍晚回到漢城，從漢城發了報告給聯合國，把此次紛擾歸告於「北方入侵者」。[20]北方大概難辭其咎，但引人注意之處，在於聯合國韓國問題臨時委員會未能就南方挑釁一事也予以調查並報告。畢竟，就在此事件發生前不久，金錫源以三十八度線地帶韓國陸軍指揮官的身分，向聯合國韓國問題臨時委員會簡報了情況：南北雙方「隨時可能大打一場」；朝鮮半島已進入「戰爭狀態」。「我們應擬好計畫，突破一九四五年以來一直存在的三十八度線邊界，以收復北朝鮮失土」；當時他告訴聯合國韓國問題臨時委員會，大打一場的時刻正快速逼近。[21]

一九四九年最慘烈的戰事發生於八月上旬，當時北韓部隊攻擊占領三十八度線北邊一座小山的南韓部隊，雙方交手數日，就在李承晚與蔣介石進行重要的首腦會談期間。八月四日清晨，北韓部隊開始以大炮和迫擊炮猛轟，早上五點半，約四千至六千名北韓邊防軍進攻，用羅伯茨的話說，欲「收復北韓境內遭南韓陸軍占領的高地」。北韓聲稱，南方「白骨」部隊士兵於八月四日從銀坡山往北攻；無論如何，這座山位在北韓領土，北韓想收回它，名正言順。據大使穆奇奧的說法，南方軍被「徹底擊潰」，韓國軍第十八團兩個連遭殲滅，數百人陳屍戰場，北方占領此山。[22]

此次交火後，美國大使穆奇奧寫了兩份極重要的長備忘錄：

> 申長官（國防部長申性模）說，八月四日早上從甕津送抵軍事總部的報告最令人驚恐。這些報告指出，（甕津）半島上的（南）韓軍已遭徹底擊潰，那裡已完全擋不住北方猛攻。他接著說，與參謀部研究過情勢之後……軍方堅稱，要化解甕津所受的壓力，只有一個辦法，即北伐。軍方力促立即向北攻打鐵原。
>
> 配合羅伯茨將軍的建議，申長官決定反對進攻，並立即著手派小股增援兵力赴甕津。
>
> 申長官接著說，國務總理（李範奭）一從鎮海的李蔣會談現場回來，即召見申，訓斥他太懦弱，未攻擊北方。李（範奭）將軍有此立場，我不是特別意外。但叫我意外的是，申長官接著說，李

總統隔天從鎮海回來後，也告訴他不該反對進攻鐵原。

八月十六日，穆奇奧又說，李承晚在與他會談時

拋出一個想法，即……他可能會撤換（參謀總長）蔡（秉德），代之以金錫源將軍……金錫源老早就深受李總統寵信。去年秋天麗水事件之前，李承晚向庫爾特（John B. Coulter）將軍和我提到，金已主動向他請纓「解決掉北方」，只要能提供兩萬枝步槍，由他發給充滿愛國熱情的朝鮮籍前日軍士兵。國防部長、韓國參謀總長、美籍顧問都反對金將軍。他們不認為他是個優秀軍人，反倒認為他愛說大話。他們要我注意，他喜歡刺激他所管轄前線地帶的北方部隊，喜歡動用自殺式攻擊，喜歡不顧風險、不留充足的預備兵力、把兵力全部署在前線的作風。他們尤其反對他無視司令部、直接找李總統談的行徑。[23]

羅伯茨將軍的確命令南方諸指揮官不得攻擊，揚言如果他們攻擊，就撤走駐韓軍事顧問團；英國方面的資料說，韓國軍諸指揮官「滿腦子想著用武力收復北方。美國大使嚴厲警告說，美援會完全停止……韓國軍才未在共黨攻擊甕津時，試圖在另一個地方越過三十八度線攻擊。」[24]

如今，借助某些新的（即使零散且經挑選過的）蘇聯方面的資料來檢視三十八度線兩邊，我們得知金日成對韓戰的基本構想，與李承晚的想法極為相似，而且深受一九四九年八月戰事的影響：亦即

攻擊沒有退路的甕津、往東進軍拿下開城、然後看看會出現什麼情況。此舉最起碼會大大強化平壤的防禦，因為平壤不易抵禦來自甕津、開城的攻擊。最好的狀況下，此舉說不定會使其軍隊得以長驅直入漢城。也就是說，如果南方軍瓦解，北方軍就進向漢城，幾天內予以占領。一九五〇年六月二十五至二十七日，韓國第二、第七師潰敗對戰局影響之大，由此可見。歷史上一再被利用的入侵走廊再次暢行無阻，朝鮮人民軍於二十七日攻入漢城，為何有些熟稔韓戰者推測這兩個師裡有第五縱隊，原因也在此。[25]

蘇聯文獻裡的重要議題，[26]係發兵攻取甕津半島一事。根據這些文件，金日成於一九四九年八月十二日，即八月四日戰役之後不久，首度向蘇聯駐平壤大使捷連季・什特科夫（Terenti Shtykov）提到攻打甕津的想法。一如南方的領袖，金日成想奪取一塊容易拿下的領土，或攻下一座小城市——例如整個開城，或甕津半島上緊貼三十八度線北邊的海州（那也是一九四九至一九五〇年南方軍指揮官想占領的城市）。我們也看到俄國人欲阻止魯莽的北韓領導人（包括國家元首）躁進，其心態和美國人何其相似。金日成談到入侵甕津的想法時，兩名重要的蘇聯大使館官員「想把話題轉到一般問題上」。蘇聯方面的文件也表明至一九四九年晚期為止，南北雙方都點滴在心頭的一個體悟，亦即雙方都知道，如果他們無故發動總攻，甚至只是攻打甕津或鐵原，他們背後的大國都不會伸出援手。什特科夫一九五〇年一月發到莫斯科的一則電報，提到金日成為了南方「仍未挑起攻擊」（使其無法師出有名）感到不耐，平壤的俄國人再度告訴他，不能冒著挑起全面內戰的風險攻擊甕津。

於是，一九五〇年雙方的思維，都是在看誰會蠢到先出手，金日成一心想南侵，希望南方主動挑釁，南方的魯莽之徒則希望挑起「無故」攻擊，好讓美國伸出援手——因為只有美國相助，南方才有望得勝。金日成也已開始挑撥莫斯科與北京相鬥，試圖從中得利；例如，一九五〇年一月十九日一次看似喝醉的午餐會上，他刻意讓什特科夫聽到他說，如果俄國人不願幫他統一國家，「毛澤東是他的朋友，始終會幫朝鮮。」一般來講，這些資料強調中國革命的勝利大大影響了北韓，強調北韓與中國的關係是金日成的一張王牌，可用來為其夾在兩共產大國之間的政權取得喘息空間。

八月上旬攻擊之議最終作罷，但到了八月底，穆奇奧已如此描述情勢：

> （韓國）軍方的信心日益昂揚，侵略性、攻勢性的精神正浮現。過去幾個月緊張不安的心情，如今可能被這股新精神取代。軍中許多人很想大幹一場。愈來愈多的人覺得只有北伐才能完成統一。我從（《紐約時報》記者）迪克．強斯頓（Dick Johnston）那兒知道，蔣介石告訴李承晚，國民黨空軍能支援北伐，兩人討論了國民黨取道朝鮮進攻滿洲的可能性！有人覺得趁著中國共產黨分身乏術，此時正是北伐時機。我看李在較理智時恐怕不會下令北伐。我知道申長官極力反對此事。李範奭則會樂見此事。但萬一再發生開城或甕津那樣的衝突，接下來的反擊說不定會使情勢變得不可逆料。[27]

八月二十三日，韓國派出數艘海軍巡邏船，溯大同江上到夢金浦，擊沉四艘三十五噸至四十五噸級的北韓船；仁川港加強防守，以防反擊（但反擊未發生）。九月底，李承晚再度表明其北伐念頭。

在一九四九年九月三十日李承晚致其顧問羅伯特・奧利佛的信中（一九五〇年秋聯合國辯論期間，美國聲稱此信為假造，但多年後奧利佛博士證實真有此信），李承晚說：

我強烈覺得，從心理上講，如今是我們採取侵略性舉動，並與北方忠於我們的共產黨軍，一起掃除平壤其他共產黨軍的最佳時機。我們會把金日成的部分士兵趕到山區，漸漸把他們餓死在那裡。然後，我們必須沿著圖們江、鴨綠江（即中朝國界）強化防線。

我要表達的重點，並不只是「這場交火不是北韓所挑起」的論點而已，而是南北雙方都有錯——而且根據駐韓軍事顧問團團長羅伯茨將軍的數次表述，南方挑起的戰役多於北方。他說，八月的許多衝突，「每次衝突，在我們看來，都是三十八度線以北存在一個南韓小突出部所導致……南韓人想侵入北方。我告訴他們，如果發生這類情事，顧問會全數撤走，經濟合作總署的水龍頭會關掉。」羅伯茨接著說道，南北雙方都「有錯」，錯在進進出出三十八度線「刺激」對方。[28]但據北韓所截取送交聯合國的文件，一九四九年八月二日羅伯茨與韓國陸軍師長開會時，他表示「幾乎每樁事件都是南韓保安部隊所挑起」——這是更為有力的說法。[29]同樣重要的是，交火始於甕津、開城地區，而這地區在一年後成為韓戰的爆發點。有一個細節頗為耐人尋味，那就是八月上旬韓國守不住甕津時，韓軍指揮官不只考慮往北攻打鐵原，還考慮迅速後撤軍隊——或許一路撤到某個離島。

資深記者史蒂爾（A. T. Steele）在一九四九年十月寫下的一篇精彩文章裡，完全捕捉到這樣的氛圍：

「未被美蘇兩國政府承認的熱戰，如今其實正在三十八度線沿線上演……新大韓民國的全境，猶如處於悶燒狀態……只有美國的資金、武器、技術援助能使（這個共和國）撐上好幾小時。」史蒂爾寫道：「大韓民國矢志支持自由」，但它是個「控制嚴密的小獨裁政權，被當成警察國家在治理。」它的監獄人滿為患，據他估計關了三萬人；「被逮捕的政治對手頻頻遭到拷問」，雙方都「殺女人、小孩，卻不覺良心不安。」當地的美國人「欲促成朝鮮復興，其熱衷程度猶如福音傳道士」，但史蒂爾認為「一旦美國不再支持，南韓會倒在亞洲共產主義之下。」[30]

一九四九年邊界交火平息後，李承晚和金日成都尋求其背後的靠山支持，以大舉攻擊對手。李承晚主要透過其由美籍顧問組成的「私人顧問團」爭取支持，尤其是普雷斯頓．古德費洛，金日成則透過一九五〇年初期至少兩次密訪莫斯科的行程，以及幾次密訪北京的機會來尋求支持。雙方都預期一九五〇年夏的事態會一如一九四九年夏，雙方都想一舉永遠制伏對方。金日成一方似乎較順利，從莫斯科得到新裝備，史達林似乎默許他的計畫，金也得到毛澤東的直接支持。

一九四九年二月下旬，金日成離開平壤訪問蘇聯，那是韓戰前他唯一一次正式對外發布的蘇聯行。三月返國時，他帶回經濟、文化協定，按照情報圈的傳言，還帶回秘密軍事協定。[31]一九四八年蘇聯人撤走時，把不少多餘的軍事裝備留給北韓人（美國撤出軍隊時亦然），但一九四九年，蘇聯人要朝鮮人什麼東西都得用錢買，包括一筆兩億兩千萬盧布、利息百分之二的貸款，這與一九四九年南方還給美國銀行的抵押借款差不多——也就是說這筆貸款有賺頭。某份一九五〇年一月的文件顯示，史達林對於金日成入侵南韓的計畫，似乎比以往任何時候更感興趣，但文件中完全看不出史達林本人的戰略思考。[32] 與此同時，北韓發行公債，以從莫斯科買進更多裝備。

但李承晚獲華府明確告知，只有在南韓遭無故攻擊的情況下，才會得到美國支援。一九四九年九月，古德費洛突飛漢城，說戰爭就要爆發。誠如他後來告知台灣國民政府駐美大使顧維鈞：「去年九月上旬，他被李承晚緊急找去，抵達漢城後，聽到北韓人預定十九日攻擊的消息。」（美國情報機關已示警說，在這時間前後可能會有攻擊）。古德費洛告訴顧維鈞，這時（他於一九五〇年一月會晤了顧大使），攻擊的勢頭已變：

> 南韓恃其十萬精兵，亟欲北伐。但美政府亟欲制止南韓之挑釁，古氏（古德費羅）肅銜命訪韓回國。我詢以韓境爆發戰爭之危險或可能性多大。古氏告以美政府立場如下：避免南韓主動攻擊，然倘若北韓攻擊，南將抗之、揮師北伐，並啟三次世界大戰；然侵略既是北方所啟，美人民可以諒解。[33]

多年後，有位採訪者請顧維鈞回頭談談韓戰爆發一事，他一開始就提到與古德費洛的這次會晤。[34]

開戰前夕

一九五〇年，美國在南方的影響力已達到新高。韓戰爆發的幾星期前，英國公使維夫揚·霍爾特

（Vyvyan Holt）精闢道出此事實：美國的影響力「從巨大的十層樓半島酒店往外輻射」，「滲入行政機關的每個部門，且因龐大的資金注入而強化。」美國人使政府、軍隊、經濟、鐵路、機場、礦場、工廠運行不輟，供給資金、電力、專門技術、精神加持。南韓境內每輛汽車都加美國汽油。美國的文化影響「特別強」，從美國留學獎學金，到數個勢力甚大的傳教宗派，到多半播放美國電影的「多個巡迴電影院」和電影院，到「美國之音」，到大聯盟棒球，各式各樣形形色色：對成千上萬、甚至千百萬韓國人來說，「美國是理想世界」。[35]

這時，南韓一年得自美國的金援超過一億美元，其中大多是無附加條件的贈款（一九五一年，南韓國家預算總額是一億兩千萬美元）。經濟合作總署韓國分署和駐韓軍事顧問團是世上規模最大的同類組織。美國新聞處自己坦承，它在南韓擁有「我們在任何地方所正在執行的最包羅萬象的國家計畫」，在韓國設有九個中心，把圖書館、巡迴圖書館、多種刊物、電影、美國精神帶到韓國人面前。美國的官員掌理金浦國際機場，管控美國公民的出入境。除了官方人員進駐，美國民間人士往往擔任民間企業顧問或管理民間企業。

經濟合作總署盛讚南韓一九五〇年的經濟成長，駐韓軍事顧問團培訓韓國陸軍似乎也甚有成效。韓戰前不久，羅伯茨接受了勇氣過人的記者瑪格麗特・希金斯（Marguerite Higgins）幾次採訪，他在愉快熱絡的訪談中說：「駐韓軍事顧問團的作為生動說明了，高明且密集投入五百名經過戰火淬煉的美國士官兵，能如何訓練出十萬名為你廝殺的士兵。」他說，不久前，鄉村還是「騷亂不絕」，但如今，拜「每一層級」的美籍顧問之賜，已受到控制。這些顧問「在那裡與（韓國人）一起生活……戰鬥時，與他們同在。」希金斯援引傳言，說法國的綏靖軍官已來南韓，學習駐韓軍事顧問團的技術，以便「輸出」到中南半島。羅伯茨認為，簡而言之，「美國納稅人擁有盡職監督投入此國之資金的軍隊，和以最低成本取得最佳結果的武力」。他認為北韓入侵算不上威脅，「此時此刻，我們反倒求之不得，那樣我們就有靶子可練槍。」[36]

一九四九年夏，在山雨欲來的內戰前夕，聯合國的態度漠不關心，這使得聯合國韓國問題臨時委員會難有作為。它並不喜歡這樣的角色，想要撒手不管，但它未這麼做。有一點極為重要，即當時之所以決定要設置軍事觀察員，源於南方表現出的侵略性甚於北方，令人憂心。後來，戰爭爆發時，這些軍事觀察員將戰爭呈報上去。埃貢．蘭修芬—韋特海默爾（Egon Ranshofen-Wertheimer）是聯合國韓國問題臨時委員會的重要成員，很了解當時情況。一九四九年九月，他致函美國國務次卿菲利浦．傑賽普（Philip Jessup），力促撤掉聯合國韓國問題臨時委員會，代之以聯合國高級專員，希望能有助於讓各方開始進行對話——藉此防止武力統一朝鮮之事發生。他擔心，北方說不定會對南方「施以決定性的一擊」，儘管他在一九四九年九月時並不認為有此可能：

> 另一方面，韓國或許會認為，由於金日成的兵力愈來愈強，韓國吸併北方的可能性會逐月遞減……於是，讓李承晚入侵北方的誘因和要他非得這麼做的壓力，可能會變得難以抗拒。共和國的最高階軍事當局……不斷催促李承晚先下手為強，揮兵越過三十八度線。[37]

與此同時，美國國務院的沃爾頓．巴特沃思（Walton Butterworth）告訴英國人，「近來戰鼓頻催，而且南方有一批腦熱急性之人，那些人可能出身自朝鮮北部」；於是巴特沃思認為，在現地配置軍事人員是聯合國韓國問題臨時委員會的當務之急，言外之意就是，這些軍事人員會和羅伯茨一樣防止南韓人冒進。[38]但美國人是否曾特意將此事告知聯合國，極令人懷疑。不過，北韓人還是獲得此事的情報，他們準確得知：透過九月至十一月這兩個月間，在漢城舉行的私下商議，決定針對三十八度線附近爆發戰爭的可能，設置聯合國軍事觀察員；他們還公開表示，設置軍事觀察員是美國「合法化」干預朝鮮事務之舉的技倆，[39]但有一點很清楚，他們知道聯合國韓國問題臨時委員會該扮演的角色是約束南方，同時監控北方。

一九四九年十月，駐韓軍事顧問團的軍官終於讓李承晚解除金錫源在三十八度線沿線的兵權。但根據一九五〇年春英國方面的資料，駐韓軍事顧問仍持續「致力於撤換三十八度線沿線侵略性太強之指揮官」；這份報告說，在他們調走之前，「一次邊界事件……就可能引發內戰。」英國人認為，只要有美國軍官控制情勢，這就不會發生。這項判斷甚為正確，而且點出一九五〇年六月下旬羅伯茨將軍、萊特（W. H. S. Wright）將軍等駐韓軍事顧問團高階軍官未坐鎮該地，對局勢影響之重大（當時羅伯茨正在返國途中，返國後即退休，萊特則人在東京）。[40]

聯合國韓國問題臨時委員會的軍事觀察員一九五〇年五月才抵達韓國。兩名觀察員於一九五〇年六月二十三日星期五下午，完成對三十八度線的情況調查，當天向聯合國韓國問題臨時委員會報告此事，星期六著手「擬定報告」——不是因為覺得事態急迫，「而是因為」在慵懶的週末「這是（做來）

愉快且有具體成果的事」。兩位觀察員大多在漢城過夜，六月九日至二十三日之間，有九天去了三十八度線，六月十七日從三十八度線回到漢城，在那裡待到二十一日。但他們從二十一日至二十三日星期五早上都在甕津半島，而戰爭就於星期日在該半島爆發。

幾個星期前，南方已辦過第二次國會選舉。結果，李承晚政權慘敗，大批中間派和溫和左派進入國會，其中數人與呂運亨的政治派系有密切關係，且希望與北方統一。六月上旬，韓國駐美大使張勉將李承晚政權因此招致的危機告知美國官員，力促約翰・佛斯特・杜勒斯（John Foster Dulles，當時是杜魯門的顧問）前去東京見麥克阿瑟時，順道到韓國一趟。[41]

杜勒斯訪問漢城期間（始於六月十八日），李承晚不只力促美國直接保衛南韓，還主張攻擊北韓。杜勒斯邀了他甚為欣賞的記者、《亞利桑那每日星報》（*Arizona Daily Star*）主編威廉・馬休茲（William Mathews）同行；就在李承晚與杜勒斯會晤後，馬休茲寫道，「他強烈追求朝鮮統一，公開說必須盡快予以實現……李承晚宣稱進兵北部正當合理，認為此事幾天就可完成……如能得到我們的援助，他會動手。」馬休茲指出，李承晚說即使「引發全面戰爭」，他也要「動手」。這一切更進一步證明李承晚的挑釁行為，但那與他先前多次揚言北伐之舉沒有兩樣。李承晚希望與杜勒斯會晤後達成與美國的軍事同盟，結果只得到美國在形式上再度保證其對南韓的支持。在平壤，杜勒斯長期以來的親日立場引發極深的疑慮。但杜勒斯此行只是更加確認了李承晚的一廂情願：儘管有杜勒斯凝望三十八度線以北那張著名照片，卻沒有證據顯示杜勒斯如同北韓人所一直主張的，與李承晚沆瀣一氣。[42]

但台灣的國民政府或許願意和李承晚共謀大業。一九五〇年六月的台灣情勢詭譎。從該年元旦起，美國、英國的情報機關就預測，中國內戰的「最後一役」會在一九五〇年六月發生。一月，英國外交部人士預測「六月底前」共軍會進犯台灣。耐人尋味的是，臭名遠播的俄羅斯間諜暨一九五〇年英國外交部遠東局長蓋・伯吉斯（Guy Burgess），密切注意此一情勢。伯吉斯在四月說，共軍會在五至六月或九至十月發兵侵台。[43]有些美國人想保衛蔣介石政權，其他美國人則希望甩掉國民政府這個包袱——杜魯門總統就是其中之一，或者說報紙這麼認為。麥克阿瑟希望杜勒斯之行會促成美國遠東政策改弦更張，尤其關於台灣（他認為應保衛台灣）。蔣介石希望東京的高層會談促成美國從此決意支持他的政權。在莫斯科，克里姆林宮則密切注意這位「華爾街主子」之化身的東方行。

威廉・鮑立（William Pawley）、查爾斯・柯克（Charles Cooke）等具有情報背景的美國人，一九四九年秋組成「非正式」軍事顧問團以協防台灣。後來鮑立成為中情局的重要特工，對於一九五四年推翻瓜地馬拉的阿本斯（Jacobo Arbenz）政權、以及一九六一年的豬玀灣事件都扮演重要角色。鮑立和柯克行事不循美國正式的外交政策管道，欲挽救危在旦夕的蔣介石和其政權。蔣介石也得應付其他美國秘密特工欲發動政變推翻他的密謀，這段歷史長久以來籠罩於機密之中。一九五〇年六月，蔣介石政權處境危殆，一如李承晚政權。五月，國民政府似已無計可施；國民政府未能守住海南島之後，就連支持蔣介石政權的美國人都似乎已抽腿。情報機關持續預測共軍會在六月攻台；美國駐台領事師樞安（Robert Strong）五月十七日從台北報告，「台灣命運已定，共產黨可能在六月十五日至七月底之間攻台。」

已故的迪恩・魯斯克（Dean Rusk）某次接受採訪時說，國民黨軍中某些人正準備在一九五〇年六月最後一個週末動手倒蔣，就在這時韓戰爆發，打斷這個計畫。其實魯斯克是此次未遂政變的重要推手，六月二十三日他在紐約的廣場飯店見了數位中國要人，欲說動他們組成政府取代國民黨。就在韓戰爆發後不久，肯楠在白宮國家安全會議的極機密會議上表示「蔣隨時可能被推翻」。[44] 一九五〇年五、六月，蓋・伯吉斯似乎讀過從台灣送來的每份情資，包括未被歸類為機密的新聞報導。莫斯科的英國大使館則於更早時指出，蘇聯報紙對關於台灣問題的任何大大小小情報，顯露出極不尋常的關注。一九五〇年六月二十四日，伯吉斯研判：「蘇聯似已斷定美國政策已定（不防衛台灣）。我們（原文如此）對此始終不相信。」[45]

十餘年來，我一直努力透過《資訊自由法》（Freedom of Information Act）來取得關於這段插曲和其他事件的文件，包括普雷斯頓・古德費洛在韓戰前不久出人意料地返回美國軍方一事。根據美國政府零星釋出的文件，古德費洛於一九五〇年五月二日被召回軍事情報機關當現役軍人，職稱為「執行官」（executive office），負責在維吉尼亞州尤斯提斯堡（Fort Eustis）執行一項不明任務。當時他五十九歲。[46] 關於倒蔣政變、一九五〇年六月前美國開始飛越北韓、中國領土上空情蒐，以及美國針對北韓、中國、蘇聯蒐集到什麼樣的情報，我們仍未掌握關鍵文件。仍不清楚為何美國國防部於一九五〇年六月十九日開始的那個星期，批准並分發一份名為SL-17的戰爭計畫。此計畫設想的情況是：朝鮮人民軍南侵、迅速撤退到釜山並在該地構築環形防線、然後兩棲登陸仁川。[47]

儘管有上述繁忙的活動，一九五〇年六月最後一個週末的華府卻是慵懶、寂靜、空蕩蕩。杜魯門人在獨立市（Independence）老家，艾奇遜在其沙泉（Sandy Spring）鄉村農場，魯斯克在紐約，肯楠遠遁連個電話都沒有的偏遠避暑小屋，找不到人，保羅・尼采（Paul Nitze）在釣鮭魚，參謀首長聯席會議忙於其他事務，就連美國駐聯合國代表華倫．奧斯丁（Warren Austin）都不在崗位上。

甕津衝突事件

歷來對一九五〇年六月戰事爆發過程的敘述，大多會讓人覺得戰爭始於北韓於拂曉時分在三十八度線全線發動攻擊，對付完全未有防備的敵人。但韓戰的起始地，正是一九四九年許多其他戰事的發生地，即從地處偏遠的甕津半島開始，幾小時後，戰火沿著三十八度線往東蔓延，及於開城、春川、東海岸。誠如美國某官方史書所說，

> 一九五〇年六月二十四至二十五日那個寧靜的夏夜，在甕津半島這個與南韓其他地區不相毗鄰的地方，第十七團的士兵站崗值哨。一個多星期以來，三十八度線附近一直未有嚴重事故……然後，早上四點，猝不及防地……（火炮、迫擊炮的炮彈）轟然打入韓國防線。

北方的官方電台有不一樣的說法。（六月二十六日）該電台說，南韓部隊於六月二十三日下午十點開始炮擊銀坡山一帶（一九四九年數場戰役、尤其是八月四日那場大戰役也是發生在此），直到六月二十四日上午四點才停止炮擊，期間動用了榴彈炮和迫擊炮。六月二十五日凌晨，姜道建（Kang Tō-gŏn，音譯）所統領、防衛甕津半島斗落山的部隊，遭韓國第十七團的「猛虎」部隊攻擊，但姜道建部隊

擊潰來犯之敵。到了六月二十五日下午兩點半，這支北韓部隊已推進到甕津半島的首洞；同時游擊隊也迅即出手，擾亂南韓的警察局和部隊。[48]

反之，南韓方面的資料堅稱，第十七團士兵為了反擊，掌握了海州市。海州是三十八度線以北唯一據稱被南韓軍隊拿下的重要地點。蔡秉德於六月二十六日早上十一點宣布此事。這一宣布時機，說明了後續為何會有多篇報紙報導說韓國軍部隊已占領海州，被人拿來暗示可能是南韓先出手攻擊。[49]第十七團不是韓國軍的普通部隊。它的團長是白仁燁，白仁燁把許多西北青年會的團員帶入軍中，係領導軍中西北派的白氏兩兄弟之一；他的兄長白善燁是韓國軍第一師師長。這兩支部隊都是南韓的精銳部隊。軍中大部分單位根據地域之別編成，這支部隊的成員全是對共產主義深惡痛絕的北方人。

六月二十五日上午三或四點左右，戰事始於甕津半島，五點時已開始往東擴散，越過三十八度線。那天早上，三十八度線上只有一個地方有美軍軍官在場，那就是開城。當時，派駐韓國第十二團的美軍顧問約瑟夫·達里戈（Joseph Darrigo），就在松岳山下。松岳山腳位在韓國境內，但山頂位在三十八度線以北，由北韓炮兵部隊占領。那天早上五點，炮聲震天，他立即跳下床，然後一如其他許多早上，飛快跳上吉普車，奔往南邊開城附近的韓國軍基地。後來達里戈報告，「炮聲之響，表明敵人進犯。」開城一名美籍傳教士聽到炮擊聲，聽到達里戈的吉普車呼嘯駛過他家，但這樣的事他早已見怪不怪，於是翻身繼續睡。達里戈最初未看到敵軍身影，後來在市中心火車站，才看到下火車的北韓部隊。那位傳教士後來醒來，赫然發現朝鮮人民軍士兵往他窗子裡張望。朝鮮人民軍第六師第十三、十五團已於五點半展開主力攻擊，早上九點半已幾乎兵不血刃拿下該城。

遠在開城東方的邊城春川，南韓人無疑已事先掌握六月二十五日要開打的情報，而且當然是北韓會進攻。美國情報官托馬斯・麥斐爾（Thomas D. McPhail）已從他送進北韓的南韓特務那兒得到「豐富情資」。由於情資內容非同小可，六月二十二日星期四，他離開其位於春川附近的崗位，南下漢城，以提醒美國陸軍情報部門的人員，北韓已把居民移離三十八度線，已在「限制區」藏匿了施加偽裝的坦克和大炮。所謂「限制區」指的是緊鄰三十八度線北緣的區域。麥斐爾的情資促使第六師師長取消士兵的所有短期休假，「這個週末全員留守」。由於這番「防備」，北韓初次進攻遭擊退。[50]在東海岸，南韓第八師也打了漂亮的一仗。這裡也沒有美國人在三十八度線上；韓國人於早上五點叫醒駐韓美軍顧問喬治・凱斯勒（George D. Kessler），告訴他北韓已出手。

據羅伊・艾珀曼的說法，北韓的決定性攻擊，始於朝鮮人民軍從三十八度線上、鐵原的南邊進攻韓國軍第七師第一團；第一團潰敗，死傷慘重，然後在某個不明時刻，朝鮮人民軍第三、第四師，加上一支裝甲旅衝破防線，開始向漢城進軍，氣勢逼人。麥克阿瑟的司令部七月底經由聯合國對外報告戰況，說北韓以數支加強了戰力的邊防旅攻擊三十八度線東段、西段，以各一個師進攻開城和春川（但誠如前文所述，並非一開始就如此），用八千至一萬兵力和五十輛坦克穿過議政府走廊——換言之，總兵力約三萬八千。因此，初期的進攻兵力並非特別龐大；六月二十五日朝鮮人民軍動員的兵力，不及其全部兵力的一半。他們的當面之敵是位在漢城附近或漢城北邊的五個韓國師，兵力共約五萬。

美國的官方立場，始終是認定蘇聯和北韓暗中準備發動一場堪稱全面入侵的無故攻擊。[51]但是，六月二十六日，金日成指控南方越過三十八度線發動「總攻」。他說，李承晚老早就想引發兄弟相殘的內戰，在前線「不斷挑起衝突」；準備「北伐」時，「甚至勾結我們不共戴天的敵人——日本軍國主義。」這些指控有一部分屬實，但越過三十八度線發動總攻一說不實：情況是，北韓的確出兵攻擊，而且在三十八度線全線進攻，最晚在早上六點時就已是這樣的情況。南韓在甕津挑起戰事以奪取海州一說，本書還是無法百分之百予以推翻；但沒有證據證明南韓在六月二十五日時有意全面入侵北韓。

學者如今掌握的證據（尚未公開的檔案還會提供更多證據），支持了北韓無故入侵一說（如前所述，在北韓、蘇聯的計畫裡已有此跡象），也符合把一九四九年夏的情勢和一九五〇年六月的情勢相互關聯的說法：亦即北韓一如南韓，想拿下甕津半島和開城，然後伺機而動，等到其已掌握從中國返回的大部分精銳兵力，且得到史達林或毛澤東支持或默許時才動手。北韓部署好兵力，趁一九五〇年六月南韓第一次挑釁時名正言順出擊，或者就是要出手攻擊，再聲稱受到直接挑釁（如前所述，新的蘇聯文件顯示金日成渴盼南方出手）。金日成要為將南北韓內戰升高到全面戰爭程度，有意或無意造成無人能料到的後果，負起重大責任。如果說這是先前幾場鬥爭的最後結果，或者說李承晚也想這麼做，的確沒錯，但接下來的可怕後果，金日成難辭其咎。

零星的蘇聯方面資料已表明，史達林於一九五〇年一月勉為其難同意金日成動武後，蘇聯對入侵行動之準備、籌劃的參與程度，高於學者先前所認為，但我們所知仍然太少，無法斷定北韓、蘇聯、中國在發動六月戰事上各自扮演的角色。[52] 即使擁有了蘇聯方面的所有文件，我們還是需要南韓的檔案、北韓的檔案、台灣海峽兩岸的中國檔案、美國情報機關、信號、密碼電文檔案，才能真正有憑有據地議論我們每個人都想忘掉的問題，即「誰發動南北韓內戰？」

不管六月二十五日當天或之前發生了什麼事，當下有一點非常清楚，這場戰爭是「朝鮮人入侵朝鮮」的戰爭；不是越過公認之國境線的侵略。這天也不是這場內戰的起始點。「誰發動韓戰？」這個充滿意識型態炸藥的疑問問錯了。它不是單純的內戰問題，而是直接受苦於同胞相殘的那幾代人，撕心裂肺想探究的問題。如同美國史，美國人不再在乎南軍在薩姆特堡（Fort Sumter）先開槍一事；但他們的確仍關注奴隸制和南方十一州脫離聯邦。沒人想知道誰發動越戰。總有一天，南韓人和北韓人會和美國南方人和北方人那樣重修舊好，體認到內戰並非哪一方單獨造成。美國人花了約一百年南北方才重修舊好；因此，韓戰過去五十年，朝鮮人仍尚未重修舊好，也就不足為奇。

從漢城到釜山到仁川：圍堵戰

朝鮮半島交火的消息於六月二十四日星期六晚上傳到華府。接下來幾天，迪恩・艾奇遜主宰決策，決定立即派美國空軍和地面部隊參戰。艾奇遜和迪恩・魯斯克一起作出將朝鮮問題提交聯合國處理的決定，然後才將朝鮮交火之事通知杜魯門總統（艾奇遜告訴杜魯門，說他可以明天再回華府）；六月二十五日晚於布萊爾賓館（Blair House）舉行的著名會議上，艾奇遜主張擴大軍援韓國、出動美國空軍掩護後撤，將第七艦隊部署於台灣與大陸之間；六月二十六日下午，艾奇遜獨力擬出要美國海空軍投入韓戰的基本決定，這些決定當晚在布萊爾賓館得到認可。於是，干預韓戰的決定由艾奇遜作出，得到總統支持，但卻是在聯合國、五角大廈或美國國會同意之前就已作出。53

在布萊爾賓館，只有軍方代表大力反對美國干預。第一次布萊爾賓館會議上，奧馬爾・布雷德利（Omar Bradley）將軍支持艾奇遜的圍堵政策，說「必須在某處劃出界線」。但針對將美國地面部隊大舉投入一事，他質問是否「允當」，陸軍部長法蘭克・培斯（Frank Pace）和國防部長路易斯・強森（Louis Johnson）也如此質問。六月二十六日的第二次會議上，布雷德利和洛頓・柯林斯（Lawton Collins）兩位將軍再度表達以下看法：除非下達總動員令，動用地面部隊會讓美國戰鬥部隊吃不消。

聯合國就只是批准美國的決定。一九五〇年，聯合國大會比美國國會更願意配合杜魯門的政策，因此他從聯合國大會得到他的戰爭決議案。誠如後來美國參謀首長聯席會議的正式研究報告所說：「美國政府決定親自武力介入後，隔天即尋求聯合國的認可和援助。」杜魯門把介入朝鮮半島之舉稱作「警察行動」，因此他可以不宣而戰；這為後來的越戰、波斯灣戰爭開啟了有例可循的模式，即戰爭決定由行政機關逕行作出，不經憲法規定的程序。

聯合國韓國問題臨時委員會六月二十六日的報告，把戰爭的爆發完全歸告於北韓，針對聯合國據以投入此戰爭的事由，提供的資訊甚為薄弱。這份報告說，

> 委員會目前對基本事證的觀點如下：第一，根據實際的戰況研判，北方政權正對南韓施行精心策劃、協同且全面的入侵，第二，南韓在三十八度線全線的兵力部署全採守勢，第三，南韓部隊完全措手不及，因為根據情報資料，他們毫無理由相信入侵即將發生。

聯合國韓國問題臨時委員會的報告於六月二十六日早上擬就，六月二十九日在日本定稿，完全以美國、南韓方面資料和軍事觀察員報告為依據。而軍事觀察員的報告在六月二十四日，即雙方交火前，就已完成某些初步作業。六月二十五日，兩名軍事觀察員報告，他們「在掌握情資上遭遇困難」；六月二十七日，聯合國韓國問題臨時委員會成員全數搭乘美軍運輸機撤到日本。六月三十日，八名該委員會的成員從東京來到釜山。這當然意味著，這些聯合國韓國問題臨時委員會的成員星期日（六月二十五日）早上在漢城一醒來，即意識到戰爭爆發，接著根據兩名觀察員有限的觀察心得，以及韓國人、美國人選擇性地告知他們的資訊寫成一篇報告，接下來三天都受美國軍方照護。他們把所有檔案資料全留在漢城，因此，要檢視聯合國韓國問題臨時委員會草擬報告時所運用的第一手資料，根本不可能。

後來艾奇遜說，聯合國韓國問題臨時委員會的報告「助益極大」，證實南韓「猝不及防受到蓄意攻擊」。聯合國的支持攸關輿論戰的成敗，使杜魯門和艾奇遜得以依他們所願界定這場戰爭，使他們對當前情勢的官方說法一錘定音且歷久不衰。但聯合國會員國遲遲才出兵參戰。最後，英國出力最多：至一九五一年春，參戰總兵力為英國士兵約一萬兩千人、加拿大士兵八千五百人、土耳其士兵五千人、菲律賓士兵五千人、其他參戰部隊（來自十一國）總共不到千人。聯合國軍的費用，由美國負擔大半。

在朝鮮半島問題的決策上，有幾件令人費解的反常之事，至今仍無法解釋且沒有道理，尤以蘇聯缺席六月安理會為然——蘇聯因而放棄了他們頻頻使用和濫用的否決權。雅科夫・馬利克（Jacob Malik）抵制安理會，表面理由是聯合國不讓共產中國入會，抵制自一九五〇年一月就已開始。當時他正打算在七月六日回莫斯科徵詢意見。如今有證據證明，史達林明確命令蘇聯代表團於戰爭爆發時勿出現在聯合國，證據就在一份從莫斯科發出、六月二十五日早上送達的電文裡。為何？仔細推敲，原因可能是以下二者之一：史達林想把美國拉進發生於世界邊陲之朝鮮半島的戰爭裡，希望最終使中美兵戎相向，從而使毛澤東不得不倚賴他；聯合國支持會大大有助於介入政策的實現。第二，史達林或許希望美國高舉聯合國大旗介入朝鮮半島戰事之舉，會毀掉聯合國這個實體，或起碼讓世人看清聯合國是美國的工具。但如果史達林行使否決權，北韓人會大大受益。

韓戰開始時，蘇聯的官方新聞機構沉默了三天，就只逐字重述平壤的部分聲明而不作評論。但從第一天起，蘇聯就向華府表明，他們決意置身事外不參戰。六月二十六日清早，原已從朝鮮半島正對岸，由蘇聯控制的中國大連港駛出的俄國船，奉命「立即返回防區」。蘇聯海軍船艦也不靠近戰區，其潛艇從六月二十五日起，從未妨礙美國船隻航行。[54] 蘇聯人也調回他們派去朝鮮人民軍的顧問。美國情報機關對這些動靜一清二楚，每日的戰地情況報告，一般判定蘇聯軍官不會直接參戰，但也偶爾舉出蘇聯顧問仍待在北韓海空軍部隊裡的證據。

沒有證據顯示六月二十五日後蘇聯運送到北韓的軍用物資大增，根據記載反倒減少。唯一能確定為了入侵而貯備、被美國人繳獲的新裝備只有一樣，即行駛里程甚少的卡車。一九五〇年九月，麥克阿瑟掌握的「物證」，就只有一九四九、一九五〇年送到朝鮮人手上的十件軍用品——機槍、手榴彈、無線電接收機之類。到了一九五〇年九月上旬，已有情報界人士告訴《紐約時報》：「據（他們）所知，北韓入侵者自戰爭開打起，其實一直未從蘇聯那兒接收到新補給」。確切無疑的證據表明了，史達林不把蘇聯的威信和軍力用在這場戰爭上，由此看來，美國所謂史達林開啟韓戰一說就站不住腳。

中國的回應比蘇聯還快，且立場較明確。官方喉舌《人民日報》六月二十七日刊出第一篇關於朝鮮半島情勢的社論，比莫斯科的第一篇社論早了一天，且內容分量更多。中國人把李承晚政權痛斥為美國傀儡，舉出該政權多次挑釁北韓的事例，而且照著北韓的調子批評美國的政策，第七艦隊巡弋台海當然特別激怒他們。隨著戰事加劇，美國介入加深，中國人把北韓的存亡之責攬在自己身上，幾個月前中國人便已這麼做了，大大超越蘇聯的置身事外立場。

八月一日是中國建軍節，人民解放軍總司令朱德利用這一慶祝場合抨擊美國帝國主義，稱北韓動武名正言順，把朝鮮民主主義人民共和國稱作中國的好鄰居。八月中旬，美國當局掌握到愈來愈多中國支持北韓的證據。情報圈人士後來說，八月十四日在北京一場高層會議上，中國人承諾為北韓出兵二十五萬，[55]該月底，已有一支龐大的中朝軍隊，部署於與朝鮮接壤的中國國界上，隨時可挺進朝鮮半島。七月二十一日，周恩來向印度大使潘尼迦（K. M. Panikkar）信誓旦旦表示，中國人不想插手朝鮮戰事，但到了八月下旬，他已開始頻頻發出警告，事後來看，那些警告正清楚預示了中國參戰的意向。

強攻釜山

一九五〇年夏季那幾個月，北韓軍如秋風掃落葉往南猛進，在美軍第一海軍陸戰師強化防禦之前，讓美軍連吃敗仗、顏面掃地。一支打敗德國、日本的軍隊，竟被似乎倉促組成的農民軍逼到牆角，而且這支農民軍裝備低劣。更令美國人難堪的是，據說它聽命於一個外國帝國主義強權。

拿下漢城後，朝鮮人民軍休整約一星期，以便發動下一場大攻勢，而這場大攻勢使北韓拿下大田，打出後來軍事史家眼中北韓最漂亮的戰役之一。七月上旬，美軍每日戰情報告說朝鮮人民軍步兵是「第一流」，其裝甲部隊和戰績「在第二次世界大戰無人能及」。美國人特別佩服第六師。該師全由「中共部隊朝鮮人」組成，在師長方虎山統領下，參與了在甕津半島的初期戰鬥，沿著海岸南下，橫掃全羅道，七月底突然轉東，沿著南海岸展開令人喪膽的進軍，八月一日已占領晉州，兵鋒直逼釜山。但或許因為必須把大炮等補給品從後方運來前線，起初在漢城以南的行動有所延遲，給了麥克阿瑟在東南部布防所不可或缺的時間。[56]

到了八月初，美國、南韓在前線的兵力已超過北韓（九萬兩千對七萬，其中四萬七千是美軍），儘管如此，撤退之勢未變（麥克阿瑟對其他美國官員隱瞞此事，說他的兵力只有敵軍兵力的二分之一或三分之一）。但在八月第一週，第一海軍陸戰師投入戰場，終於止住北韓軍的攻勢。從那時直到八月結束，前線局勢未有大改變。

釜山環形防線以浦項周邊海岸為其北面要害陣地，以晉州—馬山一帶為其南面要害陣地，以大邱這座大城市北方不遠處為其中心。美國決心擋住朝鮮人民軍前進，大邱則成為這份決心的象徵；對北韓人來說，大邱更加重要，因為它是南方左派勢力的重要據點之一。但要阻止朝鮮人民軍占領釜山、不讓他們把美國人趕到海上，關鍵很可能在北方的浦項。軍事史家艾珀曼寫道，北韓人的「重大戰術失策」，在於未利用東海岸道路來擴大戰果。北韓第五師深恐側翼有失，花太多心思在保護側翼上，於是未能迅速攻向浦項，從而未能與第六師形成鉗形態勢威脅釜山。

整個一九五〇年夏季，北方部隊都得到游擊隊助陣，其中大部分游擊隊員為當地人，但有一些來自北方。從六月二十五日到八月三十一日，游擊隊死傷據記錄平均每日超過百人，損失總數據稱為六萬七千二百二十八人死亡、兩萬三千八百三十七人被俘、四萬四千一百五十四人投降（比整個韓戰期間美軍戰死人數多了一倍多）。釜山環形防線的攻防戰打了數星期，在這期間，為確保游擊隊出沒頻繁的後方區域安全，不得不抽走「師級或師級以上的大型戰術部隊」。[57]

在大邱攻防戰，美國人首度嘗到正面強攻與游擊戰相互應和的苦頭。當地農民包括婦女和小孩在內，會在戰線附近的山坡上奔跑，一副難民的模樣。「收到特定信號後，這些『難民』從包袱裡拿出步槍、機槍、手榴彈，朝下方的部隊開火，造成嚴重傷亡。」[58]從大田後撤的部隊，碰到往往由當地居民精心設置的路障和伏擊。美國人認為凡是穿「白睡衣」（他們對朝鮮民族服裝的稱呼）的人都可能是敵人。從此，美國部隊開始燒掉涉嫌窩藏游擊隊的村子，在某些例子裡，燒掉村子只是為了不讓游擊隊有藏身之地。

北韓軍往釜山大舉挺進時，數千名來自南北的朝鮮人幹部，開始恢復一九四五至一九四六年遭解散的人民委員會，並根據革命原則重新分配土地。他們在整個過程中高唱朝鮮統一和獨立。因此，若要斷定這場戰爭的起源，斷定這是什麼樣的戰爭，不能不談北韓占領南韓這段經歷。金日成在戰爭爆發後的第一次廣播演說中，呼籲恢復人民委員會，美國情報機關認識到恢復此種「許久以前被美國軍政府解散」的政治形式，對於北韓人的重要性。宣傳員一再提到這段歷史，說這種委員會的設立，不是為了抗衡大韓民國的政治體制，而是為了反制「日本帝國主義統治機構」重出江湖。換句話說，從他們的觀點看，目標是恢復比殖民地統治體制重出江湖還早出現的人民委員會，而非把北方的政治體制強加在南方。[59]

漢城人民委員會很快就成立，領導者大多是南方人。七月上旬，此委員會已沒收全部日產，以及韓國政府、其官員、「壟斷資本家」的財產。朝鮮人民軍開米倉賑濟窮人，把司法權的行使交給當地治安維持團體，這類團體的成員有許多是剛出獄的人。最初，從李承晚的監獄獲釋者，對先前與他們為敵者——大多是警察和青年團體的人——施行恐怖統治。但除此之外，中情局研究發現，北韓官員施行嚴密且有效率的管理，在這過程未造成許多流血慘事。[60]

約有六十名韓國國會議員留在漢城，七月底，其中四十八人開會表態效忠北方。甚至有一名美國人聽命於此政權，不管自願與否。「漢城徐氏」，亦即「韓戰的東京玫瑰」，以道地的英語透過電台向美國軍人喊話。她全名安妮・華勒斯・徐（Anne Wallace Suhr），原是循道宗傳教士，嫁給朝鮮左派人士。後來因為九月麥克阿瑟的仁川登陸和激烈的漢城攻防戰，北韓軍對漢城的占領才宣告結束。自此法紀蕩然，許多人遭殺害。也有許多建築遭焚毀，似乎是由朝鮮人民軍唆使的流浪漢和小孩所為。

在朝鮮南部其他地區，地方人民委員會紛紛復出，但不像一九四五年那樣自發組成。北韓人在委員會的成立程序上施以嚴厲控制，以確保委員會成員符合北韓的慣習和紀律。後來，蘭德公司（RAND Corporation）的前身機構調查發現，弱勢氏族利用遭北方人占領的機會，翻轉許多村莊的權力結構，但也發現有些單一氏族的兩班村莊，不受北韓改變村中權力結構的影響。[61]但相較於要革命性土地改革，在戰爭期間恢復人民委員會較為容易。在此之前，南方的地主階級成功擋下美國人力促韓國推行的改良主義式重分配，但此時對抗地主階級被視為朝鮮革命之反封建、反殖民統治性質的根本。在釜山環形防線之外的每個道，接著都施行了土地重分配。儘管做得倉促、且是在戰時環境下完成，但此舉掃除了階級結構和權力，從而使後來李承晚的土地重分配計畫得以施行——這是因為美國人不願其在戰場上拚死拚活的結果，只是讓這個支配朝鮮半島千百年的階級拿回土地，於是要求李承晚徹底施行一九四九年國會通過的改革。從這方面和其他許多方面來看，這場戰爭於二十世紀中期大大消弭了韓國社會的不平等。

北韓人多方作戰：打正規戰，打游擊戰，針對人民委員會和土地改革展開政治戰。換句話說，這也是場人民戰爭，而且一如後來的越戰，招來美國人驚駭的反應。這已是美國在朝鮮半島這場「被遺忘的戰爭」裡被遺忘的一部分，但在一九五〇年時，可從理髮店的書報裡讀到這樣的反應。《哈潑》雜誌撰文者艾里克・拉臘比（Eric Larrabee），在文章開頭引用了一六三六年征服佩科特印第安人（Pequot Indians）的英格蘭上尉的話：「本地人的戰術……大不同於基督徒的習慣作法。」他也引用了美國獨立戰爭期間一名英國軍官在列克星頓的想法（即本章章首的引語）。有名海軍陸戰隊員告訴拉臘比：「在塔拉瓦島（譯按：一九四三年日美激戰之地），至少能看到敵人。在這裡，朝鮮佬（gooks）藏在灌木林裡。」拉臘比主張，美國人眼中的有限戰爭，對朝鮮人來說是人民戰爭，他們說這場戰爭不能靠「殘忍地、愚蠢地展現技術優越」來打。[62]

《科利爾》（*Collier's*）週刊的某篇文章，一開頭寫道，「我們的赤色敵人蔑視文明戰爭的所有規則，藏身於女人裙子底下」，然後引用了美軍士兵的以下談話：

年輕飛行員喝光杯中咖啡，說，「怎麼可以這樣，他們站在那裡朝你揮手時，不能開槍打他們。」「開槍，」另一人以篤定口吻告訴他：「他們是士兵。」「但他們全都穿著類似白睡衣的東西，零零星星走在馬路上。」……「有看到女人或小孩？」「女人？我不知道。女人也穿著長褲不是嗎？」「但沒看到小孩，沒有，長官。」「他們是士兵，開槍打。」[63]

觀察敏銳的英國戰地記者雷金納德．湯普森（Reginald Thompson），在其《哭朝鮮》（*Cry Korea*）一書中寫道：「敢於把親眼所見的真相寫出來的人不多」。記者覺得為南韓打的這場戰役「異常令人不安」，在游擊戰和平民大眾兩方面大大不同於第二次世界大戰。湯普森親眼目睹一名美國海軍陸戰隊員殺死一名年老的平民，好似一時不留心殺了人，毫無懊悔之意，說美國大兵「談到敵人時從不把他們當人看，反倒像在談猿猴似的。」就連記者群裡，「每個人最衷心的想望（都）是殺掉朝鮮人。『今天……我要逮個朝鮮佬。』」他認為美國人把朝鮮人蔑稱為gook（朝鮮佬），是因為「不這麼叫的話，無法要這些本質上和善寬厚的美國人不分青紅皂白殺掉他們，或搗毀他們的房子和劣質家當。」[64]

為《紐約時報》報導此戰爭的查爾斯．格魯茨納（Charles Grutzner）說，戰爭初期，「惟恐遭滲透的心態，導致數百名南韓平民，有男也有女，遭一些美軍士兵和共和國警察殺害。」他引述美國某高階軍官所言，說有個美軍團級部隊，七月時陷入恐慌，射殺「許多平民」。另一個美籍記者基茲．畢奇

（Keyes Beech）寫道：「這時候當朝鮮人不妙，因為美國佬看到他們就開槍……緊張兮兮的美國兵隨時會向任何朝鮮人開火。」[65]

雷金納德・湯普森對於美軍空襲造成許多人慘死非常反感，美國空軍動用最新銳的軍事機器對付「幾乎手無寸鐵、無力挑戰空中飛機的敵人」。一九五〇年九月，「幾群為數不多的農民，靠一些步槍、卡賓槍和孤注一擲的勇氣，對抗威力奇大的現代武器……給自己和所有居民招來駭人無比的凝固汽油彈。」他說，敵人的每次開火，都替自己「招來更嚴重的破壞。戰爭所到之處，每個村鎮都遭抹除。」在這樣的戰爭裡，「殺戮者只需要按個鈕，死神就飛出去，不管三七二十一殺掉遠處不認識的人，那是大屠殺，不折不扣製造出大量死亡，整個村鎮瞬間滿目瘡痍。」

最駭人聽聞的事，或許是美國人從開戰之初，就考慮在這場「有限」戰爭中動用原子彈。七月九日（戰爭開打才兩星期，值得記住），麥克阿瑟就發給馬休・李奇威（Matthew Ridgway）一封「急切的電文」，促請參謀首長聯席會議「思考是否應提供原子彈」。作戰處長查爾斯・博爾特（Charles Bolte）將軍受命就使用原子彈「直接支援地面戰鬥」一事與麥克阿瑟商談；可以提供約十至二十顆原子彈，同時不致於「過度」危害整體作戰計畫。博爾特從麥克阿瑟那兒得到一份戰術性使用原子彈的初期提案，並且看出麥克阿瑟對此戰爭的駭人盤算，包括占領北韓，並以如下方式處理中國——或蘇聯——可能的介入：「我會在北韓切斷他們與後方的聯繫。在南方戰場，我看到將他們困在死胡同的可能。從滿洲和海參崴過來的唯一幾條通道有許多隧道、橋樑。我認為原子彈在這裡有個絕佳的用途——即堵住其退路，因為修復要花上六個月。別惹我的B-29轟炸機隊不爽……。」但在戰爭的這一階段，參謀首長聯席會議決定不願動用原子彈。[66]

參戰各方都犯下駭人的暴行。朝鮮人民軍處決了數百名美籍戰俘，但以戰場上的傳統「人道」方式處決：從耳後開一槍（查爾斯．韋洛比〔Charles Willoughby〕將軍把這稱作「典型的蒙古—斯拉夫式」殺害囚犯方式）。對韓國戰俘的處置則殘酷許多，但這方面能找到的證據甚少。殘酷施暴平民之事甚多，尤以結束占領南韓時更是。聯合國的檔案資料裡有許多得到目擊者和親人證實的記述，說明北韓占領軍犯下的數起集體殺害南方人之事，包括全州一起特別令人髮指的殺戮。或許值得一提的是，獲取的北韓文件一再顯示高階官員告誡下屬勿處決人犯。有人在戰場上拾獲數份載明「勿再處決人犯」的命令書；有幾份手寫的黨會議（似乎是高階會議）紀錄則表示：「勿為了報仇洩憤處決反動分子，讓司法當局來執行肅清計畫。」[67]

羅伊．艾珀曼說北韓人在大田犯下這場戰爭「最大規模的集體殺戮」，五千至七千人遭殺害，埋在萬人坑，其中包括一些美國人。在某次殺戮中，有六人倖存被找到時還活著，其中包括兩名美國人，那是因為鏟到他們身上的土壤質地輕，他們在土下裝死，故得以逃過一劫。全羅南道的許多地方也找得到萬人坑，艾珀曼寫道，十月二日北韓人在原州「大開殺戒」，殺掉一千至兩千平民。而受雇於官方的韓戰史家艾珀曼並未提到南韓人的暴行，但大田暴行的實情始終不清楚。

八月上旬，艾倫．溫寧頓（Alan Winnington）在倫敦的《工人日報》（*Daily Worker*）發表了題為「朝鮮半島的美國貝爾森集中營」（U.S. Belsen in Korea）的報導，指控受駐韓軍事顧問團監督的南韓警察，七月二日至六日之間，在大田附近的朗月村屠殺了七千人。他找到二十名目擊者，那些人說數卡車的警察在七月二日來到，要當地村民挖六個坑，每個坑長兩百碼。兩天後，政治犯被卡車運來處決，屍體層層疊疊在坑裡「猶如罐頭裡的沙丁魚」，處死方式有朝頭部開槍和拔刀砍頭兩種。屠殺持續了三天。目擊者說，兩輛載著美國軍官的吉普車在旁看警察殺人。北韓方面的資料說四千人遇害（幾個月後改口說七千人），大多是來自濟州島和太白山一帶被俘的游擊隊員，以及麗水—順天事件後遭拘留的人。這些資料所標示的地點稍有不同。[68]美國駐倫敦大使館把溫寧頓的說法斥為「編造的暴行」，說其內容不實。但東京的英國官員說，「這篇報導或許不全是假」。

有鐵證證明南韓人幹下規模較小的屠殺。《紐約時報》某記者發現一韓國警察帶著四十名被指為游擊隊員的平民，看到他「用步槍槍托猛擊一個又一個人的背」。這個警察開心說道：「我們在林子裡砰砰」，意為這些囚犯「會被帶到林子裡，在背脊遭打斷後處決。」有個澳洲人在公州目睹了類似情事，在該地，二十名平民囚犯跪著，「身子有一丁點動」就遭看守者毆打。被問到這是怎麼回事時，看守者說，「游擊隊員，砰砰。」《曼徹斯特衛報》某特派員在七月十二日看到一卡車六十名囚犯被載到錦江，由韓國當局處決。金「老虎」（金宗元）八月把五十名北韓戰俘砍了頭；紅十字會向駐韓軍事顧問團抗議此事，該團軍官說他們「不希望特派員知道此事」。南韓國家警備隊首長（內務部治安局長）金泰善七月十四日承認，他的警員自六月二十五日以來，共處決了一千兩百名共產主義疑犯。[69]晚近，隨著南韓民主化，調查人員揭露了李承晚政權當時殺害了許多左派和涉嫌勾結北韓者之事，且往往一次殺害數百人。

倫敦《圖畫郵報》（*Picture Post*）的詹姆斯・喀麥隆（James Cameron）在一九五〇年夏末，就釜山一地他所謂的「南韓集中營」寫了文章：

這群悲慘的男子，未被判定犯了什麼罪，也未經過審判，他們是南韓境內的南韓人，就因為被懷疑「不可靠」。他們共有數百人，骨瘦如柴，如任人擺弄的戲偶，臉色蒼白，被鎖鏈拴在一塊，縮著身子，露出典型的東方式順服神情，蹲在成堆的垃圾裡，姿勢如腹中胎兒……一些美國軍人聚在這個極度駭人、猶如回到中世紀的市場周邊，拿著相機拍，一派漫不經心……我向（聯合國）委員會表達我的憤慨，該委員會非常禮貌地說：「的確讓人很不舒服；但別忘了，這些人是亞洲人，有不同的行為標準……很難理解的。」那是消極苟且、站不住腳的妥協。我很火大，而我本不是容易發火的人。我用文字和照片鉅細靡遺記錄了此情況。不到一年，我差點為此丟掉飯碗，差點毀掉我的雜誌。

《圖畫郵報》從未刊出喀麥隆的報導，該雜誌因此發生一場「迷你譁變」；不久，這份《郵報》停刊，可說罪有應得。70

八月底，朝鮮人民軍發動最後一次大攻勢，獲致「驚人戰果」，使美韓聯軍防線接下來兩星期守得非常吃力。八月二十八日，方虎山命令所屬部隊於接下來幾天拿下馬山和釜山；朝鮮人民軍三個營在洛東江中段成功渡河，浦項、晉州失守，釜山環形防線「近乎瓦解」，朝鮮人民軍再度進逼慶州、馬山、大邱。

沃爾頓・華克（Walton Walker）將軍將第八軍團司令部從大邱移到釜山，其他高階軍官撤離大邱，韓國要人開始離開釜山前往濟州島或對馬島。九月九日，金日成說戰爭已來到「極嚴峻的決定性階段」，敵人三方受逼；兩天後，華克將軍報告，前線情勢處於自環形防線建立以來最危險的階段。艾珀曼寫道，到了九月中旬，「經過這場戰爭裡長達兩星期最激烈的戰事，（美軍）勉強擊退北韓的大攻勢。」美軍死傷來到戰爭中最慘重的時刻。

最先北韓調到前線的兵力高達九萬八千人，但其中超過三分之一是沒有經驗的新兵（包括許多女游擊隊員的游擊隊），活躍於浦項、馬山的戰鬥。但這時北韓兵力已遠遠居於劣勢。麥克阿瑟已把美軍中多數完成戰備的師投入了韓戰戰場；到了九月八日，第八十二空降師以外所有可動用且受過訓練的部隊，都已歸他調度。仁川登陸時，約有八萬三千美軍和五萬七千韓國、英國士兵，在戰線上與北韓軍對峙。

「推回」戰

一九五〇年九月中旬，麥克阿瑟策劃了他最後一次令人激賞的作戰行動，完成戰術高超的仁川兩棲登陸，在美軍首次踏上朝鮮半島土地的五年後，把美軍帶回漢城。仁川港潮勢險惡，若挑錯時機入港，艦隊很可能觸礁，但美軍艦隊穿過難以捉摸的海灣和淺灘，全程無懈可擊。美國海軍陸戰隊幾乎未遇抵抗就登陸，但接下來頑強頂住猛烈的攻擊，九月底終於拿下漢城。艦隊司令史樞波（Arthur

Dewey Struble）是美國海軍的兩棲登陸作戰高手，指揮過菲律賓雷伊泰（Leyte）島登陸作戰，諾曼第登陸時則指揮奧瑪哈灘頭的海軍作戰。仁川作戰時，他統領由兩百六十一艘船艦組成的龐大艦隊，在幾乎無損的情況下把八萬海軍陸戰隊員送上岸。北韓對此毫無反制之力。誠如美國方面一直以為的，北韓人民軍早料到會有此入侵行動，[71]但結果是根本阻擋不了，於是開始了北韓史家委婉稱之為「戰略大轉進」的行動。

九月三十日韓國部隊越過三十八度線進入北韓，將迅速後撤的朝鮮人民軍「推回」，第一場韓戰結束。就南韓來說，這場戰爭造成十一萬一千人死亡、十萬六千人受傷，五萬七千人失蹤；三十一萬四千間民宅被毀，二十四萬四千間受損。美國方面三千九百五十四人戰死，一萬三千六百五十九人受傷，三千八百七十七人失蹤。北韓方面的死傷人數不詳。[72]然後，新一場戰爭從此開打，美韓軍挺進鴨綠江，要與等在中朝邊界山中堡壘的中朝混成軍隊一決雌雄。

北韓的南侵似乎立即激發美國人的北攻念頭——或者應該說約翰·佛斯特·杜勒斯的北攻念頭。阿爾瓦里·蓋斯克恩（Alvary Gascoigne）六月下旬聽到杜勒斯「隨口」說道，或許可趁北韓南侵一事，趁機越過三十八度線。到了七月中旬，杜勒斯已是「推回」（rollback）論的重要提倡者，並有迪恩·魯斯克、約翰·艾利森（John Allison）、約翰·佩頓·戴維斯（John Paton Davies）幫腔助勢。[73]戰爭開打不到三星期，重要決策者就把圍堵論顛倒過來，立場翻轉猶如變戲法，讓人感到些許黑色幽默意味。此前他們把三十八度線視為不可侵犯的「國際」界線，把北部朝鮮人越過該線之舉斥為希特勒式的侵略，這時卻認為從南部越過該線並無不可。莊萊德（Everett Drumwright）七月十日寫信給艾利森：「一旦（北韓）開始潰敗，我們若在三十八度線就停住，會給我們帶來極大禍害，而且愚不可及……我們的目標和聯合國的目標是統一。」經這番提點，艾利森擬了一份極機密的備忘錄，主張三十八度線與中歐的國界線不同，它（畢竟）不具有法理上的意義。他說，檔案資料顯示「此線只為了處理日軍投降之事而議定，美國未承認此線在其他用途上繼續有效。」[74]換言之，如果朝鮮人越過這條把朝鮮半島一分為二的線，那就是違反國際規則，因為此線是國際公認的界線，但如果是美國人越過，那情況就不一樣了。邁可·沃爾策（Michael Walzer）在其《正當與不正當的戰爭》（*Just and Unjust Wars*）裡指出，美國駐聯合國大使把三十八度線稱作「一條想像的線」，以合理化揮軍挺進北韓之舉。沃爾策論道，如果三十八度線是一條想像的線，「那麼我們如何認定最初的侵略行動？」[75]

杜勒斯迅即將艾利森的備忘錄交給魯斯克，隔天七月十四日，寫了份備忘錄給尼彩，明確主張北進。不久，艾利森主持美國國家安全會議的「推回」策略研究，從而有NSC81這份授予其權力的文件在九月問世，其中含有許多魯斯克、艾利森、杜勒斯在七月表達的想法。國防部提出自己的報告，也主張「推回」。這時，韓戰的走向已提供了「第一個機會，可攻占蘇聯之部分勢力範圍」；此報告出奇直率地指出，蘇聯遠東綜合戰略的「樞紐」——「滿洲」，「將會脫離其受制於蘇聯的處境」。[76]

麥克阿瑟將軍當然始終贊成「推回」，七月十七日主張施行此策略。三天後，路易斯·強森想把政策轉變的功勞攬在自己身上：他派助理急赴南韓大使館，泄漏最敏感的機密情報：在強森的極力主張下……美國政府已決定北進。[77]八月底，杜魯門根據最可靠的證據，同意北進。這一決定就體現在NSC81這份多半由魯斯克撰寫的文件裡。該文件授權麥克阿瑟挺進北韓，前提是蘇聯或中國未揚言介入。它明確主張「推回」；九月十六日由博爾特送去、授予麥克阿瑟權限的命令書，提及「施行推回策略」。但在中國邊境附近作戰時，麥克阿瑟只能動用韓國部隊。[78]麥克阿瑟在一九五一年告訴參議員，越過三十八度線一事「得到美國政府每個部門完全且絕對的同意」，如果我們能體諒在戰後檢討這些貽害甚大的決定時，這位仁兄處於不斷被抨擊的情況，那麼他會如此言詞誇大就情有可原。

乘著仁川登陸的勢頭，聯合國軍越過三十八度線，深入北韓國境。北韓軍被認為已被聯合國軍徹底消滅。十月上旬，韓國部隊沿著東海岸往北急速推進，幾乎未遭抵抗。不到兩天，他們就已推進到三十八度線以北二十五英哩處，不到一星期就已把四個師送進北韓，十月十日拿下東部港市元山。然後他們繼續向鴨綠江挺進，前方是一路後撤的北韓軍——就一支幾個星期前還被認定在北韓壓力下一再「崩潰」的南方軍隊來說，當下的新形勢實在古怪且令人興奮。在向北方挺進一星期後，有個南韓少校一再說，他搞不懂北韓為何「放棄美麗的天然防禦屏障」，有個記者因此下了北韓人「已無戰志」、北韓軍人的素質顯然被高估的論斷。[79]美軍在西側遭遇較頑強的抵抗，但十月中旬麥克阿瑟的總司令部已宣布獲致「驚人戰果」；赤色首都被拿下，駐日盟軍總司令部的軍官因此宣布戰爭已結束。《紐約時報》報導，戰爭就要進入最後階段，通欄大字標題寫著「聯合國部隊未遇抵抗，直奔滿洲邊界」。漢森·鮑德溫（Hanson Baldwin）認為俄國人想必已決定「收手」；其他評論家則宣告「北韓慘敗」，東京、華府官員點起雪茄，認定勝利在望。[80]

但從許多方面來看，仁川勝利是慘勝。麥克阿瑟和其顧問把游擊戰當正規戰來對付，因此陷入泥淖。雷金納德·湯普森寫道，「北韓軍如幽靈般消失於山裡……南韓軍將陷阱關上，但什麼都沒捉到。」倫敦《泰晤士報》一篇洞見時局的報導，寫下這麼一句話：「後衛部隊攻擊力之強，意味著未來在江界會有一個朝鮮毛澤東出現」——就世人對仁川登陸後戰事的普遍看法來說，這是無法理解的一句話。該報導接著說，美國軍官瀰漫著「危險的自滿心態」：

就在宣告已消滅敵人兵力時，同時確認了敵軍有十二個師的兵力……共黨軍隊的固有實力和韌性遭遺忘……退入北部山區的大量共產黨人和其追隨者發動敵後游擊戰的隱憂已成真。

諸多美籍記者中，只有「亞洲通」沃爾特．沙利文理解到許多北方軍官曾和中國人並肩作戰，此時採行的是「中國共產黨」的撤退戰略，而且在過去三個月裡已為遂行此戰略作好準備。[81] 最高指揮部退到金日成的游擊老巢，在江界設立其司令部。江界原本就是「日本軍在朝鮮北部的主要基地之一」，有許多軍事設施和地道。[82]

有本後來取得的筆記本，引述了朝鮮人民軍第八師政治部主任朴基成的話：

敵人主力仍然完好，未受到徹底破壞。他們未能完全掌握我軍戰力，步兵部隊往前推進甚遠……到鴨綠江。這表明他們低估我方實力。種種情況有利於將他們引誘到近處……

中朝聯合進攻時被俘的一名朝鮮人民軍軍官說，至十一月下旬為止，朝鮮人民軍「持續撤退」：

或許有人會認為一路南下到釜山環形防線、然後一路撤退到鴨綠江，是徹底失敗。但絕非如此。那是有計畫的撤離。我們撤離，因為知道聯合國部隊會跟著我們到這裡，知道他們的兵力會擴散到廣大區域而變得稀薄。圍殲這些部隊的時刻已經到來。

他說，正面出擊的朝鮮人民軍和中國軍的聯合部隊，會得到「戰力強大的八個軍的援助，他們從後方騷擾並攻擊敵人」。朝鮮人民軍已回師往南，遠至慶尚北道的安東、尚州，以包圍聯合國軍。[83]中國參戰後，美軍第十軍的情報處長威廉·昆恩（William V. Quinn）看出仁川登陸後的情勢。他說，敵人已「退入山中」，打必要的阻滯戰，同時「繼續北撤」。數條路線通到慈江道的「山地據點」。他說殖民統治期間，金日成已博得「厲害無情的游擊隊長」美名，「他的作戰大本營……是咸興市北邊、西北邊地形崎嶇的山地。」昆恩說，總之，一九五〇年春金日成已在其老巢劃出一個新省，取名慈江道；這或許是金日成的先見之明，「或應對不可避免之情勢的防範措施」。憑藉天然邊界、高山、河川之利，欲從南邊攻破該地幾乎不可能，而且「充足的道路網把此區域連成一體，提供進入滿洲的通道。」

北韓人已建立一個不同於南韓的體系，此體系不倚賴對首都的控制，但以此前歷代朝鮮國家從未有過的方式，將控制觸角滲入村莊。十月十日左右，北韓的黨政軍領袖開始撤往慈江道，並把地方官員和「堅貞共產黨員」一起帶去。「長津和甲山一再被提及為撤退部隊的集結地」；東海岸完全棄守，韓國軍因此無需聯合國軍協助就推進到國界。北韓軍回撤神速，在許多例子裡，與聯合國軍（大多是位在東部的韓國部隊）「完全沒有接觸」。在西部，北韓軍撤出首都時，南韓軍受到較強烈抵抗。北韓軍的集結點是江界，他們迅速往該地後撤——美軍轟炸機則轟炸正規軍會走的逃脫路線，即逃往中國國界之新義州的路線。昆恩認為，有了滿洲的再補給路線，游擊隊能「無限期」打下去，兩棲攻擊或空中攻擊都傷不了他們。中國、朝鮮部隊從滿洲加入戰場，主力部隊在滿浦鎮渡過鴨綠江，穿過江界，讓美國人在長津湖吃了大敗仗。另一支大軍在安東渡江，最後在甲山附近與重編的朝鮮人民軍部隊連成一體。[84]

許多敵後游擊隊員被留在撤退路線沿線。十月最後兩週，三十八度線以南的游擊活動甚為頻繁，其中包括：據有襄陽的一萬五千名游擊隊員；在三陟、蔚珍、江陵「集結的龐大兵力」；占領金化、華川、槐山的游擊隊；光州附近一千人、聞慶附近交戰的三百人、在長水遭聯合國軍攻擊的三百人、井邑附近兩千人、木浦附近兩千至三千人，不勝枚舉。[85]當然，對北方來說，仁川依舊是慘敗的象徵。據艾珀曼的說法，北韓軍第三師全師驚慌失措而瓦解，第八師死傷四千多人；第十二師打了「頑強的阻滯戰」後遭全殲。北韓損失大量裝備，民心士氣受重創。撤退是束手無策的北韓損失最小的因應之道。

南韓占領北韓

一如北方將其政治體制強加於南方，如今換南方將其政治體制強加於北方。南方之占領政策的實際執行者，大多是國家警備隊，以及隨同國家警備隊而來的右翼青年。時任內務部長的趙炳玉十月十日宣布，韓國警察已控制三十八度線以北九個城鎮，正召募三萬人組成特種部隊執行占領任務。美國國務院官員原欲藉由某個機構來督導「推回」策略的政治層面，「以確保不致發生『血洗』，換言之……應將韓國部隊納入美國控制。」[86]不久，美國大使館的莊萊德說，國務院的計畫「已跟不上形勢變化」，已有約兩千名韓國警察越過三十八度線；他建議，若能運用北方出身的警察，或許會讓地方負起更大職責。到了十月二十日，甚至更早之前，安浩相已命其右翼青年團在北方執行「政治灌輸」。[87]

平壤占領一場糊塗，令美國顏面無光。美籍民政官「少得可憐」，而且幾無經驗可言：

找人擔任平壤臨時市議會議員一事，即使後果不是如此顯而易見的悲劇，也會是個鬧劇。那毋寧就像是看著陸軍士官選人執行雜役工作。於是，城市陷落後的幾星期裡，城裡無公用事業機構，只有白天幾個小時的主要街道上有法律和秩序可言，差勁的運輸、分配，導致極為嚴重的糧食不足。[88]

十月底，英國人已掌握明確證據，確信韓國的官方政策致力於「揪出共產主義者及其合作者，再予以消滅」。這項證據既來自與英國政府有關係者，也來自經驗老到的英國特派員，例如倫敦《泰晤士報》的路易斯．希倫（Louis Heron）：事實擺在眼前，「如今是漸漸被許多人知道的壞事」，「亦即復設於北韓的行政機關，似乎很可能在國際引發軒然大波一事」。英國外交部力主應該立即在華府抗議此事，因為韓國以聯合國的名義行事，也因為這是「一場爭取人心的戰爭」，在此種戰爭裡，政治的重要幾乎不遜於軍事。大使奧利佛·法蘭克斯（Oliver Franks）於是在十月三十日將此事提交迪恩·魯斯克，得到如下回應：「魯斯克同意（韓國當局）令人遺憾地犯下許多暴行」，承諾責令美國軍官著手控制情勢。[89]

十一月中旬，趙炳玉報告，光是至該日為止，已逮捕五萬五千九百零九名「惡性激進通敵者和叛徒」，而且這數字很可能少報。美國內部文件顯示其對南方的暴行完全知情；例如，駐韓軍事顧問說，如果韓國當局繼續行使暴力，或許會把整個北部劃出韓國當局的管轄區。還有個見諸記載的事例，在順天，美國人撤掉劫掠該地的南韓部隊，代之以美軍第一騎兵師的部隊。[90]

當中國參戰的當下，且聯合國軍開始從北方撤退的時候，世界各地的報紙即開始刊出韓國處決遭拘留者一事的目擊證詞。合眾國際社估計，從十二月十一日至十六日，有八百人遭處決，埋在萬人塚裡；其中包括「許多女人、一些小孩」，由於身為赤色份子的家人而被處決。美國、英國軍人目睹「幾卡車的老人、女人、年輕人、幾個小孩在墓穴前列隊，遭到射殺而掉進墓穴。」十二月二十日，有個英國軍人目睹約四十個「消瘦、默不吭聲的朝鮮人」遭韓國憲兵射殺，雙手綁在身後，若有不從就遭槍托擊頭。[91]

中國參戰

美國所有情報機關，大體上都推斷中國不會參戰。九月二十日，中情局設想中國「志願軍」參戰的可能情況，一個月後，中情局指出，有「多則說法」稱中國會派滿洲部隊到朝鮮，但也說「共產中國一如蘇聯，很有可能不會公開介入北韓」。十一月一日，中情局局長沃爾特・貝德爾・史密斯（Walter Bedell Smith）將軍洞見未來，寫道中國人「很可能真的擔心滿洲遭入侵」，會想要「不顧全面戰爭風險升高」的可能性，為邊境安全建立一道防線。但十一月二十四日，就在麥克阿瑟揮軍猛進時，中情局仍未找到足夠證據，證明中國打算發動「大型攻勢作戰」。[92]

美國境內最清楚時局的媒體大力支持挺進鴨綠江，但也同樣未能判定中國的意向。《紐約時報》社論說，「自由統一的朝鮮半島會令中國感到威脅」一說叫人無法相信；最後攻勢展開時，詹姆斯・雷斯頓（James Reston）信誓旦旦告訴讀者，華府消息人士不認為中國會介入，有篇社論稱許美軍「不被共產中國的威脅阻撓」。[93] 印度駐中華人民共和國大使潘尼迦一再示警，中國人不會坐視聯合國軍挺進到鴨綠江。九月二十六日，人民解放軍代總參謀長聶榮臻告訴他，如果美國人繼續挑釁，中國人別無選擇，只有起而抵抗；潘尼迦認為美國人屆時的轟炸不會放過中國境內「任何工業設施」，這時聶榮臻回道，若真如此，那後果也只能承受。周恩來和波蘭駐北京大使表達了類似的想法，使潘尼迦相信中華人民共和國「已決定無視後果，採取更具侵略性的政策」。一週後，周恩來召見潘尼迦，告訴他中國不會坐視美軍越過三十八度線。但沒人聽進這番警告，因為潘尼迦被認為不可靠。傑賽普和魯斯克認為他「出於不可告人的動機，暫時遵循（中國共產）黨的路線」；他們寫道，他「猶如魔鬼梅非斯特的特質，不只表現在他的鬍鬚上。」[94]

來自北韓和中國的新資料表明，中國參戰不是保護邊境的防禦性舉動，反倒表明毛澤東在韓戰初期就決定：如果北韓撐不住，中國有義務出手相助，因為許多朝鮮人在中國革命和抗日中犧牲性命。一九五〇年八月四日，毛告訴政治局，美國人如果扭轉戰局，他打算「以志願軍名義」派兵朝鮮；十月一日，聯合國軍越過三十八度線，令毛一夜無法成眠後，毛就已決定立即介入。隔天，他把這一決定告知史達林。[95]換句話說，是「推回」策略本身，而非接下來美軍進抵鴨綠江邊這件事，導致中國的介入。

中國頭一批部隊進入朝鮮時，中國方面的資料提到參與國共內戰的朝鮮義勇兵，把他們比擬為美國獨立戰爭時的拉法葉及其法籍士兵，以及比喻為西班牙內戰時的亞伯拉罕．林肯旅。「我們絕不能忘記朝鮮人民……他們不只參與解放戰爭，還參與一九二五至一九二七年的北伐、一九二七至一九三七年的土地革命戰爭、一九三七至一九四五年的抗日戰爭。」因此，投桃報李是首要考量，邊境防衛其次；雙方當然會不分彼此，相輔相成。第三個重要考量因素，是在此次出兵介入後一舉拔除蘇聯對朝鮮的影響力。此動機不可能明載於當時的文件裡，但事後回顧非常清楚。

十月二十二日，駐韓軍事顧問說，目前在北方只遇到零星不成氣候的抵抗；朝鮮人民軍已無力做出「有組織的防衛」。但才幾天，就有「剛得到裝備的北韓生力軍」猛攻聯合國軍的前線，並有坦克和飛機支援；韓國軍陣腳大亂，踉蹌後退。十月二十六日，中朝聯軍如猛虎出柙，從雲山（過去美國擁有金礦採掘權的地點）山區衝出，美軍死傷慘重；同一天，朝鮮人民軍攻破韓國第二軍，從而癱瘓美軍第八軍團的右翼。愛德華．阿爾蒙德（Edward M. Almond）寫道，十月二十六日，韓國第二軍遭攻擊，「徹底垮掉解體」；攻擊方是「剛投入戰場、組織完善、訓練精良的部隊，其中一部分是中國共產黨的

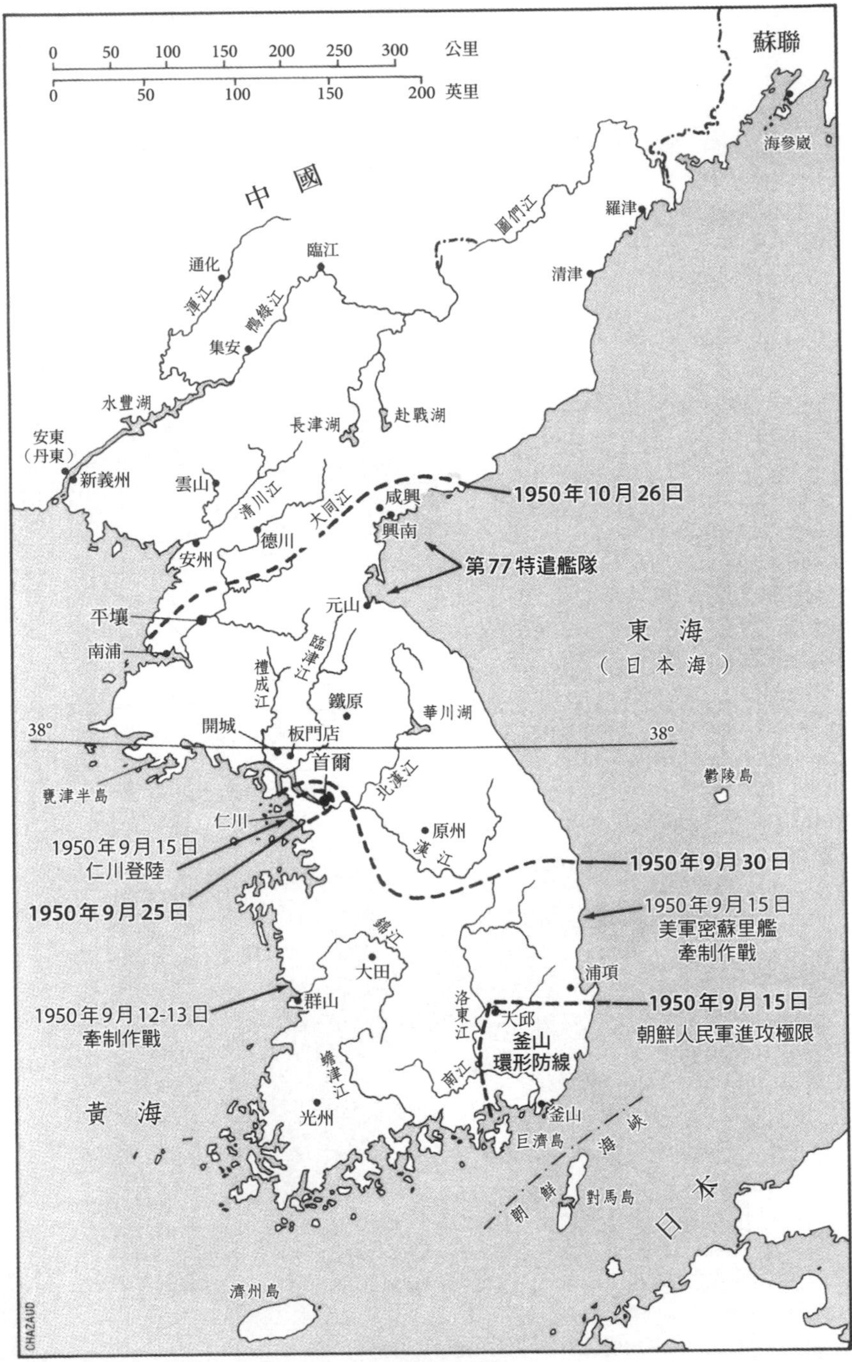
0 50 100 150 200 250 300 公里
0 50 100 150 200 英里
蘇聯
海參崴
中國
羅津
圖們江
清津
臨江
通化
渾江
鴨綠江
集安
赴戰湖
水豐湖
長津湖
安東
（丹東）
新義州
雲山
清川江
大同江
咸興
興南
1950年10月26日
德川
安州
第77特遣艦隊
元山
平壤
南浦
東 海
（日本海）
臨津江
禮成江
鐵原
華川湖
開城
板門店
38°
38°
首爾
北漢江
甕津半島
鬱陵島
仁川
原州
漢江
1950年9月15日
仁川登陸
1950年9月30日
1950年9月25日
1950年9月15日
美軍密蘇里艦
牽制作戰
錦江
大田
浦項
群山
1950年9月15日
朝鮮人民軍進攻極限
洛東江
大邱
1950年9月12-13日
牽制作戰
釜山
環形防線
南江
蟾津江
黃 海
光州
釜山
巨濟島
朝鮮海峽
對馬島
日本
濟州島
CHAZAUD

韓戰戰局變化

部隊。」[96]但不久，敵軍部隊再度消失無蹤。

這次，中情局的每日報告觀察敵人的後撤模式，主張這類後撤在過去發生於進攻行動之前，並以審慎口吻指出，敵人背後有「兵力龐大、協調行動、組織完善的敵後游擊隊」，還有游擊隊占領「朝鮮半島西南部廣大區域」。但晚至十一月二十日，預測仍然分歧；有些預測主張，共產黨只是要後撤至較有利的防禦地點，其他預測則主張，「碰上北進的聯合國部隊就必然後退」這一模式，只是意圖打「阻滯戰鬥」，並非全面攻擊前的準備。[97]

十一月二十四日，麥克阿瑟發動全線總攻，並將這場攻勢委婉稱之為「威力偵察」。他說這是「大規模的壓縮與包圍」，欲將朝鮮人民軍殘部困住的「鉗形」作戰。十一月二十五日，他搭乘駐日盟軍總司令的飛機飛過鴨綠江上空，向惠山鎮的美軍擺動機翼，給他們加油打氣。攻勢持續了三天，幾未遇到抵抗，韓國部隊進入重要城市清津。飛行員回報看到長長的敵軍縱隊「布滿

麥克阿瑟將軍點煙斗，攝於飛往鴨綠江的個人專機上．日期是一九五〇年十一月二十四日，他的「威力偵察」開始之時。U.S. National Archives 惠允使用。

整個鄉村」，但吹噓美軍大捷的宣傳未提到這些報告，更別提捉獲六個不同軍團的中國戰俘一事。「敵人的強勁攻擊」始於十一月二十七日，透過「深入包抄」把盟軍部隊切割為數塊。美軍被趕離長津湖，韓國第二軍再度瓦解，然後不到兩天，全面撤退開始。從十二月三日至十日，美國陸軍情報部門的資料，報告了許多游擊隊在興南以南作側翼攻擊、包圍作戰的戰事。敵後重新整編的朝鮮人民軍部隊和游擊隊，「過去三個月在這些地方發動激烈游擊活動」，這時則與其他朝鮮人民軍部隊和「中共部隊」協同攻擊，他們對鄉村瞭若指掌，「極有助於『中共部隊』的攻擊」。[98]

十二月六日，共黨部隊已占領平壤，隔天，盟軍前線已退到三十八度線最北端以北僅二十英哩處。中朝聯軍發動攻勢才剛過兩星期，就肅清北韓境內的敵軍。阿爾蒙德寫道，「中國佬多到殺不完」。他希望以後有機會「讓這些黃種混蛋嘗嘗他們該嘗的苦頭」。十二月底，漢城就快要再度失守。

美軍倉促退往半島南部時，當時的觀察家不解他們為何移動如此快速，情況往往是美軍看到敵人蹤影就退，以免與其接觸，但敵人未必在追擊他們。十二月十五日，有個英國武官寫道，「未受到敵人的龐大壓力，但後撤未停。」沒有跡象顯示聯合國軍曾利用防線來擋住進逼的敵人；那看來像是「一場假戰」或「大騙局」。[99] 英國武官於十二月上旬說，中國人的人數被誇大不少，「與中國人接觸的案例被確認的少之又少」；此外，要判定敵軍部隊的國籍往往辦不到。從中國籍戰俘的人數來看，中國參戰兵力並不大。

其實，一九五〇年十一月、十二月時，中國投入的兵力並不如那時及其後美國人所以為的那麼多。總投入兵力大概二十萬左右，比剛重新投入戰局的朝鮮人民軍多不了多少。中國人參戰的效應，當然是破壞美國往北韓「推回」策略的關鍵因素之一。但朝鮮人在戰略上和戰力上對這一戰果的貢獻也很重要，不過這方面的文獻對此完全略過不提。麥克阿瑟遭指責不具將才，他不只無視明顯可見的中國威脅，統兵作戰也遠遠不如朝鮮人民軍將領。朝鮮人民軍將領，尤其是金策，憑著遠少於麥克阿瑟所部的軍需，就打出這樣的戰果。金策於一九五一年二月死於「心臟麻痺」，為表彰他的功績，北韓人將城津市改名為金策市。後來，艾奇遜把此次失利稱作自南北戰爭的牛奔河（Bull Run）之役以來，美國最大的慘敗。

華府的驚恐

今人普遍認為，古巴飛彈危機是戰後最嚴重、危險指數最高的危機；有時，亦有人認為別的危機才稱得上是這樣的危機，例如卡特總統（Jimmy Carter）把阿富汗問題稱作一九四五年以來最嚴重的緊急事態。但「推回」策略在朝鮮北部的挫敗，引發的才是最大的危機，因為此事加劇兩大核心問題的緊張程度：即共產主義與資本主義的全球大對抗，以及杜魯門、艾奇遜和他們的強大反對派之間上演的美國國內權力鬥爭（此一反對派視麥克阿瑟為英雄）。事後看來，不論中國和北韓是否知情，他們都達成完美的目標，不僅決定性地逆轉了史上第一次、且規模最大的推翻共產政權企圖，同時還擊破了美國國內提倡「推回」策略的那個臨時且不穩固的聯盟。隨著一九五〇年漸入尾聲，華府最高階官員驚恐萬分，為了扭轉慘敗的劣勢，動起將美國軍火庫裡幾乎所有武器都投入戰場的念頭。

杜魯門政府的內閣會議記錄，處處可見當時憂心忡忡的緊繃氣氛。中朝發動攻勢的隔天，情勢被認為足以演變成「完全被捲入全面戰爭」的局面；十二月九日，杜魯門寫道：「我為和平努力了五年六個月，如今的情勢卻像是第三次世界大戰就要爆發。我希望不至於走到這一步，但不管情勢如何演變，我們都必須正面迎擊，而且會正面迎擊。」三天後，他告訴內閣：「我們面臨必須全力以赴的情勢」，正在考慮「總動員」和宣布國家進入緊急狀態。國家安全會議的會議記錄顯示類似的驚恐氣氛，杜魯門宣告，美國「不會屈服於這些兇殘的中國共產黨人」。[100]

艾奇遜在中國的行動裡看到一個「前所未聞的危險」，他說那是「無故發動的新侵略行動，而且比（六月的）第一次攻擊更加不道德。」隔天，杜魯門在記者會上拿原子彈作威脅，說美國可能會動用其軍火庫裡的所有武器；[101]那並不是一時失言，而是以應變計畫為依據，威脅欲動用原子彈。這番話促使英國首相艾德禮（Clement Attlee）急赴華府，並令史達林大為憂心（後來，靠其高明布置的間諜，史達林從書面報告讀到了杜魯門、艾德禮會晤的情況）。[102]根據當時蘇聯國安會（KGB）某高官所言，史達林預期由於美國在朝鮮北部的挫敗，會爆發全球大戰；他擔心這一後果，於是贊成讓美國占領朝鮮全境：「那又有什麼關係？」史達林說。「就讓美利堅合眾國當我們在遠東的鄰居……我們還沒準備好打仗。」[103]不同於史達林，中國人願意打，但只願意打到朝鮮半島中部，無意挑起第三次世界大戰。於是，幾個月內，戰線就保持穩定。拜李奇威將軍高明的統兵作戰本事之賜，盟軍終於在漢城南邊穩住防線，然後他領兵向北，勇敢反攻，再度拿下漢城。到了一九五一年春，前線的戰事已膠著化，而這時的前線就和今日標出朝鮮非軍事區所在的線差不多。[104]

之後又打了兩年血戰，韓戰就在這個地方結束，其間大部分戰事屬陣地戰，讓人想起第一次世界大戰。但十二月危機也促使華府動用或揚言動用其所謂的「大規模毀滅性武器」：原子彈、化武、生物武器。[105] 美國最終未動用原子彈，但從空中投下另一種新武器——凝固汽油彈，以猛烈大火造成嚴重破壞，後來更炸毀大壩，水淹朝鮮北部山谷。這是整個韓戰裡最令人無法接受的一面，叫人難以形諸筆墨、難以卒讀；為何會有高達兩百多萬平民死亡，原因在此。

十一月三十日，即杜魯門在記者會上揚言動用原子彈那一天，空軍將領（美國遠東空軍司令）喬治·斯特拉特邁耶（George Stratemeyer）下命令給（空軍參謀長）霍伊特·范登堡（Hoyt Vandenberg）將軍，要戰略空軍司令部處於警戒態勢，「作好一聲令下即出動中型轟炸機群到遠東的準備……此一增兵行動應包括原子彈。」（戰略空軍司令）柯蒂斯·李梅（Curtis LeMay）正確憶述，參謀首長聯席會議先前推定，原子彈在朝鮮大概不管用，除非作為「對付共產中國的全面原子攻擊作戰」之一環。但如果命令有所更動，李梅想接下這差事；他告訴斯特拉特邁耶，他的司令部是唯一具有經驗、受過技術訓練、「熟稔」投彈方法的司令部。當年指揮燒夷彈空襲東京的此人，再度準備好到遠東指揮攻擊行動。[106]

艾德禮首相察覺到杜魯門動用原子彈的念頭並非隨便說說，於是，在倫敦「憂心忡忡」之際，立即飛往華府。他知道相較於蘇聯，此時美國在原子武器上大占上風，美國擁有約四百五十顆原子彈，蘇聯擁有二十五顆。英國、美國的代表開了數天會，雙方意見分歧；根據英國外交部的記錄，美國人力主對華發動「有限戰爭」，包括空襲、封鎖海岸、將反共部隊暗中送到華南；但馬歇爾將軍對於此計畫的「成效和結果」存疑。艾德禮想要美方白紙黑字保證不在朝鮮使用原子彈，但杜魯門只願給予口頭保證。艾德禮告訴法國總理，他認為美國揚言動用原子彈，會讓人覺得「歐洲人和美國人不在乎亞洲人的性命」，還說應只在真的無計可施而必須「出此下策」時才動用這類武器——而「在美國與朝鮮的衝突裡，當然還不到必須如此。」[107]

十二月九日，麥克阿瑟說他希望在原子彈的使用上擁有指揮官的自由裁量權；十二月二十四日，他提出「一份阻滯目標的清單」，為此需要二十六顆原子彈。他也希望有四顆供投向「入侵部隊」，另外四顆供投向「敵人空中武力的重要集中地」。在他死後才發布的受訪記錄中，他說他有計畫，預計十天內結束這場戰爭「我會丟下三十至五十顆原子彈……成串掛在滿洲的脖子上。」然後，他會把五十萬南方的兵力送到鴨綠江邊，接著「在我們後面——從日本海到黃海——鋪設一道放射性鈷帶……（鈷的）活性周期為六十至一百二十年。至少六十年，朝鮮不會遭遇來自北方的陸上入侵。」他說俄國人篤定無計可施：「我的計畫肯定萬無一失」。[108]

鈷六十的放射性是鐳的三百二十倍。卡羅爾・奎格利（Carroll Quigley）寫道，一顆四百噸的鈷氫彈能滅絕地球上所有動物。麥克阿瑟在這些受訪裡的說法，讓人覺得他像是個瘋狂的戰爭販子，但這樣的人不只他。在中朝攻勢之前，美國參謀首長聯席會議的某個委員會說，原子彈或許是阻止中國用兵朝鮮的「決定性因素」；首先，聯合國若要在緊鄰滿洲、朝鮮的狹長邊界設一道「緩衝地帶」，或許原子彈能派上用場。幾個月後，美國眾議員阿爾伯特・高爾（Albert Gore）抱怨道，「朝鮮已成為吞噬美國男子的絞肉機」，建議以「能造成大災難的東西」結束這場戰爭，那就是一道將朝鮮半島一分為二的放射帶。李奇威對動用鈷彈之議未有任何表態，但一九五一年五月他重申麥克阿瑟十二月二十四日的要求，這次要求發下三十八顆原子彈，[109]但未獲准。

一九五一年四月上旬，就在杜魯門撤換麥克阿瑟之時，美國動用原子彈的念頭來到最強烈的時刻。如今我們知道，杜魯門撤換麥克阿瑟，不只因為他一再抗命，還因為如果決定動用核武，華府希望戰地司令官是其所能信賴的人：也就是說，杜魯門拿麥克阿瑟的兵權換取原子彈政策遂行。眼見蘇聯調派十三個空軍師到朝鮮周邊地區，把兩百架蘇聯轟炸機調到滿洲的空軍基地（從那些基地起飛，蘇聯轟炸機不只能打擊朝鮮，還能打擊美國在日本的基地），而且中國在中朝邊界附近集結了龐大的新兵力，麥克阿瑟於一九五一年三月十日請求制定「原子彈攻擊預定發起日」（D' Day atomic capability），以保住在朝鮮戰場的空中優勢。三月十四日，范登堡寫道：「（空軍部長）芬利特（Thomas Finletter）和（國防部長）洛維特（Robert Lovett）通知了關於原子彈的討論。相信一切已就緒。」三月底，斯特拉特邁耶報告，沖繩嘉手納空軍基地的原子彈裝彈坑已可使用；原子彈以分拆狀態運到該處，在該基地組裝完成——只缺必不可少的原子彈核心。四月五日，參謀首長聯席會議下令，如有大量新部隊投入戰場，或者如果似有轟炸機從滿洲基地出動襲擊美國設施，立即對那些基地投原子彈報復。

同一天，原子能委員會主委戈登．迪恩（Gordon Dean）開始著手將九個第四型原子彈彈芯盒轉移到空軍第九轟炸大隊（指定的原子彈運送部隊）。四月六日，布雷德利將軍（參謀首長聯席會議主席）獲得杜魯門同意將第四型原子彈彈芯盒「從原子能委員會（轉）歸軍方管理」，總統還簽署了使用它們對付中國、北韓目標的命令書。第九轟炸大隊部署在關島。但「麥克阿瑟將軍解職後情勢混亂」，在此狀況下，此命令書從未送出。原因有二：杜魯門已利用這個不尋常的危機，促使參謀首長聯席會議同意將麥克阿瑟解職（杜魯門四月十一日宣布此事），另外的原因是中國和蘇聯未升高戰爭，原子彈因此並未動用。但九個第四型原子彈彈芯盒於四月十一日轉移後，仍歸空軍統管。不過，第九轟炸大隊留在關島，未飛往沖繩嘉手納空軍基地的原子彈裝彈坑。[110]

一九五一年六月，參謀首長聯席會議再度考慮動用核子武器，這一次是考慮在戰術性戰場的情況下使用，此後隨著戰爭持續到一九五三年，另有多次這樣的建議。作為維斯塔計畫（Project Vista）的參與者，羅伯特．歐本海默（Robert Oppenheimer）去了朝鮮半島。該計畫旨在評估戰術性使用原子彈的可行性。一九五一年初，有個叫撒繆爾．柯恩（Samuel Cohen）的年輕人，奉國防部之命執行一項秘密任務，他觀察了第二度奪回漢城的戰役，認為應有辦法消滅敵人而不破壞城市。後來他成為中子彈之父。[111]

但最叫人害怕的恐怖計畫，恐怕是哈德遜港作戰行動（Operation Hudson Harbor）。這似乎是某個更大計畫的一部分，而這個更大計畫與「國防部公然利用可在朝鮮使用新武器，中情局暗中利用此機會」有關。此計畫是為了確立在戰場上使用原子彈的能力，為此，一九五一年九月、十月，B-29轟炸機自沖繩單機起飛，赴北韓上空模擬原子彈投彈飛行，擲下「啞」原子彈或重型TNT炸彈。此計畫要求「逼真演練原子彈攻擊所會涉及的各種活動，包括原子彈組裝與測試、引導、轟炸目標得到確定時地面如何進行管控」等。此計畫顯示，原子彈很可能因為純技術性原因而不管用：「這種及時確認大規模敵軍所在處的情況，極為少見。」[112]但看著五年前才替廣島、長崎帶來慘劇的B-29單機模擬攻擊飛行，每次都不確定投下的原子彈是真彈還是啞彈，可以想見，平壤的領導人若沒有鋼鐵般的意志，恐怕會精神崩潰。

檔案資料也顯示，美國會考慮大規模使用化武對付中國—北韓部隊。在十二月十六日以鉛筆寫下的每日札記中，李奇威神秘兮兮提到一個旨在「暗中導入大規模毀滅武器和非正規戰爭」的小組委員會。對於此文件，我的了解僅止於此，但這或許和他似乎請求麥克阿瑟讓他在朝鮮使用化武一事有關。我們找不到李奇威的電報原件，但麥克阿瑟一九五一年一月七日的回覆寫道，「我不相信一旦撤離令下達，有機會對敵人使用化武。你也知道，美國絕對且徹底禁止使用這類武器……。」隔天，李奇威與阿爾蒙德等人開了會，會議記錄寫道，「如果使用毒氣，我們可能會招來報復。此問題已提請麥克阿瑟將軍裁決。我們已要求立即運來足夠數量的毒氣，以便一旦批准時派上用場。」[113]

雖未動用「新式武器」（但凝固汽油彈在當時是非常新的武器，第二次世界大戰結束時才採用，除此之外，還投下的大型的傳統炸彈，數量之多前所未見），但是空襲還是夷平了北韓，在戰爭結束前奪走數百萬條性命。一九五〇年十一月上旬起，麥克阿瑟下令在前線和中國邊界之間開闢出不毛地帶，從空中摧毀北韓數千平方英哩土地上的每個「設施、工廠、城市、村莊」。十一月八日，七十架B-29朝新義州丟下五百五十噸燃燒彈，「把（它）從地圖上抹除」；一星期後，會寧遭凝固汽油彈攻擊「以將該地燒光」；到了十一月二十五日，「鴨綠江往南至敵人防線之間的西北地區，大半……幾乎都陷入火海。」不久，此區域會變成「荒涼的焦土」。[114]

這些都只不過發生在中朝聯軍大攻勢發動之前。在中朝大攻勢之後，為回敬中朝聯軍的攻勢，美國空軍於十二月十四至十五日，又投下七百顆五百磅炸彈、從野馬（Mustang）戰機丟下的凝固汽油彈、一百七十五噸延發引信炸彈，轟炸平壤。延發引信炸彈咚一聲落地後，會在人們欲從火海裡救出死者時突然爆炸。李奇威命令空軍於一月三日、五日兩度空襲平壤，「目的在於以燃燒彈將該城燒成灰燼」。約略同時，美軍B-29朝江界投下塔爾宗（Tarzon）制導炸彈；這是一萬兩千磅的新型炸彈，此前從未用過。美軍退到三十八度線以南時，「燒光」的焦土政策繼續執行，看到敵人接近議政府、原州和南部的其他小城市，美軍即將該地燒掉。115

誠如前文所述，游擊隊已在元山以南的許多地方站穩腳跟，於是，美軍擴大空襲，透過建立自由射擊區（譯按：任何移動物體都會遭射擊或轟炸的區域）來根除游擊隊。一月五日，李奇威「希望（對敵人前進方向上的）村子投放凝固汽油彈一事能被納入考慮」。阿爾蒙德於一月十六日提出該這麼做的理由：

我們知道，目前正在對付的游擊隊會不斷出現於我們的側翼和後方，我們得用各種用得上的手段打擊他們。只要發現游擊隊蹤跡，就發動空襲，而用凝固汽油彈對付是最有效的辦法，不只能消滅游擊隊，還能摧毀他們退避區域裡的小屋和村莊。

他說，游擊隊白天藏身村莊，「夜裡出來」。因此，他「制定了旨在燒光這些小屋的作戰行動」。巴大維（David Barr）將軍一月十八日搭機飛過丹陽周邊的上空，如此描述其所見：

煙從陷入火海的村莊和小屋冒出，布滿丹陽附近深達三千英呎的山谷，完全遮蔽我的視野，造成飛行危險……有計畫的燒掉民房，正引發敵對反應……人們不解明明沒有敵人，美軍卻燒掉民房……明明不見敵人，卻有計畫的燒掉農家，這事美軍士兵做得很無奈。我們估計，燒房子已造成八千難民，以後預計還會更多。其中大多是老人、殘障者、小孩。

於是巴大維建議阿爾蒙德應該下令「有所選擇」的燒，而非「有計畫」的燒。阿爾蒙德回應，他的命令是不得無差別焚燒，而是要「挑出並燒掉有意窩藏游擊隊或敵軍的村莊……以及位在前線前方的民房，或位在與外界隔絕之偏遠山區、除了燒毀之外無法阻止游擊隊進入的民房。」阿爾蒙德似乎無法理解，他的命令所達成的效果，正是巴大維從空中看到的結果，即凡是會動的東西都不放過的自由射擊區。無論如何，他在一月二十五日繼續為燒村策略辯解，從頭至尾堅持以下論點：當地居民的確喪命，但「倖存的少許居民似乎同情敵人，窩藏敵人。」[116]

不久，《紐約時報》的喬治．巴雷特（George Barrett）在安養北方的某個村莊裡，找到「現代戰爭整體威力的可怕事例」：

整個村莊和田野裡的居民都未能倖免於難，死時的姿態就是凝固汽油彈落地那一刻他們的姿態——一個正要騎上腳踏車的男子、五十個在孤兒院裡玩耍的男女孩、一個家庭主婦令人不可思議地身上毫無傷痕，手裡拿著從西爾斯羅巴克（Sears-Roebuck）公司郵購目錄撕下的一頁紙，紙上郵購編號三八一一二九四、要價二點九八美元的「迷人床罩——珊瑚紅色」上，有蠟筆作的記號。艾奇遜希望出版審查機關留意這類「羶色腥的報導」，阻止其刊出。後來李奇威開始懷疑焚燒村鎮這一作法：

去過那些先前被「中共部隊」（中國人）占領的地方，我印象深刻。那裡似乎幾無野蠻破壞之事……（為確保部隊安全）我許可你們不必事事徵求我的批准……但那不包括以槍炮或炸彈恣意破壞村鎮，除非有充分理由相信，那些村鎮已被游擊隊占領。[117]

儘管如此，政策似乎變動不大。到了一九五二年，朝鮮半島北部、中部差不多被徹底夷平。倖存的居民在洞穴裡活命，北韓人整天在地下生活，在住所、學校、醫院、工廠構成的複合設施裡活動。儘管對第二次世界大戰轟炸的研究顯示，這類對平民的攻擊只會令敵人更頑強不屈，美國官員還是想動用空中轟炸，視之為心理戰、社會戰的一種。誠如羅伯特·洛維特後來所說：「如果繼續徹底摧毀該地，我們就能使北韓人在那裡過得苦不堪言。應繼續這麼做。」[118]美國人的確繼續這麼幹，幹下最後一樁野蠻的空中攻擊，炸掉為北韓七成五糧食生產供水的灌溉用水壩。

一九五三年六月二十日，《紐約時報》發布被控為蘇聯間諜的羅森堡夫妻（Julius and Ethel Rosenberg）在辛辛監獄遭處決的消息；在字體細小而易被人忽視的每日戰情報導裡，美國空軍說其飛機轟炸了北韓龜城、德山的水壩；北韓電台則以更細小的字體，承認這些大水庫所受的「重創」。這時，農業是經濟領域裡仍在運作的唯一主要部門；這些攻擊發動於一九五三年春，北韓人民剛辛辛苦苦完成插秧工作之後。空軍得意於其所造成的破壞：「接下來驟發的洪水，奔流過下游二十七英哩的山谷，奔騰的洪水（把補給路線之類的）一掃而空……西方人難以想像失去（稻米）對亞洲人的可怕後果——挨餓，慢慢死去。」

許多村莊沒入水中，「被沖到下游」，就連位於其中一處水壩南方約二十七英哩處的平壤，也淹得很嚴重。根據美國官方的空軍戰史，德山水庫的高壩倒塌時，奔騰而下的洪水毀掉六英哩長的鐵道、五座橋、兩英哩長的公路、五平方英哩的稻田。戰後花了二十萬人日的勞動力，才重建此水庫。赴戰江大壩也遭轟

一九五一年，在開城的停戰會談結束，中朝談判團步出會場，走在最前頭者是朝鮮人民軍少將張平山。U.S. National Archives惠允使用。

炸；它建於一九三二年，用以貯存六億七千萬立方米的水，壓力梯度（pressure gradient）為九百九十米；利用其水力能發電二十萬千瓦，發電後的水則流到下游灌溉稻田。[119]

究竟有多少農民死於此次對水壩的攻擊，並無紀錄載明，但他們被認定「忠」於敵人，「直接支援共黨武裝部隊」（也就是說，他們提供北方人民糧食）。要讓敵人得到「教訓」，「讓他們認識戰爭如何波及整體的實例……一國的經濟和人民全都躲不掉戰爭的衝擊。」[120]提伯・梅萊（Tibor Meray）是韓戰期間駐北韓的匈牙利籍特派員，參與過一九五六年的反共叛亂後，離開布達佩斯前往巴黎。一九八六年，英國泰晤士電視台團隊採訪他時，他說不管這場戰爭中兩邊的朝鮮人有多殘忍，他「看到美軍造成的破壞、幹下的恐怖情事」：「北韓境內任何會動的東西都是軍事目標，田裡的農民常被飛行員用機槍掃射，在我看來，飛行員以射擊會動的目標為樂。」梅萊於一九五一年八月越過鴨綠江，目睹「鴨綠江與首都（平壤）之間完全毀滅的景象」。「北韓境內已無城市」。美軍不分青紅皂白且無休無止的轟炸，使他們一行人始終只敢在夜裡開車：「我們在月光下移動，因此我覺得自己像是在月球上移動，因為遍地破敗……每個城市煙囪林立，我搞不懂為何房子垮掉，煙囪卻沒垮，但我走遍一座有二十萬居民的城市，看到成千上萬根煙囪——就只有煙囪。」[121]

這就是當時的朝鮮半島，就是所謂的「有限戰爭」。這場不受約束的空中攻擊，出自柯蒂斯・李梅的策劃，我們或許可以拿他的看法當成這場攻擊的墓誌銘。韓戰爆發後，他說，

我們把一張便條之類的東西，塞進五角大廈的門下，上面寫道：「嘿，我們去那裡吧……燒掉

五座北韓最大的城鎮——那些城鎮都不是太大——那應足以使北韓停手。」結果，收到的回應是四五聲尖叫——「會殺掉許多非戰鬥人員」，而且「太恐怖了」。但在約三年期間……我們燒掉北韓還有南韓境內每座（原文如此）城鎮……如今，經過三年，這變得可以接受，但為了阻止戰爭發生而殺掉一些人，卻仍叫許多人無法忍受。[122]

結論

當這場戰爭在一九五三年七月二十七日終於結束，北韓經歷三年轟炸已是殘破不堪，幾無未倒的現代建築。南北兩韓眼睜睜看著形同全面毀滅的國土，使一九四五年的興奮期待變成惡夢。該謹記的是，這是場內戰，誠如某英國外交官所說的，「每個國家都有權利打它的玫瑰戰爭」。真正悲劇之處不在這場戰爭本身，因為只有朝鮮人參與的內戰，或許會化解殖民統治、民族分裂、外國介入所產生特別嚴重的緊張關係。悲慘之處在於這場戰爭打完，什麼都沒解決：就只是回到以前的狀態，就只靠停戰協定維持和平。如今，緊張關係和問題仍在。

CHAPTER

6

韓國，旭日東升：工業化，一九五三年迄今

鐵即國力。——朴正熙

韓國政府控制外國資本流動，如光線穿過稜鏡折射般，將流入的資本折射出去，以資助新興產業，打造巨型企業，支撐社會支援，並以辯證方式從外部體制手裡取得國家自主，藉此擺脫了依賴的被滲入狀態，走上較自主的境地。

——禹貞恩（Jung-en Woo）[1]

撰寫本書時，大韓民國的國民生產毛額已和西班牙大致相當。韓國為何能有這項出人意表的成就，或許可由上述看法切入說明。此共和國曾依賴外國，幾乎是徹底依賴。先是淪為殖民地，然後遭外國軍隊占領，然後在一九五〇年夏，美國伸出援手，使其不致滅亡。外力滲入該國，尤以統領其軍隊和數個滿編師之外國部隊的美國將領為甚。韓國國內資本嚴重不足，但找到辦法利用外國資本及收益，以回報其友邦，並促進有效率的生產。韓國政府扶立一個又一個新興產業，先是單純的組裝作業，

最後是在矽晶片上蝕刻極細線條，製造浮點運算速度達每秒十億次的微處理器。韓國政府從無到有，打造出八爪章魚般的大企業，也就是「財閥」。在往往令人咋舌的政治、社會混亂中，韓國政府如願贏得民心，慢慢讓其不計成本追求快速發展的開發計畫得到認同。最終，韓國會從將其分割的大國手裡掙得朝鮮半島的統一，屆時朝鮮會是二十一世紀先進工業國之一。

老喬治．肯楠或優秀的費邊社成員比阿特麗絲．韋布料想不到這一工業成就，一九六〇年左右之前的日本人或美國人也不會預料得到。但事實擺在眼前，在朝鮮歷史、乃至我們對朝鮮歷史的理解上，這是一段劇烈轉折，帶來了另一次斷裂。結果，我們原本所認知的、打造強有力資本主義體制所需具備之條件受到質疑，這只是反映出西方人的自大，專家學者四處尋找其緣由，結果只能這麼解釋：想必是個奇蹟。

有學者找出此經濟成長的數個緣由，不知為何幾乎都未有人想到的理由，[2]即韓國能成長，正因其缺乏資本家階級，例如在拉丁美洲，本土資本家其實是一再妨礙成長的群體；其他被提出的原因還有：日本帝國主義不只「取」、也會「予」，例如「殖民統治所遺贈的強有力政府」；而「儒家思想」、新教或工作倫理、其他文化性因素，很可能既未妨礙此過程，也未助長此過程。自第一位銀行家借款給外國以來，激進人士不斷譴責「外國資本」，但正是共和黨的自由市場論者所痛斥的那些中央政府官僚，以另一種方式充分且有系統地利用了「外國資本」而成就了工業化；更別提韓國藉由官僚致力於「弄錯價格」（艾莉絲．阿姆斯丹〔Alice Amsden〕的妙語），[3]而非讓自由市場導正價格，才能獲致成長。保有半島領土一半的南韓，境內幾無天然資源，人民流落他鄉、滿腹辛酸，沒有國內資本可言、國內市場又非常小、勞動人口長久被稱作懶惰的蠢材（日本人普遍掛在嘴上的話），而如今，這個國家是個工業國，造就了「漢江奇蹟」。這裡原本沒有資本家，沒有新教徒，沒有商人，沒有資金，沒有市場，沒有資源，沒有進取心，更沒有值得一提的商業、外貿或工業發展的歷史，但如今全有了。

但朝鮮還是具有相對優勢。早在一八八八年，珀西瓦爾．洛厄爾拿東亞教育與西方教育比較時，就說過：「民智的頂點沒那麼高，但整體平均的水準是高的」。[4]他談「頂點」之語不符事實，但談平等主義信念的部分則說得沒錯。此信念源於人人天生都可臻於完美的儒家哲學，一九五〇及一九六〇年代，這個信念轉化為人人都得讀初等學校（小學）的義務教育體制，後來更把初中、高中也納入此體制，造就出比其他許多國家的人民更能勝任工業任務的廣大勞動力。工業時代之前，士大夫治國的悠久傳統就已發展到高峰，並為國家主導的發展計畫，提供了絕佳的施行環境。誠如白樂日（Etienne Balasz）所論證，士大夫也是技術官僚，他們的專長主要是治國，但也精於農業、灌溉、對河湖水庫等種種水力的控制、軍事技術（軍備）、乃至火箭製造（例如中國人就極精於此道；美國的火箭計畫是德國人、中國人合力的成果）。[5]既然政府集各種知識於一身，其在經濟上扮演重要角色，豈不是很自然的事。

談到這裡，或許我們就能言歸正傳，談回岔開之前的主題：韓戰。除了突然推遲韓國後來的經濟成長，這場戰爭還對經濟成長起了什麼樣的作用？兩韓都被這場同胞相殘的內戰打得滿目瘡痍，但北韓在三年密集轟炸期間所受的破壞，遠大於南韓在一九五一年戰線穩定之前的九個月戰事裡所受的破壞。從日本人一九三五至一九四五年間大舉移動朝鮮人口開始，因民族分裂而加劇的轉變，終於在韓戰大成：各階層的朝鮮人這時都被迫離開原鄉。每個人都被擠出、推出、或丟出其安居的社會環境。

韓戰後，來自北方平安道一帶的富裕逃難人家蝟集於漢城；漢城的有錢人在釜山環形防線後面避難了好多個月之後，這時回到首都；許多普通百姓只能勉強求生，四處找工作或找失聯的親人，努力找回一九五〇年前他們原有的生活。社會上或許只有一個階級擁有內聚力，那就是地產主要位在西南部湖南地區的「在外地主」。一九五〇年夏的激進土改，和一九五一年改良主義式土地分配，使其中許多地主失去土地，但也讓許多地主透過有實無名的租佃（據專家估計，占了南韓兩成的可耕地）得到一連串好處，他們可能還獲得代償他們土地損失的國債，或者那些授予貴族、且體現於首都教育機構、文化機構裡的社會威望。不過，他們的政治影響力此時大多已消失。尤其是他們控制氏族「晚輩」、侍從者、佃戶的能力，以及他們繼續控制市場、扼殺進取精神的習性，這些都已灰飛煙滅。要把人綁在鄉村已不可能：連續兩個戰爭已解放了他們。宗族關係和地緣關係如此強固的這個國家，這時走上霍布斯所謂的「無主人」（masterless men）時代，預示了失範（anomie）與現代性的時代即將到來。戰爭是打破不平等的利器，誠哉斯言！

貴族退場，代之以企業家，他們負責供應軍事物資，因而發了戰爭財。他們構成人數雖少但屬日益壯大的中產階級，經商或附屬於龐大外國駐軍及其許多組織，敢衝敢闖，透過放款和貪腐，或純粹在戰時提供稀缺服務（衣物、避難所、食物、酒、性），利用人的絕望而發達致富。這些人都靠流入南韓的美元金流壯大事業。美金多得無法想像，從總統官邸往下流動，經過文武官員之手，流過美軍營站，流入黑市，進入一群服務外國駐軍者的口袋。這群人包括司機、警衛、信差、旅館服務員、女僕、男僕、黑市商人、貨幣兌換商、妓女、乞丐。後來成為現代集團董事長、億萬富翁的鄭周永，韓戰前經營一家小型汽車修理店，但藉由以半噸卡車運送補給品到美軍基地，以及建造美軍宿舍的工事，得到翻身的好機會。另有許多財閥集團發跡於此時，與韓戰前的大企業幾乎沒什麼關連。

戰爭也令許多人心碎，帶來大破壞。坦白說，「現代」是用過即丟的時代，是兩班貴族想像不到的時代：有計畫的淘汰、無計畫的淘汰、新品出來後的淘汰、預防性的淘汰、出於不可抗拒因素的非預防性淘汰。成堆無用的庫存品、鼓勵每隔二十年就將物品回收再利用的稅務優惠、廢棄的汽車、廢棄的住宅、空蕩蕩的建築、一無所有且無家可歸的人。我記得曾問一九六〇年代來到美國的朝鮮人，美國哪一點最叫他們喜歡，許多人說「中古車和庭院二手拍賣」。你可以花三萬五千美金買下一輛賓士車，開上七萬五千英哩，然後再把這輛原本可用一輩子、性質還完好的汽車，以極低的價格求售。也可以在跳蚤市場或「舊貨交換會」（swap meet）待上幾個早上，就可以備齊家中所需的大小器物。朝鮮人很善於利用「舊貨交換會」來補足所需，一九九二年洛杉磯暴動後，這個詞成為流行於美國的語彙之一。對北韓和南韓來說，韓戰讓工廠和工業在燃燒彈的火光中得到翻新，一如美國指揮官柯蒂斯・李梅（Curtis LeMay）的無差別轟炸策略在一九四四至一九四五年替日本汰舊換新，使日本得以用最新技術從頭再來。

一九五三年後的韓國，社會混亂、人民離散，而在此情勢中昂然屹立者，是已從一九五〇年的十萬人，擴增為一九五三年超過六十萬人的韓國軍隊。它是此時韓國勢力最大、內聚力最強、組織最完善的機構，不久將在政治上展現其影響力。在這期間，國民徵兵制使每個無法靠賄賂躲過徵兵的男子，只好接受軍隊教育的烙印：新兵訓練所、軍事操練、軍紀、愛國心、反共精神、令受過最艱苦鍛鍊的美國軍官都會害怕的威權式軍事管理。（除了派數萬韓國人參加越戰，）韓國軍隊自此未再打仗，但接下來三十年，它成了工業勞動紀律的訓練所。馬克斯・韋伯曾把近代工廠比擬為軍隊組織，就韓國來說，軍隊與韓國經濟發展的關連性的確非常大。

但真正富裕起來是較晚的事。一九五〇年代的南韓，是個叫人極為失望的地方，每個人都苦於物資極度匱乏、窮途潦倒。成群孤兒在街上奔跑，以十或十五人為一組，形成自保和掠奪的小團體；捱過各種苦痛、或在戰場上受過傷的乞丐；只要看到人有錢包，就湊上去乞討的，往往是截肢或挨餓的大人，他們會抱著小孩或嬰兒成群移動；週末，滿載可憐女人的半噸卡車，搖搖晃晃駛到軍事基地，以便兜售她們所能提供的服務。韓戰結束二十年後，這種費里尼式（Felliniesque）悲劇仍未消失，仍可在漢城市中心區清溪川的可怕貧民窟發生，也可持續看到在街頭乞討、或靠著鐵路貨車車廂移動的成群孤兒。

曾有個來自漢城最富裕人家的女人告訴我，一九五〇年六月韓戰開打時，她所能帶出來的，就只有一把鑽石；當丈夫遇害之後，她住在釜山龐大難民營邊緣，努力餵飽幾個年幼的小孩。回到漢城，她得以住回老家，但老家房子已倒了大半，剩下的房子裡住著來自北方的難民。日子太苦，若再有戰爭，她決定一死了之。漢城的著名小說家安正孝，寫到韓戰剛結束時他家在仁川生活的困苦：

> 我父親在美軍基地當木工……母親在附近三叉路口經營一家小店鋪。我每天去離家有段距離的垃圾堆，腳常被用過的刮鬍刀片、斷鋸的尖齒或鋸齒狀的罐頭蓋割傷，但受這點傷很值得，因為如果運氣好，在垃圾堆裡找到一塊肉，全家晚餐就有豬肉湯可喝……有時運氣很好，會挖出橘子、

用光滑褐色紙包著的美國好時（Hershey）巧克力，或布拉克（Brach）水果軟糖，這種軟糖有五種顏色，裹著玻璃紙，閃亮如寶石。有天，美國軍人丟了一堆雞腿，上面還留著不少肉……媽媽用這些骨頭、肉和大麥，煮了美味的湯，裡面甚至加了很貴重的米。爸爸問我在哪兒找到這些雞腿，我告訴了他。那天晚上，他從廚房拿出一個生鏽的馬口鐵桶，要我告訴他垃圾場怎麼走。[6]

闊氣的山姆大叔

這故事讓人聽了難過，卻間接表明一九五〇年代的南韓是開創事業的理想地點，不難想像他們為此竭盡所能吸取美國的乳汁。從大兵到大使，美國人個個幾乎都比任何韓國人有錢。收入不多的美國人，只要拿幾條香菸換高麗青瓷壺或李朝紅木櫃子，就能發大財。韓國人不擇手段巴著美國人，奢望移民美國——人人都把美國想成馬路用黃金鋪成的國家，猶如天上應有盡有的營站。這絕非誇大之詞，因為美軍的營站是韓國黑市的主要供貨來源，因為美軍司令官掌控一九五一至一九五九年的全部美援計畫。[7]晚至一九七二年，仍有中產階級友人請我用美金替他們在軍營雜貨店買些極難入手的東西。

一九五〇年代在韓國生活的美國人，人人都會聊到一個話題，即李承晚這個古怪、糊塗的八十多歲老頭子是個什麼樣的人，尤以談到經濟時更是如此。他會浪費錢蓋圍籬，圍住釜山的難民營，好似這麼一來就不會有人知道那裡有難民。照理他該說明美援每筆錢是怎麼花的，但他不讓美國大使館了解詳情，從不知道有此規定的內閣閣員，當然更不可能知道。他完全不在乎通貨膨脹（即有害的經濟周期過熱階段），需要的話，就叫印鈔廠印更多韓圜即可。有件事頗叫人驚愕，即當金日成正把方虎山的精銳師部署在海州北邊、南方的白善燁正把韓國軍從游擊區調回三十八度線時，美國國務院在整個一九五〇年春一再抱怨通膨。國務院肯定認為，如果通膨惡化，李承晚會落得和蔣介石一樣的下場，但蔣介石從未有一批美國保姆在他背後照看，每天把糖果拿到他面前。

李承晚的政治經濟主張為何？簡而言之，就是「日本有什麼，就給我們什麼，而且明天就給。」李承晚想要全面啟動工業經濟，在保護牆後面孵育出新興的產業，尤其要對日本築起保護牆。有如此想法者絕不只他一人。我記得在某個會議上，有人問密西根大學的傑出學者林願清（Linda Lim），馬來西亞是否正採行韓國的發展模式，她激動說道，沒這回事，「韓國人是馬克思主義者，什麼都想要，但馬來西亞會尋找它能大展身手的出口市場。」她這話意指李承晚和其繼任者一如史達林，想要建立全面的、自立的工業基礎，擁有鋼鐵、化學品、工具機和驅動它們的電力。一九三〇年代日本人的投資，加上一九五〇年代為重建北韓所做的史達林主義式投資，已讓金日成擁有這樣的工業基礎，因此，李承晚不想落於其後：南韓必須成為另一個日本。

美國打什麼算盤？有個共和黨政府想要裁減輸送給李承晚之流的資金，以及節省他們的龐大開銷（透過美軍派駐而付出的開銷）——至少財政部長喬治．韓福瑞（George Humphrey）想這麼幹，他在國家安全會議上數次爆氣這麼說。但這只是部分人的想法。美國願意縱容某些國家，尤其是韓國之類位在冷戰最前線的國家，好讓它們得以自立，能在世界市場上競爭。如果為此得讓它們的水泥業受到溫室般的保護，那又何妨。參謀首長聯席會議還有別的類似構想：把類似駐在南韓那樣的大軍，派駐到其他與共產主義對峙的前線上，以圍堵共產主義（圍堵論或許是喬治．肯楠所想出，但要在世界各地築堤、堵住缺口，得靠軍隊）。六十萬大軍派駐朝鮮、台灣，的確所費不貲，但他們是擋住奔騰洪水，不讓解除武裝之日本和倍感吃力之美國被淹沒的沙包。

於是，一九五〇年代，儘管美國由共和黨執政，但自由市場經濟幾乎不存在。李承晚採行專家所謂「進口替代工業化」（import substitution industrialization, ISI）政策，並得到美國幾乎全力的支持。如果他無法得到美國國務院的支持，符立德（James Van Fleet）將軍會插手促成此事：畢竟大韓民國也是我們自由世界的勇敢盟友：

韓國是依靠大國的「附屬」國，但其領導人卻是桀傲不馴、一般人眼中的民族主義者。韓國的政治體制既獨裁，又有政黨政治和半法西斯式的動員，靠著遍及整個體制的腐化而茁壯，但這個混合體制仍高舉美國的自由民主大旗。大韓民國據說經濟一敗塗地，但花在韓國的錢高得莫名其妙，數十億美元的援助，給美國財政部帶來前所未有的損害。[8]

李承晚是這方面的能手，他用花言巧語從美國哄騙到好多筆直接援助，到了一九五〇年代末，這些援助已占去韓國總進口額六分之五，這還是「合法的」或登記在冊的總數。與此同時，李承晚治下爆出多不勝數的貪污案，比如一九五二年的鎢出口案、一九五四年的棉進口案，[9]以及許多類似弊案。李承晚和其妻子似乎甚少中飽私囊，但他們的確想辦法讓內閣官員、政治友人、親信致富。其實，一九五〇年代的大商業計畫，幾乎個個都得經他的辦公室核可。於是，就如禹貞恩所言，儘管作法不正派，他達成他想要的結果。

但這景況對美國所高舉的自由主義、自由市場理念是何等大的侮辱！杜勒斯說李承晚是「東方式討價還價高手」、「迴避高手」，艾森豪則埋怨李承晚「勒索」。理查・尼克森曾說他若不是賭徒，就是共產主義者，或兩者皆是，讓共和黨人認識到什麼叫虛張聲勢、邊緣政策（brinksmanship）。李承晚「從全球頭等強國強索到最高的『租金』」，利用冷戰所賦予韓國的極大地緣政治價值，和他身為博奕高手、不惜拿「退出整場賭局」作威脅的一貫頑強作風，遂行自己的目的，知道對美國來說，除了他，別人都靠不住。[10] 一如喜劇演員理查・普萊爾（Richard Pryor），李承晚知道世上有個地方是金錢的理想去處：他的口袋。至於那些錢正好是美國納稅人繳的錢，那是他最不煩惱的事。這太荒謬，還是如禹貞恩所說，「儘管作法不正派，他達成他想要的結果」？現金流動多到令人咋舌，如果李承晚費心思便能找到辦法從艾森豪那兒哄騙到錢，幹嘛還去做別的事？

官方資料說，一九四五至一九六五年間，美國政府撥了約一百二十億美元給韓國。[11] 我們已知道，一九五〇年代，光是援助資金就相當於大韓民國政府的全年預算。我們一再聽到一九六〇年韓國人均所得為一百美元。如果此說屬實，以當時南韓人口約兩千萬，國民所得就是二十億美元。官方數據顯示，二十年間有一百二十億美元流到韓國，換句話說，光是官方移轉的金額就是每年六億美元。有人拿別的數據來分析，主張一九四五至一九七六年間，美國每年人均援助金額為六百美元，也就是說每個韓國男女、兒童都拿到六百美元，連拿三十年。一九五七年出現一個援助高峰，那年韓國得到美國經援三億八千三百萬美元，而該年的國內歲入為四億五千六百萬美元。但一九五七年另有四億美元軍援、支應駐韓美軍支出的三億美元。此軍援數目比整個歐洲得到的軍援還高出許多，比整個拉丁美洲得到的軍援多了三倍。[12]這些只是簡略的計算結果，但金額之高就已令人吃驚。這些數據還不包括其他無法計算的金額，也就是數十萬美國人在韓國所花的錢，也未納入非正式但往往非常龐大的場外交易市場和黑市的交易金額，而這兩個市場根本是十足的地下經濟，使得每年人均所得一百美元的數據根本不值得參考。

艾森豪和其國務卿，在他們最能貫徹自己意志的事項，即國防預算上，栽了個跟頭。李承晚知道他們很欣賞韓國積極「圍堵」共產主義的姿態，也知道他們出於意識型態，偏愛奉行自由主義、民主健全、依賴美國的國家，結果他拿到錢後，用那些錢來挫敗他們的意圖。美國的自由派對李承晚同樣沒轍。紐約聯邦儲備理事會的經濟學家亞瑟·布魯姆菲爾德（Arthur Bloomfield），建議李承晚創立「真正的中央銀行」，把向銀行借還款一事的管理職責交給「該負起那些職責的地方，亦即國會」。[13]布魯姆菲爾德把這稱作「民營化」，但這樣的「民營化」，只要求李承晚在其標準作業程序上加上一個步驟——召見國會的金融委員會主委，告訴他該做什麼。不消說，李承晚根本不把這個主委當回事。

這一進口替代工業計畫「不合理」嗎？李承晚非常清楚，美國未說出口的對韓策略，是要修復南韓與日本的經濟關係；藉由以韓國產業替代日本產業，（如有必要之時）甚至是複製日本產業，屆時雙方的接合將會天衣無縫，泯為一體。韓國要再度成為替日本經濟成長服務的工具嗎？與其依賴日本，不如成為「另一個日本」。這是李承晚諸多政策背後的根本考量。例如一九五四年，艾森豪告訴符立德，說他會告訴李承晚，「得讓日本以『大哥』身分支持韓國」，但不久，李承晚即回擊道，「（協調整合日本對韓援助），意味著（韓國）復甦放慢，因為我們被認為該從日本買進更多東西，從而使我們用於打造自己生產設施的資金較少。這立即會帶來一個後果，那就是使我們的經濟再度受日本人擺布。」[14]

要促進進口替代，最容易的辦法就是高估韓圜（後來改成韓圓）匯率，此舉提高了入手之美元的價值，使輸入的援助可以最大化，同時壓低輸入資本和中間財。此外，韓國當時的出口品大多是價格沒有彈性的初級產品，例如稻米和鎢。美國曾於一九五三、一九五五年成功促使韓圜貶值，但此後直至一九六〇年，韓國未有正式貶值之事。[15]進口替代政策的受益者是三星李秉喆等人。李承晚以極優惠的價格，將第一製糖、第一毛織等前日本企業賣給李秉喆；李承晚當然指望三星記得這份恩情，在選舉時有所回報。而李秉喆是個知恩圖報的人，給了李承晚的自由黨六千四百萬韓圜，後來此事曝光，遭到告發。美軍的駐在也使軍隊式的進口替代得以實現。不費吹灰之力就搶食到李承晚政權和美軍第八軍團之好處者，是後來成為大韓航空社長的韓進株式會社社長趙重勳。整個一九五〇年代，他從美軍那裡拿到數筆輸送合同，至一九六〇年為止，平均每年的合同價值為兩百二十八萬美元；他也從美軍那裡得到閒置的巴士，使他得以開設往返漢城、仁川的巴士路線。[16]如今，美國人會在本國港口看到一個又一個成堆疊放的韓進公司貨櫃，或看到其貨櫃奔馳在主要公路、鐵路上。

不管史家如何論斷舊制度下的商業，一九五三年後，南韓都市裡的大市場猶如忙碌的蜂巢，以物易物的人類本性使該市場變得活絡。漢城的大市場，尤其是位於東大門、南大門的市場，如今仍令許多外國人大為嚮往，走在那裡如迷宮般曲折的街巷，不時傳來挑起食慾的氣味或嗆鼻的氣味，小推車的烤盤上煎著海膽，大醬在陽光下發酵，令人目不暇給（這裡有顆豬頭，那裡有個牛鞭），[17]轉過街角，步下階梯，有仍在賞味期的純品康納（Tropicana）橘子汁，此外還有滿是二手衣的帳篷、容得下三輛腳踏車和三名修理工人的腳踏車修理店、能把老本田摩托車各種疑難雜症都修好的技工；一群蹲著抽煙管、向美國人喊著「換錢」的年老女士（美國人因此難得能夠拿到合理的兌換率）；在地上玩遊戲打賭的老人；在窄小的店面跑進跑出、除了上衣其他一絲不掛的小孩；門階旁成堆的美麗絲織品；小巷中央有個下半身麻痺者，他把身子綁在以皮革覆蓋的木質平台上，底下再固定溜冰鞋，彈著手風琴求人施捨，但經常被店家老闆噓聲趕走。在如此嘈雜環境中，到處不斷聽見買家與賣家越來越高昂的討價還價聲，最後終於成交。過去，嘈雜只在午夜宵禁前不久才平息（這是為捉拿共產主義者而設計的規定，但也使討價還價者不得不停止議價）。商人回到三呎乘六呎大的暖炕房，睡個五小時，然後早上起床，就著水桶洗把臉，把水倒在巷子裡以免塵土飛揚。這些大市場是農民出身的企業家的聚集地（根據同鄉情誼聚集成群），是與哈佛商學院相比毫不遜色的資本主義培育場，韓戰後許多移民美國的經商者，很多都是由此發跡，如今他們在洛杉磯或紐約闖出一番事業。

資本主義終究無關乎新教倫理、儒家德性，而是一套市場交換體系：如果有個肉販脫下他的平涼笠，接著給他的優質牛肉訂了合理的價格，貴族會買單；如果現代汽車公司推出頂級高級汽車，但把價格訂得甚低，美國人會棄他們的豐田車，改買現代車。商業無關乎道德。凡是交易中吃了虧的小孩，個個都能領會這一點：就只是無關乎道德的交換。如果有個一貧如洗的韓國女子，在漆黑的東豆川找到一個非裔美國軍人，那是資本主義。她嫁給他，去了美國，然後兩人養大七個小孩，她最終在都市大醫院裡當護士長，[18]這都要歸功於奮力求生、勤奮、合乎道德的行為，甚至說不定要歸功於殘餘的儒家道德。

漢江奇蹟

一九四五至一九六〇年這期間，幾乎所有美國官員都認為，大韓民國若未統一朝鮮、或未與日本締結非常緊密關係，不可能「在經濟上獨力生存」。一九五〇年八月，釜山環形防線的戰事打得最慘烈時，喬治．肯楠就這麼認為。他告訴艾奇遜，日本是「亞洲唯一最重要的因素」，但眼下日本「太弱，無法與他國一較高下」。但「隨著日本重拾其固有實力和威望」，日本終能恢復其在韓國的影響力：「保住韓國名義上的獨立自主很重要，因為這提供了可變通的工具，讓日本或許有朝一日能藉此取代蘇聯的影響力，才不會讓蘇聯在國際上引發不該有的風波。」[19]那是出奇直率的陳述，但艾奇遜和他之後的許多美國官員，基本上也都如此認定；有些人認為大韓民國充當「日本與共產亞洲間的緩衝」很管用，但此外沒有多大用處。有個官員說，一九六〇年艾森豪政府裡參與朝鮮政策規畫的「許多官員裡，只有一或兩個」認為，南韓能在尚未統一朝鮮的情況下達到「經濟上獨立生存」。[20]晚至一九六〇年代中期，在某些學者筆下，南韓仍像是個差不多毫無指望的案例。就連東亞問題專家當時都仍擺脫不掉二十年來對南韓經濟停滯、混亂的印象，看不到南韓的未來。於是，詹姆斯．莫爾利（James W. Morley）一九六五年寫道，南韓仍未「起飛」：「至目前為止進展甚少，依舊政治不穩、經濟不振……

它擺脫美國監護的那一天，不只還未到來，而且目前看不出會在何時到來。」莫爾利寫道，美國經援和軍援仍占南韓軍事預算約七成五、民政預算五成、可取得之外匯的將近八成；與此同時，北韓成長、工業化迅速，其人民吃住都比以前任何時候好。[21]

羅斯托（W. W. Rostow）一九六〇年的著作《經濟成長的幾個階段》（*The Stages of Economic Growth*）激起一番大辯論，該書副標題為《非共產主義宣言》（*A Non-Communist Manifesto*）。它開啟了對「國家建造」與經濟發展的新關注，而且是甘迺迪式的關注。羅斯托當時執教於麻省理工學院，而該校已為即將上台的政府擬定了政策文書，新政府上台後迅即開始影響政策。[22]羅斯托獲任命為甘迺迪總統的國家安全顧問，迅即開始大展身手。總統就職才幾星期，他和關係密切的同僚羅伯特·柯默（Robert Komer）就仔細檢視了南韓情況，主張儘管只保有部分國土、且處於孤立狀態，南韓擁有充沛的人力資源，是發展出口導向之輕工業的理想地點。一九六一年三月十五日的備忘錄〈在韓國的行動計畫〉（Action in Korea）裡，柯默勾勒了「接下來十年美國努力的大方向」：一、「集中全力盡快促成經濟發展」；二、「打造勞力密集輕工業」和美國強力「指導、監督大韓民國的經濟發展」。柯默和羅斯托認為韓國有個未被充分利用的重要資源，即人力。[23]一九六五年美國大幅修改其對韓政策，體現了美國對韓國未來走向的新判斷。此一修改後的對韓政策，即使重申韓國作為日本戰略後盾的功用，但也吹捧大韓民國（一如台灣），將作為「以非共產主義方式成功打造國家」的實例。八項政策目標中，第二項目標是在一九六六至一九七一這五年間「每年經濟成長平均至少百分之六」。對於韓國官方強力插手韓國市場一事，美國也未表不滿：「凡是看來能最有效分割公部門、私部門的事」，美國都樂見其成。[24]

朴正熙是朝鮮農村所孕育出的人，他喜怒不形於色，一如金日成，在滿洲長大，經歷過經濟大蕭條、戰爭以及令人惶惑的改變。在這天翻地覆的大變動裡，他曾目睹一群年輕軍官整頓政治，也曾目睹一群年輕日本技術官僚迅速打造出許多產業——包括後來出任日本首相的岸信介。[25]一九六一年掌權的韓國軍官既反資本家，也亟欲促成國家的富強：

> 軍事執政團……抱著農民般的猜疑心。他們一想到資本主義，就想到有錢人的陰謀；但懷著經濟發展信念時，就想到富國強兵，戰時日本的強大隨之浮上心頭；意識到有必要調動國內資源時，他們透過運動加以推行和頒布政令加以推展，一再勸富人配合、逼一般公民配合，將其薪水的大半存下來。熊彼得（Joseph Schumpeter）懂這類人，稱他們為重商主義者。[26]

在朴正熙於政變後推出的第一本個人著作《民族中興之路》裡，官方作家將明治維新譽為偉大的國家建設作為；但朴正熙心裡想的，其實是滿洲模式，即由軍隊作後盾，強行高速完成工業化。

當時，拉丁美洲厲行進口替代政策。進口替代是在經濟大蕭條時期啟動的政策，欲藉此在崩潰的世界經濟中救亡圖存，且該區域的企業與伊比利半島的企業，關係頗為密切，而且由於此大陸未受第二次世界大戰摧殘，這一政策在此地的存續，比其他任何地方都長久許多。誠如學者紀耶莫・奧東內爾（Guillermo O'Donnell）所探明，參與國內市場導向之生產活動的國民和公司，在保護牆背後建立了廣大的網絡，個人關係和政治關係都是組成網絡的要素。於是，當一九六〇年代全世界都告訴這些國家得開始出口，並撤掉貿易壁壘時，問題即在於：如何打破已圍繞著先前策略成長起來的綿密利害關係網。在這裡，軍事政變有其優勢：皮諾契特（Augusto Pinochet）將軍利用其非常權力，把智利經濟推上全然不同於以往的「自由貿易」之路。但在這十年之前，朴正熙已讓世人見識到如何打破這一利害關係網。軍事執政團逮捕靠李承晚供養而壯大的進口替代企業家，如文革般押著他們遊街，要他們戴著高帽，前胸後背掛著牌子，牌子上寫著「我是貪腐的豬」、「我吃人」等讓人憤慨的口號。

不久，軍事執政團就要一大群「奸商」排排站好。這些人靠李承晚的庇蔭發了財，其中最重要的人物是三星會長李秉喆。他主動出面，代表那些被指為「商人—豬—吃人者」的人去見朴將軍，說企業家不會再像過去那樣為了搶下日本人的資產而巴結政府，建議政府鼓勵企業家尋求外國資本以促進經濟發展。三星、金星等企業既已開始稱霸韓國的小型國內市場，何不讓他們轉攻外銷市場，看看能否成功？儘管有些美國人認為朴正熙是革命家。他聽進李秉喆的建議，不久就找來包括李秉喆在內的十大商界領袖，與他們達成協議：他不會把他們關進牢裡，但條件是他們要投資新產業、把「股份」捐給政府，藉此支付他們的「罰款」。這些新產業將會開始在外國市場銷售產品。

不久，韓國每年都辦名叫「出口日」的國家慶祝活動，朴總統在此一場合給予指導，稱讚出乎預期的出口新佳績、替現代公司的船隻下水儀式剪綵，致辭時喊出新口號。一九七一年，出口成績最耀眼而得到朴正熙授予「金塔產業勳章」者不是別人，正是與兄長共同創辦京城紡織的金季洙。[27] 一九七三年十一月的出口日，朴正熙陳述了「工廠新鄉村運動」背後的價值觀（此詞本身有點矛盾，因為始於一九七〇年的工廠新鄉村運動，旨在促成農村更生）；新口號是「待員工如家人」：

> 在辦公室和工廠實行的新鄉村運動並無不同……因為其基本精神一樣：勤奮、自立、團隊合作……勞工與管理者應密切合作，公司經營者應盡力改善薪資和福利，勞工則應以負責、真誠的態度履行其職責，把工廠工作當成自己的事來做……在如此合作下，由於家庭般的氣氛，生產力就會高……受雇者和雇主間的完全和諧不再遙不可及……[28]

朴正熙欲利用服從與忠貞、重視家庭與孝道、視領導人如全國人民之父這些古老美德來治國。外國專家聽到這類言詞之後，認為韓國正緊緊跟隨日本腳步，走上終身雇用制、擁有公司制服和公司歌曲、勞資「和諧」之路，成為「韓國公司」(Korea, Inc.)。[29]但下一章會告訴各位，不管是儒家思想，還是日本的經營方式，在促進勞資團結方面，都不大管用。

一九六〇年代初，願意轉移到韓國的美國企業，其勞動成本降到只有原來的二十五分之一，因為韓國工資是美國工資的十分之一，生產力則是二點五倍。這怎麼可能？讓專家說話：

> 例如在晶體管的組裝作業上，工資為美國境內（同一企業）同種作業員之工資的十分之一，機器以最大產能全力運轉，也就是連續六天、一天三班運轉，這就比美國的上班時間多了兩成……儘管付出的勞動力較多，每個工人的生產力似乎也較高，原因之一是很快就能上手……但主要原因在於整條裝配線上的工人更服從紀律、更專注。例如有家企業，使用同樣的設備，組裝速度不同，產量差異達三成……較快的作業速度，若非歸功於使用較高速的機器，就是歸功於作業員速度較

快，而負責精密測試、檢查、修理作業的女工，比在日本或美國還多，又更加快了作業速度。[30]

經濟規劃是朴正熙從一九三〇年代滿洲的日本人，或其後的北韓人那兒學來的另一個法寶；從韓國經濟企畫院（相當於日本的通商產業省〔MITI〕，人稱韓國通產省）出爐了連續幾個五年計畫。第一個五年計畫從一九六三至一九六七年末，但美國國際開發總署（AID）韓國分署的美國人不喜歡該計畫，不願為其對外借款擔保。此計畫實際上胎死腹中。第二個五年計畫（一九六七～一九七一）較合他們的意，但韓國人也已懂得如何混淆美國人的視聽：韓國分署署長喬爾．伯恩斯坦（Joel Bernstein）抱怨韓國的未來規畫太樂觀時，韓國人引用他上司、國務院政策企畫辦公室（Policy Planning Staff）主任沃爾特．羅斯托的話予以反駁。會這麼說是因為，伯恩斯坦寫信告訴羅斯托，

> 有人引用你的話，說傳統經濟學家始終低估了日益成長之經濟的產品需求，說需求始終被低估，因此韓國不該擔心生產力過剩，說估計需要量時應按照一般方法，然後把估出的數字加倍，還說經濟發展太重大，不能交給理解不周全的經濟學家處理。

伯恩斯坦認為，韓國人有「管他三七二十一放手去做」的心態，而且還不懂「邊際效用原則」。[31]若說有哪個例子最能說明美國傳統經濟學與新重商主義的交鋒，這就是一例；伯恩斯坦當然敗下陣來，因為韓國人的看法沒錯：羅斯托和他們一樣是熊彼得主義者。

金融運作方式：漢城的銀行家

金融領域有個秘密：大部分人不會花腦筋去細想金融之事，於是讓少數有心人掐住我們的要害。造就漢江奇蹟的高度有心人士，係願意為了特定目的而分送好處的政府官僚：如果你會善加利用資金，打造另一個工業奇蹟，那就給你免利息的融資。這類融資稱為提升出口表現的政策性融資，如此說來，在資本主義經濟裡有時還是有白吃的午餐。

何謂「政策性融資」？不久前，韓國境內用的還是別種錢。在美國，不管是在芝加哥還是洛杉磯，一美元都可買到三個連鎖速食「白色城堡」（White Castle）的漢堡。但在這時的韓國，流通四種貨幣（東大門市場的老婦比我更能清楚說明這點）：按官方匯率交換的美元、按東大門匯率交換的美元、使用於美軍營站的軍票（MPC，對美元的委婉說法）、不可兌換且對前述三種貨幣的匯率不斷在變動的韓圓（不可兌換，意味著出了韓國，手上的一千萬韓圓買不了一個「白色城堡」漢堡）。當局不時想要控制地下市場，例如為此擬訂了以新票券，取代所有流通之軍票的極機密計畫（但不知為何，取締前夕，消息總會走漏，使錢幣兌換商得以事先因應）。但是這樣一來，不管是哪種錢，當然都會碰上另一個麻煩：瞬間貶值；錢不用，就平白損失。

回想一下前文對淘汰現象的討論，在資本主義制度下，如果把錢閒置片刻，連錢都會變得過時——銀行為何把我們的錢放在他們的隔夜帳戶裡，隔天早上才不情不願轉到我們的帳戶裡，原因在此。在一九八〇年代的上海，新口號「時間就是金錢」取代毛澤東時代的格言「誤點的社會主義列車，好過準點的資本主義列車」——每個人都知道中國變了。金錢的價值之所以隨著時間而改變，原因在利率。在韓國，同樣有數種利率：公定利率，即國有中央銀行的利率；「契」利率（「契」為行之已久的機制，諸婦女各出一筆錢，然後每個月抽籤決定誰得標）；「場外利率」，也就是錢幣兌換商給你的利率，透過此管道流動的金錢多得驚人。從事「場外」交易者，當然不只蹲在東大門市場的那位老婦。場外借款市場往往是一般家庭欲在官方管控的銀行之外借到錢的唯一管道，據估計，一九六九年場外借款占狹義貨幣（M1 money）供給量的八成二，一九六九至一九七一年的困頓時期，其放款有高達七成是借給企業，其他則借給農場和都市裡的一般家庭。[32]

然後，還有所謂的負利率：即如果你要把數百萬美元投入電子業或鋼鐵業，朴正熙會對那筆錢收這樣的利息。在熊彼得眼中，不斷創新是經濟成長的原動力，而在韓國，政府以熊彼得所想像的那種神奇方式運用金錢，[33]激發出不斷創新的不可思議力量。某人想取得更管用的捕鼠器，於是找銀行借錢，銀行員在一張紙上簽名，美鈔就如威斯康辛州的乳酪般大量生出，所有老鼠到處找藏身之處。在美國的體制裡，通常是由民營銀行和企業家的合作創造出這股力量，但熊彼得說另有機制能發揮這一作用——在韓國，與財務部密切合作的財閥就起了這樣的作用，儘管他們，遠不如在美國尋找最大機會的企業家那麼敢衝敢闖。但如今，如果銀行放款年利率是百分之二十，政府放款利率是百分之十、乃至百分之五，激勵作用之大就不難想像。人們踴躍爭取這樣的資金，但得做出成績，才能繼續得到這樣的融資。

這麼說吧：我會幫你搞定日本某銀行，讓該銀行以低於行情的利率，給你一千萬美元，以便你製造十二吋黑白電視，並為銀行這筆貸款作保。我會在我們的免稅區裡撥地給你，蓋馬路通往你的工廠，以優惠費率提供你暖氣和電，把剩餘的美國水泥撥給你蓋房子。我會找一家已有既定銷路、技術、配銷管道的外國公司，該公司會在美國每個角落，甚至食品雜貨店，賣你們的電視機。我會保證以固定的價格（同樣大大低於行情的價格），穩定供給受過教育、守紀律的勞動力，會立法禁組工會，只要工作地點出現危險情況，都會派軍隊過去。我會決定你在市場上遭遇的競爭者數量，會給你每年的生產目標（超出目標即給予紅利），確保有足夠的空間，讓你們所有人在其中成長茁壯（況且還有些因素，使我非幫你們不可，比如你們是我的大舅子或小舅子）。

如果說這套辦法在一九六〇年代施行得斷斷續續，到了一九七〇年代就運作得很順利了，成為「韓國模式」的本質。石油輸出國家組織促成油價上漲三倍後，大量油元在世界市場四處流竄，從而導致銀行業者求人借錢，這時，韓國政府居中促成那股龐大的金流，流向朴正熙「重化學工業推進」計畫中耗資甚大的「六大產業」。接下來十五年，韓國以拉丁美洲的利率從國外借錢：石油危機後不久，外債就大增四成二，但投資也暴增，一九七四年外債達到相當於國民生產毛額三成二的歷史性新高。到了一九七〇年代末，韓國已是世上前四大債務國之一（巴西居首）；從一九七六至一九七九年，其外債居世界第三，次於巴西、墨西哥，但一九六七至一九七八這十餘年，韓國債務增加了十四倍，債務成長率比所有低開發國家高了一倍，大大超過墨西哥和巴西。但從一九七三至一九七八年，韓國經濟每年也平均成長百分之十一，對重工業的投資占所有製造業投資的七成。但在這時期，要拿到大貸款，本身規模必須夠大，即必須是財閥。要源源不絕拿到貸款，則「必須超大」。[34]

於是，韓國模式的最重要元素是金融：「韓國金融的主要目標，是把源源不絕的資本輸入重工業化計畫」：

> 「維新」的金融政策如下：政府人為壓低金融成本，以補助進口替代產業、重工業、化學業、出口業……這個被一分為二的金融體系，其政治經濟原則是反自由主義的、不民主的、中央集權論的……此國的每家銀行都歸政府所有、控制；銀行業者是官僚，非企業家，他們從國民生產毛額的角度，而非從利潤的角度思考事情，把錢借給受政府青睞的人。[35]

一九七〇年代的大半期間，這類貸款的平均成本是百分之負六．七，但就連場外利率都是正利率——其實大大高於通膨率。為了要你借他的錢來用，他付給你將近百分之七的利息，這好事哪裡找。於是，每個得到政府特別照顧的財閥，「如同代為遂行公共目的的民間機關」。[36]此一公共目的當然是把他們都趕進經過挑選、會實現朴正熙「富國強兵」夢的特定產業。

這簡直就是資本家的天堂，事實上也是如此：在南韓，政府大舉支持企業。但另有許多窮國也這麼做，而如今那些國家還是窮。就韓國來說，要探明的係政府官僚體系如何分配信貸資源才能達到效率，也就是說才合理；當每個政治盤算都會導向犧牲公益、圖利友人與恩人之路時，官員要如何才能成為金融的魔法師、漢城的銀行家。答案可以從韓國的四個部分得出。

首先，政治領袖不只關注效率和合理性，也關注政治功效，就此情況來說，即對國家的功效。[37]

當各公司知道自己得到高度民族主義的政治領導階層支持及挹注資源（如一九六〇年代美國航太產業那般），也知道該長期投資的成敗攸關政治人物前途時，其實各種風險就已經消失無蹤了。其次，韓國公務員的理想和傳統，的確已造就出許多受過良好教育、且矢志投身於有益國家和政府發展的人，而到了一九六〇年代，已有許多人吃過洋墨水，成為懂得如何規劃、分配資源的技術官僚。第三，誠如一個又一個「行賄基金」（slush fund）弊案所表明，友人得到許多回報。

拿到政策性貸款的企業是準官方組織。這些組織與政府有共同利害關係，其成敗操在政府之手，其領導人與統治菁英有私交（如下文所述，往往是透過聯姻建立的私交）。上述的第三點導致某種合理的或有效的貪腐，官場裡的親戚借錢給商界的親戚，在堅信經濟會成長的心態下砸錢，經濟則在堅信會賺錢的心態下成長，有點類似祝福性質的連鎖信或擲雙骰子賭戲，只要餅不斷做大，就年復一年運轉不停。政府能一直能對大企業恩威並施加以操縱，源自於大企業完全倚賴政府來取得資本。如果經營績效差或企業所為不合政府的意，企業隔天可能就破產。這使政府得以對企業的投資模式、企業該投入哪個新產業、企業的日常活動，有很大的影響力。[38]

韓國最後一個與他國不同之處，在於韓國會以出口實績來確立企業成功與否——在一九六〇年代，這既是對韓國企業的艱苦磨練，同時相對來說也比今日更容易達標，因為一九六〇年代的世界經濟舞台上，與韓國競爭的出口者遠不如今日這麼多。一九六〇年代，南韓享有天時地利，得以從美國或日本接收日漸沒落的輕工業（紡織、製鞋、電晶體收音機、黑白電視、假髮、小家電），再把它們出口到美國的低價市場。但韓國本身市場很小，韓國企業在全球經濟之流裡危顫顫穩住身子，很容易因為經濟衰退和減速而受害。因此韓國政府可謂企業的好夥伴，世道好時，政府是贊助者，世道不好時，是保險經紀人。[39]在中國、印尼或泰國進場之前許久，南韓企業如魚得水長年悠游於美國的大市場裡（他們通常與為了共同生產而搬到韓國的美國企業合作）。

與日本關係正常化和越戰

如前文所述，從一九四七年起，美國外交政策的重點之一，即是恢復日本對韓國的經濟影響力。李承晚從其景武台辦公室主導南韓外交政策，把他的外交部晾在一邊，竭盡所能無視美國國務院的要求。他的對日立場被美國人認為是完全不聽話的，因為他似乎始終抱持著一種姿態，讓對日關係很有可能一事無成。儘管李承晚強烈憎惡日本人，他還是在麥克阿瑟指導下，發展與日本的經濟關係。李承晚也發覺，當他不希望外界注意到他政府裡有許多當年曾與日本人合作的官員時，祭出一貫的反日言語是很管用的。

一九五〇年代，日本也無意化解韓國人的反感；一九五三年，對韓談判的日本首席代表久保田貫一郎告訴其對手，美國自一九四五年來所做的每一件事全都違反國際法——從朝鮮遣返日本國民、把日本人的資產轉讓給朝鮮人、乃至在與日本締結和約之前建立獨立的韓國。此外，他還說開羅宣言提到朝鮮被日本「奴役」一事，根本是戰時歇斯底里的表現，主張「日本強行占領朝鮮三十六年，令朝鮮人受惠」。韓國方面把久保田的言論公諸於世，使得久保田後來不得不做出「道歉」，但幾無助於改善不信任的氣氛[40]（這一模式至今未消；許多日本領導人堅決認為，殖民統治期間日本給朝鮮帶來的是驚人的改變，同時卻一再為日本的侵華行為向中國道歉）。

甘迺迪上任之前，或一九六一年朴正熙軍事政變之前，韓日關係未有重大進展。但那之後，華府力促雙方關係正常化，羅斯托和羅伯特．麥納馬拉（Robert McNamara）實際上重啟了艾奇遜力促日本為東北亞區域經濟發展主力的策略。朴正熙一九六一年政變後，大使撒繆爾．伯格（Samuel Berger）最初對其懷有疑慮，但政變後不到三個月，他即為朴正熙的軍事執政團強力背書，向國務卿魯斯克報告說，它「在各方面進展神速，尤其是經濟方面，而且大體上是往對的方向。」伯格把這稱作「由上而下的真革命」。美國經濟援助迅速暴增將近五成，從一九六一年的一億九千兩百萬美元，增加為一九六二年的兩億四千五百萬美元。[41]

朴正熙政權的成員，包括許多在一九三〇年代主動向日本取經、且這時願意如法炮製的人。他們也具有壓制異議的強制力；一九六二年頒布的一道法令，揚言凡是讓外界注意到令此政權難堪之事的人，一律予以懲罰，即使說得都是真的。有些經歷過殖民統治的商界領袖，為重建與日本商界的關係推了一把。一九六一年十月，一連數人明裡、暗裡奔走於漢城、東京之間，包括前去日本磋商的金鍾泌。一個月後，朴正熙接受日本首相池田勇人邀請（迪恩．魯斯克居間促成的訪問），與池田、岸信介等日本領導人親自長談了數小時。然後池田向魯斯克保證，「關係正常化是遲早的事」。到了一九六三年，來自日本的進口額已達一億六千兩百萬美元，占韓國進口總額三成，比李承晚當政最多時高了三倍。付政治獻金給朴正熙、金鍾泌時，日本人也不小氣：據美國中情局的資料，日本企業從一九六一至一九六五年提供了韓國執政黨預算的三分之二，六家企業獻金總額高達六千六百萬美元。[42]但兩國關係還是未正常化。

一九六四年，在美國施壓下，有了突破性進展：據美國駐東京大使館的一份報告，其中包含約翰・甘迺迪寫給池田勇人、朴正熙的信，「經過我方數年的力促」，有了此突破。[43]金鍾泌再度來到東京，以敲定求償之事。韓國人希望日本賠償，日本人願意給予一批補助和借款，前提是不能稱作「賠償金」。一九六五年四月三日，韓日兩國代表草簽了關於所有未決問題的協議，同年八月十四日，大韓民國國會批准此條約（《韓日基本條約》）。此約促成了韓國奇蹟似的經濟成長，但直至今日仍引發爭議，因為此約使韓國日後無法向日本求償。與此同時，「慰安婦」等問題的揭露，引發更多求償之事（一九九四年晚期，日本國會表決通過給予每名慰安婦兩萬美元，前提是慰安婦身分經確認無誤）。

大日本帝國瓦解將近二十年後，再度有日本人來到韓國，但一開始來得並不多。大導演大島渚談及一九六四年遊歷韓國數月後，有苦有樂的感受：

> 我碰過的許多人，都表示真心希望國家與日本關係和諧，但也強調必須永遠是平起平坐的關係。他們說想到兩國經濟實力的差距，就覺得受到日本經濟力的壓迫。行經南韓一個小漁村時，我遇到一個男人，他看到我時哭了起來，說我是他二十年來看到的第一個日本人。我問他是否不恨日本人，他回答他的確憤恨難消，但也懷念。憤恨之情不足以關閉未來友好關係的大門。
>
> 我不擔心像他那樣的人，但孩子們呢？搭火車從馬山到釜山途中，我想著這問題。我看著坐在

我旁邊的少年，他靠著我睡著了，氣息徐緩平和。他不可能知道我是日本人。感受到他溫暖的氣息，我在想如此接近的兩國人民，何時能發展出真正友好的關係？這個男孩和我兒子長大時，會不會互相扶持，而非互相砍殺？[44]

根據關係正常化條約，大韓民國從日本那兒收到以一九六五年幣值計算的三億美元無償援助和兩億美元貸款，另有民間企業投資三億美元。當時，韓國出口總額為兩億美元。最終，朴正熙利用這筆錢和日本最新技術，在其故鄉附近的浦項，建設了一九六〇年代初美國不願給他的煉鋼廠。一九七三年開工時，此廠是世上最有效率的一貫作業煉鋼廠。[45]但這筆錢還沒花光，越戰就爆發，南韓得到另一個意想不到的好處。

美國總統詹森於一九六五、一九六六年一再升高越南戰事，欲像美國介入朝鮮時那樣糾集諸國一起打越戰。先前朴正熙已數次主動表示願派兵到越南，一九六四年中已派去一支韓國陸軍野戰醫院（MASH）部隊——叫人覺得有點諷刺的是，多年來美國最紅的電視連續劇是《野戰醫院》（*M*A*S*H*），此劇以朝鮮半島為背景，但始終影射越南——大韓民國官員很反感此劇，因為它令人想起飽受戰火摧殘的朝鮮半島、且太同情敵人共產黨。

一九六五年四月，美國駐越南大使亨利・卡伯特・洛奇（Henry Cabot Lodge）帶著詹森給朴正熙的親筆信到漢城，信中請求韓國派戰鬥部隊赴越南。經過數月協商，韓國人爭取到華府承諾給予大筆現金與援助，據估計每派出一個師可拿到七百五十萬美元援助。執行文件是一九六六年三月四日所謂布朗備忘錄，根據此文件，一九六五至一九七〇年間，美國給了韓國約十億美元。學者估計這項非正式協議所支付的金額，相當於一九六六至一九六九年韓國每年國內生產總額的百分之七至百分之八、境外總收益的一成九。[46]

不久，就有將近五萬韓國軍人在越南打仗，至一九七三年撤走時，已有多達三十萬韓國人在該地服過役。越南成為韓國企業開疆拓土的新天地，因為許多公司，尤其是營造公司，拿到支援美軍戰事的承造合同。韓國出口的鋼鐵和運輸設備，分別有九成四、五成二流到越南。[47]對韓國人來說，這一具有諷刺意味的發展令他們欣然樂見，因為當年日本就是靠韓戰時盟軍的物資採購——某學者所謂「日本的馬歇爾計畫」[48]——開始經濟成長。這一切突顯了一點，即一九三五至一九七五年，東亞的戰事促進了經濟成長。[49]

大推進

在一九七三年一月的元旦記者會上，朴正熙宣布「重化學工業化」計畫，打算使鋼鐵、汽車、船、機器在一九八〇年到來時能占出口總額的五成，目標是出口額達一百億美元，十年內人均所得達一千美元。這是朴正熙十年前就想開，但未能開成的記者會；使鋼鐵（而非鞋子或假髮）成為他工業化運動的象徵，始終是他的夢想。他常說，鐵即國力；北韓生產了數千噸的鋼鐵，鋼鐵是北韓軍工業和幾乎其他產品的基本材料。[50]韓國的匹茲堡是浦項這個小港市，韓戰期間幾乎遭夷平，因為它就位在一再變動的釜山環形防線上。但鋼鐵只是幾乎一夜之間就建設起來的六大產業之一：其他五個是化學、汽車、造船、工具機、電子。

美籍顧問和國際貨幣基金會之類的多邊組織，不看好朴正熙的上述計畫。上述大部分產業在世界市場裡的產量已太高，而韓國國內市場太小，又不足以吸納它們的產能。美籍顧問和國際貨幣基金會之類組織，透過經濟企畫院在韓國政府裡施加其影響力，經濟企畫院希望繼續以韓國享有相對優勢的輕工業產品出口為重點。為了加以回應，於是朴正熙把第三個五年計畫的小組集中在青瓦台。由韓國總統府經濟事務秘書處居中統籌，由「重化學工業計畫與管理團」在前衝鋒，避開國內外力主遞增邊際效用至關重要，反對熊彼得學說基礎的意見：既然對未來需求的每個估計都認為至少會增加一倍——或兩倍、或三倍——那不是會有飛躍式的大成長？青瓦台成為新重商主義者大展身手的地方，其中最大的重商主義者就是朴正熙本人。一如「滿洲國幫」使日本工業化，把日本拉出世界蕭條的困境，「青瓦台幫」使韓國工業化，助韓國走出一九七〇年代停滯性通貨膨脹、石油危機的泥淖。

後來的發展表現出實際的需求量，比經濟學家所估計的需求還要多上好多倍。浦項鋼鐵廠一九七三年開始運轉，年產量一百萬噸；一九七六年，粗鋼產量已達兩百六十萬噸，一九七八年達五百五十萬噸，一九八一年達八百五十萬噸。韓國的鋼產能十年間增加了十三倍。[51]誰把這些鋼全買走了？是韓國造船業者（他們一九七〇年時還未有自己的造船廠），是韓國汽車廠（他們被認為在世界市場上根本吃不開），還有美國製造商（他們以比匹茲堡或蓋瑞城〔Gary〕的牌價還要低上許多的價格，買下韓國鋼，然後運到美國中西部）。有時品質會出現問題：例如用於建造西雅圖一座新美式足球體育館的浦項鋼梁，施工時彎曲變形，但韓國人免費提供抗拉強度合格的新品。鋼鐵業是與其他產業有著千絲萬縷之關連的產業。例如，汽車成本約三分之一花在鋼上，韓國的油輪「耗掉大量厚鋼板」。[52]當然，鋼鐵業和化學業也使國家能自行製造各種武器和軍備。

就是這一「大推進」策略，創造出如今名字和識別標誌廣為世人所知的韓國大企業。韓國企業如此輝煌的成就，其實源於離現今不算太遠的朴正熙一九七〇年代初期的計畫，這點著實令人吃驚：大宇一九六七年才誕生，其他的大財閥直到這個對韓國企業影響深遠的時期，才開始投入重工業。重點不在於技術官僚是否做了市場調查、研判市場動向，而是朴正熙會找來財閥領導人，直接告訴他們該做什麼。據說，朴正熙在某個時候得知全球遠洋油輪需求會非常大——主要因為石油輸出國家組織打亂全球石油市場，以及油輪被普遍用來貯存石油——於是召見鄭周永，勸他開始造船。

鄭周永飛到希臘，向客戶保證價格比其他公司便宜、交貨比其他公司快，藉此拿到數艘二十六萬噸油輪的承造合同。他並未提及他並無建造油輪的造船廠。然後他拿著兩筆訂單找上巴克萊銀行，該銀行借給他足夠建造造船廠的錢。當時沒有韓國人懂得造油輪，於是鄭周永派了六十個工程師到蘇格蘭學技術。兩年後，油輪造成，比交貨期限還早。[53]這則故事有點令人不敢相信；但韓國造船經驗豐富，最早可追溯至李舜臣的龜甲船，而且過去即有許多優秀的造船匠。但韓國沒有製造化學品的經驗。

化學工業可製成合成品，替補欠缺的天然資源，因此，凡是缺乏原物料和能源的國家，化學業都是自立所不可或缺的。對德國和日本來說是如此，對北韓亦然；殖民統治期間，日本人把化工廠設在北部，因此一九五〇年代時，南韓完全倚賴進口肥料。但朴正熙當政頭十五年，化工業成長迅猛，產量增加為原來的一百八十倍。但這些產量幾乎全出自合資企業——與陶氏化學（Dow Chemical）、海灣（Gulf）、貝泰（Bechtel）、三井等公司合資——而且許多合資關係並不愉快（一九八二年，陶氏氣鼓鼓拆夥走人）。[54]但到了一九七三年，韓國在蔚山已有獨立自主的化學工業園區，製造聚乙烯、甲醇等物質。韓國紡織業對進口合成纖維的倚賴比率很快就驟降，到了一九七五年已降到一成。

朴正熙計畫的主要項目是新設的工具機製造園區。工具機是製造其他任何產業所需機器的源頭，是自主國防工業的核心。[55]他把昌原機械工業區設在東南海岸的馬山港。馬山港是離「韓國非軍事區」最遠的地方，但仍在朝鮮半島上。從經濟學家的眼光看來，這似乎是最糟糕的資源配置，因為當時日本正努力在全球工具機業打造遙遙領先的地位，而且許多受到日本威脅的美國製造業者會樂於把工廠搬到韓國、或低價出售工具機給韓國。但朴正熙一如史達林（其名字的字面意思為「鋼」），認為工業自主國不會讓工業基礎的核心部件假手他人；只因為一些在美國受過教育的官僚認為韓國該依賴跨國生產鏈以得到工具機，若韓國就照著做，這對韓國有什麼好處？一九七〇年，韓國對進口工具機的倚賴程度達驚人的八成六，其中許多工具機來自美國公司，就在同時，尼克森還在削減駐韓美軍。韓國展現不凡的新經濟實力，但仍無法為國產汽車製造出內燃機，汽車的兩千五百多個零件，仍有許多得進口。

朴正熙要所有大企業都到昌原設廠，使該地工廠數達到一百多家，並要求外國營造公司得從韓國境內取得其部件（如果韓國國內企業能生產該部件的話）。昌原一飛沖天，第三個五年計畫期間，機械生產年增率達百分之三十六。到了一九七七年，韓國汽車零件已有九成是國產。朴正熙和其繼任者也信誓旦旦表示，買房車的韓國人變多時，買的會是韓國車：如今，韓國汽車市場受到嚴密保護，因此，要在首爾街頭找到一輛外國車，就和找到緩步而行的人一樣難（就連老人家逛市場都行色匆匆）。

韓國取得一個又一個非凡的成就，但沒人料到韓國在高科技電子產品上會和日本、美國並駕齊驅（就連熊彼得都猜不到）。但到了一九八〇年代中期，韓國成為二八六位元矽晶片的第三大製造國，美國平價商店的牆上，陳列著韓國製廉價二八六位元晶片個人電腦（大宇甚至在超級市場賣Leading Edge牌電腦，一如更早時在超級市場賣電視）。這樣的成就著實叫人嘖嘖稱奇。

我常在想，這一明明白白的事實，給了克里姆林宮當頭棒喝（威力如同人盡皆知的「中國式」水刑般）：一九五〇年，蘇聯T-32坦克長驅直入南韓，如入無人之境，如今，這個小國卻能造出蘇聯、東德最優秀的技術人員所造不出來的東西。我要很嚴正說，陸續普及到東南亞、中國的「韓國模式」，不只在北韓打垮了作為發展模式的史達林主義，在全球各地亦然：一九九〇年時，只有蠢人還會相信「一國社會主義」有天會趕上如直線競速汽車那樣狂飆的一九九〇年代「東亞資本主義」，或相信「自力更生」是第三世界發展的唯一道路（一個世代前，幾乎每個脫離殖民地的國家領袖都這麼認為）。

最叫人意想不到的，仰賴進口比率曾高達百分之八十六的南韓，竟擺脫世界經濟的魔掌，達到工業自立：「大推進」後，南韓擁有了走自己的路、發展全面性工業結構的基礎。這是不凡的成就，如同韓國的獨立宣言。自那之後，韓國人抬頭挺胸、昂然自信行走於世界；朴正熙為何仍是戰後韓國最得民心的領袖，原因在此（一九九四年民調，七成多受訪者如此表示），儘管在下一章會提到他許多不光彩的事。若列出二十世紀的工業界偉人（卡內基、福特、史達林、索尼會長盛田昭夫），韓國工業鉅子會占有一席。幾乎所有人都靠「大推進」成就了事業。在美國過去的都市政治機器裡，所有交易的重點是「每個人都發財」（譯按：政治機器，political machine，指握有夠多的選票而足以控制一市、一郡或一州之政治或行政、牟取私利的政治團體）。南韓在一九七〇年代，正達成了幾乎所有人都發了財：藍領工人、工程師、技師、汽車銷售員、平價電腦店老闆、東南部的城鎮，尤其是財閥開始在《財星》雜誌五百強榜單上急速往上爬。

朴正熙的一大失策（由其政治結盟情況來看，完全預料得到的失策），就是把這些新工業區都擺在他家鄉地區，冷落了全羅道。六大產業裡，只有一個落腳西南部——石化工廠在麗水和麗川，而且這只是化學工業園區的一部分，大部分化學工廠設在蔚山。開發意味著成長，沒有開發意味著停滯不前，但低度開發意味著處於一種結構性狀態，在此狀態裡，預期的發展未如期發生，或他處發生的事（例如：英格蘭境內的棉花銷售）深化了逐漸過時的社會結構（例如：美國南方深處的奴隸制）。就韓國來說，煉鋼廠、汽車廠、造船廠、自由出口區、花在建造它們的資本、它們所創造的職缺、它們所需要的新公路和迅速成長的都市，都歸於韓國東南部、朴正熙的家鄉、幾乎每個與他有密切關係的人。

有條工業帶從釜山往北、往西延伸，把位於馬山、昌原的自由出口區，和大邱、蔚山等都市的新產業連在一塊。龜尾等小鎮，和浦項等韓戰期間遭徹底摧毀的港口，一夜之間搖身變成工業城，因為它們靠近朴正熙的出生地（龜尾旁邊）或是他親信的家鄉所在（浦項）。整個慶尚道家家戶戶屋頂鋪了瓦、伸出電視天線，而在西南部的全羅道，農民住在茅草鋪頂的小屋裡，繼續在農田上辛苦幹活，勉強得以溫飽，或要小孩去首爾，到茶房或馬殺雞店找工作。如下文所述，朴正熙將在光州付出代價。

大財閥

何謂財閥？簡單的說，就是「由家族持有並管理，以獨占或寡占方式，控制多種產品和產業的企業集團」。[56]但那只是冷冰冰的專業性定義。許多創辦人是地主出身，整個財閥集團被氏族牢牢掌控。某項早期的研究發現，三百個企業家裡，四成七出身「大地主或中地主」家族。企業集團的所有者得花費不少時間，讓其員工相信他們同屬同一家族的一分子，尤以三星為然，三星始終很尊崇日本的經營手法。強固的韓國家族關係的確對財閥很重要，尤其是企業的創始家族。

每個財閥都由家族經營起家（一如韓國人在紐約經營的蔬菜水果店），而且其中約七成仍由創始家族持有。掌門人的接班問題是極講究倫理且需深思熟慮的大事（接班之事不常發生，因為大部分財閥成立還不久），就和英祖、思悼世子的王位繼承問題一樣一點都不可馬虎。如果長子不是最有才幹者，哪個兒子堪當大任？所幸，對財閥來說，這類問題不是太嚴重：過去的朝鮮只有一個國王，但企業集團有多個子公司。於是，現代財閥的創辦人把核心企業的日常業務交給他弟弟，接著兩兄弟都要自己兒子掌理這個如八爪章魚之企業集團的子公司。財閥王國的經營也比過去朝鮮王國的治理來得容易：不必擔心外人入侵，不必操心於用兵、訓練警察、向人民收稅、教育工人、或立法禁止職場上不同勢力合併坐大；因為政府都幫財閥搞定了。因此，比起古代宮廷制度，這些大王國更加證實了梅爾·布魯克斯那句「當國王很有意思」的名言。這些大王國的龍頭據說道德、操守無懈可擊，言行符合儒家要求，既要下屬忠於他，也不吝於施予恩惠。

一九八九年某報的調查報告說，頂尖企業集團的股份，有八成或八成多由創辦人那一代的六成家族成員持有。[57]一如其他地方的貴族，財閥集團也內部通婚。根據某調查，前三十三大企業裡，三十一家有財閥間的姻親關係，而且婚姻的締結講究集團規模的門當戶對（也就是說最大企業的兒子娶最大企業的女兒，以下類推）。[58]例如三星和現代藉聯姻合為一家；往往也有財閥與政府官員子女聯姻，形成官商聯盟。

接下來個別看看某些企業。鄭周永是韓國最有名的企業家，一九九二年與金泳三、金大中角逐總統大位，被稱作韓國的羅斯·培羅（譯按：Ross Perot，美國商人，兩度投入美國總統大選）。一如培羅，鄭周永當時已是億萬富翁，但財力至少比培羅多一倍。他未受過多少正規教育，非貴族出身，靠著辛苦打拼闖出一片天。一九四〇年代初，他當汽車機修工，開小型機器修理店，以此發跡。一九四七年，他和弟弟鄭世永在釜山創立一家小型營造公司承攬美軍生意，公司取名現代。然後韓戰爆發，鄭氏兄弟棲身於釜山環形防線後方，接下一筆又一筆預製構件活動屋和難民營的建造合同，從事各種與戰爭有關的營造工程，當然還有一九五〇年代大半時間各地的重建工程。鄭世永的英語還過得去，有助於兩兄弟打造重要關係，取得美國人的營造合同，其中大部分合同不需競標。一九六〇年代，現代企業在韓國境內急速擴張，也是越南美軍的重要承包商。到了一九七二年，現代公司的資產已達六千四百萬美元，並已分割為六個子公司。一九九四年此公司名列《財星》五百大企業第八十六，營收兩百七十五億美元。

三星創辦人李秉喆曾一直自認是「日本紳士」，而且藉由娶了日本女子證明這一點。三星之名仿自日本的三菱，而三菱的識別標誌大概仿自賓士。不同於許多韓國財閥領導人，李秉喆發跡於殖民統治時期。他出身地主家庭，最初於一九三〇年代在馬山開米廠，然後從大邱輸出米酒。第二次世界大戰期間，他在工廠腹地蓋起宿舍供工人住，事業急速擴張。他始終敵視工會，常說，「泥土蓋住我眼睛那一天，才會允許在三星組織工會。」三星是李承晚當政期間最重要的輕工業公司，而且李秉喆以長遠眼光超低價買下日本的工廠設備時，已是韓國首富。但在「大推進」期間，三星進一步多角化經營，跨足其他許多領域，包括電腦、消費性電子產品、造船。一九九四年，三星獲政府准許，開始在巨濟島的新工廠製造汽車，而該島正好是金泳三總統的出生地。[59]一九九四年《財星》五百大企業排行榜，三星名列第二百二十一，營收一百四十六億美元。

一九六七年，金宇中從家人、友人那兒借到一萬八千美元，創辦了小貿易公司，名為大宇。如今，大宇擁有世上最大的紡織廠、最大的造船廠；如今在首爾，常可見到整個街區被大宇公司的營造用防護圍籬圍住，圍籬上畫了恬靜的山景或春暖花開的景致。一九八七年，大宇二十五家關係企業，雇用了十萬人。一九九四年，以五百億美元的營收，名列《財星》五百大企業排行榜第五十二。

LG（Lucky-Goldstar，樂喜金星）創辦人是具仁會。他是地主之子，殖民統治時代投身紡織品生產。一九四七年創辦了化妝品公司，賣牙膏和牙刷。十年後，他生產電晶體收音機和冰箱，銷往國內市場。此公司由具仁會之子具滋暻經營已有一段時間。LG以看重勞資「和諧」而著稱，勞資糾紛甚少。一九八九年一月，有三家電子產品廠罷工，資方調漲薪資一成九，削減每週工時至四十四小時，迅即平息此罷工。這次調解就是由董事長具滋暻親自出馬解決紛爭。[60]一九九五年，LG買下增你智（Zenith）

電子公司。

財閥也懂得如何打好官商關係：財閥領導者的岳父，三分之一是「政府三大部門的高官」。盧泰愚總統（任期一九八八～一九九三）把兩個女兒嫁給財閥家族，成為鮮京財閥的經營者崔鍾賢、和新東邦財閥的所有人申明秀的岳父。盧泰愚政府把韓國第二個行動電話特許經銷權授予鮮京時，大概不以為意，不料後來外界猛烈批評，政府不得不收回成命。[61]盧泰愚也任命另一個姻親出任商工部長，另一個姻親，著名政治人物朴哲彥，則出任政務長官。

韓國軍方本身也是種財閥，係負有國防和強制之責的財閥。盧泰愚總統在軍方也有個姻親，即金復東中將。金復東是「松栢會」的龍頭，該會由數百名退役軍官組成。最後還有一種關係把政府和商界菁英結為一體，那就是大邱慶北高等學校的校友關係。全斗煥和盧泰愚都是這所學校畢業。盧泰愚當政時，該校校友占了政府裡「六個最有權勢的職位」，包括國家安全企畫部部長、陸軍最高階將領、警察廳長、國稅廳長。但大邱地區其他學校的校友也占了部長職（包括財務部、國防部、法務部、內務部部長）和數家國營銀行的行長之職。[62]這並非盧泰愚當政時才有的現象，朴正熙、全斗煥政府也大量拔擢該地區的人為官。

例如，申鉉碻生於慶尚北道，先後畢業自大邱慶北高等學校、京城帝國大學。一九四三年，他通過日本高等文官考試。一九五九年，他是李承晚政權裡最年輕的內閣閣員（復興部部長），後來成為朴正熙政權的死忠支持者，一九七〇年代晚期當上副總理。申鉉碻的情況絕非個案：根據一九八九年的某項調查，五十大財閥者當中，慶尚道出身者占二十三個、二十四個內閣閣員當中，慶尚道出身者占了九個、中央銀行有一半的董事都來自慶尚道。其中許多人承認，他們出身的道與他們一九六一至一九六二年事業的成功有很大關係。[63]

縮減財閥規模和經濟多元化這議題，外界談了不少，但一九九〇年代中期，前十大公司仍占總生產量約六成，前四大公司仍占去四成。誠如喬治・奧格爾（George Ogle）所指出，那意味著十大家族控制了漢江奇蹟的六成。[64]有些學者推測，隨著時日推移，韓國政府的規模會縮水，把愈來愈多的工作轉交給私部門（但如果私部門是由財閥組成，政府仍會把工作轉交給他們）。這樣的事幾未發生，但這些企業集團的確變得更有能力自籌資本。儘管如此，金泳三政府還是在一九九三年下半年讓他們再次享有利率優惠，把優惠貸款利率降了整整百分之一。許多欲抑制企業集團的提案雖提交了討論，甚至明文立法，但真正落實者少之又少。[65]金泳三政府欲增加中小企業所能取得的貸款金額，但此舉未能使大財閥所取得的貸款減少，但的確稍稍壓低了財閥所取得之貸款金額占總貸款金額的比例。[66]一九九五年，盧泰愚、全斗煥和大多數大財閥的掌門人捲入一個大弊案；這兩位前總統身陷囹圄，至少十二名大企業家面臨牢獄之災，這些企業家提供了全斗煥九億多美元、盧泰愚至少六億五千萬美元，作為「政治活動」資金；全斗煥、盧泰愚去職後，還有數百萬美元流入他們的親信所管理的特別帳戶。

韓國模式——政商密切協同合作、全力發展經濟、政策性放款、廉價勞動成本優勢——推動韓國發展達數十年。一九九二年德國—瑞士對數個工業國（日、德、美三大工業國和義、西、韓三小工業國）所做的比較優勢調查，把韓國的工資率評定為一百分滿分（日本是二十四分、美國二十八分），在其稅負或免稅方面評定為一百分（西班牙居其後，為七十一分，美國第三，五十五分）。[67]換句話說，韓國政府仍為大企業集團提供了相對有利於資本家的經營環境。

危機與改革

一九九七年底，韓戰以來最嚴重的經濟危機重創韓國，不只使欲躋身先進工業國之林的韓國不進反退，還使其整個發展計畫的成效招來質疑。情況先是該年初夏，泰國出現擠兌泰銖的情況，然後如傳染病般傳到一個又一個亞洲經濟體，十一月如十級颱風般襲擊韓國。十二月上旬，韓國經濟基本上處於破產狀態，國際貨幣基金伸出援手，融資五百七十億美元——但它在融資之前示意，這次融資與先前不同，要付出高昂代價，還將徹底重整韓國的政治經濟。危機終於結束時，韓國貨幣已貶值五成，其國民生產毛額在全球已開發經濟體裡的排名，從第十一掉到第十七。這是殘酷的打擊，在持續成長將近四十年後，危機降臨於動蕩的二十世紀末，但最殘酷的打擊來自美國重要官員抨擊韓國經濟模式，並與國際貨幣基金密切合作，欲改革韓國政治經濟的基本要素。

如前所述，冷戰期間，南韓的經濟（一如日本）屬於受保護的經濟。韓國模式說的是由政府主導、在國內施行保護主義、對外追求出口導向成長的新重商主義計畫，美國對此睜隻眼閉隻眼，甚至予以縱容。而出口導向成長要能實現，特別倚賴美國廣大市場的開放：以上正是「亞洲發展型國家」的基本特質。在美國的盤算裡，不計任何手段都要讓這些經濟體成為經濟成長的引擎，因為它們可在與共產主義的全球對抗裡，提供另一種替代發展模式供世人遵循。因此，若是冷戰期間發生這樣的危機，身為美國的重要盟友和位於第一線的國家——南韓應該會得到融資，同時美國會把南韓的安定視為最重要考量——如同一九八三年，美國總統雷根（Ronald Reagan）和日本首相中曾根康弘為漢城籌到四十億美元，相當於韓國所有待償還債務的一成。但這時，因為兩極對抗已結束，「符合」自由市場、「新自由主義」的新時代風潮，變成最重要課題——韓國人為此大為意外且震驚。因此，一九九七至一九九八年亞洲經濟危機的深層意涵，在於美國欲結束日本／韓國型的「後發」工業發展。

這種外力干預——遙控式的經濟干預——能夠成真，係因為在戰後南韓軟性的半主權主壤上，繁殖出了由強而有力的民族主義所驅動的新重商主義；在南韓，始終是以強勢政府對應人民，但以弱勢政府的姿態應對美國。此外，美國改革者弔詭地得到韓國人民的主動配合，尤其得到長期致力於改革或打掉這一「政治—經濟」模式的強大工會配合。或許最重要的是，就在此危機襲擊韓國最烈時，韓國人選出金大中為總統。他以在野之身反對由政府、金融、財閥構成的中央核心（韓國模式的特點），這核心已至少持續二十年。這一奇妙且完全料想不到的情勢轉折，成為韓國得以度過危機、重回高經濟成長率的關鍵。

一九九七年晚期，國際貨幣基金的表現，表明它幾乎就是美國財政部長羅伯特．魯賓（Robert Rubin）和其副手勞倫斯．薩默斯（Lawrence H. Summers）的工具。[68]魯賓、薩默斯，還有聯邦準備理事會主席艾倫．葛林斯潘（Alan Greenspan）是「柯林頓經濟政策」（Clintonomics）的三大將。「柯林頓經濟政策」一詞，不只反映美國重新踏上持續成長之路，還反映美國採取一項非常積極的對外經濟政策——致力於將亞洲、拉丁美洲的開發中經濟體，帶進一批受美國影響的多邊組織（例如亞太經合會和北美自由貿易協定）——反映了「自由貿易」、「自由與開放的市場」、經濟交流的「透明度」、「法治」這些常被人掛在嘴上的真言。一九九七年秋，東北亞陷入流動性緊縮時，這三位官員的影響力起了極重要的作用，先是打消日本欲創立一個「亞洲基金」，以為陷入險境的銀行融資紓困的念頭，然後他們要求受援國按照他們的「真言」方針大幅重整，以換得國際貨幣基金的紓困。

當時南韓金融「不透明」一說，即使不是個笑話，也只是個刻意淡化的說法；最高階官員驚慌失措，想掩蓋事態的嚴重。十一月，韓國銀行總裁說，短期未償還貸款共計兩百億美元，但民間分析師認為金額高達八百億美元；他說外匯儲備三百一十億美元，其實韓國的儲備外匯僅剩六十億美元，而且這筆錢不久後就被全部用掉。換句話說，南韓本身破產了：漢城「為了救援需要現金的銀行，一天燒掉的外匯儲備高達二十億美元。」[69]但金泳三政府極力避免於十二月十九日總統大選前接受國際貨幣基金紓困，反倒向日本求援；十一月中旬，南韓財政經濟院長官林昌烈公開請求日本援助：「韓國經濟如果出問題，日本經濟也無法倖免。」但華府希望在南韓總統大選期間迅速紓困，好讓所有候選人都表態接受紓困——或者，如果他們都選擇不接受紓困，就表態拒絕。

隨著財政部長魯賓放棄其感恩節假期，與葛林斯潘私下開會，然後派兩名高階官員到漢城，事態來到危急階段。兩名官員之一的賴瑞·薩默斯告訴記者：「只有在國際貨幣基金的（改革）計畫下……才應提供金融援助」[70]（後來他被稱作「當今的麥克阿瑟將軍，按美國的利益改造了亞洲」）。經過十二月一、二日韓國財政經濟院長官和國際貨幣基金小組徹夜協商，雙方達成五百七十億美元的紓困協議，包括來自國際貨幣基金的兩百一十億美元備用信貸、來自世界銀行的一百億美元、來自亞洲開發銀行的四十億美元，以及美國、日本和其他國家追加的兩百二十億美元。

國際貨幣基金會要求南韓斷然重整，才能拿到這五百七十億美元的紓困大禮包。與國際貨幣基金會談定的協議，其機密條文把矛頭直接指向韓國的發展模式：韓國有「借貸比率高、欠缺有效之市場約束機制的高風險企業部門」，債務股本比高到使大部分財閥嚴格來講隨時處於破產狀態；借貸容易已導致「在鋼、汽車等特定部門投資過度」。韓國必須「重整金融部門，調整其資本結構，使其更透明、更市場導向、受到更嚴密的監督。」韓國得將其一九九八年成長率預測值砍半（從百分之六減為百分之三），得將外資對韓國企業的投資上限從百分之二十六提高為百分之五十，得為外國的購併開方便之門，得開放國內市場（尤其是資本和汽車市場），得使勞動市場具有彈性，准許大規模資遣。大型金融機構應從此受國際認可的企業稽核，高度多角化經營的企業集團，不得再有子公司互為對方的借款擔保，及其他種類的內部交易情事。為了讓韓國接受「透明」的新會計標準，魯賓親自將協議推遲十小時。韓國官員則請求將反工會條款納入改革方案。

從一九九七年十二月的視角，回顧一年前大不相同的情況，有助於我們了解當下的情形。當時，金泳三總統驕傲宣布南韓加入頂尖工業國團體「經濟合作開發組織」（OECD），從而躋身先進經濟體之林。為了讓韓國申請「經濟合作開發組織」較易過關，金泳三已廢掉作為韓國「行政指導」中樞的經濟企畫院。直至卸任為止，大企業一直力促金泳三降低勞動成本、恢復出口方面的相對優勢，為此，他和其執政黨於一九九六年十二月某日拂曉在國會強行通過新《勞動法》，未接到開會通知的反對黨議員當時仍在夢鄉。新勞動法保留了韓國勞動組合總聯盟（韓國勞總）這個由官方控制的大型工會，作為此後五年間唯一獲正式認可的勞工組織，冷落擁有五十萬會員、不依附任何黨派的全國民主勞動組合總聯盟（民勞總）——世上最有勢力的工會之一，並將其抹黑為「非法」組織。此法讓韓國企業有資遣員工的法定權利，以及用不願參加罷工的工會會員替換罷工工人的自主裁量權。

韓國沒有失業補償或社會安全網，因此這道新法大大傷害了勞工利益。韓國從來沒有日本那種「終身雇用制」，但曾有幾十年，工人沒有獨立組織為其發聲，領著勉強養活一家人的工資，忍受工業世界最長的工時，以此換得安定的工作。但一九八七年獨裁統治結束後，韓國勞動組織急劇壯大，尤以鋼鐵、汽車、造船、化學這些龍頭重工業為然。以美國為靠山的三十年獨裁統治期間，勞工受到嚴厲的壓制，一九八七至一九九七這十年期間，壓制終於放寬，工資和工作條件有了少許改善，但據金泳三的說法，一九九六年韓國勞工應該要去支應企業超額的成本，以恢復韓國的全球競爭力。

新《勞動法》激起的反應，不久就到來：一九九七年一月，數十萬韓國工人占領漢城街頭長達數週，近乎舉行了一次連續數日的大罷工，政府最後軟化立場，同意擱置此法。接著，十二月金融危機爆發，國際貨幣基金攬下了金泳三政府不敢做的工作：要資遣數百萬人。國際貨幣基金說，如果韓國頒行《失業補償法》，這就能在不致讓太多人受苦的情況下辦到。但在政府已形同破產的情況下，這要怎麼辦到？

一九九七年初的大規模勞工抗議震撼了韓國的支配階層，使金泳三在剩下的任期只能當個跛腳鴨（韓國總統只能當一任五年，不得連任）。金泳三的跛腳鴨處境和經濟企畫院的裁撤，使韓國一向敏於掌握情勢的經濟人員，得不到政治支持，無法採取必要措施防範債務大增和處理金融流動性問題，而接下來，恐慌的外國投資人又使債務和金融流動性這兩個問題更加不可收拾。

國際貨幣基金紓困後，有影響力的分析家痛批韓國威權統治數十年期間深得華府喜愛的發展模式。國際貨幣基金副總裁史丹利·費雪（Stanley Fischer）說，「在韓國模式或『日本公司』（Japan Inc.）模式下」，不可能有真正的重整。《華爾街日報》某篇社論說，「韓國領導人堅信一九六〇年代獨裁統治期間誕生的經濟理想」，導致「政府親自管制、企業不斷擴張、不信任外資和競爭」；占去韓國財富三分之一的前三十大財閥是「大怪獸」，「吞掉可取得的信貸」，且倚賴「為了強化實力必須垂直整合觀念，但這已過時」。德意志摩根建富（Deutsche Morgan Grenfell）的首席經濟學家艾德·雅爾德尼（Ed Yardeni）極鄙視漢城：「真相是『韓國公司』已破產……剩下的就是提出破產申請書。這個國家的經濟已如同殭屍。」[71] 即使經濟也許還不到「殭屍」狀態，但這場危機肯定已使其經濟規模縮水。十一月，南韓看來有將近五千億美元的國民生產毛額，以及約一萬一千美元的人均國民所得；占全球國內生產毛額約百分之六（一九八〇年時百分之二點五），名列第十一大工業國。到了隔年一月，人均國民所得已降到六千六百美元，國民生產毛額降到三千一百二十億美元，居第十七位（落在墨西哥、印度、俄羅斯之後）。[72]

前總理李洪九說出了誰都看得出的結論：「模式如今很清楚……那不是日本模式，而是西方模式。當前的危機使得幾乎每個人都認定老作法不管用。」[73]

元旦時，魯賓等美國官員已乾淨俐落完成三個目標：遏止韓國（和日本）銀行的擠兌，重擬韓國政治經濟規則（為在日本實現同樣目標揭開序幕，且如今仍在亞洲進行這項努力），維持美國在此一區域的霸權。葛林斯潘在參議院某專家小組面前作證時，掩不住其得意之色：亞洲危機的結果是「全球邁向『西方式自由市場資本主義』」。另一個分析家興奮說：「華爾街贏了」。[74]但誠如下一章所見，其實是韓國人民和他們老早就發展出來的民主運動，使韓國得以自我改革，得以迅速回歸高速成長。

韓氏奇蹟

大宇創辦人金宇中，長久以來以堪稱自虐的工作倫理聞名：多年來每天工作十八小時，不休長假，頂多偶爾休一天假。他是財閥領導人裡精力最充沛者。但在企業集團這個層級之下，亦即中小企業裡（更別提在一個個勞動者身上），也可看到許多類似的事例。但我認為它們都是商業史上的典型事例；並無法說明「韓國模式」的特殊之處。例如，韓國有家名列前茅的自行車製造商，一九九〇年代置身激烈競爭的環境，深怕在「生產周期」曲線上落後同業，於是連續數日、數週、數月長時間工作；這時韓國工人已在組織工會，要求調漲工資，而中國的對外開放和泰國、印尼之類東南亞國家出口的急速成長，還把工資水準壓得更低，於是這些國家的自行車迅即開始和韓製自行車爭奪市場。但不同於大宇等準國家型企業，這個公司的經營者幾未得到政府援助。我們不妨把這人稱作韓氏（Mr. Han）吧！[75]

低端的自行車製造技術，相對來講較易上手，長久以來改變不大，因此，競爭非常激烈，簡直是你死我活的割喉戰。此外，隨著中國投身世界經濟舞台，出現了一個有數億自行車騎士的國家，騎的是國產（毛主義「自力更生」）自行車。多年來，韓氏一直是西爾斯百貨（Sears, Roebuck）的自行車供應商。有天西爾斯的人說，對不起，查理，我們以後要從中國購進自行車。於是，韓氏和芝加哥的史溫

（Schwinn）公司成立合資公司，卻看著史溫不久後轉到東南亞設廠，以壓低生產成本，儘管如此，史溫隨後還是破產。於是，韓氏飛到義大利、東歐，為了製造更高級、用高階技術製造的自行車（他所謂的「雅痞自行車」）尋找合作對象，並尋找這類產品的新興中產階級買家。不久，他就開始製造中階自行車，在匈牙利、捷克共和國販售。

為了替一座新工廠取得資金，他與一家美國自行車製造商簽約，成立另一個合資企業。韓氏和他的員工一起建了工廠，該工廠體現了韓國人在產品設計和製造技術上獨具匠心的許多創新。當這家美國公司一掌握這些創新的竅門，即與他解除合同，偷走那些創新。他告訴我，他損失約兩百萬美元。問他「為何不告他們？」他答：「我不想搞壞商場上的名聲，而且人生苦短。」於是他承受兩百萬美元的損失，離開已沒有合作對象的美國市場，找到辦法拿下將近一成的加拿大市場，同時使其歐洲的銷售額持續上漲，靠著韓國日益成長的國內市場來取得穩定銷售。

我想這樣的故事不只發生在韓國人身上。這類你死我活的競爭、自力更生、高明創新、十足幹勁、拼命工作，可見於世界各地的創業家身上。韓氏白手起家，作風樸實，完全投入其事業。每次看到他，他都穿同樣的藍西裝，往往打同樣的紅領帶。他公平對待員工，和員工一樣勤奮工作。他在嚴酷無情的全球自行車市場裡闖蕩，駕馭生滅輪迴的商業周期，猶如西部牛仔欲馴服猛然弓背躍起的野馬。熊彼得若地下有知，會伸出大拇指稱讚他。最近，韓氏的確有心放慢其腳步，每天天剛亮起床後，即靜坐冥想三十分鐘。我問，「坐禪？」他答，「不是，是超覺靜坐（transcendental meditation）」。

沒那麼神奇

一九八八年是韓國極重要的一年，因為那年漢城辦了夏季奧運，韓國向前踏出最漂亮的一步。奧運對一九八〇年代全斗煥、盧泰愚政府無比重要，因為這是向世人展現漢江奇蹟的盛宴，如同一九六四年奧運使日本的經濟實力受到世人矚目。若非奧運不久後就要登場，盧泰愚恐怕不會在一九八七年六月二十九日斷然宣布總統直選。

這屆奧運只有北韓、古巴抵制；自一九七六年以來，美國人、俄國人首度同場競技，賽事精彩。開幕式精彩呈現朝鮮文化，既有高尚但內斂的儒家文化，也有通俗但多樣且充滿活力的大眾文化。整齊劃一的大會舞，絲毫不遜於金日成的華麗大型表演（而且往往類似後者）。前來一睹韓國風貌的外國記者，可想而知不喜歡他們所見到的：這些人太吵、吃得太辣、太驕傲、太民族主義。於是，從《滾石》雜誌裡奧魯克（P. J. O'Rourke）公然的種族歧視言論，到《紐約書評》裡伊恩・布魯馬（Ian Buruma）更加隱微的反感和中傷，看法不一而足。[76]

麥可・夏皮羅（Michael Shapiro）也在奧運年去了韓國，寫了本談韓國的好書。如果站在漢城街角，不可能看到鄭周永或金宇中，而是會看到塞在車陣中按喇叭的計程車司機、擦鞋童、帶著外帶餐急匆匆走過的茶房女侍、賣蘋果的老婆婆；穿黑褲、白襯衫的年輕上班族；穿著藍色制服、身子伸出後門外、宣布目的地的女車掌；背著A型背架或拉著兩輪車吃力前進的老漢；背上綁著沉睡的嬰兒、奮力操縱路邊攤車、攤車上陳列許多帽子和假髮的女人；騎著摩托車、車座後面危顫顫疊著十個汽車輪胎、在車陣裡進出的送貨男孩。夏皮羅先生寫的是這些人。

有個叫仁錫（In-sŏk，音譯）的男人混得不錯，從地方大學畢業後，在首爾找到一份坐辦公室的工作。但他「恨透他的工作，恨透得在辦公室加班到很晚……恨透他文書工作的單調。」他還有個控制欲強的母親，因為煩惱兒子找不到對象，於是偷偷在他的早餐裡撒了鹿角粉，以為他性無能。正熙（Chung Hee，音譯）是離婚女，在小鎮咖啡館做沒前途的工作，日子過得渾渾噩噩，三十八歲；這是她兩年來待過的第十個城鎮。然後，有個叫森米（Sammi）的紡織廠女工，有天寫道，「我過得很不快樂，為了生計拚命工作，我想死。」但又有一天，她遇到一個人很好的年輕男子；不確定對方是否喜歡她：

> 我離開街道時，玫瑰正逐漸枯萎。玫瑰盛開時多美啊！不知為什麼，我覺得空虛。難不成是因為我把玫瑰比擬為人？人也一樣。即使曾表現出熾熱的愛，還是拿某個問題當藉口分開。我期盼理想的實現，懷著希望和夢想啟航。

她寫道：「我在想什麼？」；想「未來……想到未來，我就頭很痛。」她在Greenhill紡織公司工作，公司位在漢城郊區某撞球間的樓上。有天夜裡，工廠失火，白天班的女工當時正在公司宿舍裡睡覺。為防年輕醉漢闖入，宿舍大門鎖住，但這一鎖也使二十二個女工逃生無門，包括森米。有人從「焦黑的縫紉機」之間救回她的日記。[77]

無關道德的家庭主義[78]

紐約街角某家蔬菜水果店，二十四小時開燈營業，店裡擺著發亮的蘋果和橘子、鮮綠的萵苣、發出光澤的甘藍。看著這樣的店，我們未必領會到這是大家子的人都在這裡工作的店，或領會到這家店並非事業的盡頭，而是躋身更高社會地位的憑藉——可以住進郊區、買輛賓士孝敬雙親、把孩子送進哈佛大學。

在美國討生活的韓國人，受惠於家族這個大經濟單位。如果停下腳步好好想想，就可以理解沒理由非得在市場單打獨鬥，以物易物——派一個兒子去富爾頓漁市場進貨，另一個兒子開車去把漁貨載回店裡，父親管店，兒子防扒手，會說英語的女兒賣魚，媽媽在櫃檯負責結帳，祖母在家看其他小孩，不是甚好？

經濟史家從未想到這一「後發優勢」，但不管是在紐約的韓裔，還是從中國經東南亞、台灣（「島嶼中國」）到洛杉磯、舊金山、西雅圖、溫哥華這個靠電子業連在一塊的商業群島裡的香港華人，「家族」就是創業家、就是熊彼得口中的創新者、就是佛里曼（Milton Friedman）口中尋找最大機會的理性行動者（rational actor）。對移居美國的亞洲人家族來說，這相當於歐洲人發現「新世界」，差別只在於今日機會多上許多，且有多上許多的財富可追逐。這個「新世界」讓人有機會從事在舊社會裡無緣從事的一件事，那就是橫向移動，即遷徙或移民；它打破了朝鮮半島這個被外界認為是「封閉的隱士國度」的印象。此外，自亞當・斯密、邊沁、馬克思、韋伯的時代以來，令人大為困擾的那些問題——

資本家憑什麼積累那麼大的財富？這一讓人取得不公平利得的制度公道嗎？——韓國人家族未必會想到。扶助親戚、供養小孩、謹記對老人或祖先的義務，或對辛苦賺錢養家、讓你得以去「新世界」的父母履行義務，就是公道。

結論

韓國的發展模式於一九六一至一九七九年朴正熙當政期間來到最盛期，朴正熙時代結束後，經濟短暫陷入危機。一九八〇年，韓國的國民生產毛額掉了百分之六，出口直到一九八三年才真的觸底反彈。一九八三年初，日本首度以行動表明其願意出手相助，以四十億美元的援助款，助韓國走出債務危機（這筆錢相當於韓國未償債的約一成、國民生產毛額的百分之五點多）。這援助款由十八億五千萬美元的政府借款，和二十一億五千萬美元的日本輸出入銀行優惠利率貸款組成。這筆援助款，加上美國的支援和岸信介、大衛．洛克斐勒訪韓，助韓國脫離經濟危機。全斗煥為此付出的代價，則是開始向銀行、保險公司等美日服務性產業開放本國市場，以及開放美國出口的稻米、小麥、菸草、水果這些農產品進入韓國市場。[79]

「大推進」促成一九七〇年代晚期的經濟困頓（尤其是工廠產能閒置所造成的困頓），但在一九八〇年代中期，隨著韓國的重工業產品出口開始激增，此一策略成為韓國經濟的一大利多，一九八五至一九八八年的年經濟成長率超過百分之十二。一九八九年「掉」至約百分之七，一九九〇年為百分之九。通膨相對較低（年均百分之二至五），失業率停在百分之二至四之間。成立工會的比率，就國際標準來看仍低；一九八五年約百分之十二，一九九〇年時已升至百分之十八——約和美國相當，但低於歐洲甚多。相較於由政府居中促成的貸款，公司資產和股市開始成為更重要的財閥資金來源。股市總值於一九八〇至一九八九年間成長了二十七倍；一九八五年該總值只占韓國國民生產毛額百分之九，但一九八八年時已升至將近百分之五十七。一九九〇年代初期，韓國是世上第九大市場，二〇〇〇年預期將成為第四大。[80]與此同時，財閥厭倦於軍事將領陸續上台掌權，厭倦於這些掌權者沒收他們資產，或指示他們該投資什麼產業，這時明顯和中產階級朝同方向移動，追求民主選舉和法治。他們的理想是穩定的日本式一黨民主。後續章節會著墨於此。

評價南韓傲人的經濟成就，和相比於其他工業國以及北韓時，有一點該謹記，即直到一九九〇年代初期為止，其國民生產毛額仍低於日本柏青哥業的年營業總額。這聽來荒謬，但是實情：一九九三年，柏青哥業營業總額據估計為一千七百五十億美元，那還是衰退時期的數據；更早時，據估計高達兩千五百億美元，也就是和一九九二年前後韓國的國民生產毛額相當。在日本，許多韓僑經營柏青哥店，而且大多心向北韓。[81]這個事實提供了另一個理由，說明為何不該相信那些專家，他們認為漢江是個「奇蹟」，或認為南北韓半世紀以來的競爭已結束。其實，奇蹟並不存在，是南韓的朝鮮人胼手胝足創造出我們今日所見到的工業國；說這些成果並不是奇蹟，就等於是給這些為數眾多且能幹的人應有的肯定。

CHAPTER

7

德，II：民主運動，一九六〇年迄今

何謂暴力？子彈、警棍、拳頭並非僅有的施暴方式。對正在我們城市一隅挨餓的嬰兒視而不見，也是種暴力。無從表達異議的國家是破敗的國家。誰會敢於用暴力來維持秩序？……我認為過往的剝削和野蠻至少是無心之舉。讀過《哈姆雷特》、為莫札特音樂感動流淚的那些「受過教育」的人，或許已失去了為鄰人絕望受苦而傷心落淚的能力……為政之道，在於為人民提供工作，使他們能欣賞先人的遺產，使他們日子過得有意義，以免像個空殼一般，漫無目標流浪於荒野。

——趙世熙[1]

一九九〇年代初，我很高興受邀出席國際經濟學協會（International Economics Associatin）所主辦的「發展與民主」研討會，高興的主因在於舉辦地點是巴塞隆納。會中，有人說政治劇變往往緊跟著工業發展而來，有個美國政治學家不同意這個看法，說道：「韓國的發展很平順，不是嗎？幾乎每年雙位數成長，不是嗎？嗯，不是嗎？在場有沒有韓國事務專家？」那時，我和他還不識，我不吭聲，想看他還會有什麼高論。

這位學者的看法不叫人意外，說不定也是本書許多讀者的看法。在東亞、東南亞其他「小虎」受到世人矚目之前，漢江奇蹟是世上最被稱頌的發展成就；韓國被認為是人間福地，有著廉價、守紀律的勞動力、幹練的技術官僚、國民生產毛額成長率高、均富、人民從不喊「美國佬，滾回去」。但在一九九二年金泳三選上總統之前，韓國的每個共和都始於、或終於大規模暴亂或軍事政變。最久的一次共和是朴正熙掌權的第三共和（一九六一～一九七九），始於政變，終於朴正熙遭自己的情報頭子殺害。其次是全斗煥當政時（一九八〇～一九八七）的共和，始於動搖體制基礎的人民造反，也終於這樣的造反。

與巴塞隆納會議上這位政治學家的見解正好相反，我們可以拿同樣有力的理由主張，南韓有世上最不穩定的政治體制之一。近年來檢驗這種混亂程度的試金石，就是一九八〇年五月的光州事件。此事猶如韓國的天安門事件，學生和青年遭屠殺之多，與一九八九年六月在「人民的」中國遭屠殺人數相當或更有過之。[2]光州是全羅南道的首府，全羅南道則是古百濟國的領土。一如東學黨之亂、一九四六年秋收暴動、韓戰期間的游擊戰，一九八〇年的混亂說明了全羅南道在現代一直擺脫不掉的問題：開發落後、權利屢屢被剝奪。但追求民主、勞工權利的運動規模是全國性的，隨著這些運動在數十年抗爭中逐漸壯大，「美國佬滾回去」成為異議人士常掛在嘴上的字眼。

那些稱頌南韓發展成就的人，很少談到這陰暗的一面，往往愛從面對北韓威脅，不得不兼顧發展與安全之嚴苛要求的角度，或從儒家傳統的角度，或韓國政治未臻成熟的角度，合理化歷任政權的威權統治。了不起的美國國務卿喬治・舒茲（George P. Schultz）在一九八六年五月來到韓國，稱讚全斗煥往民主「迅速邁進」，同時說韓國政治不如菲律賓成熟，侮辱了韓國人——菲律賓人此時剛推倒馬可仕（Ferdinand Marcos）的獨裁政權，在柯拉蓉·艾奎諾（Corazon Aquino）領導下完成他們的「黃色革命」。[3]

接下來我們會檢視這些追求民主、勞權的運動。我再度將這些運動歸類為「有德者」，不是因為其成員的德行必然比他們所反對的人高潔（儘管往往比較高潔），而是為了提示韓國人自以為已在二十世紀拋諸腦後的道德秩序，仍激勵著韓國人心，提示世人學生和受過良好教育者仍在韓國社會扮演了特殊角色，提示世人建造出現代韓國的那些吃苦耐勞之人的尊嚴與勇氣，提示世人韓國藍領工人的巨大力量，以及最重要的，為了讓大家認識到民主不是贈予之物，不是人們天生就享有的政治體制，而是在每個社會裡都必須從頭到尾抗爭才能得到的東西。從這個意義上說，由於韓國人堅持抗爭到底，或許可以說，當今之世沒有哪個國家比大韓民國更配得上「民主」二字。

四月革命

一九八〇年代美國國會數場聽證會期間，有個韓國事務專家證稱，學生抗爭利用了儒家思想來壯大聲勢。儒家思想要求、甚至規定讀書人必須是國人的道德榜樣，盡職的道德哨兵。（紐約州選出的民主黨籍眾議員）史蒂芬·索拉茲（Stephen Solarz）在其國會議員生涯中提倡人權不遺餘力，他回應上述說法，說這個論點非常耐人尋味；在這之前，他一直聽說儒家思想是威權主義的支柱。其實，一九六〇年眾多大學生和教授推翻李承晚一事，正說明了洪在鶴主義者（衛正斥邪派）遺風在當今韓國政治文化裡發揮影響的最佳例子。

但其他的特殊歷史條件也起了作用。高中、大學就學人數在一九四八至一九六〇年增加了幾乎三倍；韓國大學生在人口中所占比例遠高於英格蘭（一九六五年，每兩百八十個韓國人有一人就讀大學，相形之下，英格蘭是每四百二十五人有一人）。[4]此外，南韓一九六〇年登記在案的人均國民所得為一百美元，英格蘭是一千兩百美元，這充分表明這類數據的比較往往沒有意義。再者，韓國大部分大學在漢城，所有一流大學都在漢城；送兒子「到漢城」求學是每個韓國父母的願望，而他們的子弟來到漢城後，都住進供膳食的「學舍」，脫離家庭的管教。韓國的大學如同日本的大學，對學生要求不多，甚至對教授要求不多，學生多到令教授難以招架，使得教授得常常休課。韓國高中生非常用功，畢業時所具有的技能和美國大三生的程度差不多；韓國人出社會後所需的學識，大多得自高中教育；美國人則是大多得自大學。但韓國學生留在大學、並繼續念研究所的誘因很強，因為大學畢業時往往找不到工作，尤以文科生為然。這種種因素加在一塊，造就了容易爆出亂子的環境，一九六〇年及其後的漢城就是如此。

漢城也有充滿活力的知識氛圍，當時、今日皆然。最重要的知識性期刊《創造與批評》，發行量一萬八千份，比類似的美國刊物還要多上許多。批評沒那麼尖銳或沒那麼嚴苛的其他期刊與雜誌，發行量更大得多。一九六〇年時的知識性期刊是《思想界》。這是東亞最出色的期刊之一，頻頻因為批評政府而遭停刊。報紙、記者的數量在一九五〇年代晚期大增；張勉當政時，據某份調查，自稱記者之人多達十萬，其中大部分集中在漢城。[5]與此同時，數百家「茶房」出現於街頭，滿足人們從迅速解決早餐到聆聽心愛音樂、再到與某個女侍邂逅的種種想望；最重要的是，人們聚在茶房聊政治。這時漢城還不大，每個人似乎都相識，似乎都有自己的看法。我對漢城的最早記憶，有一部分來自與新近結識之人在茶房聊天。那些人總會痛斥政治人物，聊各種傳言，不停議論有權有勢者的是非。

這種現象尤其集中表現在地下學生團體裡。這些團體的成員往往是同一大學裡幾個主修政治學或哲學、且同一階級出身的學生，他們聚在一塊喝酒，批評當局，宣誓忠於彼此。常有大學教師蒞臨指導這類團體。一九七二年我就有過這樣的經驗。當時，有個學生友人邀我去參加他的「哲學社」聚會，聚會地點是某棟房子的天台，位在高麗大學附近，漢城某個民房非常密集、環境非常雜亂的居住區裡——若沒人帶路，再叫我去，絕對找不到那裡。聚會一開始，每個人先對我自我介紹，為此講述了長長的求學過程，往往連其家人的學歷也談到。然後，我聽到他們如何下定決心為民主而死。如果讀者覺得這很滑稽，請記得曾有多少像他們這樣的人為此捐軀。

韓戰後，李承晚總統繼續其獨裁統治，一九六〇年，他八十五歲時，獨裁最烈，完全不容異己。他天生多疑，愚鈍、頑固無以復加，仍深信自己是國家民族的救星。此前十年，美國中情局稱他「年老糊塗」、「有著絕不服輸的堅定意志和頑固」，「說服力強大」，對共產主義抱著「十足且毫無妥協餘地的」害怕與仇恨，對合法反對勢力這一觀念毫無通融餘地。在中情局眼中，李承晚「為了威嚇、摧毀非共產主義的反對團體和政黨，使用起嚴厲審查……警察恐怖行徑……青年團和武裝『愛國』社團等政府外部機關之類極權主義手段，毫不遲疑。」[6]以上所言或許多處屬實，但李承晚絕非年老糊塗之人，而且並不愚蠢（有幾個美國人認為他愚蠢）。他的顧問羅伯特．奧利佛（Robert Oliver）回憶，頭腦冷靜清楚有時又喜怒無常是李承晚一貫的特質，在一九五〇年代晚期，此特質仍未消失。如果說中情局認為一九五〇年的他無比頑固，一九二〇年代就認識他的朝鮮人也這麼認為。李承晚是個奇怪的混合體，在美國人眼中是十足的朝鮮人，但對朝鮮人來說，許多人又覺得他完全格格不入，因為他長期旅居海外、且娶了奧地利妻子。[7]

但他的性格似乎是身負重任的老一輩朝鮮人之典型性格。同一人，在同一天裡，既展現無法形容的魅力，同時也表現叫人無法忍受的粗野。這樣的人一下表現出十足自制、威嚴的冷靜儒家風範，一轉眼又暴跳如雷的發狂或幼稚的瘋狂。朝鮮家父長制的正當性，純粹建立在傳統觀念上，若要維持這樣的家父長制，事情往往就會變得如此。至於他的頑固和執拗，以一個歷經千百年專斷統治和長年外部威脅而倖存下來的民族來說，以後還會有許多像李承晚那樣精明、馬基維利式的、不擇手段而執拗的人。

李承晚掌理國政，致力於大權一把抓；大部分官員在他面前畏畏縮縮，未經他同意什麼事都不敢做，從重大決策到日常瑣事皆然，連護照發放也要由李承晚或其親信審批。李承晚親自任命中央和各道的大多數官員，操作高度中央集權且任人唯親的分贓制度，據中情局的說法，他把總理當成自己的行政助理來用。[8]但這不表示每個人都對他唯命是從。由上而下緊密控制的表象，掩蓋了政權頻頻因派系爭權而分裂的事實。李承晚想要徹底控制一切，但其實未能如願。他要讓實際存在的敵對者和假想的敵對者覺得他高深莫測，那些敵對者也這麼對他。

美國駐韓大使穆奇奧推測：「李其實什麼人都不信任，連他妻子亦然。」但李承晚不信任妻子似乎有其緣故，因為她常把李承晚的一舉一動洩漏給穆奇奧：「她常打電話來，只為了向我通報李承晚打算要做且她認為我應該知道的事。」身為天主教徒的李富蘭，也透過教廷大使方溢恩神父（Father Patrick Byrne）向穆奇奧通風報信。穆奇奧說，李富蘭身為韓國境內的「奧地利白人」，感到孤單、害怕而有此舉，但他未理解此舉隱含的意涵。要是當時美國第一夫人貝絲．杜魯門（Bess Truman）也有這種在杜魯門總統氣急敗壞時，打電話通報英國大使或坎特伯里大主教的習慣，或許穆奇奧就能理解了。這只是表明了美國人把意圖監控李承晚一舉一動視為理所當然之作風的另一個插曲；畢竟當時主宰朝鮮局勢者是俄國人。[9]

韓戰期間，美國決策者數次有過撤換李承晚的念頭，打算的撤換方式各不相同。中國出兵加入韓戰、且李承晚再度失去理智後，穆奇奧發電報給迪恩．魯斯克，請他把韓國駐美大使張勉迅速送回來領導戰爭內閣，以「指導這個普林斯頓大學出身者」（穆奇奧給李承晚取的綽號）。一九五三年，李承晚釋放反共戰俘，藉此阻撓停戰談判時，推翻李承晚的政變計畫真正出爐。馬克．克拉克（Mark Clark）是這個「永備作戰」（Operation Everready）計畫幕後的主要推手，白善燁將軍則被指定為李承晚的接替者。但這個老人計高一籌，美國人未能得逞，李承晚保住總統之位。

韓戰打到一半，南韓政府暫時轉移到東南部期間，李承晚宣布戒嚴，命國會休會。針對韓國該採總統制（一如美國）還是議會制（一如英格蘭或法國），李承晚與有氣無力的反對勢力起了更多爭執——這一爭議始於一九四〇年代，且至今未息。然後，一九五二年五月，李承晚宣布戒嚴，逮捕十二名國會議員，審查報章雜誌，揚言完全解散國會（依法，他沒有這麼做的權力），藉此恐嚇國會同意修憲，改行總統直選（李承晚認為他能掌控直選活動）。四名美國軍人遇害一事，被他運用為推動總統直選的藉口，說他們死於共產主義者之手；值得一提的是，有份解密的美國調查報告宣稱，這些軍人「可能成了韓國人遂行此目的（頒布戒嚴令）的犧牲品」。[10]

一九五四年大選，李承晚的自由黨大勝，證明他的政治掌控力之強和反對黨之弱（例如偶有報導說，韓國將領會把整個師的票送到投票所）。[11]然後他力推一項修憲案，讓他得以三連任總統，結果離所需的三分之二多數票只差一票。這時，有個數學教授提出名為「四捨五入」的解套辦法，李承晚因此得以頒行此一修憲條文。

就在一九五八年國會選舉前不久，李承晚逮捕曹奉岩，在不公正的審判後，不顧世界各地強烈抗議，將他處決。曹奉岩曾是他的第一任農業部長，頂多只能算個缺乏熱情的農業改革者，但一九五六年，他打著「進步黨」旗幟出馬競選，主張和平統一，拿到一百多萬票，從而威脅到李承晚和在野的民主黨。一個月後，李承晚政府根據「美國軍政府法令第五十五號的授權」，撤銷進步黨的登記證。這時，美國的反情報部隊仍在監控韓國政情；他們出席了曹奉岩案的審判過程，訊問了某些遭牽連者，[12]可以這麼說，李承晚或許和美國大使館一樣，不認為動用法令第五十五號是不當的（美國官員監視李承晚的一舉一動，想方設法欲使他走上較不獨裁之路）。

一九五八至一九五九年冬，李承晚試圖修改《國家保安法》。此法是讓他和他之後的數任總統，藉以在戰後時期推行許多威權統治措施所不可或缺的憲法漏洞（此法偶爾遭修訂，本書寫作時仍有效）。根據研究此法最為精闢的專題論著估計，在其一九四八年首次頒行後的頭一整年，有十八萬八千六百二十一人遭逮捕。此法的嚴厲程度，足以對付被控以抱持左派思想或同情北方的人，但在李承晚看來，此法用來對付報刊和反對黨政治活動，顯然不夠有效。於是，一九五八年此法第三次修訂後，規定「凡是蓄意散播不實消息者或扭曲事實、散播這類事實以讓敵人得益者」，最高可處五年徒刑。[13]李承晚的支持者在十二月十九日國會的三分鐘會期裡通過修正案，表決期間，反對黨議員被關在地下餐廳裡——為此，隔天議場裡爆發鬥毆，立法停擺，直至一九五九年五月才恢復（同月，美國前第七艦隊司令海軍上將費利克斯·史敦普〔Felix Stump〕，把四大自由基金會的領袖獎獻給李承晚）。[14]

一九六〇年二月，李承晚政權宣布，將在數週後的三月中旬舉行總統大選。日期逐漸逼近時，在華府沃爾特·里德（Walter Reed）醫院接受治療的反對黨候選人趙炳玉死於癌症。他與美國人交情甚好，美軍占領期間是國家警備隊隊長。他的死訊未使大選延期，賄選或與李承晚作對者被毆打之事亦無法使選舉暫停（這一切全發生在美國、聯合國觀察員的眼皮底下）。三月十五日選舉當天，發生更加嚴重的舞弊、濫權情事，灌票、集體投票、反對黨票倉的投票箱突然消失。李承晚和其這時已因為脊髓癆末期而虛弱不堪的競選搭檔李起鵬，因此拿到高得離譜的選票數。李承晚聲稱拿下將近九成的選票。選前就出現的學生抗議活動，這時在全國各地愈演愈烈；在東南部的馬山，警察與示威者起衝突，殺死數名學生。韓國軍隊欲派兵平亂，請美軍司令卡特·麥格魯德（Carter Magruder）將軍許可；麥格魯德同意，韓國海軍陸戰隊登陸馬山平亂。[15]

美國國務院破天荒告訴記者，「強烈反對」任何「有違」自由、公正選舉之原則的「行動」。李承晚的回應是再度力促北伐統一國家。事態一度平息，但四月十二日風波再起。當天，初中生金朱烈的腫脹屍體被人從馬山港灣撈出，死時仍穿著學生制服。他自投票日起失蹤；發現屍體時，眼窩插著手榴彈碎片。一九四〇年代曾是左派重鎮的馬山爆發群眾示威，參與者多達四萬人。他們攻擊警察局和政府機關，警方朝群眾開火，造成人數不詳的死傷。美軍司令再度收到派兵平亂的請求，並予以同意。但叛亂擴及全國，李承晚政權宣布戒嚴。不久，情勢完全失控。

一九六〇年四月十九日——長久以來被當成「四一九」革命來紀念——至少十萬學生和年輕人聚集於總統官邸外，要求見李承晚。官邸衛兵直接朝群眾開火，漢城市中心區頓時一片混亂。至少一百一十五名年輕人喪命，將近千人受傷。最後，正規軍進駐，在抗議學生協助下穩住秩序。這些學生相信有許多軍人支持他們的抗議行動（事實的確如此）。

那天晚上，美國大使馬康衛（Walter P. McConaughy）去見李承晚，發現他對當天發生的事大抵不知情——但態度仍很強硬。兩天後，他再去見李承晚。李承晚的心態有點類似一九八六年的馬可仕，認為張勉和天主教漢城總主教陰謀推翻他，美國國務院則或許在幕後操弄。[16]不管教廷代表意欲何為，張勉顯然得到美國人青睞。駐漢城美國大使館在一九五八年某個時候表達了以下看法（文件本身如今仍未解密）。

> 民主黨作為今日政局裡的一股強大勢力，作為可能在一九六〇年後掌權的勢力，值得美國多加注意。該黨已更加壯大，且在兩黨制裡扮演吃重角色，因此大使館給了它應有的重視……應對民主黨投以愈來愈密切的關注和規畫……因為美國若要發揮影響力，促成韓國治理的根本改變，民

主黨的勝利不可或缺，會使美國的上述目標大有實現的可能。17

四月二十五日，數百名大學教授舉行和平示威，要求李承晚下台，那天晚上，五萬名示威者搗毀副總統李起鵬的家。隔天，又有五萬人出現於漢城街頭，這時馬康衛大使和麥格魯德將軍聯袂拜訪李承晚，力促他辭職；他們離開總統官邸時，群眾給了他們如雷的喝采。這一舉動、頻繁的開會和新聞發布、韓國部隊的出動，使許多人相信美國已搞定李承晚下台之事；幾天後，示威者向麥克阿瑟將軍的雕像獻上一個大花圈，向他致意。然後，李承晚突然下台：四月二十九日，李承晚、李富蘭一行人緩緩走過人群夾道的街頭，流亡夏威夷。看著這個見證過整個朝鮮現代史、同時親手打造其中一大部分歷史的八十多歲老翁的背影，許多人掉下眼淚。

四月革命和其後的軍方接管，終結了光復期所遺留的許多未解決問題。國家警備隊裡仍有約六百名替日本人效力過的警察，其中幾乎個個擔任要職。這些人大多於一九六〇至一九六一年辭職或遭革職，有些人發現自己再度受害於粗暴的農民正義。在數個農村鎮邑，人民找警察洩憤，解決二十年前或更久以前結下的宿怨，有個在殖民統治時代當過警察的人，遭村民丟進油鍋裡烹殺。韓國軍隊裡仍有日本統治時期的高階軍官，年輕上校將他們逮捕、革職或逼退，只有少數幾人得以倖免。不過，南韓境內沒有值得一提的左派和工會；南韓的政治光譜仍然很窄。李承晚的自由黨不久後消失得無影無蹤；它原本就是一人政黨，該黨的總舵主已流落夏威夷。

在野的民主黨首度執政，張勉出任總理。張勉受過良好教育，地主家庭出身，英語流利，虔誠天主教徒（堪稱韓國領導階層裡的異類），韓戰爆發時為韓國駐美大使。在美方文件裡，他幾乎總是被形容為腦筋好、能力強、講道理、易駕馭、沒有其他許多韓國人所具有的那種強烈民族主義。李承晚出走後，若由他執政（「第二共和」），他似乎必定會在重大舉措前，徵詢美國大使館和中情局漢城站站長的意見。[18]但反對派想要一個弱勢的行政機關；身為舊兩班貴族的繼承者，他們較中意弱勢總統、軟弱無力的中央政府。一九六〇至一九六一年，他們大抵如願以償。張勉為人正派，是個軟弱但真誠的民主主義者；他與美國人的關係，典型體現了何謂「事大」主義。

但第二共和是南韓的第一個民主政權。反對派說到做到，成立了兩院議會制，內閣向立法機關負責；此制度削弱行政機關的廣泛權力，把總統一職改造為幾乎只有禮儀用途的虛職。七月二十九日選出的新國會成為各抒己見的論壇，新聞報導不受限制，張勉的經濟幕僚針對經濟建設推出高明計畫。體制愈開放，國會就愈被雞毛蒜皮的口角挾持，較有獨立思考能力者開始要求在與北韓統一的政策上改弦更張。街頭示威幾乎消失，有時學生進入國會議場威逼軟弱的議員。然後，令漢城統治階層背脊陡涼、似曾相識的苦難降臨：韓國政治明顯左傾。這令人想起韓戰前的那段時期。

這時，北韓的工業經濟已從戰時破壞中復甦，正把南韓遠遠甩在後頭。一九六〇年八月十五日，金日成提議以邦聯制統一兩韓，由南北政權的代表合組最高委員會，學生開始在漢城街頭遊行示威，或打算到板門店與北韓的學生會晤。許多學生加入「民統」。「民統」是民族統一全國學生聯盟的簡稱，由國立漢城大學的政治系學生組成。這把右派和保安部隊嚇壞了。此外，農業經濟仍然赤貧，春季時，餓壞的貧農已吃光貯存的糧食，開始入山採集食物。於是，韓國的民主試驗在紛至沓來的苦難中觸礁，從而使人一想到民主，就想到經濟停滯、倚賴美國、政治不穩、左傾。誠如許多觀察家所指出，一九六一年初，政治氣氛其實已大幅改善，但這時，軍方已有藉口動手。

軍方統治

一九六一年五月十六日午夜過後不久，諸位上校開始行動。朴正熙和數名陸軍、海軍陸戰隊軍官，迅即將裝甲部隊部署於漢城戰略要地，掌控該城、國營電台和報社，不久後也控制政府——憑著六十萬大軍裡的約三千五百名士兵和十餘名上校，兵不血刃就完成。張勉當時正在美國大使館對面、半島酒店的總統套房睡覺；凌晨兩點，他得悉政變，逃到天主教漢城總主教區。凌晨三點半，他的陸軍參謀總長張都暎請美軍司令麥格魯德出動美軍平定政變，但麥格魯德拒絕，同時說美國仍支持依法組建的政府。這對張勉政府幫助不大，或者說無助於阻止這些上校的行動。總理張勉於該日早上致電美國大使館，仍藏身不出的張勉這時要求麥格魯德「掌控」情勢。麥格魯德去見總統尹潽善，尹無意助張勉脫困，他告訴麥格魯德，「韓國需要強有力的政府」，而張勉不具領導者的資質。[19]

隔天，總理仍躲藏不出。麥格魯德打電報給參謀首長聯席會議，報告其對情勢的評估，說張勉似乎大勢已去，「漢城政府內外的有力人士似乎全都知情政變計畫，至少未反對該計畫。」麥格魯德說，這場政變非共產主義者所鼓動；他掌握韓國精銳部隊第一軍團的兵權，但認為「由他自己作主」出動該軍團平亂並不恰當。但這時朴正熙已控制韓國軍，而且迅即調兩個師入漢城，事前未徵詢麥格魯德意見，「從而挑戰了他對韓國武裝部隊的作戰統制權」[20]（這樣的事不是第一次，也非最後一次）。麥格魯德的作為——也就是不作為——使華府同意默許這場政變。

到了五月十七日，由三十名上校和低階將領組成的軍事執政團已關閉國會，禁止所有政治活動。「革命委員會」發布政綱，主張根除「所有腐敗和社會弊病」，創造新民族精神，同時誓言反共、與美國緊緊綁在一塊。此委員會也主張建立「自立經濟」，承諾這些目標一達成，即還政於文官。有個學者寫道，他們「一如他們精神上的前輩、一九三〇年代的日本年輕軍官，具有自稱愛國的救世主情懷，鄙視文官政治，深信直接且極端的舉措能使世界臻於完善。」[21]

帶兵造反的諸位上校立即於五月十六日放出消息，說美國支持此政變，藉此瓦解了許多反對者的意志。美國真的支持政變嗎？欲回答這個疑問，乃至其他數個（發生於一九七二、一九七九、一九八〇、一九八七年）類似事件的同樣疑問，我們得把「美國」拆開來一一檢視。在華府，有白宮和國家安全會議、國務院、中情局、五角大廈、陸軍、軍情局，以及其他沒有名字、乃至不能有名字的機關；在漢城，美國有大使館、駐韓美軍司令部、中情局分站、軍情機關及其他數種機關。每個機關都與韓國的對等機關締結了人脈、友誼網。根據可取得（但不完整）的證據，看不出甘迺迪的白宮、國務院或參謀首長聯席會議事先知情此政變。據我所知，與此事件有關的中情局資料，也都尚未解密。在漢城，大使館似乎事先未獲任何警示。但麥格魯德似已針對漢城「有力人士」的想法蒐集到不少情資，而且是在很短時間內蒐集到。中情局漢城站站長皮爾・德・席爾瓦（Peer de Silva）只提及他與總理張勉的頻繁會晤，和他與軍事執政團領導人朴正熙同樣頻繁的會晤，兩階段之間的過渡可說是無縫接軌；

這場叛亂似乎並未讓他覺得意外。資深記者基茲・畢奇收到政變消息後，立即致電詹姆斯・豪斯曼（美軍司令部與大韓民國之間的主要連絡人），豪斯曼的反應讓他「相信他（豪斯曼）對此行動事先知情」。[22]但此事對韓美關係的影響似乎很清楚：一九六〇至一九六一年，美國人認為韓國軍出兵平定上街反對李承晚的勢力沒問題，但平定一場軍事政變則不行，即便其政變違反了軍紀和聯合國公約、侵害了美國人對韓國軍隊之作戰統制權。

一九六一年，朝鮮近代史經歷了又一次的割裂。軍事領袖統治南韓直至一九九三年為止，這是深深影響韓國政治與社會的重大改變。朝鮮長久以來自豪於文人主政，但這時掌權者是軍方：「與日本不同，朝鮮版的儒家思想長期以來瞧不起軍事強人，把軍人當政視為國家的墮落。」[23]農民之子這時高高在上管束貴族之子；自認天命所歸（即擁有合乎道德之治國權利）的年輕學生，往往是吃虧受害的一方。

朴正熙頒獎給美國陸軍參謀總長喬治・戴克（George H. Decker）將軍和一位姓名不詳的美國海軍上將。

朴正熙生於慶尚北道農家，曾加入日本軍——在朝鮮嚴格的階級結構之外出人頭地的新途徑。他在日本的軍官學校受過訓，後來配屬滿洲的關東軍。由他的支持者贊助出版的傳記指出，為表彰他的軍功，裕仁天皇曾授他金錶，令他非常得意，[24]而他的軍功或許包括討伐抗日的朝鮮人游擊隊。後來，一九四六年秋，在美國占領下，朴正熙從韓國陸軍士官學校第二期畢業。「麗水—順天」叛亂期間，他和他的哥哥加入叛亂陣營；朴正熙被當成「共產主義者」逮捕，據許多未證實的說法，他協助當局追捕到叛軍殘部。韓戰期間他任職於軍事情報部門，但一九六一年他政變時，他的麗水事件經歷出現在中情局檔案裡，使美國方面一時頗擔心他是共產主義者。[25]

掌管甘迺迪政府情報研究局（Office of Intelligence Research）的羅傑・希爾茲曼（Roger Hilsman）告訴國家安全會議，這或許是史上最狡猾的共產主義者陰謀之一；韓國人說，五月十六日朴正熙要一艘快艇在仁川海域候著，以便政變失敗後脫身：要問的是如果上了船，這船會載他去東京，還是平壤？[26]但與朴將軍短暫結識，就能看出他強烈反共，意志堅定。不久，甘迺迪政府看到朴正熙的經濟發展計畫，甚為欣慰。此時，在政治發展、經濟發展的研究領域，「軍方即國家建造者」一說正當紅，此領域的翹楚，例如芝加哥大學社會學家莫里斯・賈諾維茨（Morris Janowitz）開始頻頻造訪漢城。

這些上校開始動手「淨化」韓國。接下來兩年，朴正熙以臨時軍事執政團治理韓國。這個執政團被稱作國家重建最高會議（SCNR），根據一九六一年六月的《國家重建非常措施法》宣告成立，暫時中止了張勉一九六〇年憲法的大部分條文。不到一星期，軍事執政團就逮捕兩千多名政治人物，包括張勉，再過幾個星期，已逮捕或肅清約一萬三千三百名公務員和軍官。一九六二年三月的《政治活動淨化法》禁止四千三百六十七名政治人物從事政治活動六年。漢城六十四份日報當中，四十九份遭停刊，將近一萬四千人被歸入「流氓」這個籠統的分類被加以逮捕。這些上校甚至壓抑喧鬧的漢城夜生活。夜生活的中心區是充滿活力與歡笑的明洞區，那裡霓虹閃爍，用掉的寶貴電力幾乎和東京銀座一樣多。朴正熙於一九六一年六月增訂《反共法》，與仍然有效的《國家保安法》配套；凡是社會主義國家都被歸為敵國。[27]

我們或許可岔開話題，想想這種徹底停止政治活動的作法，是否有說得通的理由。縱使沒有哪個理由會符合民主的定義，但這些舉措並非全然不得民心。誠如禹貞恩的斷言，日本一九五二年後所體驗的民主，或南韓一九五〇年代所體驗的民主，都是熊彼得筆下的菁英流轉。在這種菁英流轉方式裡，國家與商界通力合作，官僚提出政策，予以實行，而且商界讓政治人物完全滿意並得到充足資金，政治人物不在立法機構裡帶來太多麻煩。日本境內表面看來寬廣的政治光譜（包括國會裡的共產主義者、社會主義者），掩蓋了由自由民主黨掌權半世紀的強大保守同盟支配政局的事實。一九五〇年代的日本當然保障基本自由，日本經濟的高速成長是任何人都難以辯駁的。但是一九五〇年代的韓國，這兩者都缺。這種能自稱民主的一黨獨大體制模式，在韓國一直很強大，最終似乎隨著一九九二年選舉而化為現實——卻在執政黨分崩離析時再度垮掉。

但如果考慮眼下的韓國既無有效能的官僚體系，也無積極進取的商界，無經濟成長，政治又不穩定，每個政治人物都認為應該要得到支持、應該讓其每個意見都為人所聽到，尤其是如果又有個地主階級，他們曾宰制平民千百年、如今自稱是有原則之民主的反對派、卻已跟不上時代（以上所述正是一九五〇年代韓國的體制現狀）那就能理解韓國軍事執政團與關閉國會的法蘭西軍事執政團的差異有多大，也能理解這個執政團為何得到許多平民愛戴，為何這場政變未使街頭被群眾叛亂所癱瘓，幾乎未造成死傷。

想想這樣的場景：一九五〇年代的普通國會議員在早上起床，司機會趁他吃早餐時替他黑亮的吉普車（戰時剩餘物資）暖車，撣去金屬製頂篷的灰塵，拉平白色亞麻椅套。不久，他就會開車載議員到當地茶房聊些正經事；車子開出時，揚起一陣塵土，各式僕人俯首恭送主人出門。邊喝茶邊聊首都種種傳言一兩小時後，轉往國會大廈——結果卻直奔議長辦公室。在那裡，黨內同志正在靜坐，抗議執政黨的離譜措施。對記者發表簡短看法後，悠閒走進自己的辦公室，全體職員起立歡迎，議員送些東西給這群低頭奉承的職員，辦了一點公事，然後就該與堅貞的反對黨夥伴一起前往偽裝成別種餐廳、但很容易就被識破的日本料理店午餐，「伎生」女孩在議員難得沒開口講話的空檔，用筷子夾起生魚片送進議員嘴裡。下午三點，隨員就開車載議員回國會，重複早上的例行作息：但太陽很快就落到漢城群山之後，接著就驅車前往充滿歡樂氣息的明洞，吃些韓式烤肉，喝些燒酒，享受更願意配合客人的「伎生」服務。或許說不定，美國大使館有場宴會，司機會開車去載這位議員的「臨時妻子」，即說得一口流利英語（與議員年老珠黃的邋遢老婆不同）、會讓外交官豎起拇指稱讚的年輕貌美梨花女子大學學生。以上所述或許聽來像是尖刻的諷刺文，但我目睹這類情事不只一次，因此，為了養家餬口而辛苦工作的一般韓國人，想必對此見怪不怪。要在短短的時間裡，從獨裁的家父長型人物轉為勇敢的民主主義者，肯定不容易；但每天來回轉換這兩種角色，從頭到尾裝模作樣，卻令人惱火。

如果說世上有韓國通，格列高里・亨德森（Gregory Henderson）當之無愧。他細緻描述了大日本與往往讓人覺得是其翻版的南韓之間的另一個差異：

在南韓，尊卑關係受看重的程度低於日本，即使卑下者亦然……政府、政治人物、青年團體、退伍軍人協會、幫派老大、乞丐、人丁日益旺盛的自家、自己小孩就讀的學校，以及缺錢結婚、就學、辦喪事的許多窮親戚，都在爭奪別人的財富，有些人為此動用暴力、勒索。[28]

親戚、學校、婚禮、喪禮，當然都有其用處。但政治人物能有什麼用處？若根據理性分析，在零和爭鬥看來無休無止的貧窮經濟裡，應會有某種程度的不服從、乃至反抗的心態，在韓國社會裡，「弱者的武器」——已故史家湯普森（E. P. Thompson）語——也被提升為藝術形式。這個國家充斥著農民和晚近持續維持農民身份的人，這些人看著政治菁英被一個一眼就可看出是位「農民之子」的人禁止從事政治活動數月或數年，心裡肯定是大為高興、甚至暗地裡讚許。

除了軍人出身那種過度講究整潔和打扮的作風，第二次世界大戰期間朴正熙在滿洲的經驗也對他助益甚大，他與日本右翼建立的廣闊人脈也很有助益。這些日本右翼包括先前的「甲級」戰犯嫌疑者（例如政治人物岸信介、有錢人笹川良一），以及其他許多未必道德無瑕之人。但這場政變真正的幕後策劃者是金鍾泌。他是一九四九年韓國陸軍士官學校的第八期畢業生，朴正熙的侄女婿。他是「第三共和」兩個真正新創之政治機構的主要創辦者：韓國中央情報部（KCIA）和該部所創立的政治組織民主共和黨（DPR）。[29]一九六一年六月十三日創立韓國中央情報部一事，得到美國中情局的幫助，但美國人究竟給了什麼樣的幫助，仍大多被列為機密；創建民主共和黨時，他借鑑了蔣介石長久以來按照列寧主義組織原則運作的中國國民黨（中國國民黨在一九二〇年代聘了蘇聯顧問）。而當金鍾泌在國內用盡各種辦法都籌不到足夠的錢時，他去日本，弄到六千六百萬美元（最後一章會談到）。

金鍾泌成為南韓政界的傳奇人物，有魅力、和藹可親、組織能力強、做事幹練。他太信任他的陸士同期生，簡直到了盲目的程度；一九四九年的陸士畢業生人才濟濟：出了十六名部長級官員、二十四名國會議員。[30]金鍾泌不時因貪污而受譴責，被迫流亡不只一次。但他保住政治生命，一九九四年成為執政黨民主自由黨的主席，是主宰漢城政局的「三金」之一。

有幾年期間，民主共和黨似乎儼然要成為韓國歷史上第一個內部協調一致且能發揮組織力的非共政黨。哈佛大學政治學家魯珀特．愛默生（Rupert Emerson）為一九六三年新憲法的問世推了一把，新憲的起草則由韓國中央情報部的某個委員會完成。他的同僚撒繆爾．杭亭頓（Samuel Huntington）在其影響深遠的一九六八年著作《變遷社會裡的政治秩序》（*Political Order in Changing Societies*）中，讚揚民主共和黨。[31]杭亭頓的論點是工業正快速發展的國家，需要政治組織去疏導並容納新近「被動員加入社會」之公民。民主共和黨似乎正是這樣的載體。

一九六一至一九六三年，甘迺迪政府一再催促朴將軍回歸文官統治，為此祭出的手段包括暫停開發貸款、公開批評其一再延後選舉日期的措施。朴正熙與金鍾泌一番激烈的權鬥後，金離開韓國「長期旅行」，朴正熙撤銷對兩千三百名前政治人物的政治限制，讓他們能投身選戰。後來，眼看自己似乎會輸掉一九六三年選舉，朴正熙揚言宣布戒嚴、把軍事執政團執政延長四年，美國大使山姆・伯格（Sam Berger）因此揚言美國會公開反對朴正熙的計畫。伯格成功讓選舉如期舉行。但誠如某份官方研究報告所精闢指出，越南吳廷琰遭暗殺（暗殺之舉得到美國支持），令某些韓國人覺得「美國對朴的態度」與南越政府遭推翻一事有「共通之處」，從而給了朴正熙利用「明確的反美心態」打選戰的機會。[32]

從一開始，這些上校就高舉反共大旗，認定一旦美國公然插手而不利於他們時，他們能藉反共使美國無法得逞。事態發展證明他們很有先見之明。朴正熙能夠繼續享用美國納稅人的錢，同時逮捕民主黨內數百名與美國過從甚密的人，摧毀一九六〇至一九六一年的代議機構，侵犯美韓聯合軍事指揮體系，使報刊噤聲，把無辜之人大批關入獄中。金鍾泌把韓國中央情報部打造成分工精細複雜、經費非常充足，且有數萬幹員的組織，集美國中情局、聯邦調查局、政治機器三者的功能於一身，徹底支配韓國政界——此一政治機器之強大，與紐約特威德老大（Boss Tweed，十八世紀紐約政治力量）所掌控的政治機器不相上下。一九七九年十月某晚，該部部長在晚餐桌上開槍射殺朴正熙，由此可見其主宰韓國政治生活之徹底。韓國中央情報部成為軍隊之外另一個出人頭地的管道，該部每任部長都成為朴正熙的對手，包括頻頻被謠傳密謀政變推翻朴正熙的金鍾泌。

美國頻頻威脅若不辦選舉就不給予援助，藉此如願逼使朴正熙卸下軍服投身選舉，接受民意考驗。中央情報部所草擬的憲法，欲建立弱勢的一院制國會，且要國會的立法作為受到「國家重建最高會議」的法令約束。儘管有這些新建制和中央情報部的廣泛介入，一九六三年十月的總統大選，朴正熙還是差點陰溝裡翻船敗給反對黨候選人尹潽善，但拜有利於執政黨的新比例代表選區制之賜，執政黨仍能在次月選舉後，主宰遭削弱的立法機關。執政黨得票率不到三分之一，但拿下新國會一百七十五席的一百一十席：該黨候選人拿下八十八席、透過「比例代表制」分到二十二席。

接下來兩年，最大的爭議是與日本簽訂關係正常化條約。一九六四年春，政府揚言廢除國會、重新宣布戒嚴之際，開始出現大規模學生示威。一九六四年六月，朴正熙再度宣布戒嚴，美軍司令默許動用韓國軍兩個作戰師鎮壓大規模街頭示威，情勢趨於白熱化。美國大使伯格認為金鍾泌是反對勢力的中心，逼他再度出國，這次是為了參加亨利．季辛吉在哈佛大學辦的國際研討會。[33]八月新學期開始，事態平息，但一九六五年四月動亂再起，示威不斷，直到八月——但這一次政府未祭出戒嚴令。於是，在為期數年的大規模示威和政治動亂後，韓日關係終於正常化，這大大有助於韓國經濟的發展。一九六五年八月，在反對黨抵制國會後，執政黨在國會以一一〇票對零票批准此約。在日本，自民黨政治人物運用「閃電戰」手段，不顧社會黨反對，促使國會通過此約。一九六五年十二月此約生效。[34]

一九六五至一九七一年是經濟快速成長、政治較穩定的時期。朴正熙一九六七年競選連任，拜出口導向計畫成果斐然之賜，這時他的民意支持度甚高。在頗為公正的選舉中，朴正熙以一百多萬票之差獲勝（再度打敗尹潽善）；而民主共和黨和中央情報部有數千萬美元可揮霍一事，當然未傷害其選情。一九六八年，中央情報部把數名住在西德的韓國人強行帶回漢城，以親北韓罪名將他們送上法庭，此舉差點使波昂政府和韓國斷交。被綁架者包括傑出的歌劇作曲家尹伊桑。他曾告訴我，他在監獄裡碰到過幾個從美國被綁架回漢城的韓國學生。但整體來講，這一時期相對自由且日益繁榮。我在此時期在韓國住了一段時間，當時的氣氛毋寧類似一九九〇年代中期，享有較高新聞自由、政黨競爭，國會裡出現層出不窮的口角、抹黑、抵制、靜坐示威等亂象。另一方面，如果說在野黨的職責（如英國人所言）在於反對，那麼，一九六〇年代晚期，韓國在野黨表現甚差。從一九六七至一九七一年，政府提出三〇六個法案，沒有一個在國會裡遭封殺。[35]

維新體制

一九六〇年代的反體制運動，和「四月革命」時所呈現的樣貌差不多，亦即由學生、知識分子、貴族殘餘（例如尹潽善）發動的菁英抗議活動。這些人認為諫諍權勢者是他們固有的權利和嚴肅的義務，如果權勢者是大老粗軍人，他們更該善盡此一權利和義務。經由他們的犧牲奉獻和來自美國的零星壓力，南韓似已走上儘管眾聲喧嘩、但頗為穩定的有限多元主義，人數仍然不多的都市中產階級有了發聲機會。這樣的政治與仍然為數眾多的廣大鄉村農民關係不大，且未與日漸壯大的藍領勞動人口建立政治關係。隨著一九七〇年代降臨，一切改觀，韓國一頭栽入長達二十年的嚴重危機，在一九七二、一九七九至一九八〇、一九八七年動搖了既有體制的基礎。但一九七一至一九七二年，朴正熙突有驚人之舉，決定未雨綢繆應對即將到來的危機，他放任中央情報部在各地活動，宣布自己為終身總統。這一決定在七年後斷送了他的性命。

格列高里・亨德森一九六八年出書時不可能知道此事，因此他當時對中央情報部的看法值得拿出來一饗讀者：

中央情報部揚棄沿襲已久的含糊作風，代之以現代保密作為，加上調查、逮捕、恐怖、審查、大量建檔、數千名分布在國內外的幹員、眼線、間諜……中央情報部進行了（韓國）歷史上最誇張的……職能擴張，對政府廣泛建言，查察政府的活動，負責政府大半規劃工作，提出政府的許多立法構想，乃至這些構想所依據的大多數研究工作，為政府機關召募人員，促進對日關係，贊助企業，向百萬富翁敲榨金錢，監視並組織學生……並支援劇院、舞團、管弦樂隊、大型觀光中心（華克山莊）。[36]

這份一九六〇年代的長長清單，只漏列了一件事，那就是中央情報部贊助牧師文鮮明沒沒無聞的教派——統一教，不久後該教派即推出一個遍及全球的組織。[37]如果說一九六〇年代中央情報部行事較為收斂，它在一九七〇年代肆無忌憚的作風，似乎只給政權的首領帶來更多困擾。

這個變遷時代最令人印象深刻的，就是頻頻飄蕩於漢城街頭的火辣嗆鼻氣體——催淚瓦斯。有些記者開始把韓國稱作「催淚瓦斯國」。一九六五年春，為了對日關係正常化問題抗爭期間，異議人士指控美國供應「有毒化學武器」給朴正熙政權，後來查明在美國援助計畫下，美國供應「催淚瓦斯之類制式鎮暴物資」給韓國軍已有一段時間，而且此後多年繼續這麼做。[38]到了一九八〇年代，韓國人也已掌握此技術；三養化學公司女老闆韓允照（Han Yun-jo，音譯）爭取到催淚瓦斯的獨家供應合同，屢次名列韓國企業家年度繳稅排行榜的榜首（某年總收入七千三百萬美元，繳稅三百四十萬美元）。[39]

一九七一年十月中旬某日，我正在高麗大學（韓國最有名望的私立大學）校園做研究，朴正熙政權發布《衛戍令》，突然間有數列戰車闖入校園，開始到處噴灑催淚瓦斯。部隊在校園中央搭起野營用帳篷。我和一個女教授一起逃跑，她教我如何爬上後圍牆，上到加油站屋頂，然後我們下梯子來到地面。我在一九六九至一九七一年反戰示威期間，嘗過被美國警察噴催淚瓦斯的滋味，我可以很篤定告訴讀者，韓國版催淚瓦斯是威力更強許多的「辣椒瓦斯」，會讓眼鼻劇痛。到了一九八〇年代，整個過程已機械化；一有學生聚集於街頭，即有大小一如戰車的警方廂形車（其實是有裝甲防護的廂形車）駛入人群中，從車子兩側的開口噴出催淚瓦斯。

軍隊占領高麗大學一個月後，政府發布緊急措施，並以國家安全名義予以合理化（見後文），一年後祭出戒嚴令，逮捕數千人，宣布有名的朴正熙「維新體制」。「維新」一詞如同一八六八年日本明治時代領導人所用的「維新」。漢城的統治者師法其過去的殖民主子，使他們一再宣之於口的「反日」大話顯得空洞且可笑，這樣的事以後還會出現；誠如上一章所見，朴正熙想要利用日本的價值觀和慣習，把職場打造成美滿的大家庭，而且他從行政和立法「有機合作」的角度，合理化停擺國會之舉。但儘管許多外國人信之不移，聽信他這番說詞的韓國人少之又少。

但這些改變還是深刻且明確。朴正熙要人起草新憲法，去除總統任期限制，讓他有權力任免內閣閣員、乃至總理，有權力指定三分之一的國會議員（使國會淪為橡皮圖章，充斥畏畏縮縮唯他是從的人），有權力暫時中止或破壞公民自由權，有權力發布命令，填補維新策畫者最初忘了涵蓋於總統職權內的權力。[40]與此同時，《國家保安法》和《反共法》仍有效；一九七〇年代初期，緊急命令仍像薄暮時分大批出洞的蝙蝠般從青瓦台發出。一九七三年的一道緊急命令宣布罷工全屬非法，而一九七四年惡名昭彰的緊急命令第九號，大抵上使任何批評朴正熙政權之舉都構成危害國家安全。

是什麼促成韓國轉向徹底且正式的威權體制？朴正熙拿國際情勢迅速轉變來合理化此一新方針，而他所提的理由，我們不該斥為純粹為己開脫。在這時期，東亞冷戰開始步上終點，柏林圍牆倒下還在二十年後。美國外交政策的劇變深刻衝擊漢城，使漢城似乎成為亞洲最後一塊倒下的骨牌。一九七一年七月季辛吉密訪北京，以及隔年二月尼克森對中進行國事訪問，催生出《上海公報》，形同終止了美國對於台灣之中華民國的支持。「尼克森主義」（Nixon Doctrine）也清楚表明美國欲在未獲勝的情況下，撤出不知伊於胡底的越戰，從而危及與漢城同樣處境的西貢政權。韓國十八年前才終止其與中國的慘烈戰爭，台灣是親密的反共盟友，而且仍有五萬韓國軍人在越南打仗。此外，尼克森宣布從韓國撤走整整一個師的美軍，使駐韓美軍兵力從六萬兩千減為四萬兩千。約莫同時，美國國務院官員法蘭西斯·安德希爾（Francis Underhill）「寫了一份臭名遠播的備忘錄」，主張「撤離全部駐南韓美軍」。[41]漢城內外都覺得情況不妙，朴正熙政權的回應之道多管齊下：嚴厲的威權統治、政治經濟大幅改弦更張（前文探討過的「大推進」）、外交政策的迅速調整。

尼克森政府無意阻止朴正熙政權侵害民權、人權，且默許、甚至支持此政權在接連兩個十月（一九七一、一九七二年）的轉型，經此轉型，朴正熙有了在國內大展身手的空間。一如他無視喝過美國墨水的技術官僚對第三個五年計畫的意見，這時他把他的嚴厲措施說成「韓式民主」，予以合理化，如同對新加坡主張的「西式民主」與資本主義亞洲格格不入，或對鄧小平的「中國特色社會主義」一說有所闡述。如果尼克森宣布美國要從這一區域的冷戰收手，從此走美國自己的路，朴正熙就會宣布韓國在政治、經濟和國家安全上走自己的路。

就是在這時，南韓開始進行昂貴且極隱密的核子計畫，欲將鈽再處理製成武器級燃料，打造核子武器；季辛吉發來一份怒氣沖沖的電報，使這項武器開發計畫戛然而止，但朴正熙政府仍在搞「重水和其他把戲」（美國某官員語），包括從美國一家公司買來「擎天神—半人馬」（Atlas Centaur）飛彈的設計書和組裝設備[42]（這段歷史有助於說明北韓為何有類似的計畫，北韓的核武開發計畫始於它必須與南韓發展相抗衡之時，並在一九八九年蘇聯集團瓦解後、北韓窮途末路時重出江湖）。

與此同時，朴正熙兩面下注以分散風險，派其中央情報部部長李厚洛密訪平壤，李厚洛在平壤與金日成之弟金英柱數次會談；金英柱也南訪漢城，雙方會談多次。當時一般人民當然對此毫不知情，但雙方的密訪促成一九七二年七月中央情報部總部一場轟動一時的記者會，會上披露了南北政權達成和平統一，以及不受「外力」干涉，達成「民族大團結」的決心。這一精心設計的宣告選在七月四日，讓人覺得是南北政權聯合發表的朝鮮獨立宣言。平壤在那時和一九七〇年代的大半時候，都與莫斯科保持距離。北韓的報紙如此稱讚這項協定：

> 朝鮮只有一個。朝鮮南北分開二十七年。在天與地都分開的這些年間，人民苦難的年輪被刻下，全新一代人成長起來。但誰能把流水一切為二？誰能把天一劈為二？朝鮮作為單一國度存世五千

年，承繼單一血脈，朝鮮只有一個。[43]

七月四日，「哲學會」的某個反體制派學生跑來看我，興奮地說：「我說不定會成為共產主義者！」「為什麼？」「我剛看過金日成的臉，他很帥氣！」在南韓，金日成的照片破天荒被公開刊載，在這之前始終禁止他的照片出現在南韓人眼前——有時乾脆把出現在《時代》等國際雜誌上的金日成像塗黑；以誇張滑稽手法呈現的金日成面孔，當然常見於漫畫裡，以及節慶時飾上花彩的芻像，往往還在其頸部加上一個滿是跳蚤、大得離譜的瘤，花二十五分錢買三顆棒球，就可以用力砸向這個芻像（數十年來，金日成右耳後側一直有個腫得甚大的鈣沉積物。青少年時期營養不良的人，常會長出這樣的東西，韓國人稱之為hok。北韓拍他照時從不從那一側拍，南韓方面則一再傳出那是惡性腫瘤的說法，令西方報刊感到困惑）。

美國知道這些密會，因為美國控制雙方黑頭車駛經的板門店停戰區，且對朴正熙在青瓦台的交談做電子監聽（此事於「韓國門」醜聞期間曝光）。季辛吉後來的回憶錄裡，他在某處鮮少有人注意的注腳寫道，一九七一年七月他密訪北京時，有天晚上，中國外長周恩來告以必須和金日成共進晚餐，不克作陪，請他多多包涵。平壤未發布此訪問消息，但十年後，我向我的某個北韓「導遊」提起此軼事時，他臉上毫無驚訝之情，立即回道：「你認為他們談過了嗎？」或許季辛吉真的見了金日成，或許沒有。但他們兩人同時出現在北京一事，立即令漢城疑慮不安。尼克森總統或許曾在幕後推動兩韓對話，因為統一後仍與美、中兩國友好的朝鮮，將完全符合他的「現實政治」構想——建立在與中國關係增溫，以及對日本施加新壓力之上的構想。但我未看到他曾這麼做的證據。

關於朴正熙為何施行維新體制，還有一個表面看來很單純的解釋：朴正熙差點輸掉一九七一年選舉。儘管動用來自美國石油公司約七百萬美元的資金大量買票（後述），反對黨候選人金大中的得票率（百分之四十六）還是超過朴正熙。金大中的高得票率，得益於兩個造成顯著改變的新現象：金大中的群眾政治路線和全羅道的開發落後。

金大中來自全羅南道的木浦港，非尹潽善那樣貴族出身。一九四五年，他在左派盤據的木浦，做了其他每個富愛國心和良知的年輕人都做了的事，即加入人民委員會。然後他在民主黨裡一路奮力向上爬，該黨在全羅道的組織力甚於在其他任何鄉村地區。一九七一年，四十五歲左右的他已具有十足的群眾魅力。見過他的美國人，認為他是不表露個人情感、不讓人感到威脅的儒家君子，但說到操縱群眾的本事，他可是政界翹楚。受冷落的全羅道人民，未受惠於漢江奇蹟，金大中掌握全羅道覺醒人民正當合理的民怨，成為他們的最大代言者、捍衛者、公認的領導人。二十多年間，角逐總統大位的機會不多，但一旦有了這樣的機會，他在家鄉地區拿到的得票率，讓政治學家感到震驚（後述）。

一九七〇年代，自金大中拿到四成六選票後，未再有總統選舉，但青瓦台繼續盯著他：一九七一年他被卡車輾過，一九七三年遭綁架，軟禁至一九七九年為止，一九八〇年被以莫須有的煽動光州叛亂罪名起訴，差點遭處死，一九八〇年晚期，卡特、雷根兩任政府（前者就要離任、後者就要接任）聯手介入才救了他，一九八二年遭流放美國，一九八五年返國再遭軟禁，最後終於能出馬參與一九八七年總統直選，卻在反對勢力再度分裂、金泳三瓜分選票的情況下敗北，只拿下三分之一多選票的盧泰愚因而當選。金大中的群眾魅力使韓國的威權主義和菁英民主驟然改觀。

美國人知道一九七三年八月金大中遭綁架一事，係韓國中央情報部所策畫。曾任國務院朝鮮事務處處長的唐納德·拉納德（Donald L. Ranard），一九七九年五月十六日告訴日本的共同通信社，此事係韓國中央情報部所為；他說南韓當局已於一九七五年一月，向美國大使理查·史奈德（Richard Sneider）坦承，韓國駐東京大使館一等秘書、暨韓國中央情報部一員的金東雲參與劫持行動。拉納德也引用了當時美國駐漢城大使菲利浦·哈比卜（Philip Habib）發出的一份電報。這份電報的日期載明的是一九七三年八月二十一日，內容講的就是這件事。

一九七二年，我走訪全羅道各地，自己在地圖上標出一九四〇年代出現動亂的鎮和郡。我搭乘當地的巴士，那是用鐵板蓋在舊軍用半噸卡車上，草草打造而成的交通工具。不同於漢城人，巴士上的當地人頻頻以再清楚不過的怨恨眼光盯著我。馬路仍大多是夯實的土路，曬得黝黑的農民彎腰推著牛犁在稻田裡幹活，或像馱獸般肩挑重擔，茅草屋頂房子一眼就可看出裡面的人非常窮困，老舊的日式公家機關和火車站仍是殖民時代模樣。途中偶爾會突然出現警察截住巴士，檢查每個乘客的身分證，乘客普遍帶著的那種惱怒和敵意，我先前只在美國的都市貧民窟裡看過。全羅道在殖民統治時代受冷落，只扮演向日本供應稻米的角色，而今，在政府向東南部大量投入新資本時，全羅道再度受冷落。

禹貞恩主張，就朴正熙施行維新體制的理由來說，霸權國家（即美國）政策的改變，比金大中的挑戰，構成更重大的動機，但推行維新的最重要理由，係朴正熙長年的夢想——大幅推進重工業化——以及維新之前兩年間，政界和商界為了資助韓國經濟成長的問題而陷入危機。[44] 一九六九年，三十家公司破產，陷入韓國式破產管理狀態：政府接管。另有九十家公司即將破產，其中大多數公司有向外國借款。一九七一年，有向外國借款的破產公司已達兩百家，韓國的外債已達國民生產毛額的三成。國際貨幣基金插手，祭出安定計畫，在一九七一年抑制韓國向外借款，要求韓圓貶值一成八。無法得到官方補貼貸款的商社，不得不找按市場利率計息的民間貸款救急，而這只增加了破產家數，因為官方無法向它們融資紓困。

與此同時，朴正熙對金大中感到惱火，而且勞工不聽話更甚以往，一九七一年勞資糾紛達一千六百五十六件。這時執政黨已分裂為四派，朴正熙和金鍾泌分掌其中最大的兩派。禹貞恩寫道，在局勢如此動蕩之際，「商界是最終使威權占上風的關鍵力量」。商界想要什麼？要官方的大規模紓困，而紓困的成本會由別人負擔，這裡所謂的別人，就是把錢投在場外交易市場的二十一萬韓國人，即要他們每人平均負擔約兩千九百美元。朴正熙屈服於商界的要求，在一九七一年八月三日丟出他的震撼彈：「企業向國內民間金融市場、即向場外交易市場借的錢，一律立即延期償付。」小投資人在電視上看到此消息，「瞠目結舌，無法置信」。但大企業「因此一夕之間活了過來」。[45]

禹貞恩將韓國的政商關係扼要陳述如下：

> 政府掌舵，但商界提供動力。政府強有力，因為能——且的確——掌握個別企業的生殺予奪之權；但因為是資本主義國家，政府不能為所欲為，而國家生存有賴於商界的健全和滿意。[46]

從一九七一年八月三日到十月的《衛戍令》，再到隔年發展出來的維新體制，事態演變之速令人目不暇給。

一九七〇年代的中央情報部

韓國的新情報機關如何誕生？有份先前被歸類為密件的美國國務院研究報告說，一九五〇年代中期時，「反顛覆已成為美國政府對整個自由世界的關注重點」；於是，根據名叫「1290-d方案」（1290-d program）的計畫，美國當局以「裝備和小型訓練計畫」協助韓國的保安機關，致力於加強韓國眾多情報團體之間的協調。這份研究報告說，這番作為產生一個「尾大不掉的結果」，亦即催生出龐大的韓國中央情報部，一個「遠超乎這些顧問之原意」的組織。[47]

在金鍾泌主持下，中央情報部運用「預算外的資金」遂行政治目的，曾一度減少了對其他一般性「腐敗活動」（詳下文）的支助。這麼一來，對政治活動的資助，以及對朴正熙、金鍾泌想支持的其他任何活動的資助，都給集中在中央層級和更高層級。[48]許多觀察家也認為中央情報部把大筆錢輸送給了反對勢力，儘管此說如今無法證實。此舉或許可以說明為何每到選舉前夕，反對勢力就一分為二（一九九五年，調查發現金大中收受青瓦台的「收買資金」兩百五十萬美元，供其一九九二年競選總統，且一直有傳言說，金泳三一九八七年打選戰時，也從同一來源得到大筆資金）。中央情報部的確不斷派幹員滲入反對黨，要他們誘使反政府人士違法以便逮捕，或在反對黨黨魁改選或總統大選時，慫恿別的候選人出馬挑戰反對黨既有候選人，攪亂反對黨。把這稱作「腐敗」或許令人產生誤解；戰後韓國史的大半時期，政治就是這麼運作。外國專家不解當每次有醜聞遭揭露時（例如一九九五至一九九六年）韓國人為什麼覺得很難堪；外國專家的不解反應其實情有可原，因為韓國人的難堪心態，有點像是聖母抱怨自己的名節遭侵犯。

但說到要富人吐錢出來，朴正熙的軍事執政團比李承晚更有一套，因此入手的金額突飛猛進。一九六一年八月，朴正熙政權宣布二十七名企業家得拿出三千七百萬美元，不然就沒收他們的工廠，簡單一句話，企業家就送上錢來。一九六二年，金鍾泌和中央情報部透過「極有問題的商業活動，並公然對漢城股市交易動手腳」，籌到行動資金。光是靠股票發行時的價格操作，就淨賺四千萬美元，而那只是冰山一角。[49]每家大企業都該定期交出大筆金額，海灣石油等外國企業則在選舉前不久繳交大筆錢（據一九七〇年代中期美國參議院聽證會，海灣石油一九六七年交出一百萬美元，一九七一年交出三百萬美元，另有加德士石油交出四百萬美元；美國人把這稱作J因子〔J Factor〕，意即「強索的利息錢」〔juice money〕，在韓國做生意要付的政治代價）。[50]這類活動肯定大半由與韓國中央情報部合作的美國中情局特工居間促成，一如在戰後初期的義大利、日本所見。

一九六〇年代初期，美國仍一年花五億美元支援韓國，[51]並偶爾要韓國領導人注意這份恩惠，尤其一九六二年突然進行貨幣改革之後。美國官員私下表達對金鍾泌不正當行徑的不滿，偶爾更公開表示不滿，但金鍾泌利用美國人的抗議來刺激已然高漲的民族主義，把自己打造成受美國佬霸凌者。美國大使館對過去李承晚執政期間韓國民主黨內的趙炳玉、張勉等人遠更滿意，而大使館許多美國隨員，例如文化參贊格列高里．亨德森，後來直言批評此時在漢城當家的軍國主義者。民主黨同樣也開始倚賴美國支持，往往在危機時求助於美國大使館，從而削弱了該黨的愛國光環。於是，朴正熙和金鍾泌常使韓國人相信，當他們頂住美國人的施壓，或踐踏美國所支持之人的公民權利時，他們是在捍衛韓國主權。此外，金鍾泌巧妙挑撥美國大使館與其他美國人如軍方、中情局之類的關係，以從中得利，而且這一模式在接下來三十年沿用不輟。只要有美國大使想要管住朴正熙政權，就會有別的美國人願意站出來保衛該政權。

中情局局長艾倫．杜勒斯（Allen Dulles）於一九六二年九月邀金鍾泌訪問華府，希望「讓他直接體驗華府看法和影響力」；他在美國也見了時任司法部長的鮑比．甘迺迪（Bobby Kennedy）。[52]金鍾泌迅即利用自己所受到的這份看重，讓韓國人知道他在華府有強大靠山（事實的確如此），但在美國國務院和大使館，他得到的評價並不高。助理國務卿埃夫里爾．哈里曼（Averell Harriman）主持遠東事務局，一九六三年起草了撤出駐韓美軍的計畫。[53]約翰．甘迺迪遇刺及隨後越南戰事升高之後，這些計畫實行與否，變得無關緊要，但十年後尼克森重新搬出這些計畫，從韓國撤出一個美軍作戰師。從一九四五年以迄那時，美國駐韓兵力一直維持在兩個陸軍師或更多，只有一九四九年六月三十日至一九五〇年七月這期間例外。從一九七〇年代初期以至本書寫作之時（本書初版於一九九七年，二版於二〇〇五年），駐韓美軍始終是一個陸軍師和數個海、空軍部隊、其他支援部隊，兵力總數在三萬八千至四萬兩千之間。

到了維新時期，韓國中央情報部已是個十足無惡不作的機構，恣意利用其大權獎賞朋友、懲罰敵人。儘管中央情報部裡有權力鬥爭，它的運作可說非常平順，部裡的縱向溝通，與國家警備隊、陸軍保安司令部、區域和地方的政府機關，乃至其他許多機關的橫向溝通，都很暢達。[54]它的幹員遍布各地，不只分布在所有可能和當局唱反調的政治團體裡，也分布在報社、電台和電視台、公司工會、韓國的大學教室，乃至美國的大學教室裡。有個曾是我學生的韓國人，回到韓國一流大學執教，不久就當上系主任。他曾告訴我，學生示威期間（亦即他大部分就讀期間）他每週向七個機構回報狀況：區警察局、區政府機關、軍事情報部門、中央情報部轄下或與該部有關連的數個機關。

另一個友人，如今是首爾某一流大學的教授，他曾在某個外國大學以美國軍政府統治期間的韓國政治為題，寫了博士論文。一九七〇年代中期回到首爾時，被帶去中央情報部的南山總部，訊問人員在那裡把他扣在電力拷問機器上，開始念出他論文裡的段落，問他為何這麼說、為何那麼說，每次質問之後都通電痛擊，然後再下一輪。拷問者也打電話給她從事藝術創作的妻子，好讓她聽到丈夫的淒厲叫聲。約五年後，此人在美國當訪問學者，有次請我載他去食品雜貨店、再去賣烈酒的店：晚上不喝些威士忌，他還是無法入睡。他妻子得了手腳心因性神經症，一度無法繼續創作，所幸後來康復，一九八〇年代重拾創作。這家人靠有力的人脈存活下來，其他人沒這麼幸運。

某《紐約時報》記者一九七三年寫到韓國中央情報部時，如此說道：「幹員在各地盯著每件事、每個人……有個外國人放假時在偏遠鄉間的一家麵館逗留過，事後也沒向誰說過，後來，該部卻從漢城打電話到那家麵館。」韓國老百姓認為，對付中央情報部監視的最佳辦法，就是「什麼事都不要跟人講」，即使對自己家人亦然。[55]

最叫人膽寒的事是「去南山走一趟」。南山是中央情報部的總部所在，對情節重大者的訊問和拷問都在那裡進行。喬治・奧格爾（George Ogle）一九七四年被帶去那裡，連續十七小時嚴厲問話。中央情報部第六處處長李榮澤（Yi Yŏng-t'aek，音譯）盤問他，說有八個人因為社會主義者的身分、即將被以叛國罪處死，責問他怎會替這八個人講話。難道不知道其中之一的河在琓「聽北韓電台廣播，抄下金（日成）的講話內容？」這點似乎是使李榮澤相信河在琓是共產主義者的主要事實。然後李榮澤「轉為自言自語，情緒激動」：「這些人是敵人，」他高聲說道。「得殺了他們。這是戰爭。戰爭時連基督徒都扣扳機殺敵人。不殺他們，他們會殺了我們。要殺掉他們！」[56]

一九七〇年代某日，有個韓國教授出現在華盛頓大學我的辦公室。他快步進來，關上門，告訴我他是理工學院某系的短期訪問教授。他想感謝我公開斥責朴正熙政權，然後他突然講起他家鄉郡的歷史，大體來講就是在講他的族譜，說他的某個祖先一六三〇年代時如何抗擊滿人入侵。他告訴我，他很慚愧沒有他祖先的勇氣，因為他要養家活口。出我辦公室時，他往走廊兩邊都瞧了瞧，然後迅速走開。一九七三年七月，金大中在這所大學某間教室裡講過話，在場者只有十五人。一個月後，他在東京遭中央情報部幹員綁架，差點遇害。七年後，他被以「叛國罪」起訴時，他在華盛頓大學批評朴正熙政權一事就被納入起訴書裡。在場十五人裡有人把他的講話錄音，提供給中央情報部。與此同時，一個又一個美國大學接受「韓國貿易獎學金基金會」（Korean Traders Scholarship Foundation，韓國貿易協會前身）的大筆捐款，誠如美國國會的調查所證實，這是韓國中央情報部為影響美國學界的韓國研究而成立的掩護組織。[57]

勞工運動

儘管遭受讓人喘不過氣的壓制，整個一九七〇年代，工人階級仍逐漸成長、日益壯大，一九七九至一九八〇年開始有影響政治的強力作為，一九八七年的危機之後，終於成為影響南韓社會的主要勢力之一。誠如前文所述，一九四〇年代晚期勞工非常活躍，但韓戰後，李承晚政權維持「勞總」（大韓勞總）的御用工會地位。「勞總」代表管理者的利益，頻頻出手打消罷工，阻止獨立自主工會出現的任何跡象；它底下有諸多小企業工會，這樣的布局也阻礙了廣大工人的橫向串聯。一九六一年後，中央情報部由上而下強行重組勞工，並保留單一的全國中心，但依產業別創立數個更大的職場工會，以配合正在發展的工業結構——自此，紡織業有一個全國性工會，運輸業、化學業、六大金屬加工業等產業亦然。一九六一年八月，由中央情報部派任的「九人委員會」（勞動組合再建委員會）以十天時間創立了十二個產業工會，創立一個新的全國性勞工聯合會（韓國勞總），由中央派任的該聯合會代表，都誓言忠於朴正熙的「革命」。誠如韓國勞工問題方面的最傑出專題論著所述，這是「純粹由上而下的統制性作法」，相較於正在工業化的社會裡常見的工會誕生模式，「順序正好相反」。不到兩年，軍事執政團也已明令禁止工會從事政治活動，也就是說，當工會的政治活動被認為是為反對黨助威，而非為了支持執政黨時，即被禁止。[58]

在這段期間，韓國的勞工仍是貧農出身的非專技工人或半專技工人；農村社會的等級式恩庇—侍從關係、未消解的貧窮和失業、一九四〇年代工會創辦人和參與罷工者所付出的慘痛代價，乃至普遍使用年輕女工（女工往往只工作十年左右，婚後即退出勞動大軍），這些因素相加起來都削弱了工會的力量，令許多工人不敢鬧事，造就出一九六〇年代韓國輕工業裡許多聽話、守規矩的廉價勞工。十年後，六十萬女性受雇於製造業，占全國勞動力約三成；八成三的紡織業工人是女性。這當然是普見於當時世界各地紡織業的現象，尤以日本為然；一九六〇年代的勞動條件，和始於十九、二十世紀之交的韓國紡織業一樣，其勞動情況沒有什麼不同。

為貼補家計而離開農村的十幾歲少女，構成紡織、縫紉、製鞋、簡單電器組裝、食品包裝或機械式工作（例如打掉鋼板上的螺帽、螺栓）的低階技能勞動大軍。年輕女工的確是一九六〇年代出口導向產業「起飛」的步兵。她們年齡多在十八至二十二歲之間，若非初中學歷，就是小學學歷，將近一半住在公司宿舍、吃公司伙食、每個月只休一天假，對出口商來說，她們簡直就是金礦（一九七四年，在半島商社有四百個女工凍傷，因為宿舍沒有暖氣）。[59]

金芝河是一九七〇年代全國抗爭的桂冠詩人，數次入獄；因為寫了被認定助長「階級分裂，任由北韓宣傳操弄」的詩作，被以《國家保安法》起訴。他在一首詩作中緬懷韓國年輕女性的種種犧牲：

〈往漢城之路〉

我要走了，

別哭；

我要走了，

翻過白色山丘、黑色、乾枯的山丘，
走過塵土飛揚的長路去漢城。
我要去賣身。

何時歸來，
何時滿帶笑容，
解開頭髮，歸來，
我沒有許下傷心的承諾，
我要走了。

別哭，
我要走了。
誰能忘記紫茉莉，或小麥的氣味？
即使日子這麼悲苦，
無法忘懷的東西……
在無數的夢裡，我歸去，
淚流滿面，

跟著月光的腳步……

我要走了，

別哭。

我要走了。

要翻過這些令天空都為之苦楚的乾枯山丘，

循著塵土飛揚的長路去漢城，

我要去賣身。60

跨國外商公司會雇用這類女工，薪水往往比她們在其他地方所能拿到的要好，而清溪川的平和市場也有一樣的勞動條件。那裡密密麻麻的血汗工廠，多到足以令但丁或恩格斯看得頭暈目眩。小型成衣業者會在三或四層樓的倉庫裡，隔出一個個挑高約四呎的平台，在每個可用的空間裡擺上一張桌子、一台縫紉機、一個年輕女工。這小小空間裡塵、土、棉絮飛揚，又悶又熱，缺乏該有的通風裝置。十幾二十個少女，緩緩擠入工作間，窩在嗡嗡直響的機器前工作，無法直挺挺站著。平和市場就由一千家這樣的小工廠組成，共雇用了約兩萬女工。一九七〇年的一項調查這麼說：

十四至十六歲的少女得跪在地板上工作，就這樣從早上八點至晚上十一點，一天平均工作十五個小時。這些工人每個月可休兩天假，分別是第一個和第三個週日。有許多工作要趕時，他們被迫通宵工作……為保持清醒……服興奮劑（安非他命）。

一九七〇年，這種辛苦活的月薪從一千五百韓圜至三千韓圜不等……她們的日薪相當於茶房裡一杯咖啡的價錢……

在平和市場一帶工作超過五年的工人，患有貧血、消化不良、支氣管炎、結核、眼疾、關節炎、神經痛、經期不順等病痛，無一例外。[61]

邦林紡織是金季洙的開創性事業（見第三章），位於漢城占地遼闊、地形起伏的永登浦工業區，工作環境比平和市場好上許多。一九七九年，邦林紡織五千七百九十四名工人當中，有四千七百零四名是女工，督促她們工作者是清一色男性的工會幹部和工廠領班。一九七八年，有個邦林工人寫道，

在（邦林）充滿自豪、光榮的陰影裡，我們女工工作時間太長太辛苦，受了太多的痛。我們之所以工作，理由之一是幫助貧窮的雙親。我們想穿學生制服（亦即上學），但我們離開家鄉的城鎮，來到漢城的陌生環境，在工廠裡工作。我們來賺錢，但艱苦程度超乎我們想像。[62]

維新體制或許如禹貞恩所主張，被朴正熙視為不可或缺的措施，以解決他政商一體化所產生的問題，但此一體制也破天荒創造出後續的群眾性勞工運動。也就是說，勞工運動並非是由金大中等反

對黨領袖所打造出來。一九九〇年代，他的黨和未成氣候之韓國反對勢力，仍未真正在勞工和一般人裡建立組織。因此，勞工抗爭和組成工會之舉，大抵起於既有的政治體制之外。第一場大規模罷工發生於一九六八年，矛頭指向美國電子公司西格尼蒂克（Signetics）和橡樹電子公司（Oak Electronetics Corporation）；橡樹是美國伊利諾州的公司，給員工的工資是週薪十七美元（即使就韓國的標準來看都偏低），經此罷工，迅即從韓國撤廠。[63]金屬加工工人一九六九年在大韓造船公社罷工，化學工人一九七〇年在韓國輝瑞藥廠發動了為期甚久的絕食抗議，汽車工人一九七一年在通用—新韓（General Motors-Saehan）汽車廠罷工。中央情報部出手打斷或調解數場罷工，朴正熙認為這些罷工是對其「大推進」計畫的直接威脅。

一九七〇年，一樁個人自發的舉動，事後來看，成為檢測勞工運動成績的試金石。紡織廠工人全泰壹十一月十三日在漢城平和市場自焚，大火焚身時他大喊「遵守《勤勞基準法》！」、「勿虐待少女！」這起自殺震撼全國，其影響就和七年前發生於西貢市中心、大有助於推翻吳廷琰政權的僧人自焚事件差不多。全泰壹的犧牲刺激許多團體開始行動，但其最大影響或許是促成「清溪被服勞動組合」（清溪成衣工會）誕生。這個工會成立於他死亡的那個月，領導者是他母親李小仙，儘管受到嚴厲打壓，該工會在整個一九七〇年代影響力甚大。總之，一九七〇年全泰壹自焚，和一九七一年金大中得到大眾支持，係朴正熙推行維新體制（一九七二—一九八七）的主因。

一九七一年十月的《衛戍令》頒行後不久，朴正熙政權通過《國家安保特別措施法》，賦予朴總統「幾乎不受限制的應急權力」，以便他「為了國家安全限制公民自由、動員全體人民，為了經濟需要訂定工資和價格。」這些措施是「維新前的維新」措施，朴正熙立即動用它們來鎮壓產業工人罷工，打壓獨立工會。勞工能否集體談判、集體行動，從此全看總統高興與否；只有組織工會的權利還寫在法律裡。[64]儘管有——或者說不定因為——一九七〇年代初期的嚴酷措施，工人仍在努力組織。一九七四年，約兩千名工人在蔚山的現代重工造船廠暴動，儘管他們的待遇比起韓國幾乎其他所有產業的工人更優渥。

韓國的教堂是反朴正熙獨裁體制運動的首要庇護所，主要因為連中央情報部都投鼠忌器，不敢貿然用戰車撞開教堂大門（就算撞開大學校門，中央情報部也會不以為意）。拉丁美洲的「解放神學」也已傳到韓國，影響了許多天主教領袖，催生出接下來二十年在韓國產生極大影響的民眾運動。[65]一九七三年復活節週日，長老教會牧師暨堅定的人權活動家朴炯圭，領導了一場反維新體制的和平示威。當天發布的〈韓國基督徒神學宣言〉，包含以下內容：

一、韓國現政權是一人獨裁政權，以武力統治人民。這樣的專斷統治違背神的旨意。韓國社會已成為弱肉強食的叢林。

二、現政權正在摧毀良心自由和信仰自由……

三、現政權正利用有系統的欺騙、操縱、洗腦來控制人民……

四、現政權一直以不人道、無情的手段消滅政敵、知識界的批評者和無辜人民。人民身心受到韓國中央情報部折磨，該部近乎納粹蓋世太保或史達林的國安會。受到懷疑者一落入該部幹員之手，即消失無蹤。我們韓國基督徒把這類行徑斥為殺人。

五、現政權一直是享有特權的少數人的政府、為該階級存在、由該階級掌理的政府……

六、南韓、北韓的現政權展開旨在達成統一的對話，只為了讓他們掌權更久……[66]

多年來，由基督徒操持的都市產業宣教會（UIM）致力於讓工人認識自己的權利。一九五四年首次來到韓國的循道宗傳教士喬治・奧格爾，任職於該宣教會十二年，然後於一九七四年遭朴正熙政權驅逐出境（因為奧格爾為了八人辯護。他們被屈打成招，自白參與共產主義者的陰謀）。後來他寫道，一九七〇、一九八〇年代的韓國勞工運動，對於促使韓國體制擺脫嚴厲威權貢獻甚大，其貢獻一如波蘭的團結工聯。但不同於團結工聯，韓國工人的犧牲在西方受到「冷冰冰的沉默」對待。[67]

儘管受到嚴厲恐嚇，漢城東一紡織公司的女工在創立獨立自主的工會上仍有所進展。這引發長達數年的激烈對立，並在眾人眼前上演驚人的衝突，令人想起一九六〇年代初期美國南部的公民權抗爭。已在該工廠工作了二十年的循道宗牧師趙和順，是成立女工工會的主要推手。其中有位女工積極參與他的小團體活動。中央情報部為此於一九七二年將這名女工逮捕入獄（她被指控為潛伏的共黨分子）。一九七八年二月，女工前去她們的工會事務所以為選舉作準備，赫然發現到處都被塗了人屎。藏在事務所裡的惡徒把屎抹在女人身上，包括臉上。警察來到事務所時，約七十名女工「赤身裸體站著，在鎮暴警察前方形成一道人牆」，這時惡徒繼續朝她們丟屎，同時在她們光溜溜的身上亂摸。然後公司「以損壞公司財產為理由」，將一百二十四名工會女工解雇，史稱「東一紡織事件」。[68]

一九七九年，韓國經濟陷入嚴重困境，困境的肇因依序是：與伊朗革命息息相關的「第二次石油危機」期間油價暴漲，再來是執行「大推進」策略的重工業組裝線閒置（許多組裝線的利用率不到三成），接著是與阿根廷不相上下的龐大債務負擔（韓國的債務從一九七八年的一百八十億美元，暴增為一九八三年底的將近四百四十億美元，僅次於墨西哥和巴西），最後是許多營造團隊出走到中東（以回收再利用油元）所導致的專技工人減少、勞動成本上升。一九七九年經濟成長率為負百分之五，一九八〇年國民生產毛額負成長百分之六，從那之後直到一九八三年，出口一直不振。就在此一危機日益加深之際，發生了另一次象徵意義重大的事件——YH事件。

一九七九年八月上旬，YH貿易公司的年輕女紡織工靜坐示威。YH是中型工廠，雇用女工生產假髮外銷；工廠位在漢城東邊，日薪兩百二十韓圓，和「平和市場」差不多，相當於一杯咖啡的價錢。YH於一九六〇年代晚期就已是韓國假髮的最大出口商，以韓國女性的頭髮為原料，由十八至二十二歲的韓國女人縫拼成假髮。一九七〇年，假髮出口額名列第十五位。但到了一九七〇年代晚期，YH已不再稱霸假髮業，女人只能在縫紉機後做簡單的縫製作業，工作條件「糟糕透頂」。[69]八月七日，YH老闆突然關掉工廠，解雇所有員工，關掉員工宿舍和食堂，然後帶著公司所有資產逃到美國。警察驅逐一百七十名女工，狠狠毆打其中許多人。這些女工與當時在野黨新民黨黨主席金泳三磋商後逃到該黨總部。兩天後，約千名警察強闖該大樓，導致數十人受傷，一名女工喪命。朴正熙下令政府調查都市產業宣教會，要求「徹底查明某些不純勢力的真正活動，這些不純勢力以宗教為幌子，滲入工廠和工會，以煽動勞動糾紛和社會混亂。」[70]受官方控制的媒體也說都市產業宣教會與共產黨有關連，存心挑起階級衝突。但美國卡特政府譴責朴正熙政府的行動「殘酷且過當」，美國此舉使反對黨更加支持工人。

從那時起，朴正熙政權迅速解體。數週之內，馬山、釜山出現大規模抗議，在受到政府特別照顧的東南部，工人和學生走上城市街頭，令朴政權領導階層大為震驚。馬山自由出口區的工人成功組成四個工會，為一九七〇年該出口區創立以來所首見，另有工會出現於裡里、九老的其他出口區。[71] 學生回校園，發動大型示威，到了十月，針對該採更高壓手段，還是該以某種程度緩和維新獨裁，才能抑制日益蔓延的混亂，導致朴正熙政權的領導階層已嚴重失和。一九七九年十月二十六日，朴總統前往附近的中央情報部秘室，與該部部長金載圭晚餐時，這一內部爭議就是兩人交談的主題。金載圭一如朴正熙，一九四六年畢業於美國占領時期的警備士官學校。朴正熙的貼身侍衛車智澈與朴同桌用餐。車智澈身材矮胖，脖子甚短，以能徒手取人性命著稱，傳聞對朴總統的影響力愈來愈大。

交談中起了爭執。金載圭拔出手槍，激動高喊：「怎能用這樣的鼠輩執行我們的政策？」他朝車智澈開了槍，車智澈負傷，往房間門口爬，欲調動衛隊。然後令人費解的是（因為金載圭從未解釋其動機），金也朝朴正熙開槍，將朴擊斃。保安機關掌權菁英陷入混亂，整夜未定，最後鄭昇和將軍領導的軍隊掌控大局，下令逮捕金載圭。十月二十七日早上，軍人前來逮捕時，他伸手欲拔出大腿槍套裡的左輪手槍，未能得逞。

這些事件發生兩年後，我首度去了北韓。晚上，嚮導不知道該安排我去哪裡，當時北韓幾無夜生活可言（如今已有少許夜生活）。於是帶我去飯店放映室看影片。其中一部片是以史實為本的寬螢幕彩色劇情片，片名「安重根射殺伊藤博文」很能療癒（朝鮮）人心。片尾，行刺的日期從哈爾濱車站刺殺畫面緩緩淡出：一九〇九年十月二十六日。其中一個導遊看著我說：「朴正熙什麼時候被殺？」我回道：「一九七九年十月二十六日」。他說，「七十年並不長」，然後邊看著另一個導遊，邊咧嘴而笑，露出滿意的神情。後來，我在想這個日期是否對金載圭的行凶動機有所影響，但很可能只是湊巧。

朴正熙遭暗殺後，政局大亂，此時，卡特政府幾乎未出手支持韓國的民主，反倒擔心韓國內部政治解體和北韓的軍事威脅，於是派一艘航空母艦到韓國水域，同時國務卿范錫（Cyrus R. Vance）急赴漢城，表達「冀望政局安定」之意。他清楚表明美國不願插手韓國往民主化過渡一事。五角大廈的消息人士則告訴記者，上上策是倚賴韓國軍方，認為軍方是朴正熙遭暗殺後唯一具有實權的機構。[72]

暗殺事件調查（合同搜查）由全斗煥少將領導，當時他是權力甚大的保安司令部司令，此前長期輔佐且忠於朴正熙。一九七九年十二月十二日夜，韓國爆發第二次軍人政變。全將軍和其密友盧泰愚將軍，動用陸軍第九師（師長盧泰愚）、漢城的首都衛戍部隊、數支特種部隊——名義上全都歸美軍統制——在韓國軍隊內部發動政變。經此政變，韓國陸軍士官學校一九五五年班（第十一期）畢業生慢慢掌權，全斗煥、盧泰愚都屬該期陸士生。據一九九四年漢城地方檢察廳的報告，他們兩人於十二月七日碰頭，商定十二日「起事」。那天，他們和其他三十六名軍官，逮捕了陸軍參謀總長鄭昇和，以及另外約四十名高級軍官。他們把裝甲部隊調到陸軍總部前，迫使總部的高級軍官經地道逃至對街的美國第八軍團司令部。

《紐約時報》記者把這稱作南韓歷史上「最叫人震驚的違反陸軍軍紀」事件、「若發生在其他任何軍事指揮體系裡，會被判絞刑的犯罪」，但他們發覺美國官員不願公開評論此事（同時私下說對於此事自己「不知如何是好」）。[73]一九九四年漢城檢察廳的報告，把此事稱作「預謀的軍事叛亂」、「形同政變的事件」，但決定暫不起訴全部三十八名涉案軍官，包括前總統全斗煥、盧泰愚，反對黨憤而抵制國會。[74]但一九九六年，這兩位將領都因此叛變受審。

一九八〇年初期，政治氣氛大幅改善，全國各地都有韓國人集會討論新憲法。二月，崔圭夏（全能型前官員和外交官）領導的過渡政府，恢復金大中等政治人物的政治權利，讓因為政治理由遭開除的大學教授復職（我認識的一個歷史學家，某個週五離開辦公室，週一早上回去，發現辦公室被清空，門上沒了他的名字）。遭開除的大學生復學，春季，示威者舉行數場和平造勢大會，但始終把示威活動侷限在校園裡。

但四月下旬，礦工接管東海岸附近的一個小鎮，全斗煥以此為藉口，自任中央情報部代理部長，同時續任

一九八〇年，江陵，從韓國一傳統家屋內望向庭院。Joo, Mong-dok 惠允使用。

保安司令。幾週前，美軍司令約翰・威克姆（John Wickham）將軍已表態支持韓國軍方插手政治——包括「監視可能破壞局勢穩定的政治活動，並在某種程度上，評判參選政治人物的資格和可靠程度。」[75] 全斗煥這番作為之後，全國各地都有示威者走上街頭。到了五月中旬，已有數萬學生和平民湧入韓國各大城市，漢城每日有人示威，示威人數至少五千。一九八〇年五月十七日，全將軍欲完成其政變，於是宣布戒嚴，關閉大學，解散國會，禁止所有政治活動，五月十七至十八日的午夜前後，逮捕數千名政治領袖和異議人士。他還設立國家保衛非常對策委員會，自任該委員會之常務委員會主席。由於這些緊急措施，全斗煥引爆了光州叛亂。

光州

五月十八日，約五百人走上光州街頭，要求解除戒嚴。精銳傘兵部隊空降該市，不分青紅皂白殺死學生、女人、小孩等任何出現在他們眼前的人，許多人認為這些軍人服用了興奮劑。有個女學生在該市廣場附近遭攻擊，一名傘兵挺起刺刀刺進她胸部。另有數個學生被噴火器燒得面目全非。五月二十一日，數十萬當地居民已把這些軍人趕出光州，接下來五天，市民委員會控制該市。市民委員會斷定有五百人喪命，約九百六十人失蹤，[76] 並籲請美國大使館介入，威克姆將軍卻在五月二十二日，讓韓國陸軍第二十師卸除其在非軍事區的勤務。一九八八年韓國國會的一篇報告指稱，鎮壓部隊等美國航空母艦「珊瑚海號」和其他美國軍艦抵達韓國水域才動手，因此等了三天才進入光州。

或許，除了對光州市民的請求置之不理，美國別無選擇，因為美國若不把部隊撥給全斗煥，或選擇站在光州市民那一邊，都會演變成一九四〇年代以來首見的內政干涉。但美國在美韓聯合司令部底下享有作戰統制權，因此美國難辭其咎，而抽調前線部隊鎮壓，使卡特的人權政策一敗塗地；因為這兩點，美國自此大失韓國人心。一如卡特政府的其他作為，對光州事件的處置，也令自身陷入美國國家安全會議和國務院兩者始終不斷的爭執裡，也就是陷入冷戰派和溫和派的對立裡，結果落得兩邊都不討好。國務院的理查．郝爾布魯克（Richard Holbrooke）在此一事件上也建議採取審慎的沉默；他認為「對光州關注」太甚，導致未充分考慮到韓國國家安全之類尚未得到適切處理的「更大問題」。[77]郝爾布魯克也協助扭轉了卡特從韓國撤兵的政策；雷根打敗卡特之後，郝爾布魯克成為現代公司的高薪顧問。

直昇機上的喇叭警告光州市民，第二十師會在五月二十七日拂曉入城；所有人都得放下武器回家。凌晨三點，軍人進城開火，又有數十個不願放下他們從當地軍火庫搶到之武器的人遭射殺。但進城部隊軍紀嚴明，很快就穩住光州局勢。這時，全斗煥著手完成其已在十二月十二日展開的政變，完全禁止政治活動，逮捕金大中，把光州叛亂歸咎於他，並根據維新體制明目張膽匆匆組成的「選舉人團」，藉此當上第五共和的總統。盧泰愚將軍是助他鎮壓光州叛亂和奪取政權的最親密戰友之一。多少人死在光州叛亂，大概永遠不得而知，但光州的死亡人數統計，原本是平均兩千三百人，最後上升到四千九百人。[78]一九九〇年代中期，官方調查光州事件真相、死亡人數、全斗煥和盧泰愚這兩位前總統該背負的罪責（兩人都因為在十二月政變和光州慘劇裡的角色被起訴、入獄），為一九八〇年以來首見。

經過一九八〇年一場作秀公審，金大中被判有罪，由於美國施壓，他才得以保住性命，免遭處死。當金大中被判終身監禁時，美國總統雷根則迅即邀全斗煥赴華府，讓他成為雷根當上總統後第一位到訪的國家元首。雷根的助理告訴記者，美國很想強化與韓國的關係，以免北韓趁亂得利。然後，雷根政府賣給全斗煥三十六架F-16戰機，把駐韓美軍兵力增加約四千，包括新的情報設施。

一九八一年一月，就在訪問華府前不久，全斗煥以行政命令解散「清溪被服勞動組合」，從而毀掉這個以全泰壹自焚為契機創立的成衣工會。成衣工人鋌而走險，前往美國勞工聯合會和產業工會聯合會（AFL-CIO）的自由勞動協會（Free Labor Institute），挾持該會美籍會長為人質。兩名示威者揚言當局若要把他們驅離，就自殺。最後，警察還是攻入該建築，兩名工人果真從樓上窗戶跳樓自殺。[79]這時，全斗煥已創立專門破壞罷工、有武術底子的「白骨團」：他們會騎摩托車抵達罷工現場，從頭到腳穿上有襯墊的護具、並以盾牌護身，衝進工人群裡暴打頭部。一九八〇年代初期，依據《國家保安法》被逮捕的工人，占了政治犯三分之一。

全斗煥於一九八一年二月就任總統，同年，他肅清八百名政治人物和八千名官員、商人，或禁止他們從事政治活動。他也把記者、學生、教師、工運人士、公務員共約三萬七千人，關進位於偏遠山區的三清教育隊，其中包括約兩百名勞工運動領袖。這些地方被說成是政治頑劣分子的新兵訓練營，說經過大量伏地挺身、跑馬拉松、小組批判和自我批判、意識型態灌輸，他們將了悟自己行為是多麼偏差。有個捱過教育隊折磨者證稱：

晚餐前不久，我們被打到昏過去，晚餐則只有三匙大麥飯。即使我們為此表示感謝，還是挨打。笑一聲，就是八十鞭伺候。早上有一段被稱作喊叫時間的唱軍歌時段，但我們餓得有氣無力，於是他們掄起棒子打，直到我們大聲喊出軍歌為止。我有個朋友姓蔡，因為喉嚨感染無法大聲唱，因此被打死。還有個姓李的人也被打死。我們組裡十一人，有兩人丟了性命。[80]

凡是想要為期末報告找個好題目的學生，都可以進圖書館翻找一九八〇年代初期美國媒體對南韓之看法，也都能找到許多對全斗煥所達成之政治穩定「新時代」、對韓國重拾令世人驚艷之經濟成長（至少在一九八三年之後）發出的喝采。韓國中央情報部（這時已改名國家安全企畫部）規定報紙每天得在顯著位置刊出全斗煥的照片，作法和北韓沒有兩樣。有個喜劇演員長得簡直和全斗煥一模一樣，而且同樣禿頭，結果被禁止出現在螢光幕上。金泳三於一九八三年光州事件週年那天開始絕食抗議，要求回歸民主，絕食二十六天後遭當局強制就醫灌食；那是這個黑暗時期裡很不尋常且勇敢的作為。較典型的作法則可見於金相浹身上。他是紡織業大亨金季洙之子，也是與民主黨長年關係深厚的政治人物。一九八二至一九八三年，金相浹同意出任全斗煥政府的總理。但這種往兩黨政治努力的嘗試未能成功，因為所有政黨都受全斗煥政權控制，在一九八五年二月扭轉政局的國會選舉之前，此一獨裁體制始終穩如泰山。

全斗煥是戰後韓國史最不得民心的領導人，之所以受到痛恨，既因其嚴酷的施政措施，也因其想法僵固呆板，在政治上欲依樣畫葫蘆模仿朴正熙。金大中在西南部擁有幾乎人人支持的高人氣，金泳三的政治機器稱霸釜山和其周邊許多地方，全斗煥真正能掌握的地盤，就只有慶尚北道和該道首府大邱，因此他不得不竭盡所能討好他地盤裡的友人。來自此一地區的支持者組成「一心會」(Hanahoe)，其成員大多是來自該地區的軍官，俗稱TK團（取大邱、慶尚北道兩地名的英語頭字母而成）。一如陸士一九五五年班，一心會也人才輩出，只是至今仍少有人注意到這點：「在全斗煥政權下，一心會成員幾乎壟斷政治要職……國軍保安司令部、首都警備司令部、特戰司令部、合同參謀本部（參謀首長聯席會議）、國防部。」[81]

與此同時，有股大不同於以往的反對運動正慢慢壯大。由於金大中出國（一九八二年獲准流亡美國）和反對黨政治人物被禁止從事政治活動，年輕人這時開始離開大學，放棄他們的光明前程，去工廠工作。為數眾多的年輕人犧牲個人利益，去工廠做工，欲與韓國迅速壯大的都市工人階級合而為一，官方因此稱他們「偽裝就業」(喬治．奧格爾估計有多達三千名學生進入工廠，投身於組織工人)。[82]此外，新興的重工業成為這類活動的主要場域；勞工運動「開始與激進學生運動有機結合」，導致都市產業宣教會等自由主義勞權團體沒落。透過地下出版物之類刊物、乃至其公然散發，開展出一片廣大的文化、知識空間；一九八〇年代中期、晚期，激進人士公開且不能自拔的猛讀馬克思著作。[83]

全斗煥出身軍事情報機關，上台後相應擴大該機關鎮壓異己的功能。他大幅擴編準軍事性鎮暴警力，一九八〇年代中期達到十五萬人左右。他們是鎮壓示威的主力，穿著奇怪的護具：黑頭盔、密實的面罩、護住後頸的皮鞘、有襯墊的防護服、厚厚護肘、護膝、護脛、厚重戰鬥靴、左手長金屬盾、右手鎮暴棍。這種猶如《星際大戰》安納金天行者（Darth Vader）的裝扮，頻頻出現在《紐約時報》照片上，而且往往只有照片，沒有相關的文字報導（因為不需要文字說明就看得懂）。大多數隊員其實是年輕的義務役士兵，與他們所面對的學生差異不大。

一九八五年發生在大宇汽車廠的一場大規模長期罷工，動搖了全斗煥政權的信心，因為在韓國連第一流且薪水最優渥的新產業工作的人也開始組織化。一九八五年二月金大中返國，我有幸成為陪同他結束在美流亡生涯，返回漢城的美國代表團一員，冀望我們的陪同，能阻止一九八三年馬尼拉機場停機坪上貝尼紐·阿奎諾（Benigno Simeon “Ninoy” Aquino）遭暗殺的事件在韓國重演。韓國人頗聰明，不會幹出這樣的事，但還是不夠聰明，竟在金浦國際機場鬧出沒必要的大騷動；一隊身穿褐色風衣的中央情報部惡徒動手打人，把美國要人（代表團裡有兩名國會議員）摔倒在地，同時將金大中和其妻子硬押進等候的車子裡，將他們軟禁了數個月。

我們上了巴士，進入漢城時，數百名穿著破舊冬衣的全羅道人民群集在我們身邊，激動喊著金大中是他們的「偉大領袖」。通往漢城的道路左側有數千名鎮暴警察。右側則有許多漢城老百姓——穿牛仔褲的工人、穿黑制服的學生、穿長裙的媽媽、全身包得緊緊防風的年幼小孩、一身傳統打扮的老漢老婦——舉著歡迎金大中歸國的標語牌。那情況讓人覺得韓國全國人民已分成兩邊，一邊是鎮暴警察，另一邊是示威者。

反美和反韓

一九八〇年代的激進浪潮加深了許多韓國人一直抱持的反美心態，尤以光州叛亂後更是如此。激進人士認為韓國的內部壓迫，與美國在韓國和其他地方的帝國主義史有關連，並利用深藏於韓國人心底的民族主義壯大激進派的勢力。光州事件使此一心態升至高點，但反美土壤的最重要耕耘者是美國人自己。

僑居韓國數十年的美國人詹姆斯・韋德（James Wade），一九六〇年代寫了一本書，書中完整呈現了一九四五至一九八〇年韓美關係的氛圍。他精細入微刻劃每樣事物——以感同身受的筆觸，精確描述每次街頭偶遇，每次去美軍基地、大使館、漢城市民會館，或韓國人和美國人接觸的其他許多地方之所見所聞。韓戰期間及戰後當然是最不堪的時期，因為此時美國處於高高在上的最高點，韓國則墮入未曾淪落過的深淵。韋德記載了一九五〇年代中期美軍士兵如何抱怨「敏感度」手冊。那些手冊說韓國人「驕傲且莊重」，但「我們目前為止所看到的人，都是髒兮兮的乞丐，或者住在小屋裡、比動物還不如的農民。他們根本談不上文明有禮，更別說莊重或驕傲。」韋德描述了一九五〇年代某火車站的情景，當時運送美軍的列車進站休息，一身破爛的流浪兒即圍上來要糖果。有個十二、三歲的女孩，往這列火車走過來，她臉上有瘡，衣衫破爛，頭上有傷口的那一邊頭髮被剃光。

「嘿！」有個士兵喊道，「有個朝鮮妞……很性感，對不對？」

美軍士兵吹起帶著調戲意味的口哨，做出猥瑣的動作，就在這時，女孩開始繞著圈圈跳舞，揮動手臂，發出長嚎。口哨聲更加熱烈，她「跳得更高，令人想入非非地突出她臃腫的腹部。」突然有個韓國老農跑上來，甩她一個耳光；她往後倒在一堆米袋上。他還朝其他小孩破口大罵，用噓聲把他們趕走。不久，列車往前動，女孩留在月台上，「在成堆的草袋邊低聲啜泣」。84

美國和平工作團（Peace Corps）的志工被派到韓國之前，要上三個月的「跨文化認識」課。此一課程教學員認識韓國歷史的悠久、韓國人何等看重家人、韓國人絕不會偷朋友一根針或一毛錢等等；然後我們去到漢城，才幾天，我的打字機和全部衣服，就被當時所謂的「小賊」偷走——小賊在院子裡故意留下一坨屎讓警察發現，藉此表明他不是大奸大惡之徒，若被逮，警察不會太為難他。「文化認識」課程對於撫平上廁所的恐怖經驗，也沒有多大幫助。一九六〇年代，漢城以外的地方，室內廁所甚少，為了走進污穢的戶外廁所，往往需要頗長時間鼓足勇氣才能辦到。我有個友人所借住的人家，戶外廁所設在豬圈上方；豬看到他過來，會滿懷期待發出呼嚕聲。六個月後，有隻黑豬誕生，那家人認為那是吉兆，代表我朋友帶來好運。我們那時都太年輕，不懂一場可怕戰爭如何令此國人民餘悸猶存，仍影響每樣人事物。韋德切實記錄了一九六六年一名美國陸軍上尉的黑話。那個上尉高高在上，把韓國人全當成苦力一般：其中一人把美國國旗升上旗竿，但升旗方法不對：

「媽的！」他咆哮道。「看看那面該死的旗，他們把它掛得屁股朝上。」他眼冒怒火四處瞪人，繼續叫道：「嘿！矮個兒（Skoshi）在哪裡？男僕（Boy-san）在哪裡？哪個人趕快過來，快點快點。」85

出於我至今仍不解的理由，後來的許多美國經濟學家、經商權威、政治學家，這些人認為把韓國的資本主義捧上天——不只一次，而是好多次——是他們嚴正的義務。每個人都把「奇蹟」掛在嘴上，不久後又加上「充滿活力」這個字眼。一九七七年九月，《財星》雜誌談到韓國的商界時，如此說道：

> 在韓國，肯定令美國企業家高興的東西是儒家工作倫理……對韓國人來說，工作不是件苦差事。那是幫助家國的天賜良機。把孝道擴大適用於老闆與員工的關係上，更令在國內見慣勞資糾紛的美國人驚喜。[86]

韓國勞工也被這些人認為是「軟弱」的，這在美國人看來大概也是件好事（儘管美國企業很快就發覺這並非實情）。《財星》雜誌雖這麼說，但其實聽聽就好，畢竟該雜誌的撰文者基於職責必須這麼寫。我仍搞不懂為

一九八一年二月，白宮，全斗煥和其妻子訪問雷根和其妻子南茜。

什麼韓國人民付出那麼大的犧牲，逼自己國家投入二十世紀的激烈競爭裡，卻招來學界人士如此不加批判、簡直歇斯底里的熱情讚許，而且這些學者大概也沒拿到什麼好處呢。

比起我們大多數美國人看待韓國人，韓國人看待美國人，觀察遠更細微，認識遠更深入，而且面對美國人的誤解所產生的種種侮辱，他們能以程度不一的認命、頑強、利己心、稀鬆平常的韌性或一笑置之的開懷忍下來，對於美國大方讓韓國人分享其財富，以及美國士兵在韓國土地上流血犧牲，通常依舊心懷感謝。很少有韓國人會讓美籍同事陷入可能會令其受辱或丟臉的境地，因此，看到一九八〇年代年輕一輩韓國人罵起美國人那種肆無忌憚和洶洶氣勢，老一輩韓國人覺得羞愧。但這是韓國找回自我、恢復自覺與自信、最終找回民族尊嚴的表徵。

學生在抗議什麼？光州事件和美國對該事件的反應，始終是抗議矛頭所指的核心。卡特總統透過其人權政策，已讓韓國人生起希望，覺得美國或許不再對朴正熙的獨裁統治、侵犯人權、恐怖統治置若罔聞。他於一九七九年六月訪問韓國，正值政治危機日劇、經濟罕見反轉向下之際。但那時，卡特的顧問已說服他將人權改善的矛頭對準拉丁美洲和共產獨裁政權，放過韓國、菲律賓等「戰略」盟邦。隨著卡特政府對光州流血事件發出無關痛癢的抗議，此外別無作為，這一人權政策隨之破產，還讓卡特反受其害。有張別出心裁的學生海報，把全斗煥的頭像擺在拉什莫爾山上，卡特在下面拿著M-16守衛防禦土牆，雷根在對南茜口交，「三金」在一旁無精打采的議論。[87]

美國官員常從狹隘的經驗主義角度看學生抗議：學生說美國涉入全斗煥兩次政變，尤其涉及一九八〇年五月支持全斗煥鎮壓光州，美國大使館總會回答從無這樣的涉入。從華府的高階政策角度來看，美國或許真無涉入，但就美韓關係的密切來說，則不可能毫無涉入。美國維持其對韓國軍的作戰統制權；全斗煥兩度違反美韓聯合指揮協定，一次是一九七九年十二月，另一次是一九八〇年五月：美國為何對那些違約行為默不吭聲？全斗煥打過越戰，一九七九年當過韓國軍情機關首長，因此必然與美國的對等機關建立了深厚的人脈：美國軍情機關制止過他、甚至試過制止他嗎？最重要的，雷根總統為何邀此人訪問白宮，一九八〇年代初期如此公開地支持他？這些疑問大多沒有讓人信服的答案，最後一個疑問尤甚。諸多反美行動的第一椿，是一九八〇年十二月向光州的美國新聞處縱火；到了一九八〇年代中期，這類行動已司空見慣，許多年輕人為了自己的信念自殺。

我不由自主——或者說自以為不由自主——捲入這騷亂的漩渦中。如前所述，韓國人看重且尊敬學者，而且遠超乎學者所值得看重與尊敬的程度（話說回來，這又是美國人能向韓國人學習的一點）。一九八〇年代中期，美國駐漢城大使館搞不清楚狀況，認為我的著作是造成此時期學生反美示威不斷的根源。這根本胡說八道，但我好多次被人指著鼻子這麼說，在此談談這段經歷，或許也不算太離題。我第一本談韓戰的專著，一九八〇年代初期以地下出版物的形式四處流通，然後被侵犯版權的韓國出版商翻譯（劣譯）出版，結果此書遭全斗煥查禁。但只要找對書店，通常還是買得到此書。

一九八七和一九八八年，我一再接到美國之音或美新處的來電，邀我接受錄音訪談，訪談內容會在韓國播出。他們說我的著作遭學生曲解，我應予以釐清。駐漢城的富爾布萊特計畫美籍負責人告訴我，我應親赴韓國，破除當地學生的錯誤認知。另有美國歷史學家在這些或其他贊助計畫下受邀去韓國，以導正關於韓戰和其他史實的認知；其中兩人立即痛斥我即使不是北韓同路人，也是激進分子，藉此討好當權者。

我從未同意官方的任何請求。通常我根本不回電，但有一兩次，我向邀請方表示，如果美國人不再支持獨裁者，開始尊重韓國人，這些問題自會消失，我會回到沒沒無聞的凡人生活。這番話大概讓他們覺得我一方面自以為是、一方面卻又很有道理，因為凡是去過漢城街頭的美國人，都會很快就得知許多韓國人不喜歡美國人。一九六〇年代晚期，我住在某韓國人家裡時，附近的小孩總會跟在我後面，以唱歌似的語調說「mmmoooonkeeeee」（猴子），喊出數個我一時意會不出的韓語詞。有天，我和一名韓籍友人在小巷裡散步，有個男子從酒吧出來，看見我，吐了我一臉口水——我朋友覺得很不好意思，後來很耐心的解釋說，並非所有韓國人都喜歡美國人。

六月突破

儘管全國人民討厭全斗煥的第五共和，一九八七年，他還是決定挑選接班人，然後繼續在幕後掌權；為了成立他所謂的日海基金會（「日海財團」，日海是全斗煥的號），他找了一個又一個大企業幫忙，希望卸任總統職務後，藉由該基金會繼續掌控國政。如果說四處籌集政治資金這檔事沒什麼好大驚小怪，但說到他所搜刮的金額之高就著實令人咋舌：擔任總統期間搜括了九億美元，卸任後金庫裡歸他掌控的資金仍有至少一億五千萬美元。[88]

全斗煥政權垮台或陷入危機時的情勢，類似拉丁美洲獨裁政權敗亡、向民主政體過渡時的情勢，尤其類似阿根廷的情勢；一九八七年的韓國，連同一年前菲律賓的「黃色革命」，都預示著前一波的民主活動有助於一九八九年時推倒歐洲共產政權的民主化浪潮。政治學家紀耶莫・奧東內爾（Guillermo O'Donnell）和菲利浦・施米特（Phiippe Schmitter）精闢分析了「高度再政治化且充滿怒氣之社會的爆炸性情勢」，其描述完全貼合一九八〇年代韓國的情況：

> 舊政黨復出或新政黨組成，爭取更明確的民主化、乃至革命；長年遭出版審查壓制的書籍雜誌突然問世；工會、專業協會、大學等舊有機構，從政府操控的工具，轉變為表達自身利益、理想、反政府怒火的管道；國內出現了草根組織，明確表達長年遭威權統治壓抑或漠視之要求；先前明哲保身、遷就當局的宗教、靈修團體，從倫理角度表達其對時局的憂心……[89]

誠如這些作者所指出，人權組織和教會是異議人士的重要庇護所，前者倚賴國際支持，後者往往是相對來講較能不受政權侵犯的唯一機構。其他場所無一能倖免於全斗煥政權的入侵：一九八〇年代中期來到漢城者，個個都能感受到那股如臨大敵的抵抗、壓迫氣氛。

一九八七年春，又有一個學生遭韓國警方刑求致死；警方說是意外，但官方對此事的掩蓋遭揭穿，引爆六月十日的全國示威。明洞大教堂的天主教神父為遭當局追捕的學生提供藏身之地；仍在抗議的學生受到鎮暴警察殘酷打壓。在此氣氛中，執政黨根據既有的反民主體制，未經總統大選，提名盧泰愚接替全斗煥。接下來中產階級也加入大規模抗議。從六月十日至二十日，「都市裡的所有街道形同戰場」。[90]追求民主並得到學生、工人和許多中產階級者加入的群眾運動，終於使韓國的民主運動有了突破性進展。

雷根政府開始擔心一場十足到位的革命會推翻全斗煥政權，已派中情局駐漢城的職業官員李潔明（James R. Lilley）出任美國大使；此舉極不尋常，但反映了華府對南韓可能瓦解的憂心。六月下旬，眾多美國人力促全斗煥、盧泰愚改弦更張。六月二十九日，盧泰愚迎難而上，宣布要在一九八七年十二月總統直選，要讓候選人不受壓迫威脅公平競選，要赦免政治犯（包括金大中），要保障基本權利，要修改或廢除既有的出版法。[91]這一劃時代的事件，說明盧泰愚遠比全斗煥更精於審時度勢；藉由這簡單的一招，盧泰愚使自己成為下次總統大選的當然候選人，使許多西方人相信他真心誠意推動韓國民主。

全斗煥政權也在一九八七年夏廢除對籌組工會的管制。在一九八七年六月至一九八八年六月這期間，工會成員數增加了六成四，多了五十八萬六千一百六十七人；從一九八七年七月至十月底，發生了三千四百起勞資糾紛、罷工、關廠，涉及九十三萬四千名工人。勞工抗爭大多因工資而起，但對韓國勞工來說，這依舊是重大進展。[92]這時南韓藍領工作者的生活，仍談不上順遂：一九八九年，南韓整整四成二人口住在漢城或其附近，兩百萬漢城市民住在面積不到一百八十平方英呎的出租房裡，許多如此大小的出租房塞了多達三戶人家，也就是約十五人。[93]即使到了一九九〇年代中期，也沒有哪個主要政黨與勞工建立真正的同盟。但一九八七年迄今，工資和工作條件已大幅改善。

如今，南韓的中產階級已隨著工業化、都市化而快速壯大，但要確定其政治傾向仍然不易。有些中產階級成員在一九八七年六月示威動員時，給了異議青年極重要的支持，但選舉一結束，即退出街頭。這當中不滿時局的中產階級成員，包括：遭官方和大型聯合企業棄之不顧的中小企業、因所屬地區而處於弱勢者、入不敷出且無力教育子女的家庭、目睹學生（自家或他人的孩子）遭棍棒毆打的父母等。晚近增加的南韓基督徒（如今基督徒占南韓人口約四分之一，而這些增加的基督徒大多是一九七〇年起信教），有許多屬於中產階級或渴望躋身中產階級者，因此重要教會人士的見證和犧牲，無疑地促使部分中產階級人士支持民主化。但中產階級往往大多是受薪人員和政府官員，若要說到獨力對抗官方，往往勢單力薄。此外，南韓的中產階級屬原型性質的新社會構造（*nouveau* social formation），把賺錢看得比爭奪權力重要許多。對許多中產階級市民來說，朴正熙、全斗煥當政時，無人替他們的權益有效發聲，故權益是他們關注的基本問題之一，而一旦在這方面如願，他們即不再重返街頭以幫助工人階級達成同樣心願。[94]

與此同時，反對勢力竟再度分裂，推出金大中、金泳三

表7.1

	盧泰愚	金泳三	金大中
光州	4.8%	0.5%	93.4%
全羅北道	13.7%	1.5%	80.9%
全羅南道	8.0%	1.1%	87.9%
慶尚北道	64.8%	27.5%	2.3%
慶尚南道	40.4%	50.3%	4.4%
總計／韓國全境	35.9%	27.5%	26.5%

（金鍾泌也出馬競選，拿到全國選票百分之八，在其家鄉忠清南道拿到將近過半的選票。）

兩位候選人，與執政黨候選人角逐一九八七年十二月總統大選。在野黨未能整合，使盧泰愚得以靠相對多數得票拿下總統大位，候選人得票率因地區而劇烈變動的現象，為韓國史上之最，說不定也是其他國家歷史上所未見。（見表7.1）[95]

誠如朴基德（Park Kie-duck）所寫道，「這場大選呈現了強烈的地域觀念，此一地域觀念貫穿包括階級在內的各種群體認同界線。」此外，他說得沒錯，一九八七年六月的龐大反體制運動，只靠一個目標讓各路人馬同心協力，那就是喊得震天價響的恢復總統直選要求。[96]六月二十九日盧泰愚迫於壓力而宣布直選後，中產階級重拾其不關心政治的日常生活，激進化的青年和工人再度屬於社會裡的少數。

為保住自己的腦袋，盧泰愚把全斗煥拿來當代罪羊，把一九七九年十二月十二日的叛變和光州叛亂都歸咎於他，再度表現出全新時代已於一九八八年降臨的模樣。但他也善待全斗煥這位長年老友，不讓他受罰或入獄。全斗煥擺出高潔之士的模樣，退居偏遠的佛寺嚴正自省。的確有一位實權人士在牢裡蹲了一段時間（原掌理情報機關的張世東），但沒有哪個現役軍官因其一九八〇年代的作為而受罰。某專家寫道，盧泰愚統領的政治體制，絕非「文人體制」：「軍方與統治集團並存，同時對反對勢力行使否決權。」勇氣可嘉的記者吳弘根建議徹底肅清政治裡的軍隊文化，結果遭陸軍情報司令部的幹員用刺刀捅傷。[97]一九八七至一九八八年出現的南韓局部民主化，並未拆除國家安全情報等官方相關壓迫機構。

盧泰愚總統的下一場政治勝利，是由金泳三拱手送給他的。當初金泳三擔心如此偏離常態的地域得票差異，會使他在三方角逐的大選裡永遠選不上總統（他認為金大中每次都會參選），於是把他所領導、脫離新民黨自立的黨，與執政黨（民正黨）和金鍾泌（新民主共和黨）的追隨者合併，達成「三方合同」，從而在一九九〇年初催生出民主自由黨（民自黨）。如果說這看來和日本自由民主黨（自民黨）相近，事實的確如此：把「民」與「自」對調——把韓國人對日本的抱怨轉成毫無意義的大話——就成了自民黨。

三黨合併也使盧泰愚得以根據《國家保安法》，放手逮捕異議人士（整個一九八九年，每天平均逮捕三點三人），擊潰數場還在進行的勞工罷工，理由是工會要求調漲工資，會吃掉韓國在出口上的相對優勢。政府警告，同意調漲工資的企業會得不到政策性貸款。但誠如某分析家所指出，韓國經濟的減速，禍首是日美兩國經濟衰退，而非工資上漲。[98]

但隨著一九九二年的選舉，以及一九九三年二月金泳三掌權，軍方終於退回軍營。金泳三總統將擔任要職的「一心會」重要成員革職，將一些深受敬重的學者和前異議人士進入新內閣。金泳三一如他的美國友人比爾·柯林頓，終究是以四成多一點的得票率選上總統，在為北韓核子問題而情勢緊繃期間，始終有傳言說不甘蟄伏的「TK團」可能再度出手，摧毀民選政治。金日成剛死的那段期間，金泳三總統用了大半個一九九四年夏天安撫這個強硬右翼團體，為此一再就金日成的遺體發出中傷性的不實之詞——結果使得南北韓關係處於多年來最冰冷的狀態。南韓若派人前去吊唁，會大有助於兩韓統一；若做不到這點，也不會造成傷害。但一九九五年十一月，就在全斗煥、盧泰愚積聚龐大「不當資金」一事每日一爆時，金泳三突然開始著手以一九七九年十二月政變和五個月後的光州流血事件為由，將他們兩人起訴。與此前世上其他任何軍事獨裁政權不同，韓國這個新民主政權沒有既往不咎這回事：金泳三將這兩位前總統下獄，要官方調查他們的罪行；兩人看來會在獄裡度過餘生。這是韓國民主的美好時刻，還了過去五十年為民主政治而奮鬥的許多韓國人公道。

但《國家保安法》仍未廢，仍被廣泛用來懲罰異議人士——儘管一九九四年八月，出人意外地，美國國務院懇請漢城廢除這個與時代脫節、且過於嚴酷的法律。根據此法，凡是稱讚或鼓勵「反國家活動」者都可被起訴，北韓仍舊被認定為「反國家組織」。此法涵蓋政治、社會、藝術生活的各個層面；一九九四年夏，連教授的授課筆記都仍被當成顛覆活動的證據呈上法庭。[99]

一九九〇年的新執政黨有意成為韓國的「自民黨」，也就是想要達成長達數十年由一黨主政的穩定民主政治。全斗煥、盧泰愚入獄後不久，這一理想就落空；金泳三改了黨名，不久，該黨就只是他的政治機器。韓國為何無法……更像日本一些？日益壯大的中產階級肯定希望這個局面能長期穩定下去，因為此時在國會和青瓦台都已有人代表其利益發聲了。但勞工仍被拒於執政聯盟之外，仍無法合法從事公開的政黨政治，[100]但人數和力量有逐年成長。自民黨治下的日本既未將勞工拒於「高層」政治安排之外，也未像韓國《國家保安法》那樣，明令取消勞工的基本政治權利。韓國的國會殿堂上出現許多前異議人士和反對派人物，但基本上仍是個「保守俱樂部」，[101]如同一九四八年國會始創之時。而且壁壘分明的地域性投票集團，也不利於長期一黨統治的實現。

韓國人如何改寫獨裁、民主規則

一九九七至一九九八年金融危機最讓人覺得反諷之處，或許在於韓國史上最嚴重的經濟危機，竟發生在韓國選民要把異議人士金大中送進總統府之時。他在前幾任獨裁者統治下吃過的苦頭，和世上任何政治領袖相比毫不遜色。但這絕非偶然，因為數十載獨裁統治一如高成長經濟，是韓國的一大特點，而金大中體現了對此一獨裁統治英勇不屈的抵抗精神。弔詭的是，這個日益成熟的公民社會，成了華府和國際貨幣基金得以在韓國大展身手的重要機制。為何如此？因為金大中的當選，使得長年批評「政府—銀行—財閥」狼狽為奸的人掌握了權力，也就是和這位新總統一樣長年受害於此一體制的人擁有了權力。全球經理人擔心金大中當選（他說不定是激進分子或「民粹主義者」），華府則長年支持讓他吃足苦頭的獨裁者，因此，金大中的當選讓人覺得相當諷刺。華府、華爾街的消息靈通人士公開表示，金大中是在錯誤時間、出現在錯誤地方的錯誤領導人：有個美國外交官告訴記者：「我們可能陷入一種處境：就在金融處於非常時期，需要南韓企業忍受痛苦、大幅縮編之際，金大中掌權……幾乎沒有人認為他能利用公權力克服這一危機。」[102]其實，就真正改變韓國體制來說，放眼檯面上的政治領袖，沒有哪個人比金大中更適任；他在漫長的政治生涯裡所主張的改革，與國際貨幣基金的改革類似。[103]

金中大絕非激進派，勞工非其主要票源，原因有二：首先，至一九九八年為止，勞工依法不得參與政治活動；其次，多年來金大中維護中小企業利益遠甚於維護勞工利益（而且在韓國的麥卡錫式政治環境裡，支持勞工當然沒有政治前途）。但他明顯比此前的領導人更支持勞工的要求，勞工喜愛他甚於過去歷任獨裁者。但由於過去五十年嚴峻的反勞工環境，這對於勞工處境的改善幫助不大。韓國勞總是數十年來唯一合法的工會——因為它是由官方控制、迎合企業主利益的工會，控制手段則是已故的詹姆斯・韋斯特（James West）所謂「將勞工拒於門外的統合主義」，政府、企業集團、銀行沆瀣一氣，把勞工徹底排除在外。一九七〇至一九八七年，外資企業的工會是否得到承認，由政府說了算，政府禁止罷工和未獲認可之工運人士活動——藉此「安撫不安的外國投資者」。[104]另一個大型工會是民主勞總，一九八七年後其成員遽增，但一九九八年初才被認定為合法。如今這兩個工會都有約五十萬會員，但韓國勞總建立在由上而下受到控制的企業工會基礎上，每個企業只准存在一個工會，從而打破了不同產業間的橫向團結。施行數十載的《工會法》禁止「第三方」（凡是非受雇者或非管理者皆屬之）介入職場，禁止工會從事政治活動，從而使工會支持特定政黨之舉為非法。凡是工會都必須得到勞動部認可才合法。[105]

儘管如此，南韓仍是個工運很發達的國家，連白領銀行員都繫上一模一樣的頭巾上街遊行，頭巾上寫著「打倒國際貨幣基金託管！」，嘴裡喊著整齊劃一的口號。一九八〇年代在喧囂的校園孤軍奮戰的學生，這時與民主勞總的藍領工人一同奮鬥。但一九九八年一月，金大中總統一舉改變了勞工在體制裡的地位，預示了影響深遠的政治轉型即將到來：在他的指示下，韓國史上頭一遭，勞工領袖與商界、政府領袖會面，以擬訂公平公正的政策，因應國際貨幣基金危機，這種「高層談判」是勞工至當時為止所取得的最大政治成果。經過艱困談判，金大中讓勞工方面同意大規模資遣，如此一來會使失業率提高到危機前的三倍之多，儘管只是從百分之二增加至百分之六（就西方標準來看不算高的失業率）；失業率最終達到百分之八，但二〇〇一年時已再度降至低於百分之四。工會則得到回報，取得合法存在的權利，以及參政、提名候選人參選的權利。於是，工會左右、制約了改革進程，而非試圖摧毀該進程。

當選後不久接受訪問時，金大中把金融危機歸咎於軍事獨裁政權，說這些政權對人民說謊，只把心力用於發展經濟，在這過程中危害民主，導致「政商勾結」。他說要化解此一危機，就必得改革政商關係、吸引外資、然後增加出口。[106]他的財閥改革方案是同意國際貨幣基金的三項要求的：消除子公司相互擔保貸款的現象、降低負債權益比率、改善透明度。但政府最初揚言拆解財閥，不久就打消此念頭，轉而計畫打破政府與企業間的關係。金大中不只一次指出，他沒有改變財閥規模或目標的打算，[107]反倒推動一筆「大交易」，財閥在其中交換彼此的子公司，以專注於核心事業：例如三星的汽車廠會轉給現代，現代則把其半導體事業轉給三星作回報。[108]但這場經濟危機的深重，最終代替金大中完成了他想要做的事：由於連體質最優的財閥，壞債都高得嚇人，例如大宇因此破產，創辦人金宇中擔心遭起訴而逃到國外；現代集團在重拾獲利能力，以及遷就強大工會上依舊非常不順；似乎只有三星在相對受傷較輕的情況下走出危機。其實，這場金融危機讓大財閥沿襲已久、草草打造的信貸結構受到極大壓力，在政府不出手的情況下，就有許多財閥解體。

金大中決定不拆解財閥，這不讓人意外，因為它們攸關韓國發展，而且晚近許多西方跨國企業掀起合併潮，以提升全球競爭力之名追求「巨大化」。但金大中也無法輕易除掉這些企業，因為它們也是封建產業莊園，類似杜邦（Du Pont）公司在美國德拉瓦這個小州裡維持數百年的地位——亦即在各方面滿足其員工所需。典型的「現代」工人開「現代」車，住在靠從「現代」借來的錢買下的「現代」公寓裡，得到「現代」醫院的健康照護，靠來自「現代」的貸款或獎學金讓孩子受教育，在「現代」的食堂用餐。這種極端的統合主義，「現代」多年來派至中東的龐大營建團隊裡，或許最能清楚看到；每個工人會穿著「現代」T恤和帽子、提著「現代」的包包出發，會在「現代」的宿舍裡吃住，會使用「現代」的工具和設備，在沙漠裡建造「現代」的城市。韓國財閥在韓國打造了由家族操持的大型世襲企業莊園，稱之為資本主義，其作法就和金日成在北韓打造受儒家思想影響的世襲家族—國家，並稱之為共產主義沒有兩樣。因此，韓國的改革者除了在財閥體制裡施為，除了集中全力打破這些企業、政府、大銀行之間的關係，沒別的路可走。

金大中治下，民主改革進展迅速。金泳三完全未著手改變觸腳遍及韓國全境的國家安全企畫部，唯一的作為就是把它交給自己的盟友掌管。這個機關一九九〇年代中期根據《國家保安法》起訴了數百人，包括一九九五年十一月半夜被捕的工運人士朴正烈（Park Chŏng-yŏl，音譯）。當時，十名男子衝進他家，把他押至一間沒有暖氣的小房間，接下來二十二天，拷問者在那裡毆打他，往他身上倒冷水，讓他一天只能睡三十分鐘，逼他供認是北韓間諜，但他根本不是北韓間諜。有個政府官員告訴記者，這類舉措有其必要，因為「我們發現整個社會已被北韓意識型態影響」，還說「南韓境內有四萬多名北韓特務」。[109]

後續調查證實，國家安全企畫部在大選前夕，有計畫地將金大中抹黑為親共分子，接任的該部官員也把一九七三年綁架金大中的中央情報部幹員名單交給記者。一九九八年二月，《時事週刊》（*Sisa Journal*）將國家安全企畫部的整個行政架構首度公諸於世，說該部有七萬多名職員（和許多編制外的幹員、間諜），年預算八千億韓圓左右（約十億美元），出身西南部的高階官員少之又少（七十名最高階官員裡有三人，五十五名局長裡有一人）。中央情報部控制八個學術機構，包括向外國學術機構提供補助，並發行著名英語刊物的數個機構。金大中的新政府將國家安全企畫部的「國內」部門員額裁掉一半，把其他部門員額裁掉一成，將二十四名最高階官員和許多較低階官員解職，並把該機構的業務重心轉離國內事務，轉向北韓。有個最高階官員說，國家安全企畫部「會重生，以符合國際經濟戰的需要」[110]——貼切點出當時國際經濟的特點。

因此，金大中在任期間使經濟、政治體制，以及下文將提到的與北韓關係，都有了重大改變。南韓的外匯儲備達到前所未有的水平，將近一千億美元，亦即差不多相當於台灣、香港、中國得以在一九九七年使其貨幣免遭擠兌的儲備水平。不到兩年，韓國恢復高成長率（一九九九年超過百分之十一、二〇〇〇年百分之九），儘管二〇〇一至二〇〇四年美國經濟反轉向下，使韓國成長率降至百分之五到六。韓國的公民社會和民主強固且充滿活力，不再受軍方威脅。於是，流動性危機、國際貨幣基金改革、華府掌控東北亞發展模式的欲望、韓國的民主化這幾個因素匯聚在一塊，起了奇怪且弔詭的作用，使得韓國在政治、經濟上的穩固程度，比一九九七年前的任何時候都要高出許多。

金大中及其過從甚密的盟友推盧武鉉接掌總統之位，震撼政界，因為他不是韓國政治菁英的一分子，沒沒無聞。他出身平凡，靠自學通過律師資格考，一九八〇年代替許多異議人士和工運人士辯護，勇氣過人。他與政壇上的任何要角都不同，妻子出身被列入政治黑名單的家族（她父親是南朝鮮勞動黨黨員，死在獄中）。盧武鉉的競選對手李會昌是法官出身，舊執政黨的堅定支持者。似乎人人都認為李會昌會贏，包括二〇〇二年李會昌訪問華府時予以款待的布希政府。但十二月選舉揭曉，盧武鉉勝出，然後，二〇〇四年，他的黨（我們黨）拿下國會過半席次，從而讓他直到二〇〇八年任期結束都有穩固的政治基礎。金大中和盧武鉉就此實現了政治徹底轉型，使韓國徹底擺脫自一九四八年起一直支配該國之菁英的掌控。

令人遺憾的是，這一民主勝利在華府未得到全面歡迎，因為那似乎是新一波「反美」浪潮的一部分。常被美國司法部說成是韓國代理人的共和黨人理查・艾倫（Richard Allen）[111]寫道，盧武鉉的當選，造成美韓關係上「令人困擾的轉變」。韓國領導人此時似乎已「踏入中立區」，甚至在當前的核子僵局裡建議華府、平壤雙方都讓步：「此一自私舉動可說是嚴重的背叛」。艾倫說，或許應撤走美軍，「因為傷害可能來自兩方，即北韓以及手段暴烈的南韓抗議者」。[112]還有些美國人不解，當「北韓拿核武威脅」時，韓國人怎能批評美國？五角大廈某官員主張：「那就像教小孩騎腳踏車。我們一直跑在南韓身邊，替它抓穩把手五十年。總有一天得放手。」[113]在漢城的另一個美國軍官談到盧武鉉的當選，說「這裡（亦即美軍基地）的確有股哀悼的氣氛」。[114]這種既任性易怒、又倨傲得令人不快的心態很引人注目，但不知為何，表達這類想法的人似乎未曾注意到，引述他們話語的記者有時亦然。

媒體以「反美」一詞描述漢城民心的不滿，不符事實而且不恰當。較貼近事實的說法，應是這全都是因為布希政府提出的政策火上加油造成的；其實應該說「反布希」，而非「反美」，因此韓國的反應和其他許多國家並無二致。二〇〇一年八月、二〇〇二年十二月我在漢城觀察示威遊行時，打定主意一旦有人問我來自哪裡，即答以來自紐西蘭。但根本沒人問我這檔事。二〇〇二年下半年，盧武鉉當選前的一段期間，漢城每到週六夜就會舉行人數眾多、氣氛莊嚴、令人贊嘆的燭光守夜活動，許多美國人和西方人參與了這些活動。二〇〇二年十二月十四日，我看到數萬年輕人、帶著年幼小孩的一家人、彩繪身體、掛著標語牌的抗議者，以及手持燭火、小心不讓其被風吹滅的少許中老年人，在被風吹得鼓起的白色橫幅下緩緩前進，橫幅上的標語要求美國支持南北和解，改革「駐韓美軍地位協定」，把軍事基地搬出漢城。那是嚴肅但又令人愉快、令人感動且莊嚴、井然有序的示威（得益於示威者和維持秩序人員的努力）。這些示威的非暴力基調，大不同於一九八〇年代中期（暴力）反對美國政策最激烈時所見。

結論

經由數十年無數人的犧牲，如今南韓的政治不再讓其民主友人反感，且最終產生了讓所有韓國人都能引以為傲的民主。但為此付出了哪些必要和非必要的代價？美國人一般來講支持那些與他們有同樣理想的威權統治受害者，但對同樣受害於威權統治、理念不同者，則默不吭聲，因此，以金善明的遭遇結束本章，或許有助於我們解開上述疑問。一九九五年八月，他如南柯一夢步出牢房，由於在牢裡蹲了太久，靠另一個長期政治犯，比他早出獄的金錫亨教導，他才學會如何打電話，如何開電視；

其他人語氣和緩地告訴他，他九十三歲的老母認為他二十年前就死了。金善明是誰？

一九五〇年十月，整個朝鮮半島烽火連天時，美國情報官員抓到支持北方的南方人金善明，把他交給韓國當局。他們指控他從事間諜活動，他否認；但他不願放棄其對平壤的政治效忠。獄吏威脅要把他處決，對他用刑，逼他招供；為了逼他就範，他們還處死他的父親和唯一的姊妹。他仍不就範，獄吏就把他關進小小的獨居房，一關四十四年。不准他和別人講話，不准會見親人或讀書報，常挨打，靠「吃不飽的獄中伙食」捱了過來，但因他不願「轉向」，不願放棄對北韓的政治支持，還是出不了獄。「獄警會把吃的拿給我看，例如滿是肉的湯，然後只給我湯當晚餐。他們會說，『想要吃的，就乖乖改變你的信念』。」他二十九歲入獄，七十三歲出獄，仍不改其志。

金泳三政府釋放他，大概是因為關了世上服刑最久的政治犯會有損顏面的緣故。與此同時，還有二十四個北韓同路人關在獄中，每個都已服刑至少二十年。[115]讀者應該會想問，這是否僅是兩次大戰之間日本控制思想、要頑抗分子「轉向」之技巧的不幸遺緒，還是南韓在此之前許久就已習得此作法；我們是否能把「民主」的冠冕，送給一個繼續在做這種事的政權？

CHAPTER

8

太陽王之國：北韓，一九五三年迄今

眾好之，必察焉，眾惡之，必察焉。——孔子

大陽普照，餘光洞燭於隱微；沛澤徧施，流波蕩滌於誣枉。恩被存沒，感徹幽明。

——朝鮮呈明皇帝表文[1]

朝鮮民主主義人民共和國後來就變成獨一無二、令人費解、難以形容的國家了。其領導階層行事隱秘，不因外界目光而稍改其作風，該國的許多基本事實因此不為人所知。專家也就能在其中大肆發揮想像力，加諸北韓種種同樣難以打破的刻板印象（像是再現喬治．歐威爾《一九八四》情景的史達林主義、離經叛道的國家、嚴重破敗的社會主義國家、儒家或共產主義君主國、瓊．魯賓遜〔Joan Robinson〕的經濟奇蹟、切．格瓦拉所認定的古巴最終應呈現的模樣）。[2]在闇昧無知中，我們相信這些對北韓的種種刻板印象是確切真實的，但更仔細的檢視後，簡化過的預期卻站不住腳。

一九八七年和英國電影劇組訪問北韓期間，我了解到他們對北韓的認知：他們在德黑蘭拍過一部

紀錄片，認為北韓會是類似一九八〇年代德黑蘭的國家。美國國務院把北韓稱作類似伊朗的「恐怖主義」國家，劇組人員據此認為會有載著「革命衛隊」成員的車輛疾駛過北韓街頭，還會有機槍伸出車窗（劇組人員要求公司支付等同戰地拍攝任務的薪水，且如願以償）。或者，他們以為北韓會是中國的翻版，同樣會有黑壓壓大批人騎腳踏車上班、人人穿著單調藍色人民服的情景，差別只在於中國比較窮。他們擔心比起最近讓他們大喊吃不消的莫斯科，這裡的生活會更清苦。

結果，平壤的林蔭大道讓他們大吃一驚。林蔭大道清掃得乾乾淨淨，通勤者聽從穿著緊身制服的交通女指揮，秩序井然通過馬路，女指揮站在每個十字路口的平台上，以軍人般俐落的動作轉身，臉上帶著微笑。他們未料到北韓人竟住在現代高樓大廈裡，早上如日本的「上班族」般，急匆匆出門趕搭地鐵或電車。在飯店和餐廳，女服務生送上份量甚多的美味韓式早餐、西式餐點，她們的禮貌客氣，讓他們大為受用。

一九八〇年代，平壤是最有效率、管理最好的亞洲城市之一，既有新加坡那種潔癖般的整齊乾淨，也有阿拉木圖（哈薩克首都）那種牧歌般的恬靜氣氛。平壤市裡既有老舊、追求實用性的蘇聯式公寓房子和公家機關建築，也有嶄新氣派、不惜耗費大量大理石建造、頂端為傳統韓式曲面屋頂的紀念性建築。約兩百萬人住在平壤，也就是總人口的一成。消費品可想而知非常貧乏，但日常必需品供應充足，旅人很少看到排隊情景（儘管有駐在當地的外交官說，多次見到排隊）。市內各地都有得到細心照顧的公園，兩條河貫穿該市，河堤遍植楊柳。

小城市則沒這麼賞心悅目；許多城市仿造蘇聯的無產階級建築風格，醜得無可救藥，公寓大樓全是同一個模子出來，凌亂座落在坑坑洞洞的馬路旁邊，車輛駛過馬路顛簸得厲害。其中大部分的公寓大樓建於韓戰（一九五〇～一九五三）之後，韓戰時，美軍的轟炸把幾乎每個醒目的建築都夷平。但走到哪都可看到國旗，或被人刻意掛在店面和公寓陽台上，或出現在無所不在的政治性告示牌上。

北韓村莊樸素、簡單、乾淨，讓人想起在平壤已難感受到的朝鮮過去那種農村氛圍。縱橫交錯的夯實土路串接各村，廣大的鐵路網則把城市串聯在一塊。居民在每塊窄小的土地上種蔬菜供自家食用，或運到小型私立市場販賣，菜地擴及到街道旁；電線拉到每戶農家，但電視天線遠不如在城市裡常見。一如在南韓所見，茅草屋頂已被瓦屋頂取代，表明北韓還是步入現代（金日成死前不久說，北韓已實現讓每個人住瓦房的宿願）；水稻田亦然。由於化肥使用普遍，稻田已不再散發出獨特的人糞臭味。標語力促農村居民「自力更生」，此舉無疑反映政府的施政重點，強調重工業、戰備和城市。

城鎮村里都有金日成像；每個地方都有金日成，從告示牌、或在地鐵裡、或在公寓大樓牆上俯視著你：他或在一處揭示工業發展箴言，或在另一處提出農業發展箴言（「白米就是共產主義」），或只是以堅定語氣（在國立民俗博物館）說「朝鮮人不吃大醬，就不是朝鮮人。」北韓政權宣布，「金日成花」（Kimilsungia）這種蘭花盛開於全國各地。金日成死後，可想而知也有了金正日花（Kimjongilia），那是國家掌控的花卉師栽培出的新種秋海棠。[3]二十世紀在一國之內留下最多印記的領袖，就是金日成；他生於鐵達尼號沉沒那天（一九一二年四月十五日），掌權將近五十年，一九九四年七月八日死於心臟病——舉國震驚。

北韓是地球上軍事化程度最高的國家，但在這裡，旅人只看到少許軍警。不過，一圓紙鈔透露了真相，那張紙鈔上有個穿著亮麗傳統韓服的女人，手持手槍往前飛躍。這是個軍事至上的國家，二十分之一的國民在軍中，人人都得服兵役，陸軍兵力百萬，另有數百萬民兵、龐大的軍事基地和建在地下深處的軍火庫，地鐵車站有開在牆凹裡的巨大防爆門，非軍事區沿線二十四小時警戒，獨裁者出於安全考量每晚睡在不同地方，兩千兩百萬國民各依照可靠程度被評定等級。

一九四〇年代晚期，誠如前文所述，北韓政權誕生於俄國紅軍占領下，因此，其行政、工業結構都以蘇聯為師（一如此時期每個社會主義國家）。朝鮮民主主義人民共和國於一九四八年九月九日宣告成立，但其體制在一九四五年日本殖民統治結束後不到一年內已大多完備，很多當時的思想，有許多仍是今日北韓政權的特點。最重要的是，這是個後殖民國家，仍在和日本人戰鬥。

官方控制的新聞媒體幾乎每日都在痛罵日本人五十年前的暴行，或要人民提防日本軍國主義即將死灰復燃。抵抗日本軍國主義的心態非常濃烈，會讓人以為戰爭才剛結束；許多告示牌勸國民「照抗日游擊隊的方式生活」，年輕人參加旨在重現游擊隊鬥爭歷程的野營活動。金日成的朝鮮游擊隊同志構成此政權的核心或最高層，如今，他們的雕像仍矗立在俯瞰平壤的大城山頂氣派十足的烈士陵裡，有石碑和等身大的青銅半身像，緬懷每個烈士的功績。

朝鮮勞動黨獨一無二的象徵／識別標誌，呈現毛筆和鐮刀、錘子交錯的圖案，表明黨對受過教育者和專家的包容政策：與毛澤東掌政的中國不同，金日成很少貶低他們，反倒普遍延攬他們出任掌有實權的職務——共產主義式的士大夫。北韓也劃分出籠統的一類人——「事務員」，即書記、小商人、官員、教授之類。劃分出這類人，有兩個作用；對政權來說，把原本可能南逃的受過教育者和專家留下來，為政權所用，對大多數國民來說，可藉由此分類，隱藏自己的「壞」階級出身。

於是，北韓革命雖在一開始時把人民分成好階級、壞階級，但不久就施行把各類人都納入其中的包容性群眾政治。北韓人已把他們的社會視為一個大群體，一體化的「人民」社會，而非以階級為基礎、階級分化的社會。除了舊社會的地主（地主勢力在朝鮮北部終究比在南部弱了許多），其他被排除在農、工、事務員這三類人的結合體之外者甚少。造成此一局面的主要因素，大概是北部工業化程度相對較高（受惠於日本人在該地的大量投資）、許多資本家和地主有機會逃到南部，以及長期的勞動力短缺，尤其是專技人員的短缺。

北韓人也改變後殖民時代第三世界的典型政策，好配合他們本土的政治文化和蘇聯式社會主義：追求快速工業化的經濟計畫，以及控制自然、為人所用的哲學。他們把列寧的民族解放綱領和史達林的一國社會主義自立經濟戰略，同時體現於一國（形成朝鮮式社會主義，誠如某句妙語所言，更精準地說，是一家式社會主義）。經濟自立符合過去朝鮮隱士王國的作風，也回應了在日本帝國支持下對外開放數十年之後，對世界經濟「鎖國」的需求。

「偉大的太陽」：北韓的統合主義

馬克思並未提出未來社會主義國家應採行的政治模式，只提出一組極含糊的處方（主要是《哥達綱領批判》和一些論無產階級專政的看法）。將馬克思主義轉化為政治理論者是列寧，還有某些人主張，列寧把馬克思主義轉化為唯意志論的教義，為史達林的極端國家主義開了路。在這種國家主義下，由上而下的統制性政治成為驅動整個經濟和社會的力量。但馬列主義裡的政治空白，也為本土政治主張的擅場創造了有利條件；政治模式的不足本身，甚至促使人們走上這樣的路；總之，在俄羅斯、中國和北韓的共產主義都觀察到此現象（北韓或許更強烈）。在過去的革命時代（如今看起來已過時），馬列主義似乎是使任何改變都有可能的護身符，讓人得以理直氣壯施行快速、徹底的變革，將過去一掃而空。晚近的歷史已表明，馬列主義所具有的改造作用，比其支持者和反對者所願意承認的都要弱了許多。大家都知道舊習難改；舊習逐漸積累成為普遍的慣習——成為文化——之時，其頑固程度比革命人士所能領會到的更強得多。於是，二十世紀的革命被嫁接於存在已久的既有根源上，而且在這些革命想方設法改造根源之時，它們本身也隨著該民族和該社會將革命落實於生活之中而被改造。

事實表明，這一情況在朝鮮更為真切，因為這組基本上屬於西方的思想，在當地格格不入。至一九四五年為止，朝鮮無產階級少之又少，資本主義剛萌芽，（資本主義式）國際主義太盛行。於是，北韓從馬列主義汲取其所想要的，捨棄剩下的大部分。

久而久之，一套獨一無二的政治體制從馬列主義的熔爐裡演化出來，如今穩如泰山。這一政治體制可與世界各地或過去的數種統合主義相提並論，屬於某種社會主義統合主義。北韓政治走牢牢控制的集體主義路線，具有強大的壓迫力，產生許多政治受害者——但由於北韓政權的排外主義和保密作風，沒人知道其壓迫力多強、政治犯有多少（有些說法認為多達十萬人被關在獄中和勞改營；此政權如果垮台、或當其垮台時，大概會有更多受害者或更多種想像不到的暴行曝光，一如其他共產政權垮台時所見）。

何謂統合主義？這是不易理解的一個概念。大多數的美國知識分子不以拉丁美洲或南歐為研究對象，當有人請他們界定這一政治型態時，他們似乎不知如何說起。一九六八年版《社會科學百科全書》（*The Encyclopedia of the Social Sciences*）的「統合主義」詞條，只有如下說明：「參看法西斯主義」。但此現象由來已久。或許會有人說，它是自由主義政治主張的強大對立面。它比自由主義早出現，助長了十九、二十世紀浪漫主義思潮（浪漫主義痛恨自由主義），激發了烏托邦夢想（烏托邦思想有意超越自由主義）。自由主義理論一貫把政治與其他人類行為領域分隔開來，認為政治只是生活的一部分或研究的子學科，但對古人來說，政治扮演指導角色，在統合主義裡，政治與社會習習相關。

就算統合主義因為是自由主義的對立面，而為人所認識，但統合主義也有數種：傳統統合主義有三大主題（等級制、有機連結、家庭）和相應於它們的三大形象（父權政治、政治體、巨鏈）。「或許可把整個存有鏈，想像成一個被其神聖根源激發出活力的巨大有機體」。[4]對傳統主義者，及其後墨索里尼等法西斯主義者來說，政治體（the body politic）是活著的有機體，指的是貨真價實的身體。[5]政治體的所有成員彼此關聯，而且攸關整體運行的順利。頭（即國王）是人民之父，統治者和被統治者被「完美的愛」連在一塊，領導者的家父長式睿智和慈愛「會被信賴，永遠不被懷疑。」國王會向其子民流露出充滿溫情的掛念和「父親般的照顧」；用斯特拉福德伯爵（Earl of Strafford）的話說：「國君會是其子民的父親，寬容且細心照護的父親……上對下愛和保護，下事上以忠。」[6]最重要的統合體是家；然後是教會，中世紀時，教堂被視為外顯的基督身體。[7]領導人是奉承的對象：英王亨利八世被認為是「人間太陽」。[8] 這是由社會等級、共同體組織組成的中世紀社會政治樣貌，後來慢慢消解於資本主義的溶劑中。在天主教教會仍居主導地位的國家，傳統統合主義理想最為強固，存於人心最久。

保守統合主義欲找回這個失去的時代，十九世紀時反資本主義、反自由主義的浪漫主義者，普遍抱持此一意識型態。統合主義把等級制、固化的社會地位、共有的價值觀、封閉的共同體加以理想化。誠如羅貝托・曼吉亞貝拉・昂格爾（Roberto Mangiaberra Unger）所言：「它對歷史健忘，有意藉由重振幾種社會秩序來解決官僚體系的問題，這些問題的產生，正是源於那些社會秩序的消亡。」[9] 就二十世紀的右翼獨裁政權來說，保守統合主義提供了一種意識型態和一套口號，但在實務上未提供多少指引。佛朗哥西班牙晚期的弱威權政體、葡萄牙的薩拉查（António de Oliveira Salazar）獨裁政權、兩次世界大戰之間東歐的某些政權，皆固守這套理念，但從未能如願建立真正的統合體式等級階序，根據職業和地位來區分團體與階級，而且其實從未往這方向努力過。[10]

以一九三〇年代德國、義大利為典型範例的法西斯主義，是統合主義的病態變種。法西斯主義讓統合主義蒙羞至今。法西斯主義者運用保守統合主義的修辭遂行不同目的：極權主義（打破道地統合主義很可能會想保住的次級結合體）、侵略性軍國主義、統合主義政權絕不可能鼓動起來的街頭動員政治。法西斯政權也倚賴領袖的群眾魅力來維繫其生命，但真正的統合主義政體以較單調乏味、真正「父親般」的人物為其領袖。諾伊曼（Franz Neumann）主張，在德國，不靠有機連結，只靠「領袖至上原則」來統合國家與黨，領袖和多種納粹團體致力於分化人民，使他們只能任人擺布：納粹主義未訴諸紮根於有機共同體的個人，而是訴諸社會裡「最不理性」的那個階層。[11]

統合主義也有左翼版。羅貝爾特・米海爾斯（Robert Michels）、維爾弗烈多・帕雷托（Vilfredo Pareto）、羅馬尼亞的米海爾・馬諾伊萊斯古（Mihail Manoilescu）等政治理論家，從複雜且耐人尋味的社會主義統合主義觀出發，轉而對一九三〇年代法西斯政權投以令人震驚的支持。但他們也發展出某種新社會主義式統合主義（neosocilaist corporatism），此種統合主義與北韓體制有著耐人尋味的類似之處。他們用國家替代階級，發展出由優勢國、劣勢國（或資產階級國、無產階級國）組成的世界體系觀，從而根本背離馬克思主義。對馬諾伊萊斯古來說，「（國內有著和諧的政治—經濟秩序」，其「有機、『重視生產』、縱向構造的比喻」，在等級分明的世界裡，乃是一個必然的結果。[12] 國際分工已在世界分化出富國、窮國兩陣營：「無產階級國家」，即今日所謂的邊陲國家，應在國內把自己縱向構造化（以蓄積力量），在國外把自己橫向構造化，以導正自己在世界經濟裡的位置。[13]

其他的新社會主義者認為，凡是注重實際的馬克思主義，都無法再迴避國家和民族主義給階級分析帶來的問題：階級係針對十九世紀而提出，「國家概念則是二十世紀最重要的政治組織概念」。[14] 這類想法使新社會主義者極力支持保護主義、以及與一九三〇年代史達林主義密切相關的那種以自我為中心的發展模式。晚近，在昂格爾的著作中，新社會主義統合主義得到最深入的闡述。他提倡追求某種體現條件平等、民主主義的統合主義，並透過新的有機群體概念克服自由主義和個人主義。[15] 昂格爾的提議試圖再度把家庭推上場，讓它即使不是擺脫自由主義政治傷害的避難所，也是超越自由主義的比喻。昂格爾寫道，家「在我們的經驗裡，最接近生活共同體（的理想）……現代家庭始終把人拉回某種結合體，而該結合體……透過愛給予某種程度的個別肯定。」[16] 於是，我們繞了一圈又回到原點：統合主義者對自由主義的厭惡，其背後的邏輯使得進步人士重新發現家庭是政治的模範，這正是傳統主義者從未丟掉的東西。

亞洲思想家鮮少拋棄作為比喻或實體的家庭：只有在毛澤東主政下、大躍進期間的中國，攻擊家庭結構，但就連如此排山倒海對家的攻擊，都很快就被制止。家庭一直是亞洲統合主義的最重要部分，戰間期日本和其欲打造「家族國家」未成一事，就是這方面的絕佳例子。父權政治、政治體、巨鏈這三個統合主義形象，在那時的日本得到公然倡導：天皇是所有國民之父、國民靠血緣統合為一、自久遠不復記憶的年代起「流貫民族血管」的血「從未改變」。[17] 誠如某政論家所說：「只有在日本，民族社會不只憑藉血和土地的關係來確保橫向結合，也確保社會的血緣關係中心……作為民族社會權威。」[18] 對日本來說，天皇是中心，充塞整個政治體、自古存在至今之血緣關係裡——天皇至仁、至尊、掛念人民、賢明、永恆、愛民如子。

丸山真男在他所謂的「日本法西斯主義」裡尋找獨特之處，最後認定「被譽為國家結構之根本原則的家庭制度」，就是他要找的東西。其基本原則是把國家視為「家庭的延伸；更具體的說，視為由諸多家庭組成的國家，這些家庭以皇室為主家，以人民為分家。這不只是國家有機體說的比喻，還被視為具有實體意義。」[19] 根據帝國官員的說法，每個日本家庭都是「獨立的生命體，自身具足的細胞。」北一輝等激進人士把日本稱作「有機且不可分割的大家庭」。[20]

金日成的意識型態讓人強烈聯想到統合主義的歷史。他的理論一如米海爾．馬諾伊萊斯古，以國家替代無產階級作為歷史衝突的「單位」，主張前殖民地、屬國、邊陲社會主義國家，應為了共同的目標橫向團結在一塊。[21]但金日成不需讀過歐洲或日本的理論，就能得出源於本土的概念：在他之前許久，朝鮮理學家就認為人體是有機體，適切的生理和諧必不可少；但人體只是個有機體，是統合世界不可或缺的一部分：

> 人體只是相連互賴、環環相扣的宇宙模型之中，一個發揮相互作用功能的網絡而已。人體生理過程裡的不和諧，既可能反映了宇宙整體的不和諧，也有可能其本身就是這類不和諧的原因。[22]

這一有機的政治思想，體現在金日成一再鼓吹的「主體思想」裡。主體一詞乍看似乎很容易理解。它意味著政治、經濟、國防、意識型態的自主與自立；它在一九五五年平壤開始與莫斯科保持距離時首度出現，然後在一九六〇年代中期金日成欲走自己的路，同時不受莫斯科、北京擺布時，粲然大備。一九五五年以前，北韓、南韓都能找到使用「主體」一詞的例子，但若非它後來大出風頭，沒人會注意到。不過在那時，從金日成口中，還出現數個與「主體」同義的詞；數個被大略譯為「自主」、「獨立」、「自立」的詞語，構成金日成一九四〇年代的意識型態：「自主性」、「民族獨立」、「自立經濟」。這些詞都是事大主義的反義詞。事大主義意指侍奉、倚賴外國強權，而對於天生傾向朝鮮本土文化的人來說，事大主義意味著災難。[23]這些想法共同構成了二十世紀中期所有被殖民民族之共同追求：生而為人的基本尊嚴。

但深入檢視，「主體」的意義就沒那麼容易理解。北韓人會說「每個人都必須把主體牢植於心靈裡」；「只有把主體牢牢札根於自身，人才會幸福」；「不只要把主體牢牢確立於心，還必須在實踐中完全實現」這樣的話。「體」這個字出現在十九世紀晚期李鴻章的自強運動用語裡，即「體用」裡的「體」。「體用」意指中學為體，西學為用。還有「國體」裡的「體」。「國體」是一九三〇年代提倡於日本的概念，本質上意指不同於其他一切的日本事物，即道地日本的東西。「國體」一詞被深深等同於戰前天皇體制和超國家主義。日本御用文人一再寫道「把國體牢植於心」；一旦把國體牢植於心，一切隨之迎刃而解。[24]在戰後，「主體性」一直是日本知識分子探討如何讓日本邁入現代、同時保有日本特性這個中心主題時，普遍使用的詞語。朝鮮人對「主體」的用法類似——就朝鮮人來說，其目標在打造主觀的、唯我論的心態，亦即必定先於行動、決定正確行動的正確思想——但也把「主體」當成界定何者既「現代」且「朝鮮」的手段。此詞其實無法翻譯（成英語）；愈逼近其意義，流失的意義愈多。對外國人來說，其意義已消失於一堆使朝鮮人成為朝鮮人的東西裡，非朝鮮人因此終究無法理解。主體是北韓的民族唯我論之含糊核心。

金日成始終是朝鮮自主性的主要詮釋者。一九八二年七月，他為自己的意識型態提出了極富代表性的解釋。他嚴正表示，朝鮮不該成為「大國的玩物」，還說：「我告訴幹部，人若採取事大主義會變蠢；國家若陷入事大主義，會滅亡；黨若採用事大主義，革命會完蛋。」他接著說：「曾有詩人崇拜普希金，曾有音樂家景仰柴可夫斯基，就連歌劇創作都曾以義大利歌劇為榜樣。事大主義非常盛行，以至於有些藝術家畫外國風景，而非我們的美麗山川……（但）朝鮮人不喜歡歐洲的藝術作品。」[25]他說，朝鮮人應始終「固守自主性」。這番話的格調並不高，但朝鮮長期受殖民、當藩屬的經驗，說明了北韓人為何認為這類勸誡非常必要。

在北韓的資料裡，始終可見到某種民族唯我論的思想：認為朝鮮是世界的中心（朝鮮以外的許多人不會有這樣的想法，但請再看看那幅《疆理圖》）。朝鮮是中心，向四面八方放射「主體」之光，尤其射向北韓人認為已準備好接受「主體」的第三世界國家（北韓政權資助世界各地的主體思想研究團體數十年，那些團體的領導人訪問平壤時，被待以國家元首之禮）。世人關注朝鮮，所有目光都投向金日成或金正日。這或許是朝鮮民主主義人民共和國最奇怪的一面，但也是最顯著可感的一面。這是中華文明中心論的小型翻版。

每天早上起床「完全實現」主體思想，絕大部分人不需多少指導就能辦到。把「主體」的真正意涵界定為始終把朝鮮事物擺在第一位，或許最為貼切：換句話說，「主體」意味著某種民族主義。它接近儒家理學，更甚於接近馬克思主義。在此暫時岔開話題，來段哲學探討：希望讀者不要略過這一段，因為我們的目的不只在於描述北韓人的行為，還在於理解他們為何有那樣的行為，畢竟他們和我們一樣是人，有兩千兩百萬，住在同一個地球上。如果我國的眾議員說：「那些人的思維和我們不一樣」——朝鮮民主主義人民共和國引發核危機期間，就有許多人這麼說——我們就該從理性角度理解他們的想法，以及他們為何那麼想。

金正日曾寫下〈社會主義不容誹謗〉一文，闡述其對「社會主義遭誹謗」的看法。[26]金正日爬梳了社會主義的歷史，以及社會主義在「某些國家」垮掉的原因（在他看來，主要是因為未能向年輕人灌輸正確觀念），然後說：「意識在人的活動裡扮演決定性角色……促進社會發展的基本因素，必然始終是意識型態性的意識。」

朝鮮語的「心」，誠如前文所述，兼具「知性」、「感性」意涵。朝鮮人日常的肢體語言，把人的思考機制放在胸這個部位。其次，人行動的原理，並非針對先天之人（a priori human being）所提出的「如果……就會……」條件式前提，即外在環境驅使先天之人有特定的行動（例如使人做出合理自利行為的誘因），而是人行動的原理，毋寧是以心態為前提的人之內在條件。「只有把主體思想牢牢確立於心中，才會懂得如何早上一起床，就是個國家的好公民。」但內在條件為何？

大哉問：這是理學家爭辯不休的一個疑問。我們不涉入他們的議論，在此且看鄭道傳著作裡的一段話。他是十四世紀朝鮮王朝改革的設計師，在其辨駁釋道的〈心氣理篇〉中，[27]說了以下的話（甚至以蠕動的蟲為比喻，附帶論及自利行為）：

> 理者，心之所稟之德，而氣之所由生也。
>
> 於穆厥理，在天地先。氣由我生，心亦稟焉……
>
> 心則又兼得理氣而爲一身之主宰也。故理在天地之先，而氣由是生，心亦稟之以爲德也。
>
> 有心無我，利害之趨。有氣無我，血肉之軀。蠢然以動，禽獸同歸……
>
> 此言人之所以異於禽獸者，以其有義理也。人而無義理，則其所知覺者，不過情欲利害之私而已矣；其所運動者，亦蠢然徒生而已矣……是理實具於吾心。

權近在同一篇文章中說道：*

> 人能體仁，以全心德，使其生理常存而不失，然後可無愧於為人之名……

「內在條件」就是「德」，「德」體現於「心」（「心」從有機角度被視為知、情、身的統合體）；體現於心的德，使人有別於禽獸。而且不只如此——它是「氣之所由生」！這麼一來，問題就變得很複雜：那不表示人心構想出世界這個外部環境。但如果我們做出「後現代」的想定，認為人都是主觀的動物（而非客觀理性的行為者），因此我們建構出自己的現實世界，把它們稱作歷史書之類的東西，那麼，鄭道傳就的確似乎在說人創造了其世界。但並非每個人都培養出了擁有判斷、決定、領導、教授、從而創造之能力所不可少的德，只有經過漫長修習者才能辦到。

毋庸置疑，針對柏拉圖的訓諭「讓哲學家當王，讓王成為哲學家」，沒有哪個學者比洪在鶴等衛正斥邪派提供了更讓人信服的理由。問個柏拉圖式的問題：根據此一思路，政治該是什麼模樣？十一世紀宋朝學者范祖禹說：「天下治亂，皆繫於人君之心，君心正，則朝廷萬事無不正。」[28] 換句話說，德為身之主宰。把政治體看成人體的話，那麼有德之君就是政治體的主宰。要如何成為有德之君？要靠數十年研讀儒家典籍的工夫和哲學家的教導，一如在英祖身上所見。然後，國王臻於至善，成為「國

* 編按：此段引言與前段不同，並非出自鄭道傳著，權近注釋之〈心氣理篇〉，而是出自權近〈天人心性分釋圖說〉。

家最高的心」，這時，膽敢質疑其權威或否認其能在水上行走者，就會遭殃。但國王的權力並非絕對不容置疑：他仍受學者、御史、諫官約束；畢竟他們一直是國王的導師。

北韓版統合主義的核心，就是此一哲學理念，由此切入，可了解金日成和其子的地位，以及許多觀察家所謂對他們的「個人崇拜」現象。在我看來，北韓近似理學王國，更甚於近似史達林的俄羅斯。由於誇張到離譜、且屢見不鮮到令人作嘔的英雄崇拜，北韓政治辭令的肉麻似乎沒有下限；習於自由主義政治體制的人，對此自然是本能性的反感。但此風從一開始就存在。

金日成於一九四六年二月擔任北朝鮮臨時人民委員會最高領導人，至死緊抓著最高權力。掌權後才幾個月，聖徒傳記般的浮誇風格，就幾乎和今日一樣具體可見。一九四六年潛入北韓的特工回報，金日成的肖像和海報普見於電話線桿等設施上，金日成如何「賢明、眼光銳利、精力充沛、厲害」的說法四處流傳。與此同時，有文章把他說成「民族的太陽」、「天上美麗的新紅星」，以其「卓越、科學的方法，明智地指導一切事物。[29] 一九四六年，第一位替金日成立傳者，訪問金日成游擊隊的一位不具名隊員，該隊員對金日成的讚詞，至今仍是官方歷史的口徑。金日成建立了以下的榜樣：

這種人自然而然對其他人有極強的吸引力……有這樣的人作為領導中心的游擊隊，不消說，戰力強大無比。我們這支游擊隊最幸運之處，就是有「偉大的太陽」當我們的領導中心。我們的司令、偉大的領袖、英明的導師、親密的友人，不是別人，正是金日成將軍。我們部隊戰力無敵，追隨金日成將軍，以金日成將軍為核心。將軍的擁抱與愛宛如太陽，我們的戰士仰望將軍，得到將軍的照拂時，生起強烈的信賴、犧牲、奉獻之心，會欣然為他而死。

這些士兵的「生死觀」是願意遵從金日成的命令，甚至為此而死不足惜：「其力量來自於團結在金日成周圍……我們游擊隊的歷史傳統，正是以金日成為唯一領袖，團結在他周圍的傳統。」

據此文所述，金日成愛護、關懷部下，他們則回應以鐵一般的紀律，而這樣的紀律「需要服從的精神，服從的精神則需要尊敬的精神」：「最重要的，（我們紀律的）精神基礎正是這份尊敬精神。最尊敬的對象是金日成將軍。我們的紀律隨著尊敬、服從他而成長、強化。」

此人所用的言語耐人尋味。那全是道德言語，賦予金日成無數德性，其中幾乎全是儒家的德性——仁、愛、信、服從、尊敬、領導者與被領導者的相互關係。《書經》說，天命授予真誠、聰敏、有洞察力之人，以建立德治（《尚書．周書．泰誓上》：「亶聰明，作元后，元后作民父母」）。朝鮮人始終在心裡認為（而且往往也會公開表達這種想法）：智慧的泉源、哲思的火光，出現在國王或領導人心裡，存在於一不凡之人身上。占據中心地位者是天賦異稟之人，哲王，此人教導其他所有人。但如果說金日成偶爾是高高在上的策畫者，他也下到民間，透過不斷的「現地指導」，監督其計畫施行。如果說他往往是深處宮中的皇帝，受到萬全保護，渾身籠罩著神秘氛圍，他也是下到民間與人民握手寒暄的皇帝。北韓境內數千個地方有掛在門上的匾額，上面題有金日成或其子造訪的日期（往往父子都造訪過同地）。凡是奠基、鑿穿隧道、建築落成的場合，幾乎都必有天才般的領袖蒞臨認證。金日成始終面帶微笑，似乎謹記《易經》的古教誨：「勿憂，宜日中，宜照天下也。」他的教誨在各地，在立有鬼般蒼白的半身像、如聖所般的房間裡，受到反覆研讀，直到融會於心為止。

理學大家長領導國家的這個崇高傳統，也和母權制的教養、母子關係、薩滿教構成的第二傳統（「由女性支配的下層階級宗教」）不相衝突。平壤把obŏi suryŏng譯為「父般的首領」，但obŏi一詞常被用來指稱雙親；一九五〇年時，北韓也已找到一個溫柔的祖父：不是史達林，而是馬克思。[30]

「團結在金日成周圍」用到「周圍」一詞，「周圍」意指中心的周邊。這種同心圓模式是朝鮮一大特色，自一九四六年迄今，也一直是朝鮮民主主義人民共和國的特點。子曰：「為政以德，譬如北辰，居其所，而眾星拱之。」[31]「黨中央」一詞是對金日成和其親信的委婉指稱，一九七〇年代安排接班人時，此詞也成為金日成之子金正日的委婉指稱。簡而言之，北韓體制不只是黨、政、軍組成的等級結構，還是由諸多日益擴大的同心圓組成的等級結構。圓心是金日成，下一圈是他的家族，再下一圈是與他並肩作戰過的游擊隊員，再來是黨內要員。

這群人構成核心圓，在政權制高點上控制一切。然後這個核心以同心圓方式往外、往下擴張，把官僚體系、軍隊和國內其他人納入其中，提供將整個體制結合為一的接著劑。擴及到位於同心圓周邊的農民、工人時，官僚統制和規範性、報償性誘因取代了信任。但家庭仍是所有北韓社會組織的模範，是建構體制的基本材料（朝鮮民主主義人民共和國憲法把家庭界定為社會的核心單位）。[32]

最外一圈，是朝鮮事物與外國事物的分界。但這個圓一直在擴張，彷彿要把外國人納入金日成及其主體思想懷中。諂媚金日成者說，金日成不只是當今國內的太陽王（他常被說成「民族的太陽」），還是世界的燈塔。若是如此，像他這樣的朝鮮人不只一個。對朝鮮最偉大哲學家李退溪來說，宇宙是個有機體，有生成、成長、全盛諸階段。他用「太極圖」來說明宇宙，太極圖是上半部為白色的圓。天本身是「妙合之圓」，為解釋「理氣」的合一，他也談到「天命之圓」。[33]

一九四〇年代完善化金日成的形象並打造「團結在他周圍」的形象，也讓人聯想到騎士精神，想到男男女女靠忠誠、職責、義務的誓言團結在一塊，個個具有勇氣、大膽、犧牲等不凡美德。那是封建軍閥的語言，而金日成早年的確常自稱「將軍」，即與日本幕府「將軍」同樣的漢語詞。伊芙林·馬科恩（Evelyn McCune）一九六三年為美國國務院作研究時，頭一個掌握這個體制的本質。她把金日成與其親密盟友的關係稱作「鐵的紀律下……半騎士道的、不可變更的、無條件的聯結」，的確道出此關係的本質。那是「極個人化」的體制，「基本上敵視複雜的官僚體系」。前文提及的一九四六年訪談，把抗日游擊隊的傳統譽為可供黨和群眾組織依循的絕佳原則；照他的思路，把這個半騎士的體制說成整個北韓國家的組織原則，大概也不為過（研究北韓的重要學者——東京大學教授和田春樹，把它稱作「游擊隊國家」）。金日成在滿洲武裝抗日，然後回平壤奪權；一三九二年李成桂亦是如此。金日成和其盟友是什麼事都能幹一手的人，能治國或統兵，能教農民如何利用新種籽，或在學校裡親熱地摟住小孩，連朝鮮王朝的士大夫也是這樣的人。馬科恩認為，金日成猶如強力接著劑把游擊隊緊密團結在一塊，使得游擊隊比典型的朝鮮政治派系更強大得多，後者以較脆弱的恩庇—侍從關係為基礎，易在權力鬥爭和個人競爭中散掉；因此，游擊隊相當輕易就能讓對手稱臣。[34]

北韓的urŏrŏ patta一詞，表示「尊敬（金日成）」之意，字面意思為「仰迎」，在宗教上用來指稱迎接基督。此詞也是用於尊敬父親的敬語。「偉大的太陽」一詞，讓人想起西方把王與太陽同列、或推而廣之與神同列的用法，還有日本人稱呼天皇時的用法。就我所知，北韓樹立的第一尊金日成雕像，於一九四九年聖誕節揭幕，此舉讓人覺得有意把他塑造為世俗基督或基督的替代者。[35]

北韓對英雄崇拜和尊敬國王個人特質的熱衷似乎沒有下限，而朝鮮人的育兒模式助長了此風，或者說不定造成此風。照非朝鮮人的標準來看，長子根本就是太被溺愛和受到縱容，但同時負有照顧其他孩子的重任。金日成的兒子終於在一九八〇年代（一如預料）登場接掌衣缽時，傳統的長子模式說明了他所受到的細心養育；普遍的說法把他說成不世出的天才——透過與父親的血緣關係，承繼了天才的資質，從而理所當然可以掌握最大權力（但這樣的事在朝鮮也是古已有之，古代的兩班菁英，例如朝鮮王朝初期的兩班，憑藉「純粹的血統」賦予自己和後代正當性）。但這類家庭模式也往往產生自認無所不能的長子；常有人說，每個長子都想當朝鮮的最高領導人。金日成和金正日是最早如願以償的長子。

金日成開始受到崇敬，行走水上的誇張說法開始流傳時，他才三十四歲，但那不成問題；世宗大王掌權時才三十一歲，而金日成統治時期會幾乎和英祖在位時期一樣長，達四十九年之久。在朝鮮，一般來講，人一過六十歲（還甲之年）就進入受尊敬的年紀，而金日成一過六十歲（一九七二年），受到的崇敬尤其強烈——至少就非朝鮮人的標準來看，沒有上限的崇拜。一九七二年四月，黨的機關刊物說：「金日成同志，革命天才和偉大的馬列主義者，整整六十年生涯，只為我們人民的自由、幸福，和朝鮮、世界革命的勝利而活……。」[36]金日成六十五歲生日時，平壤的御用作家說：「整個社會已成為革命大家庭，其所有成員牢牢團結在一個意識型態和一個目標裡。」他們也把金日成說成百萬左右住在日本的朝鮮人之「慈父」。[37]一九七八年十一月，金日成被稱作「國家的最高首腦」，就我所知，這是破天荒頭一遭。[38]此詞與「偉大的心」通用。朝鮮王朝初期政治改革的設計師鄭道傳寫道：

君心，出治之源。論經濟而不本於君心，是猶望流之清而不澄其源也而。可乎？[39]

對朱熹來說，「人心」也是肉體或所有人的主宰，因此，君心是政治體的主宰。一直被稱作「父般首領」的金日成，滿六十歲後，變成只是「我們的父親」，國家則變成「祖國」或「母國」。「偉大的民族之子」、「人民的偉大太陽」、「寬厚仁慈、無限關懷的父般首領」——這是朝鮮的政治傳統，不是共產主義。金日成走進「第二人生」後，每本書或每篇文章都得引用金日成著作的文句作為開頭；所有成就都要歸功於「摯愛且尊敬的首領」。似乎不可能有哪個人真把金日成政權洋洋灑灑千百萬言、這些叫人麻木的文章都看過一遍，但透過引言就能領會這種政治的特點：

唯有具備偉大之心……非凡勇氣、寬大氣度和高貴之愛者，能創造偉大歷史。……他的速度觀和時間觀，非既定的常識所能衡量，亦非數學計算所能估量……（他）即使天塌下來也勇於突破，勇於劈開海水，勇於把百年縮短……

他的心是吸引全民人心的牽引力，是把他們統合為一的向心力……他對人民的愛，其實是視民如親的最高的愛……不管哪個時代，都沒人見過如此偉大的溫情之人……金日成是偉大的太陽、偉人……偉大的心……由於這顆偉大的心，民族獨立牢牢確保。

有篇一九八九年的文章，甚至要所有國民向金日成「這位給了（他們）真正生活的慈父」盡「孝」：然後，一九九〇年代金正日掌權時，回歸孝道的現象變得更顯著許多。在金正日的某篇文章中，有這麼一段：

> 體現人之社會─政治一體性的父母般組織是社會共同體……朝鮮共產主義者牢牢團結在以革命領導班子為核心的社會─政治有機體裡，為奠基於革命隊伍和人民之間集體主義的緊密親緣關係立下典範。[40]

即使以上所述叫人覺得古怪，甚至反感，這至少有助於讀者理解出現在北韓報紙──或有段時間出現在美國報紙──上的浮誇之語：《紐約時報》讀者常看到體現此一概念的全頁廣告。經過這番介紹，讀者掌握了北韓意識型態的邏輯、慣習、金氏崇拜、唯我論。這是裝在共產主義瓶子裡的理學，或披著毛澤東外衣的朱熹。

凡是認同現代自由主義理念或現代馬克思主義理念者，都對這一統合主義體制和其英雄崇拜投以本能性的反感。北韓固守這類想法是北韓自己的事，但北韓政權對外大肆宣傳這些想法，就徒然激起懷疑和嘲笑。這一切令南韓許多人大為難堪，他們對這類作法太了解，真希望外國人不要聽到這類蠢事。如果你認為北韓只是另一個「莫斯科傀儡」（一九九一年後不再是）、「離經叛道的國家」，或加諸渴求西式自由之人民的極權主義夢魘，自會覺得北韓的行為難以預測，但北韓體制自成一格，一旦了解其邏輯，就不會覺得北韓的行為那麼難以預測。若能了解贏得諾貝爾獎的經濟學家米爾頓·佛里曼的思想，他的想法就大體上可以預料到，同理，若能了解金正日的思想，他的想法就大體上可以預料到。

朝鮮遺風繚繞不絕，這意味著朝鮮民主主義人民共和國留給外國訪客的觀感，往往正是其文化保守主義的一面：有個年紀大得足以記住戰前日本情況的日本訪客，論及他在北韓的「古老氛圍」裡有似曾相識之感。北韓人民大部分清一色模樣，體現人人平等的精神，至少在外人眼中看來是如此。他們穿維綸（類似尼龍的合成布）衣服、工人帽、帆布鞋出門上班。但菁英呢？官員乘坐不同年份、不同等級的賓士汽車駛過平壤大街；賓士技師在北韓待六個月，維護這些賓士車。官員穿訂製的套裝，戴外國錶，許多官員在市中心的圓形大商場理髮。該商場可為男性理十三種髮型，為女性理別種髮型。一九八一年，我看到一輛藍色賓士駛到此商場的門前，一個需要理新髮型的官員下車。他的司機坐在車上等他理完，車門打開後一直未關上。

於是，北韓政權充滿古風的那一面，就在像往日兩班的菁英身上可以看到，他們認定自己是天生擁有特權（以及遊歷海外、享有得天獨厚之世界頂級生活的少數人）。菁英特權和北韓境內幾乎其他每個人的艱困日常生活，差距愈來愈大。北韓政權讓人民至少享有最低生活水平，這是了不起的成就，但也對人民的向上流動打造了不易打破的障礙。一九四〇及一九五〇年代那些農民、工人出身的幹部能夠大大翻身，我猜想（由於只有外國人的觀察心得可供借證，我們只能訴諸猜想），這些幹部是透過通婚，以及建立在相同地域、年齡、教育程度、經歷上的橫向集團，久而久之重新建立了外人難以打入的菁英團體。過去三十五年，若要飛黃騰達，關鍵大概在於與金正日或其親密盟友搭上關係，跟著他們一起青雲直上，一如與王儲拉近關係是舊體制時代出人頭地的必要條件。

金正日接班

這套體制屬於東亞的傳統體制，在北韓尤其顯著，而這樣的體制似乎缺少一種政治過程（至少缺乏經公眾仔細檢視的政治過程）。此一政權想要營造的形象，是一派祥和沒有衝突、人人為我我為人人、大受宣揚的「堅如磐石的一體性」（托洛茨基指出，史達林開始使用這個詞時，他和他的布爾什維克盟友震驚不已，但朝鮮人常常使用這個詞）。[41] 領袖既是完美，又何需政治過程？日本天皇制的「政治過程」為何？這或許是一九四六年起沒有公開衝突的原因之一，即使拿來與其他共產主義國家相比，這也是很值得注意的現象。但切記一點：這類政權仍有政治活動，因為政治活動仍是必須的；只是我們看不到罷了。

一九八〇年，北韓迎來喜事：金日成第一個婚生子金正日，在勞動黨第六次大會上，被公開任命為政治局常務委員、中央委員會書記、軍事委員會委員。換句話說，他被公開指定為他父親的接班人。金正日據說一九四二年出生於伯力附近滿洲境內的宿營地，但北韓政權如今說他生於白頭山山麓。他母親金正淑是游擊隊員，死於一九四〇年代晚期（死後數度被追封尊號）。[42]金日成死時，金正日已是領導班子裡的第二把手，地位僅次於他父親，超越他父親的老戰友吳振宇（一九九五年初死於癌症）。但從一九六〇年代成年起——說不定從久遠不復記憶之時？——朝鮮民主主義人民共和國裡，每個人就已預期金正日會接他父親的位置，除非統治家族發生內鬥。一四〇五年，司諫院針對王位繼承的上疏寫道：「儲副，國家之本也，治亂之機，繫於儲副。儲副之善，在於早諭教……孝仁禮義，以道習之……」[43]一九七〇年代來自韓國某村莊的一首歌，表達了家庭對待子女的典型方式：

銀嬰兒，金嬰兒，
來自山中最深處的寶貝嬰兒，
水上的日月嬰兒，
忠於國家的嬰兒，
孝順父母的嬰兒，
愛家人、愛親戚的嬰兒。[44]

「山中最深處」意味著純潔和寶貴；若說金正日是「來自白頭山的寶貝嬰兒」，有何不可？

整個一九七〇年代，金日成為接班細心安排打好了基礎：一九七三年，專家已能在草根級的重要運動（「三大革命」）裡看到金正日的身影，金日成讓他埋頭於黨的組織工作，在扶植他掌握權力的過程中，用心安排讓他一步步控制黨。一九七二年，他開始公開露面，好巧不巧，當時金正日三十歲，而世宗大王開始把部分政務移交給兒子文宗（讓一四五〇年繼位的文宗展開漫長的「歷練」）時，文宗也是三十歲。[45]人民開始把金正日的肖像和其父親的肖像一起陳列於家裡。有數年時間，金正日先是被稱作「黨中央」，後來被稱作「光榮的黨中央」。光榮的黨中央開始視察工廠時，外界觀察家理解到原來中央指的是某個人。[46]一九七〇年代，最高領導班子包括朴成哲、吳振宇、金永南、李鍾玉、全文燮、徐哲，他們全支力持金正日接班，金日成死後也都表態效忠，確保金正日順利接班。

過去三十年，一直有金正日患病或酗酒或精神失常的傳言，或者有些將領欲駕卡車將他輾死、因而他有一段時間銷聲匿跡的傳言，或者他或他父親密謀政變欲暗殺政敵的傳言。這些傳言大多是漢城多個情報機關所捏造，要予以駁斥，只有一個辦法，就是觀察長期的情勢發展——結果這些傳言一再被戳破（一九九〇年代，核危機愈來愈嚴重時，美國媒體才對這些不實說法感興趣，然後一再因聽信從漢城不斷傳出的流言而吃了虧）。總有一天我們會知道金日成準備讓兒子接班時權力鬥爭的實情：大概會類似古時的宮廷政治，可能中間有人因此丟掉性命。但表面上看起來，金家人的接掌政權，一如朝鮮王朝的王位繼承不可阻擋。

基本路線：「由父帥啟動」的革命，必須「一代代」貫徹到底。以「光榮的黨」為題的社論斷言：朝鮮勞動黨「除了領袖所確立的傳統，不可能有別的傳統」，此傳統必須得到「光輝的繼承」，傳給後代。一九八〇年領袖生日那天（每年的重大國定假日），社論呼籲「可靠的接班」，讓朝鮮人民一代代永遠不會忘記金日成「深厚的仁心」。誠如一九八四年黨報所說的：「在歷史裡形成、並已得到施行的忠於革命領袖傳統，絕不會改變……我們也會在黨中央領導下，為效忠的歷史增添光輝，在內心深處珍惜這份榮耀。」[47]

一九八〇年召開第六次黨代表大會時，有機生命體的比喻大量出現。金日成對代表大會的報告，提到黨的「組織意志」，以及大眾始終感受到的黨的「脈動」；黨被稱作「人民之母」；每個人都該「無限忠於」黨，並確立「鐵的紀律」，「在此情況下，全黨於黨中央委員會領導下作為一體來行動。本黨

在模範農場，青山合作農場，金正日指導農民。此照片大概攝於一九七〇年代初期。

所有組織根據民主集中制原則、如有機體般行動，乃本黨行之有年的習慣作法。」[48]

此次代表大會剛結束後的一段時期，黨報刊出數篇充斥著有機體比喻的社論和文章。一九八一年二月的〈人民之父〉說道：

金日成是……我們人民的偉大父親……懷抱著對人民最大的愛。以父親一詞來代表愛和尊敬……表達人民與領袖之間無法打破的血脈，由來已久。這一熟悉的字眼代表我們人民殊無二致的無限尊敬、忠誠之心……偉大領袖對我們人民表現的愛，是對親人的愛……我們所尊敬、摯愛的領袖是所有人的慈父……父愛……是我們人民所獨有最高貴的意識型態情操，非任何理論或原理所能解釋、非任何事物所能度量。[49]

另一篇文章主張，

我黨和人民之間的血緣紐帶（意味著）……黨和人民始終同聲共氣，行動齊一……人民的信條是，脫離了黨就不可能存活或享有幸福……如今我黨和人民已在意識型態和目標上一體化，非任何力量所能打破。朝鮮勞動黨……是把無限榮耀與幸福帶給人民的母親黨……。[50]

換句話說，黨是養育「親愛的領袖」金正日和他那一輩每個人的源泉，「母親般」的源泉：

噢，母親般的黨，我會一輩子
對你永遠真誠。
嬰兒頭一個認識的臉是母親的臉，
看到她，無比高興……
黨如同我的母親。
我會一輩子追隨它，一如小孩渴望母親，
只要在黨的身邊，
我就開心。51

金日成在位期間，朝鮮民主主義人民共和國的宣傳家在其英語刊物裡，只有一個詞未翻成英文，而以譯音呈現，即Juche（主體）。隨著他兒子上台，出現另一個以譯音呈現的詞：Chajusong（自主性），意為「獨立自主」。韓戰前不久，朝鮮勞動黨宣傳鼓動部向宣傳人員下達了指示，要他們在文宣開頭提到朝鮮於日本統治期間「失去自主性」，在一九四五年後打造了經濟及政治基礎，「牢牢確保我國在世界舞台的利益及自主性」。蘇聯等社會主義國家的存在，係保障朝鮮地位的外部條件，國內的經濟基礎則會「打造能保障我國自主性的富強國家」。這份文件清楚表示，中央的計畫是「保障民主國家的經濟自主性、確保其不致從屬於外國經濟的手段」。此文件即使稱讚蘇聯的作為，仍強調朝鮮人如何汲取日本、蘇聯的國家結構和觀念，把它們轉為獨立自足的民族經濟概念；此文件提到所有外國時，明確使用「外國」一詞，而不稱為「帝國主義」國家。此文件多次引用金日成論及「利用自身力量及資產、獨力建設民主祖國」之必要性的話語。朝鮮必須使用「自己國內的資源和自己的力量」，以免倚賴外部供應來源：這也會保障「我國經濟的自主性」。或許最重要的是，這份文件說這些「基本原理」自一九四九年起即開始採行，意指蘇聯軍離開朝鮮後，便開始走向獨立自主之路。[52]這就是金正日的新流行語「自主性」的歷史淵源。

一九八〇年代，我在平壤和一位蘇聯外交官聊上，問他這次接班是否會如許多「平壤事務專家」一直宣稱的不順利，或說不定引發政治危機。他說不會，新一代官員與金正日所繼承的體制是緊密相連的，他們會跟著該體制一起歸向金正日；金正日控制他們所有人，以及他們的未來發展，因此會萬事順利：「如果你二〇二〇年重返此地，你也會看到金正日的兒子繼承大位。」至目前為止，這位外交官說得都沒錯。

北韓經濟

自立不只是口頭說說。北韓為後殖民開發中世界，提供了有意識退出資本主義世界體制和認真建構獨立自足經濟的絕佳範例；因此，它是世上最獨立自足的工業經濟體。社會主義世界裡的阿爾巴尼亞和「自由世界」裡的緬甸，隨著本國經濟持續停滯或惡化，自然而然就「退出」資本主義世界體制，而北韓不同於這兩個國家，它同樣退出此一世界體制，卻絕非停滯，而是一直往前衝。這是與發展同時進行的退出，為發展而退出。北韓的自立也針對蘇聯集團，但沒那麼徹底；北韓從蘇聯、中國得到不少經濟援助和技術協助（但大大比不上南韓從美日得到的援助）。儘管如此，北韓與幾乎其他每個共產國家不同，從未加入經濟互助委員會（COMECON），即社會主義陣營所欲打造的共同市場。

朝鮮民主主義人民共和國施行社會主義指令型經濟，以長期計畫（晚近七至十年為一期）和偏重重工業發展為特點，只讓市場分配發揮極少許作用，主要在鄉村部門，農民可在鄉村販賣小塊私有地所生產的農產品。北韓境內幾乎沒有小企業。北韓一如南韓，欲打造完整且全面的工業基礎，於是，北韓似乎是以史達林主義為師的典型社會主義體制，強調重工業優先。

蘇聯給予援助和建議直到一九四〇年代某時為止，但在日治時期所培養出純熟技術的朝鮮人，終究主宰了本國經濟發展。被美國國務院情報部門稱作「北韓工業之王」的鄭一龍，原是為日本人效力的工程師。另一個有力人物鄭準澤亦然。北韓第一個兩年計畫（一九四七～一九四九）是在前京城帝國大學經濟學教授金洸鎮指導下擬定。另一個重要人物李仁旭（Yi In-uk，音譯），在北部從事工廠建造長達二十五年，故這方面經驗豐富。一九五〇年北韓工業工程聯盟的部分人員名單中，九十三名朝鮮人之中有三十五人有五年以上的經驗，全都來自日本產業的歷練。未逃走的日籍技術人員，也被運用於各經濟領域；一九四七年，這些日人在家書裡寫道，工業生產非常紅火，驚訝於朝鮮工人相較於一九四五年之前如今「生產興致是如此高昂」。[53] 弔詭的是，北韓迅速完成後殖民時代的社會革命，以務實的態度利用出身殖民時期的朝鮮人和日本人的專門技術，幾乎未招來批評；而南韓往往延攬司法機構和治安機關的本土專家，此舉卻毫無正當性可言，招來無窮無盡的批評。

北韓某報的記者一九四七年中期告訴一位美國人，北韓政權把食物分成六類來配給，勞動最重的工人得到的配給最豐，殖民時期與日本人合作者得到最少；工資從九百五十韓圓至三千五百韓圓不等，分成四類：技術人員、經理人、專技工人、普通工人。全國各地的雇用中心招募工業技術人員和工人。女工劇增，「（同工）同酬，享特別待遇。」約一千兩百個合作社配發物資給工人和農民；它們買下國營工廠的全部產品、民營工廠的九成產品，剩下的產品拿到自由市場上販售。平均工資低，「讓工人勉強得以度日」。[54]為了讓工業經濟再度運作而付出如此驚人的努力，其結果是從一九四〇年代至一九六〇年代中期（扣掉韓戰期間和戰後復原期（一九五〇～一九五六）），北韓經濟成長比南韓快了許多，或許和戰後任何追求工業化的政權一樣快。

韓戰期間，美國人攫取一九四七年經濟計畫的極機密文件，難得能夠窺見朝鮮民主主義人民共和國的經濟全貌。總預算約五分之一用於工業建設，五分之一用於國防。頂級專家一千二百六十二人裡，一百零五人是日本人；中階專家裡有兩百四十五人是日本人。名單上沒有俄國人，但蘇聯文件則顯示，有許多俄國顧問在北韓，他們往往是一九四五年前住在蘇聯境內的朝鮮裔。七成二的孩童上小學，反觀一九四四年時是四成二；全國約四萬所成人學校，為工人農民開辦基礎識字班。美國從北韓內部機密消息來源取得的經濟資料顯示，生鐵產量從一九四七年的六千公噸增加為一九四九年的十六萬六千公噸，鋼坯產量從六萬一千公噸增加為十四萬五千公噸，一般鋼材從四萬六千公噸增加為九萬七千公噸，後兩者的數量超過一九四四年朝鮮工業為日本人的戰爭拚命生產時的產量；一九四九年工業產量增加了百分之三十九點六，耐人尋味的是，一九五〇年的數據顯示，前三季北部的工業產量就已幾乎達到一九四九年生產總額，然後美國就開始對北韓進行最激烈的轟炸了。事實上，第二個兩年計畫當中，針對第一年設定的目標在一九五〇年初就達成並超過，該年其餘時間的目標因此可以向上修正。[55]

一九四九年九月，遭拘留於鎮南浦（今稱南浦，位於大同江口，平壤外港）三個月的數名美國人報告，當地人一般來講穿得比南部人差；鋼筆、手錶、皮鞋很少見；甲殼類產量甚豐，但肉很稀少；夜間鐵路運輸很活躍；電力充足，煤亦然，甚至用煤來驅動汽車、卡車，因為汽油供應短缺；該港的煉鋼廠二十四小時輪班運作，煤場亦然；街道乾淨，維護良好，但人潮稀疏，凡是港口城鎮，通常應該會有工人四處晃蕩，但此地閒晃的工人甚少。這份記述叫人信服，符合我三十五年後在元山港的所見所聞。

儘管經濟成長率甚高，金日成在一九四九年

一九五〇年代晚期北韓境內玩耍的小孩。Chris Marker, *Coréenes* (Paris: Court-Métrage I., [1985 or 1959])惠允使用。

晚期的一次講話，仍提到經濟裡存在的許多問題。他提及「複雜、令人困擾的困難」，說到至一九四九年九月，某些產業的產量已比一九四八年成長了五至六成，但有些產業只成長兩成，「最糟的」是煤、冶金等重要產業成長幅度小，未達到計畫目標。他說許多工人幾年前還是農民；他們從鄉村過來，「願意接下他們所能找到的任何工作」。許多工人先前「被日本帝國主義混蛋強迫工作」，以最低工資被剝削勞力。他說日本人讓人民挨餓，使人民餓到不得不工作，但如今沒有挨餓之虞，工人卻消耗掉太多可取得的剩餘物資；有些工人因為農業情況良好而回歸鄉村，如今來自農村的勞動力甚少。勞動力未被拴在工廠上，因此工人隨意四處移動。金日成舉了黃海製鐵所的一個例子。該廠於一九四八年八月得到七百名新工人，但只能為三百人提供住宿，於是其他人一兩天內就離開。因此，勞動力「不會自動補足」。

怎麼辦？首先，金日成發揮其一貫作風，要求改善工作條件、施行「新領導風格」，並搬出毛澤東的用語「改造」，對個人施行「勞動改造」。但「最重要的是，必須正確制定工資制，促進生產效率」、「對平均工資制（施以）不留情的鬥爭」，平均工資制把所有工資拉平，但葬送了激勵生產的誘因。新制的「原則就是必須讓生產較多的工人領取較多工資」。[56]這是金日成借鑑中國的毛主義作法和蘇聯的唯物主義作法再貼切不過的範例，但他始終因地制宜，以務實眼光選擇在朝鮮環境下管用的辦法。朝鮮人接受社會主義原則「各盡所能，按勞分配」，始終不像後來激進的毛主義者那樣質疑該原則（列寧援引聖經，給了此原則一個注解：「不勞動者不得食」）。早期陳述該原則時，主張「我們的體制不是齊頭式平等的制度」；北韓政治平等、工作平等、休息平等，但「人各盡所能，按其勞動的質與量領酬。」[57]但北韓人也接納以下的毛主義原則：與人民一起勞動、道德性或意識型態性的激勵措施、群眾改造運動，也都有助於促進生產。

韓戰結束時展開的三年計畫和接續的五年計畫（一九五七～一九六一），都強調重建和發展遭戰火摧毀的主要產業，消費品的生產則被政權列為施政末項。但這一側重主要產業之舉，加上來自蘇聯集團前所未見的龐大援助，使得北韓一九五〇及一九六〇年代的經濟成長率高得令人咋舌。據外部觀察家的說法，韓戰後的十年間，朝鮮民主主義人民共和國的工業年均成長兩成五，一九六五至一九七八年則是約一成四。[58]據官方說法，三年計畫期間（一九五三～一九五六）工業年平均成長百分之四十一點七，接下來的五年計畫期間則是百分之三十六點六。第一個七年計畫（一九六一～一九六七）預測年均成長百分之十八，但一九六〇年代初期蘇聯援助中斷（因北韓在中蘇衝突中支持中國），導致此計畫延長三年。不過，韓戰後二十年間，北韓經濟成長令南韓望塵莫及，美國官員因此憂心忡忡，覺得南韓經濟恐怕難有起色。

到了一九七〇年代初期，朝鮮民主主義人民共和國顯然已耗盡以自身技術或戰前日本技術、或新蘇聯技術為基礎的工業發展潛力，於是轉而向日本和西方購買可立即使用的成套工廠，包括一九七一年來自法國的一間石化廠、一九七三年一間水泥廠，一九七七年要求日本賣一間綜合煉鋼廠到平壤（遭拒）。甚至進口一間完整的褲襪工廠，意味著更加關注消費性產品。這些採購案最終使北韓在償付外債時碰上麻煩，近二十年間，北韓外債據估計在二十億至三十億美元之間。後來的七年計畫、十年計畫都未能達成預定成長率；但一九七八年美國中情局發布的一份研究報告認為，朝鮮民主主義人民共和國的人均國民生產毛額與一九七六年的大韓民國一樣高，另一份研究報告估計，直到一九八六年為止，兩韓的人均國民生產毛額一直相當。[59]至少直到一九八三年結束為止，北韓的人均國民生產毛額大概都和南韓並駕齊驅，原因之一係一九八〇年南韓的國民生產毛額少掉了百分之六。一九八〇年代初期，北韓在電力、煤、肥料、工具機、鋼的總生產量與南韓相當或更高，即使其人口只有南韓一半。但這類數據不表示北韓的生產品質高，其實北韓的勞動生產力低了許多，能源也經常被浪費。不過，有個對北韓經濟成績持批判立場的學者，將一九七八至一九八四年北韓工業年均成長率估計為百分之十二點二，同時指出北韓大大落後其所設定的目標。[60]

一九八〇年代中期，南韓經濟已復甦，自此大幅超前北韓，儘管超前幅度不如其支持者所說的那麼大。漢城的都市中產階級，生活的確過得比北韓極少數菁英以外的人好得多，但南韓大眾的生活水平雖然較高，並未高出一般北韓人甚多。一九七九年，金日成說人均所得為一千九百美元，一九八〇年代晚期，北韓說超過兩千五百美元；但此一數據準確與否或如何得出，不得而知；此外，從那時起，人均所得大跌。晚近幾年發表的中情局數據，認為北韓人均所得為一千美元左右。過去二十年來，北韓顯然已在其追求的目標上落後於南韓，原本的目標是在工業發展上，與南韓並駕齊驅或打敗南韓。運輸瓶頸和燃料資源問題困擾北韓經濟，但最重要的是，北韓未搭上晚近幾年的技術革命列車。

北韓在第二次工業革命的產品上表現不俗（鋼、化學製品、水力發電、內燃機、火車頭、摩托車、多種機械製造項目），但在第三次工業革命的「通信」技術上（電子、電腦、半導體晶片、電信）大幅落後（北韓大概是以過時的技術製造「白頭山電腦」；北韓政府也進口了國際市場上所能買到的最新型電腦，同時嚴格限制個人或家庭使用個人電腦）。

但只從窮困國家的角度來想像北韓，令外界忽略他們的某些成就。世界衛生組織等聯合國機構的職員，稱讚北韓的基本保健服務；北韓兒童的疫苗注射情況優於美國。一九八〇年代起的聯合國資料顯示，這個又小又窮的國家平均餘命為七十點七歲（南韓則是七十點四歲），不會差美國太多。幼兒死亡率是每千個活產兒二十五人，南韓則是二十一人。約七成四北韓人住在城市，南韓則是七成八（同樣根據聯合國資料），這表示兩韓的都市化、工業化程度，照世界標準來看都頗高。

來自聯合國的農經學者斷定，一九八〇年時，北韓已在使用產量奇高的稻米種籽，而且不再使用人糞、改用化肥施肥（在南韓仍廣泛使用糞肥）。商品和服務的提供往往下放到鄰里或村的層級，據說有數個道的糧食、消費品已能自給；外國人看到商店、餐廳大排長龍的情況不多，儘管駐在當地的外交官說，商店裡可買到的貨品甚少。人民的勞動精神顯然優於前蘇聯，而且城市和工廠都讓人覺得有效率、勤奮。一九八一年，我在元山某飯店住了數日，常被馬路對面大型建築工地二十四小時不停的施工聲吵醒。

北韓在相互依賴且大多採行自由貿易路線的世界裡，堅決走相對較獨立自足的路線，結果妨礙其工業成長，犧牲了規模經濟，使本國與較發達的資本主義經濟體不相往來（但有一點要記得，美國從一九五〇至二〇〇〇年對北韓實施經濟封鎖，二〇〇〇年才對戰略性物資、高科技製品以外的項目局部解封）。但北韓自立路線在能源政策上成就不凡，北韓依賴石油的程度是世上最低者之一。北韓用水力發電和煤取代石油，石油產品主要用於軍隊。根據南韓方面的數據，一九九〇年代初期，北韓所消耗的能源約一成來自進口，但人均能源用量兩韓差不多。一九七八年接受採訪時，[61]金日成告訴日本社會黨代表團，一九六〇年代晚期，有些朝鮮科學家想開辦石化業提煉石油（大概因為朴正熙有類似計畫）。但金日成說，「我國不產油」，美國影響世界石油體制；因此「我們還不能倚賴進口……（若那麼做）就是讓自己脖子給人套上絞索。」廣大的鐵路網如今大多電氣化，城市巴士和地鐵亦然，汽車使用率非常低。一九九〇年代初期，人均能源用量據估計仍幾乎和南韓一樣高，但在北韓，大部分能源用於工業，消費者使用的能源總量較南韓低了許多。

社會主義集團的崩解，使平壤失去主要市場，導致一九九〇年代初期國民生產毛額連跌數年。南韓估計其下跌幅度在百分之二至五之間，美國官方分析家認為，北韓經濟在一九九三年底已走出最壞情況。但整體來說，仍對領導階層造成危機，致使平壤於一九九三年十二月勞動黨第二十一次中央委員會全體會議上，首度公開承認「我國經濟建設蒙受巨大損失」，以及「最複雜、嚴峻的內外情勢」。但就其原因大多並非指向北韓笨重的社會主義體制，而是指向「社會主義國家和社會主義世界市場瓦解」，「破壞」平壤的許多貿易夥伴和協定。[62]

此一危機迫使北韓認真思考其獨立自足體制的未來，從而催生出數項關於外來投資、與資本主義企業關係、新自由貿易區的新法。北韓頒行許多新的銀行法、勞動法、投資法。[63]外商認為這些法律至少在字面上，是東亞境內在歡迎外來投資、獲利匯出、所有權管制等方面最自由主義的法律。金日成親戚金正宇出任北韓東北隅「羅津先鋒自由經濟貿易區」的負責人，一九九〇年代初期、中期積極吸引外資。香港、日本、法國、南韓的數家公司已承諾在北韓開設製造廠，由美國貝泰公司前高階主管領軍的財團，正帶頭改善羅津先鋒特區的運輸、通信基礎設施。殼牌石油公司也於一九九五年投資此一自貿區。

如果說東亞晚近幾十年的發展證明了什麼道理，那就是資本主義式快速成長與強有力的中央集權可並行不悖。於是，金正宇告訴記者「平壤想師法新加坡」，也就不足為奇；在他看來，新加坡模式既給予「商業活動很大自由」，又保有「良好秩序、紀律和守法」。[64]最重要的是，許多南韓企業對北韓廉價但聰穎、守紀律的勞動力甚感興趣一事，或許有助於南韓恢復其在世界市場的比較優勢，同時推動兩韓緩緩走向統一。但朝鮮民主主義人民共和國要完成中國或越南那種劃時代的外向型改革，仍有很長的路要走。

北韓的隱士王國式之自立政策，係為因應二十世紀該國漫長的危機。這些政策本為防止北韓受害於殖民地化、經濟蕭條、戰爭而施行，如今看來已無意義。但我們可以想見，一九八九年柏林圍牆倒塌或一九九一年蘇聯瓦解時，北韓可能上演了這樣一幕：金日成看著其政治局的友人，問他們原與蘇聯集團整合為一體，參與莫斯科在東歐所打造之國際分工體系的北韓要何去何從。

農場生活

如今，兩韓農業部門所雇用的人員都不超過人口三成，農業部門的產出占國民生產毛額兩成或不到。一九七八年美國中情局報告，北韓穀物產量增加速度高於南韓，農村生活水平「改善速度大概快過南韓」，「北韓農業機械化程度高，施肥程度大概位居世界前茅，灌溉工程覆蓋範圍廣。」[65]一九八一、一九八七年，我從中國乘渦輪螺旋槳式飛機去北韓時，看到田野青綠，去到村莊時，看到每塊土地都得到細心照料。但一九五〇年時亦是如此：倫敦《泰晤士報》記者在一九五〇年收穫時節驅車北至平壤，穿過「和亞洲任何鄉間一樣整齊、細心耕種的鄉村」，看到田裡堆著整整齊齊、正在曬乾的稻穀，以便裝袋送到市場販售。[66]一九八〇年代，朝鮮民主主義人民共和國自稱每公頃稻米產量居世界之冠；此說無法證實，但去過北韓的專家並未質疑北韓的整體農業成就。但北韓未能達成其預定目標已有數年；金日成力促一九八六年時穀物產量達千萬噸，但過去幾年世道不佳，北韓穀物產量只達四百萬噸多一點，外援和國際救濟機構另外提供約兩百萬噸，才得以滿足餵飽人口的最低需求量（穀物六百萬噸左右）。如今，南韓農村生活過得比北韓農村好上許多。

北韓的農村生活，一如此國的其他許多事物，在一九四〇年代劇烈改變，為使人民生活更接近於過去的農村生活樣貌，使得北韓經歷數十年日本外力促成的開放後，再度走上「鎖國」。一九四六年三月，一場雷厲風行且相對帶來較少痛苦的土地改革，打垮兩班貴族，消滅了長年居高不下的租佃費。這場改革並未彌補土地重分配後地主的損失，但階級暴力相對來講低於中國、北越的土地改革，因為與南韓的邊境管制仍然頗為寬鬆，許多地主已定居漢城或開城。北部政權也允許想自己耕種土地的地主搬到鄰郡，他們在那裡被授予和其他農民一樣面積的土地。這從根打掉他們的政治權力，但讓他們在習慣的農村環境裡繼續生活（和謀生）。

農民得到的土地可傳給下一代，但那是「社會主義化」的地，故不得轉賣。農業集體化直到韓戰結束後才展開，此一改革具有鮮明的「耕者有其田」意味，對南部起了很大的示範效果。長久以來每逢收穫季節、或同村人需要搭建新屋頂時就會互相幫忙的互助團體「結耦班」（p'umassi-ban），構成一九五四年合作社運動的基礎。四年後，所有農村人口住在共約一萬三千三百零九個合作社裡，並在其中工作，平均每個合作社有七十九戶。但這個單位基本上相應於古老的「自然村」，利用了互助、共同分攤勞動的悠久傳統。在這些合作社裡，農民繼續住在可傳給下一代的房子裡，未擁有他們所耕種之土地的所有權，而是根據他們所付出的勞力取得報酬。根據北韓農業狀況的最佳專題論著所述，大部分貧農樂見合作社化，擁有土地面積超過三町步（約七點五英畝）、或已發家致富的有錢農民，則往往抗拒。[67]

根據某項調查，在某個村莊，七個地主有三個已在土改後搬到別的村鎮，但有四個想辦法只讓出租地遭沒收的情況下，藉此留了下來。一九五〇年代中期，這些人家仍比其他村民富裕，「仍在特定季節雇用貧窮村民，來耕種其大片土地」。合作社運動展開時，前地主試圖在地方人民委員會之外自辦合作社，貧農願意跟著幹，就貸予他們穀物和現金。後來有約百戶相關人家激烈爭執，情況惡化到不得不立即處理，最後，官辦合作社勝出，較有錢的人家加入——那是在「約兩個月不斷努力」後才促成的。[68]

一九五〇年代晚期，合作社規模擴大運動把村農合併為更大的結算單位，每個單位或許約有三百戶，此舉代表跨出古老自然村的第一步。之所以成立更大的單位，主因之一是想調整農地，以便大型農耕機械派上用場；過去，由於代代分割繼承，許多農田劃界不規則、不合理。但大多數農民仍組成五十至百人為一組的工作隊，或十至二十人一組的小工作隊幹活，組員來自同村之人。村民結算勞動力投入量，分攤工作，分享一年的報酬，集體掌控自己的命運。[69]大躍進期間的中國，出現愚蠢追求速成，以及暴力事件，也沒有發生農村社會最終瓦解之事，導致千百萬人餓死，但在北韓歷史上，沒有多少證據顯示曾發生這樣的事。去過北韓或晤談過難民的學者，覺得北韓為了將工作、生產條件和報酬平等化，花了很大工夫。[70]

北韓政權除了強調普遍施用北韓化學工廠生產的化肥，也始終強調要使用拖拉機、聯合收割機、自動插秧機來達成農業機械化。至今成效如何，各界莫衷一是；一九八七年我走訪數個共同農場時，聞不到人糞肥料那種慣有的臭味，令人印象深刻。我也見到大規模且極無效率地運用兒童和老婦，從事築路等營建工程（但持平來說，在南韓也可看到同樣情況）。一九九〇年代初期，數則西方報紙的報導提到北韓偏遠鄉村地區陷入半饑餓狀態，間接表示一九七〇年代晚期已達成的農業自給自足，由於一九九〇年代初期整個東亞氣候不佳、連年歉收，或因為囤積穀物、賣到國際市場以賺取外匯，榮景已不復存在。北韓政權說一九九五年夏的水災，嚴重程度為二十世紀之最，毀掉許多收成，使數十萬人無家可歸。平壤首度求助於西方和日本；到一九九六年中期為止，援助杯水車薪，許多分析家認為秋天時存糧將所剩無幾。

農業改革改變了北韓農村生活，但未到「革命」一詞所意味的那種改變程度；但此一改革使農民回到他們的自然村，重拾他們習慣的互動方式，同時除去貴族支配的社會結構，以及過去讓農民苦不堪言的租佃制度。但社會階級上下顛倒，因為年輕人這時較愛和勞動黨幹部家庭、或受到優待的貧農家庭聯姻，不願走上過去與兩班家庭聯姻出人頭地的老路。但拜良好的教育和天生自視較高之賜，兩班家庭在新社會裡無疑仍享有重大優勢。

某項個案研究中，有個朴姓男子先是在紡織廠工作，然後被徵入人民軍；某次難得休假期間，他追求同樣來自他的村莊、且看來很般配的女子。她查了他家的背景，發現他哥哥的妻子是日治時期朝鮮警察的女兒，因而是「反動家庭」出身；她為此不肯嫁給朴。透過哥哥的牽線，朴找到另一個可能合適的對象，是一位學校老師，朴的哥哥和那女子的兄弟敲定在後者家裡見面，兩人同意結婚。這時，當地黨委會跳出來反對，出於同樣理由：家族裡有人在殖民時期當過警察。直到有個更高階官員出面說情——主張親家叔叔（兄嫂之父）的罪過不該及於弟弟之身——打消委員會的反對，兩人如期完婚。[71]

太陽王倒下

金日成一九九四年七月八日死於心臟病發。透過位於平壤的有線電視新聞網（CNN）攝影機，世人得以看到舉國哀悼的情景，對於如此一個受人唾棄、離經叛道的獨裁者死去，人民竟如此不捨，令人感到百思不解。數百萬人湧入首都，扯髮捶地，哭得不能自己。許多人認為這是北韓政權安排的表演，但由大多數人的真情流露和人數如此眾多來看，那似乎說不通。或許那是群眾歇斯底里的表現：美國《新聞週刊》似乎認為接下來會全國人民精神崩潰，朝鮮民主主義人民共和國這時是「無頭野獸」。[72]看看一六五三年亨德里克．哈梅爾怎麼說：「一有人過世，其親人即在街上四處奔跑，發出淒厲叫聲，扯著頭髮。」[73]金日成國喪為期百日，國喪結束時，政府發言人說：

失去偉大領袖是我國人民無法挽回的損失。聽聞噩耗，猶如地裂日墮，不只南朝鮮人民和海外同胞、我黨黨員和勞動人民，甚至山川、草木都同聲悲泣。[74]

平壤的御用作家開始使用外人不熟悉的一個詞語描述新政權：金正日這時「天命」在身。為何？因為他承繼了父親的路線。更早以前，黨報上一篇文章稱讚金正日的領導特質：

親愛的領袖金正日同志，其鐵一般的意志已成為轉禍為福之力的無窮根源……偉大領袖金日成同志告訴我們：金正日同志具有無敵的意志、勇氣、卓越的戰略、指揮的長才，符合革命軍最高司令官所應具備的特質……領袖的意志會在開創國運、貫徹社會主義大業上扮演決定性角色……領袖是人民群眾的最高的心……[75]

英祖在位五十二年，死時八十三歲。金日成死時八十二歲，在位四十九年：英祖欲傳位給思悼未能如願，金日成傳位給金正日是否順利，不久後就會揭曉。無論如何，北韓步入金正日時代：

啊！不滅的二月陽光，
明亮的陽光，
照耀全世界。
從革命聖山的叢林，
最偉大之人終於誕生。[76]

金日成死後，北韓遭逢一個又一個可怕危機：連續兩年前所未見的水災（一九九五、一九九六年）、能源體系幾乎崩解（使許多工廠關門）、夏季旱災（一九九七年）、因此導致饑荒，餓死超過五十萬人。這是儒家眼中王朝末年會有的災厄，北韓人民必然思忖還要承受多少苦難，經濟才會回到我這樣的外國人一九八〇年代所看到的那種較穩定的局面。金正日遵照國王長子應守的傳統守喪三年，才接掌父親的執政黨領導權；一九九八年九月，北韓政權成立五十週年，他成為最高領導人，但決意不成為國家元首（也就是朝鮮民主主義人民共和國主席）——大概因為會晤外國領袖似乎令他渾身不自在。金正日接下天命（金日成死後，北韓人一再使用的字眼）時，政權未來堪慮，人民仍在挨餓。

沒人知道自一九九五年迄今多少人餓死、病死。世界展望會副會長安德魯．納齊奧斯（Andrew Natsios）一九九七年九月告訴記者，北韓餓死五十萬至一百萬人，如果能完全掌握實情，總數或許接近兩百萬，也就是說將近一成人口。[77]自那之後，報紙報導一直認定死亡超過兩百萬人。一九九七年八月，針對約四百名住在中國、且頻頻越過國界進入北韓的朝鮮人做了調查，估計北部邊界沿線城鎮人口死了一成五。電視上的北韓饑荒畫面，有許多來自孤兒院，而在孤兒院，死亡比率為兩成一；在最北邊的貧窮採礦城鎮，約百分之九。[78]

但這類數據不適用於全國。在北韓，地區差異甚大，一成人口住在高度集中、且生活條件比其他地方好得多的首都。外國旅人在平壤未看到挨餓之事，有支國際代表團去了東北海岸，為依據一九九四年十月朝美核框架協議而建設的輕水反應爐動土，該代表團此行看到的饑荒、營養不良證據不多。[79]朝鮮民主主義人民共和國是階級社會，在村莊和小城市裡有家（而非公寓）的人家，可以擁有小塊地自由利用，他們在地裡種植作物，完全不閒置。《洛杉磯時報》記者訪問過數個有小塊田圃的人家，發現這類人家不需政府配給，糧食足以自給。[80]

北韓晚近的苦難不盡然是天災，即使在天候最理想的狀態下，若沒有大刀闊斧的改革，北韓的農業問題還是解決不了。蘇聯集團的瓦解，使得朝鮮民主主義人民共和國的外銷一下子陷入困境，在這之前，北韓都是拿其出口品換取石油、煉焦煤等基本輸入品，而且是以有利條件換得。一九九〇年代石油進口量銳減，傷害全國運輸網和龐大的化工業，從而傷害靠化工業取得許多肥料的農業。如今，數年過去，工業產出仍不及其原先產能五成。北韓必須找到辦法出口世界市場，以賺取進口糧食、油等必需品所需的外匯。

但北韓政權似乎難以完成兼顧各層面的改革。在北韓的行政體系裡，官場門閥和階層體系之間往往如同獨立王國，而且彼此難以溝通。軍方強硬派顯然和想改善對美、對日關係的外交部不和（外國外交官偶爾親眼目睹），但問題遠不止於此。官僚機構相對較自主、各道向來自立、涵蓋全國三分之一以上成年人口的龐大黨機關、軍方的特權地位（其預算占年度預算至少四分之一）、國家一直以來的唯一領導人去世、激烈的世代衝突（人數愈來愈少但影響力仍大的革命老戰士，與四十至六十歲人的衝突）、外部危機的日益升高，自一九九四年起已使北韓陷入癱瘓、動彈不得的狀態。意見透過階層體系往上傳，而在最高層，似乎沒人能作出必要的艱難抉擇，把國家真正推往新方向。二〇〇二年夏，北韓政權斷然重估其幣值，廢除大部分配給制，但這些作為仍算不上是從上而下的全面改革。

北韓既未像一九八九年後的其他社會主義國家那樣，漫無章法走向後共產主義時代，也未像中國、越南那樣作真正的改革。領導階層似乎非常害怕經濟開放的結果，於是偏愛設立小型特區（例如主要靠南韓企業出資營運的開城出口區）。但儘管晚近幾年碰上種種麻煩，沒什麼跡象顯示它們威脅到最高領導班子的穩定。改革反倒由下而上緩緩發生，因為人民為了維持生計，不得不做起小生意。

晚近幾年，外國人注意到平壤出現一個有兩千多個攤販的大市場，也在咸興的河岸上親眼看到每天都有以物易物的大型市場。硬通貨（尤其美元）使用甚廣，而且甚受看重。歷來由中央統籌和官員規劃的貨物、服務配給，在地方層級似乎徹底瓦解，許多人未得到糧食配給。

一九九八年，北韓的官方通訊社說「人民正利用各種可能性和儲備物資，靠替代食品奮力維持生活」（但聲稱「朝鮮人民面對現今的困難仍歡欣前行」），而北韓如今的情況已有所改善。官方通訊社也承認從中國進來大量救濟穀物——多年來，中國已數次「無償援助」北韓。[81]包括美國政府在內，西方自一九九五年起已金援北韓超過五億美元，世界銀行已促成來自歐洲數國的援助，而且使得想要「學習資本主義經濟運作」的北韓專家得以接受培訓。

但與世界各地類似的人道危機不同，北韓這場危機，除了地方層級的崩壞，看不到多少公權力瓦解的證據。金日成去世以來，北韓領導階層只有少許重大變動。北韓有人叛逃，其中許多人受到南韓報刊和世界媒體大肆報導，但其中只有一叛逃案例真正重要——亦即北韓最重要的意識型態理論家黃長燁一九九七年二月的叛逃，而北韓政權雖因他的叛逃而難堪、士氣低落，但他始終不是權力中樞一員，核心領導階層似乎仍安穩如山。二〇〇一年八月，金正日選擇花了漫長的三週時間，搭乘裝甲列車往返莫斯科，可能意在表明他在國內大權在握，地位非常穩固。

另一個耐人尋味之處，在於雖然北韓陷入索馬利亞或衣索匹亞那樣的困境，卻擁有相對發達、現代的經濟。朝鮮民主主義人民共和國過去擁有強大的工業經濟，如今仍相對較為都市化，且誠如前文所述，國際機構發現，其平均餘命、兒童福利、預防接種率、一般公衛狀況，直到晚近都相對好得多。與受苦於人道災難的其他地方不同，北韓不是公權力不彰的邊陲國家。它有強力的中央政府，治理能力高，政府能把公權力伸入最小的村莊。只要作出重大決策，北韓就能展開大刀闊斧的改革，因為這是一個能動員每個人執行中央所決定之任務的國家。北韓擁有教育程度良好且守紀律的勞動力，能有效利用其勞動成本在世界市場上的比較優勢。

從這個意義上看，北韓政權對於北韓人民受苦受難的確不可原諒，因為中央政府如果真想有所作為，不會放任饑荒和人民營養不良不管。結果，中央政府的不安全感似乎到了病態程度，於是決定只滿足武裝部隊所需，而讓社會上其他組織受害（自一九九〇年代中期起，金正日一直大談他的「先軍」政策，好似勞動黨不再被列為最優先——就共產主義政權來說這是反常之舉，對人民來說則是悲劇）。

結論

羅貝托．昂格爾在《知識與政治》（*Knowledge and Politics*）一書中，把當代政治區分出內圈和外圈。內圈意味著權力和支配，不管在何處，都由社會裡的少數人行使權力和支配。外圈涵蓋除此之外的所有人，他們追求共同體、行為得體，並透過政治架構進行參與。他論證，不管在哪裡，內圈的問題都未得到解決，於是在外圈，「追求共同體淪為偶像崇拜或烏托邦、或兩者兼具。」依照昂格爾的理解，以金氏家族為核心的內圈，是北韓最嚴重的問題；由於核心的構成沒有「非關家族、不講人情」的原則可依循，外圈必然走向偶像崇拜。該國表面上的安定或許掩蓋了其中心部份的不穩，中心部份未能打造出超越家族圈子及人情關係的政治局面。也或許北韓領導人比我們更清楚其人民，憑藉其舉世獨有，融合前現代和統合主義的政治，將能夠抵抗那些困擾其他共產國家且最後消滅那些共產主義的問題。

此一體制的強固和穩定，有賴於將傳統正統性形式與現代官僚體系結合，並加入金日成獨特的群眾魅力，以道地的韋伯式作風，提供了兩者間的順利過渡和結合。不管是舊制度還是當今北韓體制，此一體制的罩門在於它沒有「偉大領袖」或哲王，只有帶著某種主觀性的「人」。對於德性為何或誰能體現德性，並非人人意見一致，且並非每個人都是有德之人。爆發口角、出現派系、暴力迸發，人人都無所逃於德性蕩然的新現實：即閔妃等人所深刻體會的馬基維利式權力政治領域。我們可以說這就是人生，並謹記有兩千兩百萬人在金氏王國裡度過這樣的日常生活。

如今世人似乎比一九四八年以來的其他任何時候，更加反感於平壤的政策。但這一封閉政權在開基國王去世後情勢仍然安定，同時交棒給金正日——儘管二十五年來，一直有人預測金日成死亡會導致北韓體制崩潰。金正日有朴成哲、李鍾玉等黨內元老在前帶路，高層政治中樞再度以具有內聚力的強大形象示人。與此同時，在北韓人民擁戴另一個「太陽王」，大不相同的世界包圍這個現代隱士王國之際，外圈前途未卜。朝鮮民主主義人民共和國會有何遭遇？沒人說得準。但在我看來，外國觀察家以往判斷失準，幾乎在每個方面都低估了北韓的能耐。與此同時，有人根據此政權以朝鮮傳統思想、反殖民民族主義為力量泉源，預測其會在後冷戰時代繼續主宰北韓，而至目前為止，這一預測並未失準。

CHAPTER

9

在美國的韓裔人士

韓裔美國人知道自己是有根、有淵源的個體，有豐富複雜之歷史、思想、情感、華麗夢想的民族。但大多數美國人主要透過種族的透鏡看我們；他們看我們長得都一樣，認為我們只關心自己。

——金惠經（Elaine H. Kim）[1]

金惠經清楚道出成千上萬韓裔美國人同中有異的複雜性。誠如我們已知道的，南北韓是由同質性的民族約七千萬人構成的國家，他們經歷過的二十世紀和其他任何民族一樣複雜、多樣。韓國人自認為自己的「民族」具有單一性，使他們擁有綿延不絕的歷史、文化，乃至韓國人深深引以為傲的韌性。與此同時，這一強固的民族認同，使得非韓國人很容易受到引導，對韓國人的認識流於表面，誤以為所有韓國人都一樣。前文對DNA和種族的討論，有助於闡明一點：韓國人與遙遠異地的其他種族、居民有許多相同的DNA，這證明了居住在同一半島上的韓國人性質相對純粹、繁衍久遠之說並不成立，因此，韓國人的表象掩蓋了他們多樣的特色，這就好比人的條件其實也是非常多樣一樣。

美國出生的韓國人在日常生活裡，敏銳感受到自我認同與外部認知之間的這種緊張。西裔美國人教師會以為她班上名叫約翰・金的學生是日本人；坐在那人旁邊的非裔美國人或猶太裔美國人學生會說他是中國人；那人若回說他是韓國人，也不是很正確，因為他自認美國人——總之，大部分非亞裔的美國人不易區分韓國人、日本人和中國人。對韓國的獨特之處有些了解之後，情況既變好，又變糟。

朴贊浩成為第一位在大聯盟打棒球的韓國人時，《紐約時報》下了這麼一個大標題：「帶著韓國泡菜，初登場的道奇選手。」這讓我想起初到韓國時的情景。當時，我在報上讀到副總統休伯特・韓福瑞（Hubert Humphrey）吹噓，美國贈送給要被派去越南打仗的韓國部隊的物資裡，會包括屬於C口糧的泡菜罐頭，美軍士兵則用「深陷在泡菜裡」一詞來形容碰上麻煩（「我們現在深陷在泡菜裡！」）。三十年後，道奇隊的球賽主播不知道朴贊浩的英語名Chan Ho Park裡哪個是姓、哪個是名，他在初登板主投一局，讓對手得了兩分，但住在南加州的五十萬韓裔美國人還是欣喜若狂。朴贊浩長得帥，對人和善，是個飲水思源的人：他以一百二十五萬美元與道奇隊簽約之後，迅即把一成簽約金捐給他在漢城的母校。在同一篇報導中，加州大學洛杉磯分校人類學家朴桂英（Kye Young Park，音譯）說：「韓國人多少受夠了老是被人稱作喜愛暴力的無情商人」。有個墨西哥裔美國球迷告訴記者：「有些少數族群的成員不喜歡韓裔，那是因為不了解他們。」[2]道奇隊總教練湯米・拉索達（Tommy Lasorda）是我們這個時代的布蘭奇・里基（Branch Rickey，與黑人簽約，將黑人帶到大聯盟的棒球經理），他把墨西哥裔、日本裔、韓裔的棒球高手帶到亟需勝利的球隊，帶到如今成為美國都市生活多族群、多文化大實驗場的這座城市——但不確定這麼做是否對這座城市是好的。

晚近，在我國的一流大學裡，見到練達且聰穎的年輕韓裔美國人，已是身為教師的普遍經驗（韓裔美國青年往往占大一新生一成，在加州的學校，占的比例又更高）。但這也帶來困擾，因為這把他們塑造成「模範少數族群」——從某個意義上說，這是項殊榮，但從另一個意義上說，這只是居於主導地位的白人區分美國少數族群，將其分出「好」、「壞」的另一種方式。這一「模範少數族群」並非鐵板一塊，其成員因階級、貧富、世代、語言、族群（對混血後裔來說）、政治立場、宗教信仰、在美國和在韓國的居住地、城市與郊區、移入時間等方面的差異而不盡一致。[3]換句話說，他們是美國人。

大多數韓裔美國人不覺得自己是人生勝利組，許多人想要找到效法的榜樣，而非為其他少數族群提供榜樣。《紐約雜誌》引述了某經濟學家的話，說韓裔是「紐約市最有生產力的群體」，但一九九四年雖有七百家韓裔經營的店開張，卻也有九百家店停業。該報導的作者把韓裔稱作「這座城市的超級移民」，根據他們想透過小本生意躋身更高社會階層，以及極看重子女教育這兩點，把他們和猶太人相提並論。韓裔人士一如猶太人，第一代移民開蔬菜水果店或服裝店，培養子女成為小提琴家、哈佛畢業生。有些韓裔美國人甚至自稱朝猶人（Kews），以象徵兩族群的成就和邊緣化處境。「每個人都有結識的韓裔，卻沒有人了解韓裔」：[4]這句話從占多數的白人角度發出，但仍扼要點出韓裔美國人的日常經驗：置身於一個社會之中，卻不是社會的一部分。

一流大學裡為何有那麼多韓裔美國人？答案不只一個。這個古老國度的教育制度無疑告訴代代的韓裔，躋身一流學校是全家未來過好日子所不可或缺的，而且他們還知道上不起大學者、或未能通過大學入學考試者會有什麼悲慘下場：在漢城，被背上重物壓得挺不直腰桿、但仍穿著小學制服的工人，到處可見。

韓裔大學生一如其他移民的後代，他們在美國自問：我哪個部分屬韓國，哪個部分不屬韓國？這是個我也反覆思考的疑問，尤其因為我兒子也向我問了這問題。但最執拗追索此疑問者是住在韓國的韓國人，他們幾乎無法理解長得像韓國人的年輕人，竟然不會講韓語（從而無法融入韓國文化之中）；有些人斷定這些年輕人已經不能算是韓國人，許多去首爾旅遊或求學的韓裔美籍學生，因為當地人如此認定他們而心裡很不舒服。在美國，許多韓裔沒學英語，生活在小「韓國城」，不與外界往來；他們也對於同化於美國社會一事不以為然，尤其是自己家裡已被同化的小孩。於是，移入的時間差異，在美國韓裔族群裡造成裂痕，深深影響了美國多數人對其會遇見之個別韓國人的看法。有天，我坐在韓裔開的理髮店裡，看我兒子理髮。有個韓裔媽媽坐在我旁邊，同樣看著她兒子理髮。她的小孩對我兒子說起道地美式英語，那個媽媽用道地韓語和理髮師交談。理完髮，母親撥開兒子額頭上的頭髮，幫他穿上外套，走出店門時說，「Yu arŭ mai sŭwit' ŭ chŏcorat' ŭ p'ai」（You are my sweet chocolate pie，你是我的寶貝）。

但疑問仍在：我哪個部分屬美國，哪個部分屬韓國？要回答這個疑問，可以先檢視一下韓裔美國人的歷史。他們的歷史如今涵蓋美國立國至今約四成的時間。朝鮮人於十九世紀結束之後不久開始踏上美國領土，來到名叫夏威夷的殖民地。白人種植園主聽聞朝鮮人和日本工人一樣勤奮，但比較便宜；不久，就有數千朝鮮人簽約加入工作隊，來到檀香山。一九〇三年，美國境內已有約五十名朝鮮人，包含學生、外交官、商人、勞動者。但一九〇三至一九〇五年間，大量朝鮮人來到夏威夷，共約七千人，主要是在甘蔗園工作；在朝鮮的美國傳教士是此波外移潮的推手，他們相信在甘蔗園幹活會使朝鮮人得以「改善生活，並取得有用知識」，而種植園主也樂見朝鮮人過來，因為「要白人在甘蔗田裡幹活，根本不可能」。[5]美國人安連告訴夏威夷領地總督桑福爾・多爾（Sanford E. Dole），朝鮮人優於中國人——「吃苦耐勞且聽話的民族，長久以來習於服從，因此易控制。」[6]

夏威夷熱帶地區的生活，談不上閒適。朝鮮人在烈日下於甘蔗園裡幹活，一天工作十小時，每週工作六天，除了供住，月工資十五美元。一個工頭管兩百五十個工人（男兩百人、女五十人）。有個早期移民李鴻基（Lee Hong-ki，音譯），一九七一年九十五歲時向採訪者描述了工作情形：「早上四點半起床，弄我的早餐；五點得在甘蔗園裡……工頭是德國人。他對我們非常嚴厲……把我們當牛馬看待。不聽他的命令就挨罰，通常是甩耳光或狠狠鞭打。」招呼工人時從不叫名字，只叫編號；工人四人睡一間房，睡在硬木床上。[7]

此後，朝鮮人開始移民到美國本土，尤其是女人，當她們能跟著一起移民時，就一定會跟（做妻子的往往婚前沒見過丈夫就嫁過去）。一九〇四至一九〇七年，他們分散到美國西海岸各處，大多從事農活，尤其在當年從洛杉磯綿延到里弗塞德（Riverside）的許多果園裡摘橘子和檸檬。一九三〇年代，洛杉磯只有約六百五十名朝鮮裔美國人，晚至一九七〇年，仍只有約八千九百人，也就是全美約十一萬五千韓裔人士中的約一成三。[8]但洛杉磯當時已是美國境內最大的韓裔聚居地，如今亦然。

朝鮮裔移民在收穫季採果，經營租來的蔬果農場，希望買塊地供全家務農維生。加州白人強行通過不利於朝鮮人等亞裔居民的種族隔離制：一九一三年的排外法，不讓華裔、日裔、朝鮮裔移民擁有財產權；一九二一年「移民配額法」規定，每年自某國移入的人數，不得超過一九一〇年該國第一代移民在美人數的百分之三，意味著此後只准少許朝鮮人移入。[9]不久，推出了《一九二四年移民法》，矛頭特別指向亞裔。此後，朝鮮人來美人數不多，而且大多是學生。

韓國境內的傳教士常贊助學生赴美國中西部的宗派大學求學。朝鮮人民共和國領導人呂運亨之弟呂運弘，赴俄亥俄州的伍斯特學院（Wooster College）留學，另有許多韓國人去附近的俄亥俄衛斯里大學（Ohio Wesleyan）求學。有些有錢的韓國人，例如張德秀、趙炳玉，赴紐約哥倫比亞大學留學；趙炳玉也去賓州的金士頓（Kingston）讀了高中。俄亥俄州立大學校友在韓國形同自成一幫，林炳稷（英語名Ben Limb，李承晚政府的第一任外長）和另外數名李承晚的親信，都是該校校友。金奎植讀過羅諾克學院（Roanoke College），他在維吉尼亞州受過的種族歧視之苦，始終忘不了。

一九二四年，美國境內或許已有三千名朝鮮人，其中大部分人住在洛杉磯一帶。他們要租房子或農場實屬不易，餐廳、飯店、理髮店也不服務他們。偶爾會有和善的白人站出來替他們說話，說他們是勤奮、愛乾淨的人（通常會提及其他不那麼勤奮愛乾淨的族群來反襯）；加州某次「黃禍」騷亂期間（加州這樣的騷亂不只一次），有個叫瑪麗·史都華（Mary Steward）的女人提供武器給她的朝鮮裔橘園工人，防範想要把他們趕出她土地的白人暴徒。[10]

但朝鮮人終究租到或買到了農場，可以自己經營，其中少許人發家致富。例如金鍾臨（Kim Jong-lim，音譯）在一九二〇年時，已被稱作加州聖華金谷（San Joaquin Valley）的朝僑「米王」，把穀物運到洛杉磯的朝鮮人批發市場。另有些朝鮮人做小生意，藉此最終發了小財，但大多數人（超過四分之三）擺脫不掉工人身份。[11]少許朝鮮裔商人和專業人士為朝鮮僑民提供服務：洛杉磯的某家餐廳、某家旅館和某兩家食品雜貨店；帕薩迪納的牙醫師李尤格（Lee Eug，音譯）；日落大道上的攝影師宋石（Soong Suk，音譯），他的照片深受朝鮮人喜愛，善拍一本正經、不笑的照片；在阿利索街（Aliso Street）開菁英蔬果店（Elite Produce）的鄭杜（Dew Jung，音譯）；還有在惠蒂爾（Whittier）的一個醫生，在埃爾塞貢多（El Segundo）的汽車修理業者，不勝枚舉。

第二次世界大戰之前，洛杉磯的朝鮮裔花了不少工夫，讓自己不致被誤認為住在洛杉磯「小東京」的許多日裔美國人。這並非易事：殖民統治者在他們的護照上替他們取了日本名（如果有幸拿到護照的話），絕大多數美國人對朝鮮淪為殖民地之前的獨立地位所知不多，無法分辨日本人和朝鮮人。例如，史丹福大學把名叫Senoo Hachiro（鮮于八郎）的人列為該校第一個日本籍畢業生，但Senoo（Sŏnu，鮮于氏）是朝鮮姓氏，非日本姓氏。

有本鮮為人知但寫得很好的長篇小說，詳細保留了這個時期洛杉磯朝鮮人的生活樣貌，即金蘭英的《土牆》。這位作者的母親是兩班女子，但時運不濟（從她的觀點來看），嫁給地位卑賤的男子，後來跟著丈夫移民美國。為了養家，她從事家務、洗衣、幫人清廁所等工作，在這期間一再高聲向她女兒說，兩班照理不該做這類的活——也不習慣美國白人一再加諸她的種族歧視。一如其他許多亞裔美國人，這家人仰賴陌生非裔美國人的好心幫忙——他們的女房東是黑人，把第三十六街的紅瓦頂白色平房租給他們；他們家兒子長大後會講「黑人俚語」，女兒則交了名叫伯莎（Bertha）的好友。伯莎是她鄰居，臉寬，咖啡色皮膚，帽上始終別著一朵大麗花：「伯莎是我所認識唯一懂得世事，且什麼事都能搞定的女孩。『姑娘，妳什麼都不懂嗎？』她總是這麼對我說。」[12]（早期移民美國的白廣善（Mary

Paik」，童年時也有許多黑人朋友，他們住在附近，一起吐遭白人歧視的苦水。年老時仍常上一所大多是黑人的教堂）。[13]

全太太和她丈夫也曾靠推著推車兜售蔬果為生：

> 幾個星期後他們才領悟到，若要賺錢，就得推著車四處跑才行。大清早他們在天普（Temple）和日落大道，賣蘋果給出門上班的工人。早上十點左右，移到格蘭德大街，以趕上出來買午餐的人。下午，在返家行經的住宅區，他們停留數個地點。一天快結束時，蘋果看來不新鮮，他們以折扣價賣給從學校返家的小孩。[14]

慢慢的，他們富裕起來，成為南加州廣大中產階級一員——但只是在所得上躋身此一階級。有次，她兒子在學校被人叫「中國佬」，他憤而出手反擊，被校長懲罰。於是全太太決定把他送去軍校，卻被告知「軍校不收東方人」。她抗議道，他們是美國公民，就在洛杉磯本地出生。主事的上校回道，是沒錯，但他們不是「盎格魯撒克遜人，呃……高加索人種。」她很生氣，但回家後，她丈夫說這不是早可料到的事嘛——「那些混蛋向來如此，跟他們說什麼都沒用。」[15]

全太太的女兒長大後，成為追隨時尚的少女，那時是洛杉磯的美好時代，還沒有霧霾和堵車，珍珠港事件還未發生，聖安地列斯斷層地震也未發生。她煩惱的是她「貧弱、發育不全的胸部」；她的男朋友叫威利・具（Willie Koo），來自聖華金谷的農家；

成為威利的女友，意味著男孩子們帶女友去打保齡球、或看電影、或去賽門免下車餐館吃漢堡時，我會成為其中一員。我想成為男孩子喜歡帶在身邊的那種女孩，於是，看電影時，我研究好萊塢明星走路、說話的方式。我翻閱雜誌，以了解小女明星的髮式、穿著……甚至把魯絲・強森當成我最好的朋友之一，直到後來她告訴我，「妳知道嗎，費伊，我不再把妳當朝鮮人了」，一副身為朝鮮人有什麼不對似的，那份友誼才沒了。[16]

珍珠港事件發生後，每次走在街上，都會有人朝她大喊，「臭日本鬼子，哪裡來，回哪裡去。」有些政治人物想把朝鮮裔和日裔美國人一起關進集中營，金永正（Young-jeung Kim，音譯，有錢的橘樹園主和《朝鮮之音》的長年主編）等朝鮮僑界領袖向他們介紹了朝鮮歷史，這種事才沒發生。她女兒眼看她同樣追隨時尚的日裔二世移民朋友廉價賣掉住宅和店鋪，搭上載他們去集中營的火車。她母親認為日本人罪有應得，但這個女兒不這麼認為：「這樣對待他們，是不對的。」[17]

洛杉磯的朝鮮人特別以安必立（Philip Ahn）為榮。他是安昌浩的兒子，百萬富翁，在好萊塢電影裡扮演邪惡的日本軍官。戲中一個訊問人員瞇著眼看一名遭擊落的美軍飛行員，說：「美國兵，我們有的是辦法讓人吐實」，那個訊問人員就是安必立所飾演。如今，在洛杉磯的某個韓裔區，有一條林蔭大道以他的名字命名。

一九五〇年美國投入韓戰時，由於帶著種族歧視意味的既有移民配額制，韓國人仍無法外移美國，三千多名在一九二四年前就來美、但並非在美出生的朝鮮人，仍不得歸化為美國公民。白廣善憶道，韓戰期間，在洛杉磯，「公共廁所、游泳池等地方寫著『白人專用』的看板，大多被移除。但理髮店、劇場、教堂雖沒有看板，但東方人到了門口，還是被告知不歡迎他們進去。」[18]十五州明令禁止韓裔與白人通婚，十一州不准韓裔購買或擁有土地，紐約市規定韓裔只能從事二十七種職業。[19]此外，因為不是公民，數名韓裔美國人付出高昂代價。

一九四〇年代晚期的洛杉磯，有份名叫《朝鮮獨立報》（*Korean Independent*）的報紙，其主要立場是厭惡李承晚（源於在美國與他長久打交道的經驗），支持安昌浩，從左翼自由派或羅斯福「新政」的觀點，批評美國在朝鮮半島的占領政策。這份報紙甘冒大不韙反對美國介入韓戰，於是不斷遭聯邦調查局和當地警方的「反共搜查隊」（red squad）監視。[20]與此報有密切關係的韓裔美國人，的確有許多人是左翼人士，本身或許是共產主義者，但此報的政治立場溫和。有個來自此團體的人，名叫戴蒙・金（Diamond Kim），本名金剛（Kim Kang），一九五〇年代遭聯邦調查局遣送出境，最後落腳北韓；另外幾人就沒這麼幸運，聯邦調查局把他們交回給李承晚政權處置，該政權囚禁他們，或許處決了其中某些人。[21]

還有個韓裔美國人在舊金山等待遣送出境時，他的朋友找律師介入，此人最終在一所甚富聲望的女子學院當圖書館員，就此度過餘生。在西雅圖，數名與華盛頓大學相關的韓裔美國人，遭一名教授向聯邦調查局檢舉，該教授是美國亞洲研究領域的重要研究者；至少有兩名韓裔在大學的職位被撤除，其中一人後來成為著名攝影師，直到一九六七年才再度拿到護照。[22]金蘭英的家族似乎有同樣的遭遇；她母親原在韓國有塊地，始終認為自己會回去那裡生活，但後來她的親戚受呂運亨的人民共和國牽連：「我說：『我猜閔叔不會回朝鮮了』，（媽）搖搖頭說：『回去幹嘛？南韓政府說朝鮮人民共和國是共產主義團體。我們也進不去北韓……我在郭山的地完了。』」[23]小說末尾是令人動容的一段，談到身為韓裔生活在美國的意義。

美國那些與時代脫節的種族排斥法律，直到一九六五年民權運動高峰時才廢除。根據美國歸化與移民數據（大概比實際數據少了不少），一九五〇年只有十個韓國人移民美國，十年後一千五百零七人，一九七〇年將近一萬人，一九七五年三萬二千一百五十八人。根據一九七〇年人口普查，洛杉磯郡有八千八百八十一名韓國人，其他資料認為此數據不到真實總數的一半。到了一九七五年，在美國出生的韓裔已達約一萬三千人，其中或許有一萬人是在一九六五年美國修法之前便出生，該法使移入的韓國人劇增。就是這群新移民在接下來三十年使美國境內的韓裔大增，但也深深左右了韓裔的組成結構。這一修法讓具有高度熟練技術者和有錢投資美國者享有優先權；這導致韓國「人才外流」（直到近年韓裔移回韓國，人才外流才開始逆轉），也為在韓國艱苦、苛求的教育制度下，表現不甚出色的韓國有錢人子女提供了退路（韓裔美國公主〔Korean-American Princess, KAP〕這一現象，如今在美國大學校園裡到處可見）。

韓國人外移還出於別的理由，朴正熙、全斗煥的高壓政權則絕對是重要理由之一（韓國人外移美國的最盛期是一九八五至一九八七年，這期間每年外移三萬五千人，而此時正好是軍事獨裁末期；後來社會學家發現，許多人說全斗煥的高壓統治是外移的主要理由之一）。[24]韓國富裕程度差美國甚遠，由駐韓美軍營站，由駐韓美軍廣播網（AFKN）上隨時可看到的美國電視節目，由數代美國大兵用來誘惑其女友的西爾斯羅巴克百貨公司商品目錄（人稱「麋手冊」〔moose manual〕），可見一斑。這一懸殊差距使得許多韓國人認為美國馬路鋪著黃金。女人出國以逃離儒家家父長制，或因為身為基督徒，她們已逐漸看重兩性平等（晚近移入美國者五成四是基督徒，而基督徒占韓國人口兩成一）；小企業主被擠出日益由財閥支配的經濟；全羅道人民大舉外移，因為在韓國國內受到歧視或缺乏發展機會。許多移民先是去投靠已到美國的家人；還有些移民只是想過更安樂的生活，想讓孩子有更佳的受教機會：「晚至一九八六年，南韓人工作時數（仍）居世界之最，而且工作條件惡劣。」[25]

一九七〇年代中期，約八成五的韓裔美國人屬工人階級，只有百分之五是專業人士；但七成多的韓裔移民在母國時原是專業人士。一九七〇年代在南加州，約有六百名移民身分的無照醫療從業者，他們找到保健工作者或醫院職員的差事。晚近的研究顯示，這些占比下降的不多；三成三的韓裔移民在母國時是專業人士（相較於專業人士占總人口的比重百分之八），八成人自認在韓國時是中產階級或下層中產階級。[26]如今，韓裔美國人超過百萬，分布全美各地，但主要集中在洛杉磯和紐約；韓裔專業人士或許比以往多了許多，他們住在郊區，但專業人士來美後大多大材小用，其擔任的職位不符他們的技能和背景，大部分韓裔仍屬工人階級。

由此可見，韓裔是「模範少數族群」一說不能盡信。有大學學歷的人，帶著家人從韓國來到紐約，經營蔬菜水果店十年是很普遍的現象，他們不會滿意於自己當下的身分地位；他們大概已無力改善自己的處境，但他們和妻子會胼手胝足打拼，務必讓下一代取得父親在韓國原先所擁有的身分地位，亦即大學學歷和專門職業。他們或許很幸運，把一個小孩送進頂尖大學；然後他們會鼓勵那小孩專攻科學，因為其他許多領域都有「隱形天花板」使韓裔在美國爬不上最高層，尤以在美國企業為然。美國企業的最高層，依舊絕大部分是白人男性的禁臠。

美國人對韓裔的刻板印象，一般來講遠不如虛構的「模範少數族群」形象那麼正面。韓戰期間，媒體呈現貧無立錐之地的人，裹著厚厚棉衣，在大雪裡逃離戰火，形成看不到盡頭的逃難人龍。這一形象深植美國人心，因此，一九六七年當我告訴母親要去韓國時，她回道：「不要啊！那裡在打仗。」（後來我領會到她講得沒錯……）。有個打過韓戰的藥劑師把我拉到一邊，提醒我會碰上的危險：「韓國落後我們九百年。」有件事，如今的我難以相信，但一九七〇年真的發生。當時，塔科馬（Tacoma）一家報社問我，為何當地韓裔美國人對該報所刊的一篇專欄文章那麼生氣。文章作者把韓國人稱作「東方的黑鬼」（niggers of the Orient）。結果，韓裔美國人群集於報社大樓外抗議，群情激憤。這在當時是頗為常見的綽號，會這麼稱呼韓裔者，大多是打過韓戰的美國白人。在韓國結婚、如今住在塔科馬軍營或其附近的韓裔妻子和美國大兵，給塔科馬帶來許多困擾；離婚、自殺對韓裔女人很常見，在按摩院、酒吧和娼寮也常見到她們。他們倆的混血兒還在塔科馬的學校裡搗蛋，結果引發爭議，數星期後才平息。

一九六〇年代住在韓國的美國人，深信韓國人全是賊性難改。鮑伯．霍伯（Bob Hope）向美國大兵說，他的軍營巡迴公演未能如期舉辦，係「因為狡猾的小鬼偷了我的著陸裝備」，當他這麼說時，總會引來哄堂大笑。芝加哥最紅的本土作家尼爾森．阿爾格倫（Nelson Algren），一九六〇年代在釜山有過一段艷遇。在其《海上日記注解》（*Notes from a Sea Diary*）中，他用十五頁的篇幅講述了他的經歷：

> 四千年歲月，從祖居的山上，俯視提著污水桶的落魄貴族……
>
> 她住在泥土地板的小泡菜屋裡，泡菜鼠在泡菜月光下跑進跑出。她在漆黑中脫下衣服，焚香打消了泡菜臭味……[27]

在伊恩・佛萊明（Ian Fleming）寫於同時期的《金手指》（*Goldfinger*）中，有個叫「零工」（Oddjob）的韓國人，頭頸粗短，以能擲出鋼沿帽取人首級而著稱。佛萊明寫道，韓國人「罔顧人命」，日本人正是因此而雇用他們辦事：「讓世上最殘酷、最無情的人」為己所用。一九六五年，就在韓國開始其出口導向的經濟起飛時，布萊恩（C. D. B. Bryan）寫道：「這是我所見過最骯髒、最該死的國家！」他認為，韓國只有一點叫人可以忍受，那就是「有女人可上」。[28]

文學界的這類論斷，有許多地方失之偏頗，例如會說沒看過喜愛文學的韓國人，但其實我常碰到已學會英語的韓國人，他們讀過的西方文學作品比大多數美國人還多。有天，在漢城街頭，有個年輕男子攔住我，向我提到亞瑟・米勒（Arthur Miller）的《推銷員之死》裡地下室的橡皮水管，問它的意義和象徵意涵。我曾住過的一間公寓的走廊盡頭，也住著一位為人妻、為人母的女人，她就對托馬斯・哈代的作品很著迷，讀了一部又一部他的小說。她是個特別高貴、迷人的女人，在傅爾布萊特國際教育交流機構工作。詹姆斯・韋德對任職於美國機構、無所不在的韓裔女助理的描述，讓我想起她，他把那名助理稱作「日常生活裡的美學家」，因為她的桌子旁總是可見到「一小束花」，擺得「富有巧思又不突兀」。在桌面的玻璃底下，有「英詩、勵志引語、文學作品片斷、偉大藝術品的複製品。」[29]

一九七〇年代，韓國已成為連播多年的美國最紅電視節目《野戰醫院》故事發生地點。這個節目以韓國為背景，但意在刻劃隨越戰而生的新情感，以及美國人反越戰的龐大聲浪。影片中的韓國人，不再是冒著風雪逃難的可憐難民或「狡猾的小鬼」，而是看來像正常人的一般韓國人，不管是我們陣營的韓國人，還是敵對陣營的朝鮮人皆然。大韓民國官員很討厭《野戰醫院》，因為它讓人想起飽受戰火摧殘的朝鮮半島，而且還太同情與韓國為敵的共產黨人；該節目播畢時，他們很高興，不料它竟重播，但人氣始終不減。

對韓國人和韓裔美國人的下一個刻板印象，隨著「韓國門」醜聞而誕生：狡詐的東方人用錢腐蝕我們高潔的國會議員，或用奇怪的教義（像是文鮮明牧師的「愛意轟炸」(love-bombing)）敗壞我們的年輕人。這是經過徹底調查的一九七〇年代「門」醜聞，至少被來自明尼蘇達州的民主黨眾議員唐納德・佛雷瑟（Donald Fraser）領導的美國國會小組徹底調查過（美國司法部對於徹查此事就遠不那麼熱衷）。此一醜聞始於尼克森總統決意從韓國撤出部分美軍，以落實他要亞洲人自己打亞洲戰爭（尤其是越戰）的「尼克森主義」。他有計畫的升高越戰，欲在給予河內政權充分威嚇後，逐步結束戰事。朴正熙和其盟友得悉尼克森的計畫後驚駭不已，想方設法反制。例如一九七〇年初，國務總理丁一權告訴美國大使威廉・波特（William Porter），如果尼克森要撤走美軍，他會躺在飛機跑道上，阻止飛機起飛。波特回道：「老哥，就那麼辦，但飛機開動前請容我拍張照。」[30]但施加嚴懲者其實是副總統斯皮羅・艾格紐（Spiro Agnew）。一九七〇年八月，艾格紐和朴正熙開了一場長達六小時的不尋常會議，會中，韓國方面不讓艾格紐吃午餐、喝咖啡，甚至不讓他去上廁所。艾格紐的一個助手說，這場叫人吃不消的會談，「不近人情，十足侮辱人」，就出自一個「與（他）見過的任何國家元首都不一樣」的國家元首之手。但韓方這番施壓還是無效；三天後，整整一個師的部隊（約一萬美軍和另外許多支援人員）撤出韓國。沒過多久，在一九七〇年八月二十六日的會議中，為了在民主黨掌控的國會裡，收回他在尼克森白宮裡失去的東西，朴正熙開始收買美國國會議員。[31]

不久，聽命於韓國中央情報部的一批人，以韓國駐美大使館、統一教會及其他外圍組織為據點，開始收買美國有力人士，以建構漢城在美國的影響力。首要目標是現任眾議員，連駐美大使金東祚（前文已提及）都親自出馬，把塞了百元美鈔的信封帶到國會山莊發放；當下要完成的目標是扭轉尼克森的撤軍政策，或確保美國今後不再撤軍。但還有許多下手目標，包括數所大學，因為在其中任職的某些人批評了朴正熙政權侵犯人權。[32]

此醜聞的關鍵人物是朴東宣。他是米商、說客、錦衣玉食之輩，一生豐富多彩，他在一九七一年、甚至更早以前，就受韓國中央情報部指示辦事；他在塔科馬讀高中時就很出風頭，該校一九五〇年代的畢業紀念冊，刊了他穿白色運動上衣、手持粉紅康乃馨的照片，一副道地美國人的打扮。朴普熙是「韓國門」醜聞的另一個關鍵運作者；他確實是韓國中情部的編制內幹員，後來成為文鮮明牧師的得力助手和翻譯員。[33]這一醜聞雖然落幕，但其真相始終未完全披露於世；隨著一九七七年民主黨入主白宮，而且捲入醜聞的民主黨籍議員太多（根據當時盛傳於華府的未經證實說法，眾院多數黨領袖提普．奧尼爾〔Tip O'neill〕為其中最有份量者〕，此一醜聞自然而然查不下去。

如果說韓裔人士在美國，二十世紀初是盡職、勤奮、砍甘蔗很管用的「東方人」，二十世紀中期則成為「狡猾的小鬼」，到了二十世紀末期，則成為不靠聯邦政府或社會福利制度之助，憑己力出人頭地的成功典範。[34]這些刻板印象無一令韓裔美國人高興，因為它們把內部組成多元的一個族群統歸為一類，但上述最後一個刻板印象肯定比前兩個討喜。儘管如此，親眼見到韓國人在美國闖出名堂的人，都應知道在另一個地方，韓國人仍如同「東方的黑鬼」。那個地方就是日本。日本對境內的韓裔和朝鮮裔施以形同種族隔離的制度，其中許多人已是在日的第三代、第四代。如果從橫濱搭快捷巴士到成田機場，且看得懂韓文，會在途中注意到一棟高層公寓大樓。該大樓位在工人階級住宅區，樓頂有大紅韓語字母。那些字母的意思是「偉大父親金日成首領萬歲」，或者說至一九九四年七月為止，一直呈現這樣的意思。由於日本人的偏見，加上長久以來沒有出人頭地的機會，日本境內數十萬韓裔或朝鮮裔倒向左派，如今北韓在日本仍經營一個國中國，例如，有數十所學校、數所中學、東京朝鮮大學，完全採用平壤課程。

本書無意探究在日朝鮮人，但日本提供了種族刻板印象如何難以消除的絕佳例子：如今許多日本人對韓裔或朝鮮裔的刻板認知，就和百年前美國白人對華人的刻板認知一樣，骯髒、心機很深、心術不正的作奸犯科分子，就是淨幹壞事的人。這使我們更不該從種族角度來看待韓裔，因為韓裔不可能既是美國境內的模範少數族群、又是日本境內遭剝奪權利的少數族群、或是南北韓境內極多元的族群裡，有所謂典型的「韓國人」。當然，到頭來，種族歧視還是存在，而且還被歧視者反過來歧視別人：

如今，在種族好感度調查中，受訪的韓裔美國人把非裔美國人列為最沒有好感的對象；與此同時，韓裔懷有自己在美國的種族位階裡「僅次於白人」的錯覺。[35]模範少數族群這個最新的刻板印象，加上韓裔美國人普遍懷有的種族歧視心態，使他們與非裔美國人槓上。在紐約、芝加哥、費城等許多地方，爆發過韓裔和黑人的種族紛爭，但最讓人心驚的，莫過於一九九二年四、五月洛杉磯暴動時，貧窮韓裔拿起武器對抗貧窮黑人、西班牙裔、白人一事。暴動導火線是錫米谷（Simi Valley）法庭判定洛杉磯警察將羅德尼．金（Rodney King）毆打到幾乎致死的罪名不成立。

都順子案是一九九二年暴亂的重要序曲。都順子是開設商店的韓裔移民，只懂粗淺英語，一九九一年三月，為了一瓶美元一元七角九分的橘子汁與拉塔夏．哈林斯（Latasha Harlins）起了爭執，最後開槍射殺了該顧客，全程被監視錄影機拍下。電視媒體一再播放此段錄影，激怒黑人，令韓裔顏面無光，白人則一副事不關己的模樣袖手旁觀：「每一次播放此影片，都使黑人痛恨韓裔。」[36]不久，法庭將都女士無罪釋放。洛杉磯的「黑人—韓裔衝突」，為高高在上、冷看世事的好萊塢作家，提供了絕佳的創作材料。在《城市英雄》（*Falling Down*）這部電影裡，好萊塢作家呈現了刻板印象裡，粗魯、野蠻韓裔店家老闆的形象，讓該老闆從麥克．道格拉斯（Michael Douglas）飾演的火大白人男子（「不願再忍受此事」的男子）那兒得到應得的教訓。這部電影精彩演示了白人長久以來，不管是有意還是無意，為確保不致遭遇諸多下層種族團結起來反對白人的窘境，而採行分而治之的辦法。[37]

警察將羅德尼．金拉出汽車的影片，係晚近美國歷史上最出名的私人影片，而在這段影片裡，金所開的車是「現代」轎車；他先前因搶劫韓裔美國人所開的商店而被警方逮捕過，因此警方早認識他。在洛杉磯的黑人區開烈酒店或「舊物交換會」的韓裔，都只是脫貧，談不上致富，但只因為他們住在那裡（而非舒適的郊區），他們就（一如過去的猶太人）成為洩憤的對象。許多非裔美國人抱怨韓裔商人種族歧視，不尊重他們（在許多例子裡很可能屬實），韓裔和白種美國人沒兩樣。但許多韓裔美國人一如《土牆》所表明，親身經歷過美國社會的貧窮和種族貶抑，往往比白人更能感同身受非裔美國人的困境。

隨後於一九九二年春發生的暴動，係美國境內愈來愈多的韓裔美國人想像不到的慘痛經歷。此暴動據估計造成五十八人死亡，兩千四百人受傷，將近一萬兩千人被捕，財產損失達七億一千七百萬美元。這是發生於美國都市區的第一場多族群暴動，因為許多趁火打劫者是西班牙裔和部分白人；南西・艾伯曼（Nancy Ablemann）和約翰・李（John Lie）主張，這是「韓裔—拉丁裔衝突」，因為被捕的打劫者以拉丁裔占多數。[38]但美國的媒體不這麼認為。

電視台日復一日播放破毀的韓裔商店、拿起武器對付年輕暴徒的韓裔青年、不成比例的鉅額財產損失（韓裔店家損失至少三億五千萬至四億美元，占損失總額一半以上，損失程度遠大於其他族群）；還不斷談黑人與韓裔對立、惡棍與勤奮商人對立、遭鄙視的少數族群與模範少數族群對立的話題。亞裔美籍劇作家趙健秀（Frank Chin）寫道：「韓國城裡的阿拉莫堡（Alamo）是個小商場。在已然開打的種族戰爭裡，我們全都要選邊站，到適合據守的小商場把守路障嗎？」[39]金惠經表達了韓裔美國人共有的苦楚：

許多韓裔美國人心中的無力感、挫折感，係言語所難以形容……（他們）都懷有洛杉磯「同胞」（僑民）共有的苦楚和絕望之感。每個人似乎都棄我們而去——警察和消防隊、黑人和白人政治領袖、想要和我們劃清界線的亞太裔美國人。亞太裔只把焦點擺在白人對亞裔施加暴力這件事上，而我們的悲慘遭遇打亂了焦點，他們因此想要和我們劃清界線。與此同時，身處風暴中心的韓裔美國人，大多默不吭聲且幾乎都未曝光（真正曝光的，就只有那些符合外界刻板印象、激動到語無倫次、大多是店家遭到破壞的女性老闆，或在樓頂揮舞著槍的男性店家老闆），但我們一再目睹非裔、歐洲裔、華裔和日裔美國人公開討論當前情勢的重大意義，其中華裔和日裔的討論相對較少。[40]

韓裔係從非裔美國人那兒買下商店，非裔美國人則是在一個世代前的瓦特（Watts）暴動後，從猶太人那兒買下商店；韓裔店家老闆往往是美國韓裔商界最窮的一批人，從事其他大多數人不願從事的工作，提供其他大多數人不願提供的服務。但媒體上侃侃而談的專家，鮮少有人指出這兩點。

要說明韓裔美國和黑人在洛杉磯如何脣齒相依一起成長，華倫・李（Warren Lee）是絕佳例子，而他絕非唯一的例子。他一家人住在洛杉磯中南區傑佛遜大道附近的佛農大街上，因為限制居住條款使他們不能住在別處。他講得一口黑人俚語，成為一流籃球選手，有好多年自認是黑人。他也受苦於種族主義社會在受壓迫者心中催生出的離譜性倒錯心理：「那使我對白種女人，尤其是金髮藍眼白種女人，生起熾熱、渴盼、只能遠觀而不可得的愛慾。」[41]

另一個韓裔美籍女性金惠經，從小到大被叫作「中國佬」、「日本鬼子」、被告誡要「謹記珍珠港事件」；她想要的，就只是「盡可能像個美國人」，去看足球賽、喝啤酒、和中學裡的風雲人物約會：

> 我喝了很多酒，竭力表現得上道。我已認定自己是「美國人」，不管「美國人」一詞所指為何，另一方面，我內心始終知道，我得認命接受事實，得弄清楚在這個始終不認可我是美國人的社會裡，我的安身立命之處。在美國長大，既意味著得否認我的文化認同、族群認同，也意味著得否定我的父母。我仍然愛他們，但我知道出了我家，他們幫不了我。[42]

一如許多韓裔美國人，她很受不了「模範少數族群」這個刻板觀念：首先，因為事實並非如此；其次，因為那使韓裔（其中許多人來自韓國的有錢人家或中等收入人家）與貧窮、教育程度低的黑人、墨西哥裔美國人對立；第三，因為這個刻板觀念又的確頗為真確，讓人無法否認——韓裔美國人如今在美國大學表現非常出色，不久後就會是各行各業裡受矚目的專業人士，遠遠超過其在美國人口裡所占的比例。

例如，要是以紐黑文（New Haven）的高家為例，同是大學教授的高氏夫婦養大六個小孩，五個上哈佛，一個進耶魯，個個都繼續攻讀研究所，最後，兩個小孩當上耶魯法學院教授，兩個在麻薩諸塞州的醫學院當教授，一個在首爾當化學系教授，一個（么子）在耶魯大學某學院當副院長。這個厲害的媽媽也抽出時間進修，拿到博士學位，執教於耶魯法學院，成為韓裔裡最頂尖的圖書館員和文獻學者之一，出版了數本書、也寫了許多專文，探討韓裔婦女、韓裔美國人及其他許多主題。[43]高全惠星和其已故丈夫高光林（前韓國駐美大使）都是我的友人，都爲生活付出極大的愛與心力；但同時必須指出一點，他們兩人都出身朝鮮望族，絕不會自稱身無分文來到埃利斯島。想探究「模範少數族群」這一刻板觀念的讀者，可讀他們的兒子（傑出的耶魯法學院教授高洪洙）以此為題寫的文章。[44]

美國人對韓國的印象，當然既有粗糙且流於片面者，也有極正面且單純者。自二十年前鄭京和獲公認為世界級小提琴家以來，韓裔美國人已為美國樂壇做出亮眼的貢獻。韓國藝術巡迴展如今稀鬆平常，而且向來受到批評家的讚賞（即使這方面的首次重要展覽「朝鮮藝術五千年」，晚至一九七九至一九八一年才舉行）。但韓國文學和電影仍遠非美國文化主流，甚至相較於中國、日本的文學、電影亦然；問世的英譯韓國文學作品愈來愈多，[45]但就我所知，還沒有韓國劇情片在美國做商業性放映。不過多年來，白南準的前衛作品一直是蘇活區的重要部分，韓裔美國人如今已有自己的期刊、雜誌。未來肯定會有更多他們發光發熱的消息。

美國人對韓國菜的印象也已在改變。一九七〇年代晚期，韓國料理餐廳才開始大增，其中大部分是不必通曉英語也經營得起來的簡陋烤肉店。如今，美國城市已有精緻的韓國美食，往往呈現不同地區的菜色。有個紐約食評家發現一家餐廳配得上兩星等級，其「美食頗合美國人的口味，但大體上仍不為美國人所知」：

走進餐廳，第一印象是熱情和歡笑。整間餐廳裡，客人圍著烤網喝酒聊天，激烈地比手畫腳，濃濃香氣直竄天花板。男人拿著裝有火紅煤炭的桶子走來走去，為每張桌子添火，女服務生端著盤子走過身邊，盤裡盛著亮麗如珠寶的蔬菜。店裡瀰漫著煙味、辣椒味、大蒜味，整個氣氛讓你不由得走到餐廳中央。[46]

一九九四年，美國廣播公司（ABC）推出新的喜劇影集《道地美國女孩》（*All American Girl*）一饗美國電視觀眾。主角趙牡丹，更為人知的名字是瑪格麗特・趙（Margaret Cho），在HBO的喜劇時段初試啼聲；她父親是舊金山的著名書商，在趙牡丹還小時，舉家移居美國。因此她是「一點五代」，在韓國出生，但在美國長大（另有純「第一代」、純「第二代」，兩者的基本差異在於「第一代」韓語講得好，英語講得差，「第二代」英語講得好，韓語講得差或完全不會講）。

趙牡丹是個很風趣的女人，但或許只有熟悉韓裔美國人社群者能充分領會她的幽默。趙牡丹巧妙、令人會心一笑、大量使用髒話的諷刺，就和喜劇演員傑基・梅森（Jacike Mason，他承接了意第緒語歌舞雜耍傳統）、或非裔美國人族群裡的迪克・格列高里（Dick Gregory）和理查・普萊爾（Richard Pryor）差不多，都表達了一種時代的氛圍；她正在為快速嶄露頭角的韓裔美籍專業人士打頭陣，這些人即使還未準備好，但不久後就會在美國社會的表演舞台上大放異采。

透過趙牡丹，我們能理解他們所面臨的困境。她夾處於家人的關心之間，媽媽會拉長調子高聲喊「牡—丹—」、急著要替她找個好的韓裔男孩當約會對象（同時在她小時候竭力培養她進哈佛或耶魯）；

爸爸則是竭力溺愛、保護她、擔心她受傷害、卻心知她不會領情；她祖母深信美國社會是瘋人院、因此他們該全部收拾包袱回首爾的；她夾在她的長輩無一願意理解，但年輕一輩非常熟稔的美國之間，感到左右為難。她所遭遇的困境，正是韓裔美國人的困境。但她雖然熟稔美國，她的長相就是和主流族群不一樣，因此白人總會說出「妳什麼時候要回妳國家？」。這不表示回到韓國，就會過得較順心。他們若敢於和許多人一樣在故國待上一星期，就會聽到耳語，說他們不可能是韓國人，因為他們不會講韓語或講得不夠好，還會酸說韓國比美國好很多（根據他們在報紙上看到的新聞作此判斷），等等……

若問「我身上哪裡有韓國味？」，答案會因個人經驗而有很大差異，但我的答案接近史坦利·庫伯利克（Stanley Kubrick）電影《金甲部隊》（*Full Metal Jacket*）裡，小丑中士給出的答案——亦即，在每個越南人（或韓國人）心裡，都住了一個竭力想掙脫出來的美國人。美國大眾文化的魅力是強力溶劑，韓國舊事物一碰上，就難逃消融命運。在我讀來，第一個彰顯這種消融作用，乃至產生精彩事物的，是姜鏞訖描述其一九二〇年代在紐約生活經歷的作品，《自東徂西：一位東方裔美國佬的形成》（*East Goes West: The Making of an Oriental Yankee*）。當時大多數紐約人不可能知道，就在他們周遭，有個在朝鮮古典教育和上流家庭父權制文化備受薰陶的人，喜歡像喧鬧的托馬斯·沃爾夫（Thomas Wolfe）那樣，踩著輕快步伐走在曼哈頓街道，懷著走遍世界、熱愛人類之心，想要被當成對等之人來對待。來到紐約後不久，他就宣告「我是道地的紐約人」：

我最愛走的路線，是第四十二街附近的百老匯大街。在那裡，百老匯具有民主精神，乃至粗俗。但它具有紐約獨有的特性，豐富的特性以及個性。「真叫人嘆為觀止！」我不停這麼想著。「這不就是世界史上最盛大華麗的場景？……身為紐約人，置身諸多紐約人之間，意味著與身為日本人或中國人或朝鮮人全然不同的新體驗——整個換了個人似地。紐約人似乎一舉一動都有其目的（瘋狂的目的）。他們像開火的槍。何其不同於東方村裡的亞洲人，那樣漫無目的、狀甚悠閒四處走動！但這些人很忙，連閒扯、乃至凝神注視的時間都沒有……

要邁入紐約而又不致埋沒其中，必得有萬全準備，詳加規畫。在這裡，人們自由，著眼於事實，始終從因果角度去分析，不做太高深的思考。那不是來自思維能力的解決方案，而是根據客觀事實測定的結果。預卜未來者，想像力豐富的詩人……這樣的美國人或許不多。但美國人是厲害的推銷員，善用科學工具。美國人的腦子就像中央車站，講究明確，抓準時間，在一絲不苟的石造基礎上，符合數學般的精確……每個角度、每條線都測量過。這一西方文明的鋼鐵架構何其堅固！[47]

這段引文就是來自紐約格林威治村的詩人和知識人、爵士樂愛好者、紐約大學比較文學教授姜鏞訖。當時，他離開他在《草堂》（*The Grass Roof*）一書裡緬懷的那個十九、二十世紀之交的村莊，已有數年。

最後，我想摘錄一首詩來結束此章。此詩名叫〈紅色與黃色的夢〉，作者是我以前的學生茱莉·金（Julie Kim）：

我記得
在舊韓國
我是個六或七歲的小女孩時
常驚嘆於沉沉掛在我家屋頂
在明亮陽光下閃閃發亮的巨大冰柱。
我會叫我哥哥折斷冰柱
當成劍，互相比劃，直到斷掉為止
那時我們小小的手冷得發紅……
我記得我家庭院
每年春天綻放鮮艷的黃連翹花。
那些紅色小花長得就像從那裡長出來的小花瓶。
祖父教我吸吮花的底部，
品嘗甘甜的汁液……
還沒讀完一年級，我們就離開韓國。
我在芝加哥郊區長大，看

史酷比卡通，吃火腿、起司三明治
十足美國式的愜意。
韓國也長大
把我的回憶甩在後頭。
那些回憶在我腦海裡猶如蒙塵的畫
隨著歲月褪了色。
我還未看到新韓國。
有人說我的老家被拆了
原址立起一棟公寓大樓……

我對韓國的回憶
有時似乎很古怪
猶如被我偷來的
別人的童年……
於是我竭力尋找橋梁
把我的兩個童年串連在一塊，
在我成為雙重身分之人以前

賦予我在韓國的短暫人生以意義。
哪天我會回韓國
直面我的過去。
竭力調和我的過去與現在，
弄清楚為何我的回憶仍在腦海裡揮之不去
或許悼念一下
若非當年被栽植到他處
我本可能成為的那個人。
祖父常告訴我
那些紅花在美國
滋味會同樣甘甜。
我很想念祖父。[48]

CHAPTER

10

朝鮮半島的世界地位

當我國的一體化生命被一分為二……我國就會像釘在歷史長河裡的一根釘子。

——白基琓

如今不管是走訪南韓還是北韓，都會遭遇雜然交混的過去與未來：從首爾希爾頓飯店的最新式健身房往外瞧，看見首爾南山某公園裡，一身白衣戴馬毛帽打撲克牌的兩班老人；大宇公司的摩天大樓總部，俯臨一旁的南大門市場，市場自一九六〇年代起一直熱鬧至今；如今被日益擴張的首爾包圍的龍山美軍大基地；高麗古都開城附近，彎著腰細心照料朝鮮人參田的農民；穿著藍上衣、頭戴寬邊工人帽的行人，走過平壤擁有一〇五層樓的柳京飯店。柳京飯店呈金字塔狀直插雲霄，極似舊金山的泛美大樓，據說是為了供觀光客入住而建，但此國允許入境的觀光客人數，在世界上敬陪末座，因此飯店裡空蕩蕩（撰寫本書時，柳京飯店是東亞最高的摩天大樓，但據說其內部始終未完工）。

如果說內部環境把百年來截然相反的新舊諸多意象並置在一塊，對外，朝鮮半島則才剛開始要走出兩種時間的扭曲（time warp）。這裡的冷戰對立比世界其他任何地方還要冷峻，而且至今尚未結束：

朝鮮半島是這一世界性衝突的博物館。除了與時代脫節，第二次世界大戰也在這裡深深凍結，未曾消融：東北亞區域仍被困在一九四〇年代的安排裡，在美蘇對立已終結後，這樣的安排仍不動如山，持續占領著日本和南韓的十萬美軍即為其明證。由於這些內外原因，韓國無法自行界定現實（從而可能在西方，尤其在美國遭受誤解），南北韓碎裂的現代史最終會變得如何，其在世界上最終會占據什麼地位，仍舊未解。

本章會回頭再談南北韓與世界其他地方的關係，尤其是與美國的關係和久久不消的冷戰結構；還會檢視一九九〇年代因北韓核計畫而起的重大危機，以及美國對該危機的驚人回應；並探討二十一世紀初的核心問題，亦即南北韓可能會如何統一。

穿不透的邊界？

韓戰結束四十年後，兩韓仍隔著防衛森嚴的非軍事區相望。非軍事區的形成，拜五十年前分割朝鮮半島的錯誤決定及其後的內戰之賜。兩韓仍因為必須持續下去的無情鬥爭而嚴重變形，失去原有面貌。一九四五年，若實施斷然且徹底的手術，這場鬥爭原本很有可能已結束。韓戰本身除了使人認識到靠戰爭不可能達成一統之外，其他別無所成，但韓戰的確鞏固了圍堵政策的各武裝堡壘，如今美國、大韓民國、朝鮮民主主義人民共和國仍固守這些堡壘，即使在一九九〇年代的後冷戰世界亦然。但朝鮮半島周邊情勢如今已大大改變。

與歐洲大不相同，一九四五年時東北亞由美、蘇片面占領，各自劃定勢力範圍。不到五年，相應於冷戰的兩極格局，東亞局面被重新分割。麥克阿瑟將軍一九四五年八月十五日發布一般命令第一號：在日本，將盟國勢力排除於占領行動之外；在朝鮮半島，以三十八度線為基準分割朝鮮半島；在越南，以十六度線分割越南；在中國，要求日軍向國民政府軍隊投降，欲藉此讓中國統一於蔣介石統治下。俄國人同意朝鮮分割，但抗議不准蘇聯參與占領日本的行動，後來蘇聯還協助共產黨人在北朝鮮、滿洲掌權；但俄軍於一九四六年迅速撤出滿洲，一九四八年離開北朝鮮。一九四五年的東亞分割局面，只有在中國未能得到確立，隨著中國共產黨於一九四八至一九四九年高唱凱歌，新的分割局面才誕生：台灣與中國大陸隔著台海對峙。麥克阿瑟以仁慈皇帝之姿統治日本，同時努力維持朝鮮半島、中國境內的大國衝突斷層線。太平洋成為美國的內海。

此後二十五年，在遍及全世界之衝突裡，大國戰略邏輯就從朝鮮半島所占的突出位置衍生出來。兩極對立的斷層線將朝鮮一分為二；這個小國從邊陲轉為冷戰中心，因為熱戰始於兩集團交會處。韓戰既把東北亞的分裂局面固著，也大大深化此一局面。波浪形的非軍事區取代三十八度線，至今仍是世上防守最嚴密的分界線；中國遭美國祭以封鎖、戰爭的威脅，排除在戰後全球體制之外長達一個世代。由於韓戰，日本也再度軍事化，儘管是輕度軍事化。最重要的是，韓戰於東北亞的非共產地區裡，到處留下成串的美軍設施。

一九四五至一九五三年這段歷史的長期影響，或許可概括如下：此一區域的資本主義國家往往透過美國互通聲息，形成經由雙邊防禦條約（美國分別與日本、南韓、台灣、菲律賓締結的雙邊條約）

來鞏固的縱向體制，由高高在上支配此四國之外交部的美國國務院來執行。此四國都成為半主權國，深受美國軍事體制影響（南韓軍的作戰統制權由美國掌控、美國第七艦隊巡弋台海、此四國國防都倚賴美國、此四國境內都有美軍基地），在外交政策或國防構想上都無法自主。南韓與北韓或中國的橫向接觸不存在，但與日本的橫向接觸也大減。

此一區域的資本主義國家，主要透過美軍，向共產主義國家「傳達意向」，以下種種事件都彰顯了美軍的存在：板門店軍事會談、越南境內日益擴大的戰爭、美國與中華人民共和國長期互相威脅、小型危機（例如在台灣海峽為金門、馬祖而起的危機）、與北韓不時爭鬥（一九六八年扣押美國普埃布洛號事件、一九六九年擊落EC-121預警機事件、一九七六年板門店「砍樹事件」）、對（相對較弱之）蘇聯在東北亞勢力的全面圍堵。一九五〇年代中期起，各國有些次要措施穿過軍事帷幕進行，例如在中國和日本之間，或日本和北韓之間的低度貿易。但最大的趨勢仍是側重軍事性的美國單方行事體制。直到一九六〇年代中期為止，此一區域的政治經濟以美國與其盟邦間的雙邊關係為主，較小的國家需靠美援維持運作（一九五〇年代晚期，相當於韓國進口額六分之五）。

一九六〇年代這十年是重要的轉捩點，東北亞體制開始轉型，韓國開始與其鄰邦接觸。此後直至現在，經濟交流是重新縫合此一區域諸國間關係的原動力。誠如前文所述，甘迺迪政府在這方面扮演樞紐角色，開啟了諸多政策，旨在縮小多分支之軍事結構體的規模、使新經濟關係發揮作用。從某些方面來看，這是一九四〇年代晚期，最初由艾奇遜提出的「大新月地帶」構想之實現。這一構想欲把東京、「島嶼亞洲」、中東連成一道弧形防衛線，只是這一防線一度被一九五〇年北韓南侵給破壞。

從別的方面來看，這預示了後來由尼克森政府執行的改變，尤其是尼克森主義及其對中開放政策。誠如前文所述，由國家安全顧問羅斯托擬定的甘迺迪策略，其主旨在於把日本的經濟影響力帶回此一區域。這促成一九六五年日韓關係正常化，台灣和南韓則開始高舉出口導向發展策略推動工業化，兩國都大大借鑑了日本在國內實行新重商主義、並向國外市場大量出口的雙重辦法。尼克森一九七一年為互不往來的中美關係破了冰，最初欲藉此降低美國在越戰的涉入程度，欲拉攏共產主義打共產主義，但美中關係正常化和鄧小平推動劃時代改革（兩者都在一九七八年實現）後，中國與東亞、世界經濟互動的經濟特性成為時代大勢。簡而言之，自一九六〇年代中期起，經濟力繞過或直接踩踏過由韓戰所加固、此前無法穿過的安全保障壁壘。朝鮮半島的政治分裂局面再怎麼難以撼動，南北韓還是跟著大勢走：如今，經濟交流是兩韓政權之間，乃至北韓與世界其他地方之間主要（且日益深化）的橫向接觸形式。

如果說冷戰在歐洲一九八九年才結束，一九七〇年代初期、中期，東亞的政局已經歷劃時代改變，冷戰邏輯已失去其原有的意義。隨著中蘇走向衝突，北韓失去莫斯科和北京對其的聯手支持，一九六九年，就在北韓國界外的烏蘇里江邊，兩大共產強權小打了一仗。一九七一至一九七二年，尼克森促成對中關係破冰，北韓和南韓看著自己背後的靠山大國彼此示好，完全插不上手。一九七五年中南半島戰爭結束，終止亞洲各地冷戰局勢的障礙似乎變得更少。

一九七〇年代的新戰略邏輯直接衝擊朝鮮半島局勢。最初，朝鮮民主主義人民共和國是外界眼中鐵板一塊之中蘇集團的接點。從一九四九至一九六〇年代初，這樣的地位是平壤眼中最理想的外交政策。一九六〇年代中蘇衝突，迫使北韓在莫斯科、北京之間選邊站——可想而知選中國——局面隨之改觀。但文化大革命期間（一九六六～一九七一），北韓與中國的關係短暫惡化，主要因為「紅衛兵」批評金日成腦滿腸肥和生活豪奢。但一九七一年尼克森改變對中政策，令漢城和平壤都大受刺激；一九七二至一九八三年底，朝鮮民主主義人民共和國的外交政策致力於突破其與美國的關係，想要從中美關係的緩和中獲益。誠如前文所述，尼克森政府撤出三分之一駐韓美軍，但未使朝鮮半島緊張升高；北韓則是在一九七〇年代幾乎完全停止對南韓的滲透（儘管一九六八年有百餘名軍人死在非軍事區沿線，還有美國間諜船普埃布洛號遭北韓扣押事件），並大幅減少國防經費。同樣如前所述，兩韓秘密會談，促成一九七二年七月四日的和平統一聲明。不到一年，這一倡議就形同夭折，但此舉還是提醒我們，透過開明、寬大的外交作為能有如此成就，統一議題仍深受雙方看重。

後來，中國、美國的外交政策再度改變，儘管變動幅度沒那麼劇烈。卡特政府（一九七七～一九八一）宣布美國將逐漸撤走駐韓美軍地面部隊（海空軍部隊會繼續部署於韓國境內或附近），並開始在世界政治舞台大打「中國牌」時，北韓開始向美國頻送秋波，為時許久。一九七七年，金日成稱卡特總統是「正義之人」，朝鮮民主主義人民共和國的報導暫時中止對美國的誹謗，包括不再使用「美帝國主義」一詞。金日成接受採訪時說他要敲美國的門，想要建交和貿易，兩韓一旦統一，他不會打斷美國在南韓的商業利益。北韓人也開始使用「支配主義」一詞辱罵蘇聯帝國主義，該詞不同於中國人譴責莫斯科的常用詞語（「霸權主義」），意思卻無二致。平壤也大大深化其與第三世界的關係，主辦許多場與開發中國家領袖交流的活動，成為不結盟運動裡的一股力量。大體上來講，卡特當政期間，平壤緊緊追隨中國的外交政策，同時小小翼翼對待蘇聯，避免無謂地激起蘇聯反感。一九七八年越南入侵柬埔寨時，北韓強勢且公開譴責此舉，但在中國以入侵越南回應此事時，北韓刻意保持沉默；此後，柬埔寨的施亞努親王頻頻走訪平壤，與金日成過從甚密，而金日成送給他的別墅和現金資助，肯定是促成此親密關係的一大功臣。[1]

南韓經歷一九七九至一九八〇年的混亂（朴正熙遇刺和光州事件），和「新冷戰」的世界秩序重組，使朝鮮半島情勢在整個一九八〇年代沒有太大變化。在卡特的顧問終於讓卡特相信撤軍不是個好主意之後，卡特政府於一九七九年中止撤軍計畫。[2]雷根政府邀南韓獨裁者全斗煥於一九八一年二月訪問華府，作為雷根上台後的第一項外交作為，旨在強化韓國局勢的穩定。美國保證對南韓的兵力及裝備水準提供適度但重要的強化。一九八〇年代初期，美國增派約四千人，使駐在韓國的兵力增至約四萬四千人，出售先進**F-16**戰機給漢城，每年元旦前夕舉行動員超過二十萬美韓兵力的大型軍事演習（「團隊精神」（Team Spirit））。美國國防部長溫伯格（Caspar Weinberger）一九八三年宣布，韓國「攸關美國利益」，[3]並提出五年防衛指導。其中暗示該文件所謂的「橫向升高戰事」，可能意味著蘇聯若在波斯灣動武，美國可能會以攻擊其所選定的地點作為回應。文件指出，韓國就是這樣的區域位置。這一設想嚇壞了北韓人，在雷根任內，北韓人聲嘶力竭反對美國的政策。

但一九八三年中美關係熱絡不少，中國首度公開表示，希望幫忙緩和北韓緊繃情勢；接著，一九八四年一月，朝鮮民主主義人民共和國有驚人之舉，首度要求舉行美國、南韓、北韓三方會談。在這之前，北韓始終不願同時與美國、南韓坐下來談（卡特政府在一九七九年已提出過類似的三方會談）。

但就在東北亞情勢似有轉變之際，一九八三年十月，緬甸仰光發生恐怖主義炸彈攻擊，奪走南韓內閣多名閣員性命（總統全斗煥僥倖逃過一劫），中國對韓國的外交新方針隨之化為泡影。緬甸法院斷定此次炸彈攻擊係北韓人幕後策畫，這次事件，加上雷根政府增強兵力部署，使華府與平壤的關係陷入韓戰以來的最壞狀態。[4]

一九八三至一九八七年，平壤倒向蘇聯。雙方關係顯著改善，金日成訪問莫斯科兩次（二十五年來首度訪問莫斯科）。蘇聯提供米格23噴射戰鬥機，升級北韓空軍水平，但米格23終究是一九六〇年代初期技術的產物。不過，戈巴契夫的當權中止了雙方關係的升溫，因為蘇聯有計畫的縮減對平壤的援助、或告訴平壤要更明智地運用蘇聯援助。蘇聯刊物上出現不少批評朝鮮民主主義人民共和國的聲音，大意是為何要把錢送給他們，供他們拿去為根本不存在的觀光客建一〇五層樓高的柳京飯店？

一九八〇年代，朝鮮民主主義人民共和國成為國際軍火走私的要角，賣機槍、大炮、輕戰車等武器給辛巴威、伊朗等友好國家（北韓拿武器換取伊朗的石油，漫長的兩伊戰爭期間，伊朗進口武器高達四成來自北韓）。據美國情報機關的說法，北韓也把自己的飛毛腿飛彈賣到中東，把中國的蠶式反艦導彈轉運到中東，但有些分析家認為，這些反艦導彈說不定是北韓拿中國導彈自行仿製的，因為平壤仿製了蘇聯飛毛腿飛彈，甚至改善其性能。儘管發生仰光爆炸事件，儘管美國、北韓關係緊張，大半個一九八〇年代裡，中國鼓勵金日成走外交路線，設法促成華府、平壤會談（偶有雙方低階外交官在北京會談）。中國也開始接觸漢城，一九八〇年代底，中國與南韓的貿易額也遠高於與北韓的貿易額，貨輪直接往返黃海兩岸。

直到一九七〇年代為止，北韓的對外貿易夥伴一直幾乎只限於社會主義集團國家，但過去二十年來，其進出口對象已多元化，擴及日本、西歐和多個第三世界國家。一九七〇年代中期，北韓與非共產國家的貿易已占貿易總額四成，與蘇聯的貿易只占社會主義集團內貿易的一半；但到了一九八〇年代晚期，外匯短缺和其他難題，已使北韓再度倚賴與蘇聯的貿易。蘇聯要求北韓以硬通貨購買石油等商品一事，大大傷害一九九〇年代初期的北韓經濟。出口優先已有數年，但北韓經濟完全不是南韓那種出口導向經濟。側重出口的用意在於賺取外匯，以進口推動工業成長所需的先進技術，並支應石油所需；至目前為止，北韓的出口政策並不成功。

盧泰愚當政期間，韓國政府仿效德國的「東方政策」（Ostpolitik），推出「北方政策」（Nordpolitik），欲開啟與平壤的對話和貿易。現代集團創辦人鄭周永一九八九年一月視察北韓，宣布成立合資事業推動金剛山觀光。雙方皆表示願在一九九〇年八月光復四十五週年那天開放非軍事區交流，但兩韓政府的激烈角力使交流淪為空談，令人民大失所望。一九九〇年秋，總理級會談首度舉行，九月在漢城，十月在平壤。雖然北韓長期以來反對兩韓在各自的國旗下進入聯合國，但兩韓仍於一九九一年一同加入。一九九一年十二月十三日，盧泰愚的北方政策似乎獲致最大成果，當時，兩韓總理在漢城簽署《南北和解、互不侵犯和交流與合作協議》。該協議二十五個條文呼籲相互承認對方的政治體制、終止相互誹謗與對立、「協力」將韓戰停戰狀態轉為永久和平，保證不侵犯對方，經濟合作和許多領域的交流，讓因韓戰而分隔南北、據估計多達一千萬的朝鮮人離散家屬得以自由來往兩韓。一九九一年底，雙方也已簽署保證讓朝鮮半島非核化的協議。連四十年前逃離北韓的鐵桿反共人士——文鮮明牧師，都在一九九一年十二月現身北韓探親，並與金日成會談。[5]

但一九九一年十二月協議簽訂後不久，平壤繼續罵盧泰愚是「傀儡」、「賣國賊」、「軍方法西斯幫派頭目」。與此同時，漢城指控根據南韓《國家保安法》（可作彈性解釋的法令）所逮捕的一名激進學生領袖「幫助敵人」，要求法官判以長期徒刑。[6]這些事件表明，未來情勢絕非「劃時代」的十二月協議所顯示的那麼樂觀，而該協議一如一九七二年七月協定，始終未曾落實。

一九八〇年代中期國際局勢的緩和，以及一九八〇年代末冷戰的結束，為解決兩韓從未停歇的對立提供了大好機會。南韓利用這類新機會的成效一直高於北韓。南韓開始對中國、蘇聯、多個東歐國家展開積極的外交活動，說其樂於與「友好」共產政權開展貿易、外交關係。此一政策在一九八八年有了成效，大多數共產國家都參加了漢城奧運，只有古巴尊重北韓的意思予以抵制。蘇聯於一九九〇年九月主動與南韓建交；漢城與莫斯科的關係得到韓國大肆吹捧宣揚，但自那之後，雙方關係進展不大——雙方的交流大多是經濟交流，莫斯科主要想得到大筆援助。美蘇聯手緩和世局緊張、維持和平（例如在伊拉克入侵科威特之後的一段時期），使某些人產生美蘇亦可在朝鮮半島如法炮製的希望，但美國與北韓交好的意願，遠不如蘇聯與南韓交好的意願那麼強烈（美國放寬本國人對北韓的旅行限制，鬆綁與北韓的幾類具人道性質的貿易，但此外幾無別的善意作為）。一九九一年蘇聯解體後，每個人都理解到美國是左右朝鮮半島情勢的最有力外部因素。與此同時，東歐共產主義的垮台重創北韓外交，因為匈牙利、南斯拉夫、波蘭等國家陸續與漢城建交。一九九二年，漢城政府已在莫斯科、北京設立大使館，但美國在一九七〇、一九八〇年代主張對兩韓交叉承認，此時卻不相應承認北韓。遲遲不願這麼做的主因，在於華府不放心平壤的核開發意圖。

寧邊謎團

一九九〇年代初期，北韓核開發計畫和美國對該計畫的回應，使得朝鮮半島的外交進展停滯不前。此問題有許多角度可談之處，[7]但就本書來說，此問題最有價值之處，在於讓人認識到朝鮮半島情勢仍瞬息萬變，大多數美國人對朝鮮半島的認識仍非常淺薄，從街頭上的張三李四到全國性評論員皆如此。一九九四年六月差點再爆發一場韓戰；若發生，彼此之間的無知程度，會和一九五〇年韓戰時差不了多少：華府和平壤為了莫名其妙、不搭軋的目標，再度盲目走向相互殺伐之路，再度危及世界和平。

寧邊是相對來講較知名的北韓城鎮，位在平壤北邊約一百公里處。寧邊與外隔絕的地理位置，使該地至少在十五世紀初就構築了防禦工事；後來，它成為兩班喜愛流連的賞景、遊樂勝地。寧邊過去是產絲鎮，北韓人在那裡建立了大型合成紡織（主要是嫘縈）業，其產量占區域產量五成多[8]——這使得某些美國情報觀察員認為，衛星所觀察到、據稱是核再處理設施的東西，說不定只是紡織廠。一九四二年，勞滕薩赫（Hermann Lautensach）如此描述寧邊：「郡治所在地寧邊，不在現代交通路線上，藏身於山區保存良好的古老朝鮮要塞裡，下俯蜿蜒的九龍江河谷，要塞身形龐然，橫陳在周邊……圓頂狀的花崗岩山上。」[9]

這時，美國電視觀眾大概已經看到寧邊核設施的錄影片段，但始終未被告知其屋頂上那個無所不在的毛主義口號——「自力更生」——所具備的意義。北韓從一開始建設寧邊核設施，就是基於自力更生的考量，即在倚賴國產煤和進口石油的能源體制裡改用核能。換句話說，平壤所追求的，就和日本、南韓幾十年來所追求的沒有兩樣。北韓建了一座反應爐，以利用北韓本身豐富的鈾蘊藏；問題在於這類反應爐利用鈾之後會產生鈽，而鈽經過少許精煉，就能成為製造核武器的高級燃料。

朝鮮民主主義人民共和國一九六二年從蘇聯那兒，取得一座或許可產生四兆瓦熱能的研究用小型核反應爐，一九七七年把它交給聯合國監督機構國際原子能總署監護。然後北韓仿造一九五〇年代英國氣冷式石墨反應爐（卡爾德霍爾〔Calder Hall〕反應爐），建了一座三十兆瓦的設施。營造工程大概始於一九七九年左右，一九八七年在寧邊開始運轉。沒人特別關注此事，平壤請原子能總署派人來查察，該機構亦不當一回事，只告以北韓已錯過該年的申請期限，必須重新申請視察。然後，一九八九年，美國間諜衛星偵察到該反應爐關閉七十五至百日，燃料棒被抽出，添加了新燃料。然後，間諜衛星偵察到存在另一個反應爐的明顯證據，該反應爐能產生五十至兩百兆瓦的熱能，有些人認為會在一九九〇年代初期開始運轉；官方專家也聲稱偵察到附近有棟看似再處理設施的建築（但有其他人認為那只是紡織廠）。[10]

但還是沒人特別關注此事，直到波斯灣戰爭爆發，給後冷戰世界帶來新一類國際惡棍——離經叛道國家或流氓國家——情況才改觀。從美國的立場看，北韓（甚至伊拉克）原本就一直是個離經叛道國家，不受西方所界定之國際控制體制約束，但蘇聯的瓦解，更使北韓可以恣意妄為，成為流氓國家。

由於美國視北韓為美國解決其他第三世界問題國家的測試對象，於是，北韓突然再度受到美國關注，具有前所未有的重要性。這是因為美國自認是唯一的超級強權，覺得有必要監管比過去兩極對立時代更不聽話許多的第三世界：畢竟，比起美國，蘇聯管束其集團成員更為用心，曾阻止伊拉克、伊朗、北韓等許多國家發展核武（只有中國成功地不聽蘇聯的控制；蘇聯曾試圖阻止中國研發核武，一九五九至一九六〇年，赫魯雪夫撕毀核分享協定，把派到中國的專家召回國）。

一九九〇年代初，我參與了以禁止核擴散和北韓核計畫為題的卡內基基金會研究小組，一同參與者還有其他學者、國會助理、（現任和退休）政府官員。主辦單位無意發布那些研討會的內容，但會中的討論使我得以評估新聞報導的正確程度（更常見的情況則是不正確程度）。對於北韓在寧邊的意圖，不論當時或今日，官方觀察家的看法都分歧甚大；有人說北韓從未造出核武，或許不想擁有核武，另有人（尤其是中情局）在一九九〇年代初，始終推估北韓大概已擁有一兩顆核彈，想得到燃料以製造為數更多的核彈。有個小團體認為北韓缺乏製造核武的硬體設備和技術，另一群人認為北韓無意發展核武，認為其核計畫其實意在產生核能。他們都根據他們全看過的同一批衛星照片、紅外線監控結果、間諜機對寧邊的偵察結果（但對上述資料的解讀不盡相同），並根據對北韓科學、技術本領做整體的評估，而做出上述研判。

朝鮮民主主義人民共和國始終宣稱其既無意、也無能力製造核武。自一九八〇年代初期起，北韓頻頻主張將朝鮮半島打造為非核區。但北韓也擺明在搞兩面手法，因為一九九〇年九月當蘇聯承認漢城政府時，平壤的中央通信社曾語帶威脅地說：此舉違反了其一九六一年與莫斯科簽訂的防衛條約，因此北韓說不定得發展此前一直仰賴盟邦提供的某些武器。我認為置身蘇聯或中國的核武保護傘下，北韓不可能覺得安心，但這一公開放話意在激起外界的憂心。此外，華府的消息人士知道，一九七二年與南韓秘密會談時，金日成曾脫口說出兩韓應合力發展核武。[11]

大概在一九九一年，說不定更早之前，北韓決定如以色列那樣，針對強敵環峙的小國處境，發展相應的嚇阻力：表現出足以讓外界相信其已擁有核武的活動，但不宣布已擁有核武，以免那些敵人（例如南韓或日本）跟著決定發展核武，簡而言之，讓外界認為其擁有最後王牌，使每個人不斷猜測其是否擁有核武、或何時會擁有核武（有個專家用文件證明，南韓同樣有心建立以色列那樣的嚇阻力）。[12]北韓為何在寧邊地上興建能被間諜衛星「看到」的設施，這是唯一說得通的解釋；如果北韓無意讓世人發現其核開發計畫，應該會把該設施擺在地下深處（北韓把其他許多設施擺在地下深處，以色列亦把他們用來再處理鈽、建造核彈的迪莫納〔Dimona〕核複合設施，擺在八十英呎深的地下）。[13]

一九八〇年代晚期，不時有人對寧邊核複合設施表示憂心，但警鈴聲真正大作，始於一九九一年波斯灣戰爭結束之時。史丹利・史佩克特（Stanley Spector）和賈克琳・史密斯（Jacqueline Smith）一九九一年三月發表了文章〈北韓：下一個核夢魘〉（North Korea: The Next Nuclear Nightmare），[14]萊斯利・蓋爾卜（Leslie Gelb）受此文鼓舞，在《紐約時報》評論道，北韓是「下一個離經叛道的國家」，「邪惡獨裁者統治」的國家，擁有飛毛腿飛彈、「百萬兵力」，「幾年後」可能擁有核武。簡而言之，北韓是另一個伊拉克。[15]要記得，北韓在韓戰時未遭擊敗；一九五三年協定只是承認雙方陷入僵持，回到戰前狀態。嚴格來講，此後美國和北韓仍處於交戰狀態（雙方只憑停戰協定中止熱戰，而非和平條約）。因此，如此對北韓角色的界定，引發驚恐，使得在非軍事區與美國人對峙四十年的敵人北韓，搖身一變為另一種威脅。形容此威脅的種種詞彙都是此前未見，但冷戰時期將敵手妖魔化的作為沒變。結果就是「北韓」使人同時聯想起東方主義者、反共主義者、種族主義者、無法無天者。不久，媒體只要提到北韓，幾乎都會同時提到這些詞彙。此外，幾乎每個主要媒體，不管是電視還是印刷品，都不加批判地接受各種關於北韓的資訊，而那些資訊若非沿用幾十年來的標準說詞（且往往是漢城情報機關為左右外國人認知而提出的），不然就是明顯不實。

例如：「跡象顯示軍力大增……（北韓人）若全力一搏，可能四小時後就兵抵首爾。」這是詹姆斯・韋德一九六〇年從一位效力於美國陸軍的美國工程師那兒得到的說法。[16] 理查・史迪威（Richard Stilwell）將軍是老朝鮮通和美國情報機關特工，成年後的大半歲月裡，一直像念咒般告誡世人，緊貼著非軍事區陳兵的朝鮮人民軍，幾小時內或幾天裡就能兵抵漢城。[17] 一九六八年美國軍艦普埃布洛號遭扣押引發危機期間，常常可在報章雜誌上讀到北韓七成兵力集中在非軍事區附近的說法。一九七六年八月因為美軍試圖修剪非軍事區裡一棵白楊樹，結果被北韓人砍殺而死（又稱「板門店事件」），引發各界對北韓人產生歇斯底里的反應，期間有許多類似說法出現（見後文）。但一九九〇年代，大部分美國記者對這類老掉牙的說法仍照單全收，而且從未費心去問南韓陸軍同樣的問題：把多少兵力「陳兵」於非軍事區旁（很少聽到哪個公開的陳述回答這個問題，但一九九四年六月，《時代》雜誌刊出一張地圖，地圖上顯示韓國陸軍兵力九成擺在漢城與非軍事區之間）。[18]

波斯灣戰爭過後數年間，華府與平壤之間「危機」的發生，就像預料中的情況，規律地爆發：例如，每年十一月都可預期到會出現一場「危機」，因為五角大廈與南韓國防部的高階官員會談，通常選定該月。一九九一年十一月，就在美國國防部長錢尼（Richard Cheney）訪問漢城前不久，華府、漢城聯手升高對北韓的施壓，有位匿名的美國國防部官員向記者說，如果北韓「錯過沙漠風暴，這是看重播的機會」，韓國國防部白皮書說，「必須不計代價制止」北韓的核彈開發計畫。[19]當時，《芝加哥論壇報》兩度於社論裡主張先發制人攻擊寧邊，[20]大多數電視、報紙記者都接受中情局的以下評估：北韓目前還未擁有核武，但再幾個月就會擁有一件核武。國防部長錢尼不久後訪問漢城，宣布美國會把先前敲定的美軍撤離決議，延後到北韓允許國際原子能總署入境視察之時。但在一九九一年十一月這波騷動期間，也有其他報導指出，有些專家認為北韓還要五至十年才造得出核彈；真正令人憂心之處在於，北韓可能把再處理過的鈽賣給中東國家。不久，北韓再度成為焦點。一九九二年一月，老布希總統訪問南韓，按照美國總統訪韓的慣例，親抵非軍事區視察，有位不願透露姓名的同行官員告訴記者，他們有要求「能在北韓重兵守衛的軍事地點隨意走動」，直到確認北韓的核武開發能力為止[21]——此說法令人震驚，因為四十年來美國人很少有機會進入北韓，若真的進入，也都在北韓派人嚴密伴護下走動。而今，美國官員竟想要在其軍事基地裡隨意走動。這一想法暴露了美國對北韓核開發計畫所掌握的確切資訊確實少得可憐，而這只使情況惡化；波斯灣戰爭後對伊拉克的檢查已讓專家體認到，要逃避衛星的偵察並不難。

一九九二年十一月，媒體把焦點擺在美國總統大選上，但一年後，又一批令人膽戰心驚的報導成為美國新聞焦點（一九九三年十一月五至七日那個週末，正逢國防部長亞斯潘〔Les Aspin〕訪問漢城之時）。《芝加哥論壇報》十一月七日出現這麼一個斗大的標題：「美國擔心北韓攻擊南韓」。這則由通訊社提供的新聞，引述從韓國隨亞斯潘飛回美國的官員的話，說北韓正在邊境沿線集結兵力，很可能已擁有核彈，發號施令者若非「即將死亡」的金日成，就是「較激進且說不定精神錯亂」的金正日。但《芝加哥論壇報》這篇報導末尾的小字，卻報導了與前述截然相反的消息：美國國務院消息人士對三十八度線旁不尋常的兵力調動或集結一無所知；《紐約時報》則引述亞斯潘的話，說「沒有證據顯示北韓正在製造或再處理鈽」。[22] 數名消息人士未對「親愛首領」的精神狀態表示看法，但根據過去二十五年金正日的政治表現，南韓情報機關說他精神不穩到了危險程度，很可能精神錯亂。

要從只會跟風的美國電視電台摘錄到新消息比較難，但同一個週末（一九九三年十一月五至七日），從哥倫比亞廣播公司（CBS）的「晚間新聞」到福斯新聞網、乃至全國公共廣播電台（National Public Radio），都大肆報導毫無根據的以下說法：瘋狂的北韓人已備好一顆核彈，禁止國際檢察員入境，把七成兵力集中在南北韓邊境上——言下之意就是北韓隨時可能南犯。十一月七日星期日，總統柯林頓在全國廣播公司（NBC）的新聞訪談節目「會晤新聞界」（Meet the Press）上說：「攻擊南韓，就是攻擊美國」，[23] 十一月十八日，CBS「晚間新聞」再度發出嚇人報導，說北韓核武是今日世界和平所面臨的最大威脅。一九九一至一九九四這三年，我盡可能把這類電視報導都看過一遍，結果發現沒有哪則報導探討平壤所不斷談到的事，即美國長久以來對它的核武威脅。

平面媒體和電視台報導北韓新聞時令人不安的跟風，可在從左派至右派、從最惡劣到最精闢的各種美國新聞報導裡找到。同一批未經查證之事和假設之事，一再出現於每篇文章裡。以下是來自一九九三年十一月戰爭恐慌期間的兩個例子。《新聞周刊》報導：

這是後冷戰世界所提出的最嚇人想定情景之一：經濟陷入絕望深淵的北韓，其領導階層一如以往孤立無援，對於西方一再勸其放棄對核彈堅定不移的追求，總是予以回絕，反倒警告可能爆發戰爭，訪問漢城的一位美國國防部高階官員，亦立即發出同樣警告。把七成兵力集中在距離鋪設了絆網的朝鮮半島非軍事區甚近之處的北韓軍隊，進入戰鬥警戒狀態，共黨官員出席在北韓首都平壤匆匆召開的會議。在上個星期的朝鮮，惡夢似乎就要成真。[24]

接著看看《華盛頓郵報》的社論撰寫人柯翰默（Charles Krauthammer）怎麼說：

在一個攝影機進不去的地方，有個真正的危機正在醞釀。最危險的問題，即北韓即將擁有核武一事，尚未成為全國人民注意的焦點，但以後會……地球上最好戰、最多疑的政權擁有核武，沒人睡得安穩。北韓核武若非由老邁且垂死的偉大領袖金日成控制，就是由他的兒子暨接班人親愛領袖金正日控制……（金正日）行事無法預料，可能精神錯亂，會是核時代以來最像奇愛博士（Dr. Strangelove）的人物。[25]

再來看看大衛・桑格（David Sanger）怎麼說。他是《紐約時報》報導北韓核議題的主要記者，一九九二年底寫道：

世上最危險的國家之一，（如今）失去其冷戰時期的盟國，在構成亞洲最大威脅之一的核武開發計畫上採取守勢……統領仍駐在朝鮮半島上之四萬美軍的里斯卡西（Robert RisCassi）將軍說，「北韓可能毀於爆炸，或從內部自行崩毀」。將軍主張，隨著奉行史達林主義路線的金日成政府被趕到牆角，隨著其經濟萎縮且人民食物短缺，此國將和平轉變，還是像過去那樣猛然出兵攻擊，「沒人說得準」。有位美國高階政府官員上週說，北韓擁有的鈽已足夠製造出一件粗陋核武……這使人更加……害怕這個已炸掉客機、且曾試圖殺害南韓內閣閣員的國家，會為了保命而孤注一擲。[26]

六個月後，桑格再於《紐約時報》寫道：

密切監視北韓動態的專家說，他們愈來愈擔心這個國家正準備用作為一處大型反應爐燃料的五十噸鈾當原料製造核武……五十噸足以製出兩三枚核彈……里斯卡西將軍……說他「愈來愈擔心北韓會因為走投無路或內部不穩，走上出手攻擊這個不可控制的結果。」[27]

一九九三年十一月，桑格再於《紐約時報》寫道：

有位最高階軍官……今晚說，平壤仍不願接受國際檢查所帶來的難題……「從許多方面來看，比……波士尼亞更棘手得多且更危險。」……證據顯示……晚近幾年，北韓已從其核廢料提取出鈽，其數量很可能足以製造一件或更多件粗陋的核武。[28]

上述記者和其他許多記者常寫說北韓拒絕受檢：但在上述最後一篇摘錄的桑格文章（〈平壤仍不願接受國際檢查〉）刊出時，北韓已在一九九二年五月至一九九三年二月這段期間，接受國際原子能總署正式檢查其寧邊設施六次。北韓或許比其他任何後殖民國家更怕國家主權受到侵犯，但在美國壓力下，它還是敞開大門，破天荒接受國際原子能總署檢查——而這個機構通常使用美國情報機關對北韓領土的衛星偵察資料。[29]桑格寫這篇文章的前一天，已引述亞斯潘某助理的話說，「沒有證據顯示他們在提取或再處理鈽」。然後桑格補充，中情局曾說「它懷疑北韓已有足夠製造出至少一件粗陋核武的鈽」。[30]也就是說，中情局前一天的評估，隔天就變成桑格先生筆下「有（此）證據」的說法。

每篇文章和社論（新聞報導和社論往往沒有差別）都深信不疑地認為北韓是個恐怖政權，北韓有意圖且有能力發展核武，北韓大概已有足夠製出核武的鈽，北韓不讓適切的機關（國際原子能總署）檢查。這是美國外交政策的一大危機，美國官員在這議題上的看法非常可靠，因此記者不需要質疑他們的判斷，大可把那當成自己的判斷。自一九四六年起，北韓是個威脅一說一直是制式說法：金日成於該年二月掌權，次月，即出現最早的南侵警訊。而自柏林圍牆倒下以來，經濟瀕於崩潰的北韓已搖搖欲墜一說，已讓人聽到耳朵長繭。[31]

我要表達的意思，不是北韓是個好地方，或北韓行事無可懷疑，或平壤有更好的媒體政策：實情正好相反，半世紀以來北韓的媒體政策一直是謊上加謊，誇大再誇大，即使據實以告會較有利於其目標時亦然。但我們預期共產政權會有什麼作為時，其實是受了媒體的制約。波斯灣戰爭期間，五角大廈像趕牛一樣引領媒體的作風，招來許多抗議（令人遺憾的是，事後才抗議），但在眾聲喧嘩的民主國家裡，竟出現像旅鼠那樣盲從、跟風、十足無知的媒體（例如美國的媒體），怎麼說都不可原諒。

把媒體的跟風歸咎於新聞節目主持人、專欄作家級記者的名人地位，以及每日新聞報導中能讓人記住但很快就褪流行的「金句」，如今已是司空見慣。追逐「金句」不只使記者尋求接近受訪者的機會，也使他們追求伴隨該機會而來的權力和榮耀，使他們甘願把文章縮水成可為公眾所接受（也就是不該有）的簡短。但最大的問題根本在於美國、北韓兩者受看重程度的不對等，雙方根本不在同一檔次——亦即，五十年來美國之於北韓意味著一切，但北韓人之於美國微不足道。除非北韓發生值得探討的危機，不然媒體對北韓的關注幾乎是零。

支持南韓的人或許認為把北韓妖魔化、誇張化，在政治上有其效用，但他們不該為此太得意：美國主流新聞界對北韓「核問題」的理解，與其在一九九二年洛杉磯暴動期間對「黑人—韓裔」關係的說明一樣，同樣無助於釐清真相，這點叫人不安。這不正表示我們美國人涉入朝鮮半島事務五十年後，竟還有那麼多美國人對朝鮮人和其歷史的尊重少得可憐？（歪曲核武衝突一事，其實較易理解，因為此議題的正確理解需要對美國與北韓關係、朝鮮半島上的軍事平衡、核物理學、核武器有深入了解）。

美國大眾也不能對易受騙且狀況外的媒體不以為意：不然哪天早上醒來，他們可能赫然發現自己子女再度於朝鮮半島打仗，卻不清楚戰爭怎麼開打的、也不清楚戰爭的真正起因為何；五角大廈戰爭機器會再度動用其令民主蒙塵的媒體體制（五角大廈幻像〔Pentavision〕），[32]而這一次，會沒人敢打包票說戰爭不會升級為區域大破壞、乃至全球大破壞。

從瀕臨戰爭到情勢緩和

自韓戰以來涉及華府和平壤的最險峻危機，出現於一九九三年初，且持續了十八個月才平息。對美國的新聞界來說，此危機始於一九九三年三月十二日北韓宣布其將退出「核不擴散條約」時。萊斯利・蓋爾卜（時任美國外交關係協會會長）再度出來大發議論，主張北韓的核活動會帶來「下一個危機」，屆時另一個像海珊那樣的「壞蛋」很快就會出來測試「神志正常國家」的能耐。[33]對眾議院國防撥款小組委員會主委，賓州民主黨眾議員約翰・默薩（John Murtha）來說，北韓已是「美國最大的安全威脅」；他在三月時說，如果北韓不讓其核設施受檢，美國應該用「精密導引武器」把那些設施打掉。[34]這時，具影響力的美國分析家主張金日成邪惡或精神錯亂，或兩者兼而有之，主張應推翻他的政權，主張如有必要，應該用武力除去他的核設施。[35]

但對北韓來說，此危機始於一九九三年一月二十六日。該日，甫就任的美國總統柯林頓宣布，他會繼續舉行老布希於一年前暫時中止、然後又宣布會於一九九三年恢復與南韓的「團隊精神」演習。

二月下旬，美國新設之「戰略司令部」（Strategic Command）司令李．巴特勒（Lee Butler）將軍，宣布要把原以舊蘇聯為目標的戰略核武（即氫彈），改成以北韓（等地）為目標。與此同時，新任中情局長詹姆斯．伍爾西（James Woolsey）證稱，北韓是「我們當前最不放心的國家」。[36]到了一九九三年三月中旬，已有數萬美國軍人再度於韓國演習，B－1B、B－52轟炸機從關島飛來，數艘攜有巡弋飛彈的海軍艦隻集結，北韓隨之退出核不擴散條約。無核武國家不受有核武國家威脅，係核不擴散體制的基本原則之一，[37]而自蘇聯解體，美國在韓國的軍演，其鎖定的目標就只有北韓。北韓揚言退出此條約，藉此打出一張好牌；在現行核不擴散條約預定於一九九五年重議，且日本、印度等大國對該條約不滿之際，北韓此舉暗暗讓人憂心其他幾乎要保有核武的強權會跟進。

「團隊精神」演習一結束，北韓即同意與美國舉行高階官員會談，接著（一九九三年六月十一日）擱置其退出核不擴散條約一事。從北韓的新聞報導最能清楚看出，「團隊精神」和美國其他核武威脅，正是驅使北韓不合作的原因。自一九九二年秋美國總統大選，北韓新聞機構就一直警告勿重啟演習。但就在北韓一如以往以不堪字眼痛斥美帝國主義之際，平壤在整個「危機」期間其實繼續呼籲與美國交好。一九九三年初令平壤跳腳的另一個議題，係國際原子能總署要求赴北韓未宣告的地點做「特殊檢查」。這些地點包括該署指稱的一處核廢料棄置場。國際原子能總署此前從未對其他哪個國家提出這樣的檢查要求，但巴格達戰敗後，伊拉克境內發現數個此前未被該署查出的設施，該署因此受到國際壓力。北韓基於兩個理由，拒不接受這些檢查：首先，國際原子能總署使用美國的情報查出要檢查的地點（確實如此），而由於美國是北韓的交戰國，此舉違反了該署所獲委任的權限；其次，國際原子能總署一直把其檢查結果轉告美國，北韓若讓該署繼續這麼做，美國最終會希望北韓將其所有軍事設施向該署開放[38]（誠如前文所見，那正是美國某些高階官員所主張的）。

國際原子能總署之所以要增加檢查次數，源於北韓與該署之間錯綜複雜且（根據公開資訊）無法解決的衝突，衝突的癥結在於北韓一九八九年更換其反應爐燃料時提取了鈽的樣本，而雙方對這些樣本數據的解讀兜不攏。平壤說它只把此燃料的極少許樣本拿來再處理，但美國中情局說，北韓再處理的數量高達十一公斤（亦即一九七九年取出之燃料的總量），國際原子能總署則始終未表態支持美國、北韓哪一方：它只想檢查廢料棄置場。

於是，一九九三至一九九四年，雙方陷入剪不斷理還亂的分歧裡，國際原子能總署要求檢查其所認定的一處廢料棄置場，北韓人說該處是軍事設施，不對外開放，同時痛批該署聽命於北韓死敵——美國，卻未要求美國給予同樣多的時間，讓該署察看美國在其位於南韓的許多設施裡所做的事。然後，猶如要助長北韓人的多疑恐懼，或是要他們強烈表現出他們舉世聞名的徹底頑抗作風似地，《紐約時報》刊出一篇由極適合評論此事之專家所寫的文章。他語帶威脅提到華府新戰略性戰爭計畫裡「空泛、受誤導的想法」——例如「成立以中國和第三世界為進攻目標的核遠征軍」。[39]若真是這樣，朝鮮民主主義人民共和國埋頭研發中程（六百英哩）彈道飛彈「蘆洞一號」一事，也就不足為奇。一九九三年六月某次試射時，北韓將此飛彈射入日本海，正中三百英哩外的目標，而且這次毫不掩蓋其用途。蘆洞一號是腰部添付了輔助引擎、因此擁有中程推力的飛毛腿飛彈；外國專家不確定此次試射正中目標是偶然，還是表明北韓的技術水準。[40]

不管北韓核開發計畫的真相為何，在失去蘇聯集團支持、且蘇聯瓦解之後，北韓在外交上下了一手好棋。藉由與美國、國際原子能總署談判、對立、虛與委蛇，平壤得到美國一再讓步——將核武撤出南韓（一九九一年秋）、推遲「團隊精神」軍演、第一次「美國—北韓」高階官員會談。如果說平壤的真正目標是製造武器，它取得核武有其無法辯駁的正當性，畢竟它能拿以下的標準論點來辯駁：核武只是用來嚇阻——一旦雙方都有核武，因此形成的「恐怖平衡」使核武不可能真的動用；北韓擁有核武使朝鮮半島回到一九九一年之前的狀態。幾乎所有美國新聞評論都忽略一個非常簡單的事實，即數十年來北韓不時受到美國的核武威脅和長期核嚇阻，但至目前為此，北韓自身尚未擁有這樣的武器。

美國在朝鮮半島之核政策的背景

韓戰結束後，美國不顧停戰協定裡禁止導入新武器的規定，將核武導入南韓。美國採取此斷然措施，主要為了穩住變化莫測的內戰。一九五三年，李承晚反對任何停戰方案，在停戰協定締結時拒簽，頻頻揚言重啟戰爭。一九五三年十一月，副總統尼克森訪問韓國，「想從李總統那兒得到『他不會為了以武力統一朝鮮而重啟戰爭，冀望能把我們拖下水』的書面保證。」尼克森未能如願，雖然沒有書面保證，美軍司令卻有收到一份只限少數美國領導人傳閱的極機密「附件」，附件中指示務必「在李承晚決定發出攻擊命令時，立即予以警告」，並阻止該命令發布或傳達到韓國陸軍野戰司令官手裡。[41]言下之意當然是美國情報機關會密切掌握青瓦台的動態，攔截新的開戰命令。

儘管受到如此掣肘，李承晚很清楚美國人會支持他的挑釁舉動，而且這些美國人擔任要職，主張若戰爭再起且明確由共產黨一方發動，就該使用核武。參謀首長聯席會議主席亞瑟・雷德福（Arthur Radford）海軍上將即是其中之一。一九五六年九月，他在國務院與國防部的某場會議上，「直言表示軍方有意將原子彈頭導入南韓。」

一九五七年一月十四日，美國國家安全會議計畫委員會，奉艾森豪總統指示「準備評估在朝鮮半島的四種軍事方案」。要釐清的重要問題之一，係「要導入哪種能攜帶核彈的武器，以及在朝鮮半島存放核彈頭的問題。」接下來六個月的討論期間，國務卿杜勒斯同意參謀首長聯席會議的看法，認為應把這類武器送到朝鮮半島。但有兩個麻煩：停戰協定和李承晚。停戰協定第十三款卯項，禁止雙方將新式武器導入朝鮮半島戰場。雷德福想片面中止該條款，因為在他看來，無法將該條款「解讀」為允許導入核武。始終依法行事的杜勒斯有條件支持參謀首長聯席會議的提議，條件是「有可公開的證據證實共產黨違反停戰協定，且該證據的效力足以使我們盟國的這類作為正當合理，在聯合國站得住腳。」問題是沒有「可公開的證據」，因為共黨方面未嚴重違反第十三款卯項。共黨方面引進新噴射機，但美國亦然，而且雙方在這方面的更新都談不上從根本升級戰力。核武則是另一回事。這令英國人困擾，但美國不顧英國人的憂心一意硬幹，於一九五七年六月解除第十三款卯項所加諸的義務。[42]

還有李承晚的問題得解決。一九五五年二月未經核實的情報提到，「談到李在會議上要韓國的軍職及文職領導人，為發兵攻打北韓作準備」。十月，有報告說他已下令擬定奪回開城、甕津半島的計畫（自停戰以來，此二地一直由北韓牢牢掌控），一九五六年又出現更多警訊和牽制作為。與此同時，李承晚肯定有所不知，艾森豪政府於一九五七年八月批准國家安全會議五七〇二／二文件。此文件大幅修改朝鮮半島政策，批准將核武部署在韓國，而且作出某官員所謂的「小更動」，不排除「在北韓境內出現匈牙利式群眾起事時，美國支持韓國單方面的軍事行動以茲因應。」[43]這番改變令人吃驚。這或許是為回應當時有某個北韓將領欲率領整師部隊越過非軍事區投誠的傳言，或者這只是後來導致古巴豬玀灣慘敗事件的那個想法（小小挑釁或許就能引發人民大舉起事，推翻共產主義）的先聲。但這正是李承晚和其盟友想要的；沒人知道他們是否耳聞此事，但杜勒斯的確知悉。

讀者應該會記得，杜勒斯就是韓戰爆發前一星期，隔著三十八度線盯著金日成瞧的那個人。此後至死，他的腦海似乎一直迴蕩著令人不安的耳語，從那個突如其來的週日開始出現的耳語，猶如莎士比亞《馬克白》劇中，班柯（Banquo）的鬼魂擺動其沾滿血污的頭髮。一九五四年國家安全會議某次開會時，他擔心北韓會重啟戰爭，而且以意想不到的方式重啟：杜勒斯「認為共產黨頗有可能滲入韓國部隊，促成韓國部隊攻擊共黨防線，藉此發動其攻擊，以使外界覺得是韓國先動手。」[44]在另外數場高階會議上，杜勒斯擔心美國可能無法掌握新戰爭如何在朝鮮半島爆發，還擔心李承晚很可能挑起該戰爭。一九五三年十月國家安全會議第一百六十八次會議上，杜勒斯示警道，必須「全力」防範李承晚重啟戰爭；一九五七年，第三百三十二次會議上，他仍擔心李承晚「挑起戰爭」；兩週後他說：「如果朝鮮半島爆發戰爭……會很難斷定是哪一方挑起。」[45]

就是在這一特定時空環境下，杜勒斯同意參謀首長聯席會議欲將核武部署在朝鮮半島的想法。他奉行韓戰前艾奇遜用在朝鮮半島的內戰嚇阻對策，想要約束雙方蠢動。李承晚、金日成等魯莽之人，若想到戰爭會使朝鮮半島被核武毀成廢墟，就不會貿然挑起戰爭。為了統一大業，李承晚不惜主張動用氫彈；甚至在一九五四年美國參眾兩院的共同會議演說時要求動用氫彈，把支持他的共和黨人都嚇壞。但杜勒斯的核武會由美國一手掌控，只在北韓大舉南侵勢不可遏時動用。

一九五八年一月，美國將能發射核彈的二八〇毫米大炮和「老實人」（Honest John）核彈頭飛彈部署在韓國，一年後，美國空軍「在韓國常駐一中隊裝有核彈頭的鬥牛士巡弋飛彈」。鬥牛士飛彈射程一千一百公里，目標除了鎖定北韓，還有中國、蘇聯。[46]一九六〇年代中期，韓國的防衛策略已確立，一旦爆發戰爭，即在戰爭初期動用核武。誠如一九六七年五角大廈某軍演文本所言：「南韓境內韓國軍十二個師和美軍兩個師……的防衛計畫，幾乎全以早早動用核武為本。」一九六八年一月，北韓扣押美軍間諜船普埃布洛號，擒住船員，將他們關在獄中十一個月：「美國決策者的初步反應是朝平壤丟一顆核武……韓國機場上時時處於警戒狀態的美國F－4戰鬥機全都只裝載了核武，但未能幫助領導人看清事實並作出明智之舉。」[47]

美國的原子地雷（ADM）是指定用於南韓的防禦性武器，誠如某個原子地雷工兵所說，其用途在於「污染敵人的進擊區，制止裝甲部隊攻擊」；原子地雷僅重六磅，但爆炸威力達二十千噸：「它能造成長達兩星期的污染，使該區域無法通行。」[48]原子地雷以吉普車為運送工具，由特種小組把它們裝在背包裡敷設；與此同時，如同一九七四年《華盛頓郵報》所指出，美軍直昇機頻頻載著核武飛到非軍事區附近。一架直昇機在訓練飛行期間不小心飛越非軍事區（一九九四年十二月就有一架小型偵察直昇機如此），把一枚原子彈送給平壤，這事始終不無可能。與此同時，前沿部署核武一事，引發「不動用就會失去它們」的心態；北韓小小的攻擊都可能構成動用核武的原因，以免核武落入北韓之手。[49]一九七五年，外號「迪克西」的理查・沃克（Richard "Dixie" Walker）寫道（他在日後全斗煥執政時期，出任美國駐韓大使，）：

> 美國傳統武器、乃至戰術核武部署朝鮮半島，有助於確立美國對東京的戰略保障，打消日本人採行法國式解決辦法——自行建立核嚇阻力量——的念頭。這是東京許多政治黨派的領導人知之甚詳，且在北京被充分領會到的事。[50]

換言之，韓國人的生活受制於美國的雙重圍堵政策：圍堵共產主義敵人、約束東京盟邦。最熱衷於在攻守上都動用核武的美軍司令是理查・史迪威將軍。他首創「團隊精神」軍演。此軍演始於一九七〇年代晚期，持續到一九九〇年代，是世上最大規模的軍演，參演兵力往往達二十萬，其中約七萬人是美軍（已派駐韓國者，和從他處飛來參加軍演者）。在史迪威的戰略裡，這些軍演是「報復性攻擊北韓的預演、（一九八〇年代強調對敵人戰線後方進行攻勢性打擊的）空陸一體戰的先聲。」[51]一九七六年八月的一樁著名事件，點出非軍事區非比尋常的對峙特性，那就是「一觸即發」。在非軍事區，幾乎每天都有可能發生新戰爭。當時，一些美、韓軍人進入板門店附近非軍事區的禁止進入區域，以「修剪一棵白楊樹」。美方說此樹遮住其北眺的視野，因此必須修剪（白楊樹孤零零立在那裡；凡是去過板門店的人都知道周邊大多不長樹，因為韓戰時這一區域經受過激烈炮擊）。一隊北韓軍人與這批南韓的修剪隊槓上，接下來的打鬥中，有個北韓軍人搶走美國人的斧頭，用它砍死兩名美國軍人。這事令人遺憾，卻是全然可預料，因為在這個極度軍事化的「非軍事區」，雙方劍拔弩張，情勢極為緊繃。

史迪威將軍於此次對峙期間，要美韓部隊高度警戒（一九五三年以來第一次），把龐大美國武力調到朝鮮半島——一支航母特遣艦隊來到韓國海域，一隊能攜帶核武的B－52轟炸機從關島起飛，飛往朝鮮半島非軍事區，「最後一刻才轉向」。據某分析家的說法，史迪威請求五角大廈讓其下屬一旦與他失去聯絡而無法向其請示，即有權自行開炮、發射火箭（且請求獲准），使得戰術核武可能不受中央指揮、統制而動用。接著，一支美韓聯合特遣部隊進入共同警備區，二十架直昇機載了整整一個連的步兵隨行保護，另有七架武裝直昇機護衛這些運兵直昇機。最後，特遣部隊終於進行修剪作業，砍掉白楊樹上妨礙視線的樹枝。[52]此外，另一個華府消息人士（恕我不能交待其名姓）告訴我，在此事件中，有所「自制」者其實是史迪威；他擔心季辛吉在華府想挑起戰爭，以提高已成跛腳總統的福特在下屆大選的連任機率。

一九九一年，我聽到一位曾任駐韓美軍司令的高階退休官員，私底下講述了一九八〇年代時已擬出的美國戰略：

一、如果北韓大舉出兵，越過非軍事區南侵，美國打算在新衝突的初期，即戰爭爆發後一小時內（H+1），動用戰術核武。他把此戰略與歐洲已行之有年的戰略相比較，後者要以傳統武器延遲入侵行動，然後只在萬不得已時，才動用核武制止敵人攻擊。背後的邏輯是除非碰上極端情況，我們在歐洲不敢用核武，因為對方有核武；但我們在朝鮮半島可動用核武，因為敵人沒有核武。他說，對於美國會在與北韓交戰初期即動用核武的想法，南韓的指揮官已習以為常。

二、一九七〇年代中期擬出的「空陸一體戰」戰略，要求早早就快速且深入打擊敵人領土，同樣不排除使用核武，尤其在對付強化的地下設施時（北韓境內有許多這樣的設施）。換句話說，此戰略本身意味著「推回」，而非只是擋住北韓入侵。

三、如果北韓軍隊占領漢城，很可能會動用中子彈（即「強輻射」武器），以殲滅敵人但保住建築物。

四、北韓一九七〇年代晚期擴編並重新部署武力，以回應「空陸一體戰」理論。此一重新部署使得北韓將其地面部隊將近八成部署在非軍事區附近。誠如前文所述，美國、南韓方面的資料常把此一擴編、重新部署之舉，說成北韓侵略意圖的證據；其實，北韓這麼做，意在趁美國尚未動用核武之前，就將盡可能多的本國軍人送入南韓（不管戰爭是如何爆發），使他們與南韓軍民混在一塊，藉此使美國投鼠忌器，較不可能動用核武。[53]

這一駭人的想定情景成為一九八〇年代的標準作業程序，寫入軍隊野戰手冊；一年一度的「團隊精神」軍演，徹底發揮了「空陸一體戰」理論。[54]這些軍演間接表明要先擋住北韓攻擊，然後揮兵挺進北韓，最後攻下並守住平壤，推翻北韓政權（一九九三年十二月，《紐約時報》以頭版文章詳述了這類計畫，誤以為它們才剛擬定）。這類軍演之所以會在朝鮮半島舉行，也是因為一九八〇年代初期，北大西洋公約組織各會員國政府和強大的和平運動不會允許類似軍演在歐洲舉行。

但同樣根據這位消息人士的說法，波斯灣戰爭促成美國重新評估核武的角色。隨著能確實打中目標的「導引炸彈」問世，比起會帶來不可收拾的核彈頭，爆炸威力大的傳統武器更加管用。他說，軍方希望盡快將核武撤離戰場。於是，基於自身利益，美國於一九九一年秋將過時的核武撤出朝鮮半島（撤出的武器包括四十枚二〇三毫米、三十枚一五五毫米核炮彈，以及許多原子地雷。但官方發言人不提約六十枚安裝在F－4、F－16轟炸機上的投擲式核彈，一九八五年據媒體報導，要在韓國群山的美國空軍基地存放這些核彈）。[55]這位將軍認為，美國順利將龐大兵力調到半個地球外的中東打波斯灣戰爭一事，也會使美國更容易回應要其從朝鮮半島撤軍的壓力（主要來自欲削減支出的國會議員）。但如今，仍有三萬八千美軍留在韓國。

韓戰以來，北韓一直在地下或山中要塞建設龐大設施，來回應美國帶來的核威脅，從部隊、軍用物資的儲存所，到軍火工廠、乃至地下機庫，不一而足。美國人在韓戰中掌握制空權一事，闡明了據稱隨著「導引炸彈」問世才發展出來的一個嚇阻原則——「一旦看到目標，目標已被摧毀。」[56]北韓人老早就知道這點，已根據這原則作出相應處置。一九七〇年代中期，朴正熙政府致力於發展核武，平壤隨之受到更大威脅。後來迫於美國巨大壓力，朴正熙政府才停止發展核武，但其發展潛力仍不容小覷。韓國開始暗中發展能搭載核彈頭之「彈道飛彈的自主製造能力」。南韓也供應軍火給受國際社會遺棄的南非等國，以及兩伊戰爭期間的伊朗、伊拉克，因此博得「叛逆」軍火商的名號。[57]這段敘述有許多像是在談北韓，其實是在談南韓，從而使人有理由審視平壤的活動：平壤的許多作為係為回應美國的壓力及韓國的先制行動。

走向緩和

一九九三年柯林頓政府上台時，就得處理老布希總統決定重啟「團隊精神」軍演一事留下的難題，而且立即碰上平壤揚言退出「核不擴散條約」所引發的危機。儘管仍有許多挑釁，柯林頓政府走談判路線，完成了此前歷任政府都未完成的幾件事。首先，國防部長亞斯潘公開承認華府內部人士已知道多年的一項內情，即政府專家對於如何解讀北韓核活動分歧甚大。其次，柯林頓政府開始與北韓進行直接且高階的會談，會談主題除了核武，還涉及多種政策議題。第三，柯林頓政府向北韓表示不排除在數個議題上讓步，包括終止「團隊精神」軍演、保證不會對北韓動武、升級雙方外交關係（包括在兩國首都互設聯絡辦事處）。第四，柯林頓政府鼓動多國政府和聯合國向北韓警告，其若退出核不擴散條約會帶給全世界的危險，同時表示願以威脅性較低的核能發電設施幫助北韓。換言之，美國難得運用巧妙的外交手腕化解朝鮮半島危機，而非像過去歷任總統那樣，派去威嚇意味十足的B－52轟炸機、F－4幽靈戰鬥機、航空母艦，並下令地面部隊警戒，好讓金日成知難而退。柯林頓政府這一冷靜且高明的作為，理應得到我們大力肯定。

這成就並非唾手可得，彼此諸多誤解使雙方遲遲才達成和解。一九九三年七月，北韓人提議以美國人供應的輕水反應爐，取代他們以石墨反應爐和其蘊藏豐富的天然鈾為基礎的整個核計畫。輕水反應爐較不會造成核武擴散，但也會使平壤必須倚賴外部供應燃料。這一出乎意料的提議推動雙方討論，一九九三年十一月，平壤提出一攬子交易以解決此問題——提案的內容與一九九四年十月最終談定的條款類似。

但由於複雜的理由，最初未談成協議，一九九四年五月，平壤關閉其反應爐（一九八九年以來首度這麼做），抽出約八千支燃料棒放進冷卻池，藉此逼柯林頓總統表態。此舉逼華府攤牌，使華府官員沒有迴旋餘地；可想而知也促成又一場以韓戰再起為主題，不負責任的媒體報導大戰。但媒體有所不知，這次並非虛驚：美國和北韓這一次逼近戰爭的程度，比大部分人所理解的更近了許多。幾年前，前總統卡特曾受邀訪問平壤，這時，他從柯林頓政府官員簡報得知世態的危機程度，感到非常驚愕，他決定出面收拾亂局。

一九九四年六月卡特飛到平壤，在大同江上的一艘小船裡與金日成會談，並透過有線電視新聞網現場直播會談過程（電視直接中介，繞過外交管道），藉這項巧妙安排打破了僵局。他建議平壤凍結其寧邊設施，以換取輕水反應爐和與美國的新關係，在電視攝影機在場攝錄下，取得金日成明確同意。柯林頓總統現身白宮新聞室，宣布如果平壤凍結其核開發計畫（也就是把燃料棒留在冷卻池裡，叫停建設中的新設施工程），美國願重啟高階會談——七月八日，果真在日內瓦進行了高階會談。一九九四年十月的真正突破，因此得以成真。

這非如外界所常說的，係美國對平壤的單方讓步。晚近幾年，北韓也已在外交和其他方面做出許多讓步，只是我們的新聞界通常並未注意到。一九五〇年把北韓稱作侵略者的聯合國決議案至今尚存，但北韓還是於一九九一年同意加入聯合國。北韓允許國際原子能總署對其核設施做了七次定期檢查。許多美國報紙對此事視而不見，但若在冷戰最盛期，平壤不可能同意此事。北韓通過數項前所未見的合資企業法及課稅—營利相關規定，已和外國公司（包括許多南韓公司）開展多項如今還在進行的事業。南韓報紙充斥著在北韓經商有何益處的報導，但平壤、漢城的關係仍然甚糟，使得兩韓間許多可能的商業活動仍舊受阻。平壤也與日本就關係正常化問題談了數年。北韓始終要求改善與美國的關係，歡迎各種不同美國人到訪（包括一九九二年、一九九四年初兩度在平壤講道的葛理翰〔Billy Graham〕牧師）。

十月的框架協議向平壤保證，只要平壤凍結其石墨反應爐，在核不擴散條約下重新接受完整檢查，多國集團（包括美、日、南韓）會供應輕水反應爐，以助北韓解決供電問題；此一多國集團也同意提供長期信貸，使平壤得以買下價值約四十億美元的新反應爐。與此同時，美國會供應取暖用的燃料油，以協助北韓克服供電問題，也會開始逐步升級雙方的外交關係。一九九五年初，北韓因擔心自此倚賴南韓，不願接受南韓的輕水反應爐，但五月的高階協商化解此問題，基本上藉由更換反應爐的標籤來化解。此一框架協議係在互不信任下達成，因此在完全落實協議之前，雙方得在每個階段確認對方願意遵守。協議的完全落實，最快也要到二〇〇八年，因為反應爐的建設和啟用會花上數年。

卡特的調停收到效果，其後不久，金日成去世，世人密切觀察其子接班是否順利。但沒有跡象顯示過渡期局勢不穩，儘管金正日未接下其父親生前的所有職位，並繼續被稱作「領導者」，而非如他父親那樣被稱作「首領」（兩詞都有「領導人」之意，但「首領」位階更高）。北韓簽署一九九四年十月協議時，據說是根據金正日的明確指示簽署。如今，平壤的最高領導階層屬集體領導，以金正日為核心，諸元老團結在其身邊。與此同時，來自蘇聯極機密作業小組的俄國專家，被請來保存金日成的遺體。這個小組曾為列寧、胡志明等人遺體做過防腐處理。如今金日成遺體放在平壤萬壽台陵墓展示。

核危機似已獲解決之後，北韓（和整個朝鮮）不再是美國媒體注意的焦點，只有在韓國百貨公司倒塌，或韓國公司收購美國企業，或精神錯亂的花花公子金正日從已故狂人／父親那兒承繼另一個稱號時，才受到媒體青睞。對於多年來報導北韓居心不良，後來卻被證明評估完全不實，自此噤聲不談北韓的媒體，一般美國人有何看法，我不清楚。我看平壤、漢城的報紙，熟悉北韓已有二十年，因此體會不出閱讀這類黃色新聞的美國人心裡做何想法，由於大多數人生於韓戰之後，我尤其有這樣的感嘆。但我的確知道，就在媒體不實資訊滿天飛之際，有一些長期研究我國與北韓之糾葛的人，其以下主張獲得證實：平壤說其願放棄核開發計畫以改善對美關係，係肺腑之言。這些人包括洛克斐勒基金會的安東尼·南宮（Anthony Namkung）、夏威夷大學的徐大肅、哥倫比亞大學的史蒂芬·林頓（Steven Linton）以及筆者，但最重要的是卡內基基金會的塞利格·哈里遜（Selig Harrison）。他致力於促成華府與平壤和解，從而協助避免又一場可怕戰爭爆發，是這方面最重要的民間人士。[58]

一九九〇年代中期，沒有哪個大國認為自己能從朝鮮半島衝突中得利，沒有國家想捲入新戰爭，大部分大國想與兩韓都建立關係，於是冷戰衝突的斷層線不再把朝鮮一分為二。在這一情勢下，美國終於開始採取較不偏不倚的兩韓政策，竭力扮演正直中間人的角色，同時維持與南韓的同盟關係。美國承諾維持一九八九年前美軍駐韓水平，突顯了華府對漢城的強力支持，但美國不再讓漢城主導其與北韓接觸的步伐。

陽光政策

金大中上台後影響最深遠的改變涉及北韓，在二〇〇〇年六月的平壤高峰會上獲致最大成果。兩韓元首在高峰會上握手，為朝鮮一九四五年分裂以來頭一遭。金大中總統在一九九八年二月的就職典禮上，承諾「積極追求（與北韓的）和解、合作」，宣布支持平壤欲改善其與華府、東京之關係的努力——金大中的作風與前幾任領導人大相逕庭，前幾任的總統是一嗅到有這類修好跡象即大為惱火。不久，他即批准運送大批糧食援助北韓，取消對北韓與南韓企業商業交易的限制，並於一九九八年六月訪問華府期間，要求美國停止對北韓的經濟禁運，藉此凸顯其履行承諾的決心。金大中公開拒斥「以吸併達成統一」的政策（他的前任們雖未明言採此政策，實質上走此路線），實際上要漢城接受兩韓長期和平共存，把統一延到二十或三十年後。

兩韓政府這時（書面上）承諾以邦聯制逐步走上統一。誠如前文所述，北韓於一九六〇年首度提出其邦聯制計畫，而金大中的計畫也主張施行長期的邦聯制。邦聯制時期的第一階段，兩韓會維持「密切、合作」關係，同時保有各自的體制、國家、軍隊、外交政策。雙方會透過多個兩韓間的組織，管理彼此關係。然後，經過漫長的準備期，進入第二階段，屆時會在一民族、一國家、一政治體制、但有兩個自治區政府的聯邦制度下，完成正式統一；聯邦政府會掌理朝鮮半島的外交、國防和重要的內政政策（金大中在就職演說中提到，基於實際考量，有必要尊重北韓人的自尊心，提到必須讓北韓地區由地區自治政府單獨治理一段頗長時間）。到了第三階段，則會是一個中央政府下的真正統一。這一切都要經由民主程序，在人民同意下進行。

北韓一年沒有動靜，以測試金大中的決心，但有兩艘潛艇和數名潛入南韓的北韓人屍體被沖上南韓海岸，這意味著北韓強硬派或許試圖破壞兩韓關係。但到了一九九九年中期，平壤顯然已把金大中的「陽光政策」視為南韓立場已改弦更張的證據。北韓對華府的態度也開始改變。它長期以來堅決要將美國趕出朝鮮半島；但此時，至少某些北韓領導人似乎希望美軍留在朝鮮半島，以因應變動的國際權力關係（尤其是與強大的日本和強大的中國的關係），並協助平壤度過當前的經濟困境。[59]美國前國防部長威廉·柯恩（William Cohen）一九九八年六月似乎應和著這種看法，嚴正表示即使兩韓統一，美國還是要留在朝鮮半島。

一九九八年八月下旬，危言聳聽的新聞報導大舉出籠，聲稱北韓已發射一枚越過日本上空的兩節式飛彈，東京隨之近乎人心惶惶，好似飛彈已幾乎掠過東京的樹梢。但北韓的新聞媒體數週以來除了報導北韓政權成立五十週年慶典的籌備工作，幾乎未提別的事。不過，平壤宣布其三節式火箭已將一枚衛星送進軌道，衛星在軌道上不斷播放〈金日成將軍之歌〉。數週後，美國情報界得出結論，那其實是煙火表演，很可能是為五十週年慶典而施放，但衛星未能抵達軌道。[60]

華府裡吵鬧的反對派和高級媒體一再喧嚷著北韓威脅（某報導甚至說平壤可能對其敵人施放天花病毒），[61]但國務院中階官員已與北韓就諸多問題會談多次，耐心談成一個又一個協議。他們也於一九九八年秋開始為期半年的北韓政策檢討，此檢討顯著改變了美國政策方向，而在一九九九年六月威廉·培里率團訪問平壤時收到最大成果。培里博士於一九九九年十月發表了他的報告（和此一政策檢討報告）公開版，其主要精神就是採行以兩韓繼續長期共存為基礎的交往政策、逐步廢除美國對北韓長達五十年的禁運、深化雙邊外交關係，以及對北韓的實質援助計畫。北韓方面同意繼續遵守一九九四年協議，暫停飛彈試射，繼續就終止其飛彈計畫（包括賣飛彈到中東）與美國商談。這有助於為六月平壤兩韓高峰會營造有利條件。

金大中也相信，如果華府追求與平壤交往，而非與其對抗，北韓並不反對美國繼續在朝鮮半島駐軍，而事實上，北韓的確這麼認為（美軍駐韓會一如以往，有助於維持邊界安定，即非軍事區安定，有助於確保南韓的優勢軍隊不致吞併北韓，有助於防止日本、中國染指北韓）；金正日在高峰會上證實這一看法，當面告訴金大中，他未必反對美國繼續駐軍朝鮮半島。從這個意義上看，金大中的提議可說是五十年來第一次認真嘗試，在美國形塑的既有東北亞安保架構之內，達成南北韓和解。

這場高峰會，加上美國國務院大幅檢討其政策，使雙方更容易就攸關朝鮮半島、美國、世界利益的北韓飛彈問題達成協議。北韓願意停止製造、部署、外銷射程超過三百英哩的飛彈。美國談判人員相信，如果柯林頓總統願意訪問平壤，藉此向金正日示好，金正日也會同意加入飛彈技術管制協定（Missile Technology Control Regime, MTCR），屆時北韓所有飛彈的射程都不得超過一百八十英哩（從而卸除令鄰近的日本深感芒刺在背的威脅）。美國則會提供北韓價值十億美元的糧食援助作為回報。[62]換句話說，要讓北韓加入飛彈技術管制協定，美國要付出十億美元和美國總統與金正日高峰會的代價；而美國的全國飛彈防禦——後來被布希政府發言人說成特別針對北韓——已花掉六百億美元。

柯林頓總統想去平壤——事實上，二〇〇〇年十一月數週之間，他的北韓問題談判人員已打好包，隨時可出發——但誠如柯林頓的國家安全顧問山迪·伯格（Sandy Berger）後來說，在他們不知道「是否會有重大憲政危機」時，讓總統在十一月出國並不恰當。[63] 等到二〇〇〇年聯邦最高法院出手決定總統大選由小布希獲勝時，已經太遲。

不久，美國新政府內部就北韓問題是否有實質進展陷入嚴重分歧，一九九〇年代取得的成果，不到兩年幾乎全都付諸流水。爭端於金大中在小布希就職後不久訪問華府時首次出現，當時，這位新總統的強硬路線，讓金大中大吃一驚。剛拿到二〇〇〇年諾貝爾和平獎的金大中，希望在二〇〇一年四或五月坐東款待來訪的北韓領導人，把這次的兩金會晤視為前一次兩韓高峰會後順理成章的安排。金大中返國後，他的顧問公開指稱這次會晤令人難堪，並且私下咒罵小布希總統——小布希則開始搞臭北韓，稱金正日「侏儒」，告訴記者鮑伯·伍德瓦德（Bob Woodward）他「憎惡」金正日，想「推翻」他的政權。這實在令人遺憾，因為金大中憑藉鍥而不捨且耐心以對的政策，比韓戰結束以來的其他任何南韓總統或美國總統，更用心改變對北韓的政策。但小布希上台後在朝鮮問題上走回頭路，也是個令人遺憾的例證，說明了華府仍對朝鮮半島外交活動具主導權。

小布希政府等了十八個月，才同意於二〇〇二年十月與北韓進行高階會談。小布希的特使詹姆斯·凱利（James Kelly）利用這次會談，指控北韓有第二個核開發計畫，且此計畫用到高度濃縮鈾。在小布希把北韓放進他的「邪惡軸心」幾個月後，同時在他的國家安全會議提出新的先制攻擊、預防性戰爭原則幾個星期後，北韓人的回應可想而知不會有好話：不久，北韓人再度聲明退出核不擴散條約，把已待在他們核設施八年的聯合國檢查人員趕出去，重啟鈽反應爐，而且最不妙的是，把引發一九九四年危機的八千根燃料棒再度納入其掌控。此後，北韓人聲稱已擁有「實體嚇阻工具」——這是含糊的說詞，用來暗示他們已擁有核彈，卻不實施試爆或公然成為核武國家。後來小布希入侵伊拉克之舉，只加劇北韓的言語恫嚇與恐懼。二〇〇五年初，北韓終於信誓旦旦自稱已擁有核武，但有些觀察家仍存疑，尤其是美國國防部長倫斯斐（Donald Rumsfeld），因為北韓未真正試爆核彈。

二〇〇二年晚期華府、平壤的對抗，形成僵局，幾乎葬送一九九〇年代取得的成果（輕水反應爐建造工程停擺，但未拆解；有些專家仍認為能讓北韓再次重度凍結其核設施）。美國外交政策窮於應付粗暴占領伊拉克一事，北韓重拾其自冷戰以來屢試不爽的策略：頑強反抗。北韓說，伊拉克戰爭證明了如果一國在聯合國檢查人員監督下解除武器，該國仍可能遭美國入侵，這話不無道理。二〇〇三年，中國賭上自己的威信，在北京主辦首次的三方會談、然後又辦了六方會談（中國、兩韓、美、日、俄），但到了小布希第一任結束時，會談都毫無所獲。接下來幾年，很可能還是擺脫不了僵局，因為北韓不願在得不到援助、且與美國外交關係未正常化的情況下放棄其王牌（核開發計畫），小布希政府則似乎無法同意北韓的上述條件，因為其內部分成兩派，一派（主要是國務院官員）想與北韓達成協議，另一派（主要是國防部的文職官員）想要「改變體制」。

明智之舉是承認美國仍為朝鮮半島的和平擔負最大責任，而且從許多方面來說，仍要為朝鮮半島衝突五十年後尚未能解決負上最大責任。放眼世上諸地，就數在朝鮮半島，美國最一面倒支持衝突的一方，且與另一方的接觸如此之少。只有在朝鮮半島，美國直接統制另一個主權國的軍隊，至今仍然如此。因此，柯林頓政府主動擴大與北韓的會談、貿易，同時繼續支持南韓，著手透過外交化解朝鮮半島上的緊張，是適切之舉。一九九四年十月的框架協議，代表自韓戰以來首次憑藉外交解決了朝鮮半島上的重大問題。

兩韓統一？

凡是史家，都知道解釋過去不易，且無意預測只能訴諸想像的未來；此外，過去未告訴我們朝鮮半島會如何重歸一統，因為民族分裂千年來只發生過一次，如今未看到多少解決跡象。但冷戰結束後其他地方的情勢，已使大部分朝鮮人更加認為或許不久後兩韓就會統一：那麼，關於這個攸關朝鮮民族之命運的重大議題，我們能說上什麼？

兩韓政府都自我定義為朝鮮半島上唯一合法的主權實體，從而把另一方都打為叛離實體。從一九四〇年代起，南韓就把北韓界定為不合法、有組織的反大韓民國實體（亦即不是國家，而是反國家的組織），一直設有治理北部諸道的影子政府，而且立法明訂未來統一方式以人口比例代表制為基礎，而非以一九四五年以來對半分割的地理分裂為基礎。如此一來，政治統一會很簡單：在北韓舉行選舉，以填補國會裡三分之一的席次。南韓也以維持和美國的安保關係為統一前提，也就是說，如果平壤和華府依舊敵對，南北韓就不可能有真正的關係。只要全球兩極衝突仍在，對韓國來說，留在美國的安保體制裡，就比認真和北韓打交道所未必能得到的益處，更重要得多。

南韓的官方政策多年來都不是推動統一，而是假定兩韓在可預見的未來裡都會共存，並試圖像德國那樣促成兩韓關係融冰：藉由雙方數十年來小規模的低階互訪（尤其是離散家屬的團聚），並逐步擴增貿易和其他交流。於是，漢城著眼於南北韓關係的小幅度改善和著手建立互信。只有在一九八〇年代晚期，國際環境轉而對漢城有利時，其北方政策才有可能推出，藉此回應年輕世代日益要求採取嚴正作為以實現統一的聲浪。

西方的社會主義國家走入歷史時，漢城的官方立場是南韓應仿照德國模式，為北韓未來瓦解作好準備，然後將其吸併入大韓民國。一九九〇年代，許多人撰文探討「德國模式」的南北韓統一。研究小組前往德國，考察東德何內克（Erich Honecker）政權垮台後德國的統一進程，回國後，對於德國統一進程花費的高昂，乃至為了把朝鮮北部提升到與南部同一水準要付出多大代價，發出令人憂心的見解。與此同時，漢城政府放寬與北韓經商的限制，促成南韓各大企業訪問北韓（有時也達成協議）。漢城嚴格限制國民踏入北韓，仍舊對未經政府許可逕赴北韓的人，祭出判刑入獄的威脅，而且對再怎麼有頭有臉的人都不寬貸。例如，已故文益煥牧師一九八九年去過平壤之後坐了幾年牢，一九九五年，他的遺孀在金日成去世一週年那天去了金日成墓，然後被捕入獄。64

由於南韓這些基本政策，在統一問題上主動發動攻勢者大多是北韓一方。北韓善用大多數朝鮮人最看重的統一議題大搞宣傳，營造有利於己的形勢。從一九四八年春主辦「南北聯席會議」，成功吸引金奎植等溫和派及金九等右翼民族主義者與會起，北韓一直自認是南韓「分離主義者」的無辜受害者，把南韓說成聽從美帝國主義命令行事的傀儡。一九五〇年，北韓兵行險著，發動戰爭以統一國家，而這段歷史使得幾乎每個外部觀察家都不把平壤重複掛在嘴上的「和平統一」主張當回事（一九九五年春，朝鮮人民軍總司令崔光在某次講話時說，南北韓應在一九九〇年代統一，「動用武力也在所不惜」）。

韓戰結束、內部重建完成之後，金日成於一九六〇年提出邦聯制共和國的構想，在此構想下會維持兩種制度，但一民族、一國家、一國旗；一九七〇年代晚期他重提此一構想，至死一再重彈此調。這個共和國會是「高麗聯邦共和國」，從而解決了該稱韓國還是朝鮮的問題（北韓當然始終尊高麗世系而賤新羅世系，認為高麗是第一個真正統一的「朝鮮國家」）。邦聯計畫始終有個強人所難的條件，使其無緣落實，例如，不准外國軍隊或核武部署朝鮮，從而挑戰了漢城統一方案的核心。冷戰期間，北韓構想的邦聯制高麗會是獨立、中立、不結盟的國家，但晚近我認為若真的建立邦聯，北韓會願意讓其構想的邦聯與美國結盟。若朝鮮統一後，其對後冷戰世界的外交，很可能重現一八八〇年黃遵憲的建議，即「親中、結日、連美」。

數十年來，北韓在國內外舉辦了數場談統一問題的會議，由此產生多不勝數的會議記錄和數百本、甚至數千本書，但南韓接受北韓邦聯制構想的機率始終不大。但平壤發覺，此提議有助於讓人更加相信其是真心欲統一的一方，有助於操弄傳統派、民族主義者關於朝鮮應有之姿的看法，以遂行自己的目的——這些人認為理想的朝鮮應不受外來事物玷污、純淨且高潔（聯邦共和國當然會遵循主體思想），最重要的是，再度歸於一統。就連平壤的外國盟友和南韓境內支持北韓的人，都可能被伴隨邦聯制高論而來的其他持續宣傳大吃一驚。這些宣傳離譜到說南方的人全渴望投入「父般首領」的懷抱，或（用平壤司空見慣、一再掛在嘴上的用語）說，「有人聽到一個住在木浦的朴姓人士說：金正日確實是有著鋼鐵意志、始終戰無不勝的司令，是金日成的偉大弟子，如今是名正言順的國家之父。」

外國人對於朝鮮如何統一有一套構想，最佳想法之一在一九六〇年提出：李承晚遭推翻後，來自蒙大拿州的民主黨參議員、一度也是東亞史教授的麥克・曼斯菲爾德（Mike Mansfield）提議，讓朝鮮在大國協定下中立化，並撤出所有外國駐軍，廢除南北韓各自與其大國靠山簽訂的安保條約。此構想以一九五五年奧地利和平統一為本，但就朝鮮的環境來說，它實現的時機是在一九四五年。韓戰後，兩極對立白熱化，此構想已無實現可能。誠如前文所述，季辛吉提議召開六方會議，以尋求解決朝鮮難題之道，六方指的是兩韓和與朝鮮有關的四個強權（美、蘇、中、日）。此構想又被稱作「四加二」方案，卻始終遭北韓人斥責，因為北韓人認為這方案將使朝鮮任由大國擺布，使日本勢力悄悄重回朝鮮半島。但真正的理由其實是，平壤在季辛吉的時代裡，無法指望同時得到北京、莫斯科全力支持。

統一的朝鮮會是世界舞台上的經濟強國，東亞一股不容小覷的政治勢力。南北韓經濟實力合一，加上能幹且教育程度佳的朝鮮民族，無疑很快就會和日本分庭抗禮。這是為何日本領導人（至少那些經由自民黨掌權的領導人）不看好朝鮮統一，過去幾乎只挺漢城，藉此積極妨礙朝鮮統一的原因，也是為何中國同時承認兩韓，且在對兩韓的關係上力求平衡的原因。大多數日本國民看待朝鮮，大概就和法國人看待分裂的德國一樣：「我很喜歡德國人，因此，德國分成兩個，我很高興。」另一方面，美國可能覺得，隨著未來華府與東京的對立、或華府與北京的對立升高，有個友善且統一的朝鮮站在美國這邊是件好事。柯林頓政府願意不顧困難，推動與平壤的長期外交關係，就是出於這個可能發展，而且北韓顯然短期內不會滅亡。

外國觀察家眼中最適合朝鮮的統一方案，或許是德國式統一。令人遺憾的是，這在南北韓不管用。南北韓不同於德國之處，主要是朝鮮半島經歷過一場奪走千百萬人命的慘烈內戰，而且朝鮮人對此記憶猶新。很難想像在如此慘烈的內戰裡，與南韓人廝殺過的朝鮮人民軍司令會允許大韓民國宰制朝鮮民主主義人民共和國，不管以哪種方式宰制。德意志民主共和國境內一九八九年時有三十六萬蘇軍，朝鮮民主主義人民共和國則自一九四八年起就沒有蘇軍駐紮。東德瓦解，係因為戈巴契夫做了此前歷任蘇聯領導人都不會做的選擇，即要蘇軍留在兵營裡，而非動用他們保住何內克政權。戈巴契夫同樣致力於左右北韓，但他只能倚賴莫斯科所提供相對較少的援助，最終他也切斷了援助。南韓也自抬身價，自認地位如同西德。但許多東德人能在西德找到一些接近於他們社會主義理想的東西。在西德的民主政治裡，有其社會安全網，加入工會是普遍的情形（約四成工人加入工會，相對地，美國只有一成五，南韓的比例與美國差不多），還有能早早享有的優惠退休金制度，以及擁有良好的公共秩序和強大的公民社會。但北韓人無法指望兩韓統一後找到這樣的東西，或只能指望找到少許，反倒得擔心要在南韓企業所設定的條件下，忍受工業世界最長的工時。

到了一九九〇年代中期，隨著南韓不再冀望（和憂心）北韓瓦解，隨著漢城認識到時間站在它那一邊，漢城領導階層對統一問題顯得成竹在胸——原因之一是北韓已大大改變其對於與世界經濟互動的看法和政策，漢城因此得以期望過去二十年東亞的大勢（經濟交流掃除政治壁壘），會繼續消蝕兩韓和解路上的障礙。如果北韓的社會主義體制會在後冷戰世界的強大國際壓力下垮掉，其高壓政治體制也不必然會因此放鬆或消失：很有可能黨政官員會嚴正表示自己一直是民族主義者（不盡然是假話），並竭力保住權力；若走上這條路，北韓的龐大軍隊會是影響大局的關鍵因素。軍隊很可能跌下權力寶座，但必定經過一番抵抗。

如今仍幾無證據顯示，兩韓的政治菁英會願意為了更大的統一目標，而犧牲其重要利益。白樂晴筆下精闢剖析的「分斷體制」，[65]終究在你死我活的零和政治鬥爭裡建立起來，雙方在其中都認為，放棄手中權力會使自己落得因政治罪而受審、處決的下場，會導致歷史徹底改寫以抹除某方的成就、凸顯某方的過錯。民族分裂已歷六十年，從中產生了長達半世紀、涵蓋數個世代的政治固化作用。就朝鮮來說，那意味著家族固化。在家族世系重於一切的國家裡，把失敗遺留給子孫，就如同葬送掉朝鮮民族一員的身分。

北韓菁英最初以滿洲游擊隊為核心組建起來，游擊隊員死後化為平壤附近大城山頂官方墓地上的數百座青銅半身像，向後人昭告他們的歷史地位。如今，這些游擊隊員若非已入土，就是已子孫滿堂，但透過他們的子女、親戚，以及最重要的，透過他們對體制的完全掌控，他們已在政治體制裡深深紮根。如今當紅的一代是金正日那一代，即四十幾歲、五十幾歲的大批官員和菁英，這些人是過去二十五年來積極支持「親愛首領」特權階層的後人，其中包括開國游擊隊員的許多子女；這些人構成北韓的權力菁英，一如李成桂的盟友和功臣，在十五世紀朝鮮王朝創立後，立即構成該王朝的貴族階層。如同一六四四年後、尊崇中國明朝的「事大派」，以及十九世紀晚期的衛正斥邪派，平壤的權力菁英認為恪守古老原則和正道，將讓國家得以捱過過去二十年的逆風（就平壤的權力菁英來說，正道指的是在其他地方少有人相信的社會主義，但其實尊崇中國明朝「事大派」所恪守的正道也鮮少受人信奉）。據此來看，他們很可能和先前的權力菁英一樣失策，因而很可能落得類似的下場。

在南韓，與北韓的權力菁英相對應的人物，乃是如今享有新式物質財富、在文化、教育領域很有影響力的前地主菁英；以及一九六一年政變以來得到特別照顧的數代軍人，尤其出身東南部諸道、把各種資本投入該地區的大邱—慶尚幫；以及人數愈來愈多、且成員愈來愈多樣的中產階級（與金正日世代相對應，但人數多了許多）。南韓中產階級誕生於韓戰之後，對同族相殘的戰爭沒有刻骨銘心的記憶，但也不可能認為任何類似平壤當前體制的安排會照顧其利益。等北韓境內的中產階級壯大到願意冒險，衝破（如今仍高舉逐漸過時的）無產階級大旗統治之政權的束縛，會更符合彼此的利益。最堅決主張兩韓分立者，大概會是北韓滿洲游擊隊的核心家族，和南韓大邱—慶尚幫的核心要角。對這兩個群體的人來說，放棄鬥爭，都意味著有可能遭另一方殲滅。一九九五年秋，金泳三對大邱—慶尚幫最高領導階層發動的攻擊，或許表明南韓中產階級的全面政治勝利，和鞏固南韓追求民主的決心，雖然決心有時仍搖擺不定。

金泳三是一九六〇年以來的第一位文人總統，因其勇於將全斗煥、盧泰愚這兩位前軍事強人以煽動叛亂和貪污罪名送上法庭而名留青史（全斗煥被判死刑，盧泰愚被判長期徒刑；兩人都在坐牢許久之後，於一九九八年初獲金大中寬大赦免）。不同於此前世上其他任何已成歷史的軍事獨裁統治，南韓不願既往不咎：這兩位前總統都鋃鐺入獄，都被判定犯了重大賄賂罪和叛國罪。但除此之外，金泳三是徹頭徹尾的保守主義者，戰後南韓體制的產物，這由他任期最後一年的作為就可清楚看出。

統治集團內部的不和、金斗煥和盧泰愚的受審，以及行賄醜聞全面曝光（大企業集團一九八〇年代給了全斗煥、盧泰愚超過十五億美元），使政府和財閥受到極嚴厲的批判，明確終結了軍方在政治上呼風喚雨的地位。對韓國的民主發展來說，這是令人欣然樂見的一刻，但對菁英來說，這也是要其謹記韓國的民主來自由下而上的推動，係千百萬人犧牲奉獻所栽培而來的一刻。如果說這些人尚未打造出完美的民主制度，他們至少已打造出不凡的公民社會，從而打破世人普遍對亞洲文化與價值觀的刻板觀念。金大中、盧武鉉的當選已鞏固了韓國的民主，證明過去半世紀為民主政治奮鬥的韓國大眾心血沒有白費。但如今沒有跡象顯示北韓領導人有意推動民主化，我們也幾乎無法判定北韓廣大人民未來在民主化會扮演的角色。

在我看來，出於上述種種理由，且在毀滅性戰爭不發生的情況下，朝鮮統一之前會經歷漫長的南北共有主權時期。這一時期或許幾年後就到來，或許南北共有一國名、一國旗。南北菁英各自在首爾、平壤執掌大權，同時先允許雙方人民交流、貿易、觀光和分享共同的民族遺產，再開始政治互動。政治互動應該是朝鮮統一的最後階段，而且我認為會是其最後階段。

舊約聖經的預言家，一如南北韓的領導人，知道應將火和硫磺降在敵人身上，應以眼還眼，以牙還牙，但他們也知道寬恕的重要，和解的重要，知道生有時，死有時。此刻是和解和重歸一統的時刻，使朝鮮斷裂、肢解的歷史得以縫合在一塊，得以復歸完整，好讓二十世紀得以擄有其應有的歷史位置，即二十世紀僅是過去四千年的其中一世紀——多災多難的世紀，但如今已走完、已被了結的一個世紀。

結論

二十一世紀的頭幾年，韓國人能以某種泰然的胸懷，回顧數十年來的受殖民歷史、劇變、戰爭、政治鬥爭、意識型態分裂、社會動蕩、拚命三郎式的經濟成長：他們克服歷史的狡猾，結束了危機不斷的一個世紀，其成就之出色，超乎十九世紀幾乎任何外國人所預料，只有珀西瓦爾・洛厄爾或安格斯・漢彌爾頓之類觀察出奇敏銳的人，才預見到他們有這樣的本事。他們已重拾因國內衰落和外人掠奪而失去的世界地位，但此一世界地位建立在不同基礎上：不再是以儒家德性和為政之道為標榜的正道國家，而是工業快速成長、拚命追求現代化、擁有世界級人材的典範。

我們知道，洪在鶴等衛正斥邪派如能表示意見，會說韓國人得到世界卻失去靈魂，有什麼好處？（如今仍有許多這類人這麼說。）但這樣的判定太嚴厲，因為韓國人只是在做當今所有其他人（包括其黃海對岸的鄰國，共產主義中國）都想做到的事，也就是要致富，而且做得比幾乎其他任何國家都要好。不過，我們不能說南韓傲人的成長，足以把這個民族帶到其在太陽下應有的位置了。朝鮮仍然分裂，因此，比起在統一狀態下，南北韓較受輕視，國力弱了許多，較難抵禦外來攻擊。南北韓衝突使朝鮮仍在苦苦追尋自我及其現代史的終極歸趨。韓戰結束五十年後，雙方大軍仍擺出隨時要交手的態勢。如果南韓已朝向其領導人如今所提的「無國界世界」的方向發展，北韓則仍以衛正斥邪派的作風獨樹一幟：北韓借用西方的社會主義，一如過去的朝鮮借用中國儒家思想，如今即使明朝早已遠去，北韓仍抱持崇明事大派的立場，或者朝鮮將亡之際崔益鉉的立場：「惟以頭上一髻之存，獨為天下眾矢之的。」

現代朝鮮不是眾所皆知的國家，世人如今才開始發現朝鮮民族的本事。西班牙哲學家奧特加·伊·加塞特（Ortega y Gasset）寫道：「國家偉大的憑藉，主要不在於其傑出之士，而在於其無數平凡人的水準。」在兩韓，各行各業的朝鮮人都是充滿幹勁、勤奮、恪守道德之人，熱愛家人，深信教育的重要。此民族理應得到其領導人善待，理應勝過半世紀以來深深涉入朝鮮人生活、卻不了解他們的美國人所給予的對待。

如果統一的朝鮮擁有朝鮮人所認定的自由——國家和其人民可以隨心所欲的自由——一世紀來的衝突和動亂、千百萬條人命的失去，或許就不算白費。美國人已忘記他們的自由誕生於戰爭和革命之中，在慘烈的內戰中得到確立。但托克維爾看出自由與衝突的關係：「一般來講，自由在風暴中得到確立；靠內亂得到完善；直到其年老時，其益處才得到肯認。」想像一個統一、有尊嚴、現代、擁有「靠內亂得到完善」之自由的朝鮮，此其時矣。

53 Hayes (1991), pp. 148-149，也表達了此觀點。

54 Hayes (1991), p. 91.

55 Hayes (1991), pp. 94-95.

56 Paul Virilio, *War and Cinema: The Logistics of Perception*, Trans. Patrick Camiller (New York: Verso, 1989), p. 4，引述了柯林頓政府之國防部長威廉・培里（William J. Perry）這番意思的發言。

57 Janne E. Nolan, *Trappings of Power: Ballistic Missiles in the Third World* (Washington, D. C. Brookings Institution, 1991), pp. 48-52.

58 一九九四年五月在平壤會晤金日成時，哈里遜先生頭一個勸金日成考慮凍結寧邊設施之事。

59 塞利格・哈里遜採訪了一名北韓將領，該將領告訴他，北韓或許公開要求美軍撤走，但其實美軍應留下——以協助對付強大的日本。見Harrison, "Promoting a Soft Landing in Korea," *Foreign Policy*, no. 106 (Spring 1997).

60 要探明飛彈的軌道和節數，有賴於仔細研究雷達錄影畫面，而這得花上數星期；發射衛星的聲明，未獲美國媒體重視。

61 *New York Times*, April 22, 1999.

62 見麥可・戈登（Michael R. Gordon）的調查報導，"How Politics Sank Accord on Missiles with North Korea," *New York Times*, March 6, 2001.

63 被引用於同上資料。

64 *Korea Herald*, July 10, 1995.

65 白樂晴是韓國最重要的知識人之一，曾任首爾知識界主要期刊《創作與批評》主編，韓文著作等身。他譯成英文的部分論點，參看"South Korea: Unification and the Democratic Challenge," *New Left Review*, no. 197 (Jan.-Feb. 1993): 67-84.

經濟評論》(*Far Eastern Economic Review*)的納揚・昌達(Nayan Chanda)採訪時，難得公開承認此事。也見*Bulletin of the Atomic Scientists*, June 1993, p. 16, and *New York Times*, March 13, 1993.

30 Sanger, *New York Times*, Nov. 4, 1993.

31 例如參看Nick Eberstadt, "The Coming Collapse of North Korea," *Wall Street Journal*, June 26, 1990.

32 見Cumings (1992).

33 *New York Times*, March 21, 1993，專欄版。

34 *Chicago Tribune*, March 18, 1993.

35 晚近的例子是Fred C. Ikle, "Response," *National Interest* 34 (Winter 1993-1994): 39.

36 *New York Times*, Feb. 24, 25, 1993.

37 一九六八年三月七日聯合國安理會第二五五號決議文表達了此原則。為得到無核武國支持，好讓核不擴散條約獲聯合國通過，美、英、蘇承諾「凡是受害於動用核武之侵略的國家，或受到此類侵略威脅的國家」，均予以援助。被引用於Hayes (1991), p. 214.

38 KCNA, P'yŏngyang, Feb. 22, 1993。其實，國際原子能總署已把其採集到的鈽樣本送交華府檢查，因為其技術不足以斷定北韓已再處理多少數量的鈽。我不清楚平壤對此是否知情，但就我所看過的北韓新聞報導，北韓政權從未提到此事。

39 Bruce D. Blair(布魯金斯學會高級研究員), "Russia's Doomsday Machine," *New York Times*, Oct. 8, 1993.

40 朝鮮中央通信社於一九九三年九月提到「朝鮮民主主義人民共和國常規的飛彈發射演習」，說日本當局拿此事「大作文章」，希望在「核問題」之外再加上「飛彈問題」，以阻止關係正常化。該通信社把飛彈試射合理化為必要的自衛措施，因為日本境內密布各種美軍基地。見朝鮮中央通信社，一九九三年九月二十四日朝鮮民主主義人民共和國外交部發布的聲明(朝鮮中央通信社報導北韓軍事演習一事極不尋常)。

41 Macdonald (1992), pp. 18-20.

42 Macdonald (1992), pp. 23, 78-79.

43 Macdonald (1992), pp. 23-24, 80.

44 Eisenhower Library, Anne Whitman file, NSC, 179th Mtg, box 5, Jan. 8, 1954.

45 Ibid., boxes 4, 9.

46 Hayes (1991), p. 35.

47 Hayes (1991), pp. 47-48.

48 被引用於Hayes (1991), p. 49.

49 Hayes (1991), pp. 50, 58.

50 被引用於Hayes (1991), p. 59.

51 Hayes (1991), p. 60.

52 Hayes (1991), pp. 59-62.

6 KCNA, P'yŏngyang, Dec. 23, 1991.

7 彼得．海耶斯（Peter Hayes）寫了許多文章談此問題，但他最出色的著作或許是《太平洋火藥庫》（*Pacific Powderkeg*，1991）。也見我談北韓核議題的文章，刊於*Bulletin of the Atomic Scientists*, April 1992, *Nation*, Aug. and Nov. 1993，《世界》（東京），Oct. 1993，以及漢城刊物《對話》（*Dialogue*），Spring 1994。

8 *Korea Today* (P'yŏngyang), March 1979, pp. 41-43.

9 Lautensach (1945), p. 258.

10 *New York Times*, Nov. 10, 1991.

11 一九八九年，有人把這些會談的文字記錄洩露給南韓某雜誌，刊出的內容看來屬實（洩露者據說是前韓國中央情報部長李厚洛）；金日成發表的看法引發軒然大波。

12 Hayes (1991), p.206.

13 關於此事，見Seymour Hersh, *The Samson Option: Israel's Nuclear Arsenal and American Foreign Policy* (New York: Random House, 1991), p. 196.

14 *Arms Control Today*, March 1991, pp. 8-13.

15 "The Next Renegade State," New York Times, April 10, 1991，專欄版；也見New York Times, April 16, 1991.

16 Wade (1967), p. 23.

17 一九七八年，在華盛頓州的普爾曼，我與史迪威在電視上有過一番辯論。那時，他主張美國必須「敢於在朝鮮挺身對抗共產黨人」。

18 *Time*, Dec. 13, 1993。據我有憑有據的推測，自一九五〇年代中期南韓不再有游擊隊威脅內部安定之後，兵力部署一直都是如此。但韓戰前和韓戰期間，大量兵力被派去南邊清剿游擊隊。

19 *Tribune*, Nov. 26, 1991; *New York Times*, Nov. 10, 1991.

20 *Tribune* editors, Nov. 26, 1991; Stephen Chapman, *Tribune* editorial writer, Nov. 14, 1991.

21 被引用於*New York Times*, Jan. 6, 1992。這些官員也被引述說：「我們對北韓的不知之處，還是叫人害怕……」。

22 *New York Times*, Nov. 4, 1993（此外，十一月三日的《時代雜誌》也有報導，說此話出自亞斯潘的某位助手之口）。

23 *New York Times*, Nov. 8, 1993.

24 *Newsweek*, Nov. 15, 1994, p. 41.

25 Charles Krauthammer, "North Korea: The World's Real Time Bomb," *Washington Post*, reprinted in *Chicago Tribune*, Nov. 7, 1993.

26 David E. Sanger, *New York Times*, Dec. 16, 1992.

27 Sanger, *New York Times*, May 5, 1993.

28 Sanger, *New York Times*, Nov. 4, 1993.

29 國際原子能總署署長漢斯．布利克斯（Hans Blix）一九九四年二月十日接受《遠東

38 Ablemann and Lie (1995), pp. 2-3, 161.

39 被引用於Ablemann and Lie (1995), p. 1.

40 Kim, in Aguilar-San Juan (1994), pp. 71-72。也見Elaine Kim, "Home is Where the Han Is: A Korean American Perspective on the Los Angeles Upheavals," *Social Justice* 20, nos. 1-2 (Spring-Summer 1993).

41 Lee (1993), p. 12.

42 Kim, in Aguilar-San Juan (1994), p. 75.

43 Howard Kyongju Koh, ed., *Hesung Chun Koh: Essays in Honor of Her Hwegap: 1989* (New Haven: East Rock Press, 1992).

44 Harold Hongju Koh, "Looking beyond Achievement: After 'The Model Minority,' Then What?" *Korean and Korean-American Studies Bulletin* (Fall-Winter 1987).

45 要感謝富爾頓夫婦（Bruce and Ju-chan Fulton）、李鶴洙、沃爾特·劉（Walter K. Lew）、大衛·麥肯（David McCann）、馬歇爾·皮爾、理查·拉特等人的努力。

46 Ruth Reichl, review of Kang Suh Restaurant, *New York Times*, Oct. 22, 1993.

47 Kang (1937), pp. 162-163.

48 Julie Kim, "Red and Yellow Dreams," *Kilmok: Korean American Perspectives Journal* 5(University of Chicago, 1994): 12-13.

CHAPTER 10——朝鮮半島在世界上的地位

1 歸施亞努使用的別墅，擁有占地兩百平方英呎的浴室，浴室配有「冬天時驅寒的加熱地板、六瓶花露水、乳霜、除臭劑——全都標上『朝鮮民主主義人民共和國製』」（*New York Times*, July 22, 1980）。施亞努也在北韓導了一部電影，並在片中飾演二戰時想要奪走一名柬埔寨少女貞操的邪惡日本軍官，該少女則由他的妻子莫尼克公主（Princess Monique）飾演。此片拍攝於朝鮮，在柬埔寨配音。施亞努回金邊復位時，金日成派去數百名表情冷酷的朝鮮籍衛兵作為常設警衛隊。

2 卡特於一九七九年六月走訪漢城，據隨行記者的說法，他與朴正熙會談之後大怒，差點推翻其欲在漢城宣布的推翻撤軍政策決定。他坐在美國大使館外的總統禮車裡，與國家安全顧問布里辛斯基、國防部長哈羅德·布朗爭辯，車內爭辯音量高到讓記者都知道情況不對勁。

3 *Korea Herald*, April 17, 1983.

4 仰光炸彈攻擊事件仍可說是個謎，因為它就發生在金日成正在中國與鄧小平會晤、尋求對美外交突破之際。因此，有些觀察家認為他並未批准此一行動，北韓領導階層裡另有人發動此次恐怖攻擊。後來的人事調動讓人覺得此說很可能屬實，但終究只是揣測。

5 Korean Report no. 257 (Tokyo), Dec. 1991。自那之後，文鮮明的親信去了北韓多次，他的得力助手暨譯員，韓國中央情報部特工出身的朴普熙，出席了一九九四年金日成葬禮。許多觀察家推測，文鮮明的事業向平壤提供了資金。

15 Kim (1984), p. 51.

16 Kim (1984), pp. 231, 251.

17 Kim (1984), pp. 260-267。金永正主編、發行《朝鮮之音》數十年，一九七〇年代初期才將其停掉。《朝鮮之音》是瞭解韓裔美國人歷史的絕佳資料。

18 被引用於Ablemann and Lie (1995), p. 95.

19 *Nation*, Aug. 26, 1950.

20 Choy (1979), p. 183。就我所知，收藏此報較完整的機構是西雅圖的華盛頓大學圖書館。金蘭英寫到洛杉磯左翼朝鮮人和較保守民族主義者間的爭鬥，最早及於一九二三年。Kim (1984), p. 40。

21 在此我根據與此團體的成員討論的內容寫成，那些人不願透露身分；最近一次向聯邦調查局索要關於這些韓裔美國人的資料時，那些資料仍被列為機密。

22 與西雅圖告密者的訪談，一九八七年。根據哥倫比亞大學法學院席格蒙・戴蒙（Sigmund Diamond）書信文件裡的解密資料，當時的華盛頓大學校長與聯邦調查局長胡佛（J. Edgar Hoover）經常聯繫；一九四九年，數名大學教授因為不願回答自己是否曾是共產黨員而遭解聘，胡佛針對如何處理此一著名案件，向校長提供了意見。

23 Kim (1984), p. 300.

24 Ablemann and Lie (1995), pp. 67-68.

25 Ablemann and Lie (1995), pp. 67-75.

26 Choy (1979), pp. 218-219, 226, 249-250; Ablemann and Lie (1995), pp. 108-118.

27 *Notes from a Sea Diary: Hemingway All the Way* (New York: Putnam, 1965)，被引用於Wade (1967), p. 227.

28 Bryan, P. S. Wilkinson (1965)，被引用於Wade (1967), p. 231.

29 Wade (1967), pp. 248-249.

30 Boettcher (1980), p. 91.

31 Boettcher (1980), p. 96。數年後，報紙披露美國情報機關監控八月二十六日的青瓦台會議，朴正熙得知後又一次大發雷霆。

32 本書中探討「韓國門」的段落，其資料均取自Boettcher (1980)一書，和貝恰爾奉唐納德・佛雷瑟指示所做的調查。當時，我查閱了調查結果，而這項調查結果最終化為數卷證據和證詞出版（見貝恰爾一書中的一覽表，頁351-352）。這一資料，係在發誓句句屬實、若作偽證即會受罰的情況下取得，因此，相較於其他大部分以韓美關係為題、以朴正熙政權和該政權的運作方式為題的資料，更為可靠。

33 Boettcher (1980), pp. 214-215.

34 在Won Yong-Jin, "'Model-Minority'" Strategy and Asian-Americans' Tactics," *Korea Journal* 34, no. 2 (Summer 1994): 57-66，可看到許多呈現最後一個刻板印象的例子。

35 Ablemann and Lie (1995), p. 34.

36 Lee (1993), p. 74.

37 Lee (1993), pp. 76-77.

成為焦土」，農民對此心懷感激。

67 Lee (1976), pp. 26-29.

68 Lee (1976), pp. 30-32.

69 Lee (1976), pp. 34-35.

70 Lee (1976), pp. 40.

71 Lee (1976), pp. 133-135.

72 "Korean after Kim: The Headless Beast," *Newsweek*, July 18, 1994.

73 Hamel, in Ledyard (1971), p, 220.

74 朝鮮中央廣播電台，平壤，一九九四年十月二十四日，收於Foreign Broadcast Information Service, East Asia Daily, FBIS-EAS-94-210, Oct. 31, 1994, p. 45.

75《勞動新聞》(平壤)，一九九四年九月十九日，收於Foreign Broadcast Information Service, East Asia Daily, FBIS-EAS-94-210, Oct. 31, 1994, p. 46(以不同字體強調係作者所為)。

76 KCNA, April 17, 1984.

77 *Chicago Tribune*, Sept. 17, 1997.

78 Korean Buddhist Savior Movement所作的調查，一九九七年九月提供我數據。

79 Nicholas Kristof, "A Ceremony in North Korea Breaks More Than Ground," *New York Times*, Aug. 20, 1997.

80 Teresa Watanabe, "In North Korea, Resilience in the Face of Famine," *Los Angeles Times*, June 8, 1997.

81 Korean Central News Agency, July 9, 1998.

CHAPTER 9——在美國的韓裔人士

1 Elaine H. Kim, in Aguilar-San Juan (1994), p. 73.

2 *New York Times*, April 10, 1994.

3 Ablemann and Lie (1995), pp. 108-118和書中各處。

4 Jeffrey Goldberg, "The Soul of the New Koreans," *New York*, April 10, 1995, pp. 42-51.

5 Patterson (1988), pp. 3, 76, 85.

6 被引用於Choy (1979), p. 74.

7 Choy (1979), pp. 94-96.

8 Ablemann and Lie (1995), p. 99.

9 Ablemann and Lie (1995), p. 53.

10 Choy (1979), pp. 108-109.

11 Choy (1979), pp. 126-129.

12 Kim (1984), p. 284.

13 Ablemann and Lie (1995), pp. 190-191.

14 Kim (1984), p. 13.

48 KCNA, Oct. 14, 1980.

49《勞動新聞》，一九八一年二月十三日；朝鮮中央通信社，一九八一年二月十六日。

50《勞動新聞》，一九八一年二月四日；朝鮮中央通信社，一九八一年二月七日。

51 "Party of the Motherly Image," Korea Today (P'yongyang), Feb. 1987.

52 National Records Center, 242, SA 2008, item 34, KWP Agit/Prop Department, "Sehwan'gyŏng kwa se chogŏn"（朝鮮勞動黨宣傳鼓動部，〈新環境與新條件〉），pp. 1-3, 6, 16-18, 32-35。

53 McCune, "Leadership in North Korea"；美國陸軍情報部門一九四七年攔截了多封日籍技術人員寄出的信；見，例如，G-2 Weekly Summary no. 99, July 27-Aug. 3, 1947, and G-2 Weekly Summary no. 100, Aug. 3-10, 1947.

54 Hugh Deane Papers, "North Korea," Aug. 1947.

55 MacArthur Archives, MacArthur Papers, RG6, box 79, ATIS Issue no. 24, Feb. 21, 1951（國防經費被認定納入預算的「其他支出」項裡）。也見發表於G-2, Intelligence Summaries-North Korea, no. 36, May 18, 1947的計畫書複本；還有895.00 file, box 5693, Muccio to State, Dec. 3, 1950，附有美國經濟合作總署對朝鮮北部經濟的研究報告（兩文件都在National Archives）。

56 金日成，〈在經濟各產業領域的熱忱者大會上的講話〉，一九四九年十一月十九日，《旬刊通信》第四十二號（一九四九年十二月）。

57《新環境》，頁40-41。

58 Joseph Chung, "North Korea's Economic Development and Capabilities," *Asian Perspective* 11, no. 1 (Spring-Summer 1987): 45-74.

59 U.S. CIA, "Korea: The Economic Race between North and South" (Washington: CIA, 1978); Hwang (1993).

60 Hwang (1993).

61 來自一九七八年十二月二十二日金日成受訪報導，刊於《東京社會黨》（Tokyo Shakaito），一九七九年三月，頁162-168（U.S. Joint Publications Research Service 翻譯#073363）。

62 KCNA, Dec. 9, 1003.

63 這些法律概述於Eui-gak Hwang, "North Korean Laws for the Induction of Foreign Capital and Practical Approaches to Foreign Investment in North Korea," *Vantage Point* (Seoul), March and April, 1994。也參考針對外資企業施行的較自由主義勞動法規，朝鮮中央通信社出版，一九九四年一月十一日。

64 *Far Eastern Economic Review*, Sept. 30, 1993.

65 U.S. CIA, "Korea: The Economic Race between North and South" (Washington: CIA, 1978).

66 *Times* (London), Nov. 16, 1950。這個記者論及北韓未施行「焦土」政策一事。朝鮮人民軍從南韓撤退時「未試圖……毀掉作物或田埂。拿走貯藏的食物，但未使田地注。」*Socialist Constitution of the DPRK* (Pyŏngyang: Foreign Languages Publishing House, 1972).（編案：現行《朝鮮民主主義人民共和國社會主義憲法》第七十八條）

33 Tomoeda Ryutaro, "Yi T'oegye and Chu Hsi: Differences in Their Theories of Principle and Material Force," in de Bary and Haboush (1985), pp. 251-254。關於朝鮮宇宙論裡的圓，也見白東湖為即將出版之《劍橋朝鮮史》第三卷所寫的文章。

34 McCune, "Leadership in North-Korea: Groupings and Motivations," State Department, Office of Intelligence Research, 1963。她也認識到同心圓比喻，在此份報告中提出以金日成為中心往外放射的領導圖。

35 例如，參看Tillyard (1942)。關於立在興南的那尊雕像，見《旬刊通信》第三號（一九五〇年一月），一九四九年十二月的每日記錄。早在一九四六年七月，第一首〈金日成將軍之歌〉發表時，「偉大的太陽」一詞就被用來指稱金日成。見Armstrong (1994), p. 284。

36《勤勞者》，一九七二年四月，朝鮮中央通信社，一九七二年四月二十日。這次，《勤勞者》也刊出金日成的親密盟友金一、朴成哲、崔賢和金日成之弟金英柱對他的讚詞。金英柱消失了多年，一九九四年重回領導班子。

37 KCNA, April 17, 1977.

38 KCNA, Nov. 23, 1978.

39 被引用於Chai-sik Chung, "Chŏng Tojŏn: 'Architect' of Yi Dynasty Government and Ideology," in de Bary and Haboush (1985), p. 69.

40 金正日，〈社會主義不容誹謗〉，《勤勞者》，一九九三年三月一日，朝鮮中央通信社，平壤，一九九三年三月三日。

41 Leon Trotsky, *Stalin*, 2 ed. (New York: Stein and Day, 1967), p. 18.

42 英祖極敬愛其繼母仁元王后，屢次上尊號於她，最終她擁有多達九個尊號。每逢她的壽誕，英祖即寫詩慶賀。她六十歲生日時為她寫的詩，極盡鋪張之能事，不只稱她是他的母親，還說她是「國母」。一七五七年她去世時，英祖號泣，齋戒數日。見Haboush (1988), pp. 52-53。

43 被引用於Haboush, "The Education of the Yi Crown Prince: A Study in Confucian Pedagogy," in de Bary and Haboush (1985), p. 176.

44 被引用於Janelli and Janelli (1982), pp. 66-67.

45 Haboush, "Education," p. 183.

46 漢城的官方月刊《制高點》（*Vantage Point*），刊載經認可的北韓情勢觀察家的看法，一九七九年二月讓世人注意到一篇談金正日生日的長文（二月十六日），文中提到「黨中央」和黨中央所領導的「三大革命運動」；此刊物指出，「黨中央」一詞指的是金正日。此文題為〈白頭山的革命精神是勝利與光榮的偉大旗幟〉，刊載於黨報。見《制高點》，一九七九年三月。

47 中央通信社（KCNA），平壤，一九八四年四月十七日，刊載了一九八四年四月十六日《勞動新聞》的一篇文章。

of Delayed Development on the Periphery of Western Europe," in *Social Change in Romania, 1860-1940*, ed. Kenneth Jowitt (Berkeley: Institute of International Studies, University of California, 1978), p. 120.

13 Daniel Chirot, "Neoliberal and Social Democratic Theories of Development," in *Social Change in Romania*, pp. 31-52; also Schmitter, "Reflections."

14 Zeev Sternhell, "Fascist Ideology," in *Fascism: A Reader's Guide*, ed. Walter Laqueur (Berkeley: University of California Press, 1976), pp. 352-355.

15 Unger, *Knowledge and Politics*, p. 250.

16 Ibid., pp. 252, 264；也見Christopher Lasch, *Haven in a Heartless World: The Family Besiege* (New York: Basic Books, 1977).

17 Chigaku Tanaka, *What Is Nippon Kokutai?* (Shishio Bunko, 1936), p. 95.

18 Ibid., appendix, p. 3.

19 Masao Maruyama, *Thought and Behavior in Modern Japanese Politics*, ed. Ivan Morris (New York: Oxford University Press, 1969), p. 36.

20 Ibid., p. 37.

21 Schmitter, "Reflections."

22 見白東湖在即將出版之《劍橋朝鮮史》第三卷所寫的一章。

23 關於一九二〇年代申采浩突出「主體」、反對「事大」，見Michael Robinson, "National Identity and the Thought of Shin Ch'ae-ho: Sadaejuŭi and Chuch'e in History and Politics," *Journal of Korean Studies* 5 (1984): 29-55.

24 在日本人一九三〇年代使用「國體」之前許久，朝鮮人就使用「國體」一詞，例如在一八七五年朝鮮人辯論該不該接受日本特使時。

25〈偉大領袖金日成與北南高階政治會談的南韓代表對話〉，朝鮮中央通信社（KCNA），一九八二年七月四日。在此次對話中，他提到蘇聯致力於阻止北韓在達成機械化之前將農業集體化，中國人對蘇聯也頻頻有這樣的抱怨。

26 金正日，〈社會主義不容誹謗〉，《勤勞者》雜誌，一九九三年三月一日（朝鮮中央通信社，平壤，一九九三年三月三日）。

27 Trans. John Duncan, in Lee (1993), pp. 454-458, 461.

28 被引用於Haboush (1988), pp. 9-10.

29 G-2 Weekly Summary no. 99, July 27-Aug. 3, 1947；〈金日成將軍是朝鮮人民的領袖〉，《波濤》，第三號（一九四七年八月）：18-21。一九四七年七月，呂運亨的追隨者舉著牌子走在其靈柩後面，牌子上將他們已故的領導人譽為「民族的太陽」。

30 Armstrong (1994), pp. 196, 281。查爾斯．阿姆斯壯在一九五〇年五月的兒童故事書《孩子與祖父馬克思》裡，找到「馬克思祖父」這樣的說法。

31 被引用於Gale (1972), p. 107。蓋爾把這類格言稱作朝鮮的「通行貨幣」，人人琅琅上口。

32 憲法第六十三條：「國家對於社會的基層生活單位——家庭的鞏固，予以深刻的關

2003.

113 James Dao, "Why Keep U.S. Troops?" *New York Times*, Jan. 5, 2003.

114 Howard W. French, "Bush and New Korean Leader to Take Up Thorny Diplomatic Issues," *New York Times*, Dec. 21, 2003.

115 一九九五年八月二十日《紐約時報》，紀思道（Nicholas D. Kristof）對金獲釋的報導。

CHAPTER 8 ——太陽王之國

1 被引用於 Peter H. Lee, "versions of the Self in the Storytellers" *Miscellany*（《稗官雜記》），in de Bary and Haboush (1985), p. 479.

2 最早幾個刻板印象，在一九九〇年代核危機期間，助長了美國的許多北韓論述。了不起的社會主義經濟學家瓊・魯賓遜（Joan Robinson）一九六五年訪問北韓期間，說北韓已實現經濟奇蹟，一如後來專家學者說南韓完成經濟奇蹟。見 Joan Robinson, "Korean Miracle," *Monthly Review* (January 1965): 541-549。切・格瓦拉（Che Guevara）約略同時來到平壤，告訴記者，北韓是革命古巴所應師從的典範。

3 Korean Central News Agency (KCNA), April 11, 20, 1988。金正日花是印尼植物學家培育出來的蘭花，一九六五年蘇卡諾將該蘭花贈予金日成。官方作家說，極為謙遜的金日成不願以他的名姓為花命名，但北韓人民出於對領導人的敬重，要求這麼做。

4 Michael Walzer, *The Revolution of the Saints* (New York: Atheneum, 1970), p. 149。晚近有用的探討，見 "The Material and Social Bases of Corporatism," in Bob Jessop, *State Theory: Putting Capitalist States in Their Place* (State College: Pennsylvania State University Press, 1990), pp. 110-143.

5 Walzer, *Revolution*, p. 171；也見 Franz Neumann, *Behemoth: The Structure and Practice of National Socialism* (New York: Harper & Row, 1942), p. 358.

6 被引用於 Walzer, *Revolution*, pp. 172, 186.

7 Ibid., pp. 171, 188.

8 Neumann, *Behemoth*, p. 86.

9 Roberto Mangiaberra Unger, *Knowledge and Politics* (New York: Free Press, 1975), pp. 188, 249-250.

10 Juan Linz, "An Authoritarian Regime: Spain," in *Cleavages, Ideologies, and Party Systems*, ed. Erik Allardt and Yrjö Littunen (Helsinki: Academic Bookstore, 1964), pp. 291-341: Philippe C. Schmitter, "Still the Century of Corporatism?" in *The New Corporatism*, ed. Frederick B. Pyke and Thomas Stritch (Notre Dame: University of Notre Dame Press, 1974), pp. 85-131。喬治・肯楠在其著作 *Around the Cragged Hill: A Personal and Political Philosophy* (New York: W. W. Norton, 1993) 中，對薩拉查政權頗表同情。

11 Neumann, Behemoth, pp. 83-84, 96.

12 Philippe Schmitter, "Reflections on Mihail Manoilescu and the Political Consequences

88 這些數據出現在全斗煥受審前的一九九六年初許多報紙文章裡。
89 Guillermo O'Donnell, Philippe C. Schmitter, and Laurence Whitehead, eds., *Transitions from Authoritarian Rule: Tentative Conclusions* (Baltimore: Johns Hopkins University Press, 1986), p. 49.
90 Park (1993), p. 49。英語著作通常未能充分掌握一九八七年六月事件的深層意涵。《六月民主化大鬥爭》（首爾：韓國基督教社會研究院，一九八七年）是以韓文寫成的絕佳資料。
91 盧泰愚的宣言，在*Lost Victory* (1988), pp. 308-313.
92 Ogle (1990), p. 115; Park (1993), p. 107.
93 Kim (1992), p. 79.
94 這當然也是其他地方往民主過渡時的典型現象。見Dietrich Rueschemeyer, Evelyne Huber Stephens, and John D. Stephens, *Capitalist Development and Democracy* (Chicago: University of Chicago Press, 1992).
95 Park (1993), pp. 67-70.
96 Park (1993), pp. 67-70, 224.
97 Park (1993), pp. 161, 170-171.
98 Park (1993), pp. 208-209.
99 Park Won-soon (1993), pp. 122-123.
100 法令禁止工會捐錢給政黨或候選人，禁止自提候選人。見Park (1993), p. 225.
101 Park (1993), p. 139.
102 被引用於David Sanger, *New York Times*, Nov. 20, 1997.
103 就英語資料來說，尤其參考Kim Dae Jung, *Mass-Participatory Economy* (Cambridge: Harvard East Asian Center, 1985).
104 James M. West, "South Korea's Entry into the International Labor Organization: Perspectives on Corporatist Labor Law during a Late Industrial Revolution," *Stanford Journal of International Law* 23, no. 2 (1987): 494-495.
105 KCTU, "Struggle for Labor Law Reforms Campaign News no. XXIV," Feb. 28, 1997.
106 瑪莉·喬丹（Mary Jordan）採訪金大中，*Washington Post*, Jan. 9, 1998.
107 財政經濟部長李揆成說，金大中的改革，其用意不在於削減財閥的力量和規模，而在於利用數種獎勵、減稅措施來鼓勵重整（*Korea Herald*, April 10, 1998）；金大中總統告訴記者，他無意拆解財閥，只想讓他們「經營企業有盈餘」（ibid., June 2, 1998）。
108 *Korea Herald*, July 11, 1998.
109 Andrew Pollack, *New York Times*, Feb. 22, 1997.
110 *Korea Herald*, March 19, 1998.
111 見Cumings, "The Korea Lobby," Japan Policy Research Institute, 1996.
112 Richard V. Allen, "Seoul's Choice: The U.S. or the North," *New York Times*, Jan. 16,

60 Kim Chi Ha, *The Middle Hour: Selected Poems of Kim Chi Ha*, trans. David R. MaCann (Stanfordville, N.Y.: Human Rights Publishing Group, 1980), p. 19.
61 *The Peace Market* (Philadelphia: American Friends Service Committee, 1970).
62 Choi (1990), p. 117; Ogle (1990), p. 82.
63 Ogle (1990), p. 24.
64 Choi (1990), pp. 88-90.
65 Ogle (1990), pp. 72-73；關於民眾運動的影響，見Kim (1993)、Wells (1995)。
66 被引用於Choy (1979), pp. 266-267.
67 Ogle (1990), pp. xiii-xiv.
68 Ogle (1990), pp. 85-86; Choi (1990), p. 139.
69 Choi (1990), pp. 287-288.
70 Choi (1990), p. 289; Ogle (1990), p. 92.
71 Choi (1990), p. 103.
72 *New York Times*, Nov. 4, 1979, sec. A; also Oct. 31, 1979（Richard Halloran的文章）。
73 Henry Scott Stokes, in *New York Times*, Dec. 15, 1979; James Sterba, in *New York Times*, June 15, 1980 (News of the Week in Review).
74 *Korea Herald*, Oct. 30, 1994.
75 *Asian Wall Street Journal*, March 11, 1980，被引用於Ogle (1990), pp. 95-96.
76 這些數據係北美韓國人權聯盟（North American Coalition on Human Rights in Korea）於一九八〇年九月所算出。它是美國境內最重要的韓國人權監督團體，會長是牧師法利斯．哈維（Pharis Harvey）。日本電視台近距離報導了整個光州叛亂，拍下許多最惡劣的暴行。光州事件較為通論性的說明，見Clark (1988)。
77 *New York Times*, May 29, 1980.
78 *Lost Victory* (1988), pp. 30-32.
79 Ogle (1990), p. 75; Choi (1990), p. 127.
80 被引用於Ogle (1990), p. 55；也見*Lost Victory* (1988), pp. 33.
81 Park (1993), pp. 157, 188.
82 Ogle (1990), p. 99.
83 Choi (1990)。在英語資料裡不易看到此趨勢。漢城雜誌《言論》（*Mal*）一九八〇年代晚期刊出許多重要文章和專論，推波助瀾此一時期的激進傾向。讀了崔章集教授未發表的專論“Political Cleavages and Transition in a Military Authoritarian Regime: Institutionalization, Opposition, and Process in South Korea, 1972-1986” (Nov. 1986)，也讓我受益良多。
84 Wade (1967), pp. 105-107.
85 Wade (1967), p. 259.
86 被引用於Ogle (1990), p. 76.
87 重刊於《社會與思想》（首爾，1989年3月）。

37 見Boettcher (1980), pp. 39-40。羅伯特・貝恰爾（Robert Boettcher）是眾議員唐納德・佛雷澤（Donald Fraser）之「韓國門」（Koreagate）調查的主任調查員。文鮮明長年的左右手和通譯朴普熙，，一九六〇年代初期是韓國中央情報部派駐華府的人員。中央情報部也涉及一九六〇年代初期從日本引入「新國」（Saenara）汽車之事，此事後來演變成一個糾結甚廣的陰謀網，陰謀網的中心是如今已故的「新國」汽車創辦人朴魯貞及其遺孀朴敬允。一九九四年，有人說朴敬允是使統一教與北韓搭上線的主要人物，說她是北韓企業賴以在中國談成生意的掮客。據說她曾親自護送朴普熙去平壤參加金日成喪禮。見吳鍾昌（U Chong-ch'ang音譯）在《週間朝鮮》的報導（漢城，一九九四年八月十八日），頁22-23。後來此文譯成英文，放進美國中情局外國廣播資訊處（Foreign Broadcast Information Service）的〈東亞報導〉（East Asia Report），FBIS-EAS-94-187, Sept, 27, 1994, pp. 49-50。

38 Macdonald (1992), p. 108。這當然是秘密計畫，但韓國有個反對黨領導人得悉此事，一九六五年四月二十三日逼使駐韓美軍司令漢彌爾頓・豪茲（Hamilton Howze）將軍公開承認有此計畫。

39 Ogle (1990), p. 99.

40 C. I. Eugene Kim, "Korea at the Crossroads: The Birth of the Fourth Republic," *Pacific Affairs* 46 (Summer 1973): 218-231，對此有精闢說明。

41 Boettcher (1980), p. 35.

42 被引用於Hayes (1991), p. 205.

43 *P'yŏngyang Times*, July 15, 1972.

44 Woo (1991), pp. 109-115.

45 Woo (1991), p. 113.

46 Woo (1991), pp. 111-113.

47 Macdonald (1992), p. 107.

48 Macdonald (1992), p. 179.

49 Macdonald (1992), p. 218; Henderson (1968), p. 264.

50 Boettcher (1980), pp. 26-27, 92.

51 Macdonald (1992), p. 218.

52 Macdonald (1992), p. 219.

53 我有個友人能取閱哈里曼的私人書信文件，並把一份極機密的備忘錄拿給我看，該備忘錄的大意就如上所述。

54 Choi (1990), pp. 97-98.

55 *New York Times*, Aug. 20, 1973.

56 Ogle (1990), p. 52.

57 Boettcher (1980), pp. 351-352.

58 Choi (1990), pp. 30-32, 84.

59 Choi (1990), pp. 60, 125; Ogle (1990), p. 80.

11 見Macdonald (1992), p. 168.

12 Macdonald (1992), p. 188.

13 Park Won-soon (1993), pp. 10, 15。本書是朴元淳三卷本《國家保安法研究》的英語節錄本。

14 Macdonald (1992), p. 199.

15 Macdonald (1992), p. 201。此事在當時鮮為人知。

16 Macdonald (1992), p. 204.

17 這份文件被引用於Macdonald (1992), p. 161，但其日期和供人查找的編號都未公布。

18 中情局說他比其他韓國政治人物講理、較不民族主義（CIA, "National Intelligence Survey, Korea"）；一九六〇至一九六一年中情局漢城站站長皮爾·德·席爾瓦（Peer de Silva），在*Sub Rosa: The CIA and the Uses of Intelligence* (New York: Times Books, 1978), pp. 151-171，描述了他與張勉的關係。

19 Macdonald (1992), pp. 209-210.

20 Macdonald (1992), pp. 212-213.

21 Henderson (1968), p. 183.

22 De Silva (1978), pp. 151-171；本書作者對已故基茲·畢奇的訪談，一九八七年二月。

23 Woo (1991), p. 97.

24 Michael Keon, *Korean Phoenix: A Nation from the Ashes* (Eaglewood Cliffs, N.J.: Prentice-Hall International, 1977), p. 45.

25 朴正熙參與叛亂一事，有文獻可佐證，但他協助追捕叛亂分子（據說包括他自己的哥哥）一事，除了見諸可信度存疑的報紙報導，無法從文獻得到佐證。一九四八年十一月十一日「因從事顛覆活動遭關押」的韓國校級軍官名單裡，有「少校朴正熙」。RG338, KMAG file, box 5412, W. H. Secor to PMAG Chief of Staff, Nov. 12, 1948.

26 希爾茲曼的確有此一說（甘迺迪圖書館檔案就可證明）；韓國方面的說法則無法證實。

27 Kim (1971), pp. 111-112; Henderson (1968), p. 184; Choi (1990), p. 30.

28 Henderson (1968), p. 230.

29 Henderson (1968), pp. 305-306.

30 Park (1993), p. 152.

31 杭亭頓此書可說是接下來二十年最重要的比較政治學著作；關於愛默生的角色和韓國中央情報部的支持，見Macdonald (1992), pp. 171, 220。

32 Macdonald (1992), pp. 222-225.

33 Macdonald (1992), p. 227.

34 Macdonald (1992), p. 227.

35 Kim Se-jin, "National Government and Politics in South Korea," in Kim and Cho (1976), p. 82.

36 Henderson (1968), p. 264.

76 奧魯克在《滾石》（*Rolling Stone*, Oct. 1988）裡發表了具有種族歧視意味的雜文／旅行見聞，大談他眼中非常奇怪的韓國人五官。布魯馬把一九八八年奧運與一九三六年希特勒主辦的奧運相提並論；去過韓國的獨立紀念館後，他問，他對韓國民族主義的「強烈反感」，是否是「墮落的表徵」，抑或是「民族活力、乃至種族活力興亡說」有其特別意涵？見Buruma, "Jingo Olympics," *New York Review of Books*, Nov. 10, 1988.

77 Shapiro (1990), pp. 40, 61-67, 91-94.

78 愛德華・班菲爾德（Edward Banfield）頭一個使用家族主義（familism）一詞，以描述義大利南部農民。但金東魯（Dongno Kim）在某篇精闢文章裡用此詞分析韓國的經商家族，"The Transformation of Familism in Modern Korean Society," *International Sociology* 5 (1990): 409-425.

79 Woo (1991), pp. 185-188.

80 Woo (1991), pp. 200-201.

81《時代》雜誌估計，每年日本的柏青哥業者匯至北韓的資金可能超過十億美元，但我認為總額比那還高上許多。如同其他許多美國刊物，《時代》把這當成最新消息來報導，但其實至少在一九五五年時，甚至更早，就已存在這作法。見"Kim Il Sung's Money Pipeline," *Time*, June 13, 1994.

CHAPTER 7——德，II

1 趙世熙等作家以令人動容的筆法，描述了漢城的血汗工廠和韓國工廠工人工作的辛苦，竭力傳達他們的心聲。在這段引文中，趙世熙透過兄長的眼睛，檢視一九七六年的韓國社會；引文來自"A Dwarf Launches a Little Ball," trans., Chun Kyung-ja, in Lee (1990), p. 346.

2 中韓兩國的異議人士都主張數千人遇害，但在中國遇害的抗議者似乎約七百人，在韓國則從未有確切數字；全斗煥政府說死了約兩百人，但晚近韓國國會的調查，認為遇害者高達千人。

3 Shim Jae Hoo, "Left Out in the Cold," *Far Eastern Economic Review*, May 22, 1986, p. 14.

4 Henderson (1968), p. 170.

5 Henderson (1968), p. 172.

6 CIA, "Prospects for the Survival of the Republic of Korea," ORE 44-48, Oct. 28, 1948, Appendix A. "Personality of Syngman Rhee,"; CIA, "National Intelligence Survey, Korea."

7 一九八五年八月，奧利佛訪談。韓國人曾為奧利佛得為娶了外國妻子的韓國總統效力而向他道歉。

8 CIA, "National Intelligence Survey, Korea."

9 Truman Library, Muccio Oral History, Dec. 27, 1973, p. 29.

10 Macdonald (1992), p. 188.

60 Ogle (1990), pp. 141-142.

61 Park (1993), pp. 140-141。華府遊說人士理查．艾倫（Richard Allen），長期與韓國統治者交好，說「就我所知，世上其他地方未有這樣的事。」*Wall Street Journal*, Aug. 21, 1992。

62 趙甲濟（Cho Kap-Jae）所作的研究，被引用於Park (1993), p. 189.

63 Kim (1992), pp. 42-43.

64 Ogle (1990), p. 53.

65 包括限制財閥的不動產投機買賣、限制其對大眾傳媒的控制、限制其子公司間的內部交易、限制「子公司間相互擔保貸款」等。見Park (1993), p. 233。

66 *Korea Times*, June 7, 1993.

67 這項調查刊於一九九二年十二月的*Wirtschafts Woche*，被引用於Park (1993), p. 180。

68 例如，參看大衛．沃許（David Warsh）刊於《波士頓環球報》（*Boston Globe*）、一九九七年十二月十四日重刊於《芝加哥論壇報》（*Chicago Tribune*）的專欄文章；也見Sebastian Mallaby, "In Asia's Mirror: From Commodore Perry to the IMF," *National Interest*, no. 52 (Summer 1998): 14；以及理查．史蒂文生（Richard W. Stevenson）、傑夫．格斯（Jeff Gerth）的文章。這兩位也寫道，「美國是此基金的最大出資國，出資比率達百分之十八，實際上足以否決重大計畫和政策」，還說國際貨幣基金「對一外國經濟——韓國經濟——日常活動介入之深，超過此前任何時候。」*New York Times,* Dec. 8, 1997.

69 就連十二月二日剩下的六十億美元可動用外匯儲備都岌岌可危，因為有數筆遠期合約約定在未來某日以約定價格賣掉美元，金額為六十二億美元。見Wall Street Journal, Dec. 10, 1997。

70 *New York Times*, Wall Street Journal, Nov. 20, 1997; *Washington Post*, Nov. 21, 1997: *Korea Herald*, Nov. 22 and 26, 1997; *Wall Street Journal*, Dec. 8, 1997（艾倫．莫瑞〔Alan Murray〕在此篇文章裡引用了某德國分析家的話，將薩默斯比喻為麥克阿瑟）。

71 約瑟夫．卡恩（Joseph Kahn）與麥可．舒曼（Michael Schuman）的社論，*Wall Street Journal*, Nov. 24, 1997；費雪的話，被引用於同一刊物，Dec. 8, 1997；雅爾德尼的「殭屍」說，被CNN News廣為報導；完整引述，見Washington Post, Dec. 11, 1997。

72 *World Development Indicator*, 1997; Asian Development Bank, *Key Indicators of Developing Asian and Pacific Countries*, 1996（國民生產毛額數據根據購買力平價算出；一九九五、一九九六年數據乘以一九九六、一九九七年成長率）；一九九八年數據來自LG Economic Research Institute，刊於*Korea Herald*, Feb. 21, 1998。

73 Nicholas Kristof, "Asian-Style Capitalism Giving Way to the Free Market," *New York Times*, Jan. 17, 1998.

74 Alan Murray in *Wall Street Journal*, Dec. 8, 1997.

75 以下所述根據和這家韓國自行車製造公司老闆的數次交談寫成。

31 被引用於Woo (1991), p. 99.

32 Woo (1991), p. 113.

33 這段話源自我與堅定不移的熊彼得理念信徒Meredith Woo-Cumings（即禹貞恩）的多次交談。

34 Woo (1991), pp. 149-153.

35 Woo (1991), p. 159.

36 Woo (1991), p. 169.

37 Woo (1991), p. 11.

38 Woo (1991), p. 10-13.

39 Woo (1991), p. 13.

40 Macdonald (1992), p. 129.

41 Woo (1991), pp. 79-80.

42 Macdonald (1992), p. 133; Woo (1991), pp. 85-86.

43 Macdonald (1992), p. 134; Woo (1991), p. 86.

44 Annette Michelson, ed., *Cinema, Censorship and the State: The Writings of Nagisa Oshima, 1956-1978*, Trans. Dawn Lawson (Cambridge: MIT Press, 1992), pp. 62-63.

45 Woo (1991), pp. 87-88.

46 Macdonald (1992), p. 110; Woo (1991), pp. 93-96.

47 談韓國人對越戰之付出的最佳著作是部長篇小說，安正孝的《白徽章》（*White Badge*）。此處數據來自Woo (1991), pp. 95-96。

48 Johnson (1982).

49 韓國軍人在越南的經歷類似美國大兵，戰後留下許多心理創傷。一九七〇年代在韓國佛寺住了數年的羅伯特·伯斯韋爾（Robert Buswell）說，他碰過曾在越南待過的僧人，多到叫他「震驚」。「這些事令他們體認到……人生固有的苦，促使他們尋找新的人生道路。」Buswell (1992), p. 70。

50 Park (1993), p. 31。符立德將軍一九六二年帶領一支美國煉鋼業者到韓國，但美國國際開發總署韓國分署不願支持該計畫。見Woo (1991), p. 134。

51 Woo (1991), p. 134.

52 Woo (1991), p. 134.

53 這個故事很有名，或許是虛構，但在韓國家喻戶曉。見Ogle (1990), p. 70。

54 Woo (1991), pp. 138-139.

55 見David Noble, *Forces of Production: A Social History of Industrial Automation* (New York: Knopf, 1984).

56 Woo (1991), p. 149.

57 Kim (1992), pp. 49, 65; Jones and Sakong (1980), p. 224.

58 Kim (1992), p. 77.

59 Ogle (1990), p. 126.

3 Amsden (1989).
4 Lowell (1888-B), p. 7.
5 見Iris Chang, *Thread of the Silkworm* (New York: Basic Books, 1995)。此書是錢學森傳，錢學森在美國噴射推進實驗室協助設計美國火箭，後來成為中國飛彈計畫之父。
6 Ahn Junghyo, *White Badge* (New York: Soho Press, 1989), p. 54.
7 Macdonald (1992), p. 114.
8 Woo (1991), p. 44.
9 關於前者，見Cumings (1990), pp. 469-471；關於後者，見Macdonald (1992), p. 178.
10 Woo (1991), p. 44.
11 Ogle (1990), p. 35.
12 她估計一九四六至一九七六年間，從美國、日本得到一百五十億美元的經援、軍援，而且這是保守估計。見Woo (1991), pp. 45-46。
13 Woo (1991), pp. 48-50.
14 被引用於Woo (1991), p. 57.
15 Woo (1991), pp. 63-64.
16 Woo (1991), pp. 68-69.
17 作者在首爾餐廳吃過這兩樣東西。
18 一九九〇年韓國某女性雜誌報導了此事。
19 Truman Library, Acheson Papers, box 65, memoranda, Kennan to Acheson, Aug. 21, 1950（以不同字體強調，係作者所為）。
20 Macdonald (1992), pp. 26, 28-31.
21 James W. Morley, *Japan and Korea: America's Allies in the Pacific* (New York: Walker, 1965), pp. 40, 49-49, 52.
22 Woo(1991), p. 70; Macdonald (1992), pp. 26-27.
23 Woo(1991), p. 76-77。柯默一九五〇年代任職於中情局的國家評估局，一九六〇年轉到國家安全會議。
24 Macdonald (1992), pp. 31-32.
25 詹鶽在其具影響力的大作《通商產業省和日本奇蹟》（*MITI and the Japanese Miracle*, 1982）中，讓人注意到這個滿洲國集團。
26 Woo (1991), p. 81.
27 Eckert (1991), p. 254.
28 被引用於Choi (1989), pp. 182-183.
29 例如，參看Ronald Dore, "South Korean Development in Wider Perspective," in *Korea: A Decade of Development*, ed. Chang Yun-shik (Seoul National University Press, 1980).
30 Gustav Ranis, "Industrial Sector Labor Absorption." *Economic Development and Cultural Change* 21 (April 1973): 402-403.

防針，撲殺害蟲，發放特殊衣物和防毒面具給士兵。見Zhang (1995), pp. 7, 181-186.

106 Vandenberg Papers, Library of Congress, box 86, Stratemeyer to Vandenberg, Nov. 30, 1950; LeMay to Vandenberg, Dec. 2, 1950. See also Rhodes (1995), pp. 444-446.

107 Cumings (1990), p. 749.

108 Cumings (1990), p. 750; Willoughby Papers, box 8, interviews by Bob Considine and Jim Lucas in 1954, printed in *New York Times*, April 9. 1964.

109 Carroll Quigley, *Tragedy and Hope: A History of the World in Our Time* (New York: Macmillan, 1966), p. 875；奎格利是柯林頓總統在喬治城大學最喜歡的老師。也見Cumings (1990), p. 750.

110 Cumings (1990), pp. 750-751; Rhodes (1995), pp. 448-451.

111 撒繆爾・柯恩自幼就與赫爾曼・卡恩（Herman Kahn）相識；見Fred Kaplan, *The Wizards of Armageddon* (New York: Simon and Schuster, 1983), p. 220。關於歐本海默和維斯塔計畫，見Cumings (1990), pp. 751-752；還有David C. Elliot, "Project Vista and Nuclear Weapons in Europe," *International Security* (Summer 1986): 163-183.

112 Cumings (1990), p. 752.

113 Ridgway Papers, box 20, MacArthur to Ridgway, Jan. 7, 1951; memo of Ridgway's conference with Almond and others, Jan. 8, 1951.

114 Cumings (1990), p. 753.

115 Cumings (1990), pp. 753-754; *New York Times*, Dec. 13, 1950, Jan. 3, 1951; Blair (1987), p. 603.

116 Ridgway Papers, box 20, highlights of conference with Ridgway, Jan. 5, 1951; box 17, Almond to Ridgway, Jan. 16, 1951, and Almond to Ridgway, Jan. 25, 1951; Almond Papers, "General Files, X Corps," Barr to Almond, Jan. 18, 1951; Almond to Barr, Jan. 19, 1951.

117 Cumings (1990), p. 753.

118 Truman Library, Connelly Papers, "Note on Cabinet Meetings," Sept. 12, 1952。感謝巴頓・伯恩斯坦（Barton Bernstein）讓我注意到這則引文。

119 Lautensach (1945), p. 202.

120 "The Attack on the Irrigation Dams in North Korea," *Air University Quarterly*, 6, no. 4 (Winter 1953-54): 40-51.

121 Thames Television, transcript from the fifth seminar for "Korea: The Unknown War" (Nov. 1986); Thames interview with Tibor Meray (also 1986).

122 J.F. Dulles Papers, Princeton University, Curtis LeMay oral history, April 28, 1966.

CHAPTER 6——韓國，旭日東升

1 Woo (1991), pp. 6-7.

2 Woo (1991).

89 British Foreign Office, handwritten FO notes on FK1015 / 303, U.S. embassy press translations for Nov. 1, 1950; piece no. 84125, FO memo by R. Murray, Oct. 26, 1950; FO piece no. 84012, Franks memo of discussion with Rusk, Oct. 30, 1950; Heron in *Times* (London), Oct. 25, 1950.

90 *Manchester Guardian*, Dec. 4, 1950; RG338, KMAG file, box 5418, KMAG journal, entries for Nov. 5, 24, 25, 30, 1950.

91 National Archives, 795.00 file, box 4270，含有日期注明為一九五〇年十二月十六、十七、十八日的合眾國際社、美聯社的特別報導；FO317, piece no. 92847, original letter from Private Duncan, Jan. 4, 1951; Adams to FO, Jan. 8, 1951; UNCURK reports cited in Truman Library, PSF, CIA file, box 248, daily summary, Dec. 19, 1950。也見 *Times* (London), Dec. 18, 21, 22, 1950.

92 Truman Library, PSF, CIA file box 250, "Review of the World Situation," Sept. 20 and Oct. 18, 1950; box 248, CIA report of Nov. 1, 1950; CIA report of Nov. 24, 1950, cited in Willoughby Papers, box 10, "The Chinese Communist Potential for Intervention in the Korean War."

93 *New York Times*, Oct. 2, Nov. 19, Nov. 21, 1950.

94 FO317, piece no. 83306, High Commissioner to India to FO, Sept. 29, 1950.

95 Cumings (1990), pp. 738-745; Zhang (1995), pp. 63-64, 71-72, 77-78, 81-82.

96 見MacArthur Archives, RG6, box 9, Walker to CINCFE, Nov. 6, 1950（以另種字體強調係作者所為）。中國方面對這些戰役的最佳敘述，在Zhang (1995), pp. 101-106（他筆下的日期有一部分與此處不同，因為華府與首爾分屬不同時區）。

97 Truman Library, PSF, CIA file, box 248, daily reports, Nov. 9-27, 1950.

98 Ibid., daily reports, Nov. 27 – Dec. 16, 1950; Almond Papers, "Korea War, Historical Commentary," Almond letters to H. E. Eastwood, Dec. 27, 1950, and W. W. Gretakis, Dec. 27, 1950; MacArthur Archives, RG6, box 68, intelligence summaries nos. 3007-14, Dec. 3-10, 1950.

99 FO317, piece no. 84074, Adams to FO, Dec. 6, 11, 12, 15, 17, 1950.

100 Truman Library, Connelly Papers, box 1, cabinet notes, Nov. 28, Dec. 12, 1950; Truman, "Longhand Notes" file, box 333, note for Dec. 9, 1950; PSF, NSC file, box 220, 74th NSC meeting, Dec. 12, 1950.

101 *New York Times*, Nov. 30, Dec. 1, 1950.

102 *New York Times*, Nov. 30, Dec. 1, 1950; see also Modin (1994), pp. 182-184.

103 Modin (1994), p. 183; Rhodes (1995), pp. 447-448.

104 此膠著狀態的錯綜複雜情況，見Cumings (1990), pp. 751-757; also Zhang (1995), pp. 121-143.

105 美國在朝鮮使用生物武器一事始終未獲證實，但根據晚近中國方面的記述，中國、北韓領導人的確認為他們碰上細菌戰，於是展開大規模公共衛生行動，替居民打預

(1988)，其中有一些經過審查的照片。

71 鹵獲的文件顯示，仁川地區的朝鮮人民軍指揮官認為八月下旬之前會有入侵行動，並在美軍登陸前數日搜尋艦隊蹤影。見Cumings (1991), pp. 724-731。

72 National Archives, 895.00 file, box 5693, Embassy to State, Nov. 11, 1950，提出韓國官方數據；Ridgway Papers, Box 16，有備忘錄記載美國國防部的官方美軍死傷數據，一九五〇年十月五日。

73 Cumings (1990), pp. 709-715.

74 National Archives, 795.00 file, box 4265, Drumwright to Allison, July 10, 1950; Allison, "The Origin and Significance of the 38th Parallel in Korea," July 13, 1950.

75 Michael Walzer, *Just and Unjust Wars: A Moral Argument with Historical Illustrations* (New York: Basic Books, 1977), pp. 117-123.

76 *Foreign Relations of the United States* (1950), 7: Dulles to Nitze, July 14, 1950, pp. 386-387; PPS draft memo, July 22, pp. 449-454; Allison to Nitze, July 24, pp. 458-461; Defense Department draft memo, July 31, 1950, pp. 502-510.

77 Cumings (1990), p. 171.

78 見*Foreign Relations of the United States* (1950), 7裡的ＮＳＣ81和作為該文件之先聲的諸多草案。關於博爾特帶去的命令書，見Almond Papers, Army War College, Korean War General Files, X Corps, Bolte to MacArthur, Sept. 16, 1950；還有Foot (1985), p. 74.

79 Truman Library, PSF, CIA file, box 248, CIA daily reports, Oct. 3-10, 1950; National Archives, 795.00 file, box 4268, Drumwright to Allison, Aug. 30, 1950.

80 *New York Times*, Oct. 15, 18, 22, 23, 1950；關於攻下平壤時聯合國軍司令部的氣氛，見*Times* (London), Nov. 16, 1950.

81 Appleman (1961), p. 658; Thompson, *Cry Korea*, p. 79; *Times* (London), Nov. 16, 1950; Sullivan in *New York Times*, Oct. 2, 1950.

82 Lautensach (1945), p. 258.

83 Cumings (1990), p. 729.

84 Quinn Papers, Army College, box 3, "The Chagang-do Redoubt," annex. No. 2, periodic intelligence report no. 37，未注明日期但在一九五〇年十月之後。中情局在十月十八日說，「沒有證據顯示北韓共黨內部紀律已崩解。他們的領導人在中國和日據朝鮮境內捱過多年的困厄，很可能會繼續打下去。」見Cumings (1990), pp. 729-730。

85 Cumings (1990), pp. 730-733.

86 National Archives, 795.00 file, box 4268, Durward V. Sandifer to John Hickerson, Aug. 31, 1950, top secret.

87 National Archives, 795.00 file, box 4268, Acheson to Muccio, Oct. 12, 1950.

88 *Times* (London), Nov. 16, 1950.

——由於目前為止公布的共產陣營文獻零星且經過選擇，這樣的質疑肯定不可避免。

52 Shu Guang Zhang (1995)一書擁有最佳的中國方面資料，但誠如他所坦承的，那還是不足以斷定韓戰前中國與金日成的瓜葛有多深。他所提出的證據表明中國與越南的關係更深，提供顧問、計畫、作戰物資給胡志明，就和一九五〇年春蘇聯提供給平壤的顧問、計畫、作戰物資不相上下。但至今還是無人知道這是否是計劃好的中蘇分工。

53 Cumings (1990), pp. 625-634.

54 Cumings (1990), pp. 643-644.

55 這或許指八月四日的中共中央政治局會議（見後文）。

56 更完整的說明見Cumings (1990), pp. 655-662.

57 Cumings (1990), pp. 686-690.

58 MacArthur Archives, Norfolk, Va. RG6, box 60, G-2 report no. 2872, July 21, 1950; *New York Times*, July 21, 1950.

59 只有一本論著談到北方占領南方這段歷史，見Cumings (1990) , pp. 666-690.

60 Truman Library, Independence, Mo., PSF, NSDC file, box 3, CIA report of July 19, 1950; FO317, piece no. 84066, Korea mission to FO, Sept, 9, 1950。一九五一年，中情局說南方諸多最著名的勞動領袖，「多數」於戰爭開始後不到十天就加入北韓陣營。見CIA, ibid., report of June 6, 1951.

61 U.S. Air University, "A Preliminary Study of the Impact of Communism on Korea" (Maxwell AFB, 1951).

62 Eric Larrabee, "Korea: The Military Lesson," *Harper's*, Nov. 1950, pp. 51-57.

63 Walter Karig, "Korea—Tougher Than Okinawa," *Collier's*, Sept. 23, 1950, pp. 24-26。洛頓．柯林斯將軍論道，在朝鮮，「戰鬥回到老式作風——近似於我們西部開拓時代與印第安人的戰鬥，甚於現代戰爭。」見*New York Times*, Dec. 27, 1950。

64 Reginald Thompson, *Cry Korea* (London: MacDonald, 1951), pp. 39, 42, 54, 143, 150-151。如今常有人認為gook一詞出現於韓戰時，因為其讀音像Han'guk（韓國）或Miguk（美國）。其實，這個詞始用於十九、二十世紀之交美國人征討菲律賓人叛亂時。

65 Keyes Beech, *Newark Star-Ledger*, July 23, 1950.

66 更完整的說明，見Cumings (1990), pp. 747-753.

67 手寫的朝鮮勞動黨會議記錄，似乎是高階會議，一九五〇年十二月七日，翻譯成英文放進MacArthur Archives, RG6, box 80, ATIS issue no. 29, March 17, 1951.

68 Cumings (1990), p. 669.

69 *New York Times*, July 11, 1950; FO317, piece no. 84178, Sawbridge to FO, July 25, 1950; Manchester Guardian, July 13, 1950; National Records Center, RG338, KMAG file, box 5418, report of Aug. 2, 1950.

70 見"Cameron's Wars," *Guardian* (London), Sept. 5, 1982；還有Halliday and Cumings

1950。古德費洛一九四九年九月二十七日抵達漢城（National Archives, 895.00 file, box 7127, Muccio to State, Oct. 7, 1949）。他於一九四九年十二月再訪南韓，引文中提到的晚近走訪南韓之行，就指這次。編案：引文中譯參照Bruce Cumings著，林添貴譯，《朝鮮戰爭》(台北：左岸，二〇一三年)，頁一八六。

34 Wellington Koo oral history, Columbia University.

35 British Foreign Office, FO317, piece no. 84053, Holt to FO, May 1, 1950.

36 *New York Herald-Tribune*, May. 30 and June 5, 1950.

37 National Archives, 895.00 file, box 7127, Ranshofen-Wertheimer to Jessup, Sept. 22, 1949.

38 FO317, piece no. 76259, conversation between Butterworth and Dening, Sept. 14, 1949.

39《勞動新聞》，一九五〇年二月十五日；該報引述了合眾國際社一篇關於漢城商議一事，但未注明日期的報導。更早時，該黨報說，聯合國韓國問題臨時委員會的軍事觀察員會幫助李承晚推動計畫引發戰爭，將該委員會稱作美國的「侵略工具」(《勞動新聞》，一九五〇年一月二十四日）。

40 Cumings (1990), p. 477.

41 Cumings (1990), pp. 500-502.

42 Mathews Papers, box 90, "Korea with the John Foster Dulles Mission," June 14-29, 1950.

43 FO317, piece no. 83297, comment or "minute" on Gascoigne to FO, Jan. 13, 1950; piece no. 83243, memo on invasion of Formosa, Jan. 25, 1950, minute by Burgess; piece no. 83247, report on Formosa, April 14, 1950, minute by Burgess.

44 對此政變計畫的完整說明，見Cumings (1991), pp. 531-544。

45 FO317, piece no. 83250, Burgess comments on FC1019 / 198, June 20, 1950。伯吉斯和其（蘇聯）間諜同夥金姆·菲爾比（Kim Philby），都極用心於掌握韓戰前及韓戰期間東北亞情勢的變化。見Phillip Knightly, *The Master Spy: The Story of Kim Philby* (New York: Vintage Books, 1988), pp. 166-167.

46 Cumings (1990), p. 567.

47 Cumings (1990), pp. 614-615.

48 完整說明見Cumings (1990), pp. 568-585，後文據此陳述。

49《紐約時報》、《紐約先驅論壇報》、《華盛頓郵報》六月二十六日報導，第十七團兩個連已占領海州。英國駐東京武官六月二十七日發出電報，說第十七團兩個營占領海州（FO317, piece no. 84057, Gascoigne to FO, June 27, 1950）。

50 Ridgway Papers, box 19, Thomas D. McPhail to Ridgway, April 15, 1965（麥斐爾結束軍旅生涯時，為駐尼加拉瓜美軍顧問團團長，當時的尼國總統是蘇慕薩（Luis Somoza）；他曾寫信給馬休·李奇威（Matthew Ridgway），說「曾與海軍陸戰隊一起攻打桑定的國家警衛隊（Guardia）老隊員，如今仍在談李奇威將軍的事蹟」）。

51 根據蘇聯、中國的某些新文獻重申這一立場的著作，見Goncharov, Lewis, and Xue (1993)。但該書問世後，另有來自共產陣營的文獻公開，挑戰了該書的許多論點

12 一九八七年二月，接受泰晤士電視台採訪。有位讀過本書原稿者指出，韓國陸軍士官學校的第一期畢業生，都把豪斯曼視為恩師。

13 關於此游擊活動的更完整說明，見Cumings (1990), pp. 268-290, 398-406。我後面的敘述，即借助該說明。

14 Goodfellow Papers, box 1，致李承晚信的草稿，未標注日期（但寫於一九四八年晚期）

15 Sawyer (1962), p. 58.

16 Kim (1971), pp. 46-63.

17 National Archives, 895.00 file, box 7127, Muccio to State, May 13, 1949; Drumwright to State, June 13, 1949.

18《勞動新聞》（平壤），一九五〇年二月六日。

19 *New York Times*, June 28, 1949；泰晤士電視台對韓振亨（Han Jin Hyong音譯）的訪談，平壤，一九八七年十一月。

20 *New York Times*, June 29, 1950.

21 UN Archives, BOX DAG-1 / 2.1.2, box 3, account of briefing on June 15, 1949.

22 MacArthur Archives, RG9, box 43, Roberts to Department of the Army, Aug. 1, 9, 1949; *New York Times*, Aug. 5, 1949；《勞動新聞》，一九五〇年二月六日。

23 National Archives, 895.00 file, box 946, Muccio, memos of conversation on Aug. 13 and 16, 1949.

24 奈爾茲・邦德（Niles Bond）告訴澳洲官員，穆奇奧與羅伯茨「不斷向朝鮮人警告，此舉（北伐）會導致美援停止、軍事顧問團撤走」等措施。見Washington to Canberra, memorandum 953, Aug. 17, 1949; also British Foreign Office (FO 317), piece no. 76259, Holt to FO, Sept. 2, 1949.

25 Cumings (1990), pp. 572-573, 582-585.

26 參照documents II through VI, translated and reprinted in *Cold War International History Project Bulletin*, no. 5 (Spring 1995); 6-9.

27 National Archives, 895.00 file, box 946, Muccio to Butterworth, Aug. 27, 1949.

28 Roberts to Bolte, "Personal Comments on KMAG and Korean Affairs," Aug. 19, 1949, Xeroxed document held by the archivist Robert Taylor, National Archives, room 13w.

29 National Records Center, USFIK 11071 file, box 62 / 96, G-2 "Staff Study," Feb. 1949，美國陸軍情報部門中校赫克邁爾（B. W. Heckemeyer）簽名。北韓人於一九五〇年晚期將一批鹵獲之文件的複本送交聯合國，但聯合國檔案館似乎找不到它們。此處參照的文獻是*Daily Worker*, Dec. 4, 1950。

30 *New York Herald-Tribune*, Oct. 30, 1949.

31 據前引資料，這似乎是不實傳言。

32 Document VII, Stalin's telegram to Shtykov on Jan. 30, 1950, translated and reprinted in Cold War International History Project Bulletin, no. 5 (Spring 1995): 9.

33 Wellington Koo Papers, Columbia University, box 217, Koo Diaries, entry for Jan. 4,

關於「蒐集觀點和組織輿情調查網」的指示，一九五〇年八月五日。

77 RG242, SA2010, item 2 / 76，來自海州一帶的文件，大部分日期注明一九四九、一九五〇年。

78 RG242, SA2010, item 8 / 106，關於郡政府職員的資料。

79 RG242, SA2010, item 8 / 16，關於鐵原郡警方監視對象的原始資料。

CHAPTER 5——衝突

1 Lee (1984), pp. 108, 112.

2 William W. Whitson, with Chen-hsia Huang, *The Chinese High Command: A History of Communist Military Politics* (New York: Praeger, 1973), pp. 87-88. 編案：作者此處關於金日成派兵參加中國內戰，成為中國派遣「志願軍」抗美援朝之遠因的說法，係根據美軍當時的情報資料，但與實情有所出入。反論參看金東吉，〈中國人民解放軍中的朝鮮師回朝鮮問題新探〉，《歷史研究》，2006年第6期，頁103-114，http://ww2.usc.cuhk.edu.hk/PaperCollection/Details.aspx?id=6375。

3 Cumings (1990), pp. 357-364.

4 Cumings (1990), p. 359.

5 Cumings (1990), pp. 359-360.

6 更完整的說明，見Cumings (1990) , pp. 357-369。張曙光（Shu Guang Zhang）在某部新書裡提出類似證據。他援引晚近公布的中文資料，估計九萬朝鮮人在中國與抗日部隊並肩作戰；他並未提出參與中國國共內戰的朝鮮人數目，但說一九四九年一月至九月，有三波朝鮮軍人，總共兩萬八千名軍士官兵，回到朝鮮，然後，一九五〇年初又有一萬四千人回朝鮮。Zhang (1995), pp. 44-45。但其他的新中文資料估計，六萬二千九百四十二名來自滿洲的朝鮮人，站在共黨這一邊，投入國共內戰；這一數據未計入一九四七年春起，在毛澤東的部隊於滿洲受蔣介石軍隊緊逼而陷入困境時，從北朝鮮前來參戰的數萬朝鮮人。見Changyu Piao, in Suh and Shultz (1990), p. 66; Chae-Jin Lee, in Suh and Shultz (1990), p. 96.

7 Cumings (1990), pp.361-362.

8 National Archives, 895.00 file, box 7127, Drumwright to State，附有羅齊爾（John W. Rozier）、麥克唐納（Donald S. MacDonald）這兩位副領事一九四九年三月十七日兩週視察的報告。

9 *New York Times*, March 6, 15, 1950.

10 National Archives, 895.00 file, box 7127, Embassy to State，呈上弗雷澤（J. W. Fraser）上校談游擊隊的報告；Muccio to State, April 18, 1949; Muccio to State, May 13, 1949; Drumwright to State, May 17, 1949.

11 CIA, "Communist Capabilities in South Korea," Feb. 21, 1949; State Department 795.00 file, box 4262, Drumwright to State, April 15, 1950，附有名叫〈游擊隊實力與活動〉（Guerrilla Strength and Activity）的報告。

to State, Dec. 2, 1949.

59 主要是一九七七年被國家檔案中心（National Records Center）解密的Record Group 242, "Captured Enemy Documents"；還有晚近中國、俄國的檔案資料。運用這批資料提出新見解的學者，包括查爾斯．阿姆斯壯（Charles Armstrong）、和田春樹、朴明林和我本人。

60 Evelyn McCune, "Leadership in North Korea: Groupings and Motivations" (State Department, Office of Intelligence Research, 1963).

61 Wada Haruki, "The Soviet Union and North Korea" (paper presented at the Korea Seminar, University of Washington, 1984).

62 FO317, piece no. 69940, Milward to Crossley, March 17, 1948; KMAG, G-2 Periodic Report no. 274, March 3-6, 1950; RG349, box 462, G-2 report on Hŭngnam explosives plant, Dec. 29, 1950; CIA, "Prospects for the Survival of the ROK," ORE 44-48, Oct. 28, 1948; G-2, Intelligence Summaries—North Korea, no. 39, June 30, 1947; KMAG G-2 Periodic Report no. 176, Sept. 2-6, 1949。上述資料都認為蘇聯籍顧問的配置未達營級以下。

63 FO317, piece no. 69945, R. S. Milward, "Communism in Korea," June 7, 1948; HST, PSF, Intelligence File, box 249, CIA, "Relative Us Security Interest in the European-Mediterranean Area and the Far East," ORE 69-49, July 14, 1949.

64 Cumings (1981), pp. 382-426; Cumings (1990), pp. 291-294.

65 資料來自Record Group 242，方善柱提供。

66 RG242, SA2010, item 3 / 107, "Kanbu iyoksa"（幹部履歷書），其中大半寫於一九五〇年初。

67 Cumings (1990), p. 317.

68 一九四八年一月二十四日，金日成在北朝鮮勞動黨第二次全體會議的演說，被引用於G-2 Weekly Summary no. 125, Jan. 30-Feb. 6, 1948。

69 RG242, SA2005, item 7 / 81，朝鮮民主黨第六次中央委員會擴大會議，一九四六年十二月二十五日。

70 RG242, SA2012, item 8 / 70，北朝鮮勞動黨南浦支部委員長金京石，對朝鮮民主黨南浦支部所做的秘密調查。此檔案包含許多朝鮮民主黨黨員的詳細出身說明。

71 Haruki Wada, "Soviet Union."

72 Cumings (1990), p. 317.

73 RG242, SA2009, item 9 / 13, North Korean people's committee，《道、市、郡、人民委員會地區政員及事務分掌》，「極機密」，地點、日期不詳。

74 RG242, SA2005, item 6 / 11，《事業關係書類》，「機密」。

75 RG242, SA2009, item 6 / 72，朝鮮民主主義人民共和國內務省《學習資料集》，日期不詳。

76 RG242, SA2010, item 4 / 46，忠清北道人民委員會主席李民勇（Yi Min-yŏng音譯），

Drumwright to State, March 22, 1950，附有佛連克爾對此案的剖析。

46 對此叛亂的完整介紹，見 Cumings (1981), pp. 351-379；對農民抗議的概述，見 Shin (1996)。

47 USAMGIK, G-2 Weekly Summary no. 13, Aug. 24-31, 1947。在本期和此後直至一九四七年九月底的數期，還報告了好多起這樣的暴力事件。

48 National Archives, 895.00 file, box 7123, Jacobs to State, Oct. 21, 1947。他未交待誰執行此調查。

49 USFIK 11071 file, box 62 / 96，霍奇對來訪之國會議員的講話的文字記錄，Oct. 4, 1947; RG332, XXIV Corps Historical file, box 20, "Report of Special Investigation—Cheju-Do Political Situation," March 11, 1948，執行調查者是中校勞倫斯・尼爾遜（Lawrence A. Nelson）。

50 G-2 Weekly Summary no. 116, Nov. 23-30, 1947; *Seoul Times*, June 15, June 18, 1950。這幾期刊物報導了來自首爾之記者團的調查結果。

51 "The Background of the Present War in Koran," Far Eastern Economic Review, Aug. 31, 1950, pp. 233-237；此處的記述出自一位任職於占領軍的美國人之手。他未透露姓名，但熟悉內情。也見RG349, FEC G-2 Theater Intelligence, box 466, May 23, 1950, G-2 Report on Cheju，此報告提到知事的數據。

52 USFIK 11071 file, box 65 / 96, XXIV Corps G-3 section, "History of the Rebellion of the 14th Regiment and the 6th Regiment of the Korean Constabulary," Nov. 10, 1948; also RG332, XXIV Corps Historical file, box 35, report by "Special Agent no. 9015"; also USFIK 11071 file, box 77 / 96, "223rd report on Yŏsu." Oct. 27, 1948.

53 Cumings (1990), pp. 259-267.

54 "Yŏsu Operation, Amphibious Stage," report by "Special Agent no. 9016," G-2 Intelligence Summary no. 166, Nov. 5-12, 1948; USFIK 11071 file, box 76 /96, Roberts to PMAG, Oct. 25, 1950; "Message from Hausman," Oct. 25, 1950。卡爾・邁丹斯（Carl Mydans）親眼目睹二十二名叛亂分子在順天遭處決，他寫道，忠於政府的士兵「和共產黨一樣凶殘」。*Times*, Nov. 8, 1948.

55 National Archives, 895.00 file, box 7127, Drumwright to State, Dec. 10, 1948，提出李範奭所提供、至十二月七日為止的韓國官方數據；G-2 Intelligence Summaries nos. 166, 167, Nov. 12-26, 1948; RG332, box 22, staff conference, Oct. 26, 1948; F0317, piece no. 76258, Seoul Embassy to FO, Jan. 7, 1949.

56 Truman Library, PSF, NSC file, box 205, CIA, "Review of the World Situation," Dec. 16, 1948; ibid., box 257, CIA, "Communist Capabilities in South Korea," ORE 32-48, Feb. 21, 1949; National Archives, 895.00 file, box 7124, Langdon to State, Dec. 12, 1947; ibid., box 7128, Muccio to State, Dec. 10, 1949; ibid., Embassy to State, Dec. 10, 1949.

57 Macdonald (1992), p. 106.

58 National Archives, 895.00 file, box 7127, Muccio to State, Nov. 7, 1947; ibid., Muccio

28 Henderson (1968), pp. 233-234.
29 Cumings (1981), p. 205.
30 Edgar A. J. Johnson, *American Imperialism in the Image of Peer Gynt* (Minneapolis: University of Minnesota Press, 1971) , p. 168.
31 G-2 Weekly Summary no. 97, July 13-20, 1947.
32 一九八七年十一月，在平壤，泰晤士電視台（Thames Television）對呂燕九的訪談。
33 William S. Borden, *The Pacific Alliance: United States Foreign Economic Policy and Japanese Trade Recovery, 1947-1955* (Madison: University of Wisconsin Press, 1984), p. 15.
34 National Archives, 740.0019 file, box 3827, Marshall' note to Acheson of Jan. 29, 1947, attached to Vincent to Acheson, Jan. 27, 1947; RG335, Secretary of the Army File, box 56, Draper to Royall, Oct. 1, 1947.
35 Cumings (1981), pp. 72-77.
36 一九四七年晚期，中情局預測，「右派領導階層一心一意要搞獨裁，因此，他們掌權之後」，溫和派會「投入左派陣營」。此預言成真，只有一點未料到，即溫和派在選舉前就加入左派。見 Truman Library, PSF, box 253, CIA, "Implementation of Soviet Objectives in Korea," ORE 62, Nov. 18, 1947.
37 *Seoul Times*, June 5, Aug. 17, 1948; RG335, Secretary of the Amry file, box 56, Coulter to State, Nov. 12, 1948.
38 從李承晚到金泳三的歷任南韓總統都住在此官邸，然後，金泳三將其拆掉，改建新的總統官邸。如今，此官邸仍叫青瓦台，具有線條優美的朝鮮式藍瓦屋頂。金泳三總統也拆掉至一九九四年為止一直作為「中央廳」的舊朝鮮總督府。這座建築由一位德國建築師於一九一五年設計，從空中往下看，布局如日本國名的頭一個字「日」。朝鮮人長久以來認為，殖民者把總督府刻意建在那裡，以破壞首爾市中心區和其旁兩座山的風水。
39 Cumings (1981), p. 226.
40 *Seoul Times*, July 3, 1947; RG355, Secretary of the Army file, box 57, Hodge to State, April 1, 1948.
41 CIA, "Prospects for the Survival of the Republic Korea," ORE 44-48, Oct. 28, 1948, Appendix A, "Personality of Syngman Rhee,"; CIA, "National Intelligence Survey, Korea."
42 CIA, "Prospects for the Survival of the Republic Korea," ORE 44-48, Oct. 28, 1948; CIA, "National Intelligence Survey, Korea."
43 National Archives, 895.00 file, box 7127, March 17, 1949，麥克唐納與羅齊爾視察朝鮮各道。
44 CIA, "Prospects for the Survival of the Republic Korea," ORE 44-48, Oct. 28, 1948.
45 New York Times, March 14, 1950; National Archives, 795.00 file, box 4299,

9 和田春樹教授是日本境內朝鮮現代史研究的第一人，任教於東京大學。他的著作只以日語、韓語出版。見《金日成と滿州抗日戰爭》(東京：平凡社，一九九二年)。

10 金日成和他游擊隊裡的約六十名弟兄，原想取道中朝邊界的新義州回朝鮮，但橋樑已遭炸毀，於是改從海參崴搭乘俄國船普加喬夫號(Pugachev)，九月十九日在元山登岸。雖有蘇聯運輸船將他們送到朝鮮，但蘇聯當局並未參與他們回國之事。和田，《金日成と滿州抗日戰爭》，頁三四一～三四三。

11 *Frus* (1945), vol. 6, pp. 1091-1092.

12 *Frus* (1945), vol. 6, pp. 1122-1124.

13 *Frus* (1945), vol. 6, pp. 1129-1133.

14 此處的金九生平敘述，來自Ralph Keating Benesch, "Kim Ku: A Study of a Nationalist" (M. A. thesis, University of Washington, 1964); and Richard Robinson, "Betrayal of a Nation"(羅賓遜博士給我的未發表原稿)。

15 Cumings (1981), p. 219.

16 Cumings (1981), p. 221.

17 *FRUS* (1945), vol. 6, pp. 1144-1148.

18 *FRUS* (1945), vol. 8, pp. 706-709.

19 霍奇一九五二年三月十八日的信，被引用於Robert K. Sawyer, *Military Advisor in Korea: KMAG in Peace and War* (Washington, D.C.: Office of the Chief of Military History, 1962) , p. 21.

20 Maglin, Nov. 1, 1946, briefing, in Cumings (1981), p. 166.

21 被引用於Cumings (1981), p. 194.

22 Cumings (1981), pp. 193-201, 293-379.

23 National Records Center, CIA, "The Current Situation in Korea," ORE 15-48, March 18, 1948; and CIA, "Communist Capabilities in Korea," ORE 32-48, Feb. 21, 1949.

24 National Archives, RG335, Secretary of the Army file, box 56, Osgood to Fraper, Nov. 29, 1947.

25 National Records Center, RG94, USAMGIK Special Reports, "Biographic Reports on the Cabinet of the Korean Republic," Aug. 11, 1948, compiled from State Department Intelligence & Research Department files. 編案：李範奭曾在中央軍校洛陽分校擔任特別班學生隊長(一九三四年)，中日戰爭爆發後，先後擔任國軍第三集團軍第五十五軍參謀主任(而非五十一軍)、國民黨中央訓練團中隊長。中央軍校和中央訓練團都不曾在杭州，作者敘述似乎有誤。

26 Cumings (1981), p. 195; see also *Lloyd Eastman, Seeds of Destruction: North China in War and Revolution, 1937-1949* (Stanford: Stanford University Press, 1984).

27 一九五〇年，美國中情局說李範奭是「想像力貧乏、智力平庸之人」，性格強勢，「政治野心很大，觀點極具民族主義色彩。」他的想法和行事「類似傳統中國軍閥」，且仍深受蔣介石影響(CIA, "National Intelligence Survey, Korea.")。

(1981), p. 29.

82 Eugene Knez, "Sam Jong Dong: A South Korean Village" (Ph. D. diss., Syracuse University, 1959), pp. 46-48.

83 Hicks (1995), pp. 159, 176-177, 195, 247-248。誠如希克斯所認同的，探討此主題的開創性著作，是金一勉的《天皇の軍隊と朝鮮人慰安婦》(三一書房，一九七六年)。本文中提到的尹靜慕小說也很重要，吉田清治在《私の戰爭犯罪——朝鮮人強制連行》(東京：三一書房，一九八三年) 裡揭露的事亦然。

84 Hicks (1995), pp. 108-109.

85 *Kokutai No Hongi: Cardinal Principles of the National Entity of Japan*, trans. John Gauntlett (Cambridge: Harvard University Press, 1949), pp. 102,186.

86 Lautensach (1945), p. 391.

87 Cumings (1981), p. 46.

88 Lee (1936), p. 171; Andrew Grajdanzev, *Modern Korea* (New York: Institute of Pacific Relations, 1994), chap. 10.

89 Kuak Kwi Hoon, "Father and Son Robbed of Body and Soul," in *The Atomic Bomb: Voices from Hiroshima and Nagasaki*, ed., Kyoko and Mark Selden (Armonk, N. Y.: M. E. Sharpe, 1989), pp. 200-204.

90 李鶴洙譯，在 Lee (1990), p. 78.

CHAPTER 4 ——激情

1 *Foreign Relations of the United States (FRUS*, 1945), v. 6, p. 1039。運用美、韓文獻檔案，詳實重現一九四三至一九五一年間情勢的著作，參看 Cumings (1981, 1990)。我在接下來的兩章利用了此專題論著，援引了一部分我所查過的檔案資料。

2 二戰期間，金日成也受到國務院的唯一朝鮮問題專家喬治·馬科恩 (George McCune) 注意。見 Cumings (1981), p. 37。誠如前文所述，一九四一至一九四五年間，金日成等游擊隊員在伯力附近的中俄邊境城鎮得到庇護，但他們只有數百人，而非數千人。

3 "Korea: Occupation and Military Government: Composition of Forces, March 29, 1944," in *FRUS* (1944),vol. 5, pp. 1239-1242; also "Briefing Book Paper," State Department, *Conferences of Malta and Yalta, 1945*, pp. 358-359.

4 Cumings (1981), pp. 125-127.

5 Cumings (1981), pp. 474-475, 535.

6 Benninghoff to State Department, Sept. 15, 1945, in *FRUS* (1945), vol. 6, pp. 1049-1053 (以別的字體強調，係作者所為)。

7 Feis, *The Atomic Bomb and the End of World War II* (Princeton: Princeton University Press, 1966), p. 166n.

8 見 Cumings (1981), p. 129.

53 Foster Bain, “Problems Fundamental to Mining Enterprises in the Far East,” *Mining and Metallurgical Society of America* 14, no. 1 (Jan. 1921): 1-34.
54 MacArthur Archives, Norfolk, va., Record Group 6, box 78, Allied Translator and Interpreter Service, issue no. 23, Feb. 15, 1951，引用了在元山鹵獲的原始文獻。
55 Japan Times, *Economic Development of Korea and Manchuria* (Tokyo: Japan Times Publishing, 1923), p. 250.
56 V. T. Zaichikov, *Geography of Korea*, trans. Albert Parry (New York: Institute of Pacific Relations, 1952), pp. 82-83; Cumings (1981), p. 16.
57 Eckert (1991), pp. 119, 149; Cumings (1990), p. 30.
58 Cumings (1981), p. 30；關於三分化理論，見Immanuel Wallerstein, The Modern World-System (New York: Academic Press, 1974).
59 Ienaga (1976), pp. 65-71.
60 Eckert (1991), p. 169.
61 渤海國的朝鮮人最早把水稻農業帶到滿洲，二十世紀時再度振興該地的水稻種植。Changyu Piao, in Suh and Shultz (1990), p. 55.
62 Cumings (1981), p. 55; Eckert (1991), pp. 162, 178-179.
63 總督府統計資料，在Cumings (1981), p. 26.
64 Woo (1991), pp. 31, 34-36, 41.
65 Lautensach (1945), pp. 383, 386-387.
66 Lautensach (1945), pp. 204-207.
67 Eckert (1991), p. 58.
68 Cumings (1981), p. 22.
69 Buswell (1992), pp. 91-92.
70 所有資訊來自Boettcher (1980), pp. 292-293.
71 Eckert (1991), p. 231.
72 一九九二年五月芝加哥大學麥可・羅賓遜（Michael Robinson）的講義。羅賓遜博士正在寫一本探討一九三〇年代朝鮮城市中產階級的書。
73 蓋爾以此段文字和一首金允植的詩，作為他著作的結尾（1972），頁319-320。
74 Glenn Trewartha and Wilbur Zelinsky, “Population Distribution and Change in Korea, 1925-1949,” *Geographical Review* 45, no. 1 (Jan. 1955): 14; Cumings (1981), pp. 53-55.
75 最出色的專題論著是Gragert (1994).
76 Cumings (1981), p. 58.
77 Lautensach (1945), p. 400.
78 Cumings (1981), pp. 28-29.
79 Kim (1984), p. 123。小說裡也有個叫山本的大尉，其實是朝鮮人。
80 Cohen (1949), p. 33.
81 以美國陸軍的「軍事行動報告」（Operation Reports）為本，被引用於Cumings

人，但唐納・克拉克（Donald Clark）告訴我，人數必然接近一百。

25 Franck (1924), pp. 183-184.

26 Myers and Peatti (1984), p. 230.

27 探討一九一九年後改變的最佳著作是Robinson (1988)。

28 Han (1974), pp. 485-486.

29 *Korean Times*, Dec. 3, 1994.

30 被引用於Alleyne Ireland, *The New Korea* (New York: E. P. Dutton, 1926), p. 70.

31 被引用於Stefan Tanaka, *Japan's Orient: Rendering Pasts into History* (Berkeley: University of California Press, 1993), p. 248.

32 Henderson (1968), p. 207.

33 Gale (1972), pp. 67, 69.

34 Kim and Wales (1973), p. 114.

35 Suh (1967), p. 132.

36 Susuki Masayuki, in Suh and Shultz (1990), pp. 130-138.

37 Changyu Piao, in Suh and Shultz (1990), p. 64.

38 National Archives, Army Chief of Military History manuscripts, box 601, "Military Studies on Manchuria," bk. 4, chap. 9, "Bandits and Inhabitants" (Tokyo: FEC, 1952).

39 Lautensach (1945), p. 402-403.

40 Lautensach (1945), p. 228.

41 Lee (1936), p. 195.

42 Cumings (1984).

43 見約翰・道爾（John W. Dower）為其所編的*Origins of the Modern Japanese State: Selected Writings of E. H. Norman* (New York: Pantheon Books, 1975)寫的序文。

44 Johnson (1982); Fletcher, *The Japanese Business Community and National Trade Policy, 1920-1942* (Chapel Hill: University of North Carolina Press, 1989).

45 曾任王子製紙社長和十二年東京證券交易所理事長的鄉誠之助，一九二九年擬了一份報告，建議成立「新的國家委員會……以促成工業生產合理化，藉此『援助工業發展』；「鄉誠之助支持出口規畫的原則——挑選在國外可能有好銷路的產品，促進那些產品的成長。」此計畫催生出一九三〇年五月的《輸出補償法》，及其他旨在援助出口業的措施。Fletcher, *The Japanese Business Community*, pp. 59, 61-62.

46 Woo (1991), pp. 23-30.

47 Woo (1991), pp. 29-30.

48 Eckert (1991), pp. 44, 82-84.

49 被引用於Eckert (1991), pp. 115, 128.

50 Eckert (1991), pp. 85-86.

51 Cumings (194), p. 85.

52 Eckert (1991), pp. 118.

2 Akira Iriye, *Pacific Estrangement: Japanese and American Expansion, 1897-1911* (Cambridge: Harvard University Press, 1972), pp. 47-48.
3 被引用於Timothy Lincoln Savage, "The American Response to the Korean Independence Movement, 1910-1945" (M.A. thesis, University of Hawaii, 1994), p. 10.
4 Rutt, in Gale (1972), p. 49.
5 Dennett (1922); *George Trumbull Ladd, In Korea with Marquis Ito* (New York, 1909).
6 Alexis Dudden，研討會論文（University of Chicago, April 1994）.
7 Holmes and Ion, "Bushido and the Samurai," p. 320; also J. M. Winter, "The Webbs and the Non-White World: A Case of Socialist Radicalism," *Journal of Contemporary History* 9 (Jan. 1974): 181-192.
8 Holmes and Ion, "Bushido and the Samurai," pp. 314, 328.
9 Lee (1984), p. 312.
10 Lee (1984) , p. 316-317.
11 由鄭載植（Chai-sik Chung）引用，見Wells (1995), pp. 68-69.
12 被引用於Dennis MacNamara, "Survival Strategies: Korean Solidarity in a Hostile World"（一九九四年四月向Annual Meeting of the Association for Asian Studies提交的論文）。
13 Lee (1984), p. 314.
14 Henderson (1968), pp. 67-71.
15 例如：相較於戰前台灣的狀況，「(國民黨) 豬治下的台灣是地獄」。Douglas Mendel, *The Politics of Formosan Nationalism* (Berkeley: University of California press, 1970), p. 7。巴克萊（George Barclay）寫道，「台灣……發展成世上殖民地事業最成功的地方之一……這一成就會滿足今日大部分追求現代化之國家的需要。」Barclay (1954), p. 7.
16 Mitchell (1988), ix, xi.
17 Thomas C. Smith, *Political Change and Industrial Development in Japan: Government Enterprise, 1868-1880* (Stanford: Stanford University Press, 1955), p. 102.
18 Cumings (1981), p. 11.
19 Hatada (1969), p. 113。對這項調查的諸多批判性敘述，往往誇大了遭剝奪土地的朝鮮人人數，而Gragert (1994), pp. 71-110做出了修正。
20 Woo (1991), p. 23.
21 Eckert (1991), p. 26.
22 E. Patricia Tsurumi, "Taiwan under Kodama Gentarō and Gotō Shimpei," in *Papers on Japan*, vol. 4 (Harvard University, East Asia Research Center, 1967), pp. 117-118.
23 Cumings (1981), p. 12.
24 Imperial Japanese Government Railways, *An Official Guide to Eastern Asia*, vol. 1, *Manchuria and Chŏsen* (Tokyo, 1913), pp. 260, 271, 302。這份資料說美國人有十三

79 Bishop (1897), pp. 22, 27, 40, 3-4-305, 448, 459.
80 關於肯楠的觀點，見"Korea: A Degenerate State," *Outlook*, Oct. 7, 1905；也見 Kennan, "The Korean People: The Product of a Decayed Civilization," *Outlook*, Dec. 21, 1905.
81 Gale (1972), p. 228.
82 Gale (1972), p. 58.
83 Kennan, "Korean People."
84 Griffis (1889), pp. 189, 233, 420, 459.
85 Lowell (1888-A), p. 7。洛厄爾是偉大科學家，但經濟學不大行：商人幹嘛把不同數量的胡桃都賣半法尋的價錢？投身東亞領域二十五年後，我的物理學家友人恩格伯特·許京（Engelbert Schücking）頭一個向我提到洛厄爾的著作——我要為此感謝他。
86 Lowell (1888-A), p. 222.
87 Lowell (1888-A), p. 277.
88 Lee (1988), pp. 60-61.
89 Savage-Landor (1895), pp. 45. 291.
90 事實表明漢彌爾頓的看法沒錯，至少就高宗在整頓、發展漢城上扮演的直接角色來說是如此。更多資訊見 Yi Tae-jin, "The Nature of Seoul's Modern Urban Development during the 18th and 19th Centuries," *Korea Journal* 35, no. 3 (Autumn 1995): 15-24.
91 Hamilton (1904), pp. 8, 11, 24, 26, 33, 59, 150-151。關於漢城是日本以外最現代的東亞城市一說，也見 Lautensach (1945), p. 294.
92 Hamilton (1904), pp. 39, 44, 68-70, 114-115, 248-249.
93 Hamilton (1904), pp. 129-131.
94 Hamilton (1904), pp. 150-151, 304.
95 Rutt, in Gale (1972), pp. 14-16, 19-20, 25。這裡所描述的釜山景象，出自與蓋爾同行的另一個傳教士查爾斯·寇菲主教（Bishop Charles Corfe）之口。日本人的說法向來與此大同小異，就連在朝鮮旅遊指南裡亦然：「朝鮮全境的普通民房……是低矮的茅草屋頂房，大部分幾不適人居。」見 *Official Guide to Eastern Asia*, vol. 1, *Manchuria and Chŏsen*, p. 228.
96 Gale (1972), p. 79.
97 這是 Palais (1975) 一書的主題之一。
98 例如，Deuchler (1977), p. 85（朝鮮「不願接受國際關係的原則」）；也見 Duus (1995)。
99 Wright (1958), p. 364.

CHAPTER 3——蝕

1 Friedrich Nietzsche, *The Birth of Tragedy and The Case of Wagner*, trans., Walter Kaufmann (New York: Random House, 1967), p. 67.

Wells (1995), p. 33.

54 Han (1972), pp. 390-395; Deuchler (1972), pp. 205-211; Gale (1972), p. 315。蓋爾指出，此處置再怎麼令人毛骨聳然，都不比「克倫威爾咧嘴而笑的頭顱被插在西敏廳外的矛尖上示眾二十三年」恐怖。

55 Hatada (1969), p. 100.

56 Palais (1975), pp. 100-102與書中各處。

57 Lee (1984), p. 260.

58 Palais (1975), p. 101.

59 Han (1974), p. 404.

60 Gale的譯文，在Gale (1972), p. 316。蓋爾以「神」一詞替代其他東西，大概替代「天」。

61 Lee (1984), p. 284.

62 十二項要求，見Lee (1984), p. 287。也見Han (1974), pp. 407-413.

63 最佳資料是Lew (1972).

64 例如，見Han (1974), pp. 418-427，對這些改革也有精闢的說明。

65 Gale (1972), p. 58.

66 Lensen (1982), pp. 583-584.

67 Lensen (1982), p. 591。與此相反的論點有不少，但那些論點的形成，通常不以事實為本，而是以當時英、日外交利益為依據，或以第二次世界大戰後蘇聯軍隊進入朝鮮一事帶來的後見之明為依據。連森客觀剖析了俄國在朝鮮的目的，主張雖然後人認為從朝鮮取得那個惡名昭彰的「不凍港」，係聖彼得堡外交活動的不變目標，但事實上沙皇始終不願為了此事投入太多心力，而且在租借到中國大陸旅順港之後，就不再想要該港（pp. 850-854）。（編案：俄羅斯帝國時代，俄國的政治外交中心在聖彼得堡。作者原文及注釋皆以「莫斯科」代稱，應予修正。）

68 Lensen (1982), pp. 630-634.

69 Lensen (1982), pp. 642-644，對此有精彩描述。

70 Cumings (1991), p. 18.

71 Michael Shin，研討會論文（University of Chicago, April 1994）。

72 Rutt, in Gale (1972), p. 73.

73 被引用於Colin Holmes and A. H. Ion, 'Bushido and the Samurai: Images in British Public Opinion, 1894-1914,' *Modern Asian Studies* 14 (1980): 304-329.

74 Harrington (1994), p. 130.

75 Han (1974), pp. 389-391, 400-401; Lee (1984), pp. 288-289（當時的東亞貿易常用墨西哥銀元）。

76 Deuchler (1977), pp. 79-82; Gale (1972), p. 23; Han (1974), p. 399.

77 Gale (1972), pp. 22-24.

78 Imperial Japanese Government Railways, *An Official Guide to Eastern Asia, vol. I, Manchuria and Chŏsen* (Tokyo, 1913), p. 267.

28 Palais (1975), p. 21.

29 Palais (1975), p. 22; K. H. Kim (1980), pp. 94-99, 115-118, 124-135, 177-184；較通論性的介紹，見Conroy (1960).

30 Palais (1975), pp. 264-265; Deuchler (1997), p. 43.

31 被引用於Palais (1975), pp. 264.

32 Palais (1975), pp. 259; Deuchler (1977), p. 47.

33 例如，Deuchler (1977), p. 48.

34 Deuchler (1977), p. 27.

35 K. H. Kim (1980), pp. 241, 284-289.

36 被引用於K. H. Kim (1980), p. 289.

37 Lee (1988), p. 25。Lee Yur-bok指出黃文對美國的剖析流於天真，美國不久後就有了自己的殖民地。

38 Han (1974), pp. 376-378; Deuchler (1977), pp. 92-102.

39 Drake (1984), p. 105。我不怪這些學者，但還是要從學術著作裡挑出一些例子，來說明我的看法以饗讀者：「傳統鎖國」、「鎖國的傲慢」、「反啟蒙主義的詭辯」、「愚鈍的傲慢」、「落後心態」、「與時代脫節且短視」、「革新是敵人」，不勝枚舉。

40 當然不盡如此。參議員羅伯特．伯德（Robert Byrd，西維吉尼亞的民主黨籍人士）一九九五年的一席話，要不是其中如此強調羅馬，宛如在講述儒家思想：「家裡教導的紀律和尊敬權威的心態，深植於羅馬人心裡。在羅馬，家庭是社會和政治實體的基石。」伯德參議員認為，羅馬亡於「羅馬人一如晚近幾十年的美國人，不再敬神、不再尊敬祖先」之時。*Los Angeles Times*, Jan. 29, 1995, p. M3.

41 Drake (1984), p. 292.

42 Drake (1984), pp. 296-298.

43 劉廣京為K. H. Kim (1980)一書寫的序，頁xvi-xvii。

44 被引用於Drake (1984), pp. 115-116.

45 Han (1974), p. 387.

46 Palais (1975), p. 3.

47 Palais (1975), p. 3.

48 Palais (1975), pp. 180-181, 191.

49 此中過程非常複雜，這裡只是概略帶過；欲知詳情，見Palais (1975), pp, 182-201,284-286.

50 Deuchler (1977), p. 149。有份史料把一八八二年與美國簽的不平等條約，稱作「朝鮮王朝政府最重要的開化措施之一」（這其實是李鴻章、薛斐爾所促成）。見Eckert (1990), p. 203.

51 Lee (1988), p. 67.

52 Eckert (1991), p. 99.

53 被引用於Kang Man'gil, "Contemporary Nationalist Movements and Minjung," in

118 Braudel (1994), pp. 194-195.

119 洪良浩是詩人、政治家（「大提學」，即國務大臣），曾奉派出使中國。這段文字節錄自他的〈放鴈辭〉，英譯於Gale (1972), pp. 290-292。

CHAPTER 2——利

1 見Wright (1996)，對於中國改革最精闢的陳述；也見Totman (1980), p. xxiii。

2 Ledyard (1971), p. 101。如今，若有朝鮮人髮色棕紅，常被認為是荷蘭水手的後代——或者說朝鮮人這麼認為。

3 Gutzlaff (n. d.) , p. 232.

4 K. H. Kim (1980), p. 40.

5 Gale (1972), pp. 299, 303。中國人嚴加限制朝鮮人在北京所能做的事，當然也加劇了朝鮮人的恐外。

6 K. H. Kim (1980), pp. 6-9.

7 Griffis (1988), p. 220.

8 K. H. Kim (1980), p. 9.

9 K. H. Kim (1980), pp. 15-16.

10 Deuchler (1977), p. 69.

11 見Toby (1984).

12 Deuchler (1977), p. 3.

13 Ledyard (1971), pp. 84-86；也見Toby (1984).

14 Gale (1972), p. 305; Palais (1975), pp. 24-26.

15 Gale (1972), p. 306-307。這則故事引人入勝；Palais (1975)一書（頁26-27）對此故事的敘述較有根據，但似乎沒人知道為何安東金氏讓趙大妃得逞。

16 Gale (1972), pp.306-307.

17 Gale (1972), pp.308-309.

18 Palais (1975), p. 45.

19 Palais (1975), p. 45.

20 Polanyi (1944), p. 207.

21 劉廣京（Kwang-Ching Liu）為K. H. Kim (1980)一書寫的序，p. xi；也見K. H. Kim (1980), p. 36.

22 K. H. Kim (1980), p. 35; Palais (1975), p. 178.

23 K. H. Kim (1980), p. 48-50.

24 關於此事件，後世有數種說法，但最有趣者是蓋爾根據平壤老隱士鄭熙祚（Chŏng Hŭi-jo，音譯）的記述直接寫下的說法。Gale (1972), pp. 310-311。

25 被引用於Drake (1984), p. 107.

26 K. H. Kim (1980), pp. 56-61; Griffis (1889), pp. 412-418.

27 Oppert (1880), pp. 1, 5-7, 21, 104.

93 此處所述以金滋炫（JaHyun Kim Haboush）的著作為本，即她對英祖漫長傑出之治世的精彩介紹（Haboush 1988）和她對惠慶宮洪氏回憶錄的剖析與翻譯（Haboush 1996）。接下來的陳述，我以她的介紹，和洪氏回憶錄現行英譯本（Lady Hong 1985）為依據。

94 被引用於Haboush, "The Education of the Yi Crown Prince: A Study in Confucian pedagogy,' in de Bary and Haboush (1985), p. 193.

95 見尼采在*The Birth of Tragedy and The Case of Wagner*一書中對國王伊底帕斯所面臨之類似難題的探討，Friedrich Nietzsche, *The Birth of Tragedy and The Case of Wagner*, trans., Walter Kaufmann, pp. 67-70.

96 Haboush (1988), p. 173.

97 Lady Hong (1985), p. 70。金滋炫的譯文稍有不同：「你不愛我，讓我很難過，你批評我時，我很害怕。這一切使我很生氣。」Haboush (1988), p. 199.

98 Lady Hong (1985), pp. 89-92, 101, 106-107.

99 Gale (1972), p. 287；金滋炫也認為英祖所作所為正當合理。

100 Gale (1972), p. 294.

101 Ledyard (1971), p. 207.

102 Palais (1975), p. 5。這是了解朝鮮農業官僚制的最佳資料。

103 被引用於Gale (1972), pp. 17-18.

104 Hatada (1969), p. 87.

105 Yi Sun-shin (1977), p. xxv; Palais (1996), pp. 78-84，對入侵過程有精彩描述。

106 Yi Sun-shin (1977), pp. 260-261; Palais (1996), p. 83.

107 見Michael Hechter, *Internal Colonialism: The Celtic Fringe in British National Development, 1536-1966* (Berkeley: University of California Press, 1975), pp. 67, 97-103.

108 Lee (1984), p. 215.

109 Haboush (1998), pp. 23-24.

110 Palais (1996)探討了柳馨遠對朝鮮王朝社會的批判。

111 Gale (1972), p.79.

112 Kalton (1994), pp. xxxiv, 127。因此，牛溪成渾在其寫給栗谷的信中提到「全身心」，身心相互依賴（頁141）。

113 Gale (1972), p. 108.

114 Deuchler (1997), p. 75.

115 Lee (1984), pp. 226-228。對十九世紀前之朝鮮商業的最完整說明，以及這一主題的相關文獻所提出的問題，見Palais (1996)。

116 Ledyard (1971).

117 Daniel Juhn, "Nationalism and Korean Businessmen under Japanese Colonial Rule," *Korea Journal* 17, no. 1(Jan. 1977): 4.

許多新資訊，且從理論上說明朝鮮王朝為何是個「奴隸社會」（pp. 208-270）。
63 Dumont (1980), p. 47.
64 Palais (1975), p. 58.
65 引用於Palais (1975), p. 98-99.
66 James legge, *Confucius Analects, the Great Learning, and the Doctrine of the Mean*, trans. And annotated by Legge (1893; reprint, New York: Dover, 1971), pp. 357-358.
67 "Rescript on Filial Piety," from the Koryŏ-sa, trans. Hugh Kang, in Lee (1993), p. 319.
68 Janelli and Janelli (1982), p. 50.
69 已故的馬歇爾・皮爾（Marshall R. Pilh）將〈沈清歌〉譯成英文並得獎，該譯文重刊於*Korea Journal* 35, no. 3 (Autumn 1955): 85-98.
70 兩位觀察敏銳的人類學家，對這些慣習給予了學術性的確認，見Janelli and Janelli (1982), pp. 31-32.
71 哈梅爾，引用於Ledyard (1971), p. 219.
72 諸多引言見Janelli and Janelli (1982), p. 36。
73 哈梅爾，引用於Ledyard (1971), pp. 219-221；也見Rutt, in Gale (1972), p. 38。在Deuchler (1992), pp. 192-193，可找到更多關於哀悼儀禮的介紹。
74 Gale (1972), p. 181。這些記錄包括《朝鮮王朝實錄》和《承政院日記》，後者是國王秘書處的政務日誌，現仍存三千多卷。
75 Gale (1972), p. 149.
76 Ledyard (1971), pp. 123, 218-219.
77 Haboush (1988), p. 17.
78 Deuchler (1992), p. 110.
79 Hamilton (1904), p. 39.
80 哈梅爾，引用於Ledyard (1971), pp. 211-212, 217.
81 Deuchler, in Lee (1993), p. 563.
82 杜婷娜（Martina Deuchler）譯，在Lee (1993), pp. 564-565.
83 Deuchler, in Lee (1993), pp. 559.
84 見白東湖（Don Baker）為即將出版的*Cambridge History of Korea*執筆的文章。
85 Lee (1984), pp. 192-197。對朝鮮科學更廣泛的探討，見Jeon (1974)。
86 引用於Gale (1972), p. 233。對一四〇三年鑄字過程的充分描述，見Rutt, in Gale (1972), pp. 53-53, and Gale, pp. 224-225.
87 "On Printing," Trans. Yong-ho Ch'oe, in Lee (1993), p. 537.
88 引用於Lee (1984), p. 192（如今韓語字母表有二十四個字母）。
89 崔永浩（Yong-ho Ch'oe）譯，在Lee (1993), p. 519.
90 Gale (1972), p. 234; Lee (1984), p. 188.
91 理查・拉特譯，在Gale (1972), p.333.
92 Gale (1972), p. 231.

的兩班家族一同治理地方，作法就和國王向都城的豪族徵詢意見差不多。見川島藤也（Fujiya Kawashima）在*Cambridge History of Korea*第三卷主筆的那一章。

41 引用於Lee (1984), pp. 144, 168.

42 Honey, *The Ceramic Art of China and Other Countries of the Far East*, p. 167，引用於McCune (1962), p. 174.

43 Braudel (1994), p. 168.

44 禑王一三七四～一三八八年在位，在位晚年耽溺於狩獵、飲酒、女色——或者說實錄如此記載（感謝約翰・鄧肯〔John Duncan〕告知此事）。

45 James Gale譯，Gale (1972), p. 222.

46 “In the Reign of King T’aejo,” in Ha Tae-hung, Behind the Scenes of Royal Palaces in Korea (Seoul: Yonsei University Press, 1983), p. 3.

47 Rutt in Gale (1972), p. 342.

48 Gale (1972), p. 223-224.

49 Pyon Kye-ryang（卞季良）詩，Gale譯，Gale (1972), p. 227.

50 Deuchler (1992), pp. 66-72, 277.

51 約翰・鄧肯已以高麗王朝到李氏朝鮮的過渡期為題，完成一部大作。見Duncan, “The Social Background of the Founding of the Chosŏn Dynasty: Change or Continuity?” *Journal of Koran Studies* 6 (1988-89): 39-79，以及其即將出版的著作。（編案：John Duncan, *The Origins of the Chosôn Dynasty* (Seattle: University of Washington Press, 2000).）

52 Chai-sik Chung, “Chŏng Tojŏn: ‘Architect’ of Yi Dynasty Government and Ideology,” in de Bray and Haboush (1985), p. 62.

53 Haboush (1988), pp. 23-24；也見卡爾頓在即將出版的*Cambridge History of Korea*, vol 3所執筆的一章。

54 “Diagram of Heaven, Man and Nature, Conjoined as One”，在卡爾頓即將出版的*Cambridge History of Korea*, vol 3所執筆的一章；趙浚之語被引用於Deuchler (1992), p. 108.

55 對這些改革介紹最完整且深入者，是Deuchler (1992)。

56 引用於Gale (1972), pp. 109-110.

57 Tocqueville (1945), p. 105（以特殊字體強調係作者所為）。

58 Deuchler (1992), p. 9.

59 Deuchler (1992), p. 178。如下文所見，「體」一詞衍生出其他許多意義。

60 引用於Deuchler (1992), p. 179。

61 Edward Wagner, “The Ladder of Success in Yi Dynasty Korea,” Occasional Papers on Korea, no. 1 (1973): 1-8.

62 見川島藤也在即將出版的*Cambridge History of Korea*一書第三卷所寫的一章；也見Palais (1996)。a帕萊斯的著作是講述此時期朝鮮社會的主要著作，針對蓄奴提供了

15 Juche是北韓對chuch'e一詞的拼法，後文會對此詞有不少著墨。
16 亞歷山大・索珀（Alexander Soper），引用於McCune (1962), p.99.
17 Farris (1994), pp. 2-4.
18 Ibid., p. 29.
19 有些史家喜歡把這支軍隊稱作「日本」軍隊，其實謬矣。這支軍隊的成員很有可能來自九州島，但有些專家認為「倭」指的是來自朝鮮半島的人；基本上，現有的證據不足以確認上述說法何者為真。日本的史家聲稱日本早早就對朝鮮半島有某種影響，或朝鮮半島向日本朝貢，此說同樣不實；在這幾百年裡，朝鮮半島對日本的影響，遠大於日本對朝鮮半島的影響。
20 據數部史書寫成；此詩被李鶴洙翻成英文，連同一則類似的記述，可見於Lee (1993), p. 38.
21 例如，Hong (1998), p. 5.
22 Hatada (1969), p. 20.
23 Farris (1994), pp. 24-25.
24 Ibid., pp, 3-4, 7-15, 27.
25 花郎理想是朝鮮人思考新羅時總會觸及的共同主題，但理查・拉特在現存的史料裡，幾乎找不到證明其存在的證據。見Rutt, "The Flower Boys of Sill," Transactions of the Korean Branch of the Royal Asiatic Society, no. 38, pp. 1-66.
26 關於朝鮮早期軍事史的最佳資料之一，係John C. Jamieson, "The Samguk Sagi and the Unification Wars" (Ph. D. diss., University of California at Berkeley, 1969).
27 Lee (1984), p. 71.
28 Lautensach (1945), p. 239.
29 Yi Kyu-bo, trans. James Gale, in Gale (1972), p. 180.
30 Hamel, in Ledyard (1971), p. 216.
31 Lee (1984), pp. 88-91.
32 一然估計新羅鼎盛時期慶州有將近十七萬九千戶。見Illyŏn, *Samguk yusa*. P. 48.
33 引用於Lautensach (1945), p. 40.
34 Lee (1984), p. 87。也見McCune (1962), pp. 92-96的精彩描述。
35 William George Aston, trans., *Nihongi*（日本紀）（Tokyo: Tuttle, 1972），引用於Hong (1988) , p. 219.
36 李基白對道詵之說的意譯，收入Lee (1948), p. 107.
37 有許多靺鞨人存在一事，使某些史家認為不該把渤海視為高句麗的後繼國。中國、北韓的史家在這點上分歧甚大；北韓人的說法得到南韓某些史家支持，當今的民族主義使真相更加撲朔迷離。
38 Lee (1984) , p. 103.
39 最佳的專論是Palais (1996)，第六章。
40 由於中央政府認為村子會自己管好自己，使得這一模式更為穩固；地方官與顯赫

註釋

初版序與誌謝

1 我知道Orient一詞的詞源，但還是要感謝歷史學家安德斯・斯蒂芬森（Anders Stephanson）告訴我希羅多德對asu的用法和路德透過類比區分西方、東方一事。
2 Blaut (1993), pp. 1-3.
3 Elaine H. Kim in Aguilar-San Juan (1994), p. 73.
4 Tocqueville (1945), p. 104.
5 Dumont (1980), p. 5.
6 Tillyard (1942).
7 Dumont (1980), p. 65-66.
8 Dumont (1980), pp.15-17.

CHAPTER 1——德

1 Cotterell (1993), pp. 46-47.
2 Rutt, Gale (1972), p. 87.
3 Lowell (1888-A), p. 59.
4 Illyŏn, *Samguk yusa*（一然，《三國遺事》），pp. 32-33。十三世紀文獻，根據現已佚失的史料寫成。
5 Gale (1972), p. 93.
6 Illyŏn, *Samguk yusa*（一然，《三國遺事》），pp. 32-33；見李鶴洙〔Peter Lee〕稍有不同的譯本，Lee (1993), p. 6.
7 Lee (1993), p. 6.
8 Korean Central News Agency (P'yŏngyang，此後簡稱KCNA)，Nov. 26, 1993.
9 「（景德）王玉莖長八寸」，*Samguk yusa*, p. 113.
10 這兩個地點當然相隔甚遠；關於古朝鮮的確切位置，若非不存在考古證據，就是存在說法不一的考古證據。有些史家認為，由於所知有限，關於古朝鮮的任何結論都必然純粹出於揣測。
11 Lee (1984), p. 107.
12 Lautensach (1945), p. 243.
13 兩引言都來自Illyŏn, *Samguk yusa*, p. 46.
14 關於「首領」一詞係指稱國王的高句麗語，見Lee (1984), p. 89.

左岸歷史　335

朝鮮半島現代史

一個追尋驕陽的國度

Korea's Place in the Sun: A Modern History

作　　者　布魯斯・康明思（Bruce Cumings）
譯　　者　黃中憲
總 編 輯　黃秀如
責任編輯　林巧玲
行銷企劃　蔡竣宇
封面設計　莊謹銘

社　　長　郭重興
發行人暨出版總監　曾大福
出　　版　左岸文化／遠足文化事業股份有限公司
發　　行　遠足文化事業股份有限公司
231新北市新店區民權路108-2號9樓
電　　話　(02) 2218-1417
傳　　真　(02) 2218-8057
客服專線　0800-221-029
E-Mail　rivegauche2002@gmail.com
左岸臉書　facebook.com/RiveGauchePublishingHouse
法律顧問　華洋法律事務所　蘇文生律師
印　　刷　呈靖彩藝有限公司
初版一刷　2022年6月

定　　價　950元
ISBN　978-626-96063-0-6
ISBN　9786269609499（PDF）
ISBN　9786269609505（EPUB）
歡迎團體訂購，另有優惠，請洽業務部，(02) 2218-1417分機1124、1135

朝鮮半島現代史：一個追尋驕陽的國度／
布魯斯・康明思（Bruce Cumings）著；黃中憲譯.
－初版.－新北市：左岸文化出版：
遠足文化事業股份有限公司發行，2022.06
面；　公分.－（左岸歷史；335）
譯自：Korea's place in the sun : a modern history
ISBN 978-626-96063-0-6（平裝）
1.CST: 現代史 2.CST: 韓國史
732.27　　111006216